Rudolf Sturm

# Synthetische Untersuchungen über Flächen dritter Ordnung

Rudolf Sturm

**Synthetische Untersuchungen über Flächen dritter Ordnung**

ISBN/EAN: 9783743334762

Hergestellt in Europa, USA, Kanada, Australien, Japan

Cover: Foto ©ninafisch / pixelio.de

Manufactured and distributed by brebook publishing software
(www.brebook.com)

Rudolf Sturm

# Synthetische Untersuchungen über Flächen dritter Ordnung

# SYNTHETISCHE UNTERSUCHUNGEN

ÜBER

# FLÄCHEN DRITTER ORDNUNG

VON


**DR. RUDOLF STURM,**

ORDENTL. LEHRER AM KÖNIGL. GYMNASIUM ZU BROMBERG.



LEIPZIG,

DRUCK UND VERLAG VON B. G. TEUBNER.

1867.

HERRN Dr. WEIERSTRASS,

ORDENTLICHEM PROFESSOR AN DER UNIVERSITÄT UND MITGLIED DER AKADEMIE DER WISSENSCHAFTEN ZU BERLIN,

ALS

ZEICHEN DER VEREHRUNG

GEWIDMET

VOM VERFASSER.

# VORREDE.

Die nachfolgenden synthetischen Untersuchungen über Flächen dritter Ordnung sind die Resultate mehrjähriger Beschäftigung mit diesen Flächen und werden nun als ein Versuch einer umfangreicheren Behandlung dieses seit kaum zwei Decennien bearbeiteten Theils der Geometrie veröffentlicht. Für die mannigfachen Mängel, die dieser Arbeit wohl noch anhaften mögen, wolle der nachsichtige Leser die Entschuldigung darin finden, dass dem Verfasser schon für wissenschaftliche Beschäftigung überhaupt nicht gerade sehr viel Zeit zu Gebote steht, noch viel weniger aber für wiederholte Umarbeitungen behufs immer sorgfältigerer und geschickterer Darstellung.

Den Anstoss zu meiner ersten Beschäftigung mit den Flächen 3. Ordnung und dann zu einer späteren Wiederaufnahme derselben hat die kurze, aber inhaltreiche Abhandlung über Flächen 3. Grades gegeben, welche von Steiner in der Gesammtsitzung der Berliner Akademie am 31. Januar 1856 vorgetragen wurde, und durch welche der Grund zu einer rein geometrischen Theorie dieser Flächen gelegt worden ist, während bekanntlich die ersten analytischen Untersuchungen über dieselben in einer Correspondenz zwischen den Herren Salmon und Cayley aus dem Jahre 1849 sich vorfinden. Steiner's Abhandlung enthält eine reiche Fülle von Sätzen über die Flächen 3. Ordnung, freilich, wie dies bei dem berühmten Geometer zuletzt Sitte geworden war, ohne jeden Beweis oder mit nur spärlichen Andeutungen, wie zu demselben zu gelangen sei. Meine Arbeit schliesst sich derselben ziemlich eng an; sie wurde, nachdem ich allerdings schon einen grossen Theil der Steinerschen Sätze zum Gegenstande meiner Untersuchungen in meiner Inauguraldissertation gemacht hatte, durch das Preisausschreiben der Königl. Akademie der Wissenschaften zu Berlin vom Leibniztage (7. Juli) 1864 über die Steinersche Abhandlung veranlasst. Ich gehe also in meinen Untersuchungen darauf aus, die von Steiner aufgestellten Resultate zu begründen und die Theorie der Flächen 3. Ordnung weiter auszubilden, besonders die Frage der Realität der Geraden einer solchen Fläche zu discutiren und die Flächen danach einzutheilen.

Das erste Kapitel ist der Betrachtung der verschiedenen Erzeugungsweisen gewidmet. Zu den vier von Steiner selbst aufgestellten Erzeugungsweisen nahm ich noch die schon vorher von Herrn Grassmann aufgestellte hinzu und habe auch kurz die vor einigen Jahren von Herrn F. August angewendete behandelt. Die dritte Steinersche und diese Augustsche ergeben sich unmittelbar als specielle Fälle der zweiten Steinerschen, ebenso die vierte Steinersche als speciellen Fall der Grassmannschen. Die Ableitung der Geraden der erzeugten Fläche ist bei der Augustschen Erzeugung durch Herrn August selbst geschehen, also hier unterlassen, bei der dritten und vierten Steinerschen hingegen von uns unternommen worden, theils aus Pietät gegen den, der sie aufgestellt hat, theils aber auch, weil sie an und für sich uns sehr interessant erschien und manche interessanten Resultate dabei zu Tage kamen. Jedoch bei den späteren Untersuchungen (im 7. Kapitel) über die Realität der Geraden der erzeugten Fläche sind die vierte Steinersche und die Augustsche unberücksichtigt gelassen, die dritte Steinersche aber ist zu einigen Folgerungen aus den bei der zweiten Steinerschen erhaltenen Resultaten über die 4 Kegel eines reellen Flächenbüschels 2. Ordnung benutzt worden.

Die erste Steinersche Erzeugungsart mussten wir, damit durch sie alle Gattungen der Flächen 3. Ordnung herzustellen seien, (im 7. Kapitel) dahin erweitern, dass unter die Data der Construction nicht blos reelle, sondern auch imaginäre, durch reelle Gebilde, besonders Flächen 2. Ordnung zu fixirende Geraden aufgenommen werden. Die Constructionen, die dann aber zur Herstellung der Fläche auszuführen sind, erwiesen auch diese Erzeugung als einen speciellen Fall der zweiten Steinerschen.

Es lässt sich nun zwar auch die Erzeugungsweise des Herrn Grassmann auf die eben genannte zurückführen, aber nicht jede reelle Erzeugung jener Art auf eine reelle dieser Art. Es scheint also, als müsste man sie als gleichartig einander gegenüberstehende betrachten; ja beim ersten Anblicke kann man sehr leicht zu dem Irrthume verleitet werden, dass die erstere eine noch grössere Allgemeinheit besitzt, als die letztere, weil sie nicht, wie diese, eine Gerade auf der Fläche voraussetzt. Als ich jedoch die Realität der Geraden auf den nach beiden Erzeugungsweisen hergestellten Flächen untersuchte und danach die Flächen eintheilte, ergab sich, dass die zweite Steinersche fünf Gattungen liefert, die fünf, welche auch von den Analytikern gefunden worden sind, die Grassmannsche hingegen nur vier von diesen fünf. Obgleich es vielleicht nicht sehr fern lag, habe ich erst in der letzten Zeit den Grund dieses Mangels darin gefunden, dass die Erzeugungsart des Herrn Grassmann sich in eine andere umgestalten lässt, welche unmittelbar als Abart einer gewiss bekannten, aber noch nirgends, so viel ich weiss, hervorgehobenen Construction der Flächen 3. Ordnung zu erkennen ist (Nr. 110).

Bei den Versuchen der Umgestaltung stiess ich auch noch auf eine andere Herstellungsweise unserer Flächen, welche ebenfalls ganz allgemein ist.

Dem Umstande, dass ich auf diese beiden Erzeugungsweisen, denen von den im ersten Kapitel behandelten eben nur die zweite der von Steiner aufgestellten an Allgemeinheit ebenbürtig ist, erst, als der Druck nahe bevorstand, aufmerksam geworden bin, ist es auch zuzuschreiben, dass die wenigen Untersuchungen über dieselben, welche man im ersten Kapitel erwarten könnte, am Ende des siebenten sich befinden, und auch dass sie noch nicht weiter fortgeführt worden sind. Vielleicht gestattet es mir die Zeit, dies nun noch zu thun; andererseits möchte ich aber auch die Aufmerksamkeit der Synthetiker auf dieselben hiermit gelenkt haben.

Nachdem im ersten Kapitel die Existenz von 27 Geraden auf einer Fläche dritter Ordnung festgestellt ist und ihre Schnittpunkte nachgewiesen sind, bringt das zweite weitere Sätze über das Arrangement dieser Geraden und über die Kegelschnitte und einige andere einfacheren Curven, welche sich auf der Fläche befinden.

Nach diesen beiden ersten Kapiteln könnte man dann ebenso gut gleich zu den drei letzten, wie zu den drei mittleren übergehen; jene sind von diesen ganz unabhängig. Ja auch das dritte und vierte besitzen eine gewisse Unabhängigkeit von den ihnen vorhergehenden, indem die Untersuchungen über die Polaren und die sich daran schliessenden über die Kernfläche nicht mit Bezugnahme auf die im ersten Kapitel betrachteten Erzeugungsweisen, sondern nach einem analogen Verfahren angestellt worden sind, als es, so viel mir bekannt, von Herrn von Jonquières für ebene Curven beliebiger Ordnung eingeführt und von Herrn Cremona in seiner Introduzione adoptirt ist. Lieber hätte ich freilich die Theorie der Polaren und der Kernfläche aus einer oder der andern der behandelten Erzeugungsweisen aufgebaut; aber da ich noch nicht die Brücke, welche mich zu einer derartigen Bearbeitung dieser Theorie überführen konnte, gefunden, so habe ich, zumal in einem Buche, welches noch nicht eine einheitliche, streng systematische Theorie der Flächen 3. Ordnung, sondern, wie es ja auch sein Titel anzeigt, Untersuchungen, ich möchte sagen, Studien über dieselben bringen soll, nicht Anstand genommen, mich dieses so bequemen und so fruchtbaren Jonquièresschen Verfahrens zu bedienen.

Das fünfte Kapitel bringt Untersuchungen über die Durchschnittscurven einer Fläche dritter Ordnung mit einer der zweiten oder einer andern der dritten Ordnung und über die Partialcurven, in welche dieselben zerfallen können, und damit vielleicht einige Resultate, welche weniger bekannt sein dürften.

Die drei letzten Kapitel, die sich, wie oben gesagt, unmittelbar an die beiden ersten, vorzüglich an das erste anschliessen, befinden sich einmal schon deshalb am Ende des Buches, weil sie die letzte Frucht meiner Studien sind, dann aber und ganz besonders, weil den sechs ersten das gemeinsam ist, dass in ihnen auf die Fälle der „Imaginarietät" gar nicht oder nur beiläufig Rücksicht genommen wird, während in jenen die genauere Erforschung derselben, vor der Hand an den Geraden, welche sich auf einer Fläche dritter Ordnung befinden, in den Vordergrund tritt. Analytisch ist dieser Gegenstand, so viel ich weiss, von Herrn Schläfli im Quarterly Journal und in den Philosophical Transactions und von Herrn F. August in seiner Inauguraldissertation behandelt worden. Eine genauere Kenntnissnahme der in den englischen Journalen enthaltenen Arbeiten, wie hier des Herrn Schläfli, so auch in andern Fällen der Herren Salmon und Cayley ist mir nicht möglich gewesen; Herrn August's Abhandlung hingegen verdanke ich manche Winke, ich kann wohl sagen, meine ersten klareren Anschauungen über imaginäre geometrische Gebilde.

Die Schwierigkeiten, welche sich dem darbieten, der sich nach synthetischer Methode mit imaginären Gebilden beschäftigt, sind hinreichend bekannt. Man hat kein Fundament, man weiss nicht recht, wie man sie rein geometrisch angreifen soll. Die Idee derselben entstammt der analytischen Geometrie; diese hat durch sie an Allgemeinheit der Resultate gewonnen; die synthetische Geometrie nahm das Geschenk der analytischen Geometrie an und erlangte denselben Vortheil; sie wäre auch vollständig gehemmt und eingeschränkt, wollte sie es von der Hand weisen. Aber vielleicht kann sie den Gegenstand annehmen, das Geschenk zurückweisen, d. h. durch sich selber zur Idee der imaginären Gebilde gelangen. Zur Zeit scheinen sich mir nun doch die meisten Geometer der Ansicht zuzuneigen, dass die Idee der imaginären Gebilde nur durch die analytische Geometrie geschaffen werden konnte. Herr Hesse spricht in seinem Nekrologe auf Jacob Steiner die begründete Vermuthung aus, dass die zweite Pause, welche Steiner in der Reihe seiner zahlreichen Veröffentlichungen hat eintreten lassen, durch den Kampf mit dem Imaginären in der Geometrie, mit diesem Gespenste in der Ebene und im Raume, wie es Steiner zu nennen liebte, veranlasst worden ist. Vielleicht ist Steiner als Synthetiker siegreich aus diesem Kampfe hervorgegangen; irgendwie scheint er für sich wenigstens das Terrain auf diesem Gebiete sicher und gangbar gemacht zu haben; glänzende Entdeckungen sind ja jener zweiten Unterbrechung gefolgt, „welche weit über die Grenzen hinaus gehen, die seine Zeitgenossen sich gesteckt haben und von ihm der Nachwelt als schwer zu lösende Räthsel hinterlassen sind“. Aber zu Tage gekommen ist bis jetzt noch nicht, in welcher Weise er den Kampf ausgefochten hat: vielleicht ist es auch ihm, unserm Meister, nicht gelungen, sich auf diesem Gebiete der Botmässigkeit der analytischen Geometrie zu entziehen, und sein Sieg hat darin bestanden, dieselbe unbedingt anzuerkennen und damit das Imaginäre in der Geometrie als eine nur durch die Analysis zu erlangende mathematische Vorstellung.

Ich glaube kaum, dass andere Synthetiker sich bis jetzt haben auf einen unabhängigeren Boden stellen können. Mag es sonst der synthetischen Geometrie, freilich besonders in der Hand Steiner's, gelungen sein, ihrer Rivalin weit vorauszueilen und ihr die Wege der Forschung zu weisen, hier auf dem Gebiete des Imaginären scheint es doch, als müssten wir uns vor der letzteren beugen und „die grössere Allgemeinheit ihrer Grundlage“ einräumen.

Herr August, welcher seine Arbeit synthetisch beginnt, setzt sie fast ganz analytisch fort, so wie er sich zu den Betrachtungen über die Imaginarietät der Geraden der Fläche dritter Ordnung wendet. In dem Masse mag ich doch nicht in das Lager der analytischen Geometrie übergehen. Den Grundstein zu meinen Betrachtungen und freilich auch ein paar einzelne Sätze will und muss ich ihr entnehmen; auf diesem Grundsteine suche ich aber dann ein so rein synthetisches Gebäude als möglich aufzuführen, d. h. geometrisch aus den Sätzen, die das Fundament bilden, eine Reihe von andern Sätzen abzuleiten, welche es mit bei den niedrigeren Curven und Flächen auftretenden „imaginären Erscheinungen“ zu thun haben und mir für die an den Flächen dritter Ordnung angestellten Untersuchungen erforderlich sind. Das geschieht im sechsten Kapitel. Manche der dort behandelten Sätze mögen nicht gerade für das Folgende unbedingt nothwendig sein, ergaben sich aber im Zusammenhange und sind vielleicht, wenn die Darstellung überhaupt gefallen sollte, nicht unwillkommen. Es kann sein, dass die von mir gelieferten synthetischen Beweise, da die Grundlage nun einmal doch analytisch ist, nicht grossen Werth haben, dass die meisten Sätze leichter und besser durch die Analysis dargethan werden; aber einen gewissen Vorzug scheinen sie mir doch zu haben, den wohl jeder rein geometrische Beweis besitzt, dass nämlich im Laufe der Untersuchung selbst manche interessanten geometrischen Wahrheiten hervortreten, welche bei der analytischen Forschung verhüllt bleiben, weil nicht Alles geometrisch interpretirt wird. Wenn nichts anderes erreicht sein sollte, so sind doch wenigstens im sechsten Kapitel viele imaginären „Phänomene" zusammengestellt, welche man bei weiteren Untersuchungen — mag man sie nun besser durch die analytische Geometrie dargethan glauben oder mag man meinen Gang der Untersuchung und meine Beweise adoptiren — jedenfalls als richtig voraussetzen und als Handhaben zur Erschliessung neuer Phänomene gebrauchen kann, so wie sie mir ja im siebenten und achten Kapitel die imaginären Eigenschaften der allgemeinen Flächen dritter Ordnung und derer mit Knotenpunkten (welche letzteren ich besonders als Uebergangsflächen zwischen den verschiedenen Gattungen jener dargestellt habe) hinsichtlich ihrer Geraden haben erschliessen helfen. Durch Ansammlung vieler solchen imaginären Phänomene wird man wohl — nach Art der Naturforschung — in die Natur des Imaginären in der Geometrie immer tiefer eindringen, zu allgemeineren Anschauungen über dasselbe gelangen und sich womöglich doch von der Analysis immer freier machen. —

Ich habe schon oben erwähnt, dass die Wiederaufnahme meiner Beschäftigung mit den Flächen dritter Ordnung durch ein Preisausschreiben der Berliner Akademie der Wissenschaften veranlasst worden ist. Der Preis aus dem Steinerschen Legate für synthetische Geometrie wurde zum ersten Male ausgesetzt. Meine Untersuchungen, wie sie jetzt vorliegen, sind die Umarbeitung einer Schrift, welche diesen Preis am Leibniztage 1866 zur Hälfte erhalten hat. Es war die Schrift mit dem Motto: Peut donc qui voudra etc. und mit demselben Titel wie dieses Buch. (Man sehe den Bericht über die öffentliche Sitzung der Akademie vom 5. Juli 1866.)

Mit grosser Liberalität hat mir die Hohe Akademie mein Manuscript wieder auf einige Zeit zur Verfügung gestellt und den Druck gestattet. Ich fühle mich erpflichtet, auch an dieser Stelle ihr meinen Dank dafür auszusprechen.

Einige Punkte hatte ich aber, als ich mein Manuscript der Akademie übersandte, noch unerledigt lassen müssen; erst als ich mich, nach längerer Pause, von Neuem in den Gegenstand vertiefte, kam ich zur grösseren Klarheit über die conjugirten imaginären Geraden auf einer Fläche dritter Ordnung, und durch Einführung dieses Begriffs wurden die Resultate übersichtlicher und allgemeiner. Es musste aber nun das erste Kapitel und namentlich der Theil, welcher über die zweite Steinersche Erzeugungsweise handelt, ferner das siebente und achte umgearbeitet werden; auch das sechste hat mehrere Aenderungen erfahren; grösstentheils dieselbe Gestalt haben die übrigen behalten. Die neuen oder wesentlich geänderten Nummern habe ich im Inhaltsverzeichniss durch ein Sternchen bezeichnet.

Bromberg, Juni 1867.

**Rudolf Sturm.**

# INHALT.

## Erstes Kapitel.

**Die verschiedenen bis jetzt aufgestellten Erzeugungsweisen der Flächen dritter Ordnung und der Nachweis der 27 Geraden einer solchen Fläche bei jeder derselben.**

### I.

### Die erste Steinersche Erzeugungsart.



### II.

### Die zweite Steinersche Erzeugungsart.



### III.

### Die dritte Steinersche Erzeugungsart.



### IV.

### Die Grassmannsche Erzeugungsart.

## Zweites Kapitel.

### Eigenschaften der cubischen Fläche hinsichtlich der auf ihr befindlichen Geraden und Curven.

## Drittes Kapitel.

### Die Polaren in Bezug auf eine cubische Fläche.



## Viertes Kapitel.

### Die Kernfläche einer cubischen Fläche.

## Fünftes Kapitel.

**Die Durchdringungscurven einer Oberfläche dritter Ordnung mit einer zweiter Ordnung oder einer andern dritter Ordnung.**

## Sechstes Kapitel.

## Einleitende Sätze aus der Theorie der imaginären geometrischen Gebilde.

## Siebentes Kapitel.

## Untersuchung der Realität der 27 Geraden einer reellen cubischen Fläche und Eintheilung der reellen cubischen Flächen in Gattungen.

## Achtes Kapitel.

### Die Flächen dritter Ordnung mit Knotenpunkten.

# Erstes Kapitel.

## Die verschiedenen bis jetzt aufgestellten Erzeugungsweisen der Flächen dritter Ordnung und der Nachweis der 27 Geraden einer solchen Fläche bei jeder derselben.

## I.

### Die erste Steinersche Erzeugungsart.*)

1. Es seien gegeben zwei Trieder $T^{123}$ und $T_{123}$; jede der drei Ebenen des ersteren, $E^1$ $E^2$ $E^3$, schneidet die des andern, $E_1$ $E_2$ $E_3$, in 3 Geraden, so dass sich im Ganzen 9 Gerade ergeben: $a^1{}_1$ $a^1{}_2 a^1{}_3$, $a^2{}_1$ $a^2{}_2 a^2{}_3$, $a^3{}_1$ $a^3{}_2$ $a^3{}_3$.

Die beiden Indices zeigen die Ebenen $E$ an, deren Schnitt die betreffende Gerade ist. Gerade mit demselben untern oder obern Index liegen in der Ebene, der dieser Index zugehört. Folgendes quadratische Schema veranschaulicht dies am besten:

$$
\begin{array}{cccl}
a^1{}_1 & a^1{}_2 & a^1{}_3 & - E^1 \\
a^2{}_1 & a^2{}_2 & a^2{}_3 & - E^2 \\
a^3{}_1 & a^3{}_2 & a^3{}_3 & - E^3 \\
| & | & | & \\
E_1 & E_2 & E_3 &
\end{array}
\qquad (1)
$$

Legt man durch einen beliebigen Punkt $P$, welcher auf keiner der 9 Geraden liegt, eine Ebene, so schneidet sie die 9 Geraden in 9 Punkten, durch welche zwei degenerirte Curven dritter Ordnung**) gehen,

*) Die Steinersche Abhandlung über Flächen dritter Ordnung findet sich im Monatsbericht der Berliner Academie Jan. 1856 und im 53. Bande des Journals von Crelle-Borchardt.

**) Curven dritter Ordnung, ebene wie doppelt-gekrümmte, mögen fernerhin der Kürze halber cubische Curven, sowie die Flächen dritter Ordnung cubische Flächen genannt werden.

nämlich die beiden Dreiseite, in denen die Ebene die beiden Trieder durchschneidet. Die 9 Punkte bestimmen demnach nicht vollständig eine cubische Curve, sondern durch sie geht ein Büschel solcher Curven. Wird nun $P$ noch als bestimmender Punkt hinzugenommen, so wird aus dem Büschel eine bestimmte Curve ausgewählt. Diese Curve, auf allen durch $P$ gehenden Ebenen construirt, erzeugt eine Fläche dritter Ordnung, auf der dann nothwendig auch die 9 Geraden und der Punkt $P$ liegen.

2. Da ist zuerst zu beweisen, dass jede durch $P$ gehende Gerade $l$ von den erzeugenden Curven sämmtlicher durch sie gelegten Ebenen ausser in $P$ in denselben zwei Punkten getroffen wird. Es seien $L'$ und $L''$ zwei durch $l$ gelegte Ebenen, so ist klar, dass die Dreiseite, welche durch den Schnitt der beiden Ebenen mit $E^1$ $E^2$ $E^3$ entstehen und resp. zu den Curvenbüscheln dieser beiden Ebenen gehören, die Gerade $l$ in denselben drei Punkten treffen, nämlich in $(l, E^1)$, $(l, E^2)$, $(l, E^3)$. Dasselbe gilt für die Dreiseite, welche durch $L'$ und $L''$ aus $E_1$ $E_2$ $E_3$ ausgeschnitten werden. Mithin haben die beiden cubischen Involutionen, in denen die cubischen Curvenbüschel der Ebenen $L'$ und $L''$ der Geraden $l$ begegnen, 2 Punktentripel gemein, sind also, da jede Involution durch 2 Punktgruppen bestimmt ist, identisch. Es giebt demnach auf $l$ nur einmal zwei Punkte, welche mit $P$ zu einem Tripel zusammengehören und durch welche die durch $P$ gehenden Curven der Büschel auf $L'$ und $L''$ gehen müssen. Mithin trifft die Gerade $l$ die durch $P$ gehende Curve des Büschels der Ebene $L'$ in denselben zwei Punkten, in denen sie die durch $P$ gehende Curve des Büschels der Ebene $L''$ trifft. Nun ist ersichtlich, dass sie dort auch die durch $P$ gehende Curve des Büschels jeder andern durch sie gelegten Ebene trifft. Mithin durchschneidet $l$ und so jede andere durch $P$ gezogene Gerade den durch alle diese Curven erzeugten Ort in 3 Punkten.

Eine nicht durch $P$ gehende Gerade $p$ begegnet offenbar dem Orte unserer Curven in den 3 Punkten, in denen sie von der erzeugenden Curve der Ebene $(P, p)$ getroffen wird. Nehmen wir an, es läge auf $p$ noch irgend ein anderer Punkt des betrachteten Orts, der von der erzeugenden Curve einer andern durch $P$ gehenden Ebene 𝔈 herrührt, so müsste er doch auf der Schnittgeraden $\lambda$ der Ebenen $\mathfrak{E}$ und $(P, p)$ liegen, welche durch $P$ geht, also einer der drei Punkte sein, in denen die erzeugende Curve der Ebene $\mathfrak{E}$ der Geraden $\lambda$ begegnet, und diese drei Punkte sind, da $\lambda$ durch $P$ geht, mit den 3 Punkten identisch, in denen die erzeugende Curve der Ebene $(P, p)$ die Gerade $\lambda$ schneidet, so dass unser auf $p$ liegender Punkt auch auf dieser Curve liegen, also einer der drei oben genannten Punkte sein muss. Demnach muss jede erzeugende Curve, deren Ebene nicht durch $p$ geht, welche aber dieser Geraden begegnet, dies in einem der drei Punkte thun, in denen $p$ durch die erzeugende Curve der Ebene $(P, p)$ getroffen wird. Folglich begegnet jede Gerade $p$ dem Orte der Curven nur in 3 Punkten; dieser Ort ist eine cubische Fläche $F^3$.

3. Die 9 Geraden $a$ liegen auf derselben; man kann dieselben sechsmal zu je dreien zusammenstellen, welche gegen einander windschief sind, d. h. von denen keine zwei einander schneiden. Es sind je drei solche, von denen keine zwei in derselben Horizontal- oder Verticalreihe des obigen Schemas stehen; also:

$$(2)\qquad \left.\begin{array}{l} \text{I}\ \ a^1_1\ a^2_2\ a^3_3 \\ \text{II}\ \ a^2_1\ a^3_2\ a^1_3 \\ \text{III}\ \ a^3_1\ a^1_2\ a^2_3 \end{array}\right\} A \qquad \left.\begin{array}{l} \text{IV}\ \ a^1_3\ a^2_2\ a^3_1 \\ \text{V}\ \ a^1_2\ a^2_1\ a^3_3 \\ \text{VI}\ \ a^1_1\ a^2_3\ a^3_2 \end{array}\right\} B.$$

Die sechs Tripel zerfallen in zwei Systeme $A$ und $B$; kein Tripel eines Systems hat mit einem desselben Systems eine Gerade gemein, jedoch jedes des einen Systems mit jedem des andern. Jedes Tripel von drei gegen einander windschiefen Geraden erzeugt durch alle Geraden, die denselben begegnen, ein Hyperboloid mit einem Fache*), zu dessen einer Schaar jene drei Geraden gehören, dessen andere Schaar durch alle die genannten schneidenden gebildet wird.

Wir haben es also hier mit 6 Hyperboloiden zu thun, welche mit der Fläche $F^3$ je drei gegen einander windschiefe Geraden $l_1\ l_2\ l_3$ gemein haben. Jedes derselben durchschneidet mithin die Fläche noch in einer cubischen Raumcurve $R^3$. Jede Gerade des Hyperboloids trifft die cubische Fläche $F^3$ und demnach die

*) Da wir es im Folgenden grösstentheils mit solchen Hyperboloiden zu thun haben, so mag Hyperboloid ohne weitere Benennung stets ein Hyperboloid mit einem Fache bezeichnen.

vollständige Schnittcurve dieser und des Hyperboloids dreimal. Jede Gerade der Schaar $l_1\, l_2\, l_3$ trifft keine dieser drei Geraden, folglich muss sie $R^3$ dreimal treffen. Durch jeden Punkt des Hyperboloids geht eine solche Gerade, folglich wird von jedem Punkte des Hyperboloids die Raumcurve $R^3$ auf eine Ebene in eine ebene Curve dritter Ordnung mit einem dreifachen Punkte, d. h. in ein System von drei in einem Punkte zusammenlaufenden Geraden projicirt, und da sie von jedem Punkte des Hyperboloids so projicirt wird, muss sie selbst aus 3 Geraden $m_1\, m_2\, m_3$ bestehen. Diese gehören zu der andern Schaar des Hyperboloids als $l_1\, l_2\, l_3$, also zu den Geraden, welche allen 3 Geraden $l_1\, l_2\, l_3$ begegnen. Es ist nämlich von vornherein klar, dass 4 Gerade derselben Schaar eines Hyperboloids (welche „die hyperboloidische Lage haben") nicht auf einer cubischen Fläche liegen können, denn alle Geraden der andern Schaar träfen diese 4 Geraden, schnitten mithin die cubische Fläche viermal, lägen also auf ihr; das Hyperboloid wäre demnach ein Theil der cubischen Fläche; doch mit cubischen Flächen, welche in Flächen niedrigerer Ordnung zerfallen, wollen wir uns natürlich nicht beschäftigen.

Also: Das Hyperboloid, das durch drei gegen einander windschiefe Geraden einer cubischen Fläche gelegt ist, schneidet diese noch in drei ebenfalls windschiefen Geraden, welche zur andern Schaar des Hyperboloids gehören, als jene. („Doppeldreihyperboloid".)

Oder: Von allen Geraden, welche dreien windschiefen Geraden einer cubischen Fläche begegnen (und welche auch alle windschief gegen einander sind), liegen drei ganz auf der cubischen Fläche.

Wir wollen nun die Geraden einführen, in denen die aus den 6 Tripeln hervorgehenden Hyperboloide die cubische Fläche noch schneiden:

| | | | | |
|---|---|---|---|---|
| | I | Hyperboloid | $H_1 = [a^1{}_1\, a^2{}_2\, a^3{}_3]$ | liefert die Geraden $g_1'\, g_1''\, g_1'''$ |
| | II | „ | $H_2 = [a^2{}_1\, a^3{}_2\, a^1{}_3]$ | „ „ „ $g_2'\, g_2''\, g_2'''$ |
| (3) | III | „ | $H_3 = [a^3{}_1\, a^1{}_2\, a^2{}_3]$ | „ „ „ $g_3'\, g_3''\, g_3'''$ |
| | IV | „ | $H_4 = [a^1{}_3\, a^2{}_2\, a^3{}_1]$ | „ „ „ $g_4'\, g_4''\, g_4'''$ |
| | V | „ | $H_5 = [a^1{}_2\, a^2{}_1\, a^3{}_3]$ | „ „ „ $g_5'\, g_5''\, g_5'''$ |
| | VI | „ | $H_6 = [a^1{}_1\, a^2{}_3\, a^3{}_2]$ | „ „ „ $g_6'\, g_6''\, g_6'''$. |

Es kommen also zu den 9 Geraden $a$ noch 18 Gerade $g$, die

auf der cubischen Fläche liegen, hinzu, so dass im Ganzen jetzt 27 Gerade auf derselben sich ergeben haben. Keine der Geraden $g$ ist mit einer Geraden $a$ identisch, ersichtlich nicht mit einer der Geraden $a$, aus denen sie abgeleitet ist, aber auch mit keiner andern, weil keine Gerade $a$ dreien sich nicht schneidenden Geraden $a$ begegnet, sondern nur zweimal zwei sich schneidenden. Dass zwei Gerade $g$ mit demselben Index zusammenfallen, dass also eins der obigen 6 Hyperboloide die cubische Fläche in einer einfachen und in zwei zusammenfallenden Geraden durchschneidet, erkennt man leicht als eine specielle Lage, die im Allgemeinen nicht eintritt. Wohl aber könnte man auch im allgemeinen Fall es für möglich halten, dass zwei Gerade $g$ mit verschiedenem Index identisch sind. Nehmen wir z. B. an, $g_1'$ und $g_2'$ wären dieselbe Gerade $g$, so schnitte diese die beiden sich schneidenden Geraden $a^1{}_1$ und $a^2{}_1$, ginge also entweder durch ihren Schnittpunkt, in welchem Falle dieser Punkt ein Knotenpunkt der cubischen Fläche sein müsste, da drei nicht in derselben Ebene liegende Geraden der cubischen Fläche in ihm zusammenstossen, also nicht blos eine Ebene die cubische Fläche dort berührt — doch Flächen mit Knotenpunkten betrachten wir nicht —; oder die Gerade $g$ läge in der Ebene ($a^1{}_1$ $a^2{}_1$), müsste also, da mehr als 3 Gerade einer Ebene nicht auf einer cubischen Fläche liegen können, mit $a^3{}_1$, der dritten Geraden der cubischen Fläche in dieser Ebene, identisch sein, was nach dem Obigen nicht möglich ist.

Also auf der allgemeinen cubischen Fläche sind die 18 Geraden $g$ von den Geraden $a$ und unter einander verschieden.

4. Jede der Geraden $g$ muss jedes der 5 Hyperboloide, aus denen sie nicht hervorgegangen ist, in zwei Punkten treffen, d. h. da sie eine Gerade der cubischen Fläche ist, sie muss zwei der 6 Geraden treffen, welche das Hyperboloid mit der cubischen Fläche gemein hat.

Betrachten wir die Gerade $g_1'$, welche durch das Hyperboloid $H_1$ geliefert wird. Welche der 6 Geraden, in denen das ebenfalls zum Systeme $A$ gehörige Hyperboloid $H_2$ die cubische Fläche schneidet, trifft sie? Diese sechs Geraden sind $a^2{}_1$ $a^3{}_2$ $a^1{}_3$ $g_2'$ $g_2''$ $g_2'''$. Keine der Geraden $a^2{}_1$ $a^3{}_2$ $a^1{}_3$ wird von $g_1'$ getroffen, denn es ist auch wieder leicht einzusehen, dass keine Gerade $g$ eine andere

Gerade $a$ als die drei des Tripels treffen kann, aus dem sie hervorgeht, wenn nicht ein Knotenpunkt entstehen oder $g$ mit einer Geraden $a$ identisch sein soll. Also muss $g_1'$ zweien der 3 Geraden $g_2'$ $g_2''$ $g_2'''$ begegnen. Diese haben wir noch nicht von einander unterschieden; wir nehmen an, dass sie den beiden begegne, welche nicht denselben Accent haben wie sie, also den Geraden $g_2''$ $g_2'''$. Die Gerade $g_1''$ muss nun auch zweien der 3 Geraden $g_2$ begegnen. Wir nehmen an, sie treffe dieselben beiden Geraden $g_2''$ $g_2'''$ wie $g_1'$; da nun $g_1'''$ auch zweien der drei Geraden $g_2$ begegnet, so muss sie, wenn nicht auch wieder dieselben beiden, doch wenigstens eine derselben treffen; etwa die $g_2''$. Dann träfen die drei Geraden $g_1'$ $g_1''$ $g_1'''$ alle die Gerade $g_2''$ und zwar, da sie gegen einander windschief sind, in 3 verschiedenen Punkten, also läge $g_2''$ auf dem Hyperboloide $H_1$ und gehörte zur Schaar $a^1{}_1$ $a^2{}_2$ $a^3{}_3$, folglich hätten die 4 Geraden der cubischen Fläche $a^1{}_1$ $a^2{}_2$ $a^3{}_3$ $g_2''$ die hyperboloidische Lage, was nicht möglich. Wir sehen also, dass nur folgendes Arrangement möglich ist:

$$(4)\qquad \begin{array}{llllllll} g_1' & \text{trifft} & g_2'' & \text{und} & g_2''' & \text{und ebenso} & g_3'' & \text{und } g_3''', \\ g_1'' & ,, & g_2' & ,, & g_2''' & ,, \quad ,, & g_3' & ,, \ g_3''' \\ g_1''' & ,, & g_2' & ,, & g_2'' & ,, \quad ,, & g_3' & ,, \ g_3''. \end{array}$$

Wie wir diejenigen beiden Geraden $g_2$, welche von $g_1'$ getroffen werden, mit $g_2''$ und $g_2'''$ bezeichnet haben, so bezeichnen wir die beiden Geraden $g_3$, die von $g_1'$ getroffen werden, auch mit $g_3''$ und $g_3'''$. Dann ist klar, dass $g_1''$ die Gerade $g_2'$ trifft und eine der beiden Geraden $g_2''$ und $g_2'''$; wir haben diese noch nicht unterschieden, wir nennen diejenige, welche von $g_1''$ getroffen wird, $g_2'''$; ebenso trifft $g_1''$ die Gerade $g_3'$ und eine der Geraden $g_3''$ und $g_3'''$; wir nennen die getroffene $g_3'''$. Dass nun $g_1'''$ die Geraden $g_2'$ $g_2''$ $g_3'$ $g_3''$ trifft, ist dann eine nothwendige Folge des Resultats, dass keine der 3 Geraden $g_1$ denselben zwei der Geraden $g_2$ oder $g_3$ begegnen kann.

Aus der Tabelle (4) geht hervor, dass man die Indices 1, 2, 3 unter einander vertauschen kann, denn dass z. B. $g_2'$ die Geraden $g_1''$ und $g_1'''$ (und in Folge dessen $g_1'$ nicht) trifft, zeigt die Tabelle selbst; träfe $g_2'$ die Gerade $g_3'$, so müssten in ihrer Ebene auch $g_1''$ und $g_1'''$ liegen, da jene beiden von diesen beiden getroffen werden; das ist aber nicht möglich. Also muss

$g_2'$ die Geraden $g_3''$ und $g_3'''$ treffen. Eine ähnliche Tabelle lässt sich für die Geraden $g$ mit den Indices 4, 5, 6 aufstellen.

Also jede Gerade $g$, die einen der Indices 1, 2, 3 (oder 4, 5, 6) hat, schneidet von den übrigen Geraden $g$, die einen dieser Indices haben, 4 und zwar die, welche mit ihr weder im Accent noch im Index übereinstimmen, und unter diesen schneiden sich aus demselben Grunde zweimal je zwei.

Z. B. $g_3''$ trifft $g_1'$ $g_1'''$ $g_2'$ $g_2'''$, von diesen schneiden sich $g_1'$ $g_2'''$, $g_1'''$ $g_2'$; oder $g_5'''$ trifft $g_1'$ $g_1''$ $g_6'$ $g_6''$, von diesen schneiden sich $g_1'$ $g_6''$, $g_1''$ $g_6'$.

Untersuchen wir nun, in welchen 2 Punkten die Gerade $g_1'$, die sich aus dem Hyperboloide $H_1$ des Systems $A$ ergiebt, ein Hyperboloid des Systems $B$ z. B. $H_4$ trifft, oder welche der 6 Geraden $a^1{}_3$ $a^2{}_2$ $a^3{}_1$ $g_4'$ $g_4''$ $g_4'''$ von $g_1'$ geschnitten wird. Offenbar wird $a^2{}_2$ geschnitten, denn diese Gerade gehört zu dem Tripel, welches uns die Gerade $g_1'$ geliefert hat; aber nicht $a^1{}_3$ und $a^3{}_1$; also muss $g_1'$ noch eine der 3 Geraden $g_4$ schneiden. Ueber das Positionsverhältniss der Geraden $g_4$ $g_5$ $g_6$ zu den Geraden $g_1$ $g_2$ $g_3$ ist noch nichts festgestellt; also nehmen wir an, dass diejenige der 3 Geraden $g_4$, welche von $g_1'$ getroffen wird, $g_4'$ sei, die mit demselben Accent. $g_1'$ muss ebenso je eine der Geraden $g_5$ und $g_6$ treffen; da nun $g_4'$ die 4 Geraden $g_5''$ $g_5'''$ $g_6''$ $g_6'''$ schneidet, so kann $g_1'$ keine dieser treffen; denn träfe sie z. B. $g_5''$, so läge sie mit $g_4'$ und $g_5''$ in derselben Ebene, wäre also identisch mit $g_6'''$. Also trifft $g_1'$ die Geraden $g_5'$ und $g_6'$, folglich ebenfalls die mit demselben Accent.

Kann $g_1''$ dieselben Geraden $g_4$ $g_5$ $g_6$ treffen, welche $g_1'$ trifft, also z. B. $g_4'$? Die beiden Hyperboloide $H_1$ und $H_4$ haben eine Generatrix $a^2{}_2$ gemein, also noch eine cubische Raumcurve, die von jeder Generatrix jedes der beiden Hyperboloide aus der Schaar $a^2{}_2$ zweimal, von jeder andern, also auch von den Geraden $g_1$ und $g_4$ einmal getroffen wird. Träfen $g_1'$ und $g_1''$ beide $g_4'$, und das müsste, da $g_1'$ und $g_1''$ windschief sind, in getrennten Punkten geschehen, so müsste es doch auf der Schnittcurve von $H_1$ und $H_4$ geschehen, aber nicht auf $a^2{}_2$ — weil sonst da je 3 Gerade der cubischen Fläche, die nicht in einer Ebene liegen, zusammenkämen, also ein Knotenpunkt entstände —, mithin auf der cubischen Raumcurve; diese würde demnach von $g_4'$ zweimal getroffen, was dem obigen Resultate widerspricht; also kann $g_1''$ nicht $g_4'$, $g_5'$ oder $g_6'$ treffen, folglich je eine der beiden übrigen. Da wir noch nichts festgesetzt haben über die Lage der Geraden $g_4\, g_5\, g_6$ mit den Accenten 2 und 3 zu den Geraden $g_1\; g_2\; g_3$ mit diesen Accenten, so nehmen wir nun an, $g_1''$ treffe $g_4''$, dann folgt wie oben, dass sie auch $g_5''$ und $g_6''$ trifft. Nothwendig muss nun $g_1'''$ die Geraden $g_4'''$, $g_5'''$, $g_6'''$ treffen. Ebenso muss $g_4'$, weil es $g_1'$ trifft, auch $g_2'$, $g_3'$ treffen; dasselbe gilt für $g_5'$, $g_6'$. Ferner trifft jede der 3 Geraden $g_4''\; g_5''\; g_6''$, weil sie $g_1''$ trifft, auch $g_2''$ und $g_3''$, und endlich muss jede der 3 Geraden $g_4'''\; g_5'''\; g_6'''$ die Geraden $g_2'''$, $g_3'''$ schneiden, weil sie $g_1'''$ schneidet.

Also jede Gerade $g$, die den Index 1, 2, 3 hat, trifft jede Gerade $g$, die den Index 4, 5, 6 hat und ebenso accentuirt ist wie jene.

Folglich liegen je die 6 Geraden $g$ mit demselben Accent auf einem Hyperboloide; die drei mit den Indices 1, 2, 3 gehören zu der einen Schaar, die mit den Indices 4, 5, 6 zur andern.

Nun können wir schon einsehen, dass jede der gefundenen 27 Geraden der cubischen Fläche von 10 andern geschnitten wird, von denen fünfmal je zwei sich wieder schneiden, also mit jener ein Dreieck bilden.

Z. B. die Gerade $a^3{}_2$ wird geschnitten von:

$a^1{}_2\; a^2{}_2$; $a^3{}_1\; a^3{}_2$; $g_2'\; g_6'$; $g_2''\; g_6''$; $g_2'''\; g_6'''$ (die sich schneidenden sind zusammengestellt).

Ebenso $g_3''$ wird geschnitten von:

$a^3{}_1\; g_1''$; $a^1{}_2\; g_5''$; $a^2{}_3\; g_6''$; $g_1'\; g_2'''$; $g_1'''\; g_2'$.

Es giebt nicht mehr als 27 Gerade auf der allgemeinen cubischen Fläche. Nach den vorhergehenden Betrachtungen sind die bisher gefundenen 27 Geraden so arrangirt, dass die dritte in der Ebene je zweier sich schneidenden von ihnen auch zu ihnen gehört. Wäre also $G$ eine 28. Gerade der cubischen Fläche, so träfe sie in jedem der drei Dreiecke $a^1{}_1\, a^1{}_2\, a^1{}_3$, $a^2{}_1\; a^2{}_2\; a^2{}_3$, $a^3{}_1\; a^3{}_2\; a^3{}_3$, die ja den vollständigen Schnitt ihrer Ebene mit der cubischen Fläche bilden, eine Seite, und da sie nicht die dritte Gerade in der Ebene zweier sich schneidenden von den 9 Seiten sein kann, so muss sie 3 windschiefe treffen, also eins von den 6 Tripeln der Tabelle (2), mithin auf dem betreffenden Hyperboloide liegen, also eine der 3 übrigen Geraden sein, die dieses mit der cubischen Fläche gemein hat, d. h. eine der 18 Geraden $g$.

## II.

## Die zweite Steinersche Erzeugungsart.

5. Es sei gegeben ein Flächenbüschel 2. Ordnung $B(F^2)$ mit der Grundcurve $R^4$ und ein Ebenenbüschel $B(E)$ mit der Axe $A$, welche projectivisch auf einander bezogen sind. Die Durchschnittscurven der entsprechenden Elemente der beiden Büschel erzeugen eine Fläche dritter Ordnung $F^3$. Denn der Durchschnitt der erzeugten Fläche mit einer beliebigen Ebene wird offenbar das Erzeugniss der Durchschnittspunkte der entsprechenden Elemente des Kegelschnittbüschels und des Strahlbüschels sein, in denen die Ebene das Flächenbüschel und das Ebenenbüschel durchschneidet, also nach Herrn Chasles eine Curve 3. Ordnung, welche auch die 4 Grundpunkte des Kegelschnittbüschels und den des Strahlbüschels enthält. Mithin wird die erzeugte Fläche durch jede Ebene in einer cubischen Curve geschnitten, folglich ist sie eine cubische Fläche, und da jene 5 Grundpunkte die Durchschnitte der Transversalebene mit der Grundcurve des Flächenbüschels und der Axe des Ebenenbüschels sind, so liegen diese beiden auf der cubischen Fläche.

Jede durch die Axe $A$ gelegte Ebene schneidet aus der cubischen Fläche noch einen Kegelschnitt aus, nämlich den, in welchem sie als Ebene des Büschels $B(E)$ ihrer entsprechenden Fläche begegnet. Da die beiden Punkte, in denen ein erzeugender Kegelschnitt der Axe $A$ begegnet, die Punkte sind, in denen die Fläche 2. Ordnung des Büschels $B(F^2)$, von welcher der Kegelschnitt herrührt, diese Axe trifft, so bilden alle diese Punktenpaare auf $A$ eine Involution.

6. Sehr wichtig ist es nun zu untersuchen, wie viele der durch $A$ gehenden Ebenen die cubische Fläche in einem Geradenpaare schneiden, also wie oft eine Ebene des Büschels $B(E)$ ihre entsprechende Fläche im Büschel $B(F^2)$ berührt.

Es sei $m$ ein Punkt der Axe $A$; seine Polarebenen in Bezug auf alle Flächen des Büschels $B(F^2)$ bilden um die conjugirte Polare $\pi$ des Punktes $m$ ein dem Flächenbüschel $B(F^2)$ projectivisches Ebenenbüschel; in den Punkten der Schnittcurve einer solchen Ebene mit der entsprechenden Fläche, d. h. mit der, in Bezug auf welche sie Polarebene von $m$ ist, wird diese Fläche von ihren durch den Punkt $m$ gehenden Tangentenebenen berührt. Diese Schnittcurven, als Durchschnitte der entsprechenden Elemente eines Flächenbüschels 2. Ordnung und eines Ebenenbüschels, erzeugen nach Nr. 5 eine cubische Fläche $S^3$. Diese ist also der Ort der Berührungspunkte der von $m$ an alle Flächen des Büschels gelegten Tangentenebenen; sie enthält auch die Gerade $\pi$, die Axe des erzeugenden Ebenenbüschels.

Die reciproken Polaren der Axe $A$ in Bezug auf die Flächen des Büschels $B$ ($F^2$) bilden bekanntlich die Geraden der einen Schaar eines Hyperboloids, dessen andere Schaar durch die conjugirten Polaren der Punkte von $A$ in Bezug auf das Büschel $B$ ($F^2$) gebildet wird. Dieses Hyperboloid $H_1$ enthält also auch die Gerade $\pi$, mithin haben die beiden Flächen $S^3$ und $H_1$ noch eine Raumcurve 5. Ordnung $R^5$ gemein. Durch jeden Punkt dieser Curve geht, weil er auf $H_1$ liegt, die reciproke Polare der Axe $A$ in Bezug auf eine gewisse Fläche $F_1{}^2$ des Büschels, also natürlich auch die Polarebene von $m$ in Bezug auf diese Fläche; da er aber auch auf $S^3$ liegt, so befindet er sich auf einer Fläche des Büschels und auf der Polarebene von $m$ in Bezug auf dieselbe; nun wissen wir schon, dass er auf der Polarebene von $m$ in Bezug auf $F_1{}^2$ liegt, also liegt er auf $F_1{}^2$ selbst, ist mithin einer der beiden Punkte, in denen $F_1{}^2$ von der reciproken Polare der Axe $A$ in Bezug auf $F_1{}^2$ getroffen wird, also der Berührungspunkt einer der beiden von $A$ an $F_1{}^2$ gelegten Tangentenebenen. Umgekehrt ist leicht einzusehen, dass der Berührungspunkt jeder von $A$ an eine Fläche des Büschels gelegten Tangentenebene auf dem Durchschnitt von $S^3$ und $H_1$ liegen muss, freilich nicht auf $\pi$, denn diese ändert sich mit dem Punkte $m$, also auf $R^5$, welche festbleibt, wenn der Punkt $m$ und die Fläche $S^3$ sich ändert, und mit der Grundcurve $R^4$ die Grundcurve des von den allen Punkten der Geraden $A$ zugehörigen Flächen $S^3$ gebildeten Büschels zusammensetzt. Auf der Curve $R^5$ müssen wir also auch die Schnittpunkte (Mittelpunkte) der gesuchten Geradenpaare aufsuchen.

Das Polarebenenbüschel eines zweiten Punktes $m'$ auf $A$ in Bezug auf die Flächen von $B$ ($F^2$) — seine Axe $\pi'$, die conjugirte Polare von $m'$ in Bezug auf $B(F^2)$, liegt ersichtlich auf $H_1$ — ist auch dem Flächenbüschel $B(F^2)$ und mithin auch dem Ebenenbüschel $B(E)$ projectivisch. Die beiden Ebenenbüschel erzeugen ein Hyperboloid $H_2$, welches die Axen $\pi'$ und $A$ der erzeugenden Büschel enthält, so dass die beiden Hyperboloide $H_1$ und $H_2$ ausser der Geraden $\pi'$ noch eine cubische Raumcurve $R^3$ gemein haben. Diese Raumcurve $R^3$ ist der Ort der Punkte, in deren jedem die reciproke Polare der Geraden $A$ in Bezug auf eine Fläche aus $B(F^2)$ von der dieser Fläche entsprechenden Ebene aus $B(E)$ getroffen wird. Schneidet nun eine Ebene $E_1$ aus $B(E)$ ihre entsprechende Fläche $F_1^2$ in einem Geradenpaare, so berührt sie dieselbe im Mittelpunkte des Geradenpaares und trifft dort die reciproke Polare von $A$, durch welche ja $E_1$ geht, in Bezug auf $F_1^2$. Also müssen wir die Mittelpunkte unserer Geradenpaare auch auf $R^3$ suchen. Es fragt sich nun, in wie viel Punkten $R^5$ und $R^3$ einander begegnen, und ob alle diese Begegnungspunkte die Eigenschaft besitzen, dass in ihnen eine Fläche des Büschels $B(F^2)$ von der entsprechenden Ebene aus $B(E)$ berührt wird.

Die drei Flächen $S^3$, $H_1$, $H_2$ haben 12 gemeinsame Punkte; diese werden erstens die Schnittpunkte von $\pi'$ und $R^5$, zweitens die Schnittpunkte von $\pi$ und $R^3$ und drittens die von $R^3$ und $R^5$ sein. Einen Schnittpunkt von $\pi$ und $\pi'$ giebt es nicht, da diese beiden Geraden zu derselben Schaar von $H_1$ gehören. Alle Geraden des Hyperboloids $H_1$, welche conjugirte Polaren sind, schneiden $\pi$ nicht; da sie nun $S^3$ und damit deren Schnittcurve $(\pi, R^5)$ mit $H_1$ dreimal treffen müssen, so begegnen sie $R^5$ dreimal, also auch $\pi'$ trifft $R^5$ dreimal. Die Gerade $\pi'$ bildet mit $R^3$ den Durchschnitt zweier Hyperboloide $H_1$ und $H_2$, also trifft sie $R^3$ zweimal; mithin trifft auch $\pi$, welche auf $H_1$ zu derselben Schaar gehört wie $\pi'$, die Curve $R^3$ zweimal. Die Anzahl der Punkte der ersten und zweiten Art beträgt mithin 5, es müssen demnach 7 Schnittpunkte von $R^5$ und $R^3$ sein. Zu diesen 7 Schnittpunkten gehören aber auch die beiden Asymptotenpunkte der Involution, welche durch das Flächenbüschel $B(F^2)$ in die Axe $A$ eingeschnitten wird. Die beiden Punkte liegen in der That auf allen drei Flächen: auf $H_2$, weil die ganze Gerade $A$ auf dieser liegt, auf $H_1$ und $S^3$ oder besser gleich auf $R^5$, weil ja offenbar die Tangentenebene $T_0$ jedes der beiden Asymptotenpunkte an die Fläche $F_0^2$ des Büschels, welche in ihm die Gerade $A$ berührt, durch $A$ geht. Auf $\pi'$ liegen ersichtlich die beiden Punkte nicht, also sind sie Begegnungspunkte von $R^3$ und $R^5$, aber keineswegs ist es nothwendig, dass die Tangentenebene $T_0$ auch die der Fläche $F_0^2$ des Büschels entsprechende im Büschel $B(E)$ sei.

Folglich bleiben nur 5 Punkte übrig, für welche dies der Fall ist.

Also von den durch $A$ gehenden Ebenen schneiden fünf die cubische Fläche in einem Geradenpaare.

7. Da nun jede auf der cubischen Fläche liegende Gerade, die einer andern solchen Geraden begegnet, in der durch beide gebildeten Ebene eine dritte nach sich zieht, so ist klar, dass keine weitere Gerade der cubischen Fläche als die 10 der fünf Geradenpaare die Gerade $A$ trifft. Da ferner jede auf der cubischen Fläche liegende Gerade nothwendig dem vollständigen Schnitt einer Ebene mit der Fläche einmal begegnen muss, so müssen alle etwa noch ausser den schon gefundenen 11 Geraden auf der cubischen Fläche existirenden Geraden allen erzeugenden Kegelschnitten, also auch jedem der 5 Geradenpaare einmal begegnen.

Es seien $S'$ $S''$ $S'''$ $S^{IV}$ 4 der erzeugenden Kegelschnitte; sie haben im Allgemeinen keine Punkte gemein; diese müssten auf der allen ihren Ebenen gemeinschaftlichen Schnittlinie $A$ liegen, und diese wird ja von den erzeugenden Kegelschnitte in einer Involution geschnitten, deren Punktenpaare im Allgemeinen keinen Punkt gemein haben. Giebt es also Gerade, welche den 4 Kegelschnitten begegnen, so muss das in getrennten Punkten geschehen; solche Geraden treffen demnach die cubische Fläche viermal, liegen mithin auf ihr und treffen jeden der übrigen erzeugenden Kegelschnitte einmal.

Alle Geraden, welche den drei beliebigen Geraden $p'$ $p''$ $p'''$ begegnen, erzeugen ein Hyperboloid; dies wird von dem Kegelschnitt $S'$ viermal getroffen, und zwar im Allgemeinen in Punkten, welche verschiedenen Generatricen des Hyperboloids angehören; also giebt es 4 Gerade, welche $p'$ $p''$ $p'''$ $S'$ treffen, oder von den Geraden, welche $p'$ $p''$ $S'$ treffen, begegnen 4 der beliebigen Geraden $p'''$, mithin erzeugen die Geraden, welche $p'$ $p''$ $S'$ treffen, eine Regelfläche 4. Ordnung; diese wird von $S''$ in 8 Punkten getroffen, welche wieder im Allgemeinen verschiedenen Generatricen der Regelfläche angehören; mithin trifft die Regelfläche, welche von den Geraden gebildet wird, welche $p'$ $S'$ $S''$ begegnen, die beliebige Gerade $p''$ achtmal, also ist sie 8. Ordnung und wird von $S'''$ sechzehnmal getroffen, woraus sich ergiebt, dass das Erzeugniss der Geraden, welche den 3 Kegelschnitten $S'$ $S''$ $S'''$ begegnen, eine Regelfläche 16. Ordnung ist. In dem speciellen Falle, wie es der unserige ist, in dem jeder der 3 Kegelschnitte der Geraden $A$ zweimal begegnet, ist diese Gerade eine achtfache Generatrix der Regelfläche 16. Ordnung. Denn es seien $\alpha'\beta'$, $\alpha''\beta''$, $\alpha'''\beta'''$ die drei Schnittpunktenpaare, so fallen die 8 Generatricen $\alpha'\alpha''\alpha'''$, $\alpha'\alpha''\beta'''$, $\alpha'\beta''\alpha'''$, $\alpha'\beta''\beta'''$, $\beta'\alpha''\alpha'''$, $\beta'\alpha''\beta'''$, $\beta'\beta''\alpha'''$, $\beta'\beta''\beta'''$ alle in die Gerade $A$. (Auch die 3 Kegelschnitte $S'$ $S''$ $S'''$ sind vierfache Curven auf der Regelfläche.) Also ausser in den beiden Punkten von $S^{IV}$, welche auf $A$ liegen und deren jeder achtfach zu rechnen ist, wird $S^{IV}$ von der Regelfläche noch sechzehnmal getroffen, oder $S^{IV}$ wird von der Curve 8. Ordnung, welche die Ebene von $S^{IV}$ aus der Regelfläche ausser der achtfachen Generatrix $A$ ausschneidet, sechzehnmal getroffen. Daraus schliessen wir, dass es ausser der Geraden $A$, die jeden der 4 Kegelschnitte $S'$ $S''$ $S'''$ $S^{IV}$ zweimal trifft, 16 Geraden giebt, welche jeden einmal treffen und in Folge dessen auf der cubischen Fläche liegen und auch jedem andern der erzeugenden Kegelschnitte einmal begegnen. Da wir nun oben gefunden haben, dass jede Gerade, die ausser den 11 früher gefundenen auf der cubischen Fläche liegt, jedem der erzeugenden Kegelschnitte begegnen muss, so leuchtet ein, dass es ausser den bis jetzt gefundenen 27 Geraden keine andern auf der Fläche 3. Ordnung geben kann.

8. Jede der in der vorigen Nummer gefundenen 16 Geraden trifft nun auch jedes der 5 Geradenpaare, welche $A$ begegnen, einmal, also aus jedem Geradenpaare je eine Gerade. Die 5 getroffenen Geraden sind offenbar windschief gegen einander.

Die 5 Geradenpaare seien $a'a''$, $b'b''$, $c'c''$, $d'd''$, $e'e''$. Schon 4 der Geradenpaare werden uns das Arrangement der Geraden geben; wir nehmen dazu die 4 ersten $a'a''$, $b'b''$, $c'c''$, $d'd''$. Aus diesen 8 Geraden können wir 16 Gruppen von je 4 sich nicht schneidenden Geraden bilden (je eine aus jedem Paare), nämlich:

| | 1. | 2. | 3. | 4. | 5. | 6. | 7. | 8. |
|---|---|---|---|---|---|---|---|---|
| | $a'$ | $a'$ | $a'$ | $a'$ | $a'$ | $a'$ | $a'$ | $a'$ |
| | $b'$ | $b''$ | $b'$ | $b''$ | $b'$ | $b''$ | $b''$ | $b'$ |
| | $c'$ | $c''$ | $c'$ | $c''$ | $c''$ | $c'$ | $c'$ | $c''$ |
| (5) | $d'$ | $d''$ | $d''$ | $d'$ | $d'$ | $d''$ | $d'$ | $d''$ |
| | 9. | 10. | 11. | 12. | 13. | 14. | 15. | 16. |
| | $a''$ | $a''$ | $a''$ | $a''$ | $a''$ | $a''$ | $a''$ | $a''$ |
| | $b'$ | $b''$ | $b'$ | $b''$ | $b'$ | $b''$ | $b''$ | $b'$ |
| | $c'$ | $c''$ | $c'$ | $c''$ | $c''$ | $c'$ | $c'$ | $c''$ |
| | $d'$ | $d''$ | $d''$ | $d'$ | $d'$ | $d''$ | $d'$ | $d''$. |

Jede Gerade, die die 4 Geraden einer Gruppe trifft, trifft die Oberfläche 3. Ordnung viermal, liegt auf ihr. Nun giebt es aber bei einer Gruppe von 4 windschiefen Geraden stets 2 Gerade, die alle vier treffen; bei unseren Gruppen ist die eine stets $A$, also die 16 andern sind unsere 16 Geraden; wir wollen diese 16 Geraden der Reihe nach, wie sie zu den eben aufgestellten Gruppen gehören, d. h. deren Geraden treffen, bezeichnen mit $r_1'\varrho_1'$, $r_2'\varrho_2'$, $r_3'\varrho_3'$, $\varrho_4'r_1'$, $r_4''\varrho_1''$, $r_3''\varrho_3''$, $r_2''\varrho_2''$, $\varrho_1''r_1''$. Da jede durch 2 sich schneidende Geraden der cubischen Fläche gelegte Ebene noch eine dritte Gerade aus der Fläche ausschneidet, so werden von den 8 Geraden, welche eine der 10 Geraden $a$, $b$, $c$, $d$, $e$ treffen, viermal je zwei einander schneiden. Da aber zwei sich schneidende Geraden der Fläche nur von einer einzigen Geraden derselben zugleich getroffen werden, so können die beiden Gruppen, aus denen sie hervorgehen, nur eine einzige Gerade gemein haben. Wollen wir also z. B. die Geraden haben, welche $a'$ begegnen, so sind es die, deren Gruppen $a'$ enthalten; es sind ersichtlich die 8 ersten; die schneidenden unter diesen sind die, deren Gruppen nur $a'$ gemein haben und in der Tabelle (5) schon zusammengestellt sind, also $r_1'\varrho_1'$, $r_2'\varrho_2'$, $r_3'\varrho_3'$, $r_4'\varrho_4'$. Ebenso sind schon erkenntlich die Paare der Schneidenden, welche $a''$ treffen; es sind $r_4''\varrho_4''$, $r_3''\varrho_3''$, $r_2''\varrho_2''$, $r_1''\varrho_1''$.

Es handelt sich jetzt noch darum, die Gerade $e'$ oder $e''$, die von jeder der 16 Geraden $(r\varrho)$ getroffen wird, zu bestimmen. Welche der beiden Geraden $e'$ oder $e''$ einer willkürlich herausgegriffenen der 16 Geraden, z. B. der $r_1'$, als getroffene zuertheilt wird, ist noch beliebig, da noch bis jetzt kein Unterschied zwischen ihnen statuirt ist. Nehme ich aber nun an, die von $r_1'$ getroffene sei $e'$, so ist jeder der übrigen 15 Geraden ganz bestimmt eine der beiden Geraden $e'$ oder $e''$ zugewiesen. Es ist klar, dass zwei Gerade $(r\,\varrho)$, deren Gruppen drei Gerade gemein sind, nicht zugleich von $e'$ oder $e''$ getroffen werden können, z. B. $r_1'$ und $r_2'$, welche $a'\,b'\,c'\,d'$ resp. $a'\,b'\,c'\,d''$ begegnen, können nicht zugleich $e'$ begegnen, weil dann $a'\,b'\,c'\,e'$ von drei Geraden $A\,r_1'\,r_2'$ getroffen würden, also die hyperboloidische Lage hätten; auch zwei Gerade $(r\,\varrho)$, deren Gruppen nur eine Gerade gemein haben und die mithin einander und diese Gerade schneiden, können nicht beide dieselbe Gerade $e$ schneiden. Also wenn, wie wir oben angenommen haben, $e'$ von $r_1'$ getroffen wird, so wird sie auch von $\varrho_2'\,\varrho_3'\,r_4'\,\varrho_4''\,r_3''\,r_2''\,\varrho_1''$ getroffen, $e''$ mithin von den 8 übrigen.

Fügen wir so $e'$ oder $e''$ zu jeder Gruppe passend hinzu und setzen unter die so erhaltene Gruppe von 5 Geraden jedesmal die von allen 5 getroffene Gerade $(r\,\varrho)$, so erhalten wir folgende Tabelle:

| | | | | | | | | |
|---|---|---|---|---|---|---|---|---|
| | $a'$ | $a'$ | $a'$ | $a'$ | $a'$ | $a'$ | $a'$ | $a'$ |
| | $b'$ | $b''$ | $b'$ | $b''$ | $b'$ | $b''$ | $b''$ | $b'$ |
| | $c'$ | $c''$ | $c'$ | $c''$ | $c''$ | $c'$ | $c'$ | $c''$ |
| 6) | $d'$ | $d''$ | $d''$ | $d'$ | $d'$ | $d''$ | $d'$ | $d''$ |
| | $e'$ | $e''$ | $e''$ | $e'$ | $e''$ | $e'$ | $e''$ | $e'$ |
| | $r_1'$ | $\varrho_1'$ | $r_2'$ | $\varrho_2'$ | $r_3'$ | $\varrho_3'$ | $\varrho_1'$ | $r_4'$ |
| | $a''$ | $a''$ | $a''$ | $a''$ | $a''$ | $a''$ | $a''$ | $a''$ |
| | $b'$ | $b''$ | $b'$ | $b''$ | $b'$ | $b''$ | $b''$ | $b'$ |
| | $c'$ | $c''$ | $c'$ | $c''$ | $c''$ | $c'$ | $c'$ | $c''$ |
| | $d'$ | $d''$ | $d''$ | $d'$ | $d'$ | $d''$ | $d'$ | $d''$ |
| | $e''$ | $e'$ | $e'$ | $e''$ | $e'$ | $e''$ | $e'$ | $e''$ |
| | $r_4''$ | $\varrho_4''$ | $r_3''$ | $\varrho_3''$ | $r_2''$ | $\varrho_2''$ | $\varrho_1''$ | $r_1''$. |

Aus dieser Tabelle stellen wir noch eine andere zusammen, nämlich die Tabelle der Geradenpaare, von denen jede der 10 Geraden $a, b, c, d, e$ getroffen wird. Jede dieser Geraden wird von den Geraden getroffen, in deren Gruppe sie sich befindet, und diejenigen von diesen Geraden, deren Gruppen sonst keine Gerade gemein haben, schneiden einander. Also sind die Geradenpaare, welche treffen

$$
\begin{array}{lllllll}
a' & : & r_1' \varrho_1', & r_2' \varrho_2', & r_3' \varrho_3', & r_4' \varrho_4', & a'' A; \\
a'' & : & r_1'' \varrho_1'', & r_2'' \varrho_2'', & r_3'' \varrho_3'', & r_4'' \varrho_4'', & a' A; \\
b' & : & r_1' r_1'', & r_2' r_2'', & r_3' r_3'', & r_4' r_4'', & b'' A; \\
b'' & : & \varrho_1' \varrho_1'', & \varrho_2' \varrho_2'', & \varrho_3' \varrho_3'', & \varrho_4' \varrho_4'', & b' A; \\
c' & : & r_1' \varrho_2'', & r_2' \varrho_1'', & \varrho_3' r_4'', & \varrho_4' r_3'', & c'' A; \\
c'' & : & \varrho_1' r_2'', & \varrho_2' r_1'', & r_3' \varrho_4'', & r_4' \varrho_3'', & c' A; \\
d' & : & r_1' \varrho_3'', & r_3' \varrho_1'', & \varrho_2' r_4'', & \varrho_4' r_2'', & d'' A; \\
d'' & : & \varrho_1' r_3'', & \varrho_3' r_1'', & r_2' \varrho_4'', & r_4' \varrho_2'', & d' A; \\
e' & : & r_1' \varrho_4'', & r_4' \varrho_1'', & \varrho_2' r_3'', & \varrho_3' r_2'', & e'' A; \\
e'' & : & \varrho_1' r_1'', & \varrho_4' r_1'', & r_2' \varrho_3'', & r_3' \varrho_2'', & e' A.
\end{array}
\tag{7}
$$

Wir könnten leicht noch eine Tabelle aufstellen, nämlich die der Geradenpaare, von denen eine Gerade $(r \varrho)$ getroffen wird. Jede solche Gerade wird von denjenigen andern Geraden $(r \varrho)$ geschnitten, deren Gruppen mit der der Geraden zugehörigen nur eine Gerade gemein haben, und diese Gerade ist diejenige, die sich dann auch noch in der gebildeten Ebene befindet und das Geradenpaar zum Dreieck vervollständigt. Die Tabelle würde zu umfangreich werden, und wir beschränken uns auf Beispiele. Z. B. $r_2'$ wird getroffen von:

$$\varrho_2' a', \; r_2'' b', \; \varrho_1'' c', \; \varrho_4'' d'', \; \varrho_3'' e'',$$

$r_3''$ von:

$$\varrho_3'' a'', \; r_3' b', \; \varrho_4' c', \; \varrho_1' d'', \; \varrho_2' e'.$$

## III.

## Die dritte Steinersche Erzeugungsart.

9. **Die Pampolare eines Punktes $P$ in Bezug auf ein Flächenbüschel 2. Ordnung $B(F^2)$, d. h. die Fläche, welche von den Kegelschnitten gebildet wird, in welchen jede Fläche des Büschels durch die Polarebene des Punktes $P$ in Bezug auf sie geschnitten wird oder in denen sie von dem vom Punkte $P$ an sie gelegten Tangentialkegel berührt wird, ist eine Fläche 3. Ordnung.** Die Polarebenen des Punktes $P$ in Bezug auf alle Flächen des Büschels 2. Ordnung bilden ja um die conjugirte Polare $\Pi$ des Punktes $P$ in Bezug auf das Büschel ein diesem projectivisches Ebenenbüschel. Wir haben es also mit dem Orte der Durchschnittscurven der entsprechenden Elemente eines Flächenbüschels 2. Ordnung und eines ihm projectivischen Ebenenbüschels zu thun.

Folglich ist diese Erzeugungsart nur ein specieller Fall der vorigen. Auf eine cubische Fläche, die so entstanden ist, sind wir auch schon gekommen, nämlich die Fläche $S^3$ in Nr. 6. Auf der cubischen Fläche liegen ersichtlich die conjugirte Polare $\Pi$ und die Grundcurve $R^4$ des Flächenbüschels. Die Erzeugung ist aber doch interessant genug, so dass wir auch aus ihr unabhängig von der vorigen die übrigen 26 Geraden ableiten wollen. Steiner hat es schon selbst angegeben. Zuerst suchen wir die 10 Geraden, welche $\Pi$ begegnen. Die Kegelschnitte, in denen durch $\Pi$ gehende Ebenen die Pampolare schneiden, sind die Schnitte der Flächen des Büschels mit den Polarebenen des Punktes $P$ in Bezug auf sie. Die Polarebene eines Punktes in Bezug auf eine Fläche 2. Ordnung kann diese nur dann in einem Geradenpaare schneiden, wenn die Fläche ein Kegel ist — dann geht sie durch dessen Scheitel —, oder wenn der Punkt auf der Fläche liegt — dann wird sie Berührungsebene. Nur 4 Flächen des Büschels sind Kegel und nur eine geht durch den Punkt $P$, also schneiden nur 5 Polarebenen ihre Flächen in Geradenpaaren, nur 5 durch $\Pi$ gehende Ebenen begegnen der Pampolare in einem Geradenpaare.

10. Betrachten wir dasjenige von diesen 5 der $\Pi$ begegnenden Geradenpaaren, in dem die durch $P$ gehende Fläche $F_1{}^2$ des Büschels durch die Tangentenebene in $P$, die ja auch durch $\Pi$ geht, geschnitten wird; es heisse $G'\,G''$. Sein Schnittpunkt ist $P$. Jede der beiden Geraden $G'$ und $G''$ schneidet die Grundcurve $R^4$ zweimal, weil sie auf einer durch dieselbe gehenden Fläche 2. Ordnung liegt. Diese Schnittpunkte bei $G'$, zu der wir uns jetzt allein wenden wollen, seien $\alpha'\,\beta'$.

Von einer beliebigen Geraden $L$ lassen sich an eine Raumcurve 4. Ordnung, welche den Schnitt zweier Flächen 2. Ordnung bildet, 8 Tangentenebenen legen, oder, was dasselbe ist, 8 Tangenten der Raumcurve treffen die Gerade $L$. Da nämlich eine Tangente der Raumcurve alle durch dieselbe gelegten Flächen 2. Ordnung berührt, so müssen die Polarebenen des Punktes, in dem eine solche Tangente die Gerade $L$ trifft, in Bezug auf alle diese Flächen, mithin die conjugirte Polare des Punktes in Bezug auf das Büschel der Flächen durch den Berührungspunkt der Tangente gehen, also sie muss die Raumcurve schneiden, und offenbar auch umgekehrt: sobald die conjugirte Polare eines

Punktes von $L$ die Raumcurve trifft, geht die Tangente in dem Punkte der Raumcurve, in dem die Begegnung stattfindet, durch den Punkt der Geraden $L$. Die conjugirten Polaren der Punkte von $L$ in Bezug auf das durch die Raumcurve gehende Büschel bilden ein Hyperboloid, und da dieses der Raumcurve achtmal begegnet, so gibt es 8 conjugirte Polaren von Punkten der Geraden $L$, welche der Raumcurve begegnen, und somit 8 Tangenten der Raumcurve, welche die Gerade $L$ schneiden. Trifft aber die Gerade $L$ die Raumcurve zweimal, wie dies die Gerade $G'$ bei der Grundcurve unseres Büschels $B(F^2)$ thut, so gehören offenbar die beiden Paare unendlich naher Tangenten, die sich je in den beiden Schnittpunkten begegnen, mit zu diesen 8 Tangenten. Abgesehen von diesen, wird $G'$ von 4 Tangenten der Grundcurve $R^4$ getroffen, oder durch $G'$ gehen 4 Ebenen, welche $R^4$ (und zwar in keinem der beiden Punkte $\alpha'$ $\beta'$) berühren. Betrachten wir eine dieser Berührungsebenen; sie heisse $T$; der Berührungspunkt sei $V$, die Tangente an die Grundcurve $R^4$ in $V$ sei $v$. Diese Gerade $v$ berührt alle Kegelschnitte, welche die Ebene $T$ aus den Flächen des Büschels ausschneidet; sie berührt auch die Fläche $F_1^2$, auf der $G'$ liegt, und trifft sie ausserdem noch in dem Punkte $(G', v)$, also liegt sie auf dieser Fläche, und $(G', v)$ ist das Geradenpaar, in welchem $T$ die Fläche $F_1^2$ schneidet. $v$ berührt alle Flächen des Büschels in $V$, $T$ geht durch $v$, also muss sie eine Fläche des Büschels in $V$ berühren, d. h. in einem Geradenpaare schneiden, dessen Schnittpunkt $V$ ist. Diese Fläche sei $F_2^2$. Die Punkte $\alpha'$ und $\beta'$ liegen auf $R^4$, also auch auf $F_2^2$, mithin bilden $V\alpha'$, $V\beta'$ das Geradenpaar, in dem $F_2^2$ durch $T$ geschnitten wird. Die Ebene $T$ ist eine von $P$ an $F_2^2$ gelegte Berührungsebene, also wird die Polarebene von $P$ in Bezug auf $F_2^2$ durch den Berührungspunkt $V$ gehen. Das Kegelschnittbüschel, in welchem das Flächenbüschel $B(F^2)$ durch $T$ geschnitten wird, enthält, da 2 Grundpunkte in $V$ zusammengefallen sind, nur 2 Geradenpaare $(G', v)$ und $(V\alpha', V\beta')$. Es ist dem Strahlbüschel projectivisch, in welchem das Büschel der Polarebenen um $\Pi$ von $T$ geschnitten wird. Es entsprechen sich darin die Durchschnitte der entsprechenden Flächen und Ebenen aus dem Flächen- und Ebenenbüschel. Der Grundpunkt $\pi$ des Strahlbüschels ist $(T, \Pi)$; das muss, da $G'$ auf $T$ liegt und der Geraden $\Pi$ begegnet, der Punkt $(G', \Pi)$ sein. In den beiden ebenen Büscheln sind z. B. entsprechend das Geradenpaar $(G', v)$ und die Gerade $G'$, denn diese ist der Schnitt von $T$ mit der Polarebene von $P$ in Bezug auf (Tangentenebene in $P$ an) $F_1^2$, welche Fläche durch $T$ in $(G', v)$ geschnitten wird. Der Durchschnitt dieser beiden entsprechenden Elemente beschränkt sich nicht auf 2 Punkte, sondern die ganze Gerade $G'$ ist ihnen gemein, gehört mithin vollständig zu dem Erzeugnisse der Durchschnitte der entsprechenden Elemente des Kegelschnitt- und des Strahlbüschels, d. i. der cubischen Curve, in welcher die Pampolare durch $T$ geschnitten wird und welche demnach in die Gerade $G'$ und einen Kegelschnitt $K$ zerfällt, was wir übrigens unmittelbar daraus ableiten können, dass $G'$, wie oben gefunden, auf der Pampolare liegt, so dass jede durch $G'$ gelegte Ebene diese noch in einem Kegelschnitte durchschneidet. Ferner entsprechen einander das Geradenpaar $(V\alpha', V\beta')$ und der Strahl $\pi V$, denn die Polarebene von $P$ in Bezug auf $F_2^2$, welche Fläche durch $T$ in $(V\alpha', V\beta')$ geschnitten wird, geht, wie oben gesagt, durch $V$, wird also von $T$ in $\pi V$ geschnitten. Es sei $S'$ ein dritter Kegelschnitt des Büschels und $p'$ sein entsprechender Strahl im Büschel $\pi$, $s_1'$ und $s_2'$ die Schnittpunkte von $S'$ und $p'$. Die Gerade $Vs_1'$ schneidet alle Kegelschnitte des Büschels im Punkte $V$ und jeden noch in einem besonderen zweiten. Die Punktreihe dieser zweiten Schnittpunkte ist dem Kegelschnittbüschel, also auch dem Strahlbüschel $\pi$ und demnach auch der Punktreihe projectivisch, welches das letztere auf der Geraden $Vs_1'$ hervorruft. Drei entsprechende Punktenpaare dieser beiden projectivischen, auf derselben Geraden liegenden Punktreihen sind die zweiten Punkte, in denen $Vs_1'$ den Kegelschnitten $(V\alpha', V\beta')$, $(G', v)$ und $S'$ begegnet, und die Punkte, in denen sie die Strahlen $\pi V$, $G'$, $p'$ trifft. Der zweite Punkt aber, in dem $Vs_1'$ das Geradenpaar $(V\alpha', V\beta')$ trifft, ist auch $V$; also sind jene drei zweiten Punkte $V$, $(Vs_1', G')$ und $s_1'$; in denselben Punkten wird aber $Vs_1'$ auch von $\pi V$, $G'$, $p'$ getroffen, also fallen dreimal zwei entsprechende Punkte der beiden Punktreihen zusammen, mithin thun dies alle entsprechenden Punkte. Also begegnet jeder Kegelschnitt des Kegelschnittbüschels dem entsprechenden Strahl des Büschels $\pi$ auf $Vs_1'$, aber ebenso auch auf $Vs_2'$, folglich besteht das Erzeugniss der Durchschnittspunkte der entsprechenden Elemente der beiden Büschel aus den 3 Geraden $G'$, $Vs_1'$ $Vs_2'$, oder der oben erwähnte Kegelschnitt $K$ ist in das Geradenpaar ($Vs_1'$, $Vs_2'$) degenerirt. Also die Ebene $T$ und ebenso die 3 anderen Ebenen, die durch $G'$ gehen und die Grundcurve $R^4$ berühren, schneiden die Pampolare ausser in $G'$ noch in einem Geradenpaare, dessen Durchschnittspunkt der Berührungspunkt ist. Folglich haben wir die 4 Geradenpaare, die $G'$ ausser ($G''$, $H$) begegnen. Ebenso finden wir die 4, welche $G''$ ausser ($G'$, $H$) treffen. Damit hätten wir auch bei dieser Erzeugungsart die Existenz von 27 Geraden nachgewiesen. Wollten wir dieselbe auch noch weiterhin selbstständig betrachten, so müssten wir noch zeigen, dass es nicht mehr giebt, also z. B. beweisen, dass keine andere durch $G'$ gehende Ebene, als die 4 Berührungsebenen der Grundcurve und die Ebene ($G''$, $H$) die Pampolare noch in einem Geradenpaare trifft, oder, anders gesagt, dass jede durch $G'$ (ebenso $G''$) gehende Ebene, welche aus der Pampolare noch ein Geradenpaar ausschneidet, die Grundcurve $R^4$ berühren muss, allein ausgenommen die Ebene ($G'$, $G''$, $H$). Doch da die Erzeugungsart nur ein specieller Fall der vorhergehenden ist, so wollen wir uns auf weitere Betrachtungen über dieselbe nicht einlassen.

## IV.

## Die Grassmannsche Erzeugungsart.

11. Ehe wir zu der vierten Steinerschen Erzeugungsart übergehen, werden wir noch eine andere betrachten, unter die sich dieselbe als specieller Fall subsumiren lässt. Es ist dies die wohl zuerst von Herrn Grassmann*) mit folgenden Worten ausgesprochene:

Der Durchschnitt dreier einander projectivischen Ebenenbüschel zweiter Stufe ist eine Oberfläche dritter Ordnung.

Herr Schröter hat vor einigen Jahren wieder auf diese Erzeugungsart beiläufig aufmerksam gemacht**) und sie dann auch

---

*) Crelle's Journal, Band 49, Seite 62.

**) Am Ende seiner Abhandlung: Problematis geometrici ad superficiem sec. ord. per data puncta construendam spectantis solutio nova (Vratislaviae, 1862), auch abgedruckt im 62. Band des Journals von Crelle-Borchardt.

selbst einer ausführlicheren Betrachtung unterzogen.*) Mit Anwendung der jetzt gebräuchlichen Terminologie lautet sie: Der Ort der Durchschnittspunkte der entsprechenden Ebenen dreier collinearen Ebenenbündel ist eine Fläche dritter Ordnung.

Unter einem Ebenenbündel versteht man den Inbegriff aller durch denselben Punkt gehenden Ebenen, also ein Gebilde von doppelt unendlicher Mächtigkeit. Man kann leicht zwischen zwei Bündeln eine Beziehung herstellen, so dass jeder Ebene des einen Bündels eine Ebene des andern entspricht. Man nennt diese Beziehung Collinearität. Man darf nur 4 Ebenen des einen Bündels, von denen keine drei durch dieselbe Gerade gehen, also demselben Büschel angehören, 4 eben solche des andern entsprechen lassen; dann ist die Collinearität vollständig hergestellt; jeder fünften Ebene des einen Bündels entspricht eine fünfte des andern, allen Ebenen eines Büschels des einen Bündels entsprechen Ebenen eines Büschels des andern Bündels. Mit jedem Ebenenbündel ist überhaupt ein Strahlenbündel verbunden, der Inbegriff aller durch den Grundpunkt des Ebenenbündels gehenden Strahlen. Sind zwei Ebenenbündel collinear, so sind es auch die zugehörigen Strahlenbündel. Es entspricht der Schnittgeraden zweier Ebenen des einen Bündels die Schnittgerade der entsprechenden Ebenen des andern. Nicht alle doppelt unendlich vielen entsprechenden Strahlen zweier collinearen Bündel treffen einander, sondern nur einfach unendlich viele. Ihre Schnittpunkte bilden eine durch die beiden Grundpunkte gehende cubische Raumcurve nach Seydewitz, welcher überhaupt die Collinearität zuerst genauer betrachtete.**)

Dass bei drei collinearen Ebenenbündeln die Durchschnittspunkte der entsprechenden Ebenen eine Fläche 3. Ordnung erzeugen, hat Herr Schröter in der zweiten oben erwähnten Abhandlung dargethan, auf die wir mithin verweisen. Auf der Fläche liegen auch die 3 Grundpunkte $P^1$, $P^2$, $P^3$ der Bündel. Ferner erzeugen je zwei der zugehörigen Strahlenbündel nach dem Obigen eine cubische Raumcurve, so dass wir

---

*) 62. Band des Journals von Crelle-Borchardt, Seite 265.

**) Grunert's Archiv f. Math. u. Phys. Theil VIII, IX, X.

hier deren drei erhalten: $C^{12}$, $C^{13}$, $C^{23}$. Jede dieser Raumcurven wird gebildet durch Punkte, in denen zwei entsprechende Strahlen zweier der Bündel einander treffen. Es sei z. B. $x^{12}$ ein Punkt auf $C^{12}$, in dem sich die Strahlen $l_x^1$ und $l_x^2$ der beiden Bündel $P^1$ und $P^2$ treffen; der entsprechende Strahl in $P^3$ sei $l_x^3$. Allen durch $l_x^3$ gehenden Ebenen müssen in den beiden andern Bündeln Ebenen entsprechen, welche durch $l_x^1$ resp. $l_x^2$ gehen; also gehen auch die der Ebene $(l_x^3, x^{12})$ entsprechenden Ebenen durch $l_x^1$ und $l_x^2$, mithin alle drei entsprechenden Ebenen durch $x^{12}$; d. h. $x^{12}$ ist ein Punkt der cubischen Fläche. Folglich liegen die Curven $C^{12}$, $C^{13}$, $C^{23}$ ganz auf derselben.

Herr Schröter beweist ferner, dass die Punkte der cubischen Fläche, die in derselben Ebene $E$ liegen, von Ebenen herrühren, welche in jedem der Bündel einen Kegel 3. Klasse umhüllen. Eine zweite Ebene $E'$ giebt in jedem der Bündel einen zweiten solchen Kegel. Den Berührungsebenen, welche den beiden Kegeln desselben Bündels gemein sind, entsprechen offenbar in den andern Bündeln die gemeinsamen Berührungsebenen der Kegel derselben. Zwei Kegel 3. Klasse haben 9 gemeinschaftliche Berührungsebenen. Diese 9 Ebenen des ersten Bündels müssen also mit ihren entsprechenden der andern sowohl in einem Punkte auf $E$, als auch in einem Punkte auf $E'$ zusammenkommen; es liegen aber nur 3 Punkte der cubischen Fläche $F^3$ auf $E$ und $E'$, nämlich die 3 Schnittpunkte der Geraden $(E, E')$ mit $F^3$. Folglich müssen die 6 übrigen Ebenen des ersten Bündels mit ihren entsprechenden in zwei Punkten, also in einer Geraden zusammenkommen.

Sechsmal also kommt es bei drei beliebigen collinearen Ebenenbündeln vor, dass drei entsprechende Ebenen in einer Geraden sich schneiden. Diese sechs Geraden liegen demnach auf der cubischen Fläche $F^3$. Im Allgemeinen schneiden keine zwei von ihnen einander, denn in einem solchen Schnittpunkte kämen drei entsprechende Strahlen der drei Strahlenbündel zusammen, was im Allgemeinen nicht geschieht. Auch werden keine vier dieser sechs Geraden zu derselben Schaar eines Hyperboloids gehören.

12. So weit bin ich noch Herrn Schröter gefolgt; die übrigen 21 Geraden will ich in einer von der seinen verschiedenen Weise

ableiten. Die 6 oben gefundenen Geraden seien $G_1, G_2, G_3, G_4, G_5, G_6$. Es seien $\mathfrak{A}_1^1$, $\mathfrak{A}_1^2$, $\mathfrak{A}_1^3$ die drei entsprechenden Ebenen der Bündel, welche in der Geraden $G_1$ zusammenkommen, ferner $a_x^1$, $a_x^2$, $a_x^3$ drei entsprechende Strahlen, welche in diesen Ebenen liegen. Die beiden projectivischen Ebenenbüschel mit den Axen $a_x^1$ und $a_x^2$ erzeugen ein Hyperboloid $H_x^{12}$, welches die Geraden $a_x^1$, $a_x^2$, $G_1$ und die Raumcurve $C^{12}$ enthält. Das letzte wäre noch zu beweisen. Es seien $y^1$ und $y^2$ zwei entsprechende Ebenen der beiden Büschel $a_x^1$ und $a_x^2$; die beiden zu den Strahlenbündeln gehörigen, in ihnen befindlichen Strahlenbüschel sind projectivisch, schneiden also die Gerade $(y^1, y^2)$, eine Generatrix von $H_x^{12}$, in zwei projectivischen Punktreihen; in diesen fallen zweimal 2 entsprechende Punkte zusammen, so dass zweimal auf $y^1$, $y^2$, zwei entsprechende Strahlen der beiden Bündel $P^1$ und $P^2$ einander schneiden; also $(y^1, y^2)$, und ebenso jede andere Generatrix derselben Schaar des Hyperboloids $H_x^{12}$ trifft $C^{12}$ doppelt, so dass diese auf $H_x^{12}$ liegen muss. Aehnlich erzeugen die beiden projectivischen Ebenenbüschel um $a_x^1$ und $a_x^3$ ein Hyperboloid $H_x^{13}$, auf dem $a_x^1$, $a_x^3$, $G_1$ und $C^{13}$ liegen. Die beiden Hyperboloide $H_x^{12}$ und $H_x^{13}$ haben die beiden Geraden $a_x^1$ und $G_1$ gemein, welche einander schneiden, folglich noch einen Kegelschnitt $K_x$, der ganz auf der Fläche $F^3$ liegt, da in jedem seiner Punkte drei entsprechende Ebenen der 3 Bündel zusammen kommen. Drehen wir die Strahlen $a_x^1$, $a_x^2$, $a_x^3$ in den Ebenen $\mathfrak{A}_1^1$, $\mathfrak{A}_1^2$, $\mathfrak{A}_1^3$ um $P^1$, $P^2$, $P^3$ herum, so erhalten wir eine Reihe von Hyperboloidpaaren $H_x^{12}$, $H_x^{13}$. Alle Hyperboloide $H_x^{12}$ gehen durch $G_1$ und $C^{12}$, alle Hyperboloide $H_x^{13}$ durch $G_1$ und $C^{13}$. Aus jedem Paare resultirt ein Kegelschnitt $K_x$, der ganz auf der Fläche $F^3$ liegt. Unter diesen Kegelschnitten giebt es 5 Geradenpaare; denn da es ausser $G_1$ noch fünf andere Geraden $G$ giebt, so giebt es 5 Hyperboloidpaare, denen ausser $G_1$ und $a_x^1$ noch eine dritte Gerade, nämlich eine der 5 Geraden $G$ und folglich auch eine vierte gemein ist. Ist jene dritte Gerade z. B. $G_2$ und sind $\mathfrak{A}_2^1$, $\mathfrak{A}_2^2$, $\mathfrak{A}_2^3$ die drei entsprechenden Ebenen der Bündel, welche sich in $G_2$ schneiden, so sind die Strahlen $a_x^1$, $a_x^2$, $a_x^3$ resp. $(\mathfrak{A}_1^1, \mathfrak{A}_2^1)$, $(\mathfrak{A}_1^2, \mathfrak{A}_2^2)$, $(\mathfrak{A}_1^3, \mathfrak{A}_2^3)$. Die fünf vierten Geraden seien $g_{12}$, $g_{13}$, $g_{14}$, $g_{15}$, $g_{16}$, so dass die 5 Kegelschnitte $K_x$, welche zu Geradenpaaren degeneriren, sind $(G_2, g_{12})$, $(G_3, g_{13})$, $(G_4, g_{14})$, $(G_5, g_{15})$, $(G_6, g_{16})$.

Die Gerade $G_1$ trifft jeden der Kegelschnitte $K_x$ in einem Punkte, da sie mit ihnen auf denselben 2 Hyperboloiden liegt; weil sie nun keiner der Geraden $G$ begegnet, so muss sie bei diesen 5 Geradenpaaren die Geraden $g$ treffen. Die Ebene $(G_1\, g_{12})$ muss die cubische Fläche noch in einer dritten Geraden $\gamma_{12}$ schneiden; ähnlich ergeben sich $\gamma_{13}, \gamma_{14}, \gamma_{15}, \gamma_{16}$.

Die Ebenen der Kegelschnitte $K_x$ treffen $F^3$ noch in einer Geraden; wir wollen nun nachweisen, dass diese Gerade für alle Ebenen dieselbe ist und diese demnach um sie ein Büschel bilden. Es sei $K_1$ ein beliebiger von den Kegelschnitten $K_x$, auch seine Ebene werde mit $K_1$ bezeichnet. Dieselbe schneidet die Hyperboloidbüschel $H_x^{12}$ und $H_x^{13}$ je in einem Kegelschnittbüschel $\mathfrak{K}_x^{12}$ und $\mathfrak{K}_x^{13}$. Das Erzeugniss der Durchschnittspunkte der entsprechenden Kegelschnitte dieser beiden Büschel ist die cubische Curve, in der die Ebene $K_1$ die Fläche $F^3$ durchschneidet; eigentlich ist dieses Erzeugniss eine Curve 4. Ordnung, aber je zwei entsprechende Hyperboloide $H_x^{12}$ und $H_x^{13}$ haben stets eine Gerade $a_x^1$ gemein, also haben zwei entsprechende Kegelschnitte $\mathfrak{K}_x^{12}$ und $\mathfrak{K}_x^{13}$ stets den Punkt gemein, in dem $a_x^1$ die Gerade $(\mathfrak{A}_1^1, K_1)$ trifft; mithin gehört diese ganze Gerade zu der Curve 4. Ordnung, und von ihr wird ja abstrahirt. Der Kegelschnitt $K_1$ ist Schnitt seiner Ebene und zweier entsprechenden Hyperboloide aus den beiden Büscheln, folglich gehört er zu beiden Büscheln und entspricht sich selbst. Mithin nimmt er selbst ganz an der cubischen Curve Theil, diese zerfällt in ihn und eine Gerade $L$. Das mussten wir natürlich erwarten, da ja $K_1$ auf $F^3$ liegt, aber wir glaubten doch noch diese genauere Auseinandersetzung geben zu müssen, damit klar würde, dass die Schnittpunkte aller übrigen entsprechenden Kegelschnitte $\mathfrak{K}_x^{12}$ und $\mathfrak{K}_x^{13}$ die Geraden $L$ und $(\mathfrak{A}_1^1, K_1)$ bilden. Die Schnittpunkte von $\mathfrak{K}_x^{12}$ und $\mathfrak{K}_x^{13}$ sind die 4 Punkte, in denen die Ebene $K_1$ die Durchschnittscurve der beiden Hyperboloide $H_x^{12}$ und $H_x^{13}$ trifft, welche von der Ebene $K_1$ in $\mathfrak{K}_x^{12}$ und $\mathfrak{K}_x^{13}$ durchschnitten werden. Diese Durchschnittscurve besteht aus dem Geradenpaare $(G_1, a_x^1)$ und dem Kegelschnitte $K_x$. Die beiden Schnittpunkte von $(G_1, a_x^1)$ mit der Ebene $K_1$ liegen auf der Geraden $(\mathfrak{A}_1^1, K_1)$, weil $G_1$ und $a_x^1$ in $\mathfrak{A}_1^1$ liegen. Mehr als 2 Schnittpunkte zweier Kegelschnitte können nicht auf einer Geraden liegen, folglich müssen die beiden übrigen Schnittpunkte von $\mathfrak{K}_x^{12}$ und $\mathfrak{K}_x^{13}$, das sind gerade die der Ebene $K'_1$ und des Kegelschnitts $K_x$, auf $L$ liegen. Demnach muss jeder Kegelschnitt $K_x$ mit $L$ zwei Punkte gemein haben, so dass die Ebenen aller Kegelschnitte $K_x$ durch $L$ gehen und diese Gerade alle $K_x$ zu cubischen Curven vervollständigt. Da die Kegelschnitte $K_x$ auf den Hyperboloiden $H_x^{12}$ (oder $H_x^{13}$) liegen, so ist das System der Punktenpaare, welches durch die $K_x$ auf $L$ erzeugt wird, identisch mit dem durch das Büschel der $H_x^{12}$ auf $L$ eingeschnittenen, also eine Involution. Mithin sind auch im Allgemeinen die Schnittpunktenpaare der verschiedenen Kegelschnitte verschieden. Durch die Gerade $L$ gehen auch die Ebenen der Geradenpaare $(G_2, g_{12})$, $(G_3, g_{13})$, $(G_4, g_{14})$, $(G_5, g_{15})$ und $(G_6, g_{16})$.

13. Die übrigen Geraden $G$ geben eben solche Geraden $L$, wie $G_1$, also erhalten wir 6 Gerade $L_1$ $L_2$ $L_3$ $L_4$ $L_5$ $L_6$. Die obige war $L_1$. Die Gerade $G_2$ liefert die 5 Geradenpaare $(g_{21}, G_1)$, $(g_{23}, G_3)$, $(g_{24}, G_4)$, $(g_{25}, G_5)$, $(g_{26}, G_6)$, deren Ebenen durch $L_2$ gehen. Die beiden Hyperboloide, welche $(g_{12}, G_2)$ ergaben, waren die Erzeugnisse der Büschel $(\mathfrak{A}_1^{\,1}, \mathfrak{A}_2^{\,1})$ und $(\mathfrak{A}_1^{\,2}, \mathfrak{A}_2^{\,2})$ und der Büschel $(\mathfrak{A}_1^{\,1}, \mathfrak{A}_2^{\,1})$ und $(\mathfrak{A}_1^{\,3}, \mathfrak{A}_2^{\,3})$ und hatten gemein die 4 Geraden $(\mathfrak{A}_1^{\,1}, \mathfrak{A}_2^{\,1})$, $G_1$, $G_2$, $g_{12}$. Die Hyperboloide, aus denen $(g_{21}, G_1)$ hervorgeht, sind durch die Büschel $(\mathfrak{A}_2^{\,1}, \mathfrak{A}_1^{\,1})$ und $(\mathfrak{A}_2^{\,2}, \mathfrak{A}_1^{\,2})$ und die Büschel $(\mathfrak{A}_2^{\,1}, \mathfrak{A}_1^{\,1})$ und $(\mathfrak{A}_2^{\,3}, \mathfrak{A}_1^{\,3})$ erzeugt und haben die 4 Geraden $(\mathfrak{A}_2^{\,1}, \mathfrak{A}_1^{\,1})$, $G_2$, $G_1$, $g_{21}$ gemein. Die Axen dieser Büschel sind aber mit denen der obigen identisch, also auch die Hyperboloide, folglich auch ihre 4 Durchschnittsgeraden, mithin $g_{21}$ identisch mit $g_{12}$, und überhaupt $g_{ik}$ mit $g_{ki}$. Wir haben oben diejenige Gerade, die auf der cubischen Fläche mit $G_i$ und $g_{ik}$ in einer Ebene liegt, mit $\gamma_{ik}$ bezeichnet; wir wissen aber auch, dass $g_{ki}$ $G_i$ mit $L_k$ in einer Ebene liegt, und dass $g_{ki}$ mit $g_{ik}$ identisch ist, also wissen wir, dass $\gamma_{ik}$, die die dritte Gerade in einer Ebene $(G_i\ g_{ik})$ ist, identisch mit $L_k$ ist. Wir könnten jetzt eine Tabelle aufstellen, welche uns zeigt, von welchen Geradenpaaren die Geraden $L$ und $G$ getroffen werden, aber das Gesetz ist so einfach, dass man in jedem Augenblicke die betreffenden Paare findet.

Die Geradenpaare, von denen $G_i$ getroffen wird, sind $g_{ik}$ $L_k$, wo $k$ alle Werthe von 1 bis 6 ausser $i$ annimmt; die, von denen $L_k$ getroffen wird, $G_i\, g_{ik}$, wo $i$ alle Werthe von 1 bis 6 ausser $k$ annimmt.

Wir haben also jetzt 6 Gerade $G$, 6 Gerade $L$ und $\frac{6\,.\,5}{1\,.\,2} = 15$ Gerade $g$, also im Ganzen 27 Gerade auf der cubischen Fläche erhalten. Jede Gerade $G$ oder $L$ wird von 5 Paaren getroffen, und es ist auch leicht einzusehen, dass keine Gerade $L$ oder $G$ noch von einer andern der 27 Geraden getroffen wird, ferner, dass keine zwei Gerade $g$, die in dem einen Index übereinstimmen, einander treffen, weil sonst 3 nicht in derselben Ebene liegende Geraden der cubischen Fläche durch denselben Punkt gingen, also ein Knotenpunkt entstände, oder 4 Gerade der Fläche sich in derselben Ebene befänden.

Man wird leicht erkennen, dass sich bis jetzt 30 auf der cubischen Fläche liegende Dreiecke ergeben haben, gebildet je aus einer Geraden $G$, einer Geraden $L$ und einer Geraden $g$. Jede Gerade $G$ oder $L$ kommt in 5 von diesen Dreiecken vor, jede Gerade $g$ in 2, nämlich $g_{ik}$ in $g_{ik}\, L_i\, G_k$ und in $g_{ik}\, G_i\, L_k$. Sie trifft von den Geraden $G$ und $L$ eben nur die 4 Geraden $G_i\, G_k\, L_i\, L_k$; von den Geraden $g$ trifft sie diejenigen nicht, deren einer Index $i$ oder $k$ ist. Jede Gerade der cubischen Fläche trifft aber die vollständige Schnittcurve der Fläche mit einer Ebene einmal, also muss $g_{ik}$ je eine Seite jedes der 28 von den 30 Dreiecken, in denen sie nicht vorkommt, treffen. Jede der 4 Geraden $G_i\, G_k\, L_i\, L_k$ nimmt ausser an einem von den obigen Dreiecken noch an 4 von den 30 Theil, und zwar jede an 4 andern, so dass damit 16 von den 28 Dreiecken absorbirt sind. In den 12 übrigen muss $g_{ik}$ eine Gerade $g$ treffen und zwar keine, die einen der beiden Indices $i$, $k$ hat. Deren giebt es $\frac{4\,.\,3}{1\,.\,2} = 6$, keine liegt mit einer der Geraden $L_i\, L_k\, G_i\, G_k$ in einer Ebene, folglich müssen sie in den 12 übrigen Dreiecken sein, und zwar jede in zweien, keine zwei in demselben, da überhaupt in keinem der 30 Dreiecke zwei Gerade $g$ sich finden. Also ist es nothwendig, dass $g_{ik}$ jede der 6 Geraden trifft, mit denen sie keinen Index gemein hat. Unter diesen 6 schneiden sich aus demselben Grunde dreimal je zwei, die keinen Index gemein haben.

Z. B. $g_{12}$ wird ausser von den beiden Paaren $G_1\ L_2$ und $G_2\ L_1$ noch von $g_{34}\ g_{56}$, $g_{35}\ g_{46}$, $g_{36}\ g_{15}$ getroffen.

Mithin werden nicht nur die Geraden $G$ und $L$, sondern auch die Geraden $g$ von 5 Geradenpaaren getroffen. Das giebt im Ganzen $\frac{27.5}{3} = 45$ Dreiecke. 30 haben wir schon oben gefunden, die 15 übrigen entstehen durch das Schneiden der Geraden $g$ unter einander und sind nur von diesen gebildet; in jedem müssen alle 6 Indices vertreten sein. Die bis jetzt gefundenen 27 Geraden haben offenbar keine weiteren Schnittpunkte unter einander, und sie sind so arrangirt, dass die dritte in der Ebene je zweier sich schneidenden von ihnen sich unter den 27 befindet.

$$\begin{array}{ccc} g_{12} & g_{34} & g_{56} \\ g_{35} & g_{16} & g_{24} \\ g_{46} & g_{25} & g_{13} \end{array}$$

sind 3 Dreiecke, welche keine Gerade gemein haben; sie liefern 6 Tripel windschiefer Geraden:

$$\begin{array}{l} g_{12}\ g_{16}\ g_{13}\ :\ L_1\ G_1\ g_{15} \\ g_{12}\ g_{24}\ g_{25}\ :\ L_2\ G_2\ g_{36} \\ g_{34}\ g_{35}\ g_{13}\ :\ L_3\ G_3\ g_{26} \\ g_{34}\ g_{24}\ g_{46}\ :\ L_1\ G_4\ g_{15} \\ g_{56}\ g_{35}\ g_{25}\ :\ L_5\ G_5\ g_{14} \\ g_{56}\ g_{16}\ g_{46}\ :\ L_6\ G_6\ g_{23} \end{array}$$

Die durch den Doppelpunkt von den 3 Geraden des Tripels getrennten 3 Geraden sind die desselben Doppeldreihyperboloids.

Man sieht, dass der Beweis dafür, dass keine weitere Gerade auf der cubischen Fläche liegt, hier ebenso geführt werden kann, wie bei der ersten Steinerschen Erzeugungsart.

Die im Vorhergehenden behandelte Grassmannsche Erzeugungsart hat Herrn Clebsch Veranlassung gegeben zu der neuerdings erschienenen Abhandlung: Die Geometrie auf den Flächen dritter Ordnung.*) Sie dient ihm als Mittel, die auf einer cubischen Fläche liegenden Curven auf einer Ebene abzubilden.

*) Journal von Crelle-Borchardt, Band 65 Seite 359.

## V.

## Die vierte Steinersche Erzeugungsart.

14. Es ist zwar schon oben erwähnt worden und wird sich nun auch bald bestätigen, dass die vierte Steinersche Erzeugungsart der cubischen Flächen ein specieller Fall der eben behandelten Grassmannschen ist; aber wir können doch nicht umhin, auf dieselbe genauer einzugehen, weil sich im Verlaufe der Betrachtungen über dieselbe eine Menge von interessanten Sätzen ergeben werden, welche sich auf Polaritätsverhältnisse beziehen und von denen zwar der grössere Theil schon bekannt ist*), aber die wohl, so viel ich weiss, synthetisch noch nicht so zusammenhängend dargestellt worden sind.

Steiner hat zwei Ausdrucksweisen für seine vierte Erzeugungsart:

1) Die Pole einer Ebene in Bezug auf alle Flächen eines Flächenbündels 2. Ordnung, d. h. in Bezug auf alle Flächen 2. Ordnung, welche durch dieselben 7 und in Folge dessen auch durch dieselben 8 Punkte gehen, bilden eine cubische Fläche.

2) Der Durchschnittspunkt der Polarebenen sämmtlicher Punkte einer Ebene in Bezug auf drei nicht zu demselben Büschel gehörige Flächen 2. Ordnung erzeugt eine cubische Fläche.

Drei nicht zu demselben Büschel gehörige, d. h. nicht durch dieselbe Raumcurve 4. Ordnung gehende Flächen 2. Ordnung begegnen einander in 8 Punkten, von denen jeder durch die 7 andern bestimmt ist, so dass jede durch 7 von diesen Punkten gelegte Fläche 2. Ordnung auch durch den achten geht. Durch 7 Punkte gehen doppelt unendlich viele Flächen 2. Ordnung, ein sogenanntes Flächenbündel 2. Ordnung, welches offenbar auch doppelt unendlich viele Flächenbüschel 2. Ordnung enthält. Je ein solches Büschel wird durch alle die Flächen zusammen-

*) Man sehe z. B. Herrn Hesse's Abhandlung: Ueber die Doppeltangenten der Curven 4. Ordnung (Crelle's Journal, Band 49 Seite 279) und Herrn Geiser's Abhandlung: Einige geometrische Betrachtungen (Band X der Vierteljahrsschrift der Züricher Naturforsch. Gesellschaft).

gesetzt, die ausser durch die 7 bestimmenden Grundpunkte des Bündels (und also durch den achten durch diese geforderten) noch durch einen beliebigen weitern Punkt gehen. Durch je zwei Flächen des Bündels wird ein Büschel bestimmt; alle Flächen 2. Ordnung, die durch ihre Schnittcurve gehen, bilden das Büschel und gehören mit zum Bündel. Zwei verschiedene Büschel des Bündels haben stets eine Fläche gemein, diejenige nämlich, welche durch die 7 bestimmenden Grundpunkte des Bündels und die beiden achten weiteren bestimmenden Punkte der beiden Büschel gehen. Daraus folgt, dass man alle Büschel und damit auch alle Flächen des Bündels erhält, wenn man jede Fläche eines beliebig herausgegriffenen Büschels des Bündels mit jeder Fläche eines zweiten beliebigen Büschels zur Bestimmung eines Büschels zusammenstellt.

Es ist bekannt, dass durch jeden Punkt, der den Polarebenen eines Punktes in Bezug auf 2 Flächen 2. Ordnung gemein ist, auch die Polarebenen des Punktes in Bezug auf alle Flächen des durch jene beiden Flächen bestimmten Büschels gehen. Es seien nun $F_1$, $F_2$, $F_3$ drei nicht zu demselben Büschel gehörige Flächen des Bündels. Die Polarebenen eines Punktes $P$ in Bezug auf sie schneiden sich in einem Punkte $\Pi$; durch diesen müssen also auch die Polarebenen von $P$ in Bezug auf alle Flächen $F^x_{12}$ des Büschels $(F_1, F_2)$ und auch die Polarebenen von $P$ in Bezug auf alle Flächen $F^x_{13}$ des Büschels $(F_1, F_3)$, folglich auch die in Bezug auf alle Flächen der Büschel $(F^x_{12}, F^x_{13})$ gehen. Durch diese Büschel werden aber alle Flächen des Bündels erschöpft. Also gehen die Polarebenen jedes Punktes $P$ in Bezug auf sämmtliche Flächen eines Bündels durch denselben Punkt $\Pi$, welchen man den conjugirten Pol jenes Punktes in Bezug auf das Bündel nennt. Es ist einleuchtend, dass der Punkt $P$ auch der conjugirte Pol von $\Pi$ ist. Ferner erhellt, dass, wenn in einem speciellen Falle einmal die Polarebenen eines Punktes in Bezug auf drei nicht zu demselben Büschel gehörige Flächen des Bündels sich nicht blos in einem Punkte, sondern in einer Geraden begegnen, dann auch die Polarebenen jenes Punktes in Bezug auf alle übrigen Flächen des Bündels durch diese Gerade gehen, so dass ein solcher Punkt in Bezug auf das Bündel eine conjugirte Polare hat. Nun ist offenbar, dass man anstatt: Durchschnittspunkt (in speciellen Fällen: Durchschnittsgerade) der Polarebenen eines Punktes in Bezug auf 3 nicht zu demselben Büschel gehörige Flächen 2. Ordnung, sagen kann: conjugirter Pol (resp. in speciellen Fällen: conjugirte Polare) des Punktes in Bezug auf das durch diese 3 Flächen constituirte Flächenbündel 2. Ordnung, also statt der obigen Ausdrucksweise 2) der vierten Steinerschen Erzeugungsart die folgende anwenden kann:

2a) Die conjugirten Pole aller Punkte einer Ebene in Bezug auf ein Flächenbündel 2. Ordnung erzeugen eine cubische Fläche.

Sind nun in den Ausdrucksweisen 1) und 2a) das Flächenbündel und die Ebene identisch, so sind auch die betreffenden cubischen Flächen identisch, was im Folgenden bewiesen werden soll.

Der Pol einer Ebene in Bezug auf eine Fläche 2. Ordnung ist der Durchschnittspunkt der Polarebenen dreier beliebigen nicht in gerader Linie liegenden Punkte der Ebene in Bezug auf die Fläche. Construirt man so den Pol der Ebene für alle Flächen des Bündels, sich stets derselben 3 Punkte bedienend, so erhält man um die conjugirten Pole dieser Punkte in Bezug auf das Flächenbündel drei Ebenenbündel. Die Polarebenen der drei Punkte in Bezug auf die Flächen eines in dem Flächenbündel enthaltenen Flächenbüschels bilden um die conjugirten Polaren der Punkte in Bezug auf dieses Büschel 3 Ebenenbüschel, welche unter einander projectivisch sind, weil sie alle drei dem Flächenbüschel projectivisch sind. Also entspricht in den drei Polarebenenbündeln jedem Büschel des einen ein projectivisches in jedem der beiden andern; mithin sind die drei Ebenenbündel unter einander (und offenbar auch mit dem Flächenbündel) collinear. Entsprechende Ebenen sind die Polarebenen der 3 Punkte in Bezug auf dieselbe Fläche des Flächenbündels. Der Pol also der Ebene der drei Punkte in Bezug auf diese Fläche ist Durchschnittspunkt dreier entsprechenden Ebenen dreier collinearen Ebenenbündel, folglich ist der Ort der Pole der Ebene in Bezug auf alle Flächen des Bündels nach der Grassmannschen Erzeugungsweise eine cubische Fläche $F^3$. Diese Fläche geht auch durch die Grundpunkte der erzeugenden Ebenenbündel, d. h. durch die conjugirten Pole der drei beliebig gewählten Punkte der Ebene in Bezug auf das Flächenbündel. Jede drei andere nicht in gerader Linie liegenden Punkte der Ebene hätten ebenso gut die Pole derselben für die verschiedenen Flächen geliefert; also ergiebt sich, dass auf der cubischen Fläche, welche der Ort dieser Pole ist, auch die conjugirten Pole sämmtlicher Punkte der Ebene in Bezug auf das Bündel liegen. Mithin haben wir folgenden Satz erhalten:

Der Ort der Pole einer Ebene in Bezug auf die einzelnen Flächen eines Bündels 2. Ordnung ist mit dem Orte der conjugirten Pole der einzelnen Punkte der Ebene in Bezug auf das Bündel identisch und zwar ist er eine Fläche 3. Ordnung.

Wir hätten natürlich auch umgekehrt zuerst beweisen können, dass der Ort der conjugirten Pole der einzelnen Punkte einer Ebene in Bezug auf ein Flächenbündel 2. Ordnung eine cubische Fläche ist, auf der dann auch die Pole der Ebene in Bezug auf die einzelnen Flächen des Bündels liegen. Jeder conjugirte Pol ist ebenfalls Durchschnittspunkt dreier entsprechenden Ebenen dreier collinearen Ebenenbündel, welche durch die Polarebenen aller Punkte der gegebenen Ebene in Bezug auf 3 constituirende Flächen des Bündels gebildet werden. Grundpunkte der Ebenenbündel sind die Pole der Ebene in Bezug auf diese 3 Flächen, an deren Stelle man ja jede beliebige drei andere nicht durch dieselbe Raumcurve 4. Ordnung gehenden Flächen des Bündels setzen kann.

Der oben ausgesprochene Satz ist ein Analogon zu den beiden folgenden allgemein bekannten:

1) Der Ort der conjugirten Pole der Punkte einer Geraden in Bezug auf ein (mit der Geraden in derselben Ebene liegendes) Kegelschnittbüschel ist mit dem Orte der Pole der Geraden in Bezug auf die einzelnen Kegelschnitte des Büschels identisch, nämlich ein Kegelschnitt: „der der Geraden in Bezug auf das Kegelschnittbüschel zugeordnete Polkegelschnitt.“

2) Der Ort der conjugirten Polaren der Punkte einer Geraden in Bezug auf ein Flächenbüschel 2. Ordnung ist mit dem Orte der reciproken Polaren der

Geraden in Bezug auf die einzelnen Flächen des Büschels identisch, nämlich ein Hyperboloid, dessen eine Schaar durch die conjugirten und dessen andere Schaar durch die reciproken Polaren gebildet wird: „das der Geraden in Bezug auf das Flächenbüschel 2. Ordnung zugeordnete Polarhyperboloid.“

Die cubische Fläche, mit der wir es hier zu thun haben, könnte also die der Ebene in Bezug auf das Flächenbündel 2. Ordnung zugeordnete cubische Polfläche heissen.

15. Die Pole einer Ebene in Bezug auf sämmtliche Flächen eines Büschels 2. Ordnung bilden eine Raumcurve 3. Ordnung $L^3$, denn sie sind die Durchschnittspunkte dreier entsprechenden Ebenen dreier projectivischen Ebenenbüschel, welche durch die Polarebenen dreier beliebigen nicht in gerader Linie liegenden Punkte der Ebene in Bezug auf sämmtliche Flächen des Büschels gebildet werden; diese Curve mag heissen die cubische Polcurve der Ebene in Bezug auf das Büschel.

Ebenso liegen die conjugirten Pole der Punkte einer Geraden in Bezug auf ein Flächenbündel 2. Ordnung auf einer Raumcurve 3. Ordnung $M^3$, denn jeder solche conjugirte Pol ist Durchschnittspunkt dreier entsprechenden Ebenen der drei projectivischen Ebenenbüschel, welche durch die Polarebenen der Punkte der Geraden in Bezug auf drei nicht zu demselben Büschel gehörige Flächen des Bündels gebildet werden; diese Raumcurve werde cubische Polcurve des Flächenbündels in Bezug auf die Gerade genannt.

Es ist leicht einzusehen, dass sowohl die cubischen Polcurven der Ebene in Bezug auf alle Büschel des Flächenbündels $C$, als auch die cubischen Polcurven des Bündels in Bezug auf sämmtliche Geraden der Ebene $E$ auf der der Ebene $E$ in Bezug auf das Flächenbündel $C$ zugeordneten cubischen Polfläche liegen.

Construirt man zu zwei Punkten $P'$ und $P''$ in Bezug auf alle Büschel eines Flächenbündels 2. Ordnung die conjugirten Polaren, so bilden diese um die conjugirten Pole $\Pi'$ und $\Pi''$ von $P'$ und $P''$ in Bezug auf das Bündel zwei collineare Strahlenbündel, in denen sich die conjugirten Polaren von $P'$ und $P''$ in Bezug auf dasselbe Büschel entsprechen. Nur einfach unendlich viele entsprechenden Strahlen begegnen einander, und ihre Begegnungspunkte bilden nach Seydewitz eine cubische Raumcurve $N^3$, welche auch durch die conjugirten Pole $\Pi'$ und $\Pi''$, die Grundpunkte der sie erzeugenden Strahlenbündel, geht. Es mögen nun $P'$ und $P''$ auf $E$ liegen und ihre conjugirten Polaren $\pi'$ und $\pi''$ in Bezug auf das Büschel $\Sigma$ des Bündels $C$ einander in $\Pi$ begegnen, so gehen doch durch $\Pi$ die Polarebenen von $P'$ und $P''$ in Bezug auf alle Flächen von $\Sigma$. Da nun die Polaren eines dritten Punktes $P'''$ der Ebene $E$ in Bezug auf die Flächen von $\Sigma$ ein Büschel bilden, so geht eine von ihnen — es sei die in Bezug auf die Fläche $F'$ von $\Sigma$ — durch $\Pi$, so dass in $\Pi$ die Polarebenen der 3 Punkte $P'$ $P''$ $P'''$ auf $E$ in Bezug auf $F'$ zusammenstossen, also $\Pi$ der Pol von $E$ in Bezug auf $F'$ d. i. in Bezug auf eine Fläche des Bündels $C$ ist; also ist $\Pi$, ein Punkt von $N^3$, ein Punkt der Polfläche; folglich liegt die ganze Curve $N^3$ auf der Polfläche.

Da durch $\Pi$ die Polarebenen von $P'$ und $P''$ in Bezug auf alle Flächen des Büschels $\Sigma$ gehen, so müssen auch die Polarebenen von $\Pi$ in Bezug auf dieselben durch $P'$ und $P''$, also durch die ganze Gerade $P'$ $P''$, mithin auch wiederum die Polarebenen aller Punkte dieser Geraden in Bezug auf die Flächen des Büschels $\Sigma$ und demnach auch die conjugirten Polaren dieser Punkte in Bezug auf das Büschel $\Sigma$ durch $\Pi$ gehen.

Treffen sich mithin die conjugirten Polaren zweier Punkte in Bezug auf ein Flächenbüschel 2. Ordnung in einem Punkte, so gehen durch diesen auch die conjugirten Polaren aller andern Punkte der Verbindungsgeraden jener beiden Punkte. Im Allgemeinen bilden nun die conjugirten Polaren aller Punkte einer Geraden in Bezug auf ein Flächenbüschel 2. Ordnung die Geraden der einen Schaar eines Hyperboloids, des der Geraden in Bezug auf das Büschel zugeordneten Polarhyperboloids, dessen andere Schaar durch die reciproken Polaren der Geraden in Bezug auf die einzelnen Flächen des Büschels gebildet wird. Dieses Hyperboloid ist mithin in unserm Falle in einen Kegel 2. Ordnung degenerirt; beide Schaaren haben sich unter einander vermengt, d. h.

jede Kante des Kegels ist sowohl eine conjugirte, als auch eine reciproke Polare, und alle conjugirten und reciproken Polaren gehen durch den Scheitel des Kegels.

Also: Unter den doppelt unendlich vielen Polarhyperboloiden einer Geraden in Bezug auf alle Büschel eines Flächenbündels 2. Ordnung befinden sich einfach unendlich viele Kegel 2. Ordnung; ihre Scheitel erzeugen eine cubische Raumcurve $N^3$, die wir die cubische Polarcurve der Geraden in Bezug auf das Bündel nennen können. Da jedenfalls die conjugirte Polare eines Punktes in Bezug auf ein Büschel des Bündels durch den conjugirten Pol des Punktes in Bezug auf das Bündel geht, so geht auch das Polarhyperboloid einer Geraden in Bezug auf ein Büschel des Bündels durch die cubische Polcurve $M^3$ des Bündels in Bezug auf die Gerade; also die Polarhyperboloide einer Geraden in Bezug auf sämmtliche Büschel des Bündels haben diese cubische Raumcurve $M^3$ gemein. Betrachten wir blos diejenigen Büschel des Bündels, welche eine Fläche $F_1$ gemein haben, so ist den Polarhyperboloiden der Geraden in Bezug auf diese Büschel noch die reciproke Polare der Geraden in Bezug auf $F_1$ gemein. also bilden die sämmtlichen solchen Polarhyperboloide ein Büschel, dessen Grundcurve aus einer Geraden und einer cubischen Raumcurve besteht. Ein solches Büschel enthält 2 Kegel. Also sind die Büschel, in Bezug auf welche die Polarhyperboloide einer Geraden in Kegel ausarten, im Bündel so vertheilt, dass jede Fläche an zwei derartigen Büscheln participirt.

Es fand sich oben, dass die Curve $N^3$ durch die conjugirten Pole $\Pi'$ und $\Pi''$ der Punkte $P'$ und $P''$ in Bezug auf das Bündel geht. Aus dem Vorhergehenden ist klar, dass, wenn die conjugirten Polaren von $P'$ und $P''$ in Bezug auf ein Büschel sich schneiden, dann in demselben Punkte auch die conjugirten Polaren aller andern Punkte der Geraden $P'P''$ zusammenkommen, dass also zur Construction der Curve $N^3$ statt der Punkte $P'$, $P''$ jede zwei andere Punkte ihrer Verbindungsgeraden gewählt werden können. woraus wir dann folgern. dass auf $N^3$ die conjugirten Pole aller Punkte von $P'P''$ in Bezug auf das Bündel liegen, also $N^3$ ist mit $M^3$, die cubische Polcurve einer Geraden in Bezug auf ein Bündel ist mit der cubischen Polcurve des

Bündels in Bezug auf die Gerade identisch. Wir ziehen für ihre Benennung die erstere vor. Diese Curve wird ersichtlich von der reciproken Polaren der Geraden in Bezug auf jede Fläche des Bündels in 2 Punkten getroffen. Ist ein Büschel ein solches, in Bezug auf welches das Polarhyperboloid der Geraden in einen Kegel degenerirt ist, so trifft die conjugirte Polare dieses Punktes der Geraden in Bezug auf dasselbe die Raumcurve auch in zwei Punkten, in dem Scheitel dieses Kegels und in dem conjugirten Pole des Punktes der Geraden in Bezug auf das Bündel. Alle diese degenerirten Polarhyperboloide sind also die Kegel, welche die cubische Polcurve der Geraden in Bezug auf das Bündel von einem ihrer Punkte projiciren.

Suchen wir nun zu allen Geraden einer Ebene in Bezug auf dieselben zwei Flächen 2. Ordnung $F'$ und $F''$ die reciproken Polaren, so erhalten wir um die Pole $p'$ und $p''$ der Ebene in Bezug auf diese beiden Flächen zwei collineare Strahlenbüschel, in denen die reciproken Polaren derselben Geraden einander entsprechen. Nur einfach unendlich viele entsprechenden Strahlen schneiden einander; ihre Schnittpunkte bilden eine Raumcurve 3. Ordnung $Q^3$, auf der auch $p'$ und $p''$ liegen, die Grundpunkte der erzeugenden Strahlenbündel. Es sei die Ebene unsere zur Construction der cubischen Polfläche verwandte Ebene $E$ und die beiden Flächen $F'$ und $F''$ gehören zum Bündel $C$. Es sei $l$ eine Gerade der Ebene $E$, deren reciproke Polaren in Bezug auf $F'$ und $F''$ einander treffen und zwar im Punkte $p$; durch $p$ gehen mithin die Polarebenen aller Punkte von $l$ in Bezug auf $F'$ und $F''$; die Polarebenen dieser Punkte in Bezug auf eine dritte Fläche $F'''$ des Bündels $C$, die nicht ins Büschel $(F', F'')$ gehört, bilden um die reciproke Polare von $l$ in Bezug auf $F'''$ ein Ebenenbüschel, mithin geht eine dieser Polarebenen — es sei die des Punktes $a$ auf $l$ — durch $p$, also gehen durch $p$ die Polarebenen von $a$ in Bezug auf $F', F'', F'''$, d. h. $p$ ist conjugirter Pol von $a$ in Bezug auf das Bündel $C$, also Punkt der cubischen Polfläche und somit gehört die ganze Curve $Q^3$ der Polfläche an. Wenn aber die reciproken Polaren von $l$ in Bezug auf $F'$ und $F''$ sich begegnen, so kommen auch mit ihnen in denselben Punkt die reciproken Polaren von $l$ in Bezug auf die übrigen Flächen des Büschels $(F', F'')$ zusammen, das der Geraden $l$ in Bezug auf dieses Büschel conjugirte Polarhyperboloid ist Kegel geworden. Die reciproke Polare einer Geraden $l$ der Ebene $E$ in Bezug auf eine Fläche geht durch den Pol der Ebene $E$ in Bezug auf dieselbe; also gehen die Polarhyperboloide aller Geraden der Ebene $E$ in Bezug auf das Büschel $(F', F'')$ durch die cubische Polcurve der Ebene in Bezug auf dieses Büschel, und die derjenigen Geraden der Ebene, welche durch denselben Punkt gehen, haben noch die conjugirte Polare dieses Punktes in Bezug auf das Büschel gemein, bilden also selbst ein Büschel, dessen Grundcurve aus einer Geraden und einer cubischen Raumcurve besteht und in dem es mithin 2 Kegel giebt.

Also: In einer Ebene giebt es einfach unendlich viele Geraden, deren conjugirte Polarhyperboloide in Bezug auf ein Flächenbüschel zweiter Ordnung in Kegel ansarten. Von diesen Geraden gehen je zwei durch einen Punkt, so dass sie einen Kegelschnitt einhüllen. Die Spitzen der Kegel bilden eine cubische Raumcurve $Q^3$, welche man die dem Büschel zugeordnete cubische Polcurve in Bezug auf die Ebene nennen kann. Wir fanden, dass auf ihr die Pole $p'$ und $p''$ der Ebene $E$ in Bezug auf $F'$ und $F''$ liegen; wenn aber die reciproken Polaren einer Geraden $l$ in Bezug auf $F'$ und $F''$ einander in einem Punkte begegnen, so gehen durch denselben auch, wie schon oben gesagt, die reciproken Polaren von $l$ in Bezug auf alle andern Flächen des Büschels $(F', F'')$; also statt $F'$ und $F''$ können wir zur Construction von $Q^3$ jede zwei andere Flächen von $(F', F'')$ nehmen, woraus wir schliessen, dass auch die Pole der Ebene $E$ in Bezug auf alle andern Flächen von $(F', F'')$ auf $Q^3$ liegen, mithin ist $Q^3$ mit $L^3$, die cubische Polcurve eines Büschels in Bezug auf eine Ebene mit der cubischen Polcurve der Ebene in Bezug auf das Büschel identisch; wir behalten den letzteren Namen bei.

Aus den vorhergehenden Betrachtungen geht also auch hervor, dass auf der einer Ebene $E$ in Bezug auf ein Flächenbündel 2. Ordnung $C$ zugeordneten cubischen Polfläche zwei Systeme von doppelt unendlich vielen cubischen Raumcurven liegen, nämlich die cubischen Polcurven der Ebene $E$ in Bezug auf alle Büschel des Bündels $C$ und die cubischen Polcurven aller Geraden von $E$ in Bezug auf das Bündel $C$.

16. Es seien $F^3$ und $F_1{}^3$ die den Ebenen $E$ und $E_1$ in Bezug auf dasselbe Flächenbündel $C$ zugeordneten cubischen Polflächen. Sie durchschneiden sich in einer Raumcurve 9. Ordnung, von der ersichtlich die cubische Polcurve $M^3$ der Geraden $(E, E_1)$ in Bezug auf das Bündel $C$ ein Theil ist, so dass sie in diese und eine Raumcurve 6. Ordnung $L^6$ zerfällt. Fassen wir beide Flächen als Oerter der Pole der Ebene $E$ resp. $E_1$ in Bezug auf alle Flächen des Bündels auf, so ist ein Punkt $X$ auf $M^3$ oder $L^6$ Pol der Ebene $E$ in Bezug auf eine Fläche $\Phi$ und Pol der Ebene $E_1$ in Bezug entweder auf eine andere Fläche $\Phi_1$ oder auf dieselbe Fläche $\Phi$. Findet das erstere statt, dann gehen die Polarebenen aller Punkte der Geraden $(E, E_1)$ sowohl in Bezug auf $\Phi$, als in Bezug auf $\Phi_1$, als auch in Folge dessen in Bezug auf alle Flächen des Büschels $(\Phi, \Phi_1)$ durch $X$, mithin kommen auch die conjugirten Polaren aller Punkte von $(E, E_1)$ in Bezug auf dieses Büschel in $X$ zusammen. Das Polarhyperboloid von $(E, E_1)$ in Bezug auf dieses Büschel ist ein Kegel geworden, dessen Spitze $X$ ist; also, da das Büschel $(\Phi, \Phi_1)$ zum Bündel $C$ gehört, liegt der Punkt $X$ auf der cubischen Polcurve $M^3$ von $(E, E_1)$ in Bezug auf das Bündel $C$. Folglich müssen alle Punkte von $L^6$ die Eigenschaft haben, Pole von $E$ und $E_1$ in Bezug auf dieselbe Fläche $\Phi$ zu sein. Es giebt aber nur eine einzige Art Flächen 2. Ordnung, welche in Bezug auf zwei Ebenen denselben Pol haben. Das sind die Kegel 2. Ordnung; die Spitze eines Kegels ist Pol aller möglichen Ebenen in Bezug auf ihren Kegel (ausgenommen derjenigen, welche durch die Spitze selbst gehen und welche, wie wir bald sehen werden, in Bezug auf den Kegel nicht blos einen Pol, sondern eine Polare haben). Demnach wird die Curve $L^6$ durch die Spitzen der Kegel gebildet, welche sich im Bündel vorfinden. Also:

Die Spitzen der Kegel, die in einem Bündel 2. Ordnung sich befinden, bilden eine Raumcurve 6. Ordnung.

Da diese Curve mit einer cubischen Raumcurve die Durchdringungscurve zweier cubischen Flächen bildet, so ist, wie sich später ergeben wird, ihre Tangentenfläche 16. Ordnung und 30. Klasse, oder nach Herrn Salmon's Ausdrucksweise, die Curve ist von der 6. Ordnung, vom 16. Range und von der 30. Klasse.

Die allen möglichen Ebenen in Bezug auf dasselbe Flächenbündel 2. Ordnung zugehörigen cubischen Polflächen haben alle die Kegelspitzencurve des Bündels gemein, während sonst noch je zwei solche Polflächen sich in der der Schnittgeraden der Ebenen, denen sie zugehören, in Bezug auf das Bündel zugeordneten cubischen Polcurve durchschneiden, welche Polcurve sich offenbar mit dieser Schnittgeraden ändert.

Fassen wir nun die den beiden Ebenen $E$ und $E_1$ zugehörigen Polflächen $F^3$ und $F^3{}_1$ als Oerter der conjugirten Pole aller Punkte der Ebene $E$ resp. $E_1$ in Bezug auf das Bündel auf, so ist ein beiden Flächen gemeinsamer Punkt $X$ entweder conjugirter Pol desselben Punktes auf $E$ und $E_1$, also auf $(E, E_1)$, oder conjugirter Pol eines Punktes $a$ auf $E$ und eines Punktes $a_1$ auf $E_1$. Im ersteren Falle liegt er auf der cubischen Polcurve der Geraden $(E, E_1)$ in Bezug auf das Bündel, welche wir hier in ihrer anderen Bedeutung auffassen.

Ein Punkt $X$ also auf $L^6$ muss sowohl conjugirter Pol von $a$, als von $a_1$ sein, folglich müssen die Polarebenen eines solchen Punktes in Bezug auf alle Flächen des Bündels durch $a$ und $a_1$, also durch die Gerade $aa_1$ gehen. Ein Punkt $X$ auf $L^6$ hat mithin in Bezug auf das Bündel nicht blos einen conjugirten Pol, sondern eine conjugirte Polare. Die Polarebenen von $X$ in Bezug auf die Flächen des Bündels, die durch $X$ selbst gehen und ein Büschel bilden, sind die Tangentenebenen an dieselben in $X$, müssen also, da sie alle durch $X$ und die conjugirte Polare von $X$ gehen, identisch sein, so dass sich diese Flächen alle in $X$ berühren, die Grundcurve ihres Büschels dort einen Doppelpunkt hat, mithin in denselben die Spitze eines zum Büschel gehörigen Kegels fällt. Wir kommen auch hier zu dem Resultat: Die Curve $L^6$ enthält die Spitzen der Kegel des Bündels, und diese Spitzen sind zugleich diejenigen Punkte, deren Polarebenen in Bezug auf alle Flächen des Bündels durch eine Gerade gehen. Die conjugirte Polare einer solchen Kegelspitze in Bezug auf ein Büschel, an dem ihr Kegel participirt, erweitert sich zu einer Ebene, denn die Spitzen der 4 Kegel eines Büschels haben je in Bezug auf alle Flächen des Büschels dieselbe Polarebene. Alle diese Ebenen für die verschiedenen Büschel des Bündels, zu denen der Kegel gehört, drehen sich um die conjugirte Polare der Spitze in Bezug auf das Bündel. Diese Gerade ist für alle Büschel des Bündels, zu denen der Kegel nicht gehört, die conjugirte Polare von dessen Spitze.

17. Die Raumcurve $L^6$, also die Curve der Spitzen der im Bündel $C$ vorkommenden Kegel oder die Curve der Punkte, welche in Bezug auf das Bündel eine conjugirte Polare haben, schneidet die Ebene $E$, deren cubische Polfläche $F^3$ in Bezug auf $C$ wir von nun allein betrachten, in 6 Punkten $V_1$, $V_2$, $V_3$, $V_4$, $V_5$, $V_6$, welche die Spitzen von 6 Kegeln $K_1$, $K_2$, $K_3$, $K_4$, $K_5$, $K_6$ des Bündels sind. Diese 6 Punkte haben conjugirte Polaren d. h. zu Geraden erweiterte Pole in Bezug auf das Bündel, und da die Punkte $V$ auf $E$ liegen, so müssen diese 6 Geraden $l_1$, $l_2$, $l_3$, $l_4$, $l_5$, $l_6$ auf $F^3$ liegen. Wir fragen uns nun, nachdem wir Punkte auf $E$ gefunden haben, deren conjugirte Pole sich zu conjugirten Polaren erweitert haben, ob es nicht im Bündel ebenso Flächen giebt, in Bezug auf welche die Pole der Ebene $E$ sich zu Geraden (Polaren) erweitern, welche dann auch auf $F^3$ liegen.

Unter der Polarebene eines Punktes in Bezug auf einen Kegel 2. Ordnung muss man doch die Ebene verstehen, welche durch die beiden Kanten geht, in denen der Kegel durch die beiden von dem Punkte an ihn gelegten Tangentenebenen berührt wird. Daraus ist klar, dass alle Punkte einer von der Spitze des Kegels ausgehenden Geraden dieselbe Polarebene in Bezug auf den Kegel haben, so dass wir von der Polarebene einer solchen Geraden sprechen können, der Erweiterung der gewöhnlichen reciproken Polare. Wollen wir nun den Pol einer durch die Spitze des Kegels gehenden Ebene $E$ in Bezug auf den Kegel haben, so suchen wir den Durchschnitt der Polarebenen dreier nicht in gerader Linie liegenden Punkte von $E$ in Bezug auf den Kegel. Zwei von diesen Punkten lassen wir mit der Spitze in gerader Linie liegen, so dass sie dieselbe Polarebene haben; weil also zwei von den

3 Polarebenen identisch sind, ist ihr Durchschnitt eine durch die Spitze gehende Gerade $p$, welche mithin der zu einer Geraden erweiterte Pol der Ebene $E$ in Bezug auf den Kegel ist. Offenbar ist $E$ die (zur Ebene erweiterte reciproke Polare) Polarebene von $p$. Also $p$ und $E$ können in Bezug auf den Kegel reciprok genannt werden. Die Gerade $p$ ist übrigens auch die reciproke Polare aller Geraden der Ebene $E$, die nicht durch die Spitze des Kegels gehen.

Die reciproken Polaren nun der Ebene $E$ in Bezug auf die 6 Kegel $K$, die ihre Spitzen auf $E$ haben, seien $p_1, p_2, p_3, p_4, p_5, p_6$. Sie sind als erweiterte Pole der Ebene $E$ in Bezug auf 6 Flächen des Bündels 6 neue Geraden der cubischen Polfläche $F^3$.

Betrachten wir nun noch die cubischen Polcurven der Ebene $E$ in Bezug auf gewisse Büschel des Bündels $C$, Curven, welche auf $F^3$ liegen, also z. B. in Bezug auf ein Büschel $B_1{}^x$, an dem der Kegel $K_1$ participirt. Im Allgemeinen ist diese Curve eine ungetheilte Raumcurve 3. Ordnung; in diesem speciellen Falle, wo zum Büschel ein Kegel gehört, dessen Spitze auf $E$ liegt, hat sich einer der Pole, die die Curve erzeugen, zu einer Geraden erweitert, nämlich $E$ hat in Bezug auf $K_1$ nicht einen Pol, sondern die Polare $p_1$, also besteht die cubische Raumcurve aus der Geraden $p_1$ und einem von ihr einmal getroffenen Kegelschnitte $S_1{}^x$. Wie dieser Kegelschnitt entsteht, können wir bald erkennen. Die Pole der Ebene $E$ in Bezug auf die einzelnen Flächen von $B_1{}^x$ finden wir, wie immer, als Durchschnittspunkte der Polarebenen dreier beliebigen nicht in gerader Linie liegenden Punkte von $E$ in Bezug auf die einzelnen Flächen, oder auch als Durchschnittspunkte der Polarebene eines beliebigen Punktes auf $E$ mit der reciproken Polare einer nicht durch diesen Punkt gehenden, sonst beliebigen Geraden $m$ in der Ebene $E$ in Bezug auf die einzelnen Flächen des Büschels $B_1{}^x$. Wir wählen zu jenem Punkte die Spitze $T_1$ des Kegels $K_1$; dieser hat stets dieselbe Polarebene $\Pi_1{}^x$ in Bezug auf alle Flächen von $B_1{}^x$, so dass der gesuchte Ort der Durchschnitt der Ebene $\Pi_1{}^x$ mit dem Orte der reciproken Polaren von $m$ in Bezug auf die einzelnen Flächen von $B_1{}^x$, also mit dem Polarhyperboloide $H_1{}^x$ von $m$ in Bezug auf $B_1{}^x$, folglich ein Kegelschnitt $S_1{}^x$ ist. Die Ebene $\Pi_1{}^x$ geht offenbar durch die conjugirte

Polare $l_1$ des Punktes $V_1$ in Bezug auf das Bündel; also trifft $S_1^x$ die Gerade $l_1$ zweimal, während er der Geraden $p_1$ einmal begegnet. Die Polarhyperboloide $H_1^x$ der Geraden $m$ in Bezug auf alle Büschel $B_1^x$, an denen $K_1$ participirt, bilden, wie früher bewiesen, selbst ein Büschel, also da auf ihnen (und auf den Ebenen $\Pi_1^x$, die sich um $l_1$ drehen) beziehlich die Kegelschnitte $S_1^x$ liegen, so erzeugen diese mit ihren Schnittpunktenpaaren auf $l_1$ eine Involution. Dasselbe gilt für die anderen Geraden $l$.

Unter den Flächenbüscheln, an denen $K_1$ (ebenso jeder der 5 übrigen Kegel) theilnimmt, befinden sich 5, an denen noch ein zweiter der 6 Kegel participirt (dass drei der 6 Kegel demselben Büschel angehören, muss als ein specieller Fall betrachtet werden). Suchen wir z. B. die Polcurve der Ebene $E$ in Bezug auf das Büschel $(K_1, K_2)$; sie zerfällt offenbar in die beiden Geraden $p_1$ und $p_2$, die zu Geraden erweiterten Pole von $E$ in Bezug auf $K_1$ und $K_2$, und noch eine dritte Gerade $w_{12}$, die mit $p_1$ und $p_2$ eine cubische Polcurve bilden soll, also beide schneiden muss. Die Pole von $E$ in Bezug auf die einzelnen Flächen von $(K_1, K_2)$ sind die Durchschnittspunkte der Polarebenen von 3 Punkten der Ebene $E$: $V_1$, $V_2$ und eines beliebigen dritten nicht auf $V_1 V_2$ liegenden $P^3$ in Bezug auf die einzelnen Flächen. $V_1$ und $V_2$ haben aber als Spitzen von Kegeln, die zum Büschel gehören, in Bezug auf alle Flächen des Büschels dieselbe Polarebene resp. $\Pi_1^2$, $\Pi_2^1$, so dass klar ist, dass die gesuchten Pole sämmtlich auf der Geraden $w_{12} = (\Pi_1^2, \Pi_2^1)$ liegen. Man wird leicht erkennen, dass diese Gerade die Verbindungsgerade der Spitzen der beiden übrigen Kegel ist, die sich im Büschel $(K_1, K_2)$ noch befinden, welche ja die reciproke Polare von $V_1 V_2$ in Bezug auf alle Flächen des Büschels ist. $\Pi_1^2$ geht durch $l_1$, ebenso $\Pi_2^1$ durch $l_2$, also trifft $w_{12}$ nicht blos $p_1$ und $p_2$, sondern auch $l_1$ und $l_2$. Ersichtlich ist auch, dass $w_{21}$ mit $w_{12}$ identisch ist, so dass es 15 Gerade $w$ giebt. $\Pi_1^2$ ist Polarebene von $V_1$ in Bezug auf alle Flächen von $(K_1, K_2)$, also auch auf $K_2$, mithin geht sie durch die Polare $p_2$ der Ebene $E$ in Bezug auf $K_2$, folglich liegen in ihr $l_1$ und $p_2$, die beide der $w_{12}$ begegnen, somit ist $p_2 w_{12}$ ein Geradenpaar, das $l_1$ begegnet (ein degenerirter Kegelschnitt $S_1^x$). Also die 5 Geradenpaare, die $l_1$ treffen, sind:

$$p_2\, w_{12},\ p_3\, w_{13},\ p_4\, w_{14},\ p_5\, w_{15},\ p_6\, w_{16}.$$

Aehnlich bei den übrigen Geraden $l$.

Ebenso mögen nun noch die cubischen Polcurven gewisser Geraden der Ebene $E$ in Bezug auf das Bündel betrachtet werden, Curven, die ebenfalls auf der cubischen Polfläche liegen. Die Geraden seien solche, die durch eine der sechs Kegelspitzen in $E$ gehen; z. B. sei $\lambda_1{}^x$ eine Gerade in $E$, die durch $V_1$ geht. Ihre Polcurve zertheilt sich offenbar in die Gerade $l_1$, die conjugirte Polare von $V_1$ in Bezug auf das Bündel, und einen von $l_1$ einmal getroffenen Kegelschnitt $N_1{}^x$, der sich wiederum leicht als der Durchschnitt der Polarebene $R_1{}^x$ von $\lambda_1{}^x$ in Bezug auf $K_1$ und des Polarhyperboloids $J_1{}^x$ der Geraden $\lambda_1{}^x$ in Bezug auf ein beliebiges, jedoch den Kegel $K_1$ nicht enthaltendes Büschel $M$ des Bündels ergiebt. Jene Polarebenen aller $\lambda_1{}^x$, die durch $V_1$ in $E$ gehen, drehen sich um die Polare $p_1$ von $E$ in Bezug auf $K_1$, so dass alle $N_1{}^x$ der Geraden $p_1$ zweimal begegnen, diese Polarhyperboloide der $\lambda_1{}^x$ in Bezug auf $M$ bilden ein Büschel, so dass die Schnittpunktenpaare der Kegelschnitte $N_1{}^x$ auf $p_1$ eine Involution bilden. Dasselbe gilt für die anderen Geraden $p$.

Die Polcurve einer Geraden $\lambda$, welche zwei Kegelspitzen auf $E$ verbindet, z. B. $V_1\, V_2$ besteht offenbar aus den Geraden $l_1$ und $l_2$, den conjugirten Polaren der Punkte $V_1$ und $V_2$, und einer dritten von beiden getroffenen Geraden $t_{12}$, welche sich leicht als die Schnittgerade der Polarebenen $R_1{}^2$ und $R_2{}^1$ der Geraden $V_1\, V_2$ in Bezug auf $K_1$ und $K_2$ ergiebt. Die erstere geht ersichtlich durch $p_1$, die zweite durch $p_2$, also trifft $t_{12}$ nicht nur $l_1$ und $l_2$, sondern auch $p_1$ und $p_2$. Die Polarebene $R_1{}^2$ von $V_1\, V_2$ in Bezug $K_1$ ist auch die von $V_2$ in Bezug auf $K_1$, also geht sie durch die conjugirte Polare $l_2$ von $V_2$, mithin liegen $p_1$ und $l_2$ in ihr und schneiden einander und $t_{12}$, folglich ist $l_2\, t_{12}$ ein Geradenpaar, das $p_1$ trifft, ein degenerirter Kegelschnitt $N_1{}^x$. Die 5 Geradenpaare also, die $p_1$ treffen, sind

$$l_2\, t_{12},\ l_3\, t_{13},\ l_4\, t_{14},\ l_5\, t_{15},\ l_6\, t_{16}.$$

Ebenso bei den übrigen Geraden $p$.

Aber $t_{12}$ als Schnittlinie der Polarebenen der Verbindungsgeraden zweier Kegelspitzen in Bezug auf diese beiden Kegel liegt nothwendig auch in den Polarebenen aller Punkte der Geraden $V_1 V_2$ in Bezug auf alle Flächen des Büschels $(K_1, K_2)$, also ist sie die reciproke Polare der Geraden $V_1 V_2$ in Bezug auf das Büschel d. h. die Verbindungsgerade der Spitzen der beiden übrigen Kegel dieses Büschels, folglich identisch mit $w_{12}$, was schon daraus hervorgeht, dass sowohl $w_{12}$, als $t_{12}$ mit $l_1 p_2$, wie auch mit $l_2 p_1$ in einer Ebene liegen sollen.

Die 27 Geraden der cubischen Polfläche der Ebene $E$ in Bezug auf das Bündel $C$ sind also: 1) die 6 Geraden $l$, die conjugirten Polaren der Spitzen der 6 Kegel des Bündels, die in der Ebene $E$ liegen, 2) die 6 Geraden $p$, die Polaren der Ebene $E$ in Bezug auf diese 6 Kegel, und 3) die 15 Geraden $w$ oder $t$, die gemeinsamen reciproken Polaren der Verbindungsgeraden je zweier der 6 Spitzen in Bezug auf alle Flächen des Büschels, dem die beiden zugehörigen Kegel angehören, oder auch anders gesagt, die Verbindungsgeraden der Spitzen der beiden übrigen Kegel in jedem der 15 Büschel, welche durch Zusammenstellung der 6 Kegel zu je zweien entstehen.

$w_{\alpha\beta}$ schneidet $w_{\gamma\delta}$ (worin $\gamma, \delta$ von $\alpha, \beta$ verschieden sind) in dem Pole der Ebene $E$ in Bezug auf die Fläche des Bündels $C$, die den beiden Büscheln $(K_\alpha K_\beta)$ und $(K_\gamma K_\delta)$ gemeinsam ist; oder auch $t_{\alpha\beta}$ trifft $t_{\gamma\delta}$ in dem conjugirten Pole des Punktes, in dem sich $V_\alpha V_\beta$ und $V_\gamma V_\delta$ treffen, in Bezug auf das Bündel $C$.

18. Diejenigen Punkte der cubischen Polfläche, welche in der Ebene $E$ selbst liegen, sind offenbar Berührungspunkte von Flächen des Bündels als Pole, welche in ihre Polarebenen fallen; also: Unendlich viele Flächen des Bündels berühren die Ebene $E$ (und so jede beliebige Ebene) und die Berührungspunkte bilden eine cubische Curve. Alle die Flächen, welche berührt werden, werden von $E$ in Geradenpaaren geschnitten, folglich ist diese cubische Curve der Ort der Mittelpunkte der Geradenpaare des Kegelschnittnetzes, in dem das Flächenbündel durch $E$ geschnitten wird, also die Tripelcurve dieses Netzes, was sich auch aus der andern Entstehungsweise der Polfläche ergiebt. Die Punkte nämlich derselben, die in $E$ liegen, sind solche, in denen sich die Polarebenen von Punkten von $E$ in Bezug auf alle Flächen

des Bündels, mithin auch die Polaren von Punkten von $E$ in Bezug auf die Kegelschnitte des Netzes schneiden, also die Tripelkurve des Netzes wegen ihrer andern Eigenschaft, auf der übrigens auch die Punkte, für welche dies geschieht, sich befinden. In der That, wenn der conjugirte Pol $\Pi$ des Punktes $P$ der Ebene $E$ auf $E$ fällt, so gehört ja auch $P$ als conjugirter Pol des Punktes $\Pi$ der Ebene auf die Polfläche.

Also je zwei Punkte der Durchschnittscurve der Polfläche mit der Ebene $E$ sind einander als conjugirte Pole zugeordnet. Auf der Curve liegen auch die 6 Kegelspitzen $F$ und ihre conjugirten Pole sind die Schnittpunkte der Geraden $l$ mit $E$.

## VI.

## Die Augustsche Erzeugungsart.

19. Die Erzeugungsweise der cubischen Flächen, welche Herr F. August*) anwendet, ist folgende: Es seien $A$, $B$, $C$, $A_1$, $B_1$, $C_1$ 6 Ebenenbüschel; die Axen der drei ersteren und ebenso die der drei letzteren schneiden sich im Allgemeinen nicht. Zwischen $A$ und $A_1$, $B$ und $B_1$, $C$ und $C_1$ sei eine projectivische Beziehung hergestellt. Ist nun noch $\mathfrak{P}$ eine beliebige Ebene und $\pi$ ein Punkt derselben, so erzeugt dieser mit jeder der Axen $A$, $B$, $C$ eine Ebene $\mathfrak{a}$, $\mathfrak{b}$, $\mathfrak{c}$, denen in $A_1$, $B_1$, $C_1$ resp. die Ebenen $\mathfrak{a}_1$, $\mathfrak{b}_1$, $\mathfrak{c}_1$, entsprechen, die sich im Punkte $\pi_1$ begegnen. Durchläuft $\pi$ die ganze Ebene $\mathfrak{P}$, so beschreibt $\pi_1$ eine Oberfläche 3. Ordnung $F^3$. Der sehr einfache synthetische Beweis, der sich in Herrn August's Abhandlung nicht findet, obgleich darauf hingewiesen ist, dass er sich sehr leicht ergiebt, ist dieser: Alle Punkte einer beliebigen Geraden $L$ erzeugen mit den Axen $A_1$, $B_1$, $C_1$ Ebenen, die 3 perspectivische Büschel bilden, denen drei projectivische Büschel um $A$, $B$, $C$ entsprechen. Die entsprechenden Ebenen der letzteren durchschneiden einander in den Punkten einer cubischen Raumcurve, welche also die Ebene $\mathfrak{P}$ dreimal trifft. Mithin liegen auf $L$ drei Punkte von $F^3$. In Be-

*) Disquisitiones de superficiebus tertii ordinis. Dissert. inaug. Berolini 1862.

treff der Ableitung der 27 Geraden dieser Fläche, zu denen auch $A_1$, $B_1$, $C_1$ gehören, verweisen wir auf die Abhandlung selbst. In dieser ist auch schon (§ 11) auseinandergesetzt, dass die Fläche auch als Ort der Durchschnitte der entsprechenden Elemente eines Ebenenbüschels und eines ihm projectivischen Hyperboloidbüschels betrachtet werden kann, dessen Grundcurve ein windschiefes Vierseit ist, wie dies auch schon Herr Schröter am Ende seiner Abhandlung über die cubischen Flächen bemerkt hat; damit ist also diese Erzeugungsart auf die zweite Steinersche zurückgeführt.

# Zweites Kapitel.

## Eigenschaften der cubischen Fläche hinsichtlich der auf ihr befindlichen Geraden und Curven.

20. Bei der ersten Steinerschen, der zweiten Steinerschen und der Grassmannschen Erzeugungsweise, die wir als die hauptsächlichsten aus allen sechs behandelten hervorheben, ist streng nachgewiesen, dass ausser den 27 Geraden, die sich bei allen ergeben, keine weitere Gerade auf der cubischen Fläche existirt. Also haben wir das Theorem: Auf jeder cubischen Fläche giebt es 27 Gerade. Jede derselben wird von 10 andern geschnitten, von denen sich wiederum fünfmal je 2 schneiden, so dass auf der cubischen Fläche $\frac{27 \cdot 5}{3} = 45$ Dreiecke $\triangle$ liegen und $\frac{27 \cdot 10}{2} = 135$ Schnittpunkte $\delta$ von Geraden derselben sich befinden.

Die Ebenen dieser 45 Dreiecke berühren offenbar in den Ecken ihres Dreiecks die cubische Fläche, denn bei jeder durch eine solche Ecke in der Ebene des Dreiecks gehenden Geraden fallen zwei Schnittpunkte mit der Fläche in die Ecke zusammen. Eine Ebene kann ferner nur dann eine cubische Fläche dreifach berühren, wenn ihr Schnitt mit derselben drei Doppelpunkte hat, also, da er eine cubische Curve ist, in 3 Gerade zerfällt. Mithin sind die 45 Dreieckebenen die einzigen Ebenen, welche die cubische Fläche dreifach berühren. In den Nouvelles Annales de Mathématiques, tome XXIII pag. 5 hat Herr von Jonquières die Anzahl $t$ der dreifachen Tangentenebenen einer Fläche $n^{\text{ter}}$ Ordnung bestimmt.

$$t = \frac{1}{6} n (n-2) \{ n^7 - 4n^6 + 7n^5 - 45n^4 + 114n^3 - 111n^2 + 548n - 960 \}.$$ *)

*) Man sehe auch Salmon-Fiedler: Analytische Geometrie des Raumes, Band II, Seite 512.

Das giebt für $n=3$ $t=45$; in der Abhandlung des Herrn von Jonquières irrthümlich $t=135$.

Jede durch eine Gerade der cubischen Fläche gelegte Ebene schneidet diese noch in einem Kegelschnitte, welcher die Gerade in 2 Punkten trifft. In diesen beiden Punkten wird die Fläche von der Ebene berührt. Wenn eine cubische Fläche von einer Ebene doppelt berührt werden soll, so muss die Schnittcurve von Ebene und Fläche 2 Doppelpunkte haben, also sich in eine Gerade und einen Kegelschnitt auflösen. Mithin sind die durch die 27 Geraden der cubischen Fläche gelegten Ebenen die einzigen, welche die cubische Fläche doppelt berühren. Also sämmtliche Doppeltangentenebenen der cubischen Fläche bilden 27 Ebenenbüschel, mithin eine Abart einer abwickelbaren Fläche 27. Klasse. Allgemein ist die Klasse der developpablen Fläche, welche von den Doppeltangentenebenen einer Fläche $n^{\text{ter}}$ Ordnung eingehüllt wird, $\frac{1}{2}n(n-1)(n-2)(n^3-n^2+n-12)$. (Jonquières a. a. O.) Auch Herr Salmon hat diese, wie die obige Formel analytisch entwickelt; aus der letzteren hat er im Cambridge and Dublin Mathematical Journal vol. IV, da in jeder Doppeltangentenebene der cubischen Fläche eine Gerade derselben liegen muss, auf die Anzahl der Geraden geschlossen.

Die cubische Fläche vierpunktig berührende Gerade müssen offenbar auf der Fläche ganz liegen, da sie doch eben dieselbe in 4 Punkten treffen; also wird für die cubische Fläche die Ordnung der Curve der Berührungspunkte der vierpunktig berührenden Geraden identisch sein mit der Anzahl der Geraden der cubischen Fläche. Diese Ordnung ist für die allgemeine Fläche $n^{\text{ter}}$ Ordnung $n(11n-24)$, wie dies von den Analytikern Salmon und Clebsch angegeben ist, die auf diese Weise auch die Anzahl der Geraden der cubischen Fläche berechneten.

21. Es seien $l$ und $m$ zwei Gerade der cubischen Fläche, die einander nicht schneiden. Jede Gerade der cubischen Fläche muss in jedem der Dreiecke derselben eine Gerade treffen, also muss $l$, da sie $m$ nicht trifft, 5 von den Geraden, welche $m$ treffen, und zwar ersichtlich 5 windschiefe schneiden.

Es giebt also stets 5 (windschiefe) Gerade auf der

cubischen Fläche, welche zweien windschiefen $l$ und $m$ zugleich begegnen. Ausserdem wird jede von den beiden Geraden noch von 5 geschnitten, folglich giebt es 10 Gerade auf der Oberfläche $F^3$, die blos einer der beiden Geraden begegnen. Also bleiben 10 Gerade, die keiner von beiden begegnen. Jede Gerade der Fläche wird von 10 andern getroffen, von 16 also nicht, mithin kann man $\frac{27 \cdot 16}{2} = 216$mal 2 sich nicht schneidende Gerade der cubischen Fläche zusammenstellen. Und da zu je 2 solchen stets noch 10 hinzugefügt werden können, die beide nicht treffen, so wird es $\frac{216 \cdot 10}{3} = 720$ Gruppen von je 3 sich nicht schneidenden Geraden der cubischen Fläche geben. Jede solche Gruppe (Tripel) liefert ein Hyperboloid, das die cubische Fläche in einer ähnlichen Gruppe schneidet, die als erste betrachtet eben dasselbe Hyperboloid liefert. (Man sehe Nr. 3.) Mithin giebt es 360 solcher Doppeldreihyperboloide bei jeder cubischen Fläche.

Betrachten wir ein Tripel von 3 windschiefen Geraden $l$, $m$, $n$ der cubischen Fläche. Da giebt es eben 3 andere ebenfalls windschiefe Geraden $\lambda$, $\mu$, $\nu$, deren jede alle 3 Geraden $l$, $m$, $n$ trifft, die andere Gruppe des aus $l\ m\ n$ hervorgegangenen Doppeldreihyperboloids. Je zwei von den 3 Geraden $l\ m\ n$ werden zugleich von 5 Geraden getroffen, worunter sich natürlich $\lambda\ \mu\ \nu$ befinden; also bleiben bei einem solchen Dupel (ein Dupel besteht aus 2 sich nicht schneidenden Geraden, ein Paar aus zwei sich schneidenden) blos 2 Gerade übrig, die nur die beiden Geraden des Dupels treffen, und da das Tripel aus 3 Dupeln besteht, giebt es also 6 Gerade, die 2 Gerade des Tripels treffen. Jede einzelne Gerade des Tripels wird von 10 Geraden getroffen, zu denen die 3 Geraden $\lambda\ \mu\ \nu$, die alle 3 Geraden des Tripels treffen, und, da die Gerade zu 2 Dupeln des Tripels gehört, auch $2 \cdot 2 = 4$ Gerade gehören, welche ausser jener Geraden noch eine im Tripel treffen. Es bleiben also nur 3 Gerade, die blos der einen Geraden begegnen; mithin giebt es auf der Oberfläche 9 Gerade, welche nur eine Gerade des Tripels treffen. Es bleiben folglich 6 Gerade, die keine Gerade des Tripels treffen.

Also wird ein Tripel von 3 windschiefen Geraden

aus den 27 herausgenommen, so giebt es unter den 24 übrigen Geraden 3, die alle 3 Geraden des Tripels (das Tripel dreimal oder vollständig) treffen, 6, welche nur 2 Gerade des Tripels (das Tripel zweimal) treffen, 9, welche es nur einmal treffen, 6, welche es gar nicht treffen.

Das letzte Resultat ergiebt den Satz:

Von den 27 Geraden lassen sich $\frac{720 \cdot 6}{4} = 1080$ mal je 4 windschiefe zusammenstellen. Es seien $l\ m\ n\ p$ 4 solche Geraden. Da 4 windschiefe Geraden der cubischen Fläche nicht die hyperboloidische Lage haben, d. h. zu derselben Schaar eines Hyperboloids gehören und also nicht von unendlich vielen andern Geraden sämmtlich getroffen werden können, so muss hier immer der allgemeine Fall eintreten: Es giebt blos 2 (windschiefe) Gerade, welche alle 4 treffen und welche, weil sie eben die cubische Fläche viermal treffen, auf derselben liegen.

Auf dieselbe Weise, wie vorher beim Tripel, schliessen wir auch hier weiter und finden das Resultat:

Wird eine Gruppe von 4 sich nicht schneidenden Geraden (ein Quadrupel), deren es bei jeder cubischen Fläche 1080 giebt, aus den 27 Geraden herausgenommen, so giebt es unter den übrigen 23 Geraden 2, die das Quadrupel vollständig treffen, 4 Gerade, die es dreimal treffen, 6, die es zweimal, 8, die es einmal, und 3, die es gar nicht treffen.

Aus dem letzten Resultate schliessen wir wieder, dass jedes Quadrupel 3 Gruppen von 5 zu einander windschiefen Geraden (Quintupel) giebt, so dass es deren $\frac{1080 \cdot 3}{5} = 648$ giebt.

Es sei nun $l\ m\ n\ p\ q$ ein solches Quintupel. Die beiden Geraden, welche dem Quadrupel $l\ m\ n\ p$ vollständig begegnen, seien $\alpha'\ \beta'$; sie müssen offenbar mit zweien der 3 Geraden $\lambda\ \mu\ \nu$, welche das Tripel $l\ m\ n$ vollständig treffen, identisch sein; z. B. $\alpha'$ mit $\lambda$, $\beta'$ mit $\mu$. Ebenso seien $\alpha''\ \beta''$ die beiden Geraden der cubischen Fläche, welche das Quadrupel $l\ m\ n\ q$ vollständig treffen; auch sie müssen mit zweien der 3 Geraden $\lambda\ \mu\ \nu$ identisch sein; also entweder ebenfalls mit $\lambda\ \mu$, oder mit $\lambda\ \nu$, oder mit $\mu\ \nu$. Da nun auch $l\ m\ n\ p$ von $\lambda\ \mu$ getroffen werden, so wird das Quintupel $l\,m\,n\,p\,q$ entweder von beiden Geraden $\lambda\,\mu$ vollständig getroffen, oder wenigstens von einer Geraden $\lambda$ oder $\mu$.

Wir haben uns nun zu überzeugen, dass wirklich Quintupel von beiden Arten sich auf der cubischen Fläche vorfinden, dass die Existenz eines Quintupels der einen Art auf der Fläche die eines von der andern Art nach sich zieht.

Es sei $l\,m\,n\,p\,q$ ein Quintupel, das nur von einer einzigen Geraden $\lambda$ vollständig getroffen wird. Die dritten Geraden in den Ebenen $(l\,\lambda)$, $(m\,\lambda)$, $(n\,\lambda)$, $(p\,\lambda)$, $(q\,\lambda)$ seien $l_1$, $m_1$, $n_1$, $p_1$, $q_1$. Diese bilden offenbar ebenfalls ein Quintupel: denn von den 10 Geraden, die eine Gerade der cubischen Fläche treffen, — und $l\,l_1$, $m\,m_1$, $n\,n_1$, $p\,p_1$, $q\,q_1$ sind die 10 Geraden, die $\lambda$ treffen — kann jede nur e i n e zweite von ihnen treffen; so z. B. $l$ nur die $l_1$, sonst keine. Die zweite Gerade, welche dem Quadrupel $l\,m\,n\,p$ ausser $\lambda$ begegnet und welche offenbar auf $F^3$ liegt, sei $\mu$. Da $(l\,m\,n\,p\,q)$ nur von $\lambda$ allein vollständig getroffen wird, so trifft $\mu$ nicht $q$. $\mu$ und $\lambda$ als 2 Gerade, die demselben Quadrupel vollständig begegnen, sind windschief gegen einander; $\lambda$ kann ja überdies von keiner Geraden als den oben genannten zehn getroffen werden, also trifft $\mu$ die Gerade $q_1$, da sie doch eine der Geraden des Dreiecks $\lambda\,q\,q_1$ treffen muss. Die dritte Gerade in der Ebene $(\mu\,q_1)$ sei $\mu_1$. In jedem der Dreiecke $l\,l_1\,\lambda$, $m\,m_1\,\lambda$, $n\,n_1\,\lambda$, $p\,p_1\,\lambda$ muss $\mu_1$ eine Seite treffen. $\lambda$ kann sie aus dem eben angeführten Grunde nicht treffen. Träfe sie aber z. B. $l$, so würde $l$ nun $\mu$ und $\mu_1$ treffen, also in der Ebene $(\mu\,\mu_1)$ die dritte Gerade sein, das ist aber schon $q_1$. Also trifft $\mu_1$ nicht $l$, folglich $l_1$, ebenso $m_1$, $n_1$, $p_1$, und weil sie die dritte Gerade in der Ebene $(\mu\,q_1)$ ist, trifft sie auch $q_1$. Mithin trifft $\mu_1$ alle 5 Geraden $l_1\,m_1\,n_1\,p_1\,q_1$. Diese werden also von 2 Geraden $\lambda$ und $\mu_1$ vollständig getroffen. Weil $\mu_1$ allen 5 Geraden $l_1\,m_1\,n_1\,p_1\,q_1$ begegnet, kann es keiner der Geraden $l\,m\,n\,p\,q$ begegnen, denn es giebt eben nur eine einzige Gerade auf $F^3$, die z. B. den beiden sich schneidenden Geraden $l$ und $l_1$ begegnet, das ist $\lambda$. Gäbe es noch eine Gerade $\nu_1$, die keiner der Geraden $l\,m\,n\,p\,q$ begegnet, so müsste diese auch, weil sie $\lambda$ nicht begegnen kann, allen 5 Geraden $l_1\,m_1\,n_1\,p_1\,q_1$ begegnen, so dass es nun 3 Gerade $\lambda\,\mu_1\,\nu_1$ gäbe, die dies thäten, was nicht möglich ist, da 5 windschiefen Geraden der cubischen Fläche höchstens 2 Gerade begegnen können.

Sind dagegen $r\ s\ t\ u\ v$ 5 Gerade der Oberfläche $F^3$, welche sämmtlich von 2 Geraden $\varrho$ und $\sigma$ getroffen werden (die natürlich auch auf $F^3$ liegen), sind ferner $r_1$, $s_1$, $t_1$, $u_1$, $v_1$ die dritten Geraden in den Ebenen $(r\varrho)$, $(s\varrho)$, $(t\varrho)$, $(u\varrho)$, $(v\varrho)$ und $\sigma_1$ die dritte Gerade in der Ebene $(\sigma v)$ — denn $\sigma$ trifft ja diesmal auch alle 5 gegebenen Geraden —, so lässt sich wieder leicht einsehen, dass $\sigma_1$ die Geraden $r_1$, $s_1$, $t_1$, $u_1$ trifft. Also ist $\sigma_1$ die zweite Gerade neben $\varrho$, welche den 4 Geraden $r_1\ s_1\ t_1\ u_1$ begegnet, und wenn irgend eine Gerade ausser $\varrho$ den 5 Geraden $r_1$, $s_1$, $t_1$, $u_1$, $v_1$ begegnen sollte, so könnte es eben nur $\sigma_1$ sein, aber $\sigma_1$ trifft $v$, also trifft sie nicht $v_1$. Mithin giebt es ausser $\varrho$ keine zweite Gerade, die allen 5 Geraden $r_1\ s_1\ t_1\ u_1\ v_1$ begegnet. Nur eine Gerade aber, die dies thun würde, könnte es sein, welche keiner der 5 Geraden $r\ s\ t\ u\ v$ begegnet; also giebt es keine Gerade, die zu $r\ s\ t\ u\ v$ windschief ist. Wohl aber giebt es eine zu $r_1\ s_1\ t_1\ u_1\ v_1$, das ist $\sigma$, welche ausser $\varrho$ alle Geraden $r\ s\ t\ u\ v$ trifft, jedoch keine zweite, weil es ausser $\varrho$ und $\sigma$ nicht noch eine dritte Gerade geben kann, welche alle 5 Geraden $r\ s\ t\ u\ v$ trifft.

Vertauschte man nun $\varrho$ und $\sigma$, so ginge aus dem Quintupel $r\ s\ t\ u\ v$ mit zwei schneidenden Geraden in ähnlicher Weise noch ein zweites Quintupel $r_2\ s_2\ t_2\ u_2\ v_2$ mit einer schneidenden Geraden hervor.

Also: Hat man ein Quintupel auf der cubischen Fläche, welches nur von einer Geraden vollständig getroffen wird, so bilden die 5 übrigen Geraden, die diese Gerade treffen, ein Quintupel, welches ausser von dieser Geraden noch von einer zweiten Geraden vollständig getroffen wird. Diese zweite Gerade ist gegen die 5 Geraden des ersten Quintupels windschief, jedoch nur sie. Es giebt keine Gerade, welche gegen die 5 des zweiten Quintupels windschief ist.

Hat man dagegen ein Quintupel der cubischen Fläche, welches von 2 Geraden vollständig getroffen wird, so bilden je die 5 übrigen Geraden, die jeder von diesen schneidenden Geraden noch begegnen, ein Quintupel, das ausser von der betreffenden Geraden von keiner zweiten vollständig getroffen wird, die andere Gerade liegt für die 5 Geraden jedes der beiden Quintupel windschief, und sie ist die einzige, die so liegt. Für das ursprüngliche Quintupel giebt es keine solche windschiefe Gerade.

Wir haben also in der That auf der cubischen Fläche zweierlei Quintupel zu unterscheiden: solche mit 2 schneidenden und keiner windschiefen Geraden, und solche mit einer schneidenden und einer windschiefen.

Ist die schneidende Gerade eines Quintupels mit einer schneidenden Geraden identisch mit der einen schneidenden eines Quintupels mit 2 schneidenden Geraden, so ist die windschiefe des ersten identisch mit der zweiten schneidenden des zweiten.

Die 10 Geraden der cubischen Fläche, die einer Geraden derselben begegnen, können offenbar auf 2 . 2 . 2 . 2 = 16fache Weise zu je 2 Quintupeln zusammengestellt werden (jedes Quintupel enthält aus jedem Paar eine). Das eine Quintupel muss dann nach dem Vorhergehenden stets 2 Schneidende, das andere eine Schneidende haben. Es scheint also, als wenn es 27 . 16 = 432 Quintupel von jeder der beiden Arten gäbe. Jedoch jedes Quintupel mit 2 schneidenden Geraden geht bei 2 Geraden der cubischen Fläche hervor, also giebt es deren nur die Hälfte, demgemäss liegen 432 Quintupel mit einer Schneidenden und 216 mit 2 Schneidenden auf der cubischen Fläche, was auch die oben angegebene Gesammtzahl der Quintupel 648 herauskommen lässt.

Zu einem Quintupel mit 2 schneidenden Geraden sind wir schon früher gekommen, als wir von den 5 Geraden sprachen, die 2 windschiefen Geraden zugleich begegnen.

Nur zu Quintupeln mit einer schneidenden Geraden lässt sich eine windschiefe fügen, aber nur eine; daraus folgt, dass die höchste Zahl gegeneinander windschiefer Geraden der cubischen Fläche 6 ist.

Jedes der 432 Quintupel mit einer schneidenden Geraden liefert ein Sextupel (Gruppe von 6 gegen einander windschiefen Geraden); also giebt es $\frac{432 \cdot 1}{6} = 72$ solche Sextupel.

Wir wollen noch auf eine andere Art untersuchen, warum doppelt so viele Quintupel der einen als der andern Art sind. Wir fanden oben, dass es 3 Gerade giebt, die zu einem Quadrupel $l\,m\,n\,p$ windschief liegen; diese seien $r\,q\,s$. Ein Dreieck bilden können diese 3 Geraden nicht, denn dann müsste jede der Geraden des Quadrupels einer von ihnen begegnen. Ebenso wenig ist es möglich, dass eine der drei Geraden z. B. *q* zu den beiden andern *r* und *s* (diese mögen auch windschief zu einander sein oder nicht) windschief ist. Denn gesellen wir *q* zu *l m n p*, so haben wir ein Quintupel, und es fände sich nun, dass *r* und *s* zu allen 5 Geraden dieses Quintupels windschief sind. Wir wissen aber, dass es auf der Oberfläche $F^3$ keine oder nur eine Gerade giebt, die zu 5 windschiefen Geraden derselben auch noch windschief ist. Also werden 2 der 3 Geraden, *r* und *s*, zu einander windschief sein, beide aber von der dritten *q* geschnitten werden.

Fügen wir also nun *q* zu dem Quadrupel *l m n p* hinzu, so kann doch zu dem Quintupel *l m n p q* nur eine solche Gerade windschief sein, die es zu dem Quadrupel ist, also *r* und *s*, aber jede dieser beiden Geraden trifft *q*. Also giebt es zu diesem Quintupel keine windschiefe Gerade, mithin ist es eins mit 2 schneidenden Geraden, und das sind offenbar die beiden Geraden, welche dem Quadrupel *l m n p* vollständig begegnen. Zu dem Quintupel *l m n p r* ist *s* windschief und zu *l m n p s* ist es *r*. Folglich ist jedes dieser Quintupel eins mit einer schneidenden Geraden. Die beiden eben genannten Schneidenden des Quadrupels *l m n p* vertheilen sich auf diese beiden Quintupel, denen ja auch beiden das Quadrupel gemein ist, weil, wenn dieselbe Gerade beide Quintupel vollständig schnitte, sie die 6 windschiefen Geraden *l m n p r s* träfe. Keine Gerade der Oberfläche aber kann 6 andere windschiefe derselben treffen, denn die 10 Geraden, die ihr begegnen, müssen ja 5mal je 2 sich begegnen.

Die eine Schneidende von *l m n p q* und die von *l m n p r* trifft also die beiden sich schneidenden *q* und *r*, ist mithin die dritte Gerade der Fläche in deren Ebene. Ebenso ist die zweite schneidende von *l m n p q* und die Schneidende von (*l m n p s*) die dritte in der Ebene (*q s*).

Also jedes Quadrupel liefert ein Quintupel mit 2 schneidenden Geraden und 2 mit einer, so dass es doppelt so viel von der letzteren Art als von der ersteren giebt.

Leicht ist nun wieder, wie in der früheren Weise beim Tripel und beim Quadrupel, auch hier bei den beiden Quintupeln zu erkennen, wie sie von den übrigen Geraden der Fläche getroffen werden. Ein Quintupel mit 2 schneidenden Geraden wird also von 2 Geraden fünfmal (vollständig), von keiner viermal, von 10 Geraden dreimal, von keiner zweimal, von 10 einmal, von keiner keinmal getroffen. Ein Quintupel aber mit einer schneidenden Geraden wird von 1 Geraden fünfmal, von 5 Geraden viermal, von keiner dreimal, von 10 Geraden zweimal, von 5 einmal, von 1 keinmal getroffen.

Machen 2 Quintupel verschiedener Art die 10 Geraden aus, die einer und derselben Geraden begegnen (so dass diese Gerade die einzige Schneidende des einen und die eine der beiden schneidenden Geraden des andern Quintupels ist), so ist die zweite Schneidende des zweiten Quintupels die gegen das erste windschiefe; die 10 Geraden, die das zweite (das mit 2 schneidenden Geraden) dreimal treffen, sind zugleich die 10, die das erste zweimal treffen; keine Gerade trifft das erste dreimal, keine das zweite zweimal; die 10 Geraden, die das zweite einmal treffen, sind theils die 5 Geraden des ersten, theils die 5 Geraden, die das erste viermal treffen; von 5 Geraden wird das erste einmal getroffen; es sind die 5 Geraden des zweiten. Gerade, welche dieses viermal treffen, müssten auch jenes einmal treffen, aber deren giebt es keine.

Noch will ich erwähnen, dass die 2 Geraden, die ein Quadrupel vollständig treffen, für die 5 Quadrupel, in die ein Quintupel mit 2 schneidenden Geraden zerfällt, immer dieselben sind, nämlich diese beiden Schneidenden, den 5 Quadrupeln aber eines Quintupels mit einer schneidenden Geraden ist nur eine der beiden Schneidenden jedes gemein.

22. Nur die Quintupel mit einer Schneidenden liefern Sextupel, und daraus geht auch hervor, dass die 6 Quintupel, die ein Sextupel umfasst, je nur von einer Geraden vollständig geschnitten werden. Keine 2 dieser Quintupel haben die Schneidende gemein, denn diese müsste allen 6 Geraden des Sextupels begegnen; aber keine Gerade kann 6 windschiefen Geraden der cubischen Fläche begegnen. Wir erhalten so in der That 6 Gerade, deren jede 5 anderen Geraden des Sextupels begegnet. Keine 2 von diesen 6 Geraden können sich unter einander schneiden, denn sie sind ja die beiden Geraden, die das Quadrupel vollständig treffen, das beiden Quintupeln, aus denen sie stammen,

gemein ist. Wir erhalten so ein zweites Sextupel. Da jede Gerade des ursprünglichen Sextupels an 5 Quintupeln desselben participirt, trifft sie also die 5 Schneidenden derselben, demnach 5 Gerade des zweiten Sextupels, ist die Schneidende des von diesen gebildeten Quintupels. Das erste Sextupel ist mithin das abgeleitete seines abgeleiteten.

Wir haben demnach 2 Sextupel so verbunden, dass jede Gerade des einen 5 Gerade des andern, keine 2 des einen dieselben 5 des andern treffen. Es ergeben sich uns also aus den 72 Sextupeln die 36 „Doppelsechse" (double-six) der cubischen Fläche, auf welche Herr Schläfli *) aufmerksam gemacht und welche auch Herr Schröter in seiner Abhandlung einer genaueren Betrachtung unterzogen hat.

Stellen wir die beiden Sextupel eines Doppelsechses so unter einander, dass jede Gerade des einen Sextupels gerade die über oder unter ihr stehende des andern nicht trifft, die übrigen aber alle; also:

$$a_1\ a_2\ a_3\ a_4\ a_5\ a_6$$
$$b_1\ b_2\ b_3\ b_4\ b_5\ b_6,$$

so finden wir gleich die Schneidende jedes Quintupels jedes der beiden Sextupel: die, welche unter oder über keiner des Quintupels steht, z. B. $a_1$ ist die Schneidende zu $b_1\ b_2\ b_3\ b_5\ b_6$, ebenso die beiden Schneidenden jedes Quadrupels: die, deren keine unter oder über einer Geraden des Quadrupels steht, z. B. $b_1\ b_5$ sind die Schneidenden zu $a_2\ a_3\ a_4\ a_6$, endlich auch die 3 Schneidenden jedes Tripels jedes der beiden Sextupel: die 3, deren keine unter oder über einer Geraden des Tripels steht; z. B. $b_1\ b_3\ b_5$ sind die Schneidenden zu $a_2\ a_4\ a_6$. So kann man nochmals die Anzahl der Doppeldreihyperboloide berechnen. Ein Sextupel hat 20 Tripel, ein Doppelsechs also 20 Doppeldreien, mithin ergeben sich aus den 36 Doppelsechsen 720 Doppeldreien, jedoch da jede Doppeldrei, wie dies Herr Schröter gezeigt hat, in zwei Doppelsechsen vorkommt, so ist die Anzahl der Hyperboloide blos halb so gross, also 360, was mit dem Früheren stimmt.

Dass jedes Doppeldrei nur in 2 Doppelsechsen vorkommt, oder jedes Tripel nur in 2 Sextupeln, wollen wir uns noch klar machen. Wir haben gefunden, dass jedes Tripel von 6 Geraden der cubischen Fläche gar nicht getroffen wird. Das Tripel sei

---

*) Quarterly Journal, vol. II pag. 116.

*l m n*, diese 6 Geraden *p q r s t u*. *l m n p* bilden ein Quadrupel, dieses wird von 3 Geraden gar nicht getroffen, welche sich offenbar unter den 5 übrigen Geraden *q r s t u* befinden müssen, sie seien *q r s*, und wir wissen, dass 2 davon — sie seien *r* und *s* — windschief gegen einander sind, die dritte *q* beide trifft. *l m n p q* ist ein Quintupel, gegen das auch *r* und *s*, die einzigen, die es sein könnten, nicht windschief sind, gegen das also keine Gerade der Fläche windschief ist. Ferner ist *l m n p r s* ein Sextupel, und ist dies offenbar das einzige, das aus dem Quadrupel *l m n p* hervorgeht, und es ist klar, dass die Quadrupel *l m n r* und *l m n s* dasselbe Sextupel liefern. *l m n q* ist auch ein Quadrupel, die 3 Geraden, die dagegen windschief sind, müssen unter den Geraden *p r s t u* sein, da sie auch schon gegen *l m n* windschief sein sollen. *r* und *s* sind aber nicht gegen *q* windschief, folglich bleiben nur *p t u*, welche gegen *l m n q* windschief sind. Da *l m n q p* = *l m n p q*, und dies ein Quintupel ist, gegen das keine Gerade windschief ist, so muss *p* diejenige Gerade sein, die *t* und *u* trifft, und *t* und *u* müssen gegen einander windschief sein; das einzige Sextupel also, das aus *l m n q* hervorgeht, ist *l m n q t u*. Dasselbe geht auch aus *l m n t* und aus *l m n u* hervor.

Folglich zerfallen die 6 Geraden, die gegen ein Tripel windschief sind, in 2 Tripel *p r s* und *q t u*, deren jedes zu jenem Tripel gefügt ein Sextupel giebt, so dass aus dem Tripel sich nur 2 Sextupel ableiten lassen, das Tripel also in 2 Sextupeln vorkommt, das aus dem Tripel hervorgehende Doppeldrei in den beiden aus den Sextupeln hervorgehenden Doppelsechsen.

In der Betrachtung hat sich auch noch herausgestellt, dass jedes Quadrupel sich nur in einem einzigen Sextupel befindet. Wir wissen schon, dass dies auch für jedes Quintupel mit einer schneidenden Geraden gilt.

Gegen das Quadrupel *l m n r* müssen offenbar 3 von den 5 Geraden *p q s t u* windschief sein; alle sind gegen *l m n* windschief; also kommt es darauf an, welche noch gegen *r* windschief sind. Gegen *p* ist *r* windschief, ebenso gegen *s*, aber nicht gegen *q*, also muss *r* noch gegen eine der beiden Geraden *t* und *u* windschief sein, jedoch nur gegen eine. Sie sei es gegen *t*, also schneidet sie *u*. Die 3 Geraden mithin, welche gegen *l m n r* windschief sind, sind *pst*, davon müssen 2 gegen einander windschief sein, beide aber von der dritten geschnitten werden; wir wissen schon, dass *s* gegen *p* windschief ist, also schneidet *t* sowohl *s* als *p*. Wie wir oben fanden, dass *r* gegen eine der Geraden *t* und *u* windschief sein muss, so finden wir ebenso (aus dem Quadrupel *l m n s*), dass *s* gegen eine dieser beiden Geraden windschief ist, also da sie es gegen *t* nicht ist, gegen *u*. Nun haben wir das Resultat, dass jede der 6 Geraden, welche nach dem Obigen in 2 Tripel zerfallen, gegen 3 Gerade von ihnen windschief ist, offenbar gegen die beiden andern desselben Tripels und gegen eine des andern, welche den beiden ersteren begegnet, dass sie 2 schneidet, die offenbar dem andern Tripel angehören, also unter einander windschief sind.

*p* ist windschief gegen *q*, *r s*; *q* gegen *p*, *t u*; *r* gegen *ps*, *t*; *s* gegen *pr*, *u*; *t* gegen *qu*, *r*; *u* gegen *qt*, *s*. Es entstehen also aus unserem Tripel folgende 6 Quintupel mit einer Windschiefen (also mit einer Schneidenden): *l m n p r* (windschief *s*); *l m n p s* (windschief *r*); *l m n q t* (*u*); *l m n q u* (*t*); *l m n r s* (*p*); *l m n t u* (*q*), und folgende 3 mit keiner windschiefen (2 schneidenden) Geraden: *l m n p q*, *l m n r t* und *l m n s u*. Aus je dreien der 6 ersten geht dasselbe Sextupel hervor; aus dem ersten, zweiten und fünften das Sextupel *l m n p r s*, aus den übrigen *l m n q t u*.

Bei einem Sextupel giebt es, wie schon erwähnt, keine Gerade, die es vollständig trifft; 6 Gerade, die es fünfmal treffen, die 6 Geraden des zweiten Sextupels im zugehörigen Doppelsechs; keine Gerade, die viermal oder dreimal trifft; 15, die zweimal treffen; keine, die einmal oder keinmal trifft. Da die Geraden jedes der beiden Sextupel eines Doppelsechses für das andere die fünfmal treffenden sind, so bleiben für beide Sextupel dieselben 15 Geraden als zweimal treffende übrig. Also jedes der beiden Sextupel eines Doppelsechses wird von jeder der 15 übrigen Geraden der Fläche doppelt getroffen.

In Salmon-Fiedler's Analytischer Geometrie des Raumes*) findet sich eine kurze Auseinandersetzung, wie man leicht das ganze System der 27 Geraden einer cubischen Fläche geometrisch construiren könne.

*) Band II. Seite 419.

Ich will nun diese Construction hier etwas ausführlicher, als es dort geschehen ist, behandeln.

Es seien 4 gegen einander windschiefe Geraden $b_3$ $b_4$ $b_5$ $b_6$ gegeben, welche jedoch nicht auf demselben Hyperboloide liegen; dann seien $a_1$ und $a_2$ die beiden ebenfalls gegen einander windschiefen Geraden, die jene alle 4 treffen und welche nach Steiner*) sich leicht geometrisch construiren lassen; nun sei $b_2$ noch eine Gerade, welche nur $a_1$ und nicht $a_2$ begegnet und welche auch mit keinen 3 der obigen 4 Geraden $b$ auf demselben Hyperboloide liegt. Jede cubische Fläche, die durch 4 Punkte einer Geraden geht, enthält diese ganz. Wir wählen auf $a_1$ 4 beliebige Punkte und auf jeder der 5 Geraden $b$ 3 beliebige Punkte, welche letzteren jedoch stets von dem Schnittpunkt der Geraden mit $a_1$ verschieden sein müssen. Die durch diese 19 Punkte bestimmte cubische Fläche — und durch 19 Punkte ist ja bekanntlich eine Fläche 3. Ordnung bestimmt — geht durch $a_1$, weil sie durch 4 Punkte derselben geht, also enthält sie auch die Punkte, wo $a_1$ von den Geraden $b$ getroffen wird, mithin trifft sie auch jede dieser Geraden in 4 Punkten, d. h. enthält sie, wird ferner auch jede Gerade enthalten, die 4 von diesen Geraden oder auch 4 Geraden begegnet, von denen vorher klar geworden ist, dass sie auf der cubischen Fläche liegen; z. B. auch $a_2$. Die Geraden $b_2$ $b_3$ $b_4$ $b_5$ $b_6$ bilden offenbar ein Quintupel mit einer schneidenden Geraden $a_1$, denn wenn eine zweite Gerade die 5 Geraden noch schnitte, so könnte es doch nur die $a_2$ sein, welche dem Quadrupel $b_3$ $b_4$ $b_5$ $b_6$ ausser $a_1$ noch begegnet, und $b_2$ ist gerade so gezogen worden, dass sie $a_2$ nicht trifft. Das Quintupel zerfällt in 5 Quadrupel, deren jedes ausser von $a_1$ noch von einer Geraden getroffen wird, welche gegen $a_1$ windschief ist und nach Steiner leicht construirt werden kann. Keine 2 der Quadrupel können diese Schneidende gemein haben, denn dann wäre dies eine Gerade, welche dem ganzen Quintupel begegnet. Diese 5 Geraden sind $a_2$, die wir für $b_3$ $b_4$ $b_5$ $b_6$ schon haben, und $a_3$ $a_4$ $a_5$ $a_6$, wobei $a_\varkappa$ die Schneidende des Quadrupels ist, in dem $b_\varkappa$ fehlt. Diese Geraden treffen alle offenbar 4 Gerade der cubischen Fläche, also liegen sie auf ihr; sie müssen auch alle gegen einander und auch gegen $a_1$ wind-

*) System. Entw. etc. Seite 243.

schief sein, denn z. B. $a_3$ und $a_4$ treffen beide die 3 windschiefen Geraden $b_2$ $b_5$ $b_6$, sind also Gerade derselben Schaar eines Hyperboloids. Es ist klar, $b_6$ ist eine Gerade, die die 4 Geraden $a_2$ $a_3$ $a_4$ $a_5$ trifft; sie ist also eine von den beiden Geraden, die dies thun; die andere sei $b_1$. Aus dem Quadrupel $a_2$ $a_3$ $a_4$ $a_5$ geht das Quintupel $a_2$ $a_3$ $a_4$ $a_5$ $a_6$ hervor, und aus diesem das Sextupel $a_1$ $a_2$ $a_3$ $a_4$ $a_5$ $a_6$. Folglich ist $a_2$ $a_3$ $a_4$ $a_5$ $a_6$ ein Quintupel mit einer schneidenden Geraden; diese eine schneidende Gerade muss aber ersichtlich eine von den beiden schneidenden Geraden des Quadrupels $a_2$ $a_3$ $a_4$ $a_5$ sein; also eine der beiden Geraden $b_6$ und $b_1$ muss noch $a_6$ begegnen. $b_6$ kann dies nicht, denn dann hätten wir 3 Gerade $a_1$ $a_2$ $a_6$, welche die 4 Geraden $b_3$ $b_4$ $b_5$ $b_6$ treffen, so dass die letzteren die hyperboloidische Lage einnehmen würden, was sie doch nicht sollen. Also muss $b_1$ der $a_6$ begegnen, so dass $b_1$ den 5 Geraden $a_2$ $a_3$ $a_4$ $a_5$ $a_6$ begegnet. Nun haben wir das Resultat, dass jede der Geraden $b$ den 5 Geraden $a$ begegnet, unter denen die mit demselben Index nicht vorkommt. Die 12 Geraden $a$ und $b$ bilden mithin ein Doppelsechs:

$$\begin{matrix} a_1 & a_2 & a_3 & a_4 & a_5 & a_6 \\ b_1 & b_2 & b_3 & b_4 & b_5 & b_6. \end{matrix}$$

Jede 2 Geraden $a_\varkappa$ und $b_\lambda$ treffen einander, wenn $\varkappa$ und $\lambda$ verschieden sind, und nicht, wenn sie gleich sind. Keine 2 Geraden $a$ oder 2 Geraden $b$ treffen einander. In der Ebene $(a_\varkappa$ $b_\lambda)$, wo $\varkappa$ und $\lambda$ verschieden sind, liegt noch eine dritte Gerade der cubischen Fläche und auf dieser die Schnittpunkte der Ebene mit $b_\varkappa$ und $a_\lambda$, denen keine einer der beiden Geraden $a_\varkappa$, $b_\lambda$ begegnet. Verbindet man diese Schnittpunkte, so erhält man die dritte Gerade der Fläche in der Ebene. Die Geraden $b_\varkappa$ und $a_\lambda$ schneiden sich auch; also ist die Gerade die Schnittgerade der Ebenen $(a_\varkappa, b_\lambda)$ und $(a_\lambda, b_\varkappa)$. Der Ebenen $(a_\varkappa, b_\lambda)$ giebt es 30, aber je 2, nämlich $(a_\varkappa, b_\lambda)$ und $(b_\varkappa, a_\lambda)$, erzeugen dieselbe Gerade, so dass wir auf diese Weise noch die übrigen 15 Geraden erhalten. Am besten sind die Geraden $a$ und $b$ mit den Geraden $G$ und $L$ der Grassmannschen Erzeugungsweise und die 15 übrigen mit den Geraden $g$ zu vergleichen.

23. Es seien $A$ und $B$ zwei Dreiecke der cubischen Fläche, welche keine Seite gemein haben; $a_1$ $a_2$ $a_3$ seien die Seiten von $A$, $b_1$ $b_2$ $b_3$ die von $B$. Die Schnittgerade der beiden Ebenen trifft die cubische Fläche in 3 Punkten, welche

offenbar die Punkte sind, in denen $A$ und $B$ einander begegnen. Keine Seite sowohl von $A$ als von $B$ kann die Schnittgerade zweimal treffen, was ja geschehen müsste, wenn eine Seite des einen Dreiecks 2 des andern träfe; also trifft je eine des einen eine des andern. Es werde demnach $a_1$ von $b_1$, $a_2$ von $b_2$, $a_3$ von $b_3$ getroffen, und die dritten Geraden in den Ebenen $(a_1 b_1) = E_1$, $(a_2 b_2) = E_2$, $(a_3 b_3) = E_3$ seien $c_1 c_2 c_3$. $c_2$ muss offenbar eine Gerade des Dreiecks $a_1 b_1 c_1$ treffen; angenommen sie träfe $a_1$, so würde $c_2$ den beiden sich schneidenden Geraden $a_1$ und $a_2$ begegnen, also mit der dritten Geraden in deren Ebene $a_3$ identisch sein; mithin $a_3$ die dritte Gerade in der Ebene $(a_2 b_2)$ oder $b_2$ die dritte Gerade in der Ebene $(a_2 a_3)$ d. h. $a_1$ sein. Die beiden Dreiecke $A$ und $B$ hätten dann diese Seite $a_1 = b_2$ gemeinsam, was gegen die Voraussetzung ist. Also $c_2$ trifft nicht $a_1$, ebenso auch nicht $b_1$, folglich $c_1$; ähnlich lässt es sich beweisen, dass sie $c_3$ trifft, und dass auch $c_1$ und $c_3$ einander treffen. Die 3 Geraden $c_1 c_2 c_3$ bilden demnach ein Dreieck $C$. Die 3 Ebenen $A B C$ bilden ein Trieder, und ebenso die 3 Ebenen $E_1 E_2 E_3$. Die beiden Trieder durchschneiden sich in den 9 Geraden. Man nennt zwei solche Trieder conjugirte Trieder der cubischen Fläche. Da die Trieder selbst Abarten von cubischen Flächen sind, so sind die 9 Geraden Durchschnitt zweier cubischen Flächen, liegen also auf unendlich vielen cubischen Flächen, bilden die Grundcurve eines cubischen Flächenbüschels. Ein solches Triederpaar haben wir ja zur Construction der cubischen Fläche bei der ersten Steinerschen Erzeugungsart verwandt, mussten aber, um eine von den unendlich vielen Flächen, welchen die 9 Geraden gemeinsam sind, zu determiniren, noch einen Punkt $P$ wählen, durch den die Fläche auch gehen sollte.

Wir schreiben wie oben die 9 Geraden zweier conjugirten Trieder in quadratischer Form, die drei Geraden eines Dreiecks unter oder neben einander.

Bei der ersten Steinerschen Erzeugungsart haben wir ausser dem zur Construction benutzten z. B. noch folgendes Triederpaar:

$$\begin{matrix} a^3{}_2 & g_2' & g_6' \\ g_2'' & g_3''' & g_1' \\ g_6'' & g_1'' & a^1{}_1. \end{matrix}$$

Für die zweite Steinersche und die Grassmannsche mögen folgende als Beispiele dienen:

$$\begin{matrix} A & b' & b'' \\ d' & r_3' & \varrho_1'' \\ d'' & r_3'' & \varrho_1' \end{matrix} \quad \text{und} \quad \begin{matrix} g_{12} & g_{34} & g_{56} \\ L_1 & G_4 & g_{14} \\ G_2 & L_3 & g_{23}. \end{matrix}$$

Je 2 Dreiecke der cubischen Fläche, welche keine Seite gemein haben, bringen ein Paar conjugirter Trieder hervor. Jede Seite eines Dreiecks wird ausser von dem der beiden andern Seiten noch von 4 Geradenpaaren getroffen. Diese 12 Geradenpaare sind verschieden; denn es giebt doch eben nur eine Gerade der cubischen Fläche, die 2 Seiten eines Dreiecks derselben zugleich begegnet: das ist die dritte Seite. Mithin giebt es 12 Dreiecke, die mit dem vorgelegten eine Seite gemein, also 32, die keine gemein haben. Da nun ein Dreieck in einem Trieder gleich mit 2 solchen sich zusammenfindet, so liefert jedes Dreieck 16 Trieder, oder 16 Triederscheitel sind auf der Ebene jedes Dreiecks vorhanden. Die 45 Dreiecke geben, da jedes Trieder aus jedem seiner 3 Dreiecke abgeleitet werden kann, $\frac{45 \cdot 16}{3} = 240$ Trieder oder 120 Paare conjugirter Trieder. Jedes Trieder hat 3 Kanten, auf denen offenbar je 3 Schnittpunkte von Geraden der Oberfläche liegen, z. B. auf $(A\ B)$ die Schnittpunkte $(a_1\ b_1)$, $(a_2\ b_2)$, $(a_3\ b_3)$, auf $(E_1\ E_2)$ die Schnittpunkte $(a_1\ a_2)$, $(b_1\ b_2)$, $(c_1\ c_2)$. Folglich liegen die 135 Schnittpunkte $\delta$ der Geraden der cubischen Fläche zu je dreien auf 720 Geraden $k$, welche wieder zu je dreien in 240 Punkten zusammenkommen. Und da durch je drei Punkte $\delta$ eine solche Gerade geht, so ergiebt sich, dass von jedem Punkte $\delta$ $\frac{720 \cdot 3}{135} = 16$ Gerade $k$ ausgehen, die noch je durch 2 Punkte $\delta$ gehen.

Betrachten wir nochmals das Triederpaar:

$$\begin{matrix} a_1 & a_2 & a_3 \\ b_1 & b_2 & b_3 \\ c_1 & c_2 & c_3; \end{matrix}$$

je 4 Gerade, von denen in diesem Schema zweimal je 2 in derselben Horizontal- und auch zweimal 2 in derselben Verticalreihe stehen, z. B. $\begin{matrix} b_2 & b_3 \\ c_2 & c_3 \end{matrix}$ oder $\begin{matrix} a_1 & c_1 \\ a_3 & c_3 \end{matrix}$ bilden 2 Paare windschiefer Geraden $b_2\,c_3$ und $b_3\,c_2$, oder $a_1\,c_3$ und $a_3\,c_1$, bei denen beide Gerade des einen Paars beide des andern treffen, also ein sogenanntes windschiefes Vierseit, das ja auch Grundcurve eines Flächenbüschels 2. Ordnung ist, was auch daraus hervorgeht, dass durch die 4 Geraden 2 Ebenenpaare $(B, C)$ und $(E_2, E_3)$ oder $(A, C)$ und $(E_1, E_3)$ gehen. Suchen wir Gerade auf der cubischen Fläche auf, die keiner der 4 Geraden eines solchen Vierseits z. B. $\begin{matrix} b_2 & b_3 \\ c_2 & c_3 \end{matrix}$ begegnen. $a_2\,a_3\,b_1\,c_1$ begegnen je zweien von diesen 4 Geraden. Jede Gerade, die keiner begegnet, muss, da sie nicht $b_2$ und $c_2$ trifft, doch die dritte Seite des Dreiecks $a_2\,b_2\,c_2$ treffen, also $a_2$, ebenso, da sie nicht $b_3$ und $c_3$ trifft, muss sie $a_3$ treffen; soll sie also $a_2$ und $a_3$ treffen, so kann sie einzig und allein $a_1$ sein. Also $a_1$ ist die einzige Gerade auf der cubischen Fläche, die keiner der 4 Geraden des windschiefen Vierseits $\begin{matrix} b_2 & b_3 \\ c_2 & c_3 \end{matrix}$ begegnet; es ist diejenige Gerade, die im Schema des Triederpaars mit keiner der 4 Geraden des Vierseits in derselben Horizontalreihe oder Verticalreihe steht. Wir können sie die *Gegengerade des winschiefen Vierseits* nennen.

*Jedes windschiefe Vierseit der cubischen Fläche hat* also *nur eine Gegengerade*, aber *jede Gerade der cubischen Fläche ist für 40 windschiefe Vierseite derselben Gegengerade*, nämlich für so viele, in wie vielen Triederpaaren sie vorkommt, und das ist in 40, was im Folgenden nachgewiesen werden soll. Jedes der 120 Triederpaare von $F^3$ kann zur Construction der Fläche dritter Ordnung $F^3$ verwandt werden; denn wenn zum Punkte $P$, wie er bei der ersten Steinerschen Erzeugungsweise noch nöthig ist, ein Punkt auf $F^3$, der natürlich auf keiner der 9 Geraden des Triederpaars liegt, gewählt wird und nun nach Anleitung jener Erzeugungsweise aus diesen Daten eine cubische Fläche construirt wird, so hat dieselbe mit unserer Fläche $F^3$ die 9 Geraden des Triederpaars, also die Grundcurve eines cubischen Flächenbüschels, und den Punkt $P$ gemein; durch die Grundcurve eines cubischen Flächenbüschels und einen Punkt ausserhalb derselben lässt sich nur eine einzige cubische Fläche legen, also ist in der That die aus dem beliebig gewählten Triederpaare unserer Fläche $F^3$ und einem Punkte derselben nach der ersten Steinerschen Erzeugungsweise construirte cubische Fläche mit unserer identisch. Die 18 Geraden, die nach Abzug der 9 eines Triederpaars übrig bleiben, werden sich daher stets verhalten wie die Geraden $g$, auf die wir bei jener Erzeugungsweise kamen. Diese zerfallen aber in zweimal die 9 Geraden eines Triederpaars, nämlich:

$$\begin{matrix} g_1' & g_2'' & g_3''' \\ g_3'' & g_1''' & g_2' \\ g_2''' & g_3' & g_1'' \end{matrix} \quad \text{und} \quad \begin{matrix} g_4' & g_5'' & g_6''' \\ g_6'' & g_4''' & g_5' \\ g_5''' & g_6' & g_4'' \end{matrix},$$

und offenbar nur auf diese eine Weise; denn Dreiecke, die nur aus Geraden $g$ zusammengesetzt sind, enthalten entweder 3 Gerade mit den Indices 1, 2, 3 oder 3 mit den Indices 4, 5, 6. In Dreiecken, in denen eine Gerade den Index 1, 2 oder 3 und eine andere den Index 4, 5 oder 6 hat, ist die dritte Gerade stets eine Gerade $a$. Das ist sehr leicht aus den am Ende der Betrachtung über die erste Steinersche Erzeugungsweise aufgestellten Beispielen einzusehen. Ein Triederpaar nun, dessen 9 Gerade nur Gerade $g$ sein sollen, kann auch nur Dreiecke enthalten, welche nur aus Geraden $g$ zusammengesetzt sind. Also wird ein solches Triederpaar entweder nur Gerade $g$ mit den Indices 1, 2, 3 oder nur solche mit den Indices 4, 5, 6 enthalten. Die 9 Geraden $g$ mit den Indices 1, 2, 3 können nur ein Triederpaar bilden, ebenso die mit den Indices 4, 5, 6. Also können in der That die 18 Geraden $g$ blos zu den beiden oben angegebenen Triederpaaren, die sie alle enthalten, zusammengestellt werden.

Folglich zieht jedes Triederpaar noch 2 andere nach sich, mit denen es zusammen alle 27 Geraden umfasst. Also zerfallen die 120 Triederpaare in 40 Gruppen von 3 Triederpaaren, so dass die 3 Triederpaare einer Grupppe alle 27 Geraden enthalten. Damit ist zugleich einzusehen, dass jede Gerade, da sie in jeder Gruppe vorkommt, bei 40 Triederpaaren sich findet, womit sich die oben ausgesprochene Behauptung bestätigt.

Dieselbe lässt sich übrigens noch leicht auf einem andern Wege bewahrheiten. In einem Triederpaare kommt jede Gerade mit zweien der Geradenpaaren vor, von denen sie getroffen wird, z. B. $a_1$ mit $b_1$ $c_1$ und $a_2$ $a_3$.

$$\begin{matrix} a_1 & a_2 & a_3 \\ b_1 & & \\ c_1 & & \end{matrix}$$

Durch diese 5 Geraden ist das Triederpaar noch gar nicht bestimmt, sondern wird es erst dann sein, wenn über noch eine von den 4 übrigen Geraden verfügt sein wird, z. B. über die, welche im Schema unter $a_2$ und neben $b_1$ stehen soll. Für diese haben wir 4 Gerade zur Auswahl, nämlich die 4, welche ausser $a_1$ den beiden windschiefen Geraden $a_2$ und $b_1$ begegnen; es seien $b_2'$ und $b_2''$ zwei von diesen Geraden. Wir wählen $b_2'$: das Trieder ist nun bestimmt, die 3 übrigen Geraden ergeben sich von selbst; keine von ihnen kann $b_2''$ sein, denn jede von ihnen steht entweder mit $a_3$ in derselben Verticalreihe oder mit $c_1$ in derselben Horizontalreihe; wäre also $b_2''$ eine von ihnen, so würde sie $a_2$ und $a_3$ zugleich treffen, d. h. mit $a_1$ identisch sein, oder $b_1$ und $c_1$ zugleich treffen, d. h. mit $a_1$ ebenfalls identisch sein. Mithin giebt jede der 4 Geraden mit den obigen 5 ein besonderes Triederpaar.

Da nun die 5 Geradenpaare, von denen eine Gerade der cubischen Fläche getroffen wird, sich $\frac{5 \cdot 4}{1 \cdot 2} = 10$ mal zu je zweien zusammenstellen lassen, so giebt es $10 \cdot 4 = 40$ Triederpaare, bei denen unsere Gerade vorkommt.

Schliesslich noch kurz ein Beweis, dass die 9 Geraden eines Triederpaars die Bedeutung von 18 Punkten haben, also von soviel Punkten, als ein cubisches Flächenbüschel bestimmen. Man wähle auf $a_1$ 4 beliebige Punkte, auf $a_2$ und $b_1$ je 3, auf $a_3$, $c_1$, $b_2$ je 2, auf $b_3$ und $c_2$ je einen (also im Ganzen 18), jedoch diese beliebigen Punkte nie so, dass einer mit dem Schnittpunkte zweier der Geraden zusammenfalle, so enthält jede durch die 18 Punkte gelegte cubische Fläche von jeder der 9 Geraden 4 Punkte, also sie ganz, so dass die 9 Geraden die Grundcurve des durch die 18 Punkte bestimmten cubischen Flächenbüschels bilden.

24. Es sei $K^2$ ein Kegelschnitt auf der cubischen Fläche, der auch im speciellen Falle in 2 sich schneidende Geraden, ein Geradenpaar, zerfallen kann; es ist klar, dass die Ebene eines Kegelschnitts die Fläche $F^3$ noch in einer Geraden $k$ trifft, welche wir die ergänzende Gerade des Kegelschnitts $K^2$ nennen wollen. Durch $K^2$ werde nun ein einflächiges Hyper-

boloid $F^2$ gelegt; dieses schneidet $F^3$ noch in einer Raumcurve 4. Ordnung $R^4$. Jede Gerade von $F^2$ trifft offenbar $K^2$, welcher auf $F^2$ liegt, einmal, und da sie $F^3$ dreimal, mithin auch den Schnitt $(K^2, R^4)$ von $F^3$ und $F^2$ so oft trifft, so muss sie der Raumcurve $R^4$ zweimal begegnen. Die Raumcurve $R^4$ hat also dieselbe Eigenschaft, wie diejenige Raumcurve 4. Ordnung, in der $F^2$ durch eine zweite Oberfläche 2. Ordnung geschnitten wird, nämlich von jeder Geraden auf $F^2$ doppelt getroffen zu werden. Es seien nun $a, b, c, d, e, f, g, h$ 8 beliebige Punkte auf $R^4$, $k$ ein beliebiger neunter ausserhalb $F^2$; die durch diese 9 Punkte bestimmte Oberfläche 2. Ordnung $F_1^2$ hat mit $F^2$ eine Raumcurve $(F^2, F_1^2)$ von der 4. Ordnung gemein, die ersichtlich mit $R^4$ die 8 Punkte $a, b, c, d, e, f, g, h$ gemeinschaftlich hat. Jede Raumcurve 4. Ordnung wird von einem ihrer Punkte auf eine Ebene als ebene Curve 3. Ordnung projicirt. Projiciren wir nun beide Raumcurven $R^4$ und $(F^2, F_1^2)$ von einem ihnen gemeinsamen Punkte, z. B. von $a$ auf eine Ebene $E$. Die beiden cubischen Curven, welche die Projectionen sind, haben ersichtlich die Projectionen der Punkte $b, c, d, e, f, g, h$ gemein; auch die beiden übrigen Schnittpunkte sind leicht zu finden. Durch $a$ gehen auf $F^2$ zwei Gerade $\lambda$, $\mu$, und jede von ihnen trifft ausser in $a$ sowohl $R^4$ als $(F^2, F_1^2)$ nochmals; jede der beiden Geraden $\lambda$, $\mu$ projicirt sowohl einen Punkt von $R^4$, als einen von $(F^2, F_1^2)$; und somit sind die Schnittpunkte von $\lambda$ und $\mu$ mit $E$ die beiden übrigen Schnittpunkte der beiden Projectionen. Bekanntlich muss nun jede cubische Curve, welche durch 8 von den Schnittpunkten zweier cubischen Curven geht, auch durch den neunten gehen, also jede cubische Curve, die durch die Projectionen von $b, c, d, e, f, g$, durch $(E, \lambda)$ und $(E, \mu)$ geht, auch durch die Projection von $h$ gehen. Es sei nun $h'$ ein von $h$ verschiedener Punkt auf $R^4$: es werde durch ihn und $a, b, c, d, e, g$ und $k$ (oder auch irgend einen andern Punkt ausserhalb $F^2$) eine Fläche 2. Ordnung $F_2^2$ gelegt; diese schneidet $F^2$ auch in einer Raumcurve 4. Ordnung $(F^2, F_2^2)$, die mit $R^4$ die Punkte $a\ b\ c\ d\ e\ f\ g\ h'$ gemein hat; auch diese werde von $a$ projicirt. Die Projection, eine cubische Curve, wird ebenfalls durch die Projectionen von $b, c, d, e, f, g$ gehen und durch $(E, \lambda)$, $(E, \mu)$; denn auch $\lambda$ und $\mu$ haben sich nicht geändert, sie hängen ja nur von $a$ und der Fläche $F^2$ ab. Folglich muss sie auch durch die Projection von $h$ nach dem oben Gesagten gehen. Offenbar ist aber auch die Projection von $h'$ den beiden Projectionen von $R^4$ und $(F^2, F_2^2)$ gemeinsam. Mithin müssen, da $a$, $h$, $h'$ im Allgemeinen nicht in gerader Linie liegen und also die Projectionen der Punkte $h$ und $h'$ von $a$ aus verschieden sind, die beiden Projectionen von $R^4$ und $(F^2, F_2^2)$ 10 Punkte gemein haben, d. h. diese beiden Projectionen müssen identisch sein. Also $R^4$ wird von $a$ auf $E$ in dieselbe Curve 3. Ordnung projicirt, als $(F^2, F_2^2)$. Da nun aber die Projectionsstrahlen, die nun auch als identisch sich ergeben, die Fläche $F^2$, auf der beide projicirten Curven liegen, ausser in $a$ nur noch einmal treffen, so sind auch diese beiden Curven identisch. Die Curve $R^4$ hat sich also mit einer Raumcurve 4. Ordnung, in der sich 2 Flächen 2. Ordnung durchschneiden, identisch erwiesen, also lassen sich durch sie unzählig viele solche Flächen legen, ein ganzes Büschel 2. Ordnung. Jede durch 8 beliebige Punkte auf $R^4$ gelegte Fläche 2. Ordnung geht ganz durch $R^4$.

Nun „kann man oft an einer allgemeinen Figur, an der gewisse secundäre Partien reell sind, Sätze mit Hilfe derselben beweisen und sie dann, sobald die Sätze nicht selbst diese secundären Partien direct oder implicite enthalten, auf eine andere allgemeine Figur derselben Art übertragen, in der diese Partien imaginär sind“, in Folge des Princips der Continuität, wie es Poncelet nennt, oder der zufälligen Relationen, wie es Chasles in seinem Aperçu historique nennt.

Wir übertragen also die eben gefundene Eigenschaft von dem einflächigen Hyperboloide, einer allgemeinen Form der Flächen 2. Ordnung, bei der die Geraden $\lambda$ und $\mu$ reell sind, auf die ebenso allgemeinen Formen der Flächen 2. Ordnung, das Ellipsoid und das zweiflächige Hyperboloid, auf denen $\lambda$ und $\mu$ imaginär sind (aber in dem reellen Punkte $a$ sich begegnen und auf der reellen Tangentenebene in $a$ an die Fläche liegen, deren Schnitt mit der Fläche sie sind), und nehmen auch keinen Anstand, sie auf die Uebergangsformen, die Kegel und Paraboloide, und die Abarten, die Ebenenpaare, auszudehnen, und sprechen also folgenden allgemeinen Satz aus:

Legt man durch einen auf der cubischen Fläche befindlichen Kegelschnitt $K^2$ eine Fläche 2. Ordnung $F^2$, so schneidet diese die cubische Fläche noch in einer Raumcurve 4. Ordnung, welche die Grundcurve eines Flächenbüschels 2. Ordnung ist und jede Gerade auf jeder Fläche des Büschels zweimal trifft.

Legt man dagegen durch 2 sich nicht schneidende Geraden $l_1$ und $l_2$ der cubischen Fläche ein Hyperboloid $H^2$, so schneidet dieses die cubische Fläche auch noch in einer Raumcurve 4. Ordnung, welche jedoch von der eben betrachteten sehr verschieden ist. Sie heisse $R_1^4$. Jede Gerade des Hyperboloids trifft wieder die cubische Fläche dreimal (blos $l_1$ und $l_2$ liegen ganz auf derselben), also natürlich die vollständige Schnittcurve der Flächen, $(l_1 \, l_2 \, R_1^4)$, so oft. Eine Gerade $\lambda$, die zur selben Schaar des Hyperboloids gehört wie $l_1$ und $l_2$, trifft $l_1$ und $l_2$ nicht, also $R_1^4$ dreimal; eine Gerade $\mu$ aber der andern Schaar trifft $l_1$ und $l_2$, mithin $R_1^4$ nur einmal. Eine durch $l_1$ gelegte Ebene trifft $H^2$ noch in einer Geraden $\mu$; auf diesem Schnitte $(l_1, \mu)$ der Ebene mit $H^2$ müssen ersichtlich die 4 Schnittpunkte derselben mit $R_1^4$ sich befinden, da $R_1^4$ auf $H^2$ liegt. Da nun $\mu$ nur einen Punkt von $R_1^4$ hat, so muss $l_1$ deren 3 haben; ebenso $l_2$.

$R_1^4$ wird also von allen Geraden der einen Schaar des Hyperboloids $H^2$ in 3 Punkten getroffen; eine zweite Fläche 2. Ordnung, welche durch $R_1^4$ ginge, müsste also jeder dieser Geraden dreimal begegnen, folglich sie ganz enthalten, also mit $H^2$ die eine Schaar Geraden gemein haben, d. h. mit ihr identisch sein. Wir schliessen daraus, dass durch $R_1^4$ sich nur die eine Fläche 2. Ordnung $H^2$ legen lässt. Also:

Legt man durch 2 sich nicht schneidende Gerade $l_1$ und $l_2$ der cubischen Fläche ein Hyperboloid $H^2$, so schneidet dieses die Fläche 3. Ordnung noch in einer Raumcurve 4. Ordnung $R_1^4$, durch welche jedoch nur die eine Fläche 2. Ordnung $H^2$ geht und welche von jeder Geraden der einen Schaar dieser Fläche und zwar derjenigen, zu welcher die Geraden $l_1$ und $l_2$ gehören, je dreimal, von jeder der andern Schaar nur einmal getroffen wird.

Durch jeden Punkt des Hyperboloids geht also eine Gerade, welche $R_1^4$ dreimal trifft; durch jeden Punkt der Raumcurve selbst eine Gerade, die sie noch zweimal trifft. Von jedem Punkt des Hyperboloids $H^2$ wird mithin $R_1^4$ als ebene Curve 4. Ordnung mit einem dreifachen Punkte, von jedem ihrer Punkte als ebene Curve 3. Ordnung mit einem Doppelpunkte auf eine Ebene projicirt.

Die Projectionscurve der vorher betrachteten Raumcurve $R^4$ auf eine Ebene von einem ihrer Punkte kann keinen Doppelpunkt haben, denn sonst müsste ein (oder mehrere) Projectionsstrahl ihr ausser im Projectionspunkt noch zweimal, also im Ganzen dreimal begegnen, mithin auf allen durch $R^4$ gelegten Flächen 2. Ordnung liegen, so dass diese sämmtlich ein Gebilde 5. Ordnung gemein hätten, was nicht möglich.

25. Die ergänzende Gerade $k$ des Kegelschnitts $K^2$, aus dem wir die Curve $R^4$ ableiteten, trifft $K^2$ zweimal, und da sie die Fläche $F^2$ auch nur zweimal treffen kann, kann sie dem ferneren Schnitt von $F^2$ und $F^3$, der Curve $R^4$, im Allgemeinen nicht mehr begegnen. Sie ist die einzige Gerade der cubischen Fläche, die dies thut; denn jede Gerade der cubischen Fläche muss dem Gesammtschnitte ($K^2$, $R^4$) von $F^3$ und $F^2$ zweimal begegnen, da sie $F^2$ zweimal trifft. Es kann also nur dann eine Gerade der $R^4$ nicht begegnen, wenn ihre beiden Schnittpunkte mit $F^2$ auf $K^2$ liegen, d. h. also, wenn sie $K^2$ zweimal begegnet, und das thut von allen Geraden der cubischen Fläche nur die ergänzende Gerade $k$ des Kegelschnitts $K^2$. Wir können also $k$ die Gegengerade von $R^4$ auf $F^3$ nennen und werden einsehen, dass der Fall, wo wir dies Wort schon einmal gebrauchten, ein specieller Fall unserer jetzigen Betrachtung ist; das dort betrachtete windschiefe Vierseit ist ja nur eine Abart derjenigen Raumcurve 4. Ordnung, welche Grundcurve eines Flächenbüschels 2. Ordnung ist.

Zu dem Büschel, dessen Grundcurve $R^4$ ist, gehört offenbar auch $F^2$; diese begegnet der cubischen Fläche ausser in $R^4$ noch in dem Kegelschnitt $K^2$. Dasselbe wird jede andere durch $R^4$ gelegte Fläche 2. Ordnung $F_x^2$ thun; dass sie noch in einem Gebilde 2. Ordnung der Fläche 3. Ordnung begegnet, ist einleuchtend; aus 2 gegen einander windschiefen Geraden $m_1$ und $m_2$ kann dies aber nicht bestehen, denn dann wäre ja $F_x^2$ eine durch 2 gegen einander windschiefe Geraden $m_1$ und $m_2$ der cubischen Fläche gelegte Fläche 2. Ordnung, und die Curve $R^4$, in der sie der Fläche $F^3$ noch begegnet, müsste eine Raumcurve 4. Ordnung sein, durch die sich nur die einzige Fläche 2. Ordnung $F_x^2$ legen lässt, von welcher Beschaffenheit sie eben nicht ist. Mithin schneidet $F_x^2$ die Fläche $F^3$ noch in einem Kegelschnitt $K_x^2$. Nun ist wieder klar, dass die ergänzende Gerade $k$ von

$K^2$, die Gegengerade von $R^4$, der Fläche $F_x^2$ in 2 Punkten begegnen muss, welche, da $k$ auf $F^3$ liegt, auf dem vollständigen Schnitt ($K_x^2$, $R^4$) von $F^3$ und $F_x^2$ zu finden sein müssen, und da nun $k$ mit $R^4$ keinen Punkt gemein hat, so muss $k$ dem Kegelschnitt $K_x^2$ zweimal begegnen, folglich die Ebene dieses Kegelschnitts durch $k$ gehen. Also: Legt man durch einen Kegelschnitt $K^2$ der cubischen Fläche eine Fläche 2. Ordnung $F^2$, so trifft diese die cubische Fläche noch in einer Raumcurve 4. Ordnung $R^4$, die die Grundcurve eines Flächenbüschels 2. Ordnung ist; alle Flächen dieses Büschels schneiden die cubische Fläche noch je in einem Kegelschnitte, und die Ebenen dieser Kegelschnitte gehen sämmtlich durch die Gerade der cubischen Fläche, welche sich in der Ebene des Kegelschnitts $K^2$ befindet. Diese Gerade also, die Gegengerade der Grundcurve des Büschels, wird für alle diese Kegelschnitte ergänzende Gerade sein, verhält sich zu ihnen so, wie zu $K^2$.

Es fragt sich nun, ob durch jeden Kegelschnitt $K_x^2$, der auf der cubischen Fläche in einer durch $k$ gehenden Ebene $E_x$ liegt, auch eine Fläche des Büschels, dessen Grundcurve $R^4$ ist, geht. Der Schnitt der Ebene $E_x$ mit $F^3$ ist ($k$, $K_x^2$); auf diesem müssen also die 4 Punkte, in denen $R^4$ durch $E_x$ geschnitten wird, zu finden sein, da $R^4$ auf $F^3$ liegt. $R^4$ aber und $k$ begegnen sich nicht, also müssen sich die 4 Punkte von $R^4$ auf $K_x^2$ befinden. Jede durch $R^4$ gehende Fläche 2. Ordnung wird durch einen weiteren ausserhalb $R^4$ liegenden Punkt bestimmt; wählen wir diesen auf $K_x^2$, so hat die so bestimmte Fläche des Büschels mit $K_x^2$ 5 Punkte gemein, also geht sie ganz durch $K_x^2$, weil ja der Kegelschnitt, welchen die $E_x$ aus dieser Fläche ausschneidet. mit $K_x^2$ 5 Punkte gemein hat, also mit ihm identisch ist.

Demnach schneiden 5 der Flächen des Büschels, dessen Grundcurve $R^4$ ist, die cubische Fläche in einem Geradenpaare, da 5 der Kegelschnitte $K_x^2$ zu solchen degeneriren, d. h. berühren die cubische Fläche und zwar in dem Schnittpunkte des Geradenpaars. Folglich auch liegen die 10 Geraden, welche $k$ treffen, auf Flächen 2. Ordnung, die durch $R^4$ gehen, mithin begegnet jede von ihnen der $R^4$ zweimal. Die 16 übrigen Geraden, welche $k$ nicht treffen, dafür also jeden der Kegelschnitte $K_x^2$ je einmal treffen, schneiden die Raumcurve $R^4$ auch je einmal, was ja daraus einleuchtet, dass, da sie jede der Flächen $F_x^2$, die durch $R^4$ gehen, zweimal treffen, sie der Schnittcurve von $F_x^2$ und $F^3$, der $(K_x^2, R^4)$ zweimal begegnen müssen, also einmal auf $K_x^2$ und einmal auf $R^4$.

Da je ein Kegelschnitt $K_x^2$ auf einer Fläche $F_x^2$ liegt, so sind die Punktenpaare, in denen die Kegelschnitte $K_x^2$ ihrer gemeinschaftlichen ergänzenden Geraden $k$ begegnen, identisch mit den Punktenpaaren, welche die Flächen $F_x^2$ des Büschels, dessen Grundcurve $R^4$ ist, auf $k$ einschneiden, also bilden diese Punktenpaare eine Involution, eigentlich Involution 2. Ordnung oder quadratische Involution, die man ja aber gewöhnlich kurzweg Involution nennt. $k$ kann jede Gerade der cubischen Fläche sein, da ja $K^2$ ganz beliebig ist. Mithin:

Die Kegelschnitte, welche die durch eine Gerade der cubischen Fläche gelegten Ebenen noch aus derselben ausschneiden, begegnen der Geraden in Punktenpaaren, die eine Involution bilden.

Dieses Resultat fanden wir bei der zweiten Steinerschen Erzeugungsweise für die Gerade $A$ und bei der Grassmannschen für die Geraden $L$.

Bei einer Involution giebt es nun aber 2 reelle oder 2 imaginäre Doppel- oder Asymptotenpunkte, in deren jeden 2 Punkte eines Punktenpaars zusammenfallen. Es giebt deshalb unter den Kegelschnitten der cubischen Fläche, deren Ebenen durch eine Gerade derselben gehen, stets 2 reelle oder 2 imaginäre Kegelschnitte $K_o'$ und $K_o''$, welche die Gerade berühren. Die beiden Berührungspunkte sind äusserst wichtige Punkte für die Gerade; Steiner nennt sie die Asymptotenpunkte derselben und bezeichnet sie mit $\pi$. Gemäss der bekannten Eigenschaft der Involution sind je 2 andere Punkte, in denen ein Kegelschnitt, den die Gerade ergänzt, ihr begegnet, den beiden Asymptotenpunkten harmonisch zugeordnet.

Wir sind im Vorhergehenden zu einem Flächenbüschel gelangt, dessen Grundcurve die auf $F^3$ liegende $R^4$ ist, und zu einem Ebenenbüschel, dessen Axe die Gegengerade $k$ dieser Raumcurve ist. Je eine Fläche jenes und eine Ebene dieses begegnen einander in einem Kegelschnitte, der auf der cubischen

Fläche liegt. Da ist schon klar, dass jeder Ebene des Ebenenbüschels eine Fläche des Flächenbüschels entspricht, und umgekehrt, dass also die beiden Büschel in projectivischer Beziehung zu einander stehen. Wir können uns jedoch noch genauer davon überzeugen: Es seien $F_1^2$, $F_2^2$, $F_3^2$ 3 Flächen des Büschels, $K_1^2$, $K_2^2$, $K_3^2$ die Kegelschnitte, die sie noch aus $F^3$ ausschneiden. Die Ebenen $E_1$, $E_2$, $E_3$ dieser Kegelschnitte sind nach dem Obigen Ebenen des Büschels, dessen Axe $k$ ist. Wir stellen nun zwischen dem Flächen- und dem Ebenenbüschel eine projectivische Beziehung her, indem wir die Flächen $F_1^2$, $F_2^2$, $F_3^2$ resp. den Ebenen $E_1$, $E_2$, $E_3$ entsprechen lassen. Nun entspricht auch nach den bekannten Gesetzen der Projectivität jeder weitern Fläche des Flächenbüschels eine Ebene des Ebenenbüschels und umgekehrt. Die entsprechenden Elemente der beiden Büschel durchdringen sich in Kegelschnitten, welche nach der 2. Steinerschen Erzeugungsweise eine cubische Fläche erzeugen. Diese ist aber mit unserer identisch, weil sie mit ihr ein Gebilde 11. Ordnung gemein hat, nämlich die Raumcurve $R^4$, die Gerade $k$ und die 3 Kegelschnitte $K_1^2$, $K_2^2$, $K_3^2$; also der Kegelschnitt, den eine Ebene des Ebenenbüschels aus $F^3$ ausschneidet, liegt auch auf der in der obigen Beziehung der Ebene entsprechenden Fläche des Flächenbüschels. Mithin besteht in der That zwischen den beiden Büscheln eine Projectivität von der Art, dass die entsprechenden Elemente die cubische Fläche $F^3$ in denselben Kegelschnitte schneiden.

Dies hat zugleich gezeigt, wie eine vorliegende cubische Fläche auf die zweite Steinersche Weise erzeugt gedacht werden kann, dass jede Gerade derselben zur Geraden $\varDelta$ benutzt werden kann, und dass sich gegen eine Gerade und die 10 ihr begegnenden die übrigen Geraden stets in gleicher Weise verhalten, welches auch die Gerade sei.

26. Später werden die beiden in der vorletzten Nummer gefundenen Raumcurven 4. Ordnung $R^4$ und $R_1^4$ noch einer weiteren Betrachtung unterworfen und fernere Unterschiede derselben angegeben werden. Jetzt wollen wir noch ihre **Abarten** betrachten d. h. die Fälle, wo sie sich in Partialcurven zerlegen. Wir werden also zu $K^2$ resp. $l_1\,l_2$ noch gewisse Gebilde $G$ der cubischen Fläche hinzufügen, durch $K^2$ resp. $l_1\,l_2$ und $G$ dann, wenn es möglich ist, eine Fläche 2. Ordnung legen und zusehen,

in was für einem Gebilde $G'$ dieselbe der cubischen Fläche noch begegnet. Erstens ist klar, dass $G$ und $G'$ immer zusammen von der 4. Ordnung sein müssen, dann, dass, wenn $G$ zu $K^2$ zugefügt wird, durch $G, G'$ sich ein Büschel Flächen 2. Ordnung legen lässt und $G, G'$ zusammen dem Kegelschnitt $K^2$ viermal begegnen und von jeder Geraden jeder Fläche des eben genannten Büschels zweimal getroffen werden müssen, wenn aber $G$ zu $l_1 l_2$ zugefügt wird, dass $G, G'$ nur auf einer einzigen Fläche 2. Ordnung liegen (also die Bedeutung von 9 Punkten zur Bestimmung einer solchen haben), dass sie zusammen jeder der Geraden $l_1$ und $l_2$ dreimal begegnen und überhaupt von jeder Geraden der Schaar der eben genannten einer Fläche 2. Ordnung, zu welcher $l_1 l_2$ gehören, dreimal, von jeder der andern einmal getroffen werden.

Es werde also zuerst zu $K^2$ noch eine Gerade $g$ der cubibischen Fläche zugefügt. Entweder trifft $g$ den Kegelschnitt $K^2$ zweimal, oder einmal, oder gar nicht.

$\alpha$) Im ersten Falle liegt $g$ mit $K^2$ in derselben Ebene, und beide haben für die Bestimmung einer Fläche 2. Ordnung die Bedeutung von 6 Punkten. Nämlich eine durch 5 Punkte von $K^2$ gelegte Fläche 2. Ordnung geht ganz durch $K^2$, also auch durch die beiden Punkte, in denen $K^2$ von $g$ getroffen wird; nimmt man folglich auf $g$ noch einen Punkt zur Bestimmung der Fläche an, so geht die Fläche auch ganz durch $g$. Es ist ersichtlich, dass jede durch $(K^2, g)$ gelegte Fläche 2. Ordnung in 2 Ebenen zerfällt, deren eine beliebig, durch die 3 noch fehlenden Punkte bestimmt, die andere aber stets die Ebene $(K^2, g)$ ist. Jede solche Fläche schneidet also $F^3$ noch in einer ebenen cubischen Curve $C^3$, die als vollständiger Schnitt ihrer Ebene mit der cubischen Fläche von der Geraden $g$ einmal getroffen wird, und da sie jedem andern ebenen Schnitt dreimal begegnen muss, trifft sie auch $(K^2, g)$ dreimal, mithin $K^2$ zweimal. Also $(C^3, g)$, **eine ebene Curve 3. Ordnung und eine ihr einmal begegnende Gerade bilden eine Abart von $R^4$.** $(C^3, g)$ begegnet $K^2$ viermal, nämlich $C^3$ zweimal und $g$ zweimal. Durch $(C^3, g)$ lassen sich unendlich viele Ebenenpaare legen, deren eine Ebene immer die der Curve $C^3$ ist, die andere durch $g$ geht.

$\beta$) Zweitens $K^2$ werde von $g$ einmal getroffen; beide zusammen haben für die Bestimmung einer Fläche 2. Ordnung die

Bedeutung von $5 + 2 = 7$ Punkten, also gehen durch sie noch doppelt unendlich viele Flächen 2. Ordnung, deren jede der cubischen Fläche noch in einer cubischen Raumcurve $R^3$ begegnet. Diese muss mit $g$ zusammen die Grundcurve eines Flächenbüschels 2. Ordnung ausmachen, also wird $R^3$ von $g$ zweimal getroffen, ebenso von jeder andern Geraden einer Fläche des Büschels, die mit $g$ zur selben Schaar gehört; jede der andern Schaar trifft sie nur einmal, doch die Gesammtgrundcurve $(R^3, g)$ zweimal, da sie ja $g$ schneidet. Also eine Raumcurve 3. Ordnung und eine sie zweimal treffende Gerade sind eine Abart von $R^4$.

$\gamma$) Im dritten Falle, in dem $K^2$ und $g$ einander gar nicht begegnen, haben beide zusammen die Bedeutung von $5 + 3 = 8$ Punkten für die Bestimmung einer Fläche 2. Ordnung; es lässt sich also noch ein Büschel solcher Flächen durch sie legen; alle diese Flächen werden aber Ebenenpaare sein, deren eine Ebene die des Kegelschnitts $K^2$ ist, während die andere durch $g$ geht. Ein solches Ebenenpaar schneidet aus der cubischen Fläche noch die ergänzende Gerade $k$ des Kegelschnitts $K^2$ aus und einen Kegelschnitt $S^2$, dessen ergänzende Gerade $g$ ist. Da $g$ nicht $K^2$ schneidet, muss sie $k$ treffen; also besteht die Abart der Raumcurve hier aus der degenerirten ebenen cubischen Curve $(S^2, g)$ und aus der diese (und zwar $g$) einmal treffenden Geraden $k$, ist also ein specieller Fall der Abart bei $\alpha$).

Nun werde zu dem Kegelschnitt $K^2$ ein Gebilde 2. Ordnung zugefügt, und zwar zuerst 2 windschiefe Geraden $h'$ und $h''$. Schneidet keine der beiden Geraden oder nur eine von ihnen den Kegelschnitt $K^2$, so lässt sich durch $K^2, h', h''$ im Allgemeinen keine Fläche 2. Ordnung legen, weil sie die Bedeutung von $5 + 3 + 3 = 11$ oder von $5 + 3 + 2 = 10$ Punkten haben. Schneidet eine von ihnen den Kegelschnitt $K^2$ zweimal, so kommen wir auf Ebenenpaare und auf eine Abart der Curve, ähnlich wie unter $\gamma$). Also:

$\delta$) Zu dem Kegelschnitt $K^2$ werden 2 windschiefe Geraden $h'$ und $h''$ zugefügt, deren jede $K^2$ einmal trifft. Die 3 Gebilde haben die Bedeutung von $5 + 2 . 2 = 9$ Punkten, so dass sich durch sie eine Fläche 2. Ordnung $F^2$ legen lässt, aber auch nur eine. Diese Fläche kann $F^3$ nicht in einem Kegelschnitt $S^2$ begegnen. Denn eine durch einen Kegelschnitt gelegte Fläche 2. Ordnung trifft die cubische Fläche in einer Raumcurve 4. Ordnung, durch die ein Büschel 2. Ordnung geht; diese Raumcurve wäre hier $(K^2, h', h'')$, durch diese lässt sich aber, wie wir eben gesehen, nur eine einzige Fläche 2. Ordnung legen. Also begegnet die durch $(K^2, h', h'')$ gelegte Fläche $F^2$ der cubischen Fläche noch in einem Paare windschiefer Geraden $i', i''$, die offenbar nicht zur selben Schaar von $F^2$ gehören können wie $h'$ und $h''$, weil sonst 4 Gerade derselben Schaar eines Hyperboloids $h'\ h''\ i'\ i''$ auf der cubischen Fläche lägen. Also schneiden beide $i'$ und $i''$ beide $h'$ und $h''$ und bilden mit ihnen ein windschiefes Vierseit; durch ein solches geht ja auch ein Büschel 2. Ordnung; hier hat es sich als Abart von $R^4$ ergeben.

Da die durch $h'$ und $h''$, zwei windschiefe Geraden, gelegte Fläche $F^2$ die cubische Fläche noch in $K^2, i', i''$ begegnet, welche beiden Geraden, da sie mit $K^2$ auf derselben Fläche 2. Ordnung liegen, $K^2$ je einmal treffen müssen, so haben wir hier als Abart von $R_1^4$ einen Kegelschnitt und zwei windschiefe Geraden, deren jede ihn einmal trifft, erhalten.

Nehmen wir nun aber zu $K^2$ noch einen zweiten Kegelschnitt $K_1^2$ hinzu. Zwei Kegelschnitte $K^2$ und $K_1^2$ haben auf der cubischen Fläche dreierlei Lage zu einander. Die eine Lage ist die, bei der sie dieselbe ergänzende Gerade haben; dann schneiden sie (auf einer allgemeinen cubischen Fläche) einander nicht. Durch sie geht in diesem Falle aber auch nur eine einzige Fläche 2. Ordnung, das Paar ihrer Ebenen, welches die cubische Fläche in zwei in die gemeinschaftliche ergänzende Gerade zusammengefallenen Geraden schneidet. Gehen aber die Ebenen der Kegelschnitte nicht durch dieselbe Gerade der cubischen Fläche, so seien $k$ und $k_1$ die ergänzenden Geraden; die 3 Punkte, in denen die Schnittgerade der Ebenen der beiden Kegelschnitte der cubischen Fläche begegnet, sind doch offenbar die 3 Punkte, in denen die beiden degenerirten cubischen Curven $(K^2, k)$ und $(K_1^2, k_1)$ einander treffen. Und da ist es nun klar, dass entweder $k$ und $k_1$ einander treffen und $K^2$ und $K^2_1$ einander zweimal (reell oder imaginär), oder dass $k$ und $k_1$ einander nicht treffen und $K^2$ und $K_1^2$ einander einmal, in welchem letzteren Fall natürlich $K^2$ von $k_1$ und $K_1^2$ von $k$ getroffen wird.

ε. Wir nehmen zuerst an, dass die beiden Kegelschnitte $K^2$ und $K_1^2$ einander blos einmal treffen; die beiden ergänzenden Geraden $k$ und $k_1$ treffen einander dann nicht. Die beiden Kegelschnitte haben zusammen die Bedeutung von $5 + 4 = 9$ Punkten, denn eine durch 5 Punkte von $K^2$ gelegte Fläche 2. Ordnung enthält $K^2$ ganz, also auch den Schnittpunkt mit $K_1^2$, folglich, legt man sie noch durch 4 Punkte von $K_1^2$, so geht sie auch durch 5 Punkte dieses, enthält auch ihn ganz. Aber durch 9 Punkte geht nur eine einzige Fläche 2. Ordnung, also geht auch durch $(K^2, K_1^2)$ nur eine einzige, und diese ist nicht einmal allgemeiner Natur, sondern zerfällt in das Paar der Ebenen von $K^2$ und $K_1^2$. Der fernere Schnitt dieses Ebenenpaars mit $F^3$ sind die beiden windschiefen Geraden $k$ und $k_1$. Also die Abart von $R^1$ ist $(K_1^2, k, k_1)$, mithin eine degenerirte ebene cubische Curve $(K_1^2, k_1)$ und eine Gerade $k$, die sie einmal (und zwar $K_1^2$) trifft, mithin ein Gebilde ähnlicher Art wie unter $\alpha$) und $\gamma$).

Aber wir haben hier zugleich doch noch ein anderes Resultat gewonnen. Das eben erwähnte Ebenenpaar war durch 2 windschiefe Geraden $k$ und $k_1$ gelegt und schneidet die cubische Fläche in den beiden einander einmal begegnenden Kegelschnitten $K^2$ und $K_1^2$. Also bilden zwei einander einmal begegnende Kegelschnitte eine Abart von $R_1^4$.

$\zeta$) Die beiden Kegelschnitte $K^2$ und $K_1^2$ mögen sich nun zweimal treffen; dann begegnen auch die ergänzenden Geraden einander. Zur Bestimmung einer Fläche 2. Ordnung haben sie die Bedeutung von $5 + 3 = 8$ Punkten, so dass durch sie ein Büschel 2. Ordnung geht. Dass sie eine Abart von $R^4$ sind, leuchtet ja auch daraus ein, dass sie als der weitere Schnitt einer Fläche 2. Ordnung, die durch einen Kegelschnitt der cubischen Fläche gelegt ist, mit dieser betrachtet werden können: der Kegelschnitt ist das Geradenpaar $(k, k_1)$; die Fläche ist das Paar der Ebenen von $K^2$ und $K_1^2$. Jede durch $(K^2, K_1^2)$ gehende Fläche 2. Ordnung $F^2$ schneidet aus $F^3$ noch ein Gebilde 2. Ordnung; aus 2 windschiefen Geraden kann das nicht bestehen, denn dann wäre $F^2$ eine durch 2 solche Geraden gelegte Fläche 2. Ordnung und müsste $F^3$ noch in einer Raumcurve 4. Ordnung $(K^2, K_1^2)$ schneiden, durch die nur die eine Fläche 2. Ordnung $F^2$ geht; durch $(K^2, K_1^2)$ geht aber ein ganzes Büschel. Also schneidet $F^2$ aus $F^3$ noch einen Kegelschnitt $K_2^2$ aus, der mit $K_1^2$ die Grundcurve eines Flächenbüschels 2. Ordnung bildet, also ihm zweimal begegnet, woraus folgt, dass die ergänzende Gerade $k_2$ des Kegelschnitts $K_2^2$ und $k_1$ einander begegnen; ebenso müssen $K_2^2$ und $K^2$ zusammen eine solche Grundcurve bilden, einander also zweimal begegnen, und $k$ und $k_2$ sich schneiden. Woraus sich ergiebt, dass $k\,k_1\,k_2$ ein Dreieck bilden. Das ist auch auf andere Weise einzusehen; da $(K^2, K_1^2)$ als Curve $R^4$ aus dem Kegelschnitte $(k, k_1)$ entstanden ist, so ist ihre Gegengerade die ergänzende Gerade von $(k, k_1)$, also die dritte in deren Ebene, und durch sie gehen die Ebenen der Kegelschnitte (oder sie ist ergänzende für alle Kegelschnitte), welche die durch $(K^2, K_1^2)$ gelegten Flächen 2. Ordnung aus der cubischen Fläche noch ausschneiden.

Also:

Durch 2 Kegelschnitte der cubischen Fläche lässt sich nur dann eine allgemeine Fläche 2. Ordnung legen, wenn sie einander zweimal begegnen. Ist dies der Fall, so bilden sie zugleich die Grundcurve eines Flächenbüschels 2. Ordnung. Jede Fläche desselben schneidet aus der cubischen Fläche noch einen dritten Kegelschnitt aus, der jedem der beiden ersteren zweimal begegnet. Die 3 Ergänzungsgeraden der Kegelschnitte bilden ein Dreieck. Die Ergänzungsgerade jedes der 3 Kegelschnitte ist Gegengerade der von den beiden andern Kegelschnitten gebildeten Raumcurve 4. Ordnung $R^4$.

Oder kurz:

Schneidet eine Fläche 2. Ordnung die cubische Fläche in 3 Kegelschnitten, so bilden die Ergänzungsgeraden derselben ein Dreieck.

Wir haben nun als Abarten der Raumcurve $R^4$ gefunden:

1) Eine ebene cubische Curve $C^3$ und eine sie einmal treffende Gerade $g$. Die cubische Curve kann degeneriren in einen Kegelschnitt und eine mit ihm in derselben Ebene liegende, also ihn zweimal treffende Gerade, wo dann entweder der Kegelschnitt oder die Gerade von $g$ getroffen wird; sie kann noch mehr degeneriren in 3 ein Dreieck bildende Geraden, deren eine dann von $g$ getroffen wird.

2) Eine cubische Raumcurve $R^3$ und eine sie zweimal treffende Gerade $g$. Die Raumcurve kann degeneriren in einen Kegelschnitt und eine ihn einmal treffende Gerade,

welche beide dann je einmal von $g$ getroffen werden; sie kann noch mehr degeneriren in 2 windschiefe Geraden und eine dritte beide schneidende; $g$ trifft dann ebenfalls beide windschiefen: so dass ein windschiefes Vierseit entsteht.

3) 2 Kegelschnitte $K^2$ und $K_1^2$, die einander zweimal treffen; der eine Kegelschnitt kann in ein Paar sich schneidender Geraden degeneriren, deren jede den andern Kegelschnitt trifft; auch der andere kann zum Geradenpaar werden, und es ergiebt sich, da jenes Geradenpaar dieses zweimal trifft, ebenfalls ein windschiefes Vierseit.

27. Gehen wir jetzt zu den Abarten von $R_1^4$ über. Wir fügen zu den beiden windschiefen Geraden $l_1$, $l_2$ eine Gerade $m$ zu.

$\alpha$) $m$ schneide weder $l_1$ noch $l_2$. Durch 3 zu einander windschiefe Geraden (sie haben ja auch die Bedeutung von $3.3=9$ Punkten) lässt sich eine einzige Fläche 2. Ordnung legen, ein Hyperboloid, das bekanntlich die cubische Fläche in 3 andern windschiefen Geraden $n\ n'\ n''$ seiner andern Schaar schneidet. Also die Abart von $R_1^4$ wird durch 3 windschiefe Geraden $n\ n'\ n''$ und eine sie alle treffende Gerade $m$ gebildet; das ist übrigens nur der specielle Fall des Kegelschnitts $(n\,m)$ und zweier windschiefen Geraden $n'\ n''$, deren jede den Kegelschnitt einmal trifft.

$\beta$) $m$ schneide blos $l_1$, aber nicht $l_2$; das ist also ein Specialfall des früheren Falls: ein Kegelschnitt $(l_1, m)$ und eine Gerade $l_2$, die ihn gar nicht trifft. Das Resultat ist ein Kegelschnitt und ein Geradenpaar, dessen eine Gerade den Kegelschnitt trifft, also 2 Kegelschnitte, die sich einmal begegnen.

$\gamma$) $m$ begegne $l_1$ und $l_2$. $(l_1\ m)$ bilden einen Kegelschnitt, $l_2$ trifft diesen einmal. Der weitere Schnitt ist eine cubische Raumcurve, welche $l_2$ zweimal schneidet, also da $m$ auf der durch $l_1\ l_2\ m$ gelegten Fläche 2. Ordnung zur andern Schaar gehört als $l_1$ und $l_2$, $m$ nur einmal. Die Abart von $R_1^4$ ergiebt sich demnach als aus einer cubischen Raumcurve und einer sie einmal schneidenden Geraden zusammengesetzt. Durch diese geht also nur eine einzige Fläche 2. Ordnung; jede cubische Raumcurve, die auf einer Fläche 2. Ordnung liegt, hat die Bedeutung von 7 Punkten derselben, weil sie mit einer Fläche 2. Ordnung, auf der sie nicht liegt, nur 6 Punkte gemein haben kann. Also jede durch 7 Punkte der Raumcurve gelegte Fläche 2. Ordnung geht ganz durch sie, mithin auch durch den Punkt der Geraden, der auf ihr liegt; noch 2 Punkte zur Bestimmung der Fläche auf dieser Geraden angenommen bewirken, dass die Fläche auch 3 Punkte der Geraden, also dieselbe ganz enthält. Da sind aber die 9 Punkte auch erschöpft. Also geht durch die beiden obigen Gebilde in der That nur eine einzige Fläche 2. Ordnung.

Fügen wir zu den beiden windschiefen Geraden $l_1$ und $l_2$ noch zwei windschiefe $m_1$ und $m_2$. So lange wir nicht voraussetzen, dass mindestens eine der beiden Geraden $m_1$ und $m_2$ beiden $l_1$ und $l_2$ und die andere eine treffe, können wir durch sie keine Fläche 2. Ordnung legen, denn sonst haben sie die Bedeutung von mehr als 9 Punkten.

$\delta$) $m_1$ treffe $l_1$ und $l_2$, $m_2$ blos $l_1$. Alle 4 bedeuten gerade 9 Punkte: $l_1$ und $l_2$ je drei, $m_2$ zwei, $m_1$ einen. Also lässt sich durch sie eine Fläche 2. Ordnung legen, jedoch offenbar nur das Ebenenpaar $(m_1\, l_2)$, $(m_2\, l_1)$. Die 4 Geraden haben demnach auch die Bedeutung von 2 zu Geradenpaaren degenerirten Kegelschnitten, die nur einen Punkt gemein haben, nämlich $(m_1\, l_1)$. Das durch sie gehende Ebenenpaar schneidet die cubische Fläche in den beiden ergänzenden Geraden $n_1\, n_2$, die windschief zu einander sind. Die 4 Geraden also, welche die Abart von $R_1{}^4$ bilden, sind $m_1\, m_2\, n_1\, n_2$. $n_1$ ist ergänzende Gerade zu $m_1\, l_2$ (also trifft sie $m_1$), ebenso $n_2$ die zu $m_2\, l_1$. Man kann auch $l_2$ die ergänzende Gerade zu $(m_1\, n_1)$ und $l_2$ die zu $(m_2\, n_2)$ nennen, also da $l_1$ und $l_2$ einander nicht treffen, treffen sich $(m_1\, n_1)$ und $(m_2\, n_2)$ einmal, nämlich im Punkte $(n_1\, m_2)$.

Dass $n_1$ und $m_2$ sich treffen, ist folgendermassen einzusehen: je eine Seite des Dreiecks $l_2\, m_1\, n_1$ muss eine des Dreiecks $l_1\, m_2\, n_2$ treffen. $l_2$ trifft nicht $l_1$, trifft nicht $m_2$, also muss $l_2$ die Seite $n_2$ treffen. $m_1$ trifft $l_1$. Mithin bleibt nur übrig, dass $n_1$ der $m_2$ begegne. Also die Abart unserer Raumcurve hat sich als 2 zu Geradenpaaren degenerirte Kegelschnitte, die sich einmal begegnen, erwiesen.

$\varepsilon$) Es begegnen nun beide Geraden $m_1$ und $m_2$ beiden $l_1$ und $l_2$. Wir erhalten ein windschiefes Vierseit oder 2 zu Geradenpaaren $(m_1\, l_1)$ und $(m_2\, l_2)$ degenerirte Kegelschnitte, die sich zweimal begegnen, nämlich in $(m_1\, l_2)$ und $(l_1\, m_2)$. Diese bilden die Grundcurve eines Flächenbüschels, und jede Fläche schneidet aus $F^3$ noch einen Kegelschnits $S^2$ aus, der jedem der beiden Geradenpaare zweimal d. h. also jeder der 4. Geraden einmal begegnet.

Hier erhalten wir, was wir aus einer frühern Betrachtung erwarten mussten, als Abart von $R_1{}^1$ einen Kegelschnitt $S^2$ und 2 windschiefe Geraden $m_1$ $m_2$, deren jede ihn trifft.

Wir fügen jetzt zu den beiden windschiefen Geraden $l_1$ und $l_2$ einen Kegelschnitt $K^2$.

$\zeta$) $K^2$ schneide die eine der beiden Geraden, $l_1$, zweimal, so bilden $'(K^2, l_1)$ eine degenerirte ebene cubische Curve, und $l_2$ muss sie treffen, also, da sie $l_1$ nicht trifft, muss sie $K^2$ begegnen. Durch $(K^2, l_1, l_2)$, welche die Bedeutung von 8 Punkten haben $(5 + 1 + 2)$, geht ein Flächenbüschel 2. Ordnung, jedoch lauter Ebenenpaare, deren eine Ebene die von $(K^2, l_1)$ ist, die andere durch $l_2$ geht. Die zweite schneidet $F^3$ noch in einem Kegelschnitt $S^2$, der, da $l_2$ seine ergänzende Gerade ist und $K^2$ einmal trifft, $l_1$ und $K^2$ je einmal trifft.

Die Abart von $R_1{}^4$ wird also durch $(S^2, K^2$, 2 Kegelschnitte gebildet, die sich einmal treffen.

Die Fälle, wo $K^2$ keiner der beiden Geraden (also seine Ergänzende beiden) oder wo er nur einer (also seine Ergänzende der andern) begegnet, können hier nicht in Betracht kommen, weil da die 3 Gebilde die Bedeutung von $3 + 3 + 5 = 11$ oder $3 + 3 + 4 = 10$ Punkten zur Bestimmung einer Fläche 2. Ordnung haben, also im Allgemeinen sich keine solche durch sie legen lässt. Wir haben mithin nur noch den Fall zu betrachten, wo

$\eta$) $K^2$ beiden Geraden $l_1$ und $l_2$ begegnet (seine Ergänzende also keiner). Die 3 Gebilde haben die Bedeutung von $3 + 3 + (5 - 2) = 9$ Punkten, also lässt sich durch sie eine einzige Fläche 2. Ordnung $F^2$ legen; sie sind ja auch aus einem Kegelschnitte und 2 Geraden zusammengesetzt, deren jede dem Kegelschnitte begegnen. Wir haben schon früher gesehen, dass dann $F^2$ der cubischen Fläche noch in 2 windschiefen Geraden begegnen muss, die beide den Kegelschnitt $K^2$ je in einem Punkte treffen. Also erhalten wir wieder als Abart von $R_1{}^4$ einen Kegelschnitt und 2 windschiefe ihn je einmal schneidende Geraden.

**Als Abarten der Raumcurve $R_1^4$ haben sich demnach ergeben:**

1) **Eine cubische Raumcurve $R^3$ und eine ihr einmal begegnende Gerade $m$.** $R^3$ kann wieder degeneriren in einen Kegelschnitt $K^2$ und eine ihn einmal treffende Gerade $l$. Da $R^3$ mit $m$ einen Punkt gemein hat, so kann $m$ den Kegelschnitt treffen und nicht $l$, also tritt als Abart auf: ein Kegelschnitt und 2 windschiefe ihm je einmal begegnende Geraden; oder $m$ kann $l$ treffen und nicht $K^2$, somit besteht die Abart aus 2 Kegelschnitten $K^2$ und $(l, m)$, von denen der eine in ein Geradenpaar ausgeartet ist, und die sich einmal begegnen. Auch $K^2$ kann noch zum Geradenpaar werden und wir erhalten als Abart: 3 windschiefe Geraden und eine vierte, die alle 3 trifft, oder 2 Geradenpaare, die sich einmal schneiden.

2) **Zwei sich einmal schneidende Kegelschnitte.** Die Specialfälle, wo einer der Kegelschnitte oder beide zum Geradenpaare degeneriren, finden sich schon unter 1).

28. Wir haben in No. 26 gefunden, dass die ergänzenden Geraden zu 3 Kegelschnitten der cubischen Fläche, durch welche eine Fläche 2. Ordnung geht, ein Dreieck bilden. Auch die Umkehrung: **Durch je 3 Kegelschnitte der cubischen Fläche, deren ergänzende Geraden ein Dreieck bilden, geht eine Fläche 2. Ordnung,** ist richtig. Weil jede der ergänzenden Geraden die beiden andern trifft, schneiden sich auch je 2 der 3 Kegelschnitte in 2 Punkten; wir erhalten somit 6 Begegnungspunkte der 3 Kegelschnitte und zwar 4 auf jedem. Nehmen wir auf jedem Kegelschnitt noch einen Punkt an, so geht die durch diese 9 Punkte bestimmte Fläche 2. Ordnung durch je 5 Punkte jedes der 3 Kegelschnitte, enthält also alle vollständig und ist offenbar die einzige Fläche, die dies thut.

**Wir erhalten demnach für jedes Dreieck der cubischen Fläche ein System von dreifach unendlich vielen Flächen 2. Ordnung, welche je 3 Kegelschnitte aus der cubischen Fläche ausschneiden, deren Ebenen durch die Seiten des Dreiecks gehen.**

So kann man nun auch 3 Geradenpaare, die den 3 Seiten eines Dreiecks begegnen, zusammenstellen und je eine Fläche 2. Ordnung durchlegen. Jede Seite des Dreiecks wird ausser von dem Geradenpaar der beiden übrigen Seiten noch von

4 getroffen. Also wird man $4 \cdot 4 \cdot 4 = 64$ mal je 3 Geradenpaare zusammenstellen. Es seien nun $k_1\ k_2\ k_3$ die 3 Seiten des Dreiecks und $l_1'\ l_1''$ ein Geradenpaar, das $k_1$, ebenso $l_2'\ l_2''$ ein Geradenpaar, das $k_2$ trifft. $l_1'\ l_1''$, $l_2'\ l_2''$ bilden ein windschiefes Vierseit, die beiden Geradenpaare müssen sich zweimal schneiden (da $k_1$ und $k_2$ einander treffen), also $l_1'$ schneide $l_2'$, und $l_1''$ schneide $l_2''$. Folglich gehört das Ebenenpaar $(l_1'\ l_2')$, $(l_1''\ l_2'')$ mit zu den durch $(l_1'\ l_1''$, $l_2'\ l_2'')$ gelegten Flächen 2. Ordnung; es schneidet offenbar $F^3$ noch in einem Geradenpaare $(l_3', l_3'')$, welche beiden Geraden die dritten in den Ebenen $(l_1'\ l_2')$ und $(l_1''\ l_2'')$ sind; und die Ebene dieses Geradenpaars geht ersichtlich durch $k_3$. Die 9 Geraden $k$ und $l$ bilden ja auch ein Triederpaar:

$$\begin{matrix} k_1 & k_2 & k_3 \\ l_1' & l_2' & l_3' \\ l_1'' & l_2'' & l_3''. \end{matrix}$$

Durch $l_1'\ l_1''$, $l_2'\ l_2''$ gehen im Ganzen 4 Flächen 2. Ordnung, welche aus $F^3$ noch ein Geradenpaar ausschneiden, da $k_3$ von 4 Geradenpaaren (ausser von $k_1\ k_2$) getroffen wird. Eine davon ist also das Ebenenpaar $(l_1'\ l_2'\ l_3')$ und $(l_1''\ l_2''\ l_3'')$.

Es sei nun $m_3'\ m_3''$ ein zweites Geradenpaar, das $k_3$ trifft. Es ist wohl ersichtlich, dass $m_3'$ je eine Seite von $(l_1', l_1'')$ und eine von $(l_2', l_2'')$ treffen wird, $m_3''$ jedesmal die andere. $m_3'$ kann nicht die beiden sich schneidenden $l_1'$ und $l_2'$ treffen, denn die trifft nur $l_3'$; also wird $m_3'$ treffen $l_1'$ und $l_2''$, welche nicht einander und auch nicht $m_3''$ treffen, dagegen $m_3''$ wird $l_1''$ und $l_2'$ schneiden, welche einander und auch $m_3'$ nicht treffen; also haben wir 3 windschiefe Geraden $l_1'\ l_2''\ m_3''$ und drei andere $l_1''\ l_2'\ m_3'$, deren jede jene drei trifft. Mithin ist die durch sie gelegte Fläche 2. Ordnung ein Doppeldreihyperboloid. Dasselbe, wie für $m_3'$, $m_3''$ gilt für die beiden übrigen Geradenpaare, die $k_3$ noch treffen. Also von den 4 durch $(l_1'\ l_1''$, $l_2'\ l_2'')$ gelegten Flächen 2. Ordnung, welche die cubische Fläche noch in einem Geradenpaare schneiden, ist eins ein Ebenenpaar und 3 sind Doppeldreihyperboloide. Mithin befinden sich unter den 64 Flächen 2. Ordnung, die zu dem dreifach unendlichen Flächensystem eines Dreiecks gehören und die cubische Fläche in 3 Geradenpaaren schneiden, 16 Ebenenpaare und 48 Doppeldreihyperboloide.

Die 6 Geraden eines solchen Hyperboloids lassen sich auf

sechserlei Weise zu 3 Geradenpaaren zusammenstellen; sie seien $h_1\, h_2\, h_3$, $f_1\, f_2\, f_3$, also:

$$\begin{matrix} 1)\ h_1 h_2 h_3 & 2)\ h_1 h_2 h_3 & 3)\ h_1 h_2 h_3 & 4)\ h_1 h_2 h_3 & 5)\ h_1 h_2 h_3 & 6)\ h_1 h_2 h_3 \\ f_1 f_2 f_3 & f_1 f_3 f_2 & f_2 f_1 f_3 & f_2 f_3 f_1 & f_3 f_1 f_2 & f_3 f_2 f_1. \end{matrix}$$

Die 3 neben einander stehenden sind Gerade derselben Schaar, die unter einander stehenden werden als Geradenpaar betrachtet. Die 3 Ergänzenden der drei jedesmaligen Geradenpaare bilden ein Dreieck; wir ersehen daraus, dass **jedes Doppeldreihyperboloid in den Flächensystemen von 6 Dreiecken sich befinden muss.** Daraus geht auch wieder hervor, dass, da es 360 Doppeldreihyperboloide und 45 Flächensysteme giebt, jedes derselben $\frac{360 \cdot 6}{45} = 48$ Doppeldreihyperboloide enthält.

29. Es werde nochmals das Dreieck $k_1\, k_2\, k_3$ betrachtet und die Geradenpaare $l_1'\, l_1''$, $l_2'\, l_2''$, $l_3'\, l_3''$, die resp. den Seiten desselben begegnen und auf einem Ebenenpaare sich befinden. $(k_2, k_3)$ und $(l_1'\, l_1'')$ sind 2 Kegelschnitte, deren Ebenen durch $k_1$ gehen, folglich erzeugen die Schnittpunkte mit $k_1$ 2 Punktenpaare der Involution auf $k_1$, welche wir in No. 25 erwähnten. Ebenso erzeugen $(k_1, k_3)$ und $(l_2', l_2'')$ 2 Punktenpaare der Involution auf $k_2$, und $(k_1, k_2)$ und $(l_3', l_3'')$ 2 der Involution auf $k_3$. Die Ebenen $(l_1'\, l_2'\, l_3')$ und $(l_1''\, l_2''\, l_3'')$ schneiden die Ebene $(k_1\, k_2\, k_3)$ in den Geraden $p'$ und $p''$. Es ist wohl einleuchtend, dass, wo $k_1$, $k_2$, $k_3$ resp. von $l_1'$, $l_2'$, $l_3'$ getroffen werden, sie von $p'$ geschnitten werden, und wo sie resp. von $l_1''$, $l_2''$, $l_3''$ geschnitten werden, ihnen $p''$ begegnet. Also die genannten Punktenpaare sind auf jeder der drei Seiten des Dreiecks $(k_1\, k_2\, k_3)$ die beiden Ecken und die beiden Schnittpunkte mit $p'$ und $p''$. Durch eine Figur kann man sich nun leicht überzeugen, dass die beiden Geraden $p'$ und $p''$ zum Dreieck nur folgende 2 Lagen einnehmen können: 1) entweder liegt auf keiner der 3 Seiten einer der beiden Eckpunkte zwischen den beiden Schnittpunkten der Seite mit $p'\, p''$, d. h. diese beiden Schnittpunkte liegen auf den 3 Seiten entweder beide zwischen den Eckpunkten oder beide ausserhalb; oder 2) nur auf einer Seite ist dies der Fall, auf den beiden andern Seiten liegt der eine Schnittpunkt zwischen den Ecken, der andere ausserhalb. Nun heisst eine Involution hyperbolisch und hat 2 reelle Asymptotenpunkte, wenn die beiden Punkte eines Paars die eines

andern entweder beide umschliessen oder beide ausschliessen, und heisst elliptisch und hat keine reellen Asymptotenpunkte, wenn jedes Punktenpaar einen Punkt zwischen den beiden eines andern, den andern ausserhalb hat; daraus schliessen wir, dass die Involutionen der 3 Seiten eines Dreiecks der cubischen Fläche entweder alle 3 hyperbolisch, oder nur eine hyperbolisch, die beiden andern elliptisch sind (vorausgesetzt, dass die Seiten reell sind).

Die durch 3 Kegelschnitte $K_1^2$ $K_2^2$ $K_3^2$ der cubischen Fläche, deren ergänzende Geraden $k_1$ $k_2$ $k_3$ ein Dreieck bilden, gelegte Fläche 2. Ordnung schneidet die Ebene des Dreiecks in einem Kegelschnitte, der offenbar durch die 3 Punktenpaare $a_1'$ $a_1''$, $a_2'$ $a_2''$, $a_3'$ $a_3''$ geht, die in den Involutionen der Geraden $k_1$ $k_2$ $k_3$ resp. von $K_1^2$ $K_2^2$ $K_3^2$ herrühren. Also die 6 Punkte, die durch 3 Punktenpaare der Involutionen der 3 Geraden eines Dreiecks gebildet werden (je eins auf jeder Geraden), befinden sich stets auf einem Kegelschnitt, oder: Jeder Kegelschnitt, der durch 2 Punktenpaare der Involutionen zweier einander schneidenden Geraden der cubischen Fläche gelegt ist, trifft auch die dritte Gerade der durch jene gebildeten Ebene in einem Punktenpaare ihrer Involution, und wenn dieser Kegelschnitt zum Geradenpaar degenerirt: Verbindet man einen Punkt einer Geraden der cubischen Fläche mit einem einer dieselbe schneidenden und darauf auch die diesen beiden in den Involutionen der Geraden conjugirten Punkte unter einander, so treffen beide Verbindungsgeraden die dritte Gerade der cubischen Fläche in der durch jene gebildeten Ebene ebenfalls in 2 conjugirten Punkten ihrer Involution. Fallen auf den ersteren Geraden die conjugirten Punkte mit den ursprünglichen zusammen, d. h. verbindet man 2 Asymptotenpunkte der Geraden, so fallen auch, da die Verbindungsgeraden auch identisch geworden, die beiden Punkte der dritten Geraden zusammen, und zwar, da sie conjugirt sind, in einen Asymptotenpunkt. Mithin liegen die 6 Asymptotenpunkte der 3 Geraden eines Dreiecks der cubischen Fläche viermal zu je 3 auf einer Geraden, also wenn sie $\pi_1'$ $\pi_1''$, $\pi_2'$ $\pi_2''$, $\pi_3'$ $\pi_3''$ sind, befinden sich je auf derselben Geraden $\pi_1'\pi_2'\pi_3'$, $\pi_1'\pi_2''\pi_3''$, $\pi_1''\pi_2'\pi_3''$, $\pi_1''\pi_2''\pi_3'$.

Es seien $K_1^0$, $K_2^0$, $K_3^0$ die drei Kegelschnitte der cubischen Fläche, die die 3 Asymptotenpunkte $\pi_1'$ $\pi_2'$ $\pi_3'$ bewirken, also resp. $k_1$, $k_2$, $k_3$ in ihnen berühren. Die durch sie gelegte Fläche 2. Ordnung schneidet die Ebene ($k_1$ $k_2$ $k_3$) offenbar nur in der einzigen Geraden $\pi_1'$ $\pi_2'$ $\pi_3'$ oder genauer in dieser und einer dicht daneben liegenden Geraden, welche die den Asymptotenpunkten conjugirten dicht neben ihnen liegenden Punkte verbindet. Also, da die Fläche die Ebene in 2 zusammengefallenen Geraden schneidet, muss sie ein Kegel sein, der die Ebene in der Verbindungsgeraden der Asymptotenpunkte berührt.

Folglich längs jeder der eben erwähnten 4 Verbindungsgeraden je dreier Asymptotenpunkte der 3 Geraden eines Dreiecks der cubischen Fläche wird die Ebene des Dreiecks durch einen Kegel 2. Ordnung berührt, der aus der cubischen Fläche die 3 Kegelschnitte ausschneidet, welche die 3 Seiten in jenen 3 Asymptotenpunkten berühren. Durch 2 der 3 Kegelschnitte, z. B. $K_1^0$ und $K_2^0$, welche in $\pi_1'$ und $\pi_2'$ berühren und welche, da die ergänzenden Geraden $k_1$ und $k_2$ einander treffen, einander zweimal begegnen, müssten eigentlich 2 Kegel 2. Ordnung gehen, denn das ist im Allgemeinen bei 2 sich zweimal schneidenden Kegelschnitten der Fall. Aber $k_1$ müsste beide Kegel in $\pi_1'$ berühren und ebenso $k_2$ beide in $\pi_2'$, also die Ebene ($k_1$ $k_2$ $k_3$) müsste beide auch berühren, da sie durch 2 Tangenten gelegt ist, und zwar längs $\pi_1'$ $\pi_2'$, so dass diese Gerade auch auf beiden Kegeln läge und diese mithin ein Gebilde 5. Ordnung, die beiden Kegelschnitte $K_1^0$ und $K_2^0$ und die Gerade $\pi_1'$ $\pi_2'$ gemein hätten, woraus hervorgeht, dass bei unsern beiden Kegelschnitten die beiden durchzulegenden Kegel in einen zusammenfallen, den oben genannten, der aus der cubischen Fläche noch $K_3^0$ ausschneidet.

— —

# Drittes Kapitel.

## Die Polaren in Bezug auf eine cubische Fläche.

30. Zu den Polaren in Bezug auf die Flächen gelangt man wohl am besten auf die Weise, wie zu den in Bezug auf ebene Curven, und da ist der Weg durch Herrn von Jonquières*) gewiesen worden, welcher dann ja auch von Herrn Cremona in seiner Introduzione ad una teoria geometrica delle curve piane beibehalten worden ist.

Die Polarebene eines Punktes $O$ in Bezug auf eine Fläche zweiter Ordnung wird bekanntlich durch diejenigen Punkte gebildet, die auf den von $O$ ausgehenden Strahlen die vierten harmonischen Punkte zu den Schnittpunkten mit der Fläche und zu $O$ und zwar die diesem letzteren zugeordneten sind. Sind also $a$ und $b$ die jedesmaligen Schnittpunkte des Strahls und der Fläche, so liegt $O'$ auf der Polarebene von $O$ in Bezug auf die Fläche, wenn

$$\left(\frac{1}{OO'} - \frac{1}{Oa}\right) + \left(\frac{1}{OO'} - \frac{1}{Ob}\right) = 0,$$

denn das ist die Bedingung, dass $OO'ab$ harmonisch liegen und zwar $O$ und $O'$ zugeordnet.

Es seien nun $a, b, c$ die jedesmaligen Schnittpunkte des von einem Punkte $O$ ausgehenden Strahls mit einer cubischen Fläche $F^3$, und es werden auf jedem Strahl Punkte $O'$ von der Art gesucht, dass

$$\left(\frac{1}{OO'} - \frac{1}{Oa}\right)\left(\frac{1}{OO'} - \frac{1}{Ob}\right) + \left(\frac{1}{OO'} - \frac{1}{Oa}\right)\left(\frac{1}{OO'} - \frac{1}{Oc}\right) + \left(\frac{1}{OO'} - \frac{1}{Ob}\right)\left(\frac{1}{OO'} - \frac{1}{Oc}\right) = 0,$$

---

*) Journal de Mathématiques année 1857 pag. 249.

so leuchtet ein, da diese Gleichung in $OO'$ quadratisch ist, dass auf jedem Strahle 2 Punkte $O'$ liegen, die der gesuchten Bedingung genügen. Mithin ist die von den Punkten $O'$ gebildete Fläche eine Fläche 2. Ordnung $P^2$. Fällt auf einem von $O$ ausgehenden Strahle einer der 3 Punkte $a$, $b$, $c$, also z. B. $b$ mit einem zweiten $a$ zusammen, also berührt der Strahl die cubische Fläche in $a$, so ist klar, dass $a$ für $O'$ eingesetzt die obige Bedingungsgleichung befriedigt. Mithin geht die Fläche $P^2$ durch die Berührungspunkte sämmtlicher von $O$ an die cubische Fläche gehenden Tangenten. Diese Berührungspunkte müssen offenbar auf der Schnittcurve von $F^3$ und $P^2$ liegen, welche 6. Ordnung ist; jeder Punkt dieser Schnittcurve muss Berührungspunkt einer von $O$ an $F^3$ gelegten Tangente sein; denn soll ein Punkt $O'$ von $P^2$ auch auf $F^3$ liegen, so muss er auf dem Strahle $OO'$ mit einem der 3 Punkte $a$, $b$, $c$ zusammenfallen; die Gleichung wird aber durch ein z. B. mit $a$ identisches $O'$ nur dann befriedigt, wenn auch $a$ mit einem der beiden andern Punkte $b$ und $c$ identisch ist, d. h. wenn $OO'$ in $a$ die cubische Fläche berührt. Wir ziehen nun also den Schluss:

Die Berührungspunkte der von $O$ an die cubische Fläche gelegten Tangenten bilden eine Raumcurve 6. Ordnung $T^6$; folglich ist der von diesen Tangenten gebildete Kegel $K^6$ auch 6. Ordnung. Durch eine Raumcurve 6. Ordnung geht, wenn überhaupt eine, dann nur eine Fläche 2. Ordnung, weil 2 Oberflächen 2. Ordnung nur eine Raumcurve 4. Ordnung gemein haben. Durch $T^6$ geht $P^2$ und ist die einzige Fläche 2. Ordnung, die dies thut. Sie heisst die erste Polare (nach Steiner) oder die erste oder auch quadratische Polarfläche (nach Salmon) des Punktes $O$ in Bezug auf die cubische Fläche*).

Die Tangentenebene der cubischen Fläche in einem Punkte, in dem eine von $O$ ausgehende Tangente die Fläche berührt, geht durch diese Tangente, also auch durch $O$, und umgekehrt in jeder Tangentenebene der cubischen Fläche, welche durch $O$ geht, liegt eine in demselben Punkte berührende Tangente, die ebenfalls

*) Wird im Folgenden bei einer Polare nicht hinzugefügt, in Bezug woranf sie Polare ist, so ist es immer in Bezug auf die unserer Betrachtung vorliegende cubische Fläche.

durch $O$ geht. Damit ist klar, dass die Curve $T^6$ auch als Ort der Berührungspunkte der von $O$ an die cubische Fläche gelegten Tangentenebenen definirt werden kann. Der von diesen Tangentenebenen eingehüllte Kegel ist bekanntlich mit dem von den Tangenten, die von $O$ ausgehen, gebildeten identisch. Eine durch $O$ und durch eine der 27 Geraden der cubischen Fläche gelegte Ebene ist auch Tangentenebene derselben und zwar doppelte; Berührungspunkte sind die Schnittpunkte der Geraden mit dem Kegelschnitte, den die Ebene noch aus der cubischen Fläche ausschneidet, also 2 Punkte eines Paars der Involution dieser Geraden. Mithin schneidet die quadratische Polarfläche jedes Punktes in Bezug auf die cubische Fläche jede der 27 Geraden derselben in einem Punktenpaar ihrer Involution.

Es sei $O_1$ ein zweiter Punkt und $P_1^2$ seine quadratische Polarfläche in Bezug auf $F^3$. Die Tangentenebene der Fläche $F^3$ in einem Punkte der Curve, die $P^2$ aus $F^3$ ausschneidet, geht nach dem Obigen durch $O$; ebenso die Tangentenebene an $F^3$ in einem Punkte der Curve, die $P_1^2$ ausschneidet, geht durch $O_1$. Die Tangentenebene eines Punktes, der zugleich auf beiden Curven liegt, also eines Punktes, in dem die Durchdringungscurve von $P^2$ und $P_1^2$ die cubische Fläche durchschneidet, muss durch $O$ und $O_1$ gehen, mithin durch ihre Verbindungsgerade und umgekehrt keine Tangentenebene an $F^3$, die durch $O$ und $O_1$, also deren Verbindungsgerade geht, kann die Fläche in einem Punkte berühren, der nicht zugleich auf jenen beiden Curven liegt, da diese ja die Berührungscurven für $O$ und $O_1$ sind. Die Durchdringungscurve von $P^2$ und $P_1^2$ trifft $F^3$ in $4 . 3 = 12$ Punkten, mithin gehen durch $OO_1$ und also auch durch jede Gerade 12 Tangentenebenen an die cubische Fläche. Diese ist demnach 12. Klasse.

Jedoch ist leicht einzusehen, dass, wenn sie einen oder mehrere Knotenpunkte haben sollte, dann auf der von $O$ nach einem solchen gehenden Strahle 2 der Punkte $a, b, c$ in den Knotenpunkt zusammenfallen, woraus wir schliessen, dass der Knotenpunkt ein Punkt $O'$, also ein Punkt der quadratischen Polarfläche von $O$ ist, wobei $O$ jeder beliebige Punkt im Raume sein kann. Also:

Durch jeden Knotenpunkt, mit dem etwa die

cubische Fläche behaftet ist, gehen die quadratischen Polarflächen sämmtlicher Punkte des Raumes in Bezug auf die cubische Fläche, folglich ist ein solcher Knotenpunkt auch ein Punkt der Durchdringungscurve der quadratischen Polarflächen je zweier beliebigen Punkte $O$ und $O_1$, und in ihm durchschneidet diese Curve auch die cubische Fläche, und zwar hat er, da er auf der letzteren Knotenpunkt ist, die Bedeutung von 2 derartigen Durchschnittspunkten; die Ebene aber, die durch ihn und die Verbindungsgerade von $O$ und $O_1$ gelegt ist, ist im Allgemeinen keine Tangentenebene an $F^3$, denn sonst müsste dies jede durch den Knotenpunkt gehende Ebene sein. Wir sehen also, dass **jeder Knotenpunkt der cubischen Fläche die Anzahl der Tangentenebenen derselben, welche durch eine beliebige Gerade gehen, um 2 vermindert, mithin auch die Klasse. Cubische Flächen mit 1, 2, 3, 4 Knotenpunkten sind also von der 10., 8., 6., 4. Klasse.** 5 Knotenpunkte würden auf die zweite Klasse reduciren, aber bekanntlich sind alle Flächen zweiter Klasse auch zweiter Ordnung, woraus wir schliessen, dass **auf einer cubischen Fläche nicht mehr als 4 Knotenpunkte sein können,** sobald sie nicht in Flächen niederer Ordnung zerfallen soll.

31. Liegt $O$ auf der cubischen Fläche selbst, so fällt einer der 3 Punkte $a, b, c$ auf jedem von $O$ ausgehenden Strahle mit $O$ zusammen, z. B. $a$, also $Oa$ wird $= 0$; die Bedingungsgleichung für die Punkte $O'$ der quadratischen Polarfläche von $O$ reducirt sich, nachdem die Nenner fortgeschafft sind, auf:

$$OO' \left[ OO' \left( Ob + Oc \right) - 2\, Ob \, . \, Oc \right] = 0$$

$OO' = 0$ sagt, dass der Punkt $O$ auf seiner eigenen quadratischen Polarfläche liegt; dagegen

$$OO' \left( Ob + Oc \right) - 2\, Ob \, . \, Oc = 0$$

geht wegen $OO' = Ob - O'b = Oc - O'c$ über in:

$$Ob \, . \, O'c + O'b \, . \, Oc = 0,$$

und das bedeutet, dass $OO'bc$ harmonische Punkte sind und zwar $O, O'$ zugeordnet. Also:

**Jeder von einem Punkte $O$ der cubischen Fläche ausgehende Strahl schneidet die cubische Fläche noch in zwei Punkten $b$ und $c$, die erste Polare des Punktes $O$ aber, welche durch $O$ selbst geht, noch in einem**

Punkte $O'$, der der vierte harmonische zu $O, b, c$ ist und zwar der $O$ zugeordnete.

Fällt nun auf dem von $O$ ausgehenden Strahle noch ein zweiter Punkt $b$ mit $O$ (oder $a$) zusammen, also berührt der von $O$ ausgehende Strahl die cubische Fläche und liegt mithin in der Tangentenebene derselben in $O$, so geht aus der Bedingungsgleichung hervor, dass auch $O'$ mit $O, a, b$ zusammenfällt, d. h. die Tangente berührt auch die quadratische Polarfläche von $O$ in $O$. Das gilt von jeder Tangente an $F^3$ in $O$. Also, da diese Tangenten die Berührungsebene in $O$ bilden, finden wir, dass die cubische Fläche und die quadratische Polarfläche jedes ihrer Punkte in diesem dieselbe Berührungsebene haben, also auch einander selbst berühren.

Die Tangentenebene schneidet die cubische Fläche in einer cubischen Curve, welche in dem Berührungspunkte einen Doppelpunkt besitzt. Die beiden Geraden, welche durch diesen Doppelpunkt und durch die unendlich nahen Punkte der beiden Zweige der Curve gehen, die einander im Doppelpunkte kreuzen, haben mit der Curve und also auch mit der Oberfläche $F^3$ je 3 unendlich nahe Punkte gemein (deren zwei bei der Curve im Doppelpunkte sich vereinigen), osculiren also die Fläche im Punkte $O$ oder sind Wendetangenten an dieselbe in diesem Punkte. Also gehen durch jeden Punkt der cubischen Fläche 2 Wendetangenten, die in ihm osculiren; es ist übrigens einleuchtend, dass durch keinen Punkt der cubischen Fläche eine Wendetangente gehen kann, die nicht in ihm osculirt (ausgenommen die Punkte der 27 Geraden), denn eine solche Gerade träfe die cubische Fläche viermal.

Es werde nun eine der beiden Wendetangenten, die in $O$ osculiren, betrachtet. Auf ihr fällt offenbar auch noch $O$ mit $c$ zusammen; die Formel

$$OO'(Ob + Oc) - 2\,Ob \,.\, Oc = 0 \text{ wird}$$

$$OO' \,.\, 0 - 0 = 0, \text{ folglich}$$

$$OO' = \frac{0}{0}$$

d. h. der zweite Punkt $O'$, in dem diese Wendetangente der quadratischen Polarfläche von $O$ begegnet, wird unbestimmt, also jeder Punkt der Wendetangente kann es sein, dieselbe liegt ganz auf der quadratischen Polarfläche.

Mithin liegen die beiden Wendetangenten, welche die cubische Fläche in einem ihrer Punkte $O$ osculiren, ganz auf der quadratischen Polarfläche von $O$ und sind also offenbar die beiden Geraden, welche die Berührungsebene der cubischen Fläche in $O$, welche ja zugleich auch die quadratische Polarfläche von $O$ in $O$ berührt, aus dieser ausschneidet. Man sieht nun leicht, dass, wenn die quadratische Polarfläche eines Punktes $O$ der cubischen Fläche ein Ellipsoid oder ein zweiflächiges Hyperboloid (im speciellen Fall ein elliptisches Paraboloid) ist, aus welchen ja eine Berührungsebene stets 2 imaginäre im reellen Berührungspunkte sich kreuzenden Geraden ausschneidet, dann die beiden Wendetangenten im Punkte $O$ der cubischen Fläche imaginär sind, und der Punkt $O$ auf der Curve, welche die Berührungsebene aus der cubischen Fläche ausschneidet, ein isolirter ist, d. h. ein solcher, in dem sich 2 imaginäre Zweige begegnen. Die Dupinsche Indicatrix hat in diesem Falle keine unendlich entfernten Punkte, ist also eine Ellipse, und die Berührung heisst deshalb elliptisch. Ist aber die quadratische Polarfläche des Punktes $O$ der cubischen Fläche ein einflächiges Hyperboloid (oder im speciellen Falle ein hyperbolisches Paraboloid), aus welchem eine Tangentenebene 2 reelle Geraden ausschneidet, so sind die Wendetangenten, die $F^3$ in $O$ osculiren, reell, und $O$ ist auf der cubischen Curve, welche die Berührungsebene in $O$ aus $F^3$ ausschneidet, ein ordentlicher Doppelpunkt, in dem sich 2 reelle Zweige der Curve begegnen. Die Indicatrix hat 2 reelle unendlich entfernten Punkte, die Schnittpunkte ihrer Ebene, welche ja der Tangentenebene unendlich nahe und parallel ist, mit den Wendetangenten, sie ist also eine Hyperbel und die Berührung hyperbolisch.

Ist endlich die quadratische Polarfläche des Punktes $O$ ein Kegel 2. Ordnung, also die Uebergangsfläche vom Ellipsoid und zweiflächigen Hyperboloid zum einflächigen, aus dem eine Tangentenebene 2 reelle, aber zusammengefallene Geraden ausschneidet, so geht durch den Punkt $O$ nur eine einzige Wendetangente (genauer 2 zusammengefallene), und also auch die beiden Geraden, welche die Zweige der Curve, die durch die Berührungsebene aus der cubischen Fläche ausgeschnitten wird, im Berührungspunkte, in welchem sie einander begegnen, tangiren, sind in eine zusammengefallen, d. h. die Curve hat in dem Berührungspunkt nicht blos einen Doppelpunkt, sondern einen Rückkehrpunkt. Die Rückkehrtangente ist die einzige Wendetangente, die dort die cubische Fläche osculirt.

Also in einem Punkte der cubischen Fläche, dessen quadratische Polarfläche in Bezug auf dieselbe ein Kegel ist, osculirt nur eine einzige Wendetangente, und die Berührungsebene schneidet aus der cubischen Fläche eine cubische Curve aus, die im Berührungspunkt einen Rückkehrpunkt besitzt, dessen Rückkehrtangente jene eine Wendetangente ist.

Die Indicatrix hat hier nur einen reellen unendlich entfernten Punkt (genauer 2 zusammengefallene), ist also eine Parabel, die Berührung heisst deshalb parabolisch.

Auf diese Punkte parabolischer Berührung kommen wir später noch einmal zurück, um ihren Ort auf der cubischen Fläche und auch die von den betreffenden Rückkehrtangenten gebildete Fläche zu bestimmen.

Die Wendetangenten werden uns nun auch als Hilfsmittel dienen, das Vorzeichen der Krümmung an den verschiedenen Punkten der Fläche zu bestimmen.

Die Ebenen, die durch eine der betrachteten Wendetangenten gehen, schneiden die cubische Fläche in Curven, die von der Wendetangente osculirt werden. Dies gilt auch für die beiden Ebenen, die durch die Normale eines Punktes der cubischen Fläche und je eine der beiden Wendetangenten gelegt sind, welche in demselben osculiren. Für die Schnittcurve dieser Ebene ist also in dem Punkte die Wendetangente Krümmungskreis, demnach der Krümmungsradius unendlich.

Das Eulersche Theorem über die Krümmungsradien der Normalschnitte eines Punktes einer Fläche lehrt, dass jeder Werth des Krümmungsradius, der in einem Normalschnitte vorkommt, noch in einem andern sich finde, er sei denn der eines Hauptkrümmungsradius; giebt es 2 (reelle) Normalschnitte, in denen der Krümmungsradius unendlich ist, so ist der eine Hauptkrümmungsradius positiv, der andere negativ; giebt es keinen Normalschnitt (oder vielmehr 2 imaginäre) mit dem Krümmungsradius unendlich, so sind beide Hauptkrümmungshalbmesser positiv; kommt der Werth unendlich des Krümmungsradius nur einmal vor, so ist er der eines Hauptkrümmungshalbmessers. Das Mass der Krümmung einer Fläche in einem Punkte wird nun nach Gauss durch das reciproke Product der beiden Hauptkrümmungsradien bestimmt. Wir ersehen daraus, dass die Krümmung der cubischen Fläche in den Punkten elliptischer Berührung, wo nur imaginäre Wendetangenten, also keine reellen unendlichen Krümmungshalbmesser sich vorfinden, positiv, in den Punkten hyperbolischer Berührung, wo 2 reelle Wendetangenten und damit reelle Normalschnitte mit unendlichen Krümmungshalbmessern sich befinden, negativ und in den Punkten parabolischer Berührung, wo es nur eine und reelle Wendetangente giebt, also ein unendlicher Krümmungshalbmesser, der dann Hauptkrümmungshalbmesser sein muss, sich vorfindet, Null ist.

Wir haben gefunden, dass die quadratische Polarfläche eines Punktes $O$ der cubischen Fläche und diese cubische Fläche einander in $O$ berühren; ihre Durchdringungscurve, also die Curve der Berührungspunkte der von $O$ an die cubische Fläche gelegten Tangenten, hat demnach in $O$ einen Doppelpunkt, so dass jede durch $O$ gelegte Ebene derselben ausser in $O$ nur noch viermal begegnet. Durch $O$ gehen also ausser der in $O$ selbst berührenden Tangente in dieser Ebene nur noch 4 Tangenten an die cubische Fläche; der Tangentialkegel ist mithin in einen Kegel 4. Ordnung und die demnach doppelt zu zählende Berührungsebene zerfallen. Es liege nun $O$ auf einer der 27 Geraden $g$ der cubischen Fläche; diese Gerade ist eine von $O$ an $F^3$ gelegte Tangente und jeder Punkt derselben kann als Berührungspunkt betrachtet werden. Folglich liegt die ganze Gerade $g$ auf der quadratischen Polarfläche von $O$, so dass die Berührungscurve zerfällt in die Gerade $g$ und eine derselben dreimal (was nicht schwer einzusehen ist) begegnende Raumcurve 5. Ordnung.

Es werde schliesslich noch ein Punkt $\delta$ betrachtet, in dem 2 Gerade $g$ und $\gamma$ der cubischen Fläche einander begegnen. Die quadratische Polarfläche des Punktes $\delta$ enthält offenbar beide Geraden $g$ und $\gamma$, die Berührungscurve reducirt sich demgemäss, abgesehen von diesen beiden Geraden, auf eine Raumcurve 4. Ordnung, die jeder der beiden Geraden $g$ und $\gamma$ zweimal begegnet (übrigens ersichtlich von der Art $R^1$, welche Grundcurve eines

Büschels 2. Ordnung ist, da $(g, \gamma)$ ein Kegelschnitt ist). Diese Curve geht ersichtlich auch durch die Schnittpunkte der 8 Geradenpaare, die den Geraden $g\,\gamma$ ausser resp. $(\gamma\, \mathfrak{g})$ und $(g\, \mathfrak{g})$ noch begegnen [$\mathfrak{g}$ die dritte Gerade in der Ebene $(g\, \gamma)$], denn diese Schnittpunkte sind Berührungspunkte von durch den Punkt $\delta$ gehenden Berührungsebenen der cubischen Fläche. Die 4 Geradenpaare bei $g$ seien $g_1, g_1'$; $g_2, g_2'$; $g_3, g_3'$; $g_4, g_4'$; die bei $\gamma$ hingegen: $\gamma_1, \gamma_1'$; $\gamma_2, \gamma_2'$; $\gamma_3, \gamma_3'$; $\gamma_4, \gamma_4'$. Die 16 Geraden $k$, in denen die Ebenen der 4 ersteren Geradenpaare die der 4 letzteren schneiden, gehen ersichtlich alle durch $\delta = (g, \gamma)$ und jede ausserdem noch durch 2 andere Punkte $\delta$; z. B. die Schnittgerade von $(g\, g_1\, g_1')$ und $(\gamma\, \gamma_1\, \gamma_1')$ noch durch $(g_1, \gamma_1)$ und $(g_1', \gamma_1')$, da jede Seite des einen Dreiecks eine des andern und ersichtlich jede eine andere schneiden muss. Diese beiden andern Punkte $\delta$ sind die beiden andern Punkte $b$ und $c$ (wenn $\delta = O$ oder $a$), in denen jede der 16 Geraden der cubischen Fläche noch begegnet. Der vierte harmonische Punkt $\lambda$ also auf jeder der 16 Geraden zu den 3 Punkten $\delta$ und zwar der dem allen gemeinsamen Punkte $\delta$ zugeordnete wird nach dem im Anfang dieser Nr. bewiesenen Satze auf der quadratischen Polarfläche des allen gemeinsamen Punktes $\delta$ liegen. Nun ist klar, dass auf jeder der 8 oben genannten Ebenen 4 der betrachteten Geraden liegen, folglich werden die 4 Punkte $\lambda$ dieser Geraden auf dem Schnitt der betreffenden Ebene mit der Polarfläche zu finden sein. Da aber in jeder dieser Ebenen entweder die Gerade $g$ oder die Gerade $\gamma$ sich vorfindet, so zerfällt dieser Schnitt in die Gerade $g$ oder $\gamma$ und eine Gerade $\Lambda$. Kein Punkt $\lambda$ kann auf $g$ oder $\gamma$ liegen, da sonst die Gerade $k$, auf der $\lambda$ liegt, mit $g$ oder $\gamma$ 2 Punkte $\delta$ und $\lambda$ gemein hätte; also liegen stets alle Punkte auf $\Lambda$. Wir haben demnach folgendes Theorem:

Die 16 Punkte $\lambda$, welche auf den 16 von einem Punkte $\delta$ ausgehenden und je durch noch 2 andere Punkte $\delta$ gehenden Geraden $k$ zu diesen 3 Punkten $\delta$ die vierten harmonischen und zwar jedesmal dem allen Geraden gemeinsamen Punkt $\delta$ zugeordnet sind, liegen auf 2 verschiedene Weisen viermal je 4 auf einer Geraden. Diese 8 Geraden vertheilen sich gemäss den beiden Weisen auf die beiden Schaaren einer Fläche

2. Ordnung, welche die quadratische Polarfläche des allen Geraden $k$ gemeinsamen Punktes $\delta$ ist, und auf der auch die beiden Geraden der cubischen Fläche liegen, die in dem Punkte $\delta$ zusammenkommen.

Die Fläche ist offenbar ein einflächiges Hyperboloid, wenn die beiden Geraden $g$ und $\gamma$ reell sind.

Dazu können wir nun auch fügen, dass sämmtliche Punkte reeller Geraden der cubischen Fläche hyperbolische oder in speciellen Fällen, die sich später ergeben werden, parabolische Berührung haben.

Es werde nun wieder der specielle Fall angenommen, die cubische Fläche habe einen Knotenpunkt $N$, und es werde dessen quadratische Polarfläche in Bezug auf die cubische Fläche gesucht. Auf jeder durch $N$ gehenden Geraden fallen zwei Schnittpunkte $a$ und $b$ mit der cubischen Fläche in den Knotenpunkt, so dass $Na$ und $Nb$ Null sind. Die Bedingungsgleichung für die Punkte $O'$ der quadratischen Polarfläche von $N$ reducirt sich auf: $NO'^2 . Nc = 0$.

Wenn $Nc \gtrless 0$, also auf allen Strahlen, die die cubische Fläche ausser in $N$ noch in einem endlich davon entfernten Punkte $c$ treffen, ergiebt sich

$$\overline{NO'}^2 = 0$$

d. h. beide Werthe von $NO'$ sind Null, also jeder von $N$ ausgehende Strahl trifft die quadratische Polarfläche von $N$ nicht blos einmal, sondern zweimal in $N$. Dann ist nothwendig, dass diese quadratische Polarfläche ein Kegel 2. Ordnung sei, dessen Spitze $N$ ist. Wenn dagegen $O'$ auf Strahlen gesucht wird, die durch $N$ und einen unendlich nahen Punkt der cubischen Fläche gehen, welche also die cubische Fläche in $N$ berühren, so wird $Nc = 0$, also

$$\overline{NO'}^2 = \frac{0}{0},$$

mithin unbestimmt; die beiden Schnittpunkte einer solchen Geraden mit der quadratischen Polarfläche von $N$ werden unbestimmt, d. h. eine solche Gerade liegt ganz auf der Polarfläche; also sämmtliche Geraden, die durch einen Knotenpunkt einer cubischen Fläche gehen und diese Fläche dort berühren, bilden einen Kegel 2. Ordnung, der zugleich die quadratische Polarfläche des Knotenpunktes ist; denn diese Polarfläche wird nur durch diese

Strahlen bewirkt, die andern von $N$ ausgehenden ergeben alle blos die Spitze. An diesen Kegel schmiegt sich die cubische Fläche im Knotenpunkt näher an.

32. Es seien $\omega_1$ und $\omega_2$ die Schnittpunkte eines von einem beliebigen Punkte $O$ ausgehenden Strahls mit der quadratischen Polarfläche des Punktes $O$ in Bezug auf die cubische Fläche. Der Punkt $O'$ dieses Strahls liegt dann auf der Polarebene des Punktes $O$ in Bezug auf die quadratische Polarfläche, wenn

$$\left(\frac{1}{OO'} - \frac{1}{O\omega_1}\right) + \left(\frac{1}{OO'} - \frac{1}{O\omega_2}\right) = 0$$

wie wir am Anfang des Kapitels gesehen haben. Doch $O\omega_1$ und und $O\omega_2$ lassen sich leicht durch $Oa$, $Ob$, $Oc$ ersetzen, wo $a$, $b$, $c$ die Schnittpunkte des Strahls mit der cubischen Fläche sind, weil in der von den Nennern befreiten Gleichung nur ihre Summe und ihr Product vorkommt, sie selbst aber die beiden Wurzeln der Bedingungsgleichung für die quadratische Polarfläche sind. Wir erhalten also als Bedingung, dass $O'$ auf der Polarebene von $O$ in Bezug auf die quadratische Polarfläche von $O$ in Bezug auf die cubische Fläche liegt,

$$\left(\frac{1}{OO'} - \frac{1}{Oa}\right) + \left(\frac{1}{OO'} - \frac{1}{Ob}\right) + \left(\frac{1}{OO'} - \frac{1}{Oc}\right) = 0$$

worin $a$, $b$, $c$ die jedesmaligen Schnittpunkte des von $O$ ausgehenden Strahls mit der cubischen Fläche sind. Diesen Ort der Punkte $O'$ nennt man nun die zweite Polare (nach Steiner) oder Polarebene $P^1$ (Salmon) des Punktes $O$ in Bezug auf die cubische Fläche.

Geht durch $O$ eine Gerade, auf der $a$, $b$, $c$ in einen Punkt $a$ zusammenfallen, welche also die cubische Fläche osculirt, so ist einleuchtend, dass $a$ für $O'$ gesetzt, die Bedingungsgleichung befriedigt; also die Berührungspunkte der etwaigen von $O$ ausgehenden Wendetangenten der cubischen Fläche liegen auf der Polarebene $P^1$ des Punktes $O$ in Bezug auf dieselbe. Sie müssen aber, da die Wendetangenten doch auch Tangenten sind, auch auf der quadratischen Polarfläche liegen und offenbar auch auf der cubischen Fläche selbst. Diese 3 Flächen, die cubische Fläche, die quadratische Polarfläche $P^2$ und die Polarebene $P^1$ von $O$ in Bezug auf sie haben $3.2.1 = 6$ Punkte gemein. Und es ist auch leicht einzusehen, dass die Verbindungsgerade $OO'$ jedes dieser 6 Punkte $O'$ mit $O$ die cubische Fläche in $O'$ osculirt.

Weil $O'$ auf $F^3$ liegt, muss es mit einem der 3 Punkte $a, b, c$, in denen $OO'$ die cubische Fläche trifft, coincidiren, z. B. mit $a$; aber $O'$, das also schon mit $a$ identisch ist, soll auch auf $P^2$ liegen; die Bedingungsgleichung für die quadratische Polarfläche fordert dann, dass $O'$ mit einem der beiden andern Punkte $b$ und $c$ zusammenfalle; es sei mit $b$, so dass also $a$ und $b$ coincidiren. Nun soll aber $O'$ $(=a=b)$ auch auf $P^1$ liegen; deren Bedingungsgleichung erfordert nun, dass $O'$ auch mit $c$ zusammenfalle, so dass also in der That in $O'$ alle 3 Punkte $a, b, c$ coincidiren, demnach $OO'$ die cubische Fläche in $O'$ osculirt. Also:

Sechs Wendetangenten einer cubischen Fläche gehen durch jeden beliebigen Punkt im Raume; die 6 Berührungspunkte liegen auf der Polarebene dieses Punktes in Bezug auf die cubische Fläche, und zwar sind es die Punkte, in denen diese Ebene der Berührungscurve der von $O$ an die cubische Fläche gelegten Tangenten begegnet. Sie liegen auch auf einem Kegelschnitte, dem Schnitt der Polarebene mit der quadratischen Polarfläche.

Die Polarebene eines Punktes in Bezug auf die cubische Fläche ist die Polarebene des Punktes in Bezug auf seine quadratische Polarfläche. Die quadratische Polarfläche eines Knotenpunktes einer cubischen Fläche in Bezug auf dieselbe ist ein Kegel, dessen Spitze der Knotenpunkt ist. Die Polarebene nun der Spitze eines Kegels in Bezug auf denselben ist unbestimmt; also ist die Polarebene eines Knotenpunktes in Bezug auf die cubische Fläche, die ihn besitzt, unbestimmt.

Da die quadratische Polarfläche eines Punktes der cubischen Fläche diese in dem Punkte berührt und die Polarebene eines Punktes einer Fläche 2. Ordnung in Bezug auf dieselbe die Tangentialebene in diesem Punkte ist, so ist die der cubischen Fläche und der quadratischen Polarfläche des Punktes gemeinsame Berührungsebene die Polarebene des Punktes in Bezug auf die cubische Fläche. Also ebenso wie bei den Flächen 2. Ordnung ist auch bei den Flächen 3. Ordnung die Polarebene eines Punktes einer solchen Fläche in Bezug auf sie die Berührungsebene in dem Punkte.

Das ist auch wieder leicht mit Hülfe der Formel einzusehen. Liegt $O$ auf der cubischen Fläche, so wird $Oa=0$, also die Bedingungsgleichung für die Polarebene wird nach Fortschaffung der Nenner:

$$OO'.Ob.Oc=0.$$

So lange also $Ob$ und $Oc \lessgtr 0$ sind, so muss $OO'=0$ sein, das heisst alle von $O$ ausgehenden Strahlen, die nicht in $O$ berühren, also nicht in der Berührungsebene in $O$ liegen, treffen die Polarebene von $O$ nur in $O$ selbst. Dagegen wird eine der beiden Längen $Ob$ und $Oc$ (oder gar beide) auch Null, d. h. liegt der von $O$ ausgehende Strahl in der Berührungsebene in $O$, so ergiebt sich $OO'=\frac{0}{0}$, das heisst, der Schnittpunkt des Strahls mit der Polarebene wird unbestimmt; der Strahl liegt ganz in der Polarebene; also alle Tangenten an die cubische Fläche in $O$ liegen auf der Polarebene von $O$, mithin ist die Polarebene die durch diese Tangenten gebildete Ebene, die Berührungsebene in $O$. Dagegen wenn $O$ ein Knotenpunkt der cubischen Fläche ist, so ist für alle von ihm ausgehenden Strahlen $Oa=Ob=0$, also $OO'=\frac{0}{0}$, mithin ist bei allen Strahlen der Schnittpunkt mit der Polarebene unbestimmt, alle durch $O$ gehenden Strahlen müssten mithin in diesem Falle (nicht blos wie vorher die in einer bestimmten Ebene liegenden) auf der Polarebene des Knotenpunktes liegen. Also die Polarebene des Knotenpunktes wird unbestimmt; sie müsste eigentlich die Berührungsebene der cubischen Fläche im Knotenpunkte sein. Jede der Berührungsebenen des Kegels 2. Ordnung, dem sich im Knotenpunkte die cubische Fläche anschliesst, kann vorzugsweise als Polarebene aufgefasst werden; in der That jeder von $O$ ausgehende Strahl liegt auch in zweien dieser Berührungsebenen.

33. Der Punkt $O'$ liege auf der quadratischen Polarfläche des Punktes $O$ in Bezug auf die cubische Fläche, so ist, wenn $a$, $b$, $c$ die Schnittpunkte von $OO'$ mit der cubischen Fläche sind,

$$\left(\frac{1}{OO'}-\frac{1}{Oa}\right)\left(\frac{1}{OO'}-\frac{1}{Ob}\right)+\left(\frac{1}{OO'}-\frac{1}{Oa}\right)\left(\frac{1}{OO'}-\frac{1}{Oc}\right)$$
$$+\left(\frac{1}{OO'}-\frac{1}{Ob}\right)\left(\frac{1}{OO'}-\frac{1}{Oc}\right)=0, \text{ oder:}$$

$$1)\ \overline{OO'}^2(Oa+Ob+Oc)-2OO'(Oa.Ob+Oa.Oc+Ob.Oc)$$
$$+3Oa.Ob.Oc=0.$$

Ferner liege $P$ auf der Polarebene des Punktes $O'$ in Bezug auf die cubische Fläche und zwar auf $OO'$, so ist:

$$\left(\frac{1}{O'P} - \frac{1}{O'a}\right) + \left(\frac{1}{O'P} - \frac{1}{O'b}\right)$$
$$+ \left(\frac{1}{O'P} - \frac{1}{O'c}\right) = 0; \text{ oder}$$

$$2)\quad O'P\,(O'a\,.\,O'b + O'a\,.\,O'c + O'b\,.\,O'c) - 3\,O'a\,.\,O'b\,.\,O'c = 0.$$

Nun ist $O'a = Pa - PO'$, $O'b = Pb - PO'$, $O'c = Pc - PO'$, $PO' = -O'P$, demnach wird 2)

$$PO'^2\,(Pa + Pb + Pc) - 2\,PO'\,(Pa\,.\,Pb + Pa\,.\,Pc + Pb\,.\,Pc)$$
$$+ 3\,Pa\,.\,Pb\,.\,Pc = 0.$$

Hierin kann wegen 1) $O$ statt $P$ gesetzt werden, also kann es auch in 2), d. h. der Punkt $O$ liegt auf der Polarebene von $O'$. Somit haben wir den Lehrsatz:

1) **Die zweiten Polaren (Polarebenen) aller Punkte der ersten Polare (quadratischen Polarfläche) eines Punktes in Bezug auf eine cubische Fläche gehen durch diesen Punkt.**

Es giebt noch einen entsprechenden Satz, dessen Beweis in ähnlicher Weise geführt werden kann:

2) **Die quadratischen Polarflächen aller Punkte der Polarebene eines Punktes in Bezug auf eine cubische Fläche gehen durch diesen Punkt.**

Die Vereinigung beider Sätze bewirkt es, dass man an den Anfang jedes von ihnen noch das Wort „**nur**" setzen kann.

Aus beiden Sätzen ziehen wir unmittelbar folgende Corollare: Die Polarebenen aller Punkte der Raumcurve 4. Ordnung, in der die quadratischen Polarflächen zweier Punkte sich durchschneiden, müssen wegen des ersteren Satzes durch beide Punkte gehen, also da sie Ebenen sind, durch deren Verbindungsgerade; wegen des zweiten Satzes muss folglich die quadratische Polarfläche jedes Punktes dieser Geraden durch jeden Punkt der Raumcurve gehen; folglich **bilden die quadratischen Polarflächen aller Punkte einer Geraden ein Flächenbüschel 2. Ordnung.** Die Grundcurve desselben wollen wir **die Polarcurve der Geraden in Bezug auf die cubische Fläche** nennen.

Ferner die Polarebenen der 8 Punkte, die den quadratischen Polarflächen dreier nicht in gerader Linie liegenden Punkte gemein sind, müssen durch diese 3 Punkte gehen. Durch 3 solche Punkte geht aber nur eine einzige Ebene, also haben jene 8 Punkte dieselbe Polarebene. Demnach ist **jede Ebene Polarebene von 8 Punkten in Bezug auf eine cubische Fläche**; wir nennen dieselben ihre **8 Pole**. Andererseits aber **gehen die quadratischen Polarflächen aller Punkte einer Ebene durch dieselben 8 Punkte, bilden also ein Flächenbündel 2. Ordnung**.

Die Polarebenen dreier Punkte einer Geraden $G$ seien $E$, $E_1$, $E_2$; die quadratische Polarfläche des Punktes $(E, E_1, E_2)$ geht mithin durch die 3 Punkte, also da sie eine Fläche 2. Ordnung ist, durch die ganze Gerade $G$; daraus folgt wieder, dass die Polarebenen aller Punkte der Geraden $G$ durch den Punkt $(E, E_1, E_2)$ gehen.

**Die Polarebenen aller Punkte einer Geraden gehen durch denselben Punkt.** Sie hüllen also einen Kegel ein; es fragt sich, von welcher Klasse und Ordnung derselbe ist.

Um dieselben zu erhalten, denken wir uns das der Geraden $G$ in Bezug auf das Büschel der quadratischen Polarflächen ihrer Punkte zugeordnete Polarhyperboloid $H$ construirt; die Geraden der einen Schaar desselben sind bekanntlich die reciproken Polaren der Geraden $G$ in Bezug auf die einzelnen quadratischen Polarflächen, die Geraden der andern Schaar die conjugirten Polaren der einzelnen Punkte von $G$ in Bezug auf das Büschel der Flächen. Die Tangentialebenen dieses Polarhyperboloids sind, da sie stets aus jeder der beiden Schaaren eine Gerade enthalten, Polarebenen der einzelnen Punkte von $G$ in Bezug auf die einzelnen Flächen des Büschels, z. B. die Tangentenebene, in der die conjugirte Polare des Punktes $m$ auf $G$ in Bezug auf das Büschel der quadratischen Polarflächen und die reciproke Polare der Geraden $G$ in Bezug auf die quadratische Polarfläche $N$ (des Punktes $n$ auf $G$) liegt, ist die Polarebene von $m$ in Bezug auf $N$. Unter diesen Tangentenebenen befinden sich nun offenbar auch die Polarebenen der Punkte der Geraden $G$ in Bezug auf die cubische Fläche; sie sind ja die Polarebenen der Punkte auf $G$ in Bezug auf ihre quadratischen Polarflächen. In einer solchen Polarebene in Bezug auf die cubische Fläche liegt also die conjugirte Polare eines Punktes $x$ der Geraden $G$ in Bezug auf das Büschel der quadratischen Polarflächen und die reciproke Polare der Geraden $G$ in Bezug auf die quadratische Polarfläche $X$ des Punktes $x$.

Also die Polarebenen der Punkte einer Geraden in Bezug auf eine cubische Fläche gehen durch denselben Punkt und sind Tangentenebenen eines Hyperboloids, folglich hüllen sie einen Kegel 2. Klasse und demnach auch 2. Ordnung ein. Man nennt diesen Kegel $K$ die zweite Polare (nach Steiner) oder den Polarkegel (Salmon) der Geraden in Bezug auf die cubische Fläche.

34. Es sei $W$ der Kegelschnitt, längs dessen das Hyperboloid $H$ durch den Polarkegel $K$ berührt wird. Durch jeden Punkt $w$ desselben gehen 2 Gerade des Hyperboloids $H$ und zwar, da in ihm eben die Polarebene eines Punktes $\pi$ der Geraden $G$ in Bezug auf die cubische Fläche das Hyperboloid berührt, die conjugirte Polare des Punktes $\pi$ in Bezug auf das Büschel der quadratischen Polarflächen der Punkte der Geraden $G$ und die reciproke Polare dieser Geraden in Bezug auf die quadratische Polarfläche $\Pi$ des Punktes $\pi$. Folglich ist das Strahlbüschel der Ebene des Kegelschnitts $W$, dessen Grundpunkt $w$ ist, sowohl Durchschnitt dieser Ebene mit dem Büschel der Polarebenen des Punktes $\pi$ in Bezug auf die einzelnen quadratischen Polarflächen, als auch mit dem Büschel der Polarebenen der Punkte der Geraden $G$ in Bezug auf die quadratische Polarfläche $\Pi$. Diese beiden Büschel sind also perspectivisch, und zwar entsprechen sich (begegnen sich in demselben Strahl des Büschels der Ebene $W$) die Polarebene des Punktes $\pi$ in Bezug auf die quadratische Polarfläche $X$ des Punktes $x$ der Geraden $G$ und die Polarebene des Punktes $x$ in Bezug auf $\Pi$. Das Büschel der Polarebenen der Punkte der Geraden $G$ in Bezug auf $\Pi$ ist aber der Reihe dieser Punkte projectivisch, indem sich ein Punkt und seine Polarebene in Bezug auf $\Pi$ entsprechen. Also ist auch die Punktreihe der Geraden $G$ und das Büschel der Polarebenen des Punktes $\pi$ in Bezug auf die quadratischen Polarflächen der Punkte jener Reihe projectivisch, indem sich ein Punkt $x$ und die Polarebene des Punktes $\pi$ in Bezug auf die quadratische Polarfläche $X$ von $x$ entsprechen. Endlich ist ja auch dies Büschel der Polarebenen des Punktes $\pi$ in Bezug auf die einzelnen quadratischen Polarflächen der Punkte von $G$ projectivisch mit dem Büschel dieser Polarflächen selbst, indem sich

eine Polarfläche und die Polarebene des Punktes $\pi$ in Bezug auf sie entsprechen. Folglich sind auch die Reihe der Punkte der Geraden $G$ und das Büschel der ersten Polaren (quadratischen Polarflächen) dieser Punkte projectivisch, indem sich ein Punkt und seine quadratische Polarfläche entsprechen.

Die bekannten Gesetze der Projectivität berechtigen uns jetzt zu dem Schluss, dass jede durch die Polarcurve einer Geraden gehende Fläche 2. Ordnung die quadratische Polarfläche eines Punktes der Geraden ist.

Es ist nun auch klar, dass jedem Punkte, als Punkt der Reihen aller durch ihn gehenden Geraden, in allen diesen Geraden zugehörigen Polarflächenbüscheln seine quadratische Polarfläche entspricht. Das ergiebt nun, dass auch das Punktenfeld jeder Ebene mit dem Flächenbündel der quadratischen Polarflächen der Punkte dieses Punktenfeldes collinear ist, indem sich ein Punkt und seine quadratische Polarfläche entsprechen. Nun sind wir also auch zu dem Schluss berechtigt, dass jede durch die 8 Pole einer Ebene gelegte Fläche 2. Ordnung die quadratische Polarfläche eines Punktes der Ebene ist.

Betrachten wir nochmals das Strahlbüschel der Ebene $W$, dessen Grundpunkt $w$ ist. Als Durchschnitt dieser Ebene mit dem Büschel der Polarebenen aller Punkte der Geraden $G$ in Bezug auf $\Pi$ ist es dieser Punktreihe projectivisch, da ja das eben genannte Polarebenenbüschel derselben projectivisch ist; die Polarebene des Punktes $x$ der Geraden $G$ in Bezug auf $\Pi$ geht durch die conjugirte Polare des Punktes $x$ in Bezug auf das Büschel der quadratischen Polarflächen, folglich trifft die Durchschnittsgerade der Polarebene mit der Ebene $W$ diese conjugirte Polare und zwar, da die letztere anf $\Pi$ liegt, dort, wo jene Durchschnittsgerade den Kegelschnitt $W$ nochmals (ausser in $w$) schneidet. Also in der projectivischen Beziehung zwischen dem ebenen Strahlbüschel auf $W$ um $w$ und der Reihe der Punkte auf $G$ entsprechen einander ein Punkt $x$ auf $G$ und der Strahl des Strahlbüschels, der den Kegelschnitt $W$ in dem Punkte trifft, durch den die conjugirte Polare von $x$ in Bezug auf das Büschel der quadratischen Polarflächen geht. Das ebene Strahlbüschel um $w$ ist nun aber auch mit der krummen Punktreihe des Kegelschnitts $W'$ perspectivisch, mithin auch mit dem krummen Tangentenbüschel um $W'$ und also auch mit dem krummen Tangentialebenenbüschel des Kegels $K'$ projectivisch, der längs des Kegelschnitts $W'$ dem Hyperboloide $H$ umschrieben ist, also ist auch die Reihe auf $G$ mit diesem krummen Tangentialebenenbüschel projectivisch, und es entsprechen sich ein Punkt $x$ auf $G$ und die Tangentialebene $\Xi$ von $K'$, die durch diejenige Tangente $\xi$ von $W'$ geht, durch deren Berührungspunkt die conjugirte Polare des Punktes $x$ in Bezug auf das Büschel der quadratischen Polarflächen geht. Diese Tangentialebene $\Xi$ von $K'$ berührt aber auch $H$ und zwar in dem eben genannten Berührungspunkte von $\xi$, geht also durch die eben genannte conjugirte Polare, welche ja eine Gerade von $H$ ist. Die Tangentialebenen um $K'$ sind aber die Polarebenen der Punkte auf $G$ in Bezug auf die cubische Fläche, und diejenige von diesen Polarebenen, die durch die conjugirte Polare von $x$ in Bezug auf das Büschel der quadratischen Polarflächen geht, ist ersichtlich die Polarebene von $x$.

Also die Punktreihe jeder Geraden ist dem krummen um einen Kegel 2. Ordnung sich legenden Tangentialebenenbüschel projectivisch, welches gebildet wird durch die Polarebenen der Punkte jener Reihe in Bezug auf die cubische Fläche, indem sich entsprechen ein Punkt und seine Polarebene. Folglich ist auch dieses konische Ebenenbüschel der Polarebenen der Punkte einer Geraden mit dem Büschel der quadratischen Polarflächen dieser Punkte projectivisch, indem die Polarebene und die quadratische Polarfläche desselben Punktes einander entsprechen.

35. Die Polarebene und die quadratische Polarfläche eines Punktes in Bezug auf die cubische Fläche durchschneiden sich in einem Kegelschnitte; welches ist der Ort dieser Kegelschnitte, wenn der Punkt eine Gerade $L$ durchwandert? Offenbar der Ort der Durchschnitte der entsprechenden Elemente eines Flächenbüschels 2. Ordnung und eines ihm projectivischen konischen Ebenenbüschels. Der ebene Schnitt dieses Orts ist also das Erzeugniss der Durchschnittspunkte der entsprechenden Elemente eines Kegelschnittbüschels $B$ ($K$) und des ihm projectivischen Tangentenbüschels eines Kegelschnitts $S$. Wir wollen dieses Erzeugniss betrachten. Statt den Tangenten $t$ des Kegelschnitts $S$

die Kegelschnitte $K$ des Büschels entsprechen zu lassen, können wir sie den Berührungspunkten $\tau$ entsprechen lassen (denn das Tangentenbüschel und die Punktreihe eines Kegelschnitts sind ja perspectivisch). Auf der Geraden $p$, die wir uns in der Ebene des Schnitts denken, lassen wir einen Punkt $p_x$ sich bewegen und legen jedesmal die beiden Tangenten $t_x$ und $t_x'$ an den Kegelschnitt $S$; die Berührungspunkte $\tau_x$ und $\tau_x'$ sind Durchschnitte von $S$ mit der Polare von $p_x$ in Bezug auf $S$, also mit einer Geraden, die sich um einen Punkt, den Pol von $p$, dreht.

Mithin bilden die Punkte $\tau_x$ und $\tau_x'$ auf $S$ eine krumme Punktinvolution (oder ihre Verbindungsgeraden mit einem Punkte von $S$ eine Strahlinvolution), welche mit der Punktreihe $p_x$ projectivisch ist. Folglich bilden auch die entsprechenden Kegelschnitte $K_x$ und $K_x'$ ein Paar einer Kegelschnittinvolution (jedes solche Paar ist zu 2 bestimmten Kegelschnitten $K_1$ und $K_2$ des Büschels harmonisch zugeordnet). Es sei $\Sigma$ ein Hilfskegelschnitt, $A$ ein Punkt auf ihm, dieser werde mit je den beiden Punkten $a_x$ und $\alpha_x$, in denen ein Kegelschnitt $K_x$ die Gerade $p$ trifft, durch die Geraden $l_x$ und $\lambda_x$ verbunden, welche den Kegelschnitt $\Sigma$ ausser in $A$ je noch in $s_x$ und $\sigma_x$ treffen. Die Gerade $s_x\,\sigma_x = L_x$ dreht sich bekanntlich um einen Punkt $O$ und erzeugt ein dem Kegelschnittbüschel $B\,(K)$ projectivisches Strahlbüschel, wobei $K_x$ und $L_x$ einander entsprechen. Durch die Kegelschnittinvolution $(K_x, K_x')$ wird nun auch in diesem Strahlbüschel $L_x$ eine Strahlinvolution $(L_x, L_x')$ gebildet, in der offenbar die den Asymptotenkegelschnitten $K_1$ und $K_2$ in der eben ausgesprochenen Beziehung zwischen dem Strahlbüschel $L_x$ und dem Kegelschnittbüschel $B\,(K)$ entsprechenden Strahlen $L_1$ und $L_2$ Asymptotenstrahlen sind.

Die Involution $(L_x, L_x')$ ist nun offenbar der Kegelschnittinvolution $(K_x, K_x')$, diese der krummen Punktinvolution $(\tau_x, \tau_x')$ auf $S$ und diese der Punktreihe $p_x$ projectivisch, letztere aber wieder dem Strahlbüschel $Ap_x$ perspectivisch. Also ist auch die Involution $(L_x, L_x')$ dem Strahlbüschel $Ap_x$ projectivisch. Ein Strahlenpaar jener und der entsprechende Strahl dieses begegnen einander in je 2 Punkten; alle diese Punkte bilden eine cubische Curve $C^3$, denn die Strahlinvolution und das Strahlbüschel schneiden eine beliebige Gerade in einer Punktinvolution und einer Punktreihe, die einander projectivisch sind, und bei denen mithin dreimal ein Punkt der Reihe mit einem des entsprechenden Paars der Involution zusammenfällt; dreimal also begegnet ein Strahl des Büschels einem des entsprechenden Paars der Strahlinvolution auf der beliebigen Geraden, so dass auf ihr 3 Punkte des Erzeugnisses des Büschels und der Involution liegen. $A$ liegt auf dieser Curve $C^3$, und zwar als einfacher Punkt, denn in ihm wird der Strahl $OA$ der Involution von demjenigen des Büschels geschnitten, der dem Paare entspricht, zu dem $OA$ gehört. ($O$ dagegen ist Doppelpunkt, was aber hier weniger wichtig.)

Die Curve $C^3$ hat mit $\Sigma$ 6 Punkte gemein, von denen der eine $A$ und offenbar für die folgende Betrachtung nicht geeignet ist. In jedem der 5 übrigen Punkte, $P_x$, aber trifft ein Strahl $Ap_x$ einen der beiden ihm entsprechenden $L_x$ und $L_x'$ der Involution, weil $P_x$ auf $C^3$ liegt; er treffe $L_x$, und zwar, weil $P_x$ auf $\Sigma$ liegt, in einem der beiden Punkte $s_x$ und $\sigma_x$, in welchen $L_x$ den Kegelschnitt $\Sigma$ durchschneidet; es sei in $s_x$; also $s_x$ liegt auf $Ap_x$, d. h. $Ap_x$ ist identisch mit $As_x$, also mit $l_x$. $Ap_x$ trifft $p$ in $p_x$, $l_x$ dagegen in $a_x$, also sind $p_x$ und $a_x$ identisch, folglich da $a_x$ auf $K_x$ liegt, liegt auch $p_x$ auf $K_x$, durch $p_x$ geht aber $t_x$, die dem Kegelschnitte $K_x$ entsprechende Tangente von $S$. Folglich begegnen sich $K_x$ und $t_x$ in $p_x$, mithin auf $p$. Da es nun 5 Punkte $P_x$ giebt, so wird es also fünfmal vorkommen, dass ein Kegelschnitt des Büschels $B(K)$ seiner entsprechenden Tangente von $S$ auf der beliebigen Geraden $p$ begegnet; folglich ist unser Erzeugniss von der 5. Ordnung. Da beide Tangenten des Kegelschnitts $S$, welche durch einen Grundpunkt des Kegelschnittbüschels gehen, dort von ihren entsprechenden Kegelschnitten getroffen werden, so sind die 4 Grundpunkte des Kegelschnittbüschels Doppelpunkte (resp. isolirte Punkte) der Curve 5. Ordnung.

Nun haben wir aber auch das Resultat:

*Die Kegelschnitte, in denen die quadratische Polarfläche und die Polarebene eines Punktes in Bezug auf eine cubische Fläche einander durchschneiden, erzeugen eine Fläche 5. Ordnung, wenn der Punkt sich auf einer Geraden $L$ bewegt, und auf dieser Fläche ist die Grundcurve des Büschels der quadratischen Polarflächen der Punkte der Geraden $L$, die Polarcurve der Geraden, Doppelpunktscurve.*

Gemäss dem, was in No. 32 über die Osculationspunkte der von einem Punkte an die cubische Fläche gehenden Wendetangenten gesagt ist, ist also der Durchschnitt der eben gefundenen Fläche 5. Ordnung mit der cubischen Fläche, eine Raumcurve von der 15. Ordnung, der Ort der Osculationspunkte aller von den Punkten der Geraden $L$ an die cubische Fläche gelegten Wendetangenten. Wir könnten deshalb der Fläche 5. Ordnung den Namen „Wendepolarfläche der Geraden $L$ in Bezug auf die cubische Fläche" geben.

Jede Ebene des die vorliegende Fläche 5. Ordnung in Verbindung mit dem Flächenbüschel erzeugenden konischen Ebenenbüschels schneidet die Fläche auch in einer Curve 5. Ordnung, welche aber ersichtlich in den Kegelschnitt $K$, in welchem die Ebene die entsprechende Fläche des Flächenbüschels durchschneidet, und also noch eine cubische Curve $C^3$ zerfällt. Man sieht leicht ein, wie diese cubische Curve entsteht; die Ebene wird durch die übrigen Ebenen des konischen Büschels in einem Strahlbüschel geschnitten, welches diesem konischen Büschel perspectivisch und also dem Flächenbüschel und mithin auch dem Kegelschnittbüschel, welches durch die Ebene aus dem Flächenbüschel ausgeschnitten wird, projectivisch ist. Dieses Strahlbüschel und das eben genannte Kegelschnittbüschel erzeugen die cubische Curve, welche offenbar durch die 4 Grundpunkte des Kegelschnittbüschels geht. Durch diese geht aber auch $K$, da er zu dem Kegelschnittbüschel gehört. Also sind diese 4 Grundpunkte 4 von den Begegnungspunkten von $K$ und $C^3$. Es giebt im Ganzen deren 6 und dieselben sind für die Curve 5. Ordnung $(K, C^3)$ Doppelpunkte. Bei einer Fläche, welche eine Doppelpunktscurve hat, enthält jeder ebene Schnitt Doppelpunkte in den Schnittpunkten seiner Ebene mit der Doppelpunktscurve, und Tangentenebenen der Fläche sind nur solche Ebenen, deren Schnittcurven noch einen oder mehrere Doppelpunkte ausser diesen besitzen. Daraus ersehen wir, dass die erzeugenden Ebenen des konischen Büschels Doppeltangentialebenen der Fläche 5. Ordnung sind.

Auf der oben genannten Raumcurve 15. Ordnung sind 12 Doppelpunkte, nämlich die Punkte, in denen die Doppelpunktscurve der Fläche 5. Ordnung die cubische Fläche trifft. In diesen Punkten osculiren 2 Wendetangenten, die von verschiedenen Punkten der Geraden $L$ ausgehen. Im Allgemeinen sind die Punkte der Raumcurve 15. Ordnung solche auf der cubischen Fläche, deren eine Wendetangente der Geraden $L$ begegnet; die 12 Doppelpunkte sind also diejenigen unter ihnen, bei denen beide Wendetangenten dies thun. Es ist leicht zu erkennen, dass sie die Berührungspunkte der 12 durch $L$ gehenden Tangentenebenen der cubischen Fläche sind.

36. Es seien $a_1$ $a_2$ $a_3$ $a_4$ 4 Punkte im Raume, die nicht in derselben Ebene liegen; ihre 4 quadratischen Polarflächen in Bezug auf die cubische Fläche, $A_1$ $A_2$ $A_3$ $A_4$, gehören also nicht zu demselben Flächenbündel 2. Ordnung. Da $a_1$ $a_2$ $a_3$ $a_4$ nicht in derselben Ebene liegen, begegnen die Geraden $a_1$ $a_2$ und $a_3$ $a_4$ einander nicht, folglich haben auch die beiden Büschel $(A_1$ $A_2)$ und $(A_3$ $A_4)$ keine Fläche gemein. Durch jeden Punkt $x$ im Raume geht eine Gerade, welche den beiden Geraden $a_1$ $a_2$ und $a_3$ $a_4$ begegnet (es sei in den Punkten $a^x_{12}$ und $a^x_{34}$), folglich muss die quadratische Polarfläche $X$ von $x$ in dem Büschel liegen, das durch die quadratischen Polarflächen $A^x_{12}$ und $A^x_{34}$ von $a^x_{12}$ und $a^x_{34}$ constituirt wird, von denen die erstere zum Büschel $(A_1$ $A_2)$, die letztere zu $(A_3$ $A_4)$ gehört. Sind nun 2 Büschel 2. Ordnung, welche keine Fläche gemein haben, wie $(A_1$ $A_2)$ und $(A_3$ $A_4)$ gegeben, so wird der Inbegriff aller Flächen 2. Ordnung, die sich in den Büscheln befinden, die durch je eine Fläche aus $(A_1$ $A_2)$ und eine aus $(A_3$ $A_4)$ erzeugt werden, ein Flächennetz 2. Ordnung genannt.*) Da nun die quadratische Polarfläche jedes Punktes $x$ einem Büschel angehört, das durch je eine Fläche aus $(A_1$ $A_2)$ und eine aus $(A_3$ $A_4)$ constituirt wird, so haben wir das Resultat:

Die quadratischen Polarflächen aller Punkte des Raumes in Bezug auf eine cubische Fläche bilden ein Flächennetz 2. Ordnung. Da ein solches Flächennetz nicht alle Flächen 2. Ordnung umfasst, so ist nicht jede Fläche 2. Ordnung quadratische Polarfläche eines Punktes in

---

*) Herr Salmon nennt Flächennetz schon das System von Flächen, welches ich Flächenbündel nenne; ich ziehe aber für dieses System meine Benennung deshalb vor, weil sie die analoge ist zu der jetzt wohl schon ziemlich allgemein gebräuchlichen „Ebenenbündel" für das System aller durch einen Punkt gehenden Ebenen.

Bezug auf eine vorliegende cubische Fläche, während wohl jede Ebene Polarebene von 8 Punkten ist.

Durch jeden Punkt $P_1$ des Raumes geht ein Bündel quadratischer Polarflächen, nämlich das der Polarflächen der Punkte seiner Polarebene, durch je 2 Punkte $P_1$ und $P_2$ ein Büschel, das der Polarflächen der Punkte der Schnittgeraden ihrer Polarebenen, durch je 3 Punkte $P_1$, $P_2$, $P_3$ eine, die des Schnittpunktes ihrer Polarebenen.

Da eine Gerade dann auf einer Fläche liegt, wenn drei ihrer Punkte auf derselben liegen, so liegt im Allgemeinen eine Gerade nur auf einer Polarfläche.

Weil durch jeden Punkt $x$ nur eine Gerade geht, welche $a_1\,a_2$ und $a_3\,a_4$ trifft, so kann $X$ auch nur in einem Büschel $(A^x_{12}, A^x_{34})$ liegen.

Ferner durch $x$ geht auch eine Gerade, die $a_1\,a_3$ und $a_2\,a_4$ trifft; folglich wird das Flächennetz der quadratischen Polaren auch durch Zugrundelegung der Büschel $(A_1\,A_3)$ und $(A_2\,A_4)$ erhalten. Mithin können die je 2 Büschel, die durch die 4 Flächen auf verschiedene Weise constituirt werden, als constituirende Büschel des Netzes angenommen werden.

Man kann aber auch Constituenten ganz anderer Art aufstellen:

Durch jeden Punkt $x$ des Raumes geht eine von den Geraden, die $a_1$ mit allen Punkten der Ebene $(a_2\,a_3\,a_4)$ verbinden. Also wird das Netz auch constituirt durch die Fläche $A_1$ und das durch die 3 übrigen Flächen $A_2\,A_3\,A_4$ constituirte Bündel; alle Büschel, erzeugt durch $A_1$ und je eine Fläche dieses Bündels, liefern sämmtliche Flächen des Netzes.

Oder: Jeder Punkt $x$ befindet sich auf einer der Ebenen, die durch $a_1\,a_2$ und je einen Punkt der Geraden $a_3\,a_4$ gelegt sind; Constituenten sind also $A_1$, $A_2$ und das Büschel $(A_3\,A_4)$. Alle Flächenbündel, constituirt durch $A_1\,A_2$ und je eine Fläche des Büschels $(A_3\,A_4)$, liefern sämmtliche Flächen des Netzes. Geht die Ebene durch $a_1$, $a_2$ und den Punkt $a^x_{34}$ der Geraden $a_3\,a_4$, so sind offenbar die 8 Pole dieser Ebene die 8 Begegnungspunkte von $A_1$, $A_2$ und $A^x_{34}$, der quadratischen Polarfläche von $a^x_{34}$, oder die 8 Punkte, in denen $A^x_{34}$ der Schnittcurve von $A_1$ und $A_2$, der Polarcurve von $a_1\,a_2$, begegnet.

Andere Gruppirungen als die obige können natürlich wieder

eintreten. Wir sehen also, dass wir am besten die 4 Flächen $A_1$ $A_2$ $A_3$ $A_4$ als Constituenten des Netzes annehmen. Nun ist auch klar, dass $a_1$ $a_2$ $a_3$ $a_4$ jede beliebigen 4 nicht in derselben Ebene liegenden Punkte sein können; das Netz der quadratischen Polarflächen aber wird dadurch nicht geändert, da es ja die quadratischen Polarflächen aller Punkte im Raume umfasst; also können als seine Constituenten jede beliebigen 4 nicht demselben Bündel angehörigen von seinen Flächen genommen werden. Ferner als unmittelbar einleuchtend will ich noch erwähnen, dass jedes Büschel, erzeugt durch 2 Flächen des Netzes, und jedes Bündel, erzeugt durch 3 nicht zu demselben Büschel gehörige Flächen des Netzes, vollständig in demselben liegt.

Es seien $A_1$ $A_2$ $A_3$ $A_4$ die 4 Constituenten des Netzes und $P$ ein Punkt, dessen Polarebenen in Bezug auf jene 4 Flächen in einen Punkt $\Pi$ zusammenkommen, was nicht für jeden Punkt geschieht. Da die Polarebenen von $P$ in Bezug auf $A_1$ und $A_2$ durch $\Pi$ gehen, so geht auch die in Bezug auf jede Fläche des Büschels $(A_1\ A_2)$, also z. B. die in Bezug auf $A^x{}_{12}$, ebenso, da die Polarebenen von $P$ in Bezug auf $A_3$ und $A_4$ durch $\Pi$ gehen, geht auch die in Bezug auf $A^x{}_{34}$, also auch die in Bezug auf jede Fläche des Büschels $(A^x{}_{12}, A^x{}_{34})$, mithin auch die in Bezug auf $X$ durch $\Pi$. $X$ repräsentirt ja aber jede Fläche des Netzes. Also:

Gehen die Polarebenen eines Punktes $P$ in Bezug auf 4 Flächen 2. Ordnung, die nicht zu demselben Bündel gehören, durch einen Punkt $\Pi$, so thun dies auch die Polarebenen von $P$ in Bezug auf alle übrigen Flächen des durch jene 4 constituirten Netzes 2. Ordnung. Dann gehen aber auch umgekehrt die Polarebenen des Punktes $\Pi$ in Bezug auf alle Flächen des Netzes durch $P$. Daraus geht hervor, dass $\Pi$ auch stets auf dem Orte der Punkte $P$ liegt.

Die Ordnung dieses Orts ist leicht zu finden. Es sei $p$ eine beliebige Gerade; es werden ihre Polarhyperboloide in Bezug auf die Büschel $(A_1\ A_2)$, $(A_1\ A_3)$, $(A_1\ A_4)$ construirt. Sie haben offenbar alle 3 die reciproke Polare $p'$ von $p$ in Bezug auf $A_1$ gemein, durchschneiden sich folglich noch in 4 Punkten. Denn zwei von diesen Polarhyperboloiden durchschneiden sich in $p'$ und einer cubischen Raumcurve, welche $p'$ zweimal trifft. Punkte also, in denen alle 3 einander begegnen und die nicht auf $p'$ liegen, können nur solche sein, in denen das dritte Polarhyperboloid die cubische Raumcurve trifft; überhaupt treffen beide einander sechsmal; aber da das dritte Hyperboloid durch $p'$ geht und diese Gerade 2 Punkte der cubischen Raumcurve enthält, giebt es nur 4 ausserhalb $p'$ liegende Begegnungspunkte des dritten Hyperboloids und der cubischen Raumcurve, also auch nur so viele ausserhalb $p'$ liegenden Begegnungspunkte der 3 Polarhyperboloide. Die Polarhyperboloide haben nun zu Geraden der einen Schaar die conjugirten Polaren der Punkte der Geraden $p$ in Bezug auf die Büschel $(A_1\, A_2)$, $(A_1\, A_3)$, $(A_1\, A_4)$. In jedem der 4 allen 3 gemeinsamen nicht auf $p'$ liegenden Punkte kommen 3 solche conjugirten Polaren zusammen, also schneiden sich in ihm die Polarebenen eines Punktes von $p$ in Bezug auf $A_1$ und auf $A_2$, eines Punktes von $p$ in Bezug auf $A_1$ und auf $A_3$, eines Punktes von $p$ in Bezug auf $A_1$ und auf $A_4$. Da aber die Polarebenen verschiedener Punkte von $p$ in Bezug auf $A_1$ sich auf der reciproken Polare $p'$ von $p$ in Bezug auf $A_1$ schneiden, keiner der 4 Punkte aber auf $p'$ liegt, so müssen die obigen 3 Punkte von $p$ zusammenfallen, also in jedem der 4 Punkte kommen die Polarebenen eines Punktes auf $p$ in Bezug auf $A_1$, $A_2$, $A_3$, $A_4$ zusammen.

Folglich giebt es auf jeder Geraden 4 Punkte, deren Polarebenen in Bezug auf alle Flächen eines Netzes in einen Punkt zusammenkommen. Der untersuchte Ort ist also eine Fläche 4. Ordnung. Wir haben so das Analogon für die zusammengefallene Hessesche und Steinersche Curve bei einem Kegelschnittnetz; hier haben wir nun die Hesse-Steinersche oder Kernfläche eines Flächennetzes 2. Ordnung. Damit ist zugleich auch eine von Steiner*) gestellte Frage beantwortet.

Durch einen ähnlichen Schluss, als er in No. 16 gemacht wurde, finden wir, dass jeder Punkt $P$, dessen Polarebenen in Bezug auf alle Flächen eines Netzes 2. Ordnung durch denselben Punkt $\Pi$ gehen, die Spitze eines zum Netze gehörigen Kegels sein muss, und umgekehrt ist die Spitze jedes Kegels des Netzes ein Punkt, dessen Polarebenen in Bezug auf sämmtliche Flächen des Netzes sich in einem Punkte $\Pi$ treffen. $\Pi$ ist natürlich auch eine Kegelspitze. Die Kernfläche also des Netzes ist

*) System. Entw. etc. Anhang No. 51.

zugleich der Ort der Spitzen der im Netze vorkommenden Kegel. Auf die dem Netze der quadratischen Polarflächen einer cubischen Fläche zugehörige Kernfläche, die man kurz die Kernfläche der cubischen Fläche nennt, gehen wir jetzt jedoch noch nicht näher ein, da ihre Betrachtung dem folgenden Kapitel reservirt bleiben soll.

37. Wir haben in Nr. 33 gefunden, dass jede Ebene $E_1$ die Polarebene von 8 Punkten in Bezug auf die cubische Fläche ist. Es sei $G'$ die Verbindungsgerade zweier dieser 8 Punkte und $E_2$ die Polarebene eines dritten Punktes auf $G'$. Die quadratische Polarfläche jedes Punktes der Geraden $(E_1, E_2)$ enthält nach dem Lehrsatz 2, in Nr. 33 alle 3 Punkte von $G'$, also die ganze $G'$, mithin geht die Polarebene jedes Punktes von $G'$ durch jeden Punkt von $(E_1, E_2)$, d. h. durch diese Gerade. Also die Polarebenen der Punkte der Geraden $G'$ umhüllen nicht einen Kegel 2. Ordnung, sondern gehen alle durch dieselbe Gerade. Die zweite Polare von $G'$ ist mithin zu einer Geraden, das konische Polarebenenbüschel in ein gewöhnliches Ebenenbüschel degenerirt; jedoch wissen wir schon, dass die Ebene $E_1$ desselben die Bedeutung von 2 Polarebenen hat, wir werden es bald für alle Ebenen finden, so dass das Ebenenbüschel als 2 zusammenfallende zu betrachten ist. Steiner spricht in seiner Abhandlung über die cubischen Flächen*) nur von 100 Geraden, die die Eigenschaft besitzen, dass ihre Polarkegel zu Geraden degenerirt sind. Wir haben aber jetzt eingesehen, dass jede Gerade, die zwei Punkte, welche dieselbe Polarebene besitzen, verbindet, diese Eigenschaft hat. Nun können zu jedem Punkte stets 7 andere, die übrigen Pole seiner Polarebene, seine Mitpole**), hinzugefügt werden, welche mit ihm dieselbe Polarebene haben; folglich gehen von jedem Punkte 7 Gerade aus, deren Polarkegel zu Geraden degenerirt sind; mithin ist die Zahl dieser Geraden unendlich gross. Der erste, der auf dieses Versehen des grossen Geometers aufmerksam machte, ist Herr Salmon.***) Die von Steiner erwähnten 100 Geraden zeichnen sich freilich unter den unendlich vielen

*) Journal von Crelle-Borchardt, Bd. 53

**) Poli congiunti würde sie Herr Cremona nennen.

***) Analyt. Geom. des Raumes, deutsch. Band II pag. 412 Anm.; im Original pag. 386 Anm.

durch eine besondere Eigenschaft aus, welche Steiner selbst schon anführt und die wir später entwickeln werden. Es sei nun $G'_1$ die Gerade, durch welche die Polarebenen aller Punkte von $G'$ gehen, die zweite Polare oder **Polargerade** der Geraden $G'$; so ist schon oben gesagt, dass die quadratischen Polarflächen aller Punkte von $G'_1$ durch $G'$ gehen, so dass die Polarcurve von $G'_1$ sich in die Gerade $G'$ und eine dieselbe zweimal treffende cubische Raumcurve $R^3$ zerlegt. Jede durch die Raumcurve 4. Ordnung $(G', R^3)$ gehende Oberfläche 2. Ordnung kann ersichtlich wegen der in Nr. 34 auseinander gesetzten Projectivität nur quadratische Polarfläche eines Punktes auf $G'_1$ sein. Wir können es aber doch für möglich halten, dass die quadratische Polarfläche $X_1$ eines nicht auf $G'_1$ liegenden Punktes $x_1$ durch einen Theil dieser Raumcurve 4. Ordnung, durch die Gerade $G'$ gehe. Man ziehe dann durch $x_1$ eine beliebige, die Gerade $G'_1$ nicht treffende Gerade $p$; die quadratischen Polarflächen der Punkte dieser Geraden, unter denen sich auch $X_1$ befindet, bilden ein Flächenbüschel; und die Gerade $G'$, die sich auf einer der Flächen, $X$, dieses Büschels befindet, trifft alle übrigen Flächen desselben in denselben 2 Punkten $\alpha$ und $\beta$, nämlich in denen, wo sie die Grundcurve des Büschels trifft. Es seien $a$ und $b$ 2 beliebige Punkte auf $G'_1$, so ist nun klar, dass die quadratischen Polarflächen der Punkte $a$, $b$ und jedes beliebigen Punktes $x$ auf $p$ durch $\alpha$ und $\beta$ gehen, so dass $\alpha$. $\beta$ 2 Pole aller Ebenen $(a\,b\,x)$ sind und durch sie die quadratischen Polarflächen aller Punkte jeder dieser Ebenen gehen; aber diese Ebenen $(a\,b\,x)$ bilden ein ganzes Büschel und durchmessen mit ihren Punkten den ganzen Raum. Also müsste die quadratische Polarfläche jedes Punktes durch $\alpha$, $\beta$ gehen, was im Allgemeinen nicht der Fall ist.

Folglich gehen durch $G'$ nur die quadratischen Polarflächen der Punkte der Geraden $G'_1$, also die, welche auch noch durch $R^3$ gehen.

Die quadratischen Polarflächen aller Punkte einer beliebigen die $G'_1$ nicht treffenden Geraden $p$ schneiden, da sie ein Flächenbüschel bilden, die Gerade $G'$ in einer Involution. Je zwei Punkte eines Paares derselben rühren von der Polarfläche $X$ eines Punktes $x$ auf $p$ her, und sie sind 2 Punkte von den 8, in denen die Polarfläche $X$ und die Polarcurve der Geraden $G'_1$, die aus $G'$ und $R^3$ besteht, einander begegnen; durch sie gehen demnach auch die Polarflächen aller Punkte der Ebene $(G'_1, x)$, also beide haben diese Ebene zur Polarebene. Folglich giebt es zu jedem Punkte auf $G'_1$ — denn durch jeden geht die Polarfläche eines Punktes auf $p$ — einen zweiten Punkt, welcher mit ihm dieselbe Polarebene hat, und alle die Punktenpaare bilden eine Involution. Nun sehen wir auch, dass jede Ebene des Büschels der Polarebenen der Punkte von $G'$, dessen Axe $G'_1$ ist, die Bedeutung von 2 zusammengefallenen Polarebenen hat. Also:

Jede Ebene ist Polarebene von 8 Punkten. Die Verbindungsgerade von 2 solchen Punkten enthält noch unzählig viele Paare von Punkten, deren Polarebenen identisch sind. Diese sämmtlichen Punktenpaare bilden eine Involution, so dass es auf der Geraden 2 (reelle oder imaginäre) Punkte giebt, deren jeder mit keinem andern der Geraden dieselbe Polarebene hat. Die Polarebenen sämmtlicher Punkte, deren je 2 zusammenfallen, hüllen nicht einen Kegel 2. Ordnung und 2. Klasse ein, sondern bilden ein Ebenenbüschel, das also die Bedeutung von 2 zusammengefallenen hat und somit doch den Werth eines Kegels 2. Klasse. Die Polarcurve der Axe dieses Büschels zerfällt in die Gerade und eine cubische Raumcurve.

Die Polarebene eines Punktes einer der 27 Geraden der cubischen Fläche ist die Tangentenebene in ihm und enthält offenbar die ganze Gerade. Daraus geht hervor, dass die Polarebenen aller Punkte der Geraden sich um die Gerade selbst drehen. Also die 27 Geraden der cubischen Fläche gehören mit zu den Geraden, deren Polarkegel in eine Gerade degenerirt ist, und zwar hat jede von ihnen sich selbst zur Polargeraden. Da jede durch eine der Geraden gehende Ebene Polarebene für die beiden Punkte derselben ist, in denen sie die Fläche berührt, in denen also der Kegelschnitt, den sie aus der Fläche ausschneidet, der Geraden begegnet, so ist das im Vorhergehenden besprochene Involutionssystem für eine Gerade der cubischen Fläche dasjenige, welches wir auf ihr schon kennen gelernt haben, was auch damit zusammenhängt, dass jede Gerade der cubischen Fläche von der quadratischen Polarfläche jedes Punktes in einem Punktenpaar dieser Involution getroffen wird.

38. Es sei $V$ der Scheitel des Polarkegels einer Geraden $D$ in der Ebene $E$. Die quadratische Polarfläche $F^2$ von $V$ geht dann offenbar durch $D$, schneidet also die Ebene $E$ in einer zweiten Geraden $D_1$; es ist leicht einzusehen, dass die Polarebenen sämmtlicher Punkte auch von $D_1$ durch $V$ gehen, so dass dieser Punkt auch der Scheitel des Polarkegels von $D_1$ ist. Die beiden Polarkegel von $D$ und $D_1$ können nicht identisch sein, so dass dann auch die Polarebene jedes Punktes von $D$ mit der eines Punktes von $D_1$ stets identisch wäre. Denn dieselbe Behauptung liesse sich dann auch für die Gerade $D$ und jede der Geraden $D_1^x$ machen, in denen alle Ebenen, die durch $D$ gehen, der quadratischen Polarfläche $F^2$ von $V$ begegnen, so dass also jeder Punkt auf $D$ mit je einem Punkte auf allen diesen Geraden $D_1^x$ dieselbe Polarebene hätte, was nicht möglich ist. Also haben die beiden Polarkegel, da sie den Scheitel $V$ gemein haben, 4 Tangentenebenen gemein. Eine von diesen 4 gemeinsamen Tangentenebenen ist offenbar die Polarebene des Punktes $(D, D_1)$, jede der 3 übrigen hat 2 Pole auf $E$, den einen auf $D$, den andern auf $D_1$. Es seien die 3 auf $D$ liegenden Pole $\alpha$, $\beta$, $\gamma$ und die 3 auf $D_1$ liegenden $\alpha_1$, $\beta_1$, $\gamma_1$. Die 3 Geraden $\alpha\alpha_1 = A$, $\beta\beta_1 = B$, $\gamma\gamma_1 = C$ verbinden je 2 Punkte, deren Polarebenen identisch sind; folglich degeneriren ihre Polarkegel in Polargeraden. Angenommen, es gäbe auf $E$ noch eine vierte derartige Gerade $X$; sie treffe $D$ in $\xi$ und der Punkt, welcher $\xi$ in der Involution von Paaren von Punkten auf $X$, welche dieselbe Polarebene haben, zugeordnet ist, sei $\xi_1$. Die beiden Polarkegel der Geraden $D$ und $\alpha_1\xi_1$ haben 3 Tangentenebenen gemein, nämlich die Polarebene von $(D, \alpha_1\xi_1)$, die von $\alpha$ und von $\xi$, welche ja resp. mit denen von $\alpha_1$ und $\xi_1$ identisch sind. Also haben sie auch den Scheitel $V$ gemein, d. h. die Polarebenen aller Punkte von $\alpha_1\xi_1$ gehen durch $V$, folglich geht die quadratische Polarfläche $F^2$ von $V$, die schon $E$ in $D$ und $D_1$ schneidet, auch durch $\alpha_1\xi_1$, d. h. $\alpha_1\xi_1$ muss mit einer der Geraden $D$ und $D_1$, mithin, da $\alpha_1$ und $\xi_1$ nicht auf $D$ liegen, mit $D_1$ identisch sein, also $\xi_1$ liegt auf $D_1$. Daraus ginge nun hervor, dass die Polarkegel von $D$ und $D_1$ 5 Tangentenebenen gemein haben, nämlich die Polarebene von $(D, D_1)$ und die Polarebenen von $\alpha$, $\beta$, $\gamma$, $\xi$, die ja mit denen von $\alpha_1$, $\beta_1$, $\gamma_1$, $\xi_1$ identisch sind, also identisch sein müssen, was oben als unmöglich nachgewiesen wurde.

Folglich giebt es in der Ebene $E$ nur 3 Gerade $A$, $B$, $C$, deren Polarkegel zu Polargeraden degenerirt sind. Sie geben also auch auf jedem Paar Geraden der Ebene $E$, die zu einander so gehören, wie $D$ und $D_1$, die 2 Tripel von Punkten, wie $\alpha$, $\beta$, $\gamma$; $\alpha_1$, $\beta_1$, $\gamma_1$, an, deren je 2 dieselbe Polarebene haben. Jede 2 solchen Geraden treffen also jede der 3 Geraden in einem Punktenpaar ihrer Involution. Es seien $A'$, $B'$, $C'$ die Polargeraden von $A$, $B$, $C$, d. h. die Polarebenen aller Punkte von $A$ gehen durch $A'$ u. s. f. Also die Polarebene des Punktes $(A, B)$ geht durch $A'$ und $B'$, so dass diese sich schneiden; ebenso die von $(A, C)$ durch $A'$ und $C'$ und die von $(B, C)$ durch $B'$ und $C'$, so dass auch $A'$ und $C'$, und $B'$ und $C'$ einander schneiden, also alle 3 in derselben Ebene liegen. Folglich ist die Ebene $(A' B' C')$ die Polarebene von $(A, B)$, $(A, C)$, $(B, C)$. Das sind offenbar die einzigen 3 Punkte der Ebene $E$, welche dieselbe Polarebene haben.

Die beiden Geraden $D$ und $D_1$ waren der Schnitt der quadratischen Polarfläche des gemeinschaftlichen Scheitels ihrer beiden Polarkegel mit $E$. Wir wollen nun untersuchen, ob jeder Punkt auf $E$ ein Schnittpunkt zweier Geraden ist, die so zusammenhängen, wie $D$ und $D_1$; es ist ersichtlich, dass das auf die Beantwortung der Frage hinauskommt, ob es für jeden Punkt auf $E$ überhaupt einen Punkt im Raume (oder vielleicht gar mehrere) giebt, dessen quadratische Polarfläche aus der Ebene 2 sich in jenem Punkte begegnende Geraden ausschneidet, also die Ebene in ihm berührt.

Zu dem Ende untersuchen wir erst den Ort der Schnittpunkte der Geradenpaare, die sich unter den Schnittcurven der Ebene $E$ und der quadratischen Polarflächen der Punkte einer Ebene $T$ befinden. Diese quadratischen Polarflächen bilden ein Flächenbündel 2. Ordnung, welches durch die Ebene $E$ in einem Kegelschnittnetz geschnitten wird. Die Schnittpunkte der in einem Kegelschnittnetze vorkommenden Geradenpaare liegen bekanntlich auf einer cubischen Curve $T^3$, der Tripelcurve, auch Hesseschen Curve des Netzes, welche auch die Eigenschaft besitzt, dass die Polaren jedes ihrer Punkte in Bezug auf alle Kegelschnitte des Netzes in einen Punkt und zwar einen, der ebenfalls auf der Curve liegt, zusammenkommen. Sie fällt also mit der Steinerschen oder Kerncurve des Netzes zusammen, wie dies schon oben einmal erwähnt wurde.

Von den quadratischen Polarflächen aller Punkte einer Ebene berühren also einfach unendlich viele eine Ebene $E$; die Berührungspunkte bilden auf derselben eine cubische Curve $T^3$. (Man sehe auch, da die quadratischen Polarflächen der Punkte einer Ebene ein Bündel bilden, Nr. 18.)

Nun drehe man die Ebene $T$ um eine Gerade $s$ und denke sich das Bündel der quadratischen Polarflächen aller Punkte der Ebene in jeder ihrer Lagen constituirt durch die Polarflächen $S_1$, $S_2$ zweier Punkte $s_1$ und $s_2$ auf $s$ und je die eines Punktes $\sigma_x$ auf einer beliebigen Geraden $\sigma$, welche $s$ nicht trifft. Die Ebene $T$ durchmisst bei ihrer Drehung um $s$ den ganzen Raum, und das ganze Polarflächennetz wird so construirt. Seien nun $\sigma_1$ und $\sigma_2$ 2 Punkte auf $\sigma$, so können ihre Polarflächen $\Sigma_1$ und $\Sigma_2$ als Constituenten des Büschels der Polarflächen aller Punkte von $\sigma$ dienen. Der Schnitt des Polarennetzes mit der Ebene $E$ wird also folgendermassen construirt. Es seien $S_1\, S_2\, \Sigma_1\, \Sigma_2$ die Schnitte von $E$ mit den ebenso genannten Polarflächen, so erhält man den Schnitt mit sämmtlichen Polarflächen, indem man $S_1$ und $S_2$ [oder das Büschel $(S_1\, S_2)$] mit allen Kegelschnitten $\Sigma_x$ des Büschels $(\Sigma_1, \Sigma_2)$ zur Constituirung eines Netzes zusammenstellt. Die zu einem solchen Netze $(S_1\, S_2\, \Sigma_x)$ zugehörige Tripelcurve $T^3{}_x$ enthält die Schnittpunkte aller im Netze enthaltenen Geradenpaare. Folglich ergeben alle diese Tripelcurven uns die Schnittpunkte aller unter den Schnittcurven der Ebene $E$ mit dem Polarflächennetze sich vorfindenden Geradenpaare. Allen Netzen ist offenbar das Büschel $(S_1\, S_2)$ gemein, also allen Tripelcurven die 3 Schnittpunkte der 3 diesem Büschel angehörigen Geradenpaare. Betrachten wir die beiden Tripelcurven von $T^3{}_1$ und $T^3{}_2$ für die Netze $(S_1\, S_2\, \Sigma_1)$ und $(S_1\, S_2\, \Sigma_2)$, sie haben ausser den eben genannten 3 Punkten noch 6 gemein; diese 6 sind nach der zweiten oben angeführten Eigenschaft der Tripelcurven solche Punkte, deren Polaren sowohl in Bezug auf alle Kegelschnitte des Netzes $(S_1\, S_2\, \Sigma_1)$, als auch in Bezug auf alle Kegelschnitte des Netzes $(S_1\, S_2\, \Sigma_2)$ in einem Punkte zusammenkommen; das muss offenbar beidemal derselbe Punkt sein, da in beiden Netzen das ganze Büschel $(S_1\, S_2)$ sich befindet; also auch die Polaren jedes der 6 Punkte in Bezug auf $\Sigma_1$ und $\Sigma_2$ kommen in ihm zusammen, mithin auch in Bezug auf jeden Kegelschnitt $\Sigma_x$ aus $(\Sigma_1\ \Sigma_2)$, also auch in Bezug auf $S_1\ S_2\ \Sigma_x$, mithin auch in Bezug auf alle Kegelschnitte des Netzes $(S_1\ S_2\ \Sigma_x)$, d. h. die 6 Punkte sind auch Punkte der Tripelcurven aller unserer Netze. Also die Tripelcurven haben 9 Punkte gemein, bilden folglich ein Büschel 3. Ordnung. Mithin geht im Allgemeinen durch jeden Punkt der Ebene $E$ eine, aber auch nur eine Tripelcurve; also **für jeden Punkt der Ebene $E$ giebt es im Allgemeinen einen, aber auch nur einen Punkt im Raume, dessen quadratische Polarfläche die Ebene $E$ in einem Geradenpaar schneidet, dessen Schnittpunkt jener Punkt ist, oder die Ebene $E$ in jenem Punkte berührt.**

Auf die 6 Punkte, welche wir eben erhalten haben und welche $\tau$ genannt werden mögen, kommen wir nochmals zurück. Die Polaren jedes von ihnen in Bezug auf alle Kegelschnitte des Netzes $(S_1\ S_2\ \Sigma_x)$ kommen in einem Punkt zusammen, dem Gegenpunkt jenes in Bezug auf das Netz, der aber auch auf der Tripelcurve liegen muss; also wären auch diese 6 Gegenpunkte allen Tripelcurven gemein. Aber diese können nicht mehr als 9 Punkte gemein haben; mithin vermengen sich die Punkte $\tau$ und die Gegenpunkte, die 6 Punkte $\tau$ zerfallen in 3 Paare von je zweien, die zu einander Gegenpunkte sind. Ferner, da die Polaren jedes der Punkte $\tau$ in Bezug auf alle Kegelschnitte aller Netze $(\Sigma_x\ S_1\ S_2)$ in einem Punkte zusammenkommen, so ist dies eben in Bezug auf alle Schnittcurven des Polarflächennetzes mit $E$. Also kommen auch die Polarebenen der Punkte $\tau$ in Bezug auf alle diese Polarflächen selbst in einem Punkt zusammen, d. h. die Punkte $\tau$ liegen auf der Curve 4. Ordnung, welche die Ebene $E$ aus der Kernfläche dieses Polarflächennetzes ausschneidet, und zwar sind sie diejenigen Punkte dieser Curve 4. Ordnung, welche auch ihre Gegenpunkte in der Ebene $E$ haben.

Da sie auf den Tripelcurven $T^3_x$ aller Netze $(S_1\ S_2\ \Sigma_x)$ liegen, so müssen in jedem von ihnen unendlich viele Geradenpaare, welche Schnittcurven von Polarflächen mit $E$ sind, ihren Schnittpunkt haben, denn die verschiedenen Netze haben nur das Büschel $(S_1\ S_2)$ und in diesem nur 3 Geradenpaare gemein. Also nur die 3 erst erwähnten allen Tripelcurven gemeinsamen Punkte sind Schnittpunkte je eines und desselben Geradenpaars für alle Netze; die übrigen 6, also die Punkte $\tau$, Schnittpunkte verschiedener Geradenpaare für die verschiedenen Netze. Folglich in den Punkten $\tau$ berühren unendlich viele quadratischen Polarflächen die Ebene $E$, in jedem andern Punkt berührt dagegen nur eine.

39. Wir wollen jetzt die Fläche $c$ untersuchen, welche von den Polarebenen aller Punkte der Ebene $E$ eingehüllt wird. Ein Punkt, dessen Polarebene durch eine Gerade $l$ geht, liegt auf der Polarcurve dieser Geraden; da dieselbe der Ebene $E$ in 4 Punkten begegnet, so gehen die Polarebenen von 4 Punkten der Ebene $E$, also 4 Tangentenebenen der Fläche $c$ durch $l$. Mithin ist diese Fläche 4. Klasse. Es sei $F^1$ eine Polarebene (die des Punktes $S$ der Ebene $E$), welche die Fläche $c$ doppelt berührt, und $D$ eine durch $S$ gehende Gerade der Ebene $E$; $V$ sei die Spitze des Polarkegels $K$ von $D$, die quadratische Polarfläche von $V$ geht durch $D$ und schneidet $E$ noch in einer zweiten Geraden $D_1$, deren Polarkegel $K_1$ auch seine Spitze in $V$ hat. Die Tangentenebenen dieser beiden Kegel, die Polarebenen der Punkte von $D$ und $D_1$, sind offenbar auch Tangentenebenen von $c$, da $D$ und $D_1$ in $E$ liegen, und sie sind alle durch $V$ gehenden Tangentenebenen von $c$, also alle durch $V$ gehenden Polarebenen von Punkten von $E$, denn jeder Punkt, dessen Polarebene durch $V$ geht, muss auf der quadratischen Polarfläche von $V$ liegen, und auf dieser liegen in $E$ nur die Punkte von $D$ und $D_1$.

Also die Polarkegel $K$ und $K_1$ bilden den vollständigen Tangentialkegel, der von $V$ an $c$ gelegt ist. Die Ebene $F^1$ gehört zu den Tangentialebenen des Kegels $K$, da $S$ auf $D$ liegt, also auch zu den Tangentenebenen des von $V$ an $c$ gelegten Tangentenkegels. $F^1$ soll aber $c$ doppelt berühren, also muss sie auch den Tangentenkegel $(K, K_1)$ doppelt berühren; den Kegel $K$ allein, einen Kegel 2. Ordnung, kann keine Ebene doppelt berühren, folglich muss die zweite Berührung am Kegel $K_1$ geschehen, d. h. $F^1$ muss Polarebene eines Punktes auf $D_1$ sein, denn sämmtliche Tangentenebenen von $K_1$ müssen das sein wegen der in Nr. 34 auseinandergesetzten Projectivität. Polarebene von $(D, D_1)$ kann $F^1$ nicht sein, weil dieser Punkt ja beliebig durch die Aenderung von $D$ geändert wird. Also hat die Ebene $F^1$ einen Pol auf $D$ und einen auf $D_1$, diese müssen aber auf einer der 3 Geraden $A$, $B$ oder $C$ liegen, folglich muss $F^1$ durch eine der 3 Geraden $A'$, $B'$ oder $C'$ gehen. Mithin ist das Resultat gewonnen:

Die Fläche *c* wird nur von solchen Ebenen doppelt berührt, welche 2 Pole in der Ebene *E* haben, und das sind nur die durch eine der 3 Geraden $A'$, $B'$, $C'$ gehenden Ebenen.

Durch jede dieser 3 Geraden gehen unendlich viele Tangentenebenen der Fläche *c*, die Polarebenen der Punkte resp. von $A$, $B$, $C$, also liegen die 3 Geraden $A'$, $B'$, $C'$ ganz auf der Fläche *c*.

Von den 4 zweien Kegeln, wie $K$ und $K_1$, gemeinsamen Tangentenebenen sind demnach nur 3, die durch $A'$, $B'$, $C'$ gehenden, Doppeltangentenebenen der Fläche *c*, welche einen Pol auf $D$ und einen auf $D_1$ haben. Die vierte ist im Allgemeinen eine einfache, sie ist ja die Polarebene des Punktes $(D, D_1)$, für welchen nach den Auseinandersetzungen der vorigen Nummer jeder Punkt auf $E$ eintreten kann; die beiden Geraden nun, längs deren sie die beiden Kegel $K$ und $K_1$ berührt, sind offenbar Tangenten der Fläche *c*, da es alle Geraden der beiden Kegel sind, folglich, da die Ebene eine einfache Tangentenebene ist, so ist der beiden Kegeln gemeinschaftliche Scheitel $V$, in dem sich die beiden Tangenten begegnen, Berührungspunkt der Ebene mit *c*, also ein Punkt dieser Fläche. Folglich haben wir eine zweite Definition für die Fläche *c*: Die Fläche *c* wird auch durch die Scheitel der Polarkegel aller Geraden der Ebene $E$, deren stets 2 zusammenfallen, erzeugt.

Wir haben auch gesehen, dass die quadratische Polarfläche eines solchen Scheitels $V$ durch die Ebene $E$ stets in einem Geradenpaare geschnitten wird. Mithin ergiebt sich eine dritte Definition:

Die Fläche *c* wird erzeugt durch diejenigen Punkte des Raumes, deren quadratische Polarflächen durch die Ebene $E$ in einem Geradenpaare geschnitten werden, also dieselbe berühren.

Ein Punkt $V$ der Fläche *c* wird stets der Berührungspunkt der Polarebene des Schnittpunkts des Geradenpaars, in dem seine quadratische Polarfläche die Ebene $E$ schneidet, oder der Polarebene des Berührungspunkts seiner quadratischen Polarfläche mit $E$ sein.

Die dritte Definition führt uns nun leicht zur Ordnung der

Fläche $e$. Die Polarflächen der Punkte einer Geraden $p$ bilden ein Flächenbüschel. Dieses wird durch die Ebene in einem Kegelschnittbüschel geschnitten, welches 3 Geradenpaare enthält. Also liegen auf $p$ 3 Punkte der Fläche. Mithin ist die Fläche $e$ 3. Ordnung. Ein ihr von einem beliebigen Punkte umschriebener Kegel ist also nach Nr. 30 6. Ordnung; ein ihr von einem ihrer Punkte $V$ umschriebener Kegel zertheilt sich in 2 Kegel 2. Ordnung $K$ und $K_1$ und die Tangentenebene in dem Punkte, welche beide Kegel berührt (die Polarebene von $D$, $D_1$). Bei der allgemeinen Fläche 3. Ordnung und 12. Klasse zertheilt sie sich blos in die Tangenebene und einen Kegel 4. Ordnung, wie wir oben sahen. Diese Fläche 3. Ordnung und 4. Klasse bezeichnen wir mit $c^3_4$ und nennen sie zweite Polare (Steiner) oder cubische Polarfläche (Salmon) der Ebene $E$.

40. Vermöge der in Nr. 30 gefundenen Resultate werden wir behaupten können, dass die Fläche $c^3_1$ 4 Knotenpunkte hat. Es ist auch nicht schwer, diese nachzuweisen.

Es sei $V$ ein Punkt von $c^3_1$ und $K$ und $K_1$ die beiden Tangentialkegel. Wo eine Tangentialebene eines derselben die Fläche $c^3_4$ berührt, da berührt auch diejenige Gerade des Kegels die Fläche, längs deren die Tangentialebene den Kegel tangirt. Die beiden Kegel durchschneiden einander, da sie den Scheitel gemein haben, in 4 Geraden. Längs jeder dieser 4 Geraden wird jeder der beiden Kegel von einer andern Ebene berührt; die Gerade berührt die Fläche nur in einem Punkte, da die Fläche eine cubische ist, folglich müssen beide Ebenen die Fläche in diesem Punkte tangiren. Der Punkt muss also ein Knotenpunkt der Fläche sein. So ergeben sich uns die 4 Knotenpunkte, und es ist ersichtlich, da nicht mehr sein können, dass die 4 gemeinsamen Geraden aller ähnlichen Kegelpaare durch diese 4 Knotenpunkte gehen. Die 6 Verbindungsgeraden der 4 Knotenpunkte (die Kanten des Tetraeders, dessen Ecken die Knotenpunkte sind) treffen jede die Fläche in 2 Punkten, deren jeder die Bedeutung von 2 zusammengefallenen hat, also in 4 Punkten, liegen mithin auf der Fläche $c^3_4$. Die Berührungsebene eines Punktes $V$ auf $c^3_4$ ist die Polarebene des Schnittpunktes des Geradenpaars, in dem die quadratische Polarfläche des Punktes $V$ die Ebene $E$ schneidet. Im Knotenpunkte wird die Berührungsebene unbestimmt, also wird auch der Schnittpunkt unbestimmt, d. h. die beiden Geraden des Paars fallen in eine zusammen; es giebt aber nur eine Fläche 2. Ordnung, die in zwei zusammenfallenden Geraden eine Ebene schneidet: das ist der Kegel, wenn er die Ebene berührt. Also die quadratische Polarfläche jedes der 4 Knotenpunkte der cubischen Polarfläche einer Ebene ist ein Kegel, der die Ebene berührt. Jedem Knotenpunkte $Q_0$ entspricht mithin eine gewisse Gerade $q_0$ in der Ebene $E$, längs deren diese Ebene von der quadratischen Polarfläche des Punktes $Q_0$, einem Kegel, berührt wird. Die quadratischen Polarflächen aller Punkte der Verbindungsgeraden zweier Knotenpunkte $Q_0{}^i\,Q_0{}^k$ müssen, weil diese Gerade ganz auf der Fläche $c^3{}_1$ liegt, durch $E$ in Geradenpaaren geschnitten werden; aber sie müssen ein Flächenbüschel bilden, also diese Geradenpaare ein Kegelschnittbüschel, und müssen demnach alle ihre Schnittpunkte gemein haben und eine Involution erzeugen. Da $Q_0{}^i$ und $Q_0{}^k$ eben auch auf $Q_0{}^i\,Q_0{}^k$ liegen, müssen die Geraden $q_0{}^i$ und $q_0{}^k$, in deren jede 2 Gerade zusammengefallen sind, auch unter diese Geradenpaare gehören. Also der gemeinsame Schnittpunkt wird $(q_0{}^i, q_0{}^k)$ sein und $q_0{}^i$, $q_0{}^k$ sind die Asymptotenstrahlen des von allen den Geradenpaaren gebildeten Involutionssystems, mithin zu je 2 Geraden eines Paars harmonisch zugeordnet.

Man wird wohl jetzt auch leicht erkennen, dass die 6 Punkte $(q_0{}^i, q_0{}^k)$ mit den früher besprochenen 6 Punkten $\tau$ identisch sind. Da die quadratischen Polarflächen aller Punkte von $Q_0{}^i\,Q_0{}^k$ die Ebene im Punkte $(q_0{}^i, q_0{}^k)$ berühren, so wird die Polarcurve der Geraden $Q_0{}^i\,Q_0{}^k$ in $(q_0{}^i, q_0{}^k)$ einen Doppelpunkt haben, und ihre beiden Aeste werden dort von $E$ berührt. In der Ebene je zweier einander schneidenden Verbindungsgeraden zweier Knotenpunkte liegt offenbar noch eine dritte solche Gerade, die Verbindungsgerade derjenigen beiden Knotenpunkte jener Geraden, die ihnen nicht gemein sind. Nun muss jede Verbindungsgerade eine der 3 Geraden $A'$, $B'$, $C'$ treffen, welche zusammen die Schnittcurve ihrer Ebene mit $c^3{}_4$ ausmachen, folglich wird jede der 3 Geraden $A'$ $B'$ $C'$ von 2 einander nicht schneidenden Knotenpunktsverbindungsgeraden, 2 Gegenkanten des Knotenpunktstetraeders, getroffen. Ferner da die quadratischen Polarflächen aller Punkte einer Verbindungsgeraden $Q_0^i\,Q_0^k$ die Ebene $E$ in $(q_0^i, q_0^k)$ berühren, so berührt die Polarebene von $(q_0^i, q_0^k)$ die cubische Polarfläche $e^3{}_1$ der Ebene $E$ in jedem Punkte von $Q_0^i\,Q_0^k$, also längs der ganzen Geraden $Q_0^i\,Q_0^k$. Da die Polarebenen aller Punkte von $A$, $B$, $C$ durch resp. $A'$, $B'$, $C'$ gehen, so schneiden die quadratischen Polarflächen aller Punkte jeder der Geraden $A'$, $B'$, $C'$ die Ebene $E$ in $A$, $B$, $C$ und noch einer Geraden, so dass also die Schnittpunkte der Geradenpaare, die aus ihnen durch $E$ ausgeschnitten werden, auf $A$, $B$, $C$ liegen. Nun liegt doch auch ein Punkt $\mathfrak{Q}_0{}^{ik}$ jeder der 6 Geraden $Q_0^i\,Q_0^k$ auf einer der Geraden $A'$, $B'$, $C'$. Die quadratische Polarfläche dieses Punktes wird durch $E$ in einem Geradenpaar geschnitten, dessen Mittelpunkt $(q_0^i, q_0^k)$ sein muss, weil der Punkt $\mathfrak{Q}_0{}^{ik}$ auf $Q_0^i\,Q_0^k$ liegt, und auf $A$, $B$ oder $C$ liegen muss, weil der Punkt $\mathfrak{Q}_0{}^{ik}$ auf $A'$, $B'$ oder $C'$ liegt. Also liegen die Mittelpunkte der 6 obigen Involutionsstrahlsysteme oder die 6 Ecken des von den Geraden $q_0$ gebildeten Vierseits auf den Geraden $A$, $B$, $C$, und da $A'$, $B'$, $C'$ je 2 Gegenkanten des Knotenpunktstetraeders treffen, liegen die Gegenecken des Vierseits stets auf derselben von den 3 Geraden $A$, $B$, $C$. Mithin ist das Dreiseit $ABC$ das Diagonaldreiseit des Vierseits der Geraden $q_0$. Wenn also z. B. $Q_0^i\,Q_0^k$ von $A'$ getroffen wird, so liegt $(q_0^i, q_0^k)$ auf $A$. Die Polarebene von $(q_0^i, q_0^k)$, d. i. die Ebene, welche $e^3{}_1$ längs der ganzen $Q_0^i\,Q_0^k$ berührt, geht durch $A'$, weil $(q_0^i, q_0^k)$ auf $A$ liegt. Also diejenige Ebene, welche die cubische Polarfläche der Ebene $E$ längs der ganzen Verbindungsgerade zweier Knotenpunkte derselben berührt, geht durch diejenige der 3 Geraden $A$, $B$, $C$, die die Verbindungsgerade trifft; sie berührt mithin die cubische Polarfläche längs der letzteren und schneidet sie noch in der ersteren. Folglich hat sie mit der Fläche $e^3{}_1$ weiter keine Gerade gemein; also hat sie auch nur einen einzigen Berührungspunkt (oder vielmehr 2 zusammengefallene) auf der betreffenden Geraden $A$, $B$, $C$. Jede andere durch eine dieser Geraden gelegte Ebene (ausser den beiden, in denen sich noch je eine der beiden die Gerade treffenden Knotenpunktsgeraden befindet) schneidet aus der cubischen Fläche $e^3{}_1$ noch einen Kegelschnitt aus, der die Gerade $A'$, $B'$, $C'$

zweimal trifft, so dass die Ebene die Fläche in 2 auf $A'$, $B'$ oder $C'$ gelegenen Punkten berührt, also auch auf $A$, $B$ oder $C$ 2 Pole hat, die 2 conjugirte Punkte des Involutionssystems dieser Geraden sind. Dagegen die Ebenen, die durch $A'$, $B'$ oder $C'$ und durch eine Knotenpunktsgerade gehen, berühren (zwar an und für sich in unendlich vielen Punkten, aber) nur in einem auf $A'$, $B'$ oder $C'$ liegenden Punkte (oder in 2 zusammengefallenen), so dass also auch ihre beiden Pole auf $A$, $B$ oder $C$ zusammengefallen sind und mithin den einen Asymptotenpunkt des Involutionssystems dieser Geraden liefern. Pole aber der durch $A'$, $B'$ oder $C'$ und die beiden jede dieser Geraden treffenden Knotenpunktsgeraden gelegten und je längs der letzteren die Fläche $c^3{}_1$ berührenden Ebenen sind die den Knotenpunktsgeraden entsprechenden Punkte ($q_0{}^i$, $q_0{}^k$). Also die Ecken des von den Geraden $q_0$ gebildeten Vierseits sind die Asymptotenpunkte der Involutionen der Geraden $A$, $B$, $C$, auf denen sie liegen. Da die quadratische Polarfläche eines Knotenpunkts $Q_0{}^i$ die Ebene $E$ in jedem Punkte von $q_0{}^i$ berührt, so berühren die Polarebenen aller Punkte von $q_0{}^i$ die cubische Polarfläche der Ebene $E$ im Knotenpunkte $Q_0{}^i$. Alle diese Polarebenen hüllen einen Kegel 2. Ordnung ein, den Polarkegel der Geraden $q_0{}^i$. Dieser Polarkegel der Geraden $q_0{}^i$ ist also der Kegel 2. Ordnung, an den sich die cubische Polarfläche $c^3{}_1$ im Knotenpunkte $Q_0{}^i$ anschliesst (man sehe Nr. 31). Es scheint zwar, als ob alle durch eine Knotenpunktsgerade gelegten Ebenen die Fläche $c^3{}_1$ berühren und zwar in zwei Punkten; und doch nur die einzige unter ihnen, welche längs der ganzen Geraden berührt, gehört mit zu den Ebenen, durch deren Einhüllung wir uns die Fläche $c^3{}_1$ entstanden gedacht haben; nur sie allein von allen diesen Ebenen hat einen Pol auf $E$; dagegen alle durch $A'$, $B'$ oder $C'$ gehenden Ebenen gehören mit zu den erzeugenden. Aber jene durch die Knotenpunktsgerade gelegten Ebenen schneiden zwar aus der cubischen Fläche $c^3{}_1$ eine in die Gerade und einen Kegelschnitt zerfallende cubische Curve aus, die also in den beiden Begegnungspunkten ihrer Bestandtheile Doppelpunkte hat; es ist aber ersichtlich, dass diese die beiden Knotenpunkte der Knotenpunktsgeraden sind; und eine Ebene, die aus einer Fläche eine mit einem oder mehreren Doppelpunkten behaftete Curve ausschneidet, berührt die Fläche nur in denjenigen derselben, die nicht etwaige Knotenpunkte der Fläche oder Schnittpunkte der Ebene mit einer etwaigen vielfachen Curve der Fläche sind. Also berühren unsere durch die Knotenpunktsgeraden gelegten Ebenen nicht (ausser je einer). Etwas anderes ist es bei den Geraden $A'$, $B'$, $C'$, da auf diesen sich keine Knotenpunkte befinden.

41. Die Ebene $E$ schneidet die cubische Fläche $F^3$ in einer cubischen Curve $C^3$; die Ebenen, welche nun $F^3$ in einem Punkte derselben berühren, hüllen eine abwickelbare Fläche $\Phi$ ein. Alle von einem Punkte an $F^3$ gelegten Berührungsebenen berühren in Punkten, welche eine Raumcurve 6. Ordnung bilden. Da diese von der Ebene $E$ in 6 Punkten getroffen wird, so gehen 6 Tangentenebenen der abwickelbaren Fläche $\Phi$ durch den Punkt, mithin ist $\Phi$ 6. Klasse. Um die Ordnung der Fläche $\Phi$ zu finden, suchen wir, wie viele ihrer Generatricen von einer beliebigen Geraden $l$ getroffen werden. Die quadratischen Polarflächen der Punkte dieser Geraden werden durch die Ebene $E$ in einem Kegelschnittbüschel geschnitten; hat einer von den Kegelschnitten dieses Büschels mit der Curve $C^3$ 2 unendlich nahe Punkte gemein, berührt er sie also, so gehen die beiden ebenfalls unendlich nahen Berührungsebenen der Fläche $F^3$ in den Punkten durch denjenigen Punkt auf $l$, dessen quadratische Polarfläche durch $E$ in dem betreffenden Kegelschnitte geschnitten wird. Mithin geht auch ihre Schnittgerade, eine Generatrix der Fläche $\Phi$, durch diesen Punkt.

Betrachten wir den allgemeinen Fall, wo $C^3$ keine singulären Punkte hat. Dann entnehmen wir aus Herrn Cremona's Introduzione Nr. 87, dass 12 Kegelschnitte des Büschels die Curve $C^3$ berühren, also ist die Ordnung der Fläche $\Phi$ 12. Mit der Klasse der Fläche $\Phi$ ist zugleich auch die ihrer Rückkehrcurve $A$ gegeben; es kommt nun noch darauf an, auch deren Ordnung zu bestimmen.

In jedem Punkte dieser Curve $A$ begegnen einander 3 unendlich nahe Schmiegungsebenen derselben, d. h. 3 unendlich nahe Tangentenebenen von $\Phi$ oder 3 Tangentenebenen von $F^3$, welche in 3 unendlich nahen Punkten von $C^3$ berühren. Mithin schneidet die Ebene $E$ aus der quadratischen Polarfläche jedes Punktes der Raumcurve $A$ einen Kegelschnitt aus, der die Curve $C^3$ osculirt. Da die quadratischen Polarflächen aller Punkte einer

Ebene $T$ durch die Ebene $E$ in einem Kegelschnittnetze geschnitten werden, so werden so viel Punkte der Rückkehrcurve $A$ in der Ebene $T$ liegen, als Kegelschnitte dieses Netzes die Curve $C^3$ osculiren, und das geschieht nach Herrn Cremona's Introduzione Nr. 103 durch 18. Die Ordnung der Rückkehrcurve $A$ der Fläche $\Phi$ ist mithin 18.

Die Berührungsebenen der cubischen Fläche in den Punkten von $C^3$ sind die Polarebenen dieser Punkte, also gehören sämmtliche die abwickelbare Fläche $\Phi$ einhüllenden Ebenen zu den die cubische Polarfläche der Ebene $E$ einhüllenden. Die Fläche $\Phi$ ist der cubischen Polarfläche der Ebene $E$ umschrieben. Der Ort nun der Berührungspunkte der die Ebene $E$ berührenden quadratischen Polarflächen von Punkten einer beliebigen Ebene $T$ ist eine cubische Curve $T^3$ (Nr. 38), welche der Curve $C^3$ in 9 Punkten begegnet. Die Polarebene jedes dieser 9 Punkte ($C^3$, $T^3$) berührt $F^3$ in dem Punkte selbst, weil sie eben Tangentenebene ist, gehört also mit zu den Tangentenebenen von $\Phi$; sie berührt die cubische Polarfläche von $E$ in demjenigen Punkte der Ebene $T$, dessen quadratische Polarfläche die Ebene $E$ in dem betreffenden Punkte ($C^3$, $T^3$) berührt. Folglich ist dieser Punkt der Ebene $T$ ein Punkt der Berührungscurve der Fläche $\Phi$ und der cubischen Polarfläche der Ebene $E$. Mithin liegen 9 Punkte dieser Curve auf der beliebigen Ebene $T$. Also die der cubischen Fläche $F^3$ längs ihres Schnitts mit einer Ebene $E$ umschriebene abwickelbare Fläche und die cubische Polarfläche der Ebene $E$ berühren einander längs einer Raumcurve 9. Ordnung.

Die Curve $C^3$ liegt ganz auf der Fläche $\Phi$, da ja jede Generatrix dieser durch einen Punkt von $C^3$ geht. Aber $\Phi$ wird durch $E$ in einer Curve 12. Ordnung, also ausser in $C^3$ noch in einer Curve 9. Ordnung geschnitten. Es sei $x$ ein Punkt derselben, die durch ihn gehende Generatrix der Fläche $\Phi$ begegnet der Ebene $E$ in $x$ und in dem Punkte, wo sie $C^3$ trifft, mithin liegt sie ganz in der Ebene. Also kann der weitere Schnitt von $\Phi$ mit $E$ nur in Generatricen, mithin in 9 Generatricen bestehen. Jede Generatrix aber ist Schnittgerade zweier unendlich nahen Tangentenebenen von $F^3$ in Punkten von $C^3$, und diese schneiden die Ebene $E$ in 2 unendlich nahen Tangenten von $C^3$. Geht also die Ebene $E$ durch eine Generatrix, so schneidet sie 2 unendlich nahe Tangentenebenen in derselben Geraden, d. h. 2 unendlich nahe Tangenten von $C^3$ fallen zusammen. Demnach sind die 9 in $E$ liegenden Generatricen von $\Phi$ 9 Wendetangenten der Curve $C^3$, also, da eine Curve 3. Ordnung ohne singuläre Punkte gemäss den Plücker-schen Formeln 9 Wendetangenten hat, sämmtliche 9 Wendetangenten der Curve $C^3$.

Jede dieser Wendetangenten ist nun als Generatrix von $\Phi$ auch Durchschnittsgerade zweier unendlich nahen Schmiegungsebenen der Rückkehrcurve $A$, die nächste Schmiegungsebene ist die Tangentenebene an $F^3$ in dem dem Wendepunkte auf $C^3$ unendlich nahen Punkte, also im Grenzfalle sagen wir, dass diese durch den Wendepunkt geht. Derselbe ist mithin Durchschnittspunkt dreier unendlich nahen Schmiegungsebenen von $A$, mithin ein Punkt von $A$. $A$ berührt alle Generatricen von $\Phi$, also auch die Wendetangenten von $C^3$ und zwar in den Wendepunkten. Folglich berührt die Rückkehrcurve $A$ der abwickelbaren Fläche $\Phi$ die Ebene $E$ neunmal und zwar in den Wendepunkten der Curve $C^3$; das giebt offenbar für diese Ebene die 18 Schnittpunkte.

Construiren wir in ähnlicher Weise die abwickelbare Fläche $\Phi'$, gebildet durch die Tangentenebenen von $F^3$ längs eines auf ihr liegenden Kegelschnitts $K$. Dessen Ebene sei $E'$, die ergänzende Gerade $g$. Da $E'$ die Fläche $F^3$ in den beiden Punkten $(K, g)$ berührt, so ist sie auch doppelte Tangentialebene an $\Phi'$ und doppelte Schmiegungsebene an deren Rückkehrcurve $A'$. Die beiden benachbarten Tangentenebenen an beiden Berührungsstellen begegnen ihr ersichtlich in den beiden Tangenten $t$ und $t'$ an $K$ in den Punkten $(K, g)$. Dies sind also Generatricen von $\Phi'$ und zwar die, in denen sie von $E'$ berührt wird; es ist auch leicht einzusehen, dass ihre Berührungspunkte die Osculationspunkte von $A'$ und $E'$ sind. Da die quadratische Polarfläche eines Punktes dem Kegelschnitte $K$ viermal begegnet, so gehen durch den Punkt 4 Tangentenebenen von $F^3$, die in einem Punkte von $K$ berühren, also ist $\Phi'$ 4. Klasse. $K$ wird von 6 Kegelschnitten des Büschels, in dem die quadratischen Polarflächen der Punkte einer Geraden durch die Ebene $E$ geschnitten werden, berührt und auch von 6 Kegelschnitten des Netzes, in welchem die quadratischen Polarflächen der Punkte einer Ebene durch $E'$ geschnitten werden, osculirt.*) Also ist $\Phi'$ und ihre Rückkehrcurve 6 Ordnung. Der Schnitt 6. Ordnung von $\Phi'$ mit $E'$, der Ebene des Kegelschnitts $K$, ergiebt sich durch den Kegelschnitt $K$ und durch die Geraden $t$ und $t'$, welche den Kegelschnitt $K$ in seinen Schnittpunkten mit seiner Ergänzungsgeraden berühren und in welchen $E'$ die Fläche $\Phi'$ berührt. Die 6 Schnittpunkte von $\Delta'$ mit $E'$ ergeben sich dadurch, dass $\Delta'$ die Ebene $E'$ in den beiden Berührungspunkten von $t$ und $t'$ osculirt.

---

*) Cremona's Introduzione an den oben erwähnten Stellen.

# Viertes Kapitel.

## Die Kernfläche einer cubischen Fläche.

42. In No. 34 hat sich der Satz ergeben: Das Büschel der quadratischen Polarflächen der Punkte einer Geraden ist dieser Punktreihe projectivisch. Daraus ziehen wir die Folgerung: Auch die Berührungsebenen dieser quadratischen Polarflächen in einem Punkte der Grundcurve ihres Büschels bilden ein der Punktreihe projectivisches Ebenenbüschel (um die Tangente der Grundcurve in dem Punkte), indem ein Punkt und die Berührungsebene an seine quadratische Polarfläche einander entsprechen.

Es sei nun $F$ die quadratische Polarfläche eines Punktes $P$ in Bezug auf unsere cubische Fläche $F^3$, $E$ die Polarebene von $P$ in Bezug auf $F^3$, also gemäss ihrer Definition auch in Bezug auf $F$. Die quadratischen Polarflächen aller Punkte einer beliebigen Geraden $l$ der Ebene $E$ gehen (in Folge des Lehrsatzes 2) von No. 33) durch den Punkt $P$, so dass dieser auf der Grundcurve ihres Büschels liegt. Die Berührungsebenen an die quadratischen Polarflächen in $P$ schneiden folglich nach dem Obigen die Gerade $l$ in einer Punktreihe, die der Punktreihe derselben projectivisch ist, indem einander ein Punkt und ein anderer entsprechen, welcher auf der Tangentenebene der quadratischen Polarfläche jenes liegt. Mithin giebt es auf $l$ 2 Punkte, in denen je 2 entsprechende Punkte der beiden Reihen zusammenfallen.*) Es ist leicht einzusehen, dass diese beiden Punkte die sind, in denen $l$ dem Kegelschnitte begegnet, welchen $E$ aus $F$ ausschneidet, denn die quadratische Polarfläche $F'$ und die Polarebene $E'$ jedes dieser beiden Punkte $\Pi$ geht durch $P$, weil jeder der beiden Punkte auf der Polarebene und der quadratischen Polarfläche

*) Steiner's Systematische Entwickelung etc. pag. 65.

von $P$ liegt. Da nun aber die Polarebene eines Punktes, z. B. eines Punktes $H$ in Bezug auf $F^3$ es auch in Bezug auf seine quadratische Polarfläche ist, so geht die Tangentenebene an die letztere in einem Punkte, der auch auf der ersteren liegt, also z. B. in $P$ durch den Pol, d. i. durch den betreffenden von den beiden Punkten $H$.

Es sei nun aber $P$ ein Punkt, dessen quadratische Polarfläche ein Kegel 2. Ordnung $K'$ ist, der den Scheitel $P'$ hat; so geht die Polarebene $L$ von $P$ in Bezug auf $F^3$ (auch in Bezug auf $K'$) durch die Spitze $P'$ von $K'$, denn die Polarebene jedes Punktes in Bezug auf einen Kegel 2. Ordnung geht durch dessen Spitze. Demnach gehen auch die quadratische Polarfläche und die Polarebene von $P'$, resp. $K''$ und $L'$, durch $P$. Es sei $l'$ eine durch $P$ gehende Gerade der Ebene $L'$. Die quadratischen Polarflächen ihrer Punkte gehen durch $P'$; unter diesen befindet sich aber auch die Polarfläche $K'$ von $P$, der ja auf $l'$ liegt, und dieselbe hat ihre Spitze in $P'$. Nach dem ersteren der beiden letzten Sätze ist klar, dass $P'$ auf der Grundcurve des Büschels der quadratischen Polarflächen der Punkte von $l'$ liegt, einer von den Kegeln dieses Büschels hat aber seine Spitze in $P'$; folglich ist $P'$ ein Doppelpunkt der Grundcurve, und sämmtliche quadratischen Polarflächen haben in $P'$ dieselbe Berührungsebene. Mithin schrumpft die zweite Punktreihe, die auf $l'$ beschrieben wird, in einen einzigen Punkt zusammen. Es kann folglich auch nur dieser Punkt ein solcher sein, in den 2 entsprechende Punkte der beiden Reihen zusammenfallen. Die Gerade $l'$ hat demnach mit dem Kegelschnitte, in dem $K''$ und $L'$ einander begegnen, nur einen Punkt gemein, und das kann, da $l'$ sowie auch $K''$ und $L'$ durch $P$ gehen, nur $P$ sein. Nun hat aber die Gerade $l'$ keine andere Bedingung zu erfüllen, als in der Ebene $L'$ durch den Punkt $P$ zu gehen. Wenn sie also dennoch mit einem gewissen Kegelschnitt bei dieser ganz beliebigen Lage nur einen Punkt (genauer: 2 zusammenfallende) gemein haben soll, so muss dieser Kegelschnitt ein Geradenpaar sein und $P$ sein Schnittpunkt. Also entweder berührt $L'$ die Fläche $K'$, oder diese Fläche ist ein Kegel mit dem Scheitel $P$ und $L'$ geht durch diesen Scheitel. Die Polarebene kann nur dann die quadratische Polarfläche berühren, wenn der Pol, also hier der Punkt $P'$, auf der cubischen Fläche liegt. Dieser Fall, der im Allgemeinen nicht statt hat, wird gleich betrachtet werden. In dem andern Falle hat sich also schon ergeben, dass $K'$ ein Kegel ist und $P$ sein Scheitel.

Wir wollen erst noch den ganz speciellen Fall betrachten, dass die quadratische Polarfläche eines Punktes $P$ ein Kegel sei, der seine Spitze in $P$ selbst hat. $P$ muss dann auf der cubischen Fläche selbst liegen, denn nur die Punkte der cubischen Fläche liegen auf ihren quadratischen Polarflächen. In diesem speciellen Falle trifft aber offenbar jeder von $P$ ausgehende Strahl die quadratische Polarfläche von $P$ eben nur in $P$, so dass in diesem Punkt beide Schnittpunkte zusammenfallen. Aus der in No. 30 gegebenen Bedingungsgleichung für die quadratische Polarfläche lässt sich (nach Fortschaffung der Nenner) erkennen, dass dann, da ja beide Wurzeln 0 sein sollen, auch 2 der Grössen $Pa$, $Pb$, $Pc$ ($P$ für $O$ gesetzt) 0 sein müssen, so dass also auch jeder von $P$ ausgehende Strahl der cubischen Fläche in $P$ zweimal begegnet; woraus wir schliessen, dass $P$ ein Knotenpunkt sein muss. Also bei der allgemeinen cubischen Fläche kann der betrachtete specielle Fall nicht eintreten, da ist $P'$ immer von $P$ verschieden.

Nehmen wir nun den oben noch verschobenen andern Fall an, dass $P'$ auf der cubischen Fläche $F^3$ liege. Dann berühren $K'$ und $L'$ einander (und die cubische Fläche) in $P'$, so dass $P'$ der Schnittpunkt des Geradenpaars ist, in dem $K'$ und $L'$ einander schneiden. Oben ergab sich aber, dass $P$ dies sein soll. $P$ und $P'$ fallen nun nicht zusammen. Also müssen die beiden Geraden des Paars in die eine Gerade $PP'$ sich zusammenbegeben. Folglich schneidet und berührt die Ebene $L'$ die Fläche $K'$ längs dieser Geraden. Das kann nur dann geschehen, wenn $K'$ ein Kegel ist. $PP'$ ist offenbar eine Kante desselben. Aus den Auseinandersetzungen von No. 31 ergiebt sich nun leicht, dass $PP'$ Wendetangente an die cubische Fläche in $P'$ ist und also ausser in $P'$ die Fläche sonst nicht mehr trifft. Nehmen wir nun an, dass der Kegel $K'$ seinen Scheitel nicht in $P$ habe, sondern in einem andern Punkte $P''$ der Geraden $PP'$, der also kein Punkt der cubischen Fläche ist; so ist klar, dass die quadratische Polarfläche von $P''$ ein Kegel ist, der seine Spitze in $P'$ hat, weil die von $P'$ ein Kegel mit der Spitze $P''$ ist, $P''$ aber kein Punkt der cubischen Fläche ist, mithin hier der schon oben absolvirte Fall eintritt ($P'$ ist an die Stelle von $P$, $P''$ an die von $P'$

getreten). Nun ist aber auch die quadratische Polarfläche von $P$ ein Kegel, dessen Spitze in $P'$ fällt; folglich hätten 2 verschiedene der Kegel des Büschels der quadratischen Polarflächen der Punkte der Geraden $PP'$ ihre Spitze gemein. Das ist nur dann möglich, wenn die Grundcurve des Büschels in 4 in einen Punkt (die Spitze) zusammenlaufende Geraden degenerirt; dann werden aber alle Flächen des Büschels zu Kegeln, die ihre Spitze in jenem Punkte haben. Folglich müsste auch der Kegel, der quadratische Polarfläche von $P'$ ist und von dem wir annahmen, dass er seine Spitze in $P''$, einem von $P'$ verschiedenen Punkte hat, sie eben auch in $P'$ haben, was ein Widerspruch wäre. Der Kegel kann in ein Ebenenpaar degeneriren, dessen Schnittgerade $PP'$ ist. Doch dieser specielle Fall widerspricht dem nachfolgenden Satze nicht, worüber Ausführlicheres später (No. 50).

Also ist die Annahme, dass die Spitze der quadratischen Polarfläche von $P'$ nicht in den Punkt $P$ falle, falsch. Mithin fällt sie in diesen Punkt.

Und wir können jetzt das allgemeine Theorem aufstellen:

Ist die quadratische Polarfläche eines Punktes $P$ in Bezug auf eine cubische Fläche ein Kegel 2. Ordnung mit der Spitze $P'$, so ist die quadratische Polarfläche von $P'$ ebenfalls ein Kegel 2. Ordnung, dessen Spitze in den Punkt $P$ fällt.

Für den im Vorigen erwähnten speciellen Fall, dass $P$ und $P'$ zusammenfallen, also $P$ ein Knotenpunkt der cubischen Fläche ist, versteht sich der Satz von selbst.

Zwei solche Punkte, wie $P$ und $P'$, heissen reciproke Pole in Bezug auf die cubische Fläche.

In jedem Flächenbüschel 2. Ordnung giebt es nun 4 Kegel, mithin giebt es auf jeder Geraden gemäss der in No. 34 auseinandergesetzten Projectivität 4 Punkte, deren quadratische Polarflächen in Bezug auf die cubische Fläche Kegel sind. Diese 4 Punkte sind aber auch Scheitel von Kegeln, welche die quadratischen Polarflächen der Scheitel der eben genannten Kegel sind.

Es ist also ersichtlich, dass die Fläche, welche durch diejenigen Punkte gebildet wird, deren quadratische Polarflächen Kegel sind, mit dem Orte der Scheitel dieser Kegel identisch und 4. Ordnung ist. Man kann sie auch als den Ort der reciproken Pole der cubischen

Fläche bezeichnen. Gemäss den am Ende von No. 36 gemachten Bemerkungen ergiebt sich die eben gefundene Fläche 4. Ordnung mit der dort betrachteten Kernfläche des Netzes der quadratischen Polarflächen in Bezug auf die cubische Fläche identisch, die wir damals kurz die Kernfläche in Bezug auf die cubische Fläche nannten. Diese Benennung habe sie von nun an, und sie werde mit $P^4$ bezeichnet.

43. Die quadratische Polarfläche des Scheitels jeder der in No. 23 behandelten 240 Trieder enthält die 9 Ecken der drei Dreiecke, deren Ebenen das Trieder bilden, denn diese Ebenen berühren in ihnen die cubische Fläche, mithin liegen sie auf der Berührungscurve des von dem Scheitel des Trieders an die cubische Fläche gelegten Tangentialkegels, also auch auf der quadratischen Polarfläche des Scheitels. Aber diese 9 Ecken liegen dreimal zu je dreien auf einer Geraden, nämlich auf einer Kante des conjugirten Trieders. Also enthält jede dieser 3 Kanten 3 Punkte der quadratischen Polarfläche, liegt folglich auf ihr, und da die 3 Kanten in einen Punkt, den Scheitel des conjugirten Trieders, zusammenlaufen, so ist diese quadratische Polarfläche ein Kegel. Demnach haben wir den Satz:

Die quadratische Polarfläche des Scheitels jedes der 240 Trieder einer cubischen Fläche ist ein Kegel 2. Ordnung, welcher dem conjugirten Trieder umschrieben ist. Die 240 Triederscheitel liegen auf der Kernfläche, und die Scheitel conjugirter Trieder sind reciproke Pole.

44. Die Polarcurve $R^4$ einer Geraden $l$, welche auf der Polarebene eines Punktes $P$ liegt, enthält diesen Punkt. Nun liege $P$ auf der Kernfläche und $P'$ sei sein reciproker Pol, durch den offenbar die Polarebene von $P$ geht, wie aus No. 42 zu erkennen; die Gerade $l$ gehe durch $P'$. Die quadratische Polarfläche von $P'$ geht dann durch $R^4$, ist aber ein Kegel mit der Spitze $P$. $P$ also, da es auf $R^4$ liegt, ist ein Doppelpunkt dieser Raumcurve. Durch die Grundcurve eines Flächenbüschels 2. Ordnung, die einen Doppelpunkt hat, gehen bekanntlich nur 2 Kegel, die ihre Spitze ausserhalb der Curve haben, und einer, der sie auf derselben in dem Doppelpunkte hat. In den letzteren sind 2 von den 4 Kegeln, welche durch eine allgemeine Raumcurve 4. Ordnung gehen, zusammengefallen. So verhält es sich auch mit dem

Kegel, welcher quadratische Polarfläche von $P'$ ist. Mithin sind auch in den Punkt $P'$ 2 von den 4 Schnittpunkten der Geraden $l$ mit der Kernfläche zusammengefallen, also berührt $l$ die Kernfläche in $P'$. Dies lässt sich ebenso von jeder andern durch $P'$ gehenden Geraden der Polarebene von $P$ beweisen, also berührt diese Ebene die Kernfläche in $P'$.

Demnach tangirt die Polarebene jedes Punktes der Kernfläche dieselbe im reciproken Pole des Punktes.

Umgekehrt: Jede Berührungsebene der Kernfläche ist Polarebene eines Punktes der Kernfläche, nämlich des reciproken Pols ihres Berührungspunktes. Wäre sie von der Polarebene dieses Pols verschieden, dann würden sie und diese Polarebene die Kernfläche in demselben Punkte berühren, also der Berührungspunkt der betrachteten Ebene ein Knotenpunkt der Kernfläche sein. Doch die Knotenpunkte betrachten wir einstweilen noch nicht.

Nehmen wir an, zwei Punkte $P$ und $P_1$ der Kernfläche haben denselben reciproken Pol $P'$, so muss die Polarcurve der Geraden $PP_1$ aus 4 in den Punkt $P'$ zusammenlaufenden Geraden bestehen, denn so durchschneiden sich 2 Kegel, die quadratischen Polarflächen von $P$ und $P_1$, die die Spitze $P'$ gemein haben. Durch diese Polarcurve gehen aber nur Kegel und alle haben ihre Spitze in $P'$; folglich ist $P'$ auch reciproker Pol zu allen übrigen Punkten der Geraden $PP_1$.

Also sobald ein Punkt reciproker Pol zu 2 Punkten der Kernfläche ist, ist er es auch zu allen übrigen Punkten der Verbindungsgeraden der beiden Punkte, oder alle Punkte dieser Geraden sind seine reciproken Pole. Seine Polarebene muss also die Kernfläche in allen diesen Punkten, mithin längs der Geraden berühren. Doch davon eigentlich erst später, jetzt ziehen wir nur den Schluss daraus, dass jede Berührungsebene der Kernfläche, die in einer endlichen Anzahl von Punkten berührt, so viele von ihren 8 Polen auf der Kernfläche haben muss, als sie Berührungspunkte hat. Denn diese Pole müssen reciproke Pole der Berührungspunkte sein, und hätten 2 der Berührungspunkte denselben reciproken Pol, so müsste die Ebene in unendlich vielen Punkten berühren.

Da eine Curve 4. Ordnung höchstens 6 Doppelpunkte haben

kann, wenn sie nämlich in 4 Gerade zerfällt, so sehen wir, dass höchstens 6 Pole einer Berührungsebene der Kernfläche auf dieser liegen können.

Alle Punkte, deren Polarebenen durch eine gewisse Gerade gehen, liegen auf der Polarcurve derselben. Diese schneidet, da sie 4. Ordnung ist, die Kernfläche in 16 Punkten. Die Polarebenen dieser 16 Punkte sind Berührungsebenen der Kernfläche und gehen durch jene Gerade, sind auch nach dem Obigen die einzigen Berührungsebenen, die dies thun; also ist die Kernfläche 16. Klasse, hat mithin, da die allgemeinen Flächen 4. Ordnung 36. Klasse sind, in der Klasse eine Erniedrigung um 20 erfahren, was, wie wir später erkennen werden, von 10 Knotenpunkten herrührt, die auf ihr liegen.

45. Ist $p$ eine Gerade, welche eine Polargerade $p'$ hat, so enthalten die quadratischen Polarflächen aller Punkte auf $p'$ die ganze Gerade $p$ (No. 37), so dass die Polarcurve von $p'$ in die Gerade $p$ und eine Raumcurve 3. Ordnung zerfällt. Durch eine solche Raumcurve 4. Ordnung lassen sich bekanntlich nur 2 Kegel legen, oder besser: zweimal je 2 von den 4 Kegeln, die sich durch eine allgemeine Raumcurve 4. Ordnung, welche Grundcurve eines Flächenbüschels 2. Ordnung ist, legen lassen, sind in diesem Falle zusammengefallen; also sind auch auf der Geraden $p'$ zweimal je zwei Schnittpunkte mit der Kernfläche zusammengefallen, d. h. die Gerade $p'$ berührt die Kernfläche doppelt. Jede Ebene ist nun die Polarebene von 8 Punkten in Bezug auf die cubische Fläche; die Polarkegel der 28 Geraden, welche je zwei dieser 8 Punkte verbinden, sind (No. 37 zu Polargeraden degenerirt, und diese Polargeraden liegen ersichtlich alle in der gemeinschaftlichen Polarebene; wie wir eben gefunden, berühren sie die Kernfläche doppelt. Es ergeben sich auf diese Weise die 28 Doppeltangenten der Curve 4. Ordnung, in welcher die Polarebene die Kernfläche schneidet.

Die 27 Geraden der cubischen Fläche haben auch Polargeraden, und zwar jede sich selbst, berühren mithin auch die Kernfläche doppelt. Die Polarcurve jeder von ihnen besteht aus ihr selbst und einer cubischen Raumcurve. Durch diese Polarcurve lassen sich nur 2 Kegel legen; es fragt sich nun, welche die beiden Punkte sind, deren quadratische Polarflächen diese beiden Kegel sind. Es seien $\pi$ und $\pi'$ die beiden Asymptotenpunkte der Involution auf unserer Geraden $g$. Die quadratische Polarfläche des einen von ihnen, z. B. $\pi$, enthält, wie die jedes Punktes der Geraden $g$, diese Gerade selbst. Jede durch $g$ gehende Ebene schneidet mithin diese Polarfläche in einem Geradenpaare, dessen eine Gerade $g$ ist, die cubische Fläche in $g$ und einem Kegelschnitte. Die Berührungspunkte der von $\pi$ an diesen Kegelschnitt gelegten beiden Tangenten müssen sich ersichtlich auf der quadratischen Polarfläche von $\pi$ befinden, mithin auf der zweiten Geraden des Paars, in dem diese Polarfläche durch die Ebene geschnitten wird; folglich ist die Verbindungsgerade der beiden Berührungspunkte, also die Polare von $\pi$ in Bezug auf den Kegelschnitt diese zweite Gerade. Nun sind die beiden Asymptotenpunkte der Geraden $g$ stets den beiden Schnittpunkten dieser Geraden mit jedem der Kegelschnitte, die in den durch $g$ gelegten Ebenen auf der cubischen Fläche liegen, harmonisch zugeordnet gemäss der Eigenschaft der Involution; also muss die Polare des einen Asymptotenpunktes in Bezug auf jeden der Kegelschnitte durch den andern gehen. Folglich wird die quadratische Polarfläche eines Asymptotenpunktes einer Geraden der cubischen Fläche von allen durch diese Gerade gehenden Ebenen in einem Geradenpaare geschnitten, dessen eine Gerade diese Gerade der Fläche, dessen Schnittpunkt deren anderer Asymptotenpunkt ist. Mithin ist die quadratische Polarfläche eines Asymptotenpunktes einer Geraden der cubischen Fläche ein Kegel 2. Ordnung, dessen Scheitel im andern Asymptotenpunkte liegt. Daraus folgt, dass die beiden Asymptotenpunkte einer Geraden reciproke Pole sind, ferner die Punkte, in denen die Gerade die Kernfläche berührt, und auch die Punkte, in denen sie von der cubischen Raumcurve getroffen wird, die mit ihr zusammen ihre Polarcurve ausmacht.

In der Ebene jedes der 45 Dreiecke, die auf der cubischen Fläche sich befinden, liegen 16 Triederscheitel (No. 23).

Also: Die 16 Triederscheitel, welche sich in der Ebene jedes der 45 Dreiecke der cubischen Fläche befinden, liegen auf einer Curve 4. Ordnung, dem Schnitt der Ebene und der Kernfläche der cubischen Fläche, welche zugleich jede Seite des Dreiecks doppelt berührt, und zwar in den beiden Asymptotenpunkten ihrer Involution.

46. Es sei $V$ ein Punkt der Kernfläche, $V_1$ sein reciproker Pol, der auch auf der Kernfläche liegt; die quadratische Polarfläche von $V$ sei der Kegel $K$, die von $V_1$ der Kegel $K_1$. $K$ hat seinen Scheitel in $V_1$, $K_1$ den seinigen in $V$. $R^4$ sei die Polarcurve der Geraden $VV_1$, also auch die Schnittcurve der Kegel $K$ und $K_1$. Die beiden andern Kegel, welche durch sie gehen, seien $K_2$ und $K_3$, ihre Scheitel $V_2'$ und $V_3'$; diese sind offenbar reciprok zu 2 gewissen Punkten $V_2$ und $V_3$ auf $VV_1$, deren quadratische Polarflächen die beiden Kegel $K_2$ und $K_3$ sind, während wieder die von $V_2'$ und $V_3'$, $K_2'$ und $K_3'$, ihre Scheitel in $V_2$ und $V_3$ haben. Die Polarebene von $V$ in Bezug auf die cubische Fläche ist es auch in Bezug auf die quadratische Polarfläche von $V$, einen Kegel, aber diese ist bekanntlich auch die Polarebene von $V$ in Bezug auf alle Flächen des Büschels $(K, K_1)$, denn der Scheitel jedes der 4 Kegel eines Büschels 2. Ordnung hat dieselbe Polarebene in Bezug auf alle Flächen des Büschels, welche durch die Scheitel der 3 andern Kegel geht, also geht die Polarebene von $V$ durch $V_1$, $V_2'$, $V_3'$. Ebenso geht die Polarebene von $V_1$ in Bezug auf die cubische Fläche, d. i. die von $V_1$ in Bezug auf $K_1$ und wiederum auch in Bezug auf alle Flächen des Büschels $(K, K_1)$ durch $V$, $V_2'$, $V_3'$. Die Schnittgerade dieser beiden Ebenen ist $V_2' V_3'$. Das ist die reciproke Polare von $VV_1$ in Bezug auf alle Flächen des Büschels; mithin geht auch die Polarebene jedes Punktes von $VV_1$ in Bezug auf jede Fläche des Büschels $(K, K_1)$ durch $V_2' V_3'$, folglich auch die jedes Punktes von $VV_1$ in Bezug auf seine quadratische Polarfläche, die sich ja im Büschel $(K, K_1)$ vorfindet, d. i. die Polarebene jedes Punktes in Bezug auf die cubische Fläche. Demnach ist $VV_1$ eine solche Gerade, die eine Polargerade hat, und $V_2' V_3'$ ist ihre Polargerade. Folglich berührt die Gerade $V_2' V_3'$ die Kernfläche doppelt (nach No. 45) und zwar offenbar in den beiden Punkten $V_2'$ und $V_3'$.

Wir erhalten so folgendes Theorem:

Die Verbindungsgerade zweier reciproken Pole der Kernfläche ist stets eine solche Gerade, welche eine Polargerade besitzt; und diese Polargerade ist die Verbindungsgerade der reciproken Pole derjenigen beiden Punkte, in denen die obige Verbindungsgerade die Kernfläche noch trifft. Diese Polargerade aber trifft die Kernfläche ausser in den beiden genannten Punkten, welche sie verbindet, nicht mehr, sondern berührt sie in jedem derselben. Sucht man also zu den beiden Punkten, in denen die Kernfläche von der Verbindungsgeraden zweier reciproken Pole noch getroffen wird, die reciproken Pole, so erhält man in deren Verbindungsgeraden eine Doppeltangente der Kernfläche.

Die Polarebene von $V$ in Bezug auf die cubische Fläche ist die Berührungsebene der Kernfläche in $V_1$, die von $V_1$ die Berührungsebene in $V$. Diese beiden Berührungsebenen müssen sich also in $V_2' \, V_3'$ schneiden. Wir können nun also auch sagen:

Die Berührungsebenen der Kernfläche in 2 reciproken Polen schneiden sich in einer Doppeltangente der Kernfläche, durch welche auch die Polarebenen sämmtlicher Punkte der Verbindungsgeraden der beiden reciproken Pole gehen. Diese schneidet die Kernfläche noch in 2 Punkten, deren reciproke Pole die Berührungspunkte der Doppeltangente sind.*)

Es ist auch ersichtlich, dass die quadratischen Polarflächen aller Punkte von $V_2' \, V_3'$ die ganze Gerade $V V_1$ enthalten, so dass die Polarcurve von $V_2' \, V_3'$ aus dieser Geraden $V V_1$ und einer cubischen Raumcurve $R^3$ besteht, die $V V_1$ offenbar dort treffen wird, wo die Spitzen der beiden Kegel liegen, welche sich unter den quadratischen Polarflächen der Punkte der Geraden $V_2' \, V_3'$ befinden, das sind die beiden Kegel $K_2'$ und $K_3'$, die Polarflächen von $V_2'$, $V_3'$; ihre Spitzen sind $V_2$ und $V_3$. Also in diesen beiden Punkten wird $V V_1$ von $R^3$ getroffen.

Ferner auf $V V_1$ befindet sich, da sie eine Polargerade hat, eine Involution von Paaren von Punkten, welche je dieselbe Polarebene haben. Diese Punktenpaare erhält man durch die Flächen des Büschels der Polarflächen einer beliebigen Geraden, die der $V_2' \, V_3'$ nicht begegnet. Wir können dazu die $V V_1$ selbst wählen; unter den Polarflächen der Punkte dieser Geraden befinden

*) Ein Theil hiervon ist der Satz, den Herr Salmon in seiner Geometrie des Raumes, deutsch Theil II Seite 412 giebt.

sich $K'$ und $K'_1$, die, da sie ihre Scheitel in $V'$ und $V'_1$ haben, der Geraden $V'V'_1$ nur in jedem derselben, also je in 2 zusammenfallenden Punkten begegnen. $V'$ und $V'_1$ sind mithin die Asymptotenpunkte der Involution auf $V'V'_1$. Folglich liegen auf der Verbindungsgeraden zweier reciproken Pole je zwei Punkte, welche dieselbe Polarebene haben, mit den beiden reciproken Polen harmonisch; die beiden reciproken Pole sind auch auf ihrer Verbindungsgeraden die einzigen Punkte, welche je mit keinem andern Punkte der Geraden dieselbe Polarebene haben.

Es sei $T$ eine Doppeltangente der Kernfläche und $v$ und $v_1$ ihre Berührungspunkte. Da also nur 2 Punkte derselben $v$ und $v_1$ auf der Kernfläche liegen, so können sich unter den quadratischen Polarflächen ihrer Punkte nur 2 Kegel befinden, also ihre Polarcurve muss in eine Gerade $T^1$ und eine cubische Raumcurve zerfallen. Da nun die Polarflächen aller Punkte von $T$ durch $T^1$ gehen, so gehen die Polarebenen aller Punkte von $T^1$ durch $T$, also $T$ ist die Polargerade von $T^1$.

Somit ist nun klar, dass das System der Polargeraden einer cubischen Fläche mit dem der Doppeltangenten ihrer Kernfläche identisch ist; jede Polargerade ist eine Doppeltangente der Kernfläche, und jede Doppeltangente der Kernfläche eine Polargerade. Auf $T^1$ liegen offenbar die Scheitel der beiden Kegel, welche Polarflächen von $v$ und $v_1$ sind (und sind zugleich die Schnittpunkte der Geraden $T^1$ und der cubischen Raumcurve), mithin die reciproken Pole $v'$ und $v_1'$ von $v$ und $v_1$.

Also jede Doppeltangente der Kernfläche ist die Polargerade für die Verbindungsgerade der reciproken Pole ihrer Berührungspunkte.

Diese Verbindungsgerade $v'v_1'$, trifft die Kernfläche noch in 2 Punkten $v_2$ und $v_3$. Dieselben sind zu einander reciprok; angenommen, sie wären es nicht, sondern $v_2'$ und $v_3'$ wären zu ihnen reciprok, also die Scheitel der quadratischen Polarflächen $k_2$ und $k_3$ von $v_2$ und $v_3$; ebenso $k'$ und $k_1'$ die quadratischen Polarflächen von $v'$ und $v_1'$, deren Scheitel in die Berührungspunkte $v$ und $v_1$ von $T$ fallen. Es sei $R^4$ die Polarcurve von $T^1$, durch sie gehen die 4 Kegel $k'$, $k_1'$, $k_2$, $k_3$ mit den Scheiteln $v$, $v_1$, $v_2'$, $v_3'$, da sie quadratische Polarflächen von 4 Punkten $v'$, $v_1'$, $v_2$, $v_3$ auf

$T^1$ sind. Die Polarebenen aller Punkte von $T^1$ gehen nun durch $T$, d. i. $vv_1$; also z. B. auch die Polarebenen von $v_2$ und $v_3$, d. h. die in Bezug auf die Kegel $k_2$ und $k_3$; diese müssen aber durch die Spitzen dieser Kegel, $v_2'$ und $v_3'$, gehen. Mithin geht die Polarebene von $v_2$ in Bezug auf $k_2$ durch $vv_1 v_2'$, die von $v_3$ in Bezug auf $k_3$ durch $vv_1 v_3'$. Die Punkte $vv_1 v_2' v_3'$ sind die Scheitel der 4 Kegel des Büschels, dessen Grundcurve $R^1$ ist, und $k_2$ und $k_3$ sind 2 von diesen Kegeln; also muss die Polarebene von $v_2'$ in Bezug auf alle Flächen des Büschels, mithin auch in Bezug auf $k_3$ durch $vv_1 v_3'$, ebenso die von $v_3'$ in Bezug auf $k_2$ durch $vv_1 v_2'$ gehen. Somit ist $vv_1 v_2'$ die Polarebene sowohl von $v_2$, als von $v_3'$ in Bezug auf $k_2$. Im Allgemeinen hat zwar jede Polarebene in Bezug auf eine Fläche 2. Ordnung nur einen Pol, in Bezug aber auf einen Kegel 2. Ordnung unendlich viele, welche alle auf einer durch die Spitze des Kegels gehenden Geraden, der Polare der Ebene, liegen. Mithin müssen $v_2$ und $v_3'$ mit $v_2'$, der Spitze von $k_2$, in gerader Linie liegen; ebenso aber auch $v_3$ und $v_2'$ mit $v_3'$, also alle 4 Punkte $v_2\ v_3\ v_2'\ v_3'$ in gerader Linie, d. h. $v_2'$ und $v_3'$ auf $T^1$.

Auf $T^1$ liegen schon 4 Punkte von $P^1$, nämlich $v'\ v_1'\ v_2\ v_3$; also müssen $v_2'$ und $v_3'$ mit zweien von diesen zusammenfallen; da sie reciprok sind zu $v_2$ und $v_3$, können sie nicht mit $v'$ und $v_1'$ zusammenfallen, denn diese sind reciprok zu $v$ und $v_1$, also müssen sie mit $v_2$ und $v_3$ zusammenfallen, und da kein Punkt der Kernfläche mit seinem reciproken zusammenfällt, wird $v_2'$ mit $v_3$, $v_3'$ mit $v_2$ identisch sein. Das heisst: $v_2$ und $v_3$ sind reciprok zu einander.

Also ergiebt sich folgender Satz:

Die reciproken Pole der Berührungspunkte einer Doppeltangente der Kernfläche bilden eine Gerade, welche der Kernfläche ausser in ihnen noch in 2 zu einander reciproken Polen begegnet.

Und da jede Polargerade einer cubischen Fläche eine Doppeltangente an deren Kernfläche ist, so verbindet jede Gerade, welche eine Polargerade hat, 2 reciproke Pole der Kernfläche.

Wir sehen also auch, dass das System derjenigen Geraden, die eine Polargerade haben, und das System der Verbindungsgeraden reciproker Pole der Kernfläche identisch ist.

47. Von jedem Punkte, der nicht auf der Kernfläche liegt und dessen Polarebene auch diese nicht berührt, gehen 7 Gerade nach den 7 andern Punkten, die ebenfalls diese Polarebene haben, und diese alle sind Gerade, welche Polargerade haben,*) also Gerade, welche reciproke Pole verbinden; mithin gehen durch jeden Punkt, der nicht auf der Kernfläche liegt und dessen Polarebene diese nicht berührt, 7 Verbindungsgerade reciproker Pole. Ihre Polargeraden sind 7 von den 28 Doppeltangenten der Curve 4. Ordnung, in der die Polarebene des Punktes die Kernfläche schneidet. Wir haben schon oben erwähnt, dass alle 28 Doppeltangenten die Polargeraden für die 28 Verbindungsgeraden je zweier der 8 Pole dieser Ebene sind.

Es berühre dagegen nun eine Ebene $E$ die Kernfläche einmal, in dem Punkte $\tau$; der reciproke Pol von $\tau$, $\tau'$, ist offenbar einer der Pole von $E$, und zwar sind in ihn 2 von den 8 Polen zusammengefallen. Denn $\tau'$ ist (No. 44) ein Doppelpunkt der Polarcurve jeder beliebigen durch $\tau$ gehenden Geraden der Ebene $E$. Lassen wir diese Polarcurve noch durch die quadratische Polarfläche eines beliebigen ausserhalb der Geraden liegenden Punktes der Ebene $E$ schneiden, so erhalten wir die Pole von $E$. Jede dieser Polarflächen geht aber durch $\tau'$, da ja $\tau'$ gewiss Pol von $E$ ist, trifft jedoch, da $\tau'$ Doppelpunkt der Polarcurve ist, diese dort in einem Punkt, der deshalb doppelt zu rechnen ist, also ausserdem noch in 6 Punkten, welche wir mit $p$ bezeichnen wollen. $E$ hat folglich nur 7 Pole, nämlich $\tau'$ und die 6 Punkte $p$, und durch $\tau'$ sowohl als auch jeden der 6 Punkte $p$ gehen nur 6 Gerade, welche Polargerade haben, oder 6 Verbindungsgerade reciproker Pole. Mithin:

Durch jeden Punkt $\tau'$ der Kernfläche, sowie auch durch jeden Punkt $p$ ausserhalb der Kernfläche, dessen Polarebene die Kernfläche berührt oder dessen einer Mitpol $\tau'$ (und er hat dann nur 6 Mitpole) auf der Kernfläche liegt, gehen 6 Verbindungsgerade reci-

*) Es wäre wohl wünschenswerth, für diese Geraden eine kürzere womöglich aus ihrer Eigenschaft hervorgehende Benennung zu finden; vielleicht könnte man sie auch nach Herrn Salmon benennen, der sie zuerst in ihrer Allgemeinheit erkannt hat.

proker Pole. Für einen Punkt, der einen Mitpol auf der Kernfläche hat, sind zwei von den im allgemeinen Falle möglichen 7 Geraden in die Verbindungsgerade des Punktes mit diesem Mitpole zusammengefallen; für einen Punkt hingegen der Kernfläche selbst ist keine der 6 als aus 2 zusammengefallenen entstanden zu betrachten.

Die Polargeraden der 6 Geraden, die den Punkt $\tau'$ mit den Punkten $p$ verbinden, sind offenbar die Doppeltangenten der Kernfläche, die das eine Mal in $\tau$ berühren. Da $E$ Berührungsebene der Kernfläche ist, so schneidet sie aus derselben eine Curve 4. Ordnung aus, welche in $\tau$ einen Doppelpunkt hat. Von diesem Doppelpunkte gehen bekanntlich 6 Tangenten an die Curve, die sie in andern Punkten berühren, und das sind offenbar die 6 oben genannten Doppeltangenten der Kernfläche, die einmal in $\tau$ berühren, also die Polargeraden der 6 Geraden, die $\tau'$ mit den Punkten $p$ verbinden. Eine Curve 4. Ordnung mit einem Doppelpunkt hat gemäss den Plückerschen Formeln 16 Doppeltangenten. 15 von denselben sind ersichtlich die Polargeraden der 15 Geraden, welche die 6 Punkte $p$ zu je zweien verbinden.

Durch $\tau'$ gehen 6 Verbindungsgeraden reciproker Pole, das sind aber solche, auf denen $\tau'$ keiner dieser reciproken Pole ist. Es geht noch eine siebente derartige Gerade durch ihn, nämlich die, welche ihn mit seinem reciproken Pole $\tau$ verbindet, und die Polargerade dieser Geraden ist die sechzehnte Doppeltangente, die wir oben noch ausgelassen haben. Es ist auch die Gerade, in der $E$ durch die Polarebene von $\tau$ oder die Berührungsebene in $\tau'$ geschnitten wird.

Es berühre $E$ in 2 (resp. 3) Punkten $\tau, \tau_1$ ($\tau, \tau_1, \tau_2$) die Kernfläche, ihre reciproken Pole seien $\tau', \tau'_1$ (resp. $\tau', \tau_1', \tau_2'$). Jeder dieser Punkte $\tau'$ repräsentirt 2 von den Polen der Ebene $E$, so dass sich die Anzahl der Punkte $p$ auf 4 (resp. 2) reducirt. Durch jeden der Punkte $\tau'$ gehen 4 (resp. 2) Gerade, welche reciproke Pole verbinden, ohne dass $\tau'$ einer dieser Pole ist, ebenso durch jeden Punkt $p$ 5 (resp. 4) Verbindungsgerade reciproker Pole, von denen 2 (resp. 3) als durch das Zusammenfallen zweier solchen Geraden entstanden zu denken sind. Die Ebene $E$ schneidet die Kernfläche in einer Curve 4. Ordnung mit 2 Doppelpunkten $\tau, \tau_1$ (resp. mit 3 Doppelpunkten $\tau, \tau_1, \tau_2$). Von jedem dieser Doppelpunkte lassen sich 4 (resp. 2) Tangenten an die Curve ziehen, welche sie in einem vom Doppelpunkte verschiedenen Punkte berühren. Diese $2 . 4 = 8$ (resp. $3 . 2 = 6$) Tangenten sind die Polargeraden für die $2 . 4 = 8$ (resp. $3 . 2 = 6$) Geraden, welche die Punkte $\tau'$ mit den Punkten $p$ verbinden. Eine Curve 4. Ordnung mit 2 (resp. 3) Doppelpunkten hat 8 (resp. 4) Doppeltangenten. 6 von den 8 (resp. 1 von den 4) sind die Polargeraden der 6 (resp. 1) Geraden, welche die 4 (resp. 2) Punkte $p$ zu je zweien verbinden. Die 2 übrigen (resp. 3) sind die Polargeraden der Geraden $\tau\tau'$, $\tau_1\tau_1'$ (resp. noch $\tau_2\tau_2'$), welche ja auch Verbindungsgerade reciproker Pole sind, und sind auch die Geraden, in denen $E$ durch die Berührungsebenen der Kernfläche in $\tau'$, $\tau_1'$ (resp. noch $\tau_2'$) geschnitten wird. Die eine (resp. 3) Verbindungsgerade der Punkte $\tau'$ ist auch eine Gerade, welche eine Polargerade hat, und verbindet deshalb auch reciproke Pole, die noch übrigen Punkte, in denen sie die Kernfläche trifft, z. B. $\tau_3$, $\tau_4$ bei $\tau'$ $\tau_1'$. Ihre Polargerade ist die Verbindungsgerade der beiden entsprechenden Punkte $\tau$, der Doppelpunkte der Curve 4. Ordnung, welche Gerade offenbar eine Doppeltangente der Kernfläche ist.

Noch können wir hier bemerken, dass, da $\tau'$ und $\tau_1'$ dieselbe Polarebene $E$ haben, sie zu $\tau_3$ und $\tau_4$, den reciproken Polen, die auf ihrer Verbindungsgeraden sich befinden, harmonisch liegen. Also:

Wenn eine Ebene die Kernfläche mehrfach berührt, dann liegen eben so viele von ihren Polen auf der Kernfläche, die reciproken Pole ihrer Berührungspunkte. Die Verbindungsgerade je zweier dieser Pole schneidet die Kernfläche in 2 zu einander reciproken Polen, welche zu den beiden Polen harmonisch liegen; so dass wir so Gerade erhalten, die der Kernfläche in 4 harmonischen Punkten begegnen.

48. Eine beliebige Ebene $E$ schneidet die Kernfläche in einer Curve 4. Ordnung $K^1$, die Polarebenen der Punkte dieser Curve berühren die Kernfläche in den reciproken Polen. Sie berühren aber auch die cubische Polarfläche der Ebene $E$ und zwar ebenfalls in den reciproken Polen. Denn es sei $V'$ der reciproke Pol eines Punktes $V$ der Curve $K^1$; der Kegel, welcher quadratische Polarfläche von $V'$ ist, hat seine Spitze in $V$ und wird also durch $E$ in 2 Geraden $l_1$ und $l_2$ geschnitten, welche

einander in $V$ begegnen. Die Polarebenen aller Punkte von $l_1$ und $l_2$ enthalten den Punkt $V'$, da $l_1$ und $l_2$ auf der quadratischen Polarfläche von $V'$ liegt. Mithin ist $V'$ der gemeinschaftliche Scheitel der beiden Polarkegel von $l_1$ und $l_2$, demnach der Berührungspunkt der cubischen Polarfläche der Ebene $E$ und der Polarebene des Punktes $V$, in dem $l_1$ und $l_2$ einander treffen (No. 39). Also berührt in der That die Polarebene eines Punktes der Curve $K^4$ nicht blos die Kernfläche, sondern auch die cubische Polarfläche der Ebene in dem reciproken Pole des Punktes.

Folglich berühren die Kernfläche und die cubische Polarfläche einer Ebene $E$ einander längs der Curve, welche von den reciproken Polen der Punkte derjenigen Curve gebildet wird, in welcher die Ebene $E$ die Kernfläche durchschneidet.

Betrachten wir nun irgend einen Punkt $V'$ der Schnittcurve beider Flächen. Da er Punkt der Kernfläche ist, so muss der Scheitel des Kegels, der seine quadratische Polarfläche ist, ebenfalls auf der Kernfläche liegen. Da aber $V'$ auch ein Punkt der cubischen Polarfläche der Ebene $E$ ist, so muss seine quadratische Polarfläche durch die Ebene $E$ in einem Geradenpaare geschnitten werden. Also muss der Scheitel des Kegels, welcher die quadratische Polarfläche von $V'$ ist, auch auf $E$, mithin auf $K^4$ liegen. Folglich ist jeder Punkt der Schnittcurve der beiden Flächen reciproker Pol eines Punktes der Curve $K^4$, liegt also auf der Berührungscurve der beiden Flächen, d. h. die beiden Flächen haben nur die Berührungscurve mit einander gemein. Die Schnittcurve einer Fläche 3. und einer Fläche 4. Ordnung ist 12. Ordnung; berühren sich aber die Flächen in allen Punkten, welche sie gemein haben, und zwar einfach, wie dies hier offenbar der Fall ist, so zerlegt sich diese Raumcurve 12. Ordnung in 2 dicht nebeneinander herlaufende Raumcurven 6. Ordnung, welche für den Anblick in eine einzige zusammenfliessen. Da nun die Ebene $E$ ganz allgemein ist, haben wir folgenden Satz:

Die Kernfläche und die cubische Polarfläche jeder beliebigen Ebene $E$ berühren sich längs einer Raumcurve 6. Ordnung $L^6$, welche zugleich der Ort der reciproken Pole der Punkte der Curve $K^4$ ist, in der diese Ebene die Kernfläche schneidet. Man könnte diese

Curve $L^6$ die reciproke Curve der Ebene $E$ oder auch der ebenen Curve $K^4$ nennen.

Dass übrigens die reciproken Pole der Punkte der Curve $K^4$ eine Raumcurve 6. Ordnung bilden, ist auch aus einem früheren Resultate einzusehen. Diese reciproken Pole sind offenbar die Spitzen der Kegel, die sich in dem Bündel der quadratischen Polarflächen der Punkte der Ebene $E$ befinden, und diese liegen, wie früher (No. 16) gezeigt worden ist, auf einer Raumcurve 6. Ordnung.

Aus dem eben gefundenen Resultate geht auch hervor:

Diejenigen Punkte, welche ihre reciproken Pole auf einer gewissen Ebene haben oder, was dasselbe ist, deren quadratische Polarflächen Kegel sind, welche ihre Scheitel auf dieser Ebene haben, bilden eine auf der Kernfläche liegende Raumcurve 6. Ordnung, speciell also auch diejenigen Punkte, deren quadratische Polarflächen Cylinder sind (Kegel, deren Spitzen in der unendlich entfernten Ebene liegen). Ferner giebt es also auch unter den quadratischen Polarflächen der Punkte einer Ebene 6 Cylinder, überhaupt je 6 Kegel, welche ihre Spitzen in derselben Ebene haben.

Es fand sich (No. 40), dass die quadratische Polarfläche jedes der 4 Knotenpunkte der cubischen Polarfläche einer Ebene $E$ ein Kegel ist (welcher von der Ebene berührt wird). Also liegen diese Knotenpunkte auf der Kernfläche. Daraus folgt, dass die 4 Knotenpunkte der cubischen Polarfläche jeder Ebene auf der Berührungscurve $L^6$ derselben mit der Kernfläche liegen, auf der reciproken Curve der Ebene $E$.

Die gemeinschaftlichen Berührungsebenen der Kernfläche und der cubischen Polarfläche einer Ebene $E$ (längs der Curve $L^6$) hüllen eine abwickelbare Fläche $\Psi$ ein. Diese Ebenen sind ja die Polarebenen der Punkte der Curve $K^4$. Folglich gehen so viele durch einen beliebigen Punkt, als Punkte sind, in denen die quadratische Polarfläche dieses Punktes der Curve $K^4$ begegnet, d. i. 8, also ist die abwickelbare Fläche $\Psi$ von der 8. Klasse. Aehnlich wie bei der früher betrachteten Fläche $\Phi$, findet sich, dass $\Psi$ von der sovielten Ordnung ist, als Kegelschnitte des Büschels, welches die Ebene aus dem Büschel der quadratischen Polarflächen der Punkte einer beliebigen Geraden ausschneidet, die Curve $K^4$ berühren, und dass die Rückkehrcurve von $\Psi$ von der sovielten Ordnung ist, als Kegelschnitte des Netzes, in dem das Bündel der quadratischen Polarflächen der Punkte einer beliebigen Ebene durch $E$ geschnitten wird, die Curve $K^4$ osculiren. Nehmen wir, ohne auf die Specialfälle einzugehen, $K^4$ nur als allgemeine Curve 4. Ordnung ohne Doppel- und Rückkehrpunkte, so findet das erstere durch 20, das letztere durch 36 Kegelschnitte statt.*) Also ist $\Psi$ von der 20. Ordnung, ihre Rückkehrcurve von der 36. Ordnung.

Es sei $T$ eine beliebige Ebene; sie schneidet aus der Kernfläche eine Curve 4. Ordnung $C^4$ aus, aus der cubischen Polarfläche aber der Ebene $E$ eine cubische Curve $p^3$; das ist offenbar der Ort derjenigen Punkte auf $T$, deren quadratische Polarflächen durch $E$ in einem Geradenpaare geschnitten werden (oder $E$ berühren), gemäss der dritten Definition der cubischen Polarfläche einer Ebene (No. 39). Der Ort der Schnittpunkte dieser Geradenpaare (auf $E$) ist eine cubische Curve $T^3$ (No. 38). Die beiden Curven $C^4$ und $p^3$ berühren sich in 6 Punkten, da sie resp. auf der Kernfläche und der cubischen Polarfläche der Ebene $E$ liegen, welche ja einander, wie wir oben gefunden, längs der Raumcurve $L^6$ berühren. Die 6 Punkte sind die Schnittpunkte von $L^6$ mit $T$; offenbar die 6 Punkte von $T$, welche ihre reciproken Pole auf $E$ haben. Diese reciproken Pole müssen auf $K^4$ liegen, da jene auf $L^6$ sich befinden, und auf $T^3$, da jene auf $p^3$ liegen, denn die quadratische Polarfläche jedes Punktes von $p^3$ muss durch $E$ in einem Geradenpaare geschnitten werden, dessen Schnittpunkt auf $T^3$ liegt, also der Kegel, der die quadratische Polarfläche eines der 6 Berührungspunkte von $C^4$ und $p^3$ ist, wird durch $E$ in einem Geradenpaare geschnitten, dessen Schnittpunkt auf $T^3$ liegt, d. h. er muss seinen Scheitel auf $T^3$ haben; dieser Scheitel ist aber der reciproke Pol zu dem betreffenden Berührungspunkte. Diese 6 reciproken Pole sind also 6 von den 12 Schnittpunkten der Curven $K^4$ und $T^3$. Betrachten wir einen von den 6 übrigen Schnittpunkten, er heisse $k$. Weil er auf $K^4$ liegt, so ist er der Scheitel eines Kegels, welcher die quadratische Polarfläche eines Punktes $k'$ auf $L^6$ ist. Ferner

*) Introduzione No. 87 und 103.

weil $k$ auch auf $F^3$ liegt, muss ihm auf $p^3$ ein Punkt $\mathfrak{k}$ entsprechen, dessen quadratische Polarfläche durch $E$ in einem Geradenpaare geschnitten wird, dessen Schnittpunkt $k$ ist. Aber dies Geradenpaar muss nicht nothwendigerweise mit dem identisch sein, in welchem der obige Kegel durch die Ebene $E$, auf welcher sein Scheitel liegt, geschnitten wird. Das gilt eben nur für diejenigen 6 Schnittpunkte von $K^4$ und $T^3$, welche die reciproken Pole zu den 6 Berührungspunkten von $C^4$ und $p^3$ sind. Vielmehr haben wir ja in den 6 Punkten $\tau$ (Nr. 38) oder in den damit identischen Punkten $(q_0{}^i, q_0{}^k)$ (Nr. 40) Punkte kennen gelernt, in denen die Schnittpunkte unendlich vieler Geradenpaare sich befinden, in welchen die Ebene quadratische Polarflächen schneidet. Und zwar waren diese Polarflächen die der Punkte der Geraden $Q_0{}^i Q_0{}^k$. Also wird auch die Verbindungsgerade der Punkte $\mathfrak{k}$ und $k'$ eine dieser Geraden sein. Wir haben das Resultat gefunden:

Die 12 Schnittpunkte der Curven $K^4$ und $T^3$ sind erstens die 6 Punkte der Ebene $E$, deren reciproke Pole auf $T$ liegen, derjenigen Ebene, in der die Punkte liegen, deren quadratische Polarflächen von $E$ in Punkten von $T^3$ berührt werden, und zweitens die 6 Punkte $(q_0{}^i, q_0{}^k)$ der Ebene $E$.

Die Curve $L^6$, welche die reciproken Pole der Punkte von $K^4$ enthält, begegnet der Ebene $E$ in 6 Punkten, die ersichtlich auf $K^4$ liegen; sie seien $\alpha_0, \beta_0, \gamma_0, \alpha_0', \beta_0', \gamma_0'$. Jeder von ihnen muss, weil er auf $L^6$ liegt, seinen reciproken Pol auf $K^4$, und weil er auf $K^4$ liegt, seinen reciproken Pol auf $L^6$ haben, d. h. jeder von den 6 Punkten muss unter den 5 übrigen seinen reciproken Pol haben. Es seien also $\alpha_0$ und $\alpha_0'$, $\beta_0$ und $\beta_0'$, $\gamma_0$ und $\gamma_0'$ reciproke Pole. In jeder Ebene giebt es somit 3 Paare reciproker Pole. Die Verbindungsgeraden reciproker Pole sind solche Geraden, welche Polargerade besitzen; also sind die 3 Geraden $\alpha_0 \alpha_0'$, $\beta_0 \beta_0'$, $\gamma_0 \gamma_0'$ mit den Geraden $A, B, C$ identisch. Die reciproken Pole sind aber die Asymptotenpunkte der Involutionssysteme ihrer Verbindungsgeraden, also fallen die 6 Punkte mit den 6 Punkten $(q_0{}^i, q_0{}^k)$ zusammen. Wir schliessen daraus, dass die 3 Paare reciproker Pole der Ebene $E$, ihre Schnittpunkte mit ihrer reciproken Curve $L^6$, die 3 Paare Gegenecken des Vierseits der Geraden $q_0$ sind, so dass also auch viermal je 3 dieser 6 Punkte, von denen keine

2 reciprok sind, auf einer Geraden liegen. Umgekehrt wissen wir nun auch, dass die Gegenecken dieses Vierseits der Geraden $q_0$ reciproke Pole sind, also auch, dass die Punkte $(q_0^i, q_0^k)$ auf der Kernfläche liegen. Doch das kann man auch schon daraus entnehmen, dass die Polarcurve der zugehörigen Geraden $Q_0^i Q_0^k$ in dem Punkte $(q_0^i, q_0^k)$ einen Doppelpunkt hat, so dass in demselben also auch der Scheitel eines durch diese Polarcurve gelegten Kegels sich befindet, welcher bekanntlich die Bedeutung von 2 zusammengefallenen Kegeln hat. Der Pol dieses Kegels liegt demnach auf $Q_0^i Q_0^k$, und da in den Kegel 2 zusammengefallen sind, so berührt in ihm die Gerade $Q_0^i Q_0^k$ die Kernfläche, und weil $Q_0^i Q_0^k$ ganz auf der cubischen Polarfläche der Ebene $E$ liegt, auch die Curve $L^6$, die sie ausserdem in $Q_0^i$ und $Q_0^k$ schneidet. Der Pol des Kegels aber, dessen Scheitel in den Punkt $(q_0^i, q_0^k)$ fällt, ist der reciproke Pol von $(q_0^i, q_0^k)$, und das ist die Gegenecke von $(q_0^i, q_0^k)$ im Vierseit der Geraden $q_0$. Also eine Gerade $Q_0^i Q_0^k$ trifft die Ebene $E$ in der Gegenecke ihres entsprechenden Punktes $(q_0^i, q_0^k)$ im Vierseite der Geraden $q_0$ und berührt dort die Kernfläche. Da diese Gegenecke $(q_0^l, q_0^m)$ zu $(q_0^i, q_0^k)$ reciprok ist, so berührt auch in $(q_0^l, q_0^m)$ die Polarebene von $(q_0^i, q_0^k)$ die Kernfläche, so dass sich wieder zeigt, dass durch $(q_0^l, q_0^m)$, ebenso durch jeden andern Punkt $(q_0, q_0)$ die Curve $L^6$ geht. Die Polargerade der Verbindungsgeraden der Punkte $(q_0^i, q_0^k)$ und $(q_0^l, q_0^m)$, also einer der Geraden $A$, $B$, $C$, ist die Schnittgerade der Tangentenebenen an die Kernfläche in $(q_0^i, q_0^k)$ und $(q_0^l, q_0^m)$, d. i. der Polarebenen von $(q_0^l, q_0^m)$ und $(q_0^i, q_0^k)$, also derjenigen Ebenen, die die cubische Polarfläche der Ebene $E$ längs der Geraden $Q_0^l Q_0^m$ und $Q_0^i Q_0^k$ berühren, und in beiden Ebenen liegt auch bekanntlich je eine der Geraden $A'$, $B'$, $C'$, welche die Polargeraden resp. von $A$, $B$, $C$ sind, denn jede dieser Geraden schneidet 2 Gegenkanten des Knotenpunktstetraeders und bildet mit jeder derselben die längs der Kante die cubische Polarfläche berührende Ebene. Die Geraden $A'$, $B'$, $C'$ berühren demnach die Kernfläche doppelt (also da sie auf der cubischen Polarfläche von $E$ liegen, auch die Curve $L^6$) und zwar in den reciproken Polen der beiden Punkte, in denen die entsprechende Gerade $A$, $B$ oder $C$ die Kernfläche ausser in ihren beiden Punkten $(q_0, q_0)$ trifft.

Auf jeder Geraden $q_0^i$ haben wir schon 3 Kegelspitzen, also 3 Punkte der Kernfläche, nämlich ihre 3 Schnittpunkte $(q_0, q_0)$, also $(q_0^i, q_0^k)$, $(q_0^i, q_0^l)$, $(q_0^i, q_0^m)$. Ihre reciproken Pole sind die 3 übrigen Punkte $(q_0, q_0)$, also resp. $(q_0^l, q_0^m)$, $(q_0^k, q_0^m)$ und $(q_0^k, q_0^l)$. Der vierte Punkt der Kernfläche auf $q_0^i$ ist offenbar der Scheitel des Kegels, der die Ebene $E$ längs $q_0^i$ berührt, also der Scheitel $\mathfrak{q}_0^i$ der quadratischen Polarfläche (oder der reciproke Pol) des der Geraden $q_0^i$ entsprechenden Knotenpunktes $Q_0^i$.

49. Da die quadratischen Polarflächen der Punkte der Kernfläche Kegel sind, so ist klar, dass die Schnittcurve 12. Ordnung $R^{12}$ der cubischen Fläche $F^3$ und ihrer Kernfläche die Punkte der parabolischen Berührung giebt, also die Punkte, in denen die Krümmung Null ist, in denen nur eine Wendetangente die cubische Fläche osculirt (oder genauer 2 zusammengefallene) und deren Berührungsebene die cubische Fläche in einer cubischen Curve schneidet, die im Berührungspunkte einen Rückkehrpunkt hat, dessen Rückkehrtangente jene eine Wendetangente der cubischen Fläche ist (Nr. 31). Die Curve $R^{12}$, „die parabolische oder Wendecurve der cubischen Fläche", scheidet auch die Punkte positiver Krümmung von denen negativer Krümmung. Ferner die 27 Geraden der cubischen Fläche berühren in ihren Asymptotenpunkten die Kernfläche, also auch die parabolische Curve in denselben. Die eine Wendetangente eines Punktes $W$ der parabolischen Curve (kurzweg „parabolischen Punktes") oder die Rückkehrtangente der Schnittcurve seiner Berührungsebene ist offenbar die Kante, längs deren der Kegel, welcher die quadratische Polarfläche von $W$ ist, durch die Polarebene von $W$ (die Berührungsebene der cubischen Fläche in $W$) berührt wird. Es sei $W'$ der reciproke Pol von $W$. Die quadratische Polarfläche von $W$ geht durch $W$, weil dieser Punkt auf $F^3$ liegt, hat ihren Scheitel in $W'$, also ist $WW'$ eine Kante derselben. Die Polarebene von $W$ ist die Berührungsebene von $F^3$ in $W$, geht also durch $W$, sie berührt aber die Kernfläche im reciproken Pole $W'$, also enthält sie auch die Gerade $WW'$. Mithin ist diese Gerade die Kante der quadratischen Polarfläche

des Punktes $W$, längs deren dieselbe von dessen Polarebene berührt wird, also die einzige Wendetangente der cubischen Fläche in $W$ und zugleich die Rückkehrtangente der Schnittcurve der Berührungsebene in $W$. Da die Polarebene von $W$ die Kernfläche in $W'$ berührt und die Gerade $WW'$ enthält, so *berührt diese „Rückkehrwendetangente" des Punktes $W$ auch die Kernfläche in dessen reciprokem Pole $W'$.*

In jedem Asymptotenpunkte einer Geraden der cubischen Fläche wird diese Gerade selbst die Rückkehrwendetangente, weil der reciproke Pol des Asymptotenpunktes der andere Asymptotenpunkt derselben Geraden ist. *Folglich wird jede der 27 Geraden der cubischen Fläche zweimal eine solche Rückkehrwendetangente,* mithin *eine Doppelgerade der von denselben gebildeten Fläche $t$.* Zwei aufeinanderfolgende Generatricen dieser Fläche schneiden einander. Denn es sei $W_1$ der unendlich nahe Punkt auf $R^{12}$ neben $W$ und $W_1'$ sein reciproker Pol, der offenbar unendlich nahe neben $W'$ liegt. $W_1 W_1'$ ist die nächstfolgende Generatrix von $t$ neben $WW'$. $W_1$ liegt noch auf der Berührungsebene der cubischen Fläche in $W$, ebenso $W_1'$ noch auf der der Kernfläche in $W'$. Beide Ebenen sind aber identisch, nämlich die Polarebene von $W$, also liegt $W_1$ und $W_1'$ in derselben, d. h. die Gerade $W_1 W_1'$, aber in ihr liegt schon die Gerade $WW'$, folglich schneiden beide einander. Mithin *ist $t$ eine abwickelbare Fläche.* Aus den eben gemachten Auseinandersetzungen geht hervor, dass die Ebenen, durch 2 aufeinander folgende Generatricen der Fläche gelegt, also *die Berührungsebenen der Fläche $t$ die Tangentialebenen der cubischen Fläche längs der parabolischen Curve sind.* Deren gehen durch einen Punkt so viel, als der parabolischen Curve und der Berührungscurve des von dem Punkte an die cubische Fläche gelegten Tangentialkegels gemeinsame Punkte sind. Das sind aber die gemeinsamen Punkte der cubischen Fläche, der Kernfläche und der quadratischen Polarfläche des Punktes, und deren sind $3 . 4 . 2 = 24$. *Also ist die Klasse der „Rückkehrwendetangentenfläche" 24.*

Da $WW'$ Verbindungsgerade reciproker Pole ist, so gehen die Polarebenen aller ihrer Punkte durch dieselbe Gerade, und auf $WW'$ ist eine Involution von Paaren von Punkten, welche je dieselbe Polarebene haben. Die Asymptotenpunkte dieser Involution sind die beiden reciproken Pole $W$ und $W'$. Also $W$ und sein nächster Nachbar auf $WW'$, der auch noch auf der cubischen Fläche liegt, haben dieselbe Polarebene, folglich, da sie eben Punkte der cubischen Fläche sind, dieselbe Berührungsebene; mithin bleibt in 2 aufeinander folgenden Punkten der Fläche in der Richtung $WW'$ die Tangentialebene dieselbe. Die Tangentenebene der cubischen Fläche in einem parabolischen Punkte ist in der Richtung nach dessen reciprokem Pole stationär.

Ebenso haben $W'$ und sein nächster Nachbar auf $WW'$ dieselbe Polarebene. Aber $WW'$ berührt die Kernfläche in $W'$, also liegt der nächste Nachbar von $W'$ auf $WW'$ auch noch auf der Kernfläche. Folglich, da die Polarebenen von $W'$ und seinem Nachbar auf $WW'$ identisch sind, so werden die Berührungsebenen an die Kernfläche in den beiden reciproken Polen, dem Punkte $W'$ und einem ihm unendlich nahen Punkte, dieselben sein. Also die Tangentialebene an die Kernfläche in $W'$ ist in einer gewissen Richtung stationär, nämlich in der Richtung von $W'$ zu dem reciproken Pole des dem Punkte $W'$ auf $WW'$ unendlich nahen Punktes. Man kann auch sagen: die Ebene berührt zweimal, aber in 2 Punkten, die einander unendlich nahe liegen, also sie schneidet die Kernfläche in einer Curve, die in $W'$ einen Rückkehrpunkt hat. Rückkehrtangente ist die mehrfach erwähnte Richtung.

Die Polargerade der Geraden $WW'$ muss nun offenbar auf der Berührungsebene der cubischen Fläche in $W$ liegen, da dies die Polarebene des Punktes $W$ ist. Ferner gehen die Polarebenen aller Punkte von $WW'$ durch $W$, da $WW'$ die cubische Fläche in $W$ osculirt (Nr. 32). Also ist $W$ ein Punkt der gesuchten Polargeraden. Die Curve, in der die Berührungsebene in $W$ die cubische Fläche schneidet, hat in $W$ einen Rückkehrpunkt, besitzt demnach einen Wendepunkt $Z$. Die Wendetangente $z$ desselben schneide $WW'$ in einem Punkte $J$. Es ist klar, dass dessen Polarebene durch $Z$ geht, also geht sie durch $W$ und $Z$, schneidet folglich die Polarebene oder Berührungsebene von $W$ in $WZ$, demnach ist $WZ$ die Polargerade der Geraden $WW'$.

Also die Polarebenen sämmtlicher Punkte einer Rückkehrwendetangente gehen durch die Gerade, die auf der Berührungsebene des Osculationspunktes, welche die cubische Fläche in einer cubischen Curve mit einem Rückkehrpunkte schneidet, diesen Rückkehrpunkt mit dem einzigen Wendepunkte, welchen die Curve besitzt, verbindet.

Diesen Satz findet man zuerst ausgesprochen in einer Abhandlung des Herrn Clebsch.*)

Da $W'Z$ Polargerade ist, so berührt sie die Kernfläche doppelt, also einmal in $W'$; das ist auch daraus klar, dass sie auf der Polarebene des Punktes $W''$ liegt, welche die Kernfläche in $W'$ berührt. Mithin berührt $W'Z$ auch die parabolische Curve $R^{12}$ in $W'$, weil sie die beiden Flächen, deren Schnitt diese ist, in $W'$ tangirt. Die cubische Fläche nämlich berührt $W'Z$ in $W'$, weil sie in der Tangentialebene von $W'$ durch $W'$ geht. Also die Tangenten der Raumcurve $R^{12}$ berühren die Kernfläche alle noch einmal.

Ferner die Polarcurve der Geraden $W'W''$ hat in $W'$ einen Doppelpunkt, da $W'W''$ in $W''$, dem reciproken Pole von $W'$, die Kernfläche berührt; folglich berühren die quadratischen Polarflächen aller Punkte von $W'W''$ einander in $W'$, haben in $W'$ alle dieselbe Berührungsebene. Eine von ihnen, die von $W'$, wird in $W'$ von der Tangentialebene der cubischen Fläche in $W'$ berührt, folglich berühren alle diese Tangentialebene. Die Polarebenen aller Punkte von $W'W''$ schneiden aber diese Tangentialebene in $W'Z$, folglich berührt der Kegelschnitt, in welchem die Polarebene eines Punktes auf $W'W''$ der quadratischen Polarfläche desselben begegnet, die Gerade $W'Z$ in $W'$, also berührt ein solcher Kegelschnitt in $W'$ die parabolische Curve. Es sei $D$ eine beliebige Gerade. Die eben beschriebenen Kegelschnitte für diejenigen Punkte dieser Geraden, welche auf Rückkehrwendetangenten sich befinden, berühren die parabolische Curve in den Osculationspunkten derselben. Diese Kegelschnitte für alle Punkte der Geraden $D$ construirt erzeugen die Wendepolarfläche (Nr. 35) der Geraden $D$. Die Bedeutung der Wendepolarfläche einer Geraden $D$ war die, dass in allen Punkten ihrer Schnittcurve mit der cubischen Fläche die eine der dort osculirenden Wendetan-

*) Journal von Crelle-Borchardt, Band 63, Seite 21; er ist auch schon wiedergegeben in Salmon-Fiedler's Lehrbuch der analyt. Geometrie des Raumes (Band II, Seite 497).

genten die Gerade $D$ trifft. Also auch in den Punkten, wo die Wendepolarfläche der Geraden $D$ die parabolische Curve $R^{12}$ der cubischen Fläche trifft, wird die eine dort osculirende Wendetangente die Gerade $D$ schneiden. Aber in solchen Punkten giebt es nur eine Wendetangente, und das ist eine Rückkehrwendetangente. Der Durchschnitt der quadratischen Polarfläche und der Polarebene jedes Punktes derselben berührt die parabolische Curve im Osculationspunkte der Rückkehrwendetangente, also auch der Durchschnitt für den Punkt, wo diese Tangente die Gerade $D$ trifft, folglich einer der Kegelschnitte, durch welche wir uns die Wendepolarfläche dieser Geraden erzeugt gedacht haben; mithin berührt auch diese die parabolische Curve. Also wo die Wendepolarfläche einer Geraden die parabolische Curve trifft, da berührt sie dieselbe, und so oft eine Gerade einer der Rückkehrwendetangenten begegnet, so oft berührt die Wendepolarfläche der Geraden die parabolische Curve und zwar in dem Osculationspunkte jener Tangente, und umgekehrt: so oft die Wendepolarfläche einer Geraden die parabolische Curve berührt (und sie berührt sie überall, wo sie sie trifft), so oft trifft die Gerade eine Rückkehrwendetangente, nämlich die in dem Berührungspunkte osculirende. Die Wendepolarfläche der Geraden $D$, welche 5. Ordnung ist, berührt die parabolische Curve in $\frac{12 \cdot 5}{2} = 30$ Punkten, also treffen 30 Rückkehrwendetangenten die beliebige Gerade $D$. Mithin ist die durch die Rückkehrwendetangenten erzeugte abwickelbare Fläche $t$ 30. Ordnung, also $t^{30}$. Jede ihrer Generatricen osculirt die cubische Fläche in einem Punkte der parabolischen Curve, trifft sie demnach sonst nicht mehr; also osculirt auch die Fläche $t^{30}$ die cubische Fläche längs der parabolischen Curve $R^{12}$. Diese Curve mithin dreifach gerechnet, und die 27 Geraden der cubischen Fläche, deren jede eine Doppelgeneratrix der Fläche $t^{30}$ ist, jede doppelt gerechnet, ergeben den Schnitt 90. Ordnung der Flächen $F^3$ und $t^{30}$.

Die Berührungsebenen der Fläche $t^{30}$ sind die Berührungsebenen an $F^3$ in den Punkten von $R^{12}$. Stationäre Tangentenebenen an $t^{30}$ können nur da vorkommen, wo die Gerade $WW'$, in deren Richtung bei $W$ die Tangentenebene an die cubische Fläche stationär ist, eine Tangente an $R^{12}$ in $W$ wird, also mit ihrer Polargeraden $WZ$ zusammenfällt. Offenbar können nur die Polarebenen von Punkten der cubischen Fläche durch diese Punkte gehen, mithin nur die Polargeraden von Geraden der cubischen Fläche mit diesen Geraden zusammenfallen, demnach sind nur diejenigen Berührungsebenen der cubischen Fläche, welche in den Asymptotenpunkten der 27 Geraden berühren, also die cubische Fläche in einem Kegelschnitte und einer ihn tangirenden Geraden schneiden, stationäre oder Wendeberührebenen der Fläche $t^{30}$; es giebt folglich deren 54.

Da wir nun die Ordnung, die Klasse und die Anzahl der Wendeberührungsebenen der Fläche $t^{30}$ kennen, so ist es leicht mit Hilfe der von Herrn Cayley*) auf die Raumcurven übertragenen Plückerschen Formeln die Ordnung der Rückkehrcurve von $t^{30}$ zu ermitteln; sie ist 72. Die Polarebenen aller Punkte einer Geraden $WW'$ gehen durch $WZ$, die Tangente an $R^{12}$ in $W$, diejenige des Punktes, in dem $WW'$ von der unendlich nahen Generatrix der Fläche $t^{30}$ getroffen wird, also eines Punktes der Rückkehrcurve von $t^{30}$, auch durch die der Tangente $WZ$ unendlich nahe Tangente der parabolischen Curve, ist mithin eine Schmiegungsebene derselben.

Also die Polarebenen der Punkte der Rückkehrcurve der Rückkehrwendetangentenfläche sind die Schmiegungsebenen der parabolischen Curve.

50. Es sei $P_0$ ein Punkt, dessen quadratische Polarfläche in Bezug auf die cubische Fläche in zwei Ebenen $F$ und $F'$ sich auflöst, die sich in der Geraden $p_0$ durchschneiden. Da lässt sich ganz nach Art des Beweises von Nr. 42 darthun, dass die quadratische Polarfläche jedes Punktes $\mathfrak{p}$ der Geraden $p_0$ ein Kegel ist, dessen Scheitel in den Punkt $P_0$ fällt; ist ja doch jedes Ebenenpaar als ein Kegel aufzufassen, dessen Scheitel sich zu einer Geraden erweitert hat, so dass jeder Punkt derselben als Scheitel zu betrachten ist.

Der Punkt $P_0$ und die Gerade $p_0$ liegen nothwendig

*) Journal de Mathématiques par Liouville vol. X pag. 245.

auf der Kernfläche; alle Punkte $\mathfrak{p}$ der Geraden $p_0$ sind dem einen Punkt $P_0$ reciprok, so dass nach Steiner eine solche Gerade $p_0$ dem Punkte $P_0$ reciprok genannt wird.

Ein Punkt $P_0$ kann nicht auf der cubischen Fläche liegen, denn dann müsste er doch auch auf seiner quadratischen Polarfläche, mithin auf einer der beiden Ebenen $F$ und $F'$, z. B. auf $F$ liegen; die cubische Curve, welche $F$ aus der cubischen Fläche ausschneidet, wäre ein Theil der Berührungscurve; die von $P_0$ nach allen Punkten dieser Curve gezogenen Geraden wären Tangenten an die cubische Fläche und, weil $P_0$ in der Ebene der Curve liegt, auch Tangenten dieser, was nicht möglich ist. Mithin kann auch kein Punkt $P_0$ auf seiner reciproken Geraden $p_0$ liegen.

Ebenso kann eine Gerade $p_0$ nicht auf der cubischen Fläche liegen, denn dann gehörte sie mit zur Berührungscurve; die von $P_0$ nach allen ihren Punkten gezogenen Geraden berührten in diesen Punkten die cubische Fläche; die Ebene $(P_0, p_0)$ berührte diese also längs einer Geraden, was bei allgemeinen Flächen 3. Ordnung nicht eintritt.

Da der Punkt $P_0$ zu allen Punkten $\mathfrak{p}$ von $p_0$ reciprok ist, so berührt die Polarebene von $P_0$ die Kernfläche in allen Punkten von $p_0$, also längs der ganzen Geraden $p_0$. Umgekehrt berührt auch die Polarebene jedes Punktes $\mathfrak{p}$ die Kernfläche in dem Punkte $P_0$, und zwar haben alle diese Punkte $\mathfrak{p}$ verschiedene Polarebenen. Denn hätten alle dieselbe, so müsste diese doch durch die 3 Punkte gehen, in denen $p_0$ die cubische Fläche trifft, mithin durch die ganze Gerade, demnach auch durch ihre übrigen Pole, was nicht möglich ist, da diese nicht auf der cubischen Fläche liegen. Also berühren in dem Punkte $P_0$ unendlich viele Ebenen die Kernfläche, mithin ist $P_0$ ein Knotenpunkt derselben. Demnach ist jeder Punkt, dessen quadratische Polarfläche in ein Ebenenpaar degenerirt, ein Knotenpunkt der Kernfläche. Da $p_0$ keine Polargerade hat, weil sie nicht zwei zu einander reciproke Pole verbindet, sondern nur lauter solche Punkte, die zu $P_0$ reciprok sind, so hüllen die Polarebenen der Punkte $\mathfrak{p}$ einen Kegel 2. Ordnung ein, dessen Spitze natürlich in den Punkt $P_0$, in dem alle die Kernfläche tangiren, fallen muss und an den sich die Kernfläche in $P_0$ anschliesst.

Nun handelt es sich darum nachzuweisen, dass es bei jeder allgemeinen cubischen Fläche Punkte giebt, deren quadratische Polarfläche in zwei Ebenen zerfällt. Wir fanden in Nr. 48 den Satz: Diejenigen Punkte, deren quadratische Polarflächen Kegel sind, welche ihre Spitzen in einer Ebene $E$ haben, befinden sich auf einer Raumcurve 6. Ordnung $L^6$, längs deren die Kernfläche und die cubische Polarfläche $c^3$ der Ebene $E$ einander berühren. Eine andere Ebene $E_1$, deren cubische Polarfläche $c^3{}_1$ sei, habe $L^6{}_1$ zur reciproken Curve. Ebenenpaare sind, wie oben gesagt, Kegel, welche ihren Scheitel in jedem beliebigen Punkte ihrer Schnittgeraden, also in jeder beliebigen Ebene haben. Ein Punkt, der den beiden Curven gemein ist, muss zur quadratischen Polarfläche einen Kegel haben, der seinen Scheitel sowohl auf $E$, als auf $E_1$ hat und natürlich auch auf der Kernfläche. Nun giebt es nur 4 Punkte, die zugleich auf $E$, $E_1$ und der Kernfläche liegen, es sind die 4 Schnittpunkte $\varepsilon$ der Geraden $(E, E_1)$ mit dieser Fläche. Da $L^6$ auf der Kernfläche liegt und $L^6{}_1$ die dieser mit der cubischen Polarfläche $c^3{}_1$ gemeinschaftliche Curve ist, so treffen $L^6$ und $L^6{}_1$ einander so oft, als $L^6$ die Fläche $c^3{}_1$ trifft, also achtzehnmal. In den reciproken Polen $\varepsilon'$ der 4 Punkte $\varepsilon$ berührt $L^6$ die Fläche $c^3{}_1$. Denn die Polarebene jedes der 4 Punkte $\varepsilon$ berührt im reciproken Punkte $\varepsilon'$ die Kernfläche und die Fläche $c^3$, weil $\varepsilon$ auf $E$ liegt, und die Kernfläche und die Fläche $c^3{}_1$, weil $\varepsilon$ auf $E_1$ liegt. Da die Ebenen $E$ und $E_1$ ganz beliebig sind, werden die Punkte $\varepsilon$, sowie auch die reciproken Pole $\varepsilon'$ derselben keine singulären Punkte auf der Kernfläche sein, also in jedem der letzteren wird die Kernfläche nur eine Berührungsebene haben, so dass in jedem derselben die Kernfläche und die beiden Flächen $c^3$ und $c^3{}_1$ einander berühren, also in jedem die Curve $L^6$, längs deren sich die Kernfläche und $c^3$ berühren, und die überall von den diesen gemeinschaftlichen Tangentenebenen berührt wird, von einer in dem Punkte zugleich die Fläche $c^3{}_1$ berührenden Ebene t, mithin von der Fläche $c^3{}_1$ selber tangirt wird. Die 4 Punkte $\varepsilon'$ absorbiren demgemäss 8 von den 18 Begegnungspunkten der Fläche $c^3{}_1$ und der Curve $L^6$ oder der beiden Curven $L^6$ und $L^6{}_1$. Die übrigen Punkte $\varphi$, in denen $L^6$ und $L^6{}_1$ einander treffen, müssen nun Punkte sein, die zu quadratischen Polarflächen Kegel besitzen, die ihren Scheitel auf $E$ sowohl, wie auf $E_1$ haben, aber nicht auf $(E, E_1)$, also einen Scheitel $\mathfrak{p}$ auf $E$ und einen von diesem verschiedenen $\mathfrak{p}_1$ auf $E_1$, d. h. diese quadratischen Polarflächen müssen Ebenenpaare sein, deren Schnittgerade die Punkte $\mathfrak{p}$ und $\mathfrak{p}_1$ verbindet. Also die Punkte $\varphi$ müssen Punkte $P_0$ sein und die Geraden $\mathfrak{p}\mathfrak{p}_1$ Geraden $p_0$. Damit ist die Existenz von Punkten $P_0$ für jede cubische Fläche nachgewiesen. Es handelt sich jetzt noch darum zu zeigen, dass es 10 solche Punkte giebt, d. h. dass die Punkte $\varphi$ nicht auch Berührungspunkte von $L^6$ und $e^3{}_1$ sind, sondern einfache Schnittpunkte. Zwar wird $L^6$ in jedem Punkte $\varphi$ von einer die Flächen $e^3$ und die Kernfläche in ihm zugleich berührenden Ebene tangirt und ebenso, da $\varphi$ auch Punkt von $L^6{}_1$, die Kernfläche und die Fläche $e^3{}_1$ in $\varphi$ von derselben Ebene berührt. Aber diese beiden Ebenen sind diesmal nicht identisch. Der Punkt $\varphi$ ist ja als Punkt $P_0$ ein Knotenpunkt der Kernfläche, hat demnach unendlich viele Berührungsebenen an die Kernfläche, darum braucht die der Kernfläche und der cubischen Polarfläche $e^3$ in $\varphi$ gemeinsame Berührungsebene nicht dieselbe Ebene zu sein, wie die, welche in $\varphi$ zugleich die Kernfläche und die cubische Polarfläche $e^3{}_1$ tangirt. Jene ist ja auch die Polarebene des Punktes $\mathfrak{p}$, und diese die des von $\mathfrak{p}$ verschiedenen Punktes $\mathfrak{p}_1$; die einzelnen Punkte einer Geraden $p_0$ haben aber, wie oben gezeigt, verschiedene Polarebenen. Mithin berührt die Curve $L^6$ die Fläche $e^3{}_1$ in den Punkten $\varphi$ oder $P_0$ nicht, sondern durchschneidet sie nur einfach. Also ist die Anzahl dieser Punkte $P_0$ in der That 10. Demnach haben wir folgenden Satz:

Für jede cubische Fläche giebt es 10 Punkte $P_0$, deren quadratische Polarfläche in je zwei Ebenen zerfällt. Der von einem dieser Punkte an die cubische Fläche gelegte Tangentenkegel zerspaltet sich in zwei Kegel 3. Ordnung, welche längs zweier ebenen cubischen Curven berühren.

Diese 10 Punkte ergeben 10 Knotenpunkte der Kernfläche. Es sind mithin die, welche wir vermutheten, als wir ihre Klasse 16 statt 36 fanden.

Es sei $P_0{}^1$ einer von den 10 Punkten $P_0$, $p_0{}^1$ seine reciproke Gerade. Wir haben schon gefunden, dass die quadratischen Polarflächen aller Punkte von $p_0^1$ Kegel sind, die ihren Scheitel in $P_0^1$ haben. Mithin besteht die Polarcurve von $p_0^1$ aus 4 in den Punkt $P_0^1$ zusammenlaufenden Geraden $f_1^1$, $f_2^1$, $f_3^1$, $f_4^1$. Durch diese lassen sich 3 Ebenenpaare legen, nämlich: $(f_1^1 f_2^1, f_3^1 f_4^1)$, $(f_1^1 f_3^1, f_2^1 f_4^1)$ und $(f_1^1 f_4^1, f_2^1 f_3^1)$. Demnach giebt es vermöge der in Nr. 34 auseinandergesetzten Projectivität auf $p_0^1$ 3 Punkte $P_0$. Die 3 Schnittgeraden dieser Ebenenpaare, also die reciproken Geraden der 3 Punkte $P_0$, gehen ersichtlich durch $P_0^1$. Also auf jeder Geraden $p_0$ liegen 3 Punkte $P_0$ und durch jeden Punkt $P_0$ gehen 3 Gerade $p_0$, welche zu den 3 Punkten $P_0$ reciprok sind, wenn der Punkt $P_0$, durch welchen sie gehen, zu der Geraden $p_0$ reciprok ist, auf der sich die 3 Punkte $P_0$ befinden. Demnach genügt auch schon der Nachweis, dass kein Punkt $P_0$ auf der cubischen Fläche liegen kann, um einzusehen, dass dieselbe auch keine Gerade $p_0$ enthalten kann.

Die durch den Punkt $P_0^1$ gehenden Geraden $p_0$ seien $p_0^2$, $p_0^3$, $p_0^4$; ihre reciproken Pole auf $p_0^1$ also $P_0^2$, $P_0^3$, $P_0^4$. Jede der 3 Geraden $p_0^2$, $p_0^3$, $p_0^4$ ist die Polare der durch die beiden übrigen gebildeten Ebene in Bezug auf alle Kegel des Büschels $f_1^1 f_2^1 f_3^1 f_4^1$), also können sie nicht in einer Ebene liegen. Mithin können auch nicht alle Geraden $p_0^2$, $p_0^3$, $p_0^4$ die Gerade $p_0^1$ treffen; da nun kein Grund vorhanden ist, warum die eine oder die andere dieser 3 der Geraden $p_0^1$ ganz gleichartig gegenüberstehenden Geraden die Gerade $p_0^1$ eher treffen sollte, als jede der beiden andern, so ist im Allgemeinen anzunehmen, dass keine Gerade $p_0$ die reciproke Gerade eines der auf ihr liegenden Punkte $P_0$ trifft oder, anders gesagt, kein Punkt $P_0$ auf einer Geraden $p_0$ liegt, die seine reciproke schneidet. Mithin liefern die 3 durch $P_0^1$ gehenden Geraden $p_0^2$, $p_0^3$, $p_0^4$ noch 6 Punkte $P_0$, die von $P_0^2$, $P_0^3$, $P_0^4$ verschieden sind, und zwar $p_0^2$: $P_0^5$ $P_0^6$, $p_0^3$: $P_0^7$ $P_0^8$ und $p_0^4$: $P^9$ $P^{10}$. Damit sind alle 10 Punkte $P_0$ erschöpft. Sie müssen uns die noch übrigen Geraden $p_0$ geben. Wir haben bei dem Punkte $P_0^1$ die 3 Geraden $p_0$, bei jedem der 9 andern erst eine; also durch jeden gehen noch zwei, z. B. durch $P_0^5$, durch den schon $p_0^2$ geht. Keine von ihnen kann zugleich die beiden Geraden $p_0^3$, $p_0^4$ treffen, weil diese dann mit $p_0^2$ in einer Ebene liegen müssten; jede aber muss noch 2 Punkte $P_0$ haben, die sie doch nur auf $p_0^3$, $p_0^4$ oder $p_0^1$ finden kann; also muss sie eine der Geraden $p_0^3$ und $p_0^4$ und die Gerade $p_0^1$ treffen und zwar in einem Punkte $P_0$. Nun leuchtet ein, dass jede Gerade der Kernfläche eine Gerade $p_0$ sein muss, denn die quadratischen Polarflächen aller ihrer Punkte müssen Kegel sein, aber auch ein Büschel bilden, also die Scheitel gemein haben, so dass umgekehrt die quadratische Polarfläche dieses Scheitels ihren Scheitel in allen Punkten der Geraden hat, demnach ein Ebenenpaar ist. Daraus geht hervor, dass in jeder Ebene, in der sich 3 Gerade $p_0$ befinden, auch noch eine vierte liegen muss, welche den Schnitt mit der Kernfläche vervollständigt. Eine der beiden weiteren durch $P_0^5$ gehenden Geraden $p_0$ sei $p_0^7$. Denn $p_0^5$ kann selbstverständlich durch $P_0^5$ nicht gehen, ebenso $p_0^6$ nicht, weil diese dann $p_0^2$, auf der $P_0^6$ liegt, träfe. Die Gerade $p_0^7$ kann $p_0^3$ nicht treffen, weil auf dieser $P_0^7$ liegt, also trifft sie $p_0^4$ (wir nehmen an in $P_0^9$) und $p_0^1$ und zwar in $P_0^3$, weil $P_0^7$ auf $p_0^3$ liegt. In der Ebene ($p_0^2$ $p_0^4$) haben wir nun 3 Gerade $p_0$: $p_0^2$ $p_0^4$ $p_0^7$, mithin giebt es noch eine vierte in derselben; da in dieser Ebene durch die Punkte $P_0^1$, $P_0^5$, $P_0^9$ schon je zwei Gerade $p_0$ gehen, die drei durch einen Punkt $P_0$ gehenden Geraden $p_0$ niemals in derselben Ebene liegen, so muss die vierte Gerade die 3 übrigen Punkte $P_0^6$ $P_0^{10}$ und $P_0^3$, die sich in der Ebene ($p_0^2$, $p_0^4$) befinden, verbinden. Mithin ist diese Gerade die dritte Gerade $p_0$, die durch $P_0^3$ geht ausser $p_0^1$ und $p_0^7$, folglich $p_0^8$, denn auf $p_0^3$ liegen $P_0^1$, $P_0^7$, $P_0^8$. In ähnlicher Weise wird uns die Ebene ($p_0^2$ $p_0^3$) die Geraden $p_0^9$, $p_0^{10}$ geben, von denen $p_0^9$ durch $P_0^6$ (denn $P_0^5$ liegt auf $p_0^7$, welche durch $P_0^9$ geht), $P_0^7$ (denn $p_0^7$ geht durch $P_0^9$), $P_0^4$ geht (denn $P_0^9$ liegt auf $p_0^4$), $p_0^{10}$ aber infolge dessen durch $P_0^5$, $P_0^8$, $P_0^4$. Endlich die Ebene ($p_0^3$ $p_0^4$) liefert die beiden Geraden $p_0^5$ und $p_0^6$, von denen $p_0^5$ die 3 Punkte $P_0^7$ (denn $p_0^7$ geht durch $P_0^5$), $P_0^{10}$ (weil $p_0^{10}$ durch $P_0^5$ geht) und $P_0^2$ (weil $P_0^5$ auf $p_0^2$ liegt), $p_0^6$ aber die Punkte $P_0^8$, $P_0^9$ und $P_0^2$ enthält. Jetzt lassen sich leicht die Geraden $p_0$ zusammenstellen, welche durch jeden Punkt $P_0$ gehen:

| | | | | | | | |
|---|---|---|---|---|---|---|---|
| durch | $P_0^1$ | gehen | $p_0^2$, $p_0^3$, $p_0^4$, | durch | $P_0^6$ | gehen | $p_0^2$, $p_0^8$, $p_0^9$, |
| „ | $P_0^2$ | „ | $p_0^1$, $p_0^5$, $p_0^6$, | „ | $P_0^7$ | „ | $p_0^3$, $p_0^5$, $p_0^9$, |
| „ | $P_0^3$ | „ | $p_0^1$, $p_0^7$, $p_0^8$, | „ | $P_0^8$ | „ | $p_0^3$, $p_0^6$, $p_0^{10}$, |
| „ | $P_0^4$ | „ | $p_0^1$, $p_0^9$, $p_0^{10}$, | „ | $P_0^9$ | „ | $p_0^4$, $p_0^6$, $p_0^7$, |
| „ | $P_0^5$ | „ | $p_0^2$, $p_0^7$, $p_0^{10}$, | „ | $P_0^{10}$ | „ | $p_0^4$, $p_0^5$, $p_0^8$. |

Wir erhalten ohne Mühe 5 Ebenen mit je 4 Geraden $p_0$: nämlich $p_0^2\ p_0^3\ p_0^9\ p_0^{10}$, $p_0^2\ p_0^4\ p_0^7\ p_0^8$, $p_0^3\ p_0^4\ p_0^5\ p_0^6$, $p_0^1\ p_0^5\ p_0^8\ p_0^9$, $p_0^1\ p_0^6\ p_0^7\ p_0^{10}$. Jede der 4 Geraden einer Ebene ist die Schnittgerade der Ebene mit einer der 4 andern. Die 4 Geraden einer Ebene bilden ein Vierseit, dessen 6 Ecken Punkte $P_0$ sind, aber die gerade immer die 6 andern obern Indices haben, als die 4 Geraden $p_0$ der Ebene, weil ja kein Punkt $P_0$ auf einer Geraden $p_0$ liegt, welche seiner reciproken begegnet. Jeder der 6 Punkte $P_0$ einer Ebene ist Schnittpunkt derselben mit 2 andern. Wir entnehmen daraus folgende Resultate:

Die 10 Geraden $p_0$ sind die Kanten eines Pentaeders und die 10 Punkte $P_0$ dessen Ecken. Die Gerade, in der zwei Ebenen des Pentaeders sich schneiden, ist reciprok zu der Ecke, in der die 3 übrigen zusammmenkommen.

Die 4 Geraden $p_0$ einer Pentaederebene haben zu reciproken Polen die ausserhalb der Ebene liegenden 4 Ecken, welche zugleich die Knotenpunkte der cubischen Polarfläche der Pentaederebene sind. Die 4 Geraden bilden in dieser Ebene das Vierseit der Geraden $q_0$ (man sehe No. 40). Die reciproken Geraden der 6 Punkte $P_0$ einer Pentaederebene liegen ebenfalls ausserhalb der Ebene, sind die 6 Kanten des von den eben genannten Knotenpunkten gebildeten Tetraeders und bilden die reciproke Curve der Pentaederebene oder des Geradenvierseits, das diese aus der Kernfläche ausschneidet, mithin berühren längs ihnen die Kernfläche und die cubische Polarfäche der Pentaeterebene einander, und zwar berührt in allen Punkten einer solchen Geraden beide Flächen ein und dieselbe Ebene, die Polarebene des reciproken Punktes der betreffenden Geraden. Jede dieser 6 ausserhalb der Pentaederebene liegenden Geraden $p_0$ trifft die Ebene in der Ecke des Vierseits, die dem reciproken Pole gegenüberliegt.

51. Die ersten Mittheilungen über dieses nun allgemein nach Steiner benannte Pentaeder sind, noch ehe Steiner seine Untersuchungen über die cubischen Flächen veröffentlichte, durch

Herrn Sylvester*) geschehen. Dann hat Herr Clebsch zwei umfangreiche Abhandlungen**) über dasselbe herausgegeben. Er bedient sich in denselben einer sehr bequemen Bezeichnungsweise für die Ebenen, Kanten und Ecken des Pentaeders durch Zahlen, welche wir nur adoptiren können, indem wir freilich, zur Unterscheidung von wirklichen Zahlen, schrägstehende Ziffern anwenden.

Seien die 5 Pentaederebenen, deren allgemeine Benennung $E_0$ sein mag, durch die Zahlen *1*, *2*, *3*, *4*, *5* bezeichnet, dann sind die 10 Kanten $p_0$ offenbar *12*, *13*, *14*, *15*, *23*, *24*, *25*, *34*, *35*, *45* und die 10 Ecken $P_0$ *123*, *124*, *125*, *134*, *135*, *145*, *234*, *235*, *245*, *345*. Die 4 Kanten, die eine Ziffer gemein haben, ebenso die 6 Ecken, die ebenso beschaffen, liegen in derselben Ebene, der diese Ziffer zukommt. Ebenso kann man leicht die 3 Punkte $P_0$, die auf einer Geraden $p_0$ liegen, finden, z. B. auf *15* liegen *125*, *135*, *145*, oder die 3 Geraden $p_0$ finden, die durch einen Punkt $P_0$ gehen, z. B. durch *125* gehen *12*, *15*, *25*. Ferner sind auch reciproker Punkt und Gerade leicht zusammenzustellen, z. B. *24* und *135*. Die beiden Ebenen, welche die quadratische Polarfläche eines Punktes $P_0$ bilden, mögen so bezeichnet werden: die von *135* durch *24'* und *24''*, weil sie sich in der Geraden *24* begegnen. Die allgemeine Bezeichnung für diese 20 Ebenen sei $F$.

Es ist klar, dass die Polarebenen aller Punkte einer solchen Ebene $F$ durch den Punkt $P_0$ gehen, zu dessen quadratischer Polarfläche die Ebene $F$ gehört. Es sei $T$ eine durch $P_0$ gehende Ebene, $l$ eine beliebige nicht durch $P_0$ gehende Gerade der Ebene $T$, so wird offenbar die Polarcurve von $l$ die Ebene $F$ in 4 Punkten treffen; die Polarebenen dieser 4 Punkte gehen durch $l$ und $P_0$ d. h. $T$ ist die Polarebene dieser 4 Punkte. Also jede durch $P_0$ gehende Ebene ist Polarebene für 4 Punkte von $F$. Mithin werden die Polarebenen der Punkte der Ebene $F$ durch das vierfach zu rechnende Ebenenbündel um $P_0$ gebildet; die cubische Polarfläche ist zum vierfachen Punkte $P_0$ degenerirt, also die 4. Klasse hat sich bewahrt.

Im Anfang von No. 50 fanden wir schon, dass **die Polarebenen aller Punkte einer Geraden $p_0$ die Kernfläche im reciproken Pole $P_0$ berühren und einen Kegel**

*) Cambridge and Dublin Math. Journal vol. VI.

**) Journal von Crelle-Borchardt, Band 58 S. 109 und Band 59 S. 193.

2. Ordnung $C_0^2$ einhüllen, dessen Scheitel in diesen Punkt fällt, und an den sich die Kernfläche im Knotenpunkte $P_0$ anschliesst.

Ebenso fanden wir, dass die Polarebene $\Pi_0$ eines Punktes $P_0$ (zum Unterschiede von etwaigen andern Punkten $P_0$ werde er mit $P_0'$ bezeichnet) die Kernfläche in jedem Punkte der reciproken Geraden $p_0'$, also längs dieser ganzen Geraden berührt. Sie schneidet also die Kernfläche noch in einem Kegelschnitte $K_0$. Es giebt mithin auf der Kernfläche 10 Kegelschnitte $K_0$. Jede Tangente $t$ eines solchen Kegelschnitts ist Doppeltangente der Kernfläche, die sie nämlich dort, wo sie $K_0$ berührt, und wo sie $p_0'$ trifft, tangirt. Jener Berührungspunkt sei $\tau$, dieser Schnittpunkt $\pi$. Jede Doppeltangente der Kernfläche ist Polargerade derjenigen Geraden, welche die reciproken Pole ihrer Berührungspunkte verbindet. Der reciproke Pol von $\pi$ ist $P_0'$; es sei der von $\tau : \tau'$. Also ist $t$ Polargerade der Geraden $t'$, welche $P_0'$ und $\tau'$ verbindet. Die beiden Punkte, in denen $t'$ die Kernfläche noch trifft, sind $P_0'$ (da derselbe Knotenpunkt der Kernfläche ist) und ein anderer Punkt $\pi_1$. $P_0'$ und $\pi_1$ müssen reciprok sein (No. 46), also muss $\pi_1$ auf $p_0'$ liegen. Mithin sind die Tangenten des Kegelschnitts $K_0$ Polargeraden von Geraden, welche den Punkt $P_0'$ mit einem Punkt der reciproken Geraden $p_0'$ verbinden. Die Tangentialebenen an die Kernfläche in den beiden reciproken Polen $P_0'$ und $\pi_1$ auf $t'$ oder die Polarebenen von $\pi_1$ und $P_0'$ begegnen sich (No. 46) in $t$. Die Polarebene von $P_0'$ ist $\Pi_0$, in der $K_0$ liegt, die Polarebene aber von $\pi_1$, als einem Punkte von $p_0'$, hüllt mit den Kegel $C_0^2$ ein, an den sich die Kernfläche in $P_0'$ anschliesst, also wird $t$ auf $\Pi_0$ durch den Schnitt einer Tangentenebene dieses Kegels $C_0^2$ erzeugt. Mithin ist $K_0$ der Schnitt des Kegels $C_0^2$ mit der Ebene $\Pi_0$. Also auch, wo die Polarebene eines Punktes $\pi_1$ der Geraden $p_0'$ diese Gerade trifft, da ist der Punkt $\pi$. $\pi$ und $\pi_1$ fallen dreimal zusammen in den Punkten, in denen $p_0'$ der cubischen Fläche begegnet. Da von jedem Punkte $\pi$ 2 Tangenten $t$ an $K_0$ gehen, so entsprechen jedem Punkte $\pi$ 2 Punkte $\pi_1$, während jedem Punkte $\pi_1$ ein Punkt $\pi$ entspricht. Also werden die Punkte $\pi_1$ eine der Punktenreihe $\pi$ projectivische Involution bilden; was ja auch mit dem dreimaligen Zusammenfallen entsprechender Punkte stimmt. Die Geraden $P_0' \pi_1$, deren Polargeraden die Tangenten von $K_0$ sind, liegen ersichtlich alle in der Ebene $(P_0', p_0')$; auf ihnen liegen die reciproken Pole $\tau'$ der Punkte $\tau$ des Kegelschnitts $K_0$. Es sind offenbar die Punkte, in denen $P_0' \pi_1$ die Kernfläche ausser in $P_0'$ und $\pi_1$ trifft; sie liegen also auf der Curve 3. Ordnung $K_0^3$, in der die Ebene $(P_0', p_0')$ ausser in $p_0'$ die Kernfläche schneidet. Die Gesammtschnittcurve $(p_0', K_0^3)$ dieser Ebene hat in $P_0'$ und den 3 Punkten $P_0$, welche auf $p_0'$ liegen, Doppelpunkte, weil diese Knotenpunkte der Kernfläche sind. Also ist $P_0'$ für $K_0^3$ ein Doppelpunkt, dagegen die 3 Punkte $P_0$ auf $p_0'$ sind für die blosse Curve $K_0^3$ einfache Punkte. Mithin ist $P_0'$ reciproker Pol von 2 Punkten von $K_0$, ersichtlich von den beiden, in denen $K_0$ der Geraden $p_0'$ begegnet. Auch die 3 Punkte $P_0$ auf $p_0'$ haben reciproke Pole $\tau_0$ auf $K_0$. Alle Punkte aber, die reciprok zu einem Punkte $P_0$ sind, liegen auf dessen reciproker Geraden $p_0$, also gehen die reciproken Geraden $p_0$ der 3 Punkte $P_0$ auf unserer Geraden $p_0'$ durch die respectiven Punkte $\tau_0$; sie gehen aber auch durch unsern Punkt $P_0'$, also da $K_0$ auf $C_0^2$ liegt, sind die 3 Geraden $p_0$, die in $P_0'$ zusammenstossen, Kanten des Kegels $C_0^2$; längs dieser Geraden $p_0$ berühren nun respective die Polarebenen der 3 Punkte $P_0$ auf $p_0'$ die Kernfläche, sie berühren aber auch den Kegel $C_0^2$, also müssen sie auch diesen längs dieser 3 Geraden berühren, folglich müssen auch Kegel und Kernfläche einander längs der 3 Geraden berühren. Es ist nun auch klar, dass da, eine Fläche 2. Ordnung und eine 4. Ordnung eine Schnittcurve 8. Ordnung haben, ausser den 3 Berührungsgeraden nur noch eine Schnittcurve 2. Ordnung übrig bleibt, und das ist eben $K_0$. Die Geraden $P_0 \tau_0$ sind ersichtlich ähnliche Geraden wie die mehrfach betrachteten $P'_0 \pi_1$.

Es werde nun noch die cubische Polarfläche einer Ebene $\Pi_0$ betrachtet. Die Berührung mit der Kernfläche findet ersichtlich statt längs der ebenen cubischen Curve $K_0^3$, welche die reciproken Pole der Punkte von $K_0$ enthält. Jedoch ist dadurch die gewöhnliche Raumcurve 6. Ordnung noch nicht vollständig repräsentirt. Wir werden jedoch bald die übrige Curve 3. Ordnung finden. Da $p_0'$ in $\Pi_0$ liegt, so berühren alle Tangentenebenen des Polarkegels $C_0^2$ die cubische Polarfläche. Die quadratische Polarfläche des Punktes $P_0'$ wird durch $\Pi_0$ in 2 in die Gerade $p_0'$ zusammengefallenen Geraden geschnitten, folglich ist $p_0'$ eine Gerade $q_0$ der Ebene $\Pi_0$ und $P_0'$ ein Knotenpunkt $Q_0$ der cubischen Polarfläche der Ebene $\Pi_0$, mithin berühren auch die Polarebenen aller Punkte von $p_0'$, also die Berührungsebenen von $C_0^2$ diese cubische Polarfläche in dem Knotenpunkt $P_0'$, folglich haben die Kernfläche und die cubische Polarfläche von $\Pi_0$ den Knotenpunkt $P_0'$ und auch den Kegel 2. Ordnung gemein, an den sie sich in diesem Knotenpunkt anschliessen. Die quadratischen Polarflächen aller Punkte jeder der 3 Geraden $p_0$, die durch $P_0'$ gehen, sind Kegel, welche ihren Scheitel in dem entsprechenden Punkte $P_0$ der Geraden $p_0'$ haben, also durch $\Pi_0$ in einem Geradenpaare geschnitten werden. Mithin berührt die Polarebene jedes der 3 Punkte $P_0$ auf $p_0'$ die cubische Polarfläche der Ebene $\Pi_0$ (ersichtlich auch die jeder andern durch $p_0'$ gehenden Ebene) längs der ganzen reciproken Geraden $p_0$ des betreffenden Punktes $P_0$. Also berühren die Kernfläche und die cubische Polarfläche der Ebene $\Pi_0$ einander längs der 3 Geraden $p_0$, die durch $P_0'$ gehen, und diese 3 Geraden bilden die oben erwähnte Curve 3. Ordnung. Die 3 durch $P_0'$ gehenden Geraden $p_0$ sind 3 von den Kanten des Knotenpunktstetraeders der cubischen Polarfläche von $\Pi_0$, auf jeder liegt also noch ein Knotenpunkt dieser Fläche.

Die 3 Paare $P_0\tau_0$ sind die einzigen Paare reciproker Pole in der Ebene $\Pi_0$. Sie sind also die Punkte $(q_0, q_0)$ dieser Ebene und bilden die Gegenecken des Vierseits der Geraden $q_0$. Je 3 von ihnen, unter denen sich keine 2 reciproken Pole befinden, liegen auf einer Geraden $q_0$; von den 3 Punkten $P_0$ ist es ersichtlich. Es sei $P_0'$ der Punkt *123*, $p_0'$ ist dann *45*, die 3 Punkte $P_0$ auf $p_0'$ sind *145*, *245*, *345*; also ihre 3 reciproken (durch *123* gehenden) Geraden *23*, *13*, *12*. $\tau_0$ sind die Punkte, wo diese den Kegelschnitt $K_0$ treffen; sie seien mit $23_0$, $13_0$, $12_0$ bezeichnet. Reciprok sind *145* und $23_0$, *245* und $13_0$, *345* und $12_0$. Es ergiebt sich nun leicht, dass $12_0$, $13_0$, *145* auf einer Geraden $q_0^1$, ferner $12_0$, $23_0$, *245* auf einer Geraden $q_0^2$ und $13_0$, $23_0$, *345* auf einer Geraden $q_0^3$ liegen. Aber *12*, *13* (also auch $12_0$, $13_0$) und *145* liegen in der Pentaederebene *1*, also ist $q_0^1$ die Gerade $(1, \Pi_0)$, $q_0^2$ ebenso $(2, \Pi_0)$ und $q_0^3$ ist $(3, \Pi_0)$.

Also die 4 Geraden $q_0$ der Ebene $\Pi_0$ sind die

Schnittlinien von $\Pi_0$ mit den 5 Pentaederebenen; diejenigen beiden Pentaederebenen, welche sich in der reciproken Geraden $p_0$ des Punktes $P_0$ schneiden, dessen Polarebene $\Pi_0$ ist, ergeben nur eine Schnittgerade, eben die $p_0$.

Die 3 Geraden $P_0\tau_0$ sind die 3 Geraden $A$, $B$, $C$ der Ebene $\Pi_0$, die einzigen, welche Polargerade besitzen. Diese Polargeraden liegen in den Polarebenen der Punkte $P_0$ und berühren den dort befindlichen Kegelschnitt $K_0$.

Auf jeder der durch $P_0'$ gehenden Geraden $p_0$ z. B. *12* liegt ein gewisser Punkt, dessen quadratische Polarfläche, ein Kegel, durch die Ebene $\Pi_0$ in derjenigen Geraden $q_0$ berührt wird, die durch den reciproken Pol von *12*, also *345* geht, also längs $q_0{}^3$. Jener Punkt ist der auf *12* liegende Knotenpunkt der cubischen Polarfläche von $\Pi_0$. Die quadratischen Polarflächen aller Punkte von *12* haben ihren Scheitel in *345* und werden durch $\Pi_0$ in Strahlenpaaren geschnitten, die eine Involution bilden. Asymptotenstrahlen sind *45* und $q_0{}^3 = (3, \Pi_0)$; zu ihnen sind mithin je 2 Strahlen eines Paars harmonisch, also z. B. auch je die beiden Geraden, in denen $(35', 35'')$ und $(34', 34'')$, die quadratischen Polarflächen der beiden noch auf *12* liegenden Punkte *124* und *125*, durch $\Pi_0$ geschnitten werden.

$\Pi_0{}^{123}$ ist Polarebene von *123* in Bezug auf die cubische Fläche, also auch in Bezug auf $(45', 45'')$, die quadratische Polarfläche von *123*, mithin sind $(123, 45)$, $\Pi_0{}^{123}$; $45'$, $45''$ harmonisch.

52. Ein Ebenenpaar ist ein Kegel, dessen Scheitel in jeder beliebigen Ebene liegt. Daraus geht hervor, dass die Raumcurven 6. Ordnung, auf denen die Punkte liegen, deren quadratische Polarflächen Kegel sind, die ihre Spitzen auf einer gewissen Ebene haben, durch die 10 Punkte $P_0$ der Kernfläche gehen. Die reciproken Curven also aller möglichen Ebenen, oder, was dasselbe ist, die Berührungscurven der cubischen Polarflächen aller Ebenen mit der Kernfläche gehen durch die 10 Knotenpunkte der letzteren (treffen also auch jede der 10 Geraden $p_0$ derselben dreimal). Jede solche Berührungscurve geht folglich nicht nur durch die 4 Knotenpunkte der cubischen Polarfläche (No. 48), sondern auch durch die 10 Knotenpunkte der Kernfläche.

Nehmen wir zuerst einmal als Gegenstand unserer Betrachtung die allgemeine Schnittcurve 12. Ordnung $S^{12}$ einer Fläche 4. Ordnung (der Kernfläche) und einer 3. Ordnung (der cubischen Polarfläche einer Ebene). Eine Tangente der Schnittcurve berührt beide Flächen; also muss sowohl die cubische Polarfläche (erste Polare) eines Punktes, in dem eine solche Tangente einer beliebigen Geraden $D$ begegnet, in Bezug auf die Fläche 4. Ordnung, als auch die quadratische Polarfläche (ebenfalls erste Polare) desselben Punktes in Bezug auf die Fläche 3. Ordnung durch den Berührungspunkt der Tangente gehen. Mithin begegnet die Tangente der Schnittcurve $S^{12}$ in einem Punkte, in dem die Curve von der Begegnungscurve zweier solchen ersten Polaren getroffen wird, der Geraden $D$. Die quadratischen Polarflächen aller Punkte dieser Geraden in Bezug auf die Fläche 3. Ordnung bilden ein Flächenbüschel 2. Ordnung, welches der Punktreihe der Geraden projectivisch ist (No. 34); aber ebenso bilden auch die cubischen Polarflächen aller Punkte der Geraden $D$ in Bezug auf die Fläche 4. Ordnung ein Flächenbüschel 3. Ordnung, das der Punktreihe der Geraden $D$ auch projectivisch ist (der Beweis ist ein ähnlicher, wie er früher für die Flächen 3. Ordnung geführt worden, und es kann hier nicht näher auf ihn eingegangen werden), also sind die beiden Büschel unter einander projectivisch und erzeugen eine Fläche 5. Ordnung,*) welche der Curve $S^{12}$ sechzigmal begegnet. Daher treffen 60 Tangenten dieser Curve die beliebige Gerade $D$; ihre Tangentenfläche ist also 60. Ordnung. Wir bemerken nebenbei, dass demgemäss von der 60. Ordnung die Tangentenfläche der parabolischen Curve $R^{12}$ ist. Eine Verminderung der Ordnung der Curve $S^{12}$ tritt ein, wenn sie durch Knotenpunkte der Flächen, die einander in ihr schneiden, geht. Wir nehmen an, sie gehe durch alle 14 Knotenpunkte der Kernfläche und der cubischen Polarfläche. Jeder Knotenpunkt ist dann Doppelpunkt der Durchdringungscurve, und jeder vermindert die Anzahl der Tangenten, welche einer beliebigen Geraden begegnen, um 2; denn der Knotenpunkt einer Fläche liegt auf der ersten Polare jedes beliebigen Punktes in Bezug auf die Fläche, also die 10 Knotenpunkte der Fläche 4. Ordnung auf der Grundcurve des cubischen Polarenbüschels

---

*) Cremona's Introduzione No. 50.

und die 4 Knotenpunkte der Fläche 3. Ordnung auf der Grundcurve des quadratischen Polarenbüschels und mit diesen beiden
Grundcurven also auf der Fläche 5. Ordnung. Da aber die Knotenpunkte auch auf $S^{12}$ liegen und zwar als Doppelpunkte, so
absorbiren sie $2.14=28$ von den 60 Begegnungspunkten der
Curve $S^{12}$ und der Fläche 5. Ordnung, mithin werden nur die
Tangenten in den 32 übrigen Punkten der beliebigen Geraden $D$
begegnen, die Tangentenfläche von $S^{12}$ demnach, wenn die Curve
durch die 14 Knotenpunkte der beiden Flächen geht, 32. Ordnung sein. Jetzt gehen wir nun darauf zurück, dass die Curve
$S^{12}$ aus 2 dicht neben einander herlaufenden Raumcurven 6. Ordnung besteht, die sich als eine einzige Curve, die Berührungscurve der beiden Flächen, präsentiren. Jeder Punkt der Raumcurve 6. Ordnung hat mithin die Bedeutung eines Doppelpunktes
der Curve 12. Ordnung, so dass nun auch die 14 Knotenpunkte
sich nicht mehr vor den übrigen Punkten auszeichnen, sondern
als Punkte der Raumcurve 6. Ordnung in die Bedeutung von
einfachen Punkten zurücktreten. Ebenso hat jede Tangente der
Curve 6. Ordnung die Bedeutung von 2 Tangenten der Curve
12. Ordnung; begegneten daher 32 Tangenten dieser Curve jeder
beliebigen Geraden, so begegnen 16 Tangenten der Curve 6. Ordnung derselben. Also die Tangentenfläche der reciproken Curve einer Ebene oder der Curve, längs deren
sich die Kernfläche und die cubische Polarfläche einer
Ebene berühren, ist 16. Ordnung. Es wird, da diese
Curve auch Schnitt zweier Oberflächen 3. Ordnung ist, die schon
eine cubische Raumcurve gemein haben (No. 16), dies Resultat
im nächsten Kapitel nochmals bewiesen werden. Es schien uns
daher um so weniger nothwendig, auf den genaueren Beweis der
oben erwähnten Sätze einzugehen, die aus der Theorie der Polaren im Allgemeinen bekannt sind; hier kam es uns nur darauf an, die durch die Knotenpunkte der beiden einander berührenden Flächen bewirkte Verkleinerung
der Ordnung der Tangentenfläche ihrer Berührungscurve nachzuweisen.

53. Nach No. 48 bilden die reciproken Pole der Punkte
der Curve 4. Ordnung, welche durch eine Ebene aus der Kernfläche ausgeschnitten wird, eine Raumcurve 6. Ordnung. Diese
schneidet die cubische Fläche in 18 Punkten, folglich giebt es

in jener Ebene 18 Punkte, deren reciproke Pole auf der cubischen Fläche, also auf der parabolischen Curve liegen, oder 18 reciproke Pole von Punkten der parabolischen Curve liegen auf jener Ebene. Mithin bilden die reciproken Pole der Punkte der parabolischen Curve eine Raumcurve 18. Ordnung $K^{18}$. Das sind stets die Punkte $W'$ (No. 49). In diesen Punkten berührt die Gerade $W'W'$ die Kernfläche, also berührt die Rückkehrwendetangentenfläche $t^{30}$ die Kernfläche längs der Curve 18. Ordnung $K^{18}$. Sie durchschneidet sie in der parabolischen Curve $R^{12}$ und demnach noch in einer Curve 72. Ordnung $K^{72}$. Jede Generatrix von $t^{30}$ berührt also die Kernfläche in dem Punkte $W'$ auf $K^{18}$, schneidet sie in dem Punkte $W$ auf $R^{12}$ und einem Punkte $W''$ auf $K^{72}$. $W$ und $W''$ sind reciprok, mithin sind die beiden reciproken Pole von $W'$, der als Berührungspunkt doppelter Schnittpunkt ist, und von $W''$ — der von $W''$ ist $W$, der von $W''$ sei $Z'$ — die Berührungspunkte der Geraden $WZ$, der Polargeraden von $W'W'$, mit der Kernfläche (No. 46).

Die reciproke Curve $L^6$ einer beliebigen Ebene $T$ begegnet $t^{30}$ in 180 Punkten, welche sich auf die Curven $R^{12}$, $K^{18}$, $K^{72}$ vertheilen müssen, und zwar gilt jeder Punkt, in welchem $L^6$ die Curve $K^{18}$ trifft, für je zwei von den 180, weil in $K^{18}$ die Kernfläche, auf der $L^6$ liegt, und $t^{30}$ einander berühren. Da nun $K^{18}$ die reciproken Pole von $R^{12}$ enthält und umgekehrt, so muss $L^6$ der Curve $K^{18}$ so oft begegnen, als die Ebene $T$ der Curve $R^{12}$, also zwölfmal, und der Curve $R^{12}$ so oft, als $T$ der Curve $K^{18}$, also achtzehnmal. Doch ausser den 12 Punkten, in denen, wie wir eben gefunden, $L^6$ und $K^{18}$ einander begegnen, haben sie noch andere Begegnungspunkte. Da jede der Geraden $p_0$ die cubische Fläche in 3 Punkten trifft, so ist jeder der Punkte $P_0$ reciproker Pol zu 3 Punkten von $R^{12}$; mithin geht die Curve $K^{18}$ dreimal durch jeden der 10 Punkte $P_0$. Durch diese geht aber auch die reciproke Curve $L^6$ der Ebene $T$, mithin erhalten wir noch 10 Schnittpunkte von $L^6$ und $K^{18}$, deren jeder die Bedeutung von 3 hat. Wir haben nun auf $R^{12}$ 18, auf $K^{18}$ $2.12+3.10=54$ Schnittpunkte von $t^{30}$ mit $L^6$ — die letzteren ersichtlich die 54 Punkte, in denen $K^{18}$ die cubische Polarfläche von $T$ trifft —, mithin kommen auf $K^{72}$ noch 108. Demnach giebt es auf der Ebene $T$ 108 Punkte, deren reciproke Pole auf

$K^{72}$ liegen, also Punkte $W'''$ sind. Die reciproken Pole der Punkte $W''$ sind aber die Punkte $Z'$, in denen die Geraden $WZ$ die Kernfläche zum zweiten Male berühren; demgemäss liegen 108 derartige Punkte in der beliebigen Ebene $T$, mithin ist die von diesen zweiten Berührungspunkten der Geraden $WZ$, der Tangenten der parabolischen Curve, gebildete Raumcurve 108. Ordnung, daher heisse sie $K^{108}$. Also die Tangentenfläche der parabolischen Curve berührt die Kernfläche längs dieser parabolischen Curve selbst und längs einer Curve 108. Ordnung $K^{108}$, wodurch auch der Schnitt 240. Ordnung, den sie als Fläche 60. Ordnungen mit der Kernfläche gemein hat, sich herausstellt: $2 . 12 + 2 . 108 = 240$.

Die reciproke Curve von $R^{12}$ ist $K^{18}$, die von $K^{72}$ ist $K^{108}$, und jede $L^6$ ist reciproke Curve zu einer ebenen Curve $K^4$. Es hat sich also wiederholt das Verhältniss der Ordnungen zweier Curven, von denen jede stets die reciproken Pole der andern enthält, $2:3$ ergeben.

54. Die quadratischen Polarflächen der Punkte einer Geraden $p_0$ gehen alle durch dieselben 4 Geraden, welche in den reciproken Pol $P_0$ der Geraden $p_0$ zusammenlaufen (man sehe No. 50); demnach gehen die Polarebenen aller Punkte dieser 4 Geraden durch die Gerade $p_0$; diese ist folglich gemeinschaftliche Polargerade der 4 Geraden. Jede Gerade $p_0$ ist also gemeinschaftliche Polargerade der 4 in ihren reciproken Pol zusammenlaufenden Geraden $f$.

Das Pentaeder hat 15 Diagonalen; jede derselben schneidet, da sie 2 Knotenpunkte der Kernfläche verbindet, dieselbe nicht mehr; also muss ihre Polarcurve eine solche Raumcurve 4. Ordnung sein, durch welche wohl 2 Ebenenpaare, aber kein Kegel gelegt werden kann; sie besteht aus 4 ein windschiefes Vierseit bildenden Geraden $a'$, $b'$, $c'$, $d'$. Wiederum ist also nothwendig, dass die Polarebenen sämmtlicher Punkte dieser 4 Geraden durch die entsprechende Diagonale gehen; so dass diese die Polargerade für alle 4 ist. Demnach ist jede Diagonale des Steiner-schen Pentaeders gemeinschaftliche Polargerade der 4 Geraden, in denen sich die Polarebenenpaare ihrer beiden Endpunkte durchschneiden. Es giebt daher 100 Gerade, welche Polargerade haben, aber so, dass je 4 dieselbe Polargerade haben. Diese 100 Geraden sind die einzigen, von denen Steiner erwähnt, dass sie statt eines Polarkegels eine Polargerade haben; während sich nach dem Früheren ergeben hat, dass es deren unendlich viele giebt. Freilich zeichnen sich unter ihnen die eben betrachteten 100 Geraden aus. Diese 100 Geraden zerfallen nach dem, was wir eben gesehen, in 2 Abtheilungen von 40 und 60 Geraden. Für jene haben wir uns schon mehrfach der Bezeichnung des Herrn Clebsch*) durch den Buchstaben $f$ bedient, diese nennt er die Geraden $i$.

Es seien die 4 Geraden $f$, welche die Polarcurve von *45* bilden und in den Punkt *123* zusammenlaufen, $f_1\, f_2\, f_3\, f_4$. Die 3 durch sie gehenden Ebenenpaare sind $(12', 12'')$, $(13', 13'')$, $(23', 23'')$. Alle durch die 4 Geraden gelegten Kegel bilden ein Büschel, schneiden also jede beliebige Gerade in einem Involutionssysteme. Nehmen wir zu dieser Geraden eine, welche den Kanten *13* und *23* und zwar in den Punkten $13_0$ und $23_0$ begegnet; die Ebenen $12'$ und $12''$ treffe sie in den Punkten $12'_0$ und $12''_0$. Die 3 Ebenenpaare gehören mit zu den Kegeln, also ist $12'_0$ und $12''_0$ ein Punktenpaar der Involution; die beiden Ebenenpaare $(13', 13'')$ und $(23', 23'')$ werden nun von der Geraden nur in je einem Punkte (oder besser in 2 zusammengefallenen Punkten) resp. $13_0$ und $23_0$ getroffen, mithin sind diese Punkte die Asymptotenpunkte der Involution, also $12'_0, 12''_0; 13_0, 23_0$ harmonische Punkte (durch die Schreibweise ist schon angedeutet, dass $12'_0$, $12''_0$ einerseits und $23_0$ und $13_0$ andererseits zugeordnet sind). Die 4 Ebenen $12', 12''$; *1*, *2*, welche einander in der Kante *12* begegnen, gehen durch diese 4 Punkte, also bilden sie ein harmonisches Büschel.

Wir haben mithin das Theorem:

Die beiden Ebenen $F$ der quadratischen Polarfläche eines Punktes $P_0$ bilden mit den beiden Pentaederebenen $E_0$, welche durch ihre Schnittgerade, die reciproke Gerade $p_0$ des Punktes $P_0$, gehen, ein harmonisches Büschel und sind in demselben zugeordnet.

Dies ist der einzige Satz, welchen Steiner selbst über das Pentaeder gegeben hat. Im Folgenden sollen noch mehrere

*) Journal von Crelle-Borchardt, Band 59 Seite 220.

andere synthetisch entwickelt werden, welche Herr Clebsch*) zuerst bekannt gemacht hat.

Die Ebenen $F$, welche zu je 2 die quadratischen Polarflächen der 3 auf einer Geraden $p_0$ liegenden Punkte $P_0$ geben, gehen viermal je 3 durch eine der 4 Geraden $f$, welche die Polarcurve der Geraden $p_0$ bilden; z. B. wenn $p_0$ die Kante *45* ist, mögen

durch $f_1$: $12'$, $13'$, $23''$
durch $f_2$: $12'$, $13''$, $23'$
durch $f_3$: $12''$, $13'$, $23'$
durch $f_4$: $12''$, $13''$, $23''$ gehen.

Jede Ebene $F$ schneidet 2 Pentaederebenen in einer Geraden $p_0$, die 3 übrigen aber schneidet sie in Geraden, welche wir mit Herrn Clebsch $g$ nennen. Dieser Geraden giebt es $3.20 = 60$; in jeder Pentaederecke kommen 6 zusammen.

Nehmen wir zwei Ebenen $F$ heraus, die durch eine Gerade $f$ gehen: $12'$ und $13'$, die sich in $f_1$ schneiden. In der Ebene *1* haben wir nun das harmonische Büschel: *12*, *13*, die Schnittlinien von *2* und *3* mit *1*, und die Schnittlinien von $23'$ und $23''$ mit *1*. Durch *12* und *13* gehen aber auch $12'$ und $13'$; $23''$ ist die dritte Ebene $F$, die durch $f_1$ geht; es ist nun ersichtlich, dass die vierte harmonische Ebene zu $12'$, $13'$; $23''$ (so bezeichne ich, dass sie zu $23''$ zugeordnet sein soll) die Ebene *1* in der Geraden schneidet, welche vierte harmonische zu *12*, *13*; (*1*, $23''$) ist, d. h. in der Geraden $g = (1, 23')$. Also:

Die vierte harmonische Ebene zu 3 Ebenen $F_1$ $F_2$; $F_3$, die durch dieselbe Gerade $f$ gehen, geht durch diejenige Gerade $g$, in der die Ebene $F$, die mit $F_3$ zu einem Polarebenenpaar zusammengehört, diejenige Pentaederebene schneidet, welche durch die beiden resp. auf $F_1$ und $F_2$ befindlichen Geraden $p_0$ gebildet wird.

Die 8 Pole der Pentaederebene *5* seien $\alpha$, $\beta$, $\gamma$, $\delta$, $\varepsilon$, $\zeta$, $\eta$, $\vartheta$. Sie liegen so, dass die Geraden

$\alpha\varepsilon$, $\beta\zeta$, $\gamma\eta$, $\delta\vartheta$ die 4 in den Punkt *234* zusammenlaufenden $f$ sind,
$\alpha\beta$, $\varepsilon\zeta$, $\gamma\delta$, $\eta\vartheta$ „ 4 „ „ „ *134* „ „ „
$\alpha\gamma$, $\varepsilon\eta$, $\beta\delta$, $\zeta\vartheta$ „ 4 „ „ „ *124* „ „ „
$\alpha\vartheta$, $\delta\varepsilon$, $\beta\eta$, $\zeta\gamma$ „ 4 „ „ „ *123* „ „ „.

*) Am eben angef. Orte.

Demnach liegen auf den Ebenen

| | | | | | |
|---|---|---|---|---|---|
| $34'$ | die Punkte | $\alpha\varepsilon\beta\zeta$ | $13'$ | die Punkte | $\alpha\beta\eta\vartheta$ |
| $34''$ | „ „ | $\gamma\eta\delta\vartheta$ | $13''$ | „ „ | $\varepsilon\zeta\gamma\delta$ |
| $12'$ | „ „ | $\alpha\vartheta\zeta\gamma$ | $23'$ | „ „ | $\alpha\varepsilon\delta\vartheta$ |
| $12''$ | „ „ | $\varepsilon\delta\beta\eta$ | $23''$ | „ „ | $\beta\zeta\gamma\eta$ |
| $24'$ | „ „ | $\alpha\varepsilon\gamma\eta$ | $14'$ | „ „ | $\alpha\beta\gamma\delta$ |
| $24''$ | „ „ | $\beta\zeta\delta\vartheta$ | $14''$ | „ „ | $\varepsilon\zeta\eta\vartheta$. |

Dagegen schneiden die quadratischen Polarflächen von *125* und *345* : $(34', 34'')$ und $(12', 12'')$ einander in 4 Geraden $\alpha\zeta$, $\eta\delta$, $\varepsilon\beta$, $\gamma\vartheta$, die ein windschiefes Vierseit bilden: die Gerade $(125, 345)$ ist eine Diagonale des Pentaeders, also sind diese 4 Geraden Gerade $i$. Ebenso ist die Polarcurve von $(245, 135)$ oder die Schnittcurve von $(13', 13'')$ und $(24', 24'')$ das System der 4 Geraden: $\alpha\eta$, $\zeta\delta$, $\beta\vartheta$, $\eta\gamma$ und die von $(235, 145)$, in der sich $(14', 14'')$ und $(23', 23'')$ begegnen, besteht aus $\alpha\delta$, $\zeta\eta$, $\beta\gamma$, $\varepsilon\vartheta$. Mehr Diagonalen liegen in der Ebene *5* nicht. Wir haben so aus den Polen dieser Ebene 12 Gerade $i$ entwickelt; so dass alle 5 Pentaederebenen 60 derartige Geraden geben, wie wir schon oben gesehen.

Ersichtlich liegen je in einer Ebene $\alpha\eta$, $\eta\zeta$, $\zeta\alpha$; $\alpha\eta, \eta\delta, \delta\alpha$; $\zeta\delta$, $\delta\eta$, $\eta\zeta$; $\zeta\delta$, $\delta\alpha$, $\alpha\zeta$; $\varepsilon\gamma$, $\gamma\vartheta$, $\vartheta\varepsilon$; $\varepsilon\gamma$, $\gamma\beta$, $\beta\varepsilon$; $\beta\vartheta$, $\vartheta\gamma$, $\gamma\beta$; $\beta\vartheta$, $\vartheta\varepsilon$, $\varepsilon\beta$. Es ergeben sich so 8 Ebenen, in deren jeder 3 Gerade $i$ liegen und von denen je 2 durch jede Gerade $i$ gehen. Das sind die Ebenen $H$ des Herrn Clebsch.

Die 8 Pole der Ebene *1* liegen ersichtlich auch auf den 4 Geraden $\alpha\varepsilon$, $\beta\zeta$, $\gamma\eta$, $\delta\vartheta$, welche die Polarcurve von *15* bilden, sind aber von den 8 Polen der Ebene *5* verschieden. Jede der 8 obigen Ebenen $H$ schneidet je 3 dieser 4 Geraden in Polen von *5*; die Geraden $i$, die sich in ähnlicher Weise aus *1* ableiten, verbinden je 2 Pole dieser Ebene, die auf verschiedenen dieser 4 Geraden liegen. Fiele also eine aus *1* abgeleitete Gerade $i$ in eine aus *5* abgeleitete Ebene $H$, so müsste ein Pol von *1* mit einem von *5* coincidiren, was nicht der Fall ist. Also fallen in keine der Ebenen $H$ mehr als 3 Gerade $i$.

Es giebt mithin 60 Gerade $i$ und 40 Ebenen $H$; je 3 Gerade $i$ liegen in einer Ebene $H$, und je 2 Ebenen $H$ gehen durch eine Gerade $i$. Betrachten wir eine Ebene $H$, z. B. die, in welcher $\alpha\eta$, $\eta\zeta$, $\zeta\alpha$ oder was dasselbe $(13', 24')$, $(14', 23')$ und $(34', 12')$ liegen, sie heisse $H_1$; $(13', 24')$ schneidet *13* dort, wo sie von $24'$ geschnitten; ebenso $(14', 23')$ die *14* dort, wo sie von *23'*, und (*34'*, *12'*) die *12* dort, wo sie von *34'* getroffen wird. Also schneidet unsere Ebene $H_1$ die Geraden *13*, *14*, *12* dort, wo sie von *24'*, *23'*, *34'* getroffen werden, d. h. die Punkte (*13*, *24'*), (*14*, *23'*) und (*12*, *34'*) liegen auf der Geraden ($H_1$, *1*). Mithin liegen die 3 Geraden $g$: (*3*, *24'*), (*4*, *23'*) und (*2*, *34'*) in der Ebene, welche die Gerade ($H_1$, *1*) und den Punkt *234* enthält. Ebenso liegen (*3*, *24'*), (*4*, *23''*), (*2*, *34''*); (*3*, *24''*), (*4*, *23''*), (*2*, *34''*); (*3*, *24''*), (*4*, *23'*), (*2*, *34''*) je in einer Ebene. Also haben wir folgendes Theorem:

Die 6 Geraden $g$, welche in einer Ecke des Pentaeders zusammenkommen, liegen viermal je 3 auf eine Ebene.

Diese Art Ebenen werde mit $G$ bezeichnet. Durch jede Ecke des Pentaeders gehen 4 derselben; mithin giebt es im Ganzen 40 Ebenen $G$. Durch jede Gerade $g$ gehen 2 Ebenen $G$. Durch die Gerade $g$ = (*3*, *24'*) gehen also folgende 4 Ebenen: *3*, *24'* und die beiden Ebenen $G$, von denen die eine noch durch (*4*, *23'*) und (*2*, *34'*), die andere noch durch (*4*, *23''*) und (*2'*, *34''*) geht. Diese 4 Ebenen schneiden die Ebene *4* in den 4 Geraden: *34*, *24*, (*4*, *23'*), (*4*, *23''*). Doch diese sind auch die Durchschnitte von *4* mit *3*, *2*; *23'*, *23''*, folglich nach dem Früheren mit 4 harmonischen Ebenen, also bilden auch die 4 Geraden und auch die 4 obigen Ebenen um (*3*, *24'*) ein harmonisches Büschel.

Mithin: Die beiden Ebenen $G$, welche durch eine Gerade $g$ gehen, bilden mit der Ebene $E_0$ und der Ebene $F$, die durch diese Gerade gehen, ein harmonisches Büschel, in dem sie zugeordnet sind.

Jede Ebene $G$ schneidet die 3 in ihrer Ecke zusammenkommenden Ebenen $E_0$ in Geraden $g$, die beiden übrigen aber in Geraden, die wir mit $h$ bezeichnen wollen. Die obige Gerade ($H_1$, *1*), wo $H_1$ die erste der 8 aus *5* abgeleiteten Ebenen $H$ ist, ist eine solche; denn in ihr schneidet die Ebene $G$, die durch (*4*, *23'*), (*3*, *24'*), (*2*, *34'*) geht, die Ebene *1*. Man wird ebenso wie oben finden, dass die Ebene $H_1$ durch die Schnittpunkte (*12*, *34'*), (*23*, *14'*), (*24*, *13'*) geht, also durch die Gerade $h$, in der die durch (*1*, *34'*), (*3*, *14'*), (*4*, *13'*) gehende Ebene $G$ die Ebene *2* schneidet, dann ebenso durch die Gerade $h$, in welcher die durch (*1*, *24'*), (*2*, *14'*), (*4*, *12'*) gelegte Ebene $G$ die

Ebene *3* trifft, und endlich durch die Gerade $h$, in welcher die Ebene $G$, in der sich (*1, 23'*), (*2, 13'*), (*3, 12'*) befinden, der Ebene *4* begegnet.

Auf jeder Ebene $H$ liegen demnach 4 Gerade $h$, von denen keine auf der Ebene $E_0$ sich befindet, aus der wir $H$ abgeleitet haben. Jede Ebene $G$ erzeugt 2 Gerade $h$; also giebt es 80 dieser Geraden.

Nehmen wir noch eine beliebige von den 8 aus *5* abgeleiteten Ebenen $H$, z. B. die sechste, $H_6$, welche durch $\varepsilon\gamma$, $\gamma\beta$, $\beta\varepsilon$ oder durch (*13'', 24'*), (*14'', 23'*), (*34', 12''*) geht. Diese enthält auch die Gerade $h$ — sie heisse $h'$ —, in der die durch (*3, 24'*), (*2, 34'*), (*4, 23'*) gehende Ebene $G$ die Ebene *1* schneidet. Diese Gerade können, wie wohl nun schon klar ist, nur Ebenen $H$ enthalten, die aus *5* hervorgegangen sind; allgemein durch eine Gerade $h$, in der eine durch die Ecke $\lambda\mu\nu$ gehende Ebene $G$ die Ebene $\pi$ schneidet, kann nur eine aus der Ebene $\varrho$ abgeleitete Ebene $H$ gehen, wobei $\lambda$, $\mu$, $\nu$, $\pi$, $\varrho$ die 5 Zahlen *1, 2, 3, 4, 5* in beliebiger Reihenfolge sind. Durch die obige Gerade $h$ gehen aber von den aus *5* abgeleiteten Ebenen $H$ nur $H_1$ und $H_6$. Also gehen durch jede Gerade $h$ nur 2 Ebenen $H$.

Die Ebene $H_6$ schneidet *3* in der Geraden, in der diese von der durch (*1, 24'*), (*2, 14''*), (*4, 12''*) gehenden Ebene $G$ getroffen wird.

Durch $h'$ gehen also 4 Ebenen: die beiden Ebenen $H_1$ und $H_6$, die Ebene $G$, welche $h'$ erzeugt, und die Ebene *1*; die Ebene $G$ geht durch (*4, 23'*), (*3, 24'*), (*2, 34'*). Die 4 Ebenen schneiden die Ebene *3* in folgenden 4 Strahlen: den beiden Geraden $h$, in denen *3* von den Ebenen $G'$ und $G''$ getroffen wird, von denen jene durch (*1, 24'*), (*2, 14'*), (*4, 12'*), diese durch (*1, 24'*), (*2, 14''*), (*4, 12''*) geht, und den Geraden (*3, 24'*) und *13*. Die beiden Geraden $h$ gehen durch die Punkte (*23, 14'*), (*23, 14''*), die Gerade (*3, 24'*) durch den Punkt *234* und *13* durch *123*. In diesen 4 Punkten wird die Kante *23* durch die harmonischen Ebenen *14'*, *14''*; *4*, *1* getroffen; demnach sind die 4 Punkte harmonisch und die 4 Strahlen und die 4 Ebenen.

Also bilden die beiden Ebenen $H$, die durch eine Gerade $h$ gehen, mit der Ebene $G$ und der Ebene $E_0$, die diese Gerade enthalten, ein harmonisches Büschel, in dem sie zugeordnet sind.

(Wir haben die Accentuation bei den Ebenen $F$ so eingerichtet, dass von den 3 Ebenen $F$, die eine Ebene $G$ erzeugen, entweder alle drei oder nur eine den einfachen Accent hat; in Folge dessen haben von den 3 Ebenen $F$, die durch dieselbe $f$ gehen, entweder zwei oder keine den einfachen Accent.)

55. Die Ebene $G_1$, die durch $(23', 1)$, $(12', 3)$, $(13', 2)$, und die Ebene $G_2$, welche durch $(24', 1)$, $(12', 4)$, $(14', 2)$, also durch eine andere Ecke geht, mögen betrachtet werden.

$(23', 1)$ und $(24', 1)$ schneiden einander, ebenso $(13', 2)$ und $(14', 2)$. Durch die beiden Schnittpunkte muss also die Schnittgerade von $G_1$ und $G_2$ gehen. Mit $23'$ und $24'$ trifft aber $34''$ in einer Geraden $f$ zusammen, ebenso mit $13'$ und $14'$ ebenfalls $34''$. Also geht $34''$ durch jene Schnittpunkte, mithin durch die ganze Gerade $(G_1, G_2)$. Die 4 durch $123$ gehenden Ebenen $G$ gehen durch die Geraden $g$ in folgender Weise:

1. $(23', 1)$, $(13', 2)$, $(12', 3)$ 3. $(23'', 1)$, $(13', 2)$, $(12'', 3)$
2. $(23', 1)$, $(13'', 2)$, $(12'', 3)$ 4. $(23'', 1)$, $(13'', 2)$, $(12', 3)$.

Ebenso die 4 durch $124$ gehenden Ebenen:

I. $(24', 1)$, $(14', 2)$, $(12', 4)$ III. $(24'', 1)$, $(14', 2)$, $(12'', 4)$
II. $(24', 1)$, $(14'', 2)$, $(12'', 4)$ IV. $(24'', 1)$, $(14'', 2)$, $(12', 4)$.

Ferner kommen in einer Geraden $f$ zusammen:

| | | |
|---|---|---|
| $23'$, $24'$, $34''$ | ebenso: | $13'$, $14'$, $34''$ |
| $23'$, $24''$, $34'$ | | $13'$, $14'$, $34'$ |
| $23''$, $24'$, $34'$ | | $13''$, $14'$, $34'$ |
| $23''$, $24''$, $34''$, | | $13''$, $14''$, $34''$. |

Folglich schneiden sich die mit 1. und I. bezeichneten Ebenen $G$ auf $34''$, die Ebenen 1. und IV. auf $34'$, 2. und II. auf $34''$, 2. und III. auf $34'$, 3. und II. auf $34'$, 3. und III. auf $34''$, 4. und I. auf $34'$, und 4. und IV. auf $34''$.

Also viermal schneidet eine durch $123$ gehende Ebene $G$ eine durch $124$ gehende auf $34'$, viermal auf $34''$. Halten wir nun $34$ fest und lassen statt $12$ andere Combinationen der Ziffern $1, 2, 5$ zu zweien eintreten, so erhalten wir $3.4=12$ derartige Schnittlinien auf $34'$ und 12 auf $34''$. Mithin kommt es im Ganzen $20.12=240$ Male vor, dass sich 2 Ebenen $G$, die nicht derselben Pentaederecke angehören, auf einer Ebene $F$ schneiden.*)

Die beiden Ebenen $G_1$ und $G_2$ begegnen der Ebene $12'$ in den Geraden $g$, in denen sie durch $3$ und $4$ geschnitten wird; die Ebene $34'$ schneidet $12'$ in einer Geraden $i'$, $34''$ ebenfalls in einer Geraden $i''$. Die Ebenen $3$, $4$; $34''$, $34'$ bilden ein harmonisches Büschel, also thun dies auch ihre Schnittgeraden mit $12'$. Durch die 3 ersteren derselben gehen $G_1$, $G_2$ und $34''$, die sich, wie eben erkannt, in einer Geraden schneiden; die vierte harmonische Ebene folglich zu $G_1$, $G_2$; $34''$ muss durch die Gerade $i' = (12', 34')$ gehen. Also:

Die vierte harmonische Ebene zu den 2 Ebenen $G$, die sich auf einer Ebene $F$ schneiden, und zu dieser und zwar die dieser zugeordnete geht durch eine Gerade $i$, welche auf der Ebene $F$ liegt, die mit jener zu einem Polarebenenpaar verbunden ist.

Z. B. geht die vierte harmonische Ebene

| | | | | | |
|---|---|---|---|---|---|
| zu 1., I.; $34''$ | durch | $(12', 34')$ | zu 3., II.; $34'$ | durch | $(34'', 12'')$ |
| „ 1., IV.; $34'$ | „ | $(12', 34'')$ | „ 3., III.; $34''$ | „ | $(34', 12'')$ |
| „ 2., II.; $34''$ | „ | $(34', 12'')$ | „ 4., I.; $34'$ | „ | $(34'', 12')$ |
| „ 2., III.; $34'$ | „ | $(34'', 12'')$ | „ 4., IV.; $34''$ | „ | $(34', 12')$. |

Demnach gehen durch jede der 4 Geraden $(34', 12')$, $(34'', 12')$, $(34', 12'')$, $(34'', 12'')$, (welche ein windschiefes Vierseit bilden) 2 von diesen vierten harmonischen Ebenen.

Nun ist auch ersichtlich, dass viermal je eine durch $134$ gehende Ebene $G$ eine durch $234$ gehende auf $12'$ und viermal ebenso auf $12''$ schneidet. Suchen wir auch hier wieder die vierten harmonischen Ebenen, so ergeben sich nochmals je 2 für jede der 4 obigen Geraden. Damit sind alle erschöpft. Durch jede Gerade $i$ gehen also je 4 von diesen vierten harmonischen Ebenen, deren es ersichtlich 240 giebt.

Durch jede Gerade $i$ gehen auch 2 Ebenen $H$; z. B. durch $(12', 34')$ gehen $H'$ und $H''$, von denen auf jener noch die Geraden $i$ : $(23', 14')$ und $(13', 24')$, auf dieser aber noch $(23'', 14'')$ und $(13'', 24'')$ liegen; $H'$ schneidet $3$ in der Geraden $h$, in der

*) Herr Clebsch sagt 180 Male; so steht auch in der deutschen Bearbeitung von Salmon's Lehrbuch der analytischen Geometrie des Raums Band II Seite 409.

$3$ durch $G_2$ geschnitten wird. Die Ebene $12'$ schneidet $3$ in der Geraden $g$, in der sie durch $G_1$ geschnitten wird, $34'$ in derselben Geraden wie $34''$. Folglich schneiden $G_1$, $G_2$, $34''$ und ihre der $34''$ zugeordnete vierte harmonische Ebene die Ebene $3$ in demselben Strahlbüschel, als $12'$, $H'$, $34'$ und die vierte harmonische Ebene zu $G_1$, $G_2$; $34''$; also da nun diese vierte harmonische auch durch die Gerade $(12', 34')$ nach dem Obigen geht, so ist sie auch vierte harmonische zu $12'$, $H'$; $34'$.

Jede also der 4 vierten harmonischen Ebenen, die durch eine Gerade $i$ gehen, ist auch vierte harmonische zu den beiden Ebenen $F$ und einer der beiden Ebenen $H$, die durch diese Gerade $i$ gehen, und zwar stets einer der beiden Ebenen $F$ zugeordnet. Die beiden $F$ seien $F_1$ $F_2$; die beiden $H$ : $H'$ und $H''$ und die 4 vierten harmonischen Ebenen $D_1$ $D_2$ $D_3$ $D_4$; also haben wir folgende harmonischen Büschel: $H'$ $F_1$; $F_2$ $D_1$, $H'$ $F_2$; $F_1$ $D_2$, $H''$ $F_1$; $F_2$ $D_3$, $H''$ $F_2$; $F_1$ $D_4$.

Die beiden Ebenen $H'$ und $H''$, die durch $(12', 34')$ gehen, schneiden $3$ in den Geraden $h$, in denen sie von den beiden Ebenen $G$ getroffen wird, von denen die eine durch die 3 Geraden $g$ : $(4, 12')$, $(2, 14')$ und $(1, 24')$, die andere durch $(4, 12'')$, $(2, 14'')$ und $(1, 24'')$ geht. Durch $(4, 12')$ gehen also beide. Sie bilden nach einem früheren Satze mit $4$ und $12'$ ein harmonisches Büschel, in dem sie zugeordnet sind, also schneiden sie auch $3$ in einem harmonischen Strahlbüschel. Wo aber $3$ von $4$ geschnitten wird, da wird sie auch von $34'$ geschnitten; also ist dieses harmonische Strahlbüschel auch der Schnitt von $3$ mit $H'$, $H''$; $34'$, $12'$, welche, da sie alle durch $(34', 12')$ gehen, auch ein harmonisches Büschel bilden. Mithin:

Die beiden Ebenen $H$, welche durch eine Gerade $i$ gehen, bilden mit den beiden durch dieselbe gehenden Ebenen $F$ ein harmonisches Büschel, in dem sie zugeordnet sind.

Die 40 Geraden $g$ (jede als 3 Ebenen $F$ angehörig dreifach gerechnet), die 60 Geraden $i$ und die 10 Geraden $p_0$ absorbiren vollständig die $\frac{20.19}{2} = 190$ Schnittgeraden der 20 Ebenen $F$.

Jede Ebene $H$ schneidet jede der 4 Ebenen $E_0$, aus denen sie nicht abgeleitet ist, in einer Geraden $h$, durch welche eine Ebene $G$ geht (auf der sich die Ecke des Pentaeders befindet, in der die 3 übrigen Ebenen $E_0$ zusammenstossen). Die Gerade dagegen, in der sie der Ebene $E_0$ begegnet, aus welcher wir sie abgeleitet haben, heisse $k$. Es giebt also auf jeder Ebene $E_0$ 8 solcher Geraden $k$ (je 2 aus derselben $E_0$ abgeleitete Ebenen $H$ begegnen einander in einer Geraden $i$), mithin im Ganzen 40.

Die oben betrachtete Ebene $G_1$, welche durch $(12', 3)$, $(13', 2)$ und $(23', 1)$ geht, — wir wollen sie lieber $G'_{123}$ nennen — schneidet $4$ in einer Geraden $h'_{123,4}$ und $5$ in einer Geraden $h'_{123,5}$. Durch $h'_{123,4}$ gehen 2 Ebenen $H$; die eine $H'_{123,4}$ geht unter andern noch durch die Gerade $h'_{124,3}$, in welcher die Ebene $G$, welche durch $(12', 4)$, $(14', 2)$, $(24', 1)$ geht, — also $G'_{124}$ — der Ebene $3$ begegnet, die andere $H''_{123,4}$ durch die Gerade $h''_{124,3}$, in der die durch $(12', 4)$, $(14'', 2)$, $(24'', 1)$ gehende Ebene $G''_{124}$ die Ebene $3$ schneidet. Ebenso durch $h'_{123,5}$ gehen 2 Ebenen $H$; die eine $H'_{123,5}$ geht durch die Gerade $h'_{125,3}$, in der die durch $(12', 5)$, $(15', 2)$ und $(25', 1)$ gehende Ebene $G'_{125}$ und die Ebene $3$ einander begegnen, die andere $H''_{123,5}$ durch die Gerade $h''_{125,3}$, in der die durch $(12', 5)$, $(15'', 2)$ und $(25'', 1)$ gehende Ebene $G''_{125}$ die Ebene $3$ durchschneidet. Die Geraden $(H'_{123,4}, 5)$, $(H''_{123,4}, 5)$, $(H'_{123,5}, 4)$, $(H''_{123,5}, 4)$ sind Gerade $k$, die sich alle im Schnittpunkte von $G'_{123}$ und $45$ treffen.

Ebenso schneidet $G'_{124}$, die durch $(12', 4)$, $(14', 2)$, $(24', 1)$ geht, $3$ in einer Geraden $h'_{124,3}$ und $5$ in $h'_{124,5}$. Durch $h'_{124,3}$ geht $H'_{124,3}$, die durch die Gerade $h'_{123,4}$ geht, in der die durch $(12', 3)$, $(13', 2)$ und $(23', 1)$ gehende Ebene $G'_{123}$ und $4$ einander durchschneiden, und $H''_{124,3}$, auf der die Schnittgerade $h''_{123,4}$ der durch $(12', 3)$, $(13'', 2)$ und $(23'', 1)$ gehenden Ebene $G''_{123}$ und der $4$ liegt. Durch $h'_{124,5}$ gehen $H'_{124,5}$, auf der $h'_{125,4}$ liegt, in der $4$ und die durch $(12', 5)$, $(15', 2)$ und $(25', 1)$ gelegte Ebene $G'_{125}$ einander durchschneiden, und $H''_{124,5}$, auf der sich $h''_{125,4}$ befindet, in welcher die durch $(12', 5)$, $(15'', 2)$ und $(25'', 1)$ gehende Ebene $G''_{125}$ die $4$ trifft. Wiederum sind $(H'_{124,3}, 5)$, $(H''_{124,3}, 5)$, $(H'_{124,5}, 3)$, $(H''_{124,5}, 3)$ 4 durch den Punkt $(G'_{124}, 35)$ gehende Geraden $k$.

Da $H'_{123,4}$ und $H'_{124,3}$ beide durch $h'_{123,4}$ und $h'_{124,3}$ gehen, so sind sie identisch.

Die Gerade $k = (H'_{123,4}, 5)$ wird dort, wo sie $45$ trifft, von den Geraden $k$: $(H'_{123,5}, 4)$ und $(H''_{123,5}, 4)$, in dem Punkte, wo sie $35$ trifft, von den Geraden $k$: $(H'_{124,5}, 3)$ und $(H''_{124,5}, 3)$ getroffen.

Die Geraden $(H'_{123,5}, 3)$ und $(G'_{125}, 3)$ sind identisch; also auch die Punkte $(H'_{123,5}, 4, 3)$ und $(G'_{125}, 4, 3)$. Ebenso ist $(H'_{124,5}, 4)$ und $(G'_{125}, 4)$ identisch, also sind auch die Punkte $(H'_{123,5}, 4, 3)$ und $(H'_{125,4}, 4, 3)$ identisch, mithin kommen $H'_{123,5}$, $H'_{125,4}$, $4$, $3$ in einen Punkt zusammen; also die Geraden $k$: $(H'_{123,5}, 4)$ und $(H'_{125,4}, 3)$ begegnen einander; ebenso die Geraden $(H''_{123,5}, 4)$, $(H''_{124,5}, 3)$.

Somit: In jedem Punkte, in dem eine Gerade $k$ eine Kante des Pentaeders trifft, wird sie von 2 Geraden $k$ derjenigen Pentaederebene getroffen, welche der Ebene jener Geraden $k$ in der betreffenden Kante begegnet.

Jede Gerade $k$ wird also von 8 andern Geraden $k$ getroffen. Jede von diesen 8 Geraden $k$, die einer Pentaederebene angehört, trifft stets eine andere von diesen 8 auf jeder der übrigen Ebenen, und die andere jener Ebene dann auch die andere in jeder der übrigen Ebenen.

Sind daher die 8 Geraden $k$, die der Geraden $k_5$ der Ebene $5$ begegnen, $k_1'$, $k_1''$; $k_2'$, $k_2''$; $k_3'$, $k_3''$; $k_4'$, $k_4''$, so schneidet $k_1'$ die Geraden $k_2'$, $k_3'$, $k_4'$ und $k_1''$ in Folge dessen $k_2''$, $k_3''$, $k_4''$. Also liegen $k_5$, $k_1'$, $k_2'$, $k_3'$, $k_4'$ in einer Ebene und ebenso $k_5, k_1''$, $k_2''$, $k_3''$, $k_4''$. Solche Ebenen nennt Herr Clebsch Ebenen $I$.

Auf jeder Ebene $I$ liegen 5 Gerade $k$, die den verschiedenen Ebenen $E_0$ angehören; durch jede Gerade $k$ gehen 2 Ebenen $I$. Es giebt also, da es 40 Gerade $k$ giebt, $\frac{40.2}{5} = 16$ Ebenen $I$.

$k_5$ war $(H'_{123,4}, 5)$, $k_4'$ und $k_4''$ sind $(H'_{123,5}, 4)$ und $(H''_{123,5}, 4)$. Durch $k_5$ gehen folglich 2 Ebenen $I$, die Ebene $H'_{123,4}$ und die Ebene $5$. Diese schneiden die Ebene $4$ in den Geraden $k_4'$, $k_4''$, $h'_{123,4}$ und $45$. Durch diese Geraden gehen auch resp. die

Ebenen $H'_{123,5}$, $H''_{123,5}$, $G'_{123}$ und $5$, welche ein harmonisches Büschel bilden, also thun dies auch die Geraden auf $4$ und auch unsere 4 durch $k_5$ gehenden Ebenen.

Demnach bilden die beiden Ebenen $I$, die durch eine Gerade $k$ gehen, mit der Ebene $H$ und der Ebene $E_0$, die auch durch dieselbe gehen, ein harmonisches Büschel, in dem sie zugeordnet sind.

Die 8 aus der Pentaederebene $3$ abgeleiteten Ebenen $H$ gehen folgendermassen durch die Geraden $i$:

I. $(12', 45')$, $(14', 25')$, $(24', 15')$
II. $(12', 45')$, $(14'', 25'')$, $(24'', 15'')$
III. $(12'', 45'')$, $(14', 25')$, $(24'', 15'')$
IV. $(12'', 45'')$, $(14'', 25'')$, $(24', 15')$
V. $(12', 45'')$, $(14', 25'')$, $(24', 15'')$
VI. $(12', 45'')$, $(14'', 25')$, $(24'', 15')$
VII. $(12'', 45')$, $(14', 25'')$, $(24'', 15')$
VIII. $(12'', 45')$, $(14'', 25')$, $(24', 15'')$.

I. bis IV. bilden eine Gruppe, V. bis VIII. eine zweite.

Nehmen wir aus diesen acht 2 Ebenen $H$, die derselben Gruppe angehören, heraus, z. B. I. und II. Durch die Schnittgerade $k$ von I. und $3$ gehen 2 Ebenen $I$. Von diesen enthält die eine $I_1'$ noch die Schnittgerade $k$ der Ebene $H'_{1234}$, die durch $(12', 34')$, $(13', 24')$, $(14', 23')$ geht, und der Ebene $5$. Die andere $I_2'$ werde nicht weiter betrachtet. Durch die Gerade II, $3$, gehen auch 2 Ebenen $I$. Die eine $I_1''$ geht noch durch die Gerade $k$, in der die durch $(12', 34')$, $(14'', 23'')$ und $(24'', 13'')$ gehende Ebene $H''_{1234}$ und $5$ einander begegnen. Die andere sei wieder $I_2''$.

Die Ebenen $I_1'$, $I_1''$ und $3$ stossen dort zusammen, wo die Geraden (I, $3$) und (II, $3$), also wo die Ebenen I, II, $3$ sich schneiden. (I, II) ist aber $(12', 45')$, also stossen sie im Punkte $(12', 45', 3)$ zusammen. Durch $(45', 3)$ gehen 2 Ebenen $G$. Ebenso stossen $I_1'$, $I_1''$ und $5$ dort zusammen, wo $H'_{1234}$, $H''_{1234}$ und $5$ zusammenkommen, also da $(H'_{1234}, H''_{1234})$ identisch mit $(12', 34')$, im Punkte $(12', 34', 5)$. Durch $(34', 5)$ gehen 2 Ebenen $G$. Nun giebt es eine Ebene $G$, die durch $(34', 5)$, $(45', 3)$ und $(35', 4)$ geht, also eine von den beiden durch $(45', 3)$ gehenden Ebenen $G$ ist identisch mit einer durch $(34', 5)$ gehenden. Folglich liegt sowohl der Punkt $(I_1', I_1'', 3)$, als auch der Punkt $(I_1', I_1'', 5)$ auf dieser Ebene $G$ und auf der Ebene $12'$, d. h. durch die Schnittgerade von $I_1'$ und $I_1''$ gehen eine Ebene $G$ und eine Ebene $F$. Eine solche Schnittlinie zweier Ebenen $I$, durch die ausserdem noch eine Ebene $G$ und eine Ebene $F$ geht, sei bezeichnet mit $l$. Es wird sich leicht einsehen lassen, dass $(I_1', I_2'')$, $(I_2', I_1'')$ und $(I_2', I_2'')$ auch Gerade $l$ sind, dagegen $(I_1', I_2')$ und $(I_1'', I_2'')$ waren Gerade $k$. Aus den Schnittgeraden der 8 aus der Pentaederebene $3$ abgeleiteten Ebenen $H$ mit $3$ lassen sich nun alle Ebenen $I$ ableiten, da jede Ebene $I$ eine Gerade $k$ der Ebene $3$ enthält. Aus den Schnittgeraden zweier Ebenen $H$ der ersten der obigen beiden Gruppen mit $3$ gehen 4 Ebenen $I$ hervor, die einander in 2 Geraden $k$ und 4 Geraden $l$ begegnen. Die 4 Ebenen der ersten Gruppe liefern also $6 . 4 = 24$ Gerade $l$, ebenso viele die 4 der zweiten. Freilich gehen auch aus den Schnittgeraden je einer Ebene $H$ der einen und einer der andern Gruppe mit $3$ vier Ebenen $I$ hervor, jedoch wird man leicht sehen, dass diese sich in 4 Geraden $k$ und 2 Geraden $l$ schneiden. Daraus entstehen $16 . 2 = 32$ Gerade $l$ (und 64 Gerade $k$).

Also giebt es im Ganzen $2 . 24 + 32 = 80$ Gerade $l$, welche mit den 40 Geraden $k$ die $\frac{16 . 15}{2} = 120$ Schnittgeraden der 16 Ebenen $I$ ausmachen. Wir können mithin sagen:

Die 16 Ebenen $I$ durchschneiden einander ausser in den 40 Geraden $k$ noch in 80 Geraden $l$, durch deren jede noch eine Ebene $G$ und eine Ebene $F$ geht.

$I_1'$, $I_1''$, die Ebene $G'_{345}$, welche durch $(34', 5)$, $(35', 4)$, $(45', 3)$ geht, und die Ebene $12'$, die alle nach dem Obigen durch eine Gerade $l$ gehen, durchschneiden die Ebene $3$, wo sie von I, II, $15'$ und $12'$ getroffen wird. Diese 4 Ebenen gehen alle durch $(12', 45')$ und bilden ein harmonisches Büschel, folglich auch die mit ihnen perspectivischen: $I_1'$, $I_1''$, $G'_{345}$, $12'$. Also:

Die beiden Ebenen $I$, die durch eine Gerade $l$ gehen, bilden mit der Ebene $G$ und der Ebene $F$, welche durch dieselbe gehen, ein harmonisches Büschel, in dem sie zugeordnet sind. Auf jeder Ebene

*G* liegen 2 Gerade *l*, nämlich die beiden Geraden, in denen *G* durch die beiden (zu einem Polarebenenpaar zusammengehörigen) Ebenen *F* geschnitten wird, die sich in der reciproken Geraden der Pentaederecke durchschneiden, durch welche *G* geht. Und auf jeder Ebene *F* liegen 4 Gerade *l*, nämlich die Geraden, in denen *F* durch die 4 Ebenen *G* geschnitten wird, welche die Pentaederecke enthalten, zu deren Polarebenenpaar *F* gehört.

# Fünftes Kapitel.

**Die Durchdringungscurven einer Oberfläche 3. Ordnung mit einer Oberfläche 2. Ordnung oder einer andern Oberfläche 3. Ordnung.**

56. In No. 24 ist von zwei Raumcurven 4. Ordnung $R^4$ und $R_1^{\,4}$ gesprochen worden, von denen die eine $R^4$ der weitere Schnitt der cubischen Fläche mit einer Oberfläche 2. Ordnung war, welche mit ihr einen Kegelschnitt $K^2$ gemein hatte, die andere $R_1^{\,4}$ ebenfalls der weitere Schnitt der cubischen Fläche mit einer Oberfläche 2. Ordnung $H^2$, wenn diese mit jener schon 2 windschiefe Geraden $l_1$ und $l_2$ gemein hatte. Es hat sich auch schon gezeigt, dass $R^4$ Grundcurve eines Büschels 2. Ordnung ist. Nun haben wir No. 10 gesehen, dass 8 von den Tangenten einer solchen Grundcurve einer beliebigen Geraden begegnen, dass also die von den Tangenten der Grundcurve erzeugte developpable Fläche 8. Ordnung ist. Es muss sich dies auch von der Raumcurve $R^4$, wenn wir sie uns als partiellen Schnitt einer cubischen Fläche $F^3$ und einer Fläche 2. Ordnung $F^2$ denken, beweisen lassen. $K^2$ begegnet bekanntlich der Raumcurve $R^4$ viermal, so dass, da wir im Allgemeinen auf $R^4$ selbst keinen singulären Punkt annehmen, die Gesammtschnittcurve ($R^4$, $K^2$) der beiden Oberflächen $F^3$ und $F^2$ 4 Doppelpunkte hat. Wir construiren nun für alle Punkte der beliebigen Geraden $L$ die quadratischen Polarflächen in Bezug auf $F^3$ und die Polarebenen in Bezug auf $F^2$; jene bilden ein Flächenbüschel 2. Ordnung, welches der Punktreihe der Geraden $L$ projectivisch ist (No. 34), diese ein Ebenenbüschel, das ebenfalls der Punktreihe projectivisch ist. Folglich sind auch beide Büschel projectivisch, und es entsprechen einander die Polarfläche und Polarebene desselben Punktes. Dort, wo der Durchschnittskegelschnitt einer solchen Polarfläche und Polarebene der

Durchschnittscurve der beiden Flächen $F^3$ und $F^2$ begegnet, da berührt eine von dem Punkte der Geraden, dem die Polarfläche und -Ebene angehören, ausgehende Gerade beide Flächen $F^3$ und $F^2$, also ihre Durchschnittscurve. Alle jene Durchschnittskegelschnitte, die Durchschnitte der entsprechenden Elemente zweier projectivischen Flächenbüschel, deren eines 2., das andere 1. Ordnung ist, bilden nach der zweiten Steinerschen Erzeugungsweise eine cubische Fläche $P^3$. Zerfällt die Schnittcurve der beiden Flächen $F^3$ und $F^2$ nicht in Theile, sondern bildet sie ein einziges Continuum, so wird sie als Curve 6. Ordnung der eben erhaltenen cubischen Fläche achtzehnmal begegnen; ihre Tangenten in diesen Begegnungspunkten treffen die Gerade $L$ und sind auch die einzigen, die dies thun.

Mithin ist die Tangentenfläche einer sich nicht in Theile zerspaltenden Durchdringungscurve einer Oberfläche 2. und einer 3. Ordnung 18. Ordnung.

Etwas anderes ist es, wenn sie sich in Theile zerspaltet; dann vermindern die Begegnungspunkte der Theile die Ordnung der Tangentenfläche. Es sei $r$ einer dieser Begegnungspunkte; die Ebene, welche durch die Tangenten in $r$ an beide Partialcurven gebildet wird, berührt ersichtlich beide Flächen $F^3$ und $F^2$ in $r$; sie treffe $L$ in $\varrho$. Die quadratische Polarfläche von $\varrho$ in Bezug auf $F^3$ und die Polarebene von $\varrho$ in Bezug auf $F^2$ gehen durch $r$, so dass $r$ ein Punkt ihres Durchschnittskegelschnitts ist, also ein Punkt von $P^3$; er ist mithin auch Begegnungspunkt der Curve $(F^3, F^2)$ und der Fläche $P^3$, und zwar als Doppelpunkt der Curve ein zweifach zu rechnender. Aber die Gerade $r\varrho$ ist ersichtlich keine Tangente an $(F^3, F^2)$.

Also jeder Begegnungspunkt der Partialcurven, in welche die Durchschnittscurve einer Oberfläche 3. und einer 2. Ordnung zerfällt, vermindert die Anzahl der Tangenten der Durchschnittscurve, die einer beliebigen Geraden begegnen, um 2; es ist ersichtlich, dass dies auch jeder Doppelpunkt thut, der einer nicht in Theile zerfallenden Durchschnittscurve oder auch, wenn dies geschieht, einer ihrer Partialcurven angehört. Doch die Existenz solcher Punkte nehmen wir bei unsern Durchdringungscurven nicht an.

Also die 4 Begegnungspunkte von $K^2$ und $R^4$ reduciren die

Anzahl der Tangenten von $(K^2, R^4)$, die der Geraden $L$ begegnen, auf $18-2.4=10$; aber dazu gehören auch die beiden Tangenten, welche von dem Punkte, in dem $L$ die Ebene des Kegelschnitts $K^2$ trifft, an $K^2$ gehen, mithin bleiben uns 8 Tangenten von $R^4$, welche der Geraden $L$ begegnen, so dass sich in der That ergiebt, dass die Tangentenfläche von $R^4$ 8. Ordnung ist.

Die Raumcurve $R_1{}^4$ begegnet, wie früher bewiesen, jeder der beiden Geraden $l_1$ und $l_2$ dreimal, so dass in der Gesammtschnittcurve von $F^3$ und $H^2$ 6 Begegnungspunkte der Partialcurven sind, mithin, da $l_1$ und $l_2$ keine Tangenten liefern, $18-2.6=6$ Tangenten von $R_1{}^4$ der Geraden $L$ begegnen.

Folglich ist die Tangentenfläche der Raumcurve 4. Ordnung $R_1{}^4$ 6. Ordnung. —

Projicirt man eine Raumcurve $R^m{}_n$ $m^{\text{ter}}$ Ordnung und $n^{\text{ten}}$ Rangs, d. h. nach Herrn Salmon, deren Tangentenfläche $n^{\text{ter}}$ Ordnung ist, auf eine Ebene $E$ von einem Punkte $P$, so erhält man eine ebene Curve $\mathfrak{R}^m{}_n$ $m^{\text{ter}}$ Ordnung und $n^{\text{ter}}$ Klasse. Die Tangenten von $\mathfrak{R}^m{}_n$ sind offenbar die Projectionen der Tangenten der Raumcurve $R^m{}_n$. Also gehen von einem Punkte $O$ der Ebene $E$ so viel Tangenten an $\mathfrak{R}^m{}_n$, als Tangenten der Raumcurve $R^m{}_n$ der Geraden $PO$ begegnen, das sind $n$. Dass die Ordnung von $R$ und $\mathfrak{R}$ übereinstimmt, ist unmittelbar einleuchtend.

Ein Doppelpunkt entsteht auf $\mathfrak{R}^m{}_n$ dann, wenn $R^m{}_n$ selbst einen Doppelpunkt hat, was wir bei unsern Durchdringungscurven nicht annehmen, oder wenn ein Projectionsstrahl der Curve $R^m{}_n$ zweimal begegnet. Ein Rückkehrpunkt auf $\mathfrak{R}^m{}_n$ kommt dann vor, wenn $R^m{}_n$ selbst einen Rückkehrpunkt hat, was wir nicht voraussetzen, oder wenn ein Projectionsstrahl 2 neben einander liegende Punkte von $R^m{}_n$ projicirt, die er eben dann beide in denselben Punkt projicirt, so dass auf $\mathfrak{R}^m{}_n$ ein Punkt mit seinem Nachbarpunkte zusammenfällt, wie dies bei einem Rückkehrpunkte nothwendig ist; dann ist aber der Projectionsstrahl eine Tangente von $R^m{}_n$, also der Punkt $P$ liegt auf der Tangentenfläche von $R^m{}_n$. Mithin: Wird $R^m{}_n$ von einem beliebigen Punkte im Raume projicirt, so hat die Projection keinen Rückkehrpunkt. Eine Wendetangente an $\mathfrak{R}^m{}_n$ ergiebt sich, wenn zwei auf einander folgende Tangenten zusammenfallen, d. h. wenn die Projectionsebenen zweier auf einander folgenden Tangenten von $R^m{}_n$ identisch werden, also wenn durch $P$ eine durch 2 auf einander folgende Tangenten von $R^m{}_n$ gelegte Ebene, mithin eine Osculationsebene der Raumcurve $R^m{}_n$ geht; demnach so viel Wendetangenten $\mathfrak{R}^m{}_n$ hat, so viel Osculationsebenen von $R^m{}_n$ gehen durch $P$, so gross ist die Klasse von $R^m{}_n$, und umgekehrt. Eine Doppeltangente an $\mathfrak{R}^m{}_n$ ergiebt sich, wenn $R^m{}_n$ eine hat — doch bei unsern Durchdringungscurven müsste diese die cubische Fläche doppelt berühren; aber diese hat keine Doppeltangente — oder wenn eine durch $P$ gehende Ebene durch 2 Tangenten von $R^m{}_n$, deren Berührungspunkte endlich entfernt sind, geht; also so viel Doppeltangenten an $\mathfrak{R}^m{}_n$ sind, so viel Ebenen, welche durch 2 sich schneidende Tangenten von $R^m{}_n$ gelegt sind, gehen durch $P$.

Eine Gerade, welche durch einen Punkt der Raumcurve $R^m{}_n$ geht, wird ausser von den beiden unendlich nahen in dem Punkte zusammenstossenden Tangenten nur noch von $n-2$ Tangenten von $R^m{}_n$ getroffen. Wird nun die Curve $R^m{}_n$ von jenem Punkte auf ihr projicirt, so ergeben nur die $n-2$. Tangenten auch Tangenten an die Projection; die beiden im Projectionspunkte sich treffenden Tangenten sind Projectionsstrahlen und ergeben nur einen Punkt der Projection. Ein Rückkehrpunkt kann auf der Projection sich nur dann finden, wenn etwa der Projectionspunkt ein solcher Punkt der Raumcurve $R^m{}_n$ ist, in dem eine dieselbe anderswo berührende Tangente sie nochmals durchschneidet.

Die Projection also einer Raumcurve $R^m{}_n$ $m^{\text{ter}}$ Ordnung und $n^{\text{ten}}$ Ranges von einem ihrer Punkte ist im Allgemeinen eine Curve $(m-1)^{\text{ter}}$ Ordnung und $(n-2)^{\text{ter}}$ Klasse ohne Rückkehrpunkt. Die $(m-1)^{\text{te}}$ Ordnung ist leicht einzusehen. —

Unsere Curve $R^4$ wird demnach von einem Punkte ausserhalb in eine Curve 4. Ordnung und 8. Klasse ohne Rückkehrpunkt projicirt. Die Plückerschen Formeln ergeben, dass diese Curve 2 Doppelpunkte hat. Also gehen durch jeden ausserhalb liegenden Punkt $P$ 2 Gerade, welche der Curve $R^4$ zweimal begegnen; es sind das offenbar die beiden in $P$ sich kreuzenden Geraden der durch $P$ gehenden Fläche des Büschels, dessen Grundcurve $R^4$ ist. Man hat für diese Eigenschaft der Curve $R^4$, dass von jedem ausserhalb ihr liegenden Punkte zwei sie zweimal treffende Geraden ausgehen, den Ausdruck eingeführt: sie hat 2 scheinbare Doppelpunkte. Durch keinen Punkt im Raume kann eine der Curve $R^4$ dreimal begegnende Gerade gehen, denn diese müsste auf allen durch $R^4$ gelegten Flächen 2. Ordnung liegen. Liegt der Projectionspunkt zufällig auf der Tangentenfläche von $R^4$, also auf einer Tangente, so wird diese Tangente nicht als Tangente projicirt, sondern als Punkt. Die Projection ist 4. Ordnung und 7. Klasse; an die Stelle des einen Doppelpunkts ist ein Rückkehrpunkt getreten. Von einem ihrer Punkte selbst wird $R^4$ als Curve 3. Ordnung und 6. Klasse projicirt, also als allgemeine ohne singuläre Punkte; mithin geht durch keinen Punkt der Curve $R^4$ eine Gerade, die ihr noch zweimal begegnet oder auch speciell sie berührt. Diese müsste ihr ja eben im Ganzen dreimal begegnen, was schon oben als unmöglich nachgewiesen. Es giebt folglich auch keine Tangente an $R^4$, welche sie ausser im Berührungspunkte nochmals trifft.

Die andere Curve $R_1^4$ wird von einem ausserhalb liegenden Punkte als Curve 4. Ordnung und 6. Klasse ohne Rückkehrpunkt projicirt, mithin nach Plücker mit 3 Doppelpunkten. Also gehen durch jeden Punkt im Raume 3 die Curve $R_1^4$ zweimal treffende Geraden: die Curve hat 3 scheinbare Doppelpunkte. An die Stelle der 3 Doppelpunkte der Projection könnte ein dreifacher Punkt treten, nämlich wenn durch den Projectionspunkt ein die Curve dreimal treffender Strahl geht. Wir haben die Curve $R_1^4$ dreimal treffende Geraden kennen gelernt in den Geraden der einen Schaar der einzigen durch $R_1^4$ gehenden Oberfläche 2. Ordnung $H^2$. Es ist aber auch leicht einzusehen, dass jede Gerade, welche $R_1^4$ dreimal trifft, auf $H^2$ liegen muss. Mithin geht durch jeden Punkt der Fläche $H^2$, aber auch nur durch Punkte dieser Fläche, eine Gerade, die $R_1^4$ dreimal trifft, und von einem solchen Punkte wird $R_1^4$ als Curve 4. Ordnung, 6. Klasse mit einem dreifachen Punkte projicirt. Von einem Punkte ihrer Tangentenfläche wird sie als Curve 4. Ordnung, 5. Klasse mit 2 Doppelpunkten und einem Rückkehrpunkte projicirt.

Von einem ihrer Punkte wird die Curve $R_1^4$ als Curve 3. Ordnung und 4. Klasse, also mit einem Doppelpunkte projicirt; folglich geht durch jeden Punkt der Raumcurve $R_1^4$ eine Gerade, die ihr noch zweimal, also im Ganzen dreimal begegnet, das ist die durch den Punkt gehende Gerade der einen Schaar der Fläche $H^2$. Eine Curve 3. Ordnung mit 1 Doppelpunkte hat 3 Wendepunkte, die bekanntlich in gerader Linie liegen. Von einem Punkte von $R_1^4$ gehen also an die Curve 3 Schmiegungsebenen, deren Osculationspunkte mit dem Punkte in derselben Ebene liegen, so dass, wenn man Polarebene eines Punktes der Curve $R_1^4$ nennen wollte die Ebene, welche durch die Osculationspunkte der von dem Punkte an die Raumcurve gehenden Osculationsebenen gelegt ist, man sagen kann: Die Polarebene eines Punktes der Raumcurve $R_1^4$ geht durch den Punkt selbst. —

Die Projectionen von $R^4$ und $R_1^4$ von einem beliebigen Punkte waren Curven 4. Ordnung mit 2 resp. 3 Doppelpunkten, also 12 resp. 6 Wendetangenten. Mithin sind die Klassen der Curven $R^4$ und $R_1^4$ und auch ihrer Tangentenflächen 12 resp. 6.

57. Betrachten wir nun die allgemeine Schnittcurve 6. Ordnung $S^6$ einer Oberfläche 3. Ordnung $F^3$ und einer 2. Ordnung $F^2$, die nicht in Partialcurven zerfällt und auch keinen Doppel- oder Rückkehrpunkt hat. Die Ordnung ihrer Tangentenfläche ist 18, wie oben gefunden worden ist. Die Curve wird also von einem beliebigen Punkte auf eine Ebene als Curve 6. Ordnung und 18. Klasse ohne Rückkehrpunkt projicirt; diese Projection hat mithin 6 Doppelpunkte und 36 Wendetangenten. Also hat die Curve $S^6$ 6 scheinbare Doppelpunkte und ist 36. Klasse. Jede Gerade von $F^2$ trifft $F^3$ dreimal, also $S^6$ dreimal. Folglich giebt es 2 Systeme von Geraden, welche der $S^6$ dreimal begegnen. Es ist auch klar, dass alle Geraden, die dies thun, auf $F^2$ liegen müssen, da sie ihr dreimal begegnen. $F^2$ ist offenbar auch die einzige Fläche 2. Ordnung, die durch $S^6$ geht, denn 2 Oberflächen 2. Ordnung haben ja nur eine Raumcurve 4. Ordnung gemein; eine zweite durch $S^6$ gehende Oberfläche

2. Ordnung träfe auch alle Geraden der Fläche $F^2$ dreimal, enthielte also alle. Durch jeden Punkt dieser einen Fläche $F^2$ gehen 2 Gerade, welche der $S^6$ je dreimal begegnen; von jedem wird sie als eine Curve 6. Ordnung mit 2 dreifachen Punkten projicirt.

Es ist wohl ersichtlich, dass keine Gerade der Curve $S^6$ viermal begegnen kann, denn eine solche läge nicht nur auf $F^2$, sondern auch auf $F^3$, wäre also beiden Flächen ausser $S^6$ noch gemein, was nicht möglich.

Die beiden Oberflächen $F^3$ und $F^2$ mögen eine Gerade $\lambda_1$ gemein haben; dann durchdringen sie einander noch in einer Raumcurve 5. Ordnung $S^5$. Alle Geraden der Fläche $F^2$ treffen die Fläche $F^3$ und somit die Gesammtschnittcurve $(\lambda_1, S^5)$ dreimal, mithin treffen alle Geraden $\lambda$ der Fläche $F^2$, die mit $\lambda_1$ zur selben Schaar gehören, da sie $\lambda$ nicht treffen, $S^5$ dreimal, alle Geraden $\mu$ der andern Schaar treffen $\lambda_1$, mithin $S^5$ zweimal. Auch $\lambda_1$ selbst trifft $S^5$ dreimal; denn jede durch $\lambda_1$ gelegte Ebene schneidet aus $F^2$ noch eine Gerade $\mu$ aus; auf $\lambda_1$ und $\mu$ müssen sich ersichtlich die 5 Schnittpunkte der Ebene mit $S^5$ befinden, also da auf $\mu$ 2 sind, müssen auf $\lambda_1$ 3 sein. Mithin hat die Gesammtschnittcurve von $F^3$ und $F^2$ 3 Begegnungspunkte ihrer Partialcurven, welche die Anzahl der eine beliebige Gerade treffenden Tangenten der Schnittcurve von 18 auf 12 erniedrigen, von denen offenbar keine von der Geraden $\lambda_1$ herrührt, sondern alle von $S^5$. Mithin ist die Tangentenfläche der Curve $S^5$ 12. Ordnung. Nehmen wir $S^5$ allgemein ohne singulären Punkt, so erhalten wir wieder mit Hilfe der Projection, dass die Curve $S^5$ 4 scheinbare Doppelpunkte hat und von der 21. Klasse ist.

58. Dass es auf einer cubischen Fläche Raumcurven 3. Ordnung giebt, hat uns die 5. Erzeugungsweise (die 4. Steinersche) genügend gezeigt. Legt man durch eine solche, $R^3$, eine Fläche 2. Ordnung $F^2$, so muss diese aus der cubischen Fläche $F^3$ noch ein Gebilde 3. Ordnung $S^3$ ausschneiden; es fragt sich nun, ob dies von derselben Art ist, wie $R^3$. Jede Gerade von $F^2$ begegnet der Gesammtschnittcurve $(R^3, S^3)$ dreimal; also die Geraden der einen Schaar auf $F^2$, welche $R^3$ zweimal treffen, treffen $S^3$ einmal, und die der andern Schaar, welche $R^3$

einmal begegnen, begegnen $S^3$ zweimal. Wir projiciren beide Curven auf eine Ebene von einem Punkte $P$ der $R^3$; die Projection von $R^3$ ist ein Kegelschnitt $\mathfrak{R}^2$, die von $S^3$ eine ebene cubische Curve $\mathfrak{S}^3$. Die 6 Begegnungspunkte derselben rühren her von Projectionsstrahlen, die zugleich einen Punkt von $R^3$ und einen von $S^3$, die discret liegen, projiciren, oder von solchen, die einen Begegnungspunkt von $R^3$ und $S^3$ projiciren. Ein Strahl aber, der von einem Punkte auf $R^3$ einen Punkt auf $R^3$ und einen davon verschiedenen auf $S^3$ projicirt, trifft $F^2$ dreimal, liegt also auf ihr. Durch jeden Punkt auf $F^2$, also auch durch $P$ gehen zwar 2 Gerade derselben, aber nur eine, die $R^3$ ausser in $P$ noch einmal trifft, was doch unser Projectionsstrahl thun muss. Er trifft aber, da er $R^3$ zweimal trifft, $S^3$ blos einmal, erzeugt mithin auf beiden Projectionen nur einen einfachen Punkt. Folglich rührt nur einer der 6 Schnittpunkte von $\mathfrak{R}^2$ und $\mathfrak{S}^3$ von einem Projectionsstrahle der ersteren Art her. Die 5 andern müssen also die Projectionen von Begegnungspunkten der Curven $R^3$ und $S^3$ sein; folglich sind deren 5. Die Gesammtschnittcurve $(R^3, S^3)$ der beiden Flächen hat 5 Doppelpunkte, folglich begegnen $18-2.5=8$ ihrer Tangenten einer beliebigen Geraden; oder die Ordnungen der Tangentenflächen von $R^3$ und $S^3$ betragen zusammen 8, also da die der Curve $R^3$ 4 ist, so ist es auch die der Curve $S^3$. Diese ist mithin derselben Art wie $R^3$. L e g t m a n folglich d u r c h e i n e c u b i s c h e R a u m c u r v e $R^3$ e i n e r c u b i s c h e n F l ä c h e e i n e F l ä c h e 2. O r d n u n g, s o s c h n e i d e t d i e s e n o c h a u s d e r c u b i s c h e n F l ä c h e e i n e c u b i s c h e R a u m c u r v e $S^3$ g a n z d e r s e l b e n A r t a u s (d e r e n T a n g e n t e n f l ä c h e w i e d i e d e r $R^3$ 4. O r d n u n g i s t), w e l c h e j e n e r i n 5 P u n k t e n b e g e g n e t u n d s i c h g e g e n d i e b e i d e n S c h a a r e n d e r O b e r f l ä c h e 2. O r d n u n g g e r a d e e n t g e g e n g e s e t z t v e r h ä l t, a l s $R^3$.

Legt man durch $R^3$ und eine Sekante derselben alle möglichen Flächen 2. Ordnung, so dreht sich die fernere Schnittcurve $S^3$ um den dritten Punkt, in welchem die Sekante die cubische Fläche trifft.

Die verschiedenen Geraden der cubischen Fläche verhalten sich verschieden gegen eine auf der cubischen Fläche liegende cubische Raumcurve $R^3$. Jede Dreieckebene trifft diese in 3 Punkten, welche sich ersichtlich auf die 3 Seiten des Dreiecks vertheilen, und zwar kommt entweder auf jede Seite einer, oder auf eine Seite zwei, auf die zweite einer und auf die dritte keiner. Auf einer Seite können nicht alle 3 Punkte liegen, weil keine Gerade eine cubische Raumcurve in 3 Punkten trifft. Wir schliessen daraus, dass, da bei beiden Fällen — und sie sind doch die einzig möglichen — Gerade der Fläche $F^3$ vorkommen, die der cubischen Raumcurve einmal begegnen, solche unzweifelhaft auf der Oberfläche 3. Ordnung existiren müssen. Es sei also $p_1$ eine Gerade der cubischen Fläche, welche der auf dieser liegenden Raumcurve $R^3$ einmal begegnet. Durch $(R^3, p_1)$ lässt sich eine Fläche 2. Ordnung $\mathfrak{F}^2$ legen, denn $(R^3, p_1)$ ist eine Abart der Raumcurve $R_1{}^4$ (No. 27); sie hat ja auch die Bedeutung von $7 + (3 - 1) = 9$ Punkten für die Bestimmung einer Fläche 2. Ordnung. Die Fläche $\mathfrak{F}^2$ schneidet aus $F^3$ noch 2 gegen einander windschiefe Geraden aus, welche von $p_1$ geschnitten werden; denn gehörten sie zur selben Schaar von $\mathfrak{F}^2$ wie $p_1$, so wäre diese ja eine durch 3 windschiefe Geraden der cubischen Fläche gelegte Fläche 2. Ordnung, welche aus $F^3$ ebenfalls noch 3 windschiefe Geraden ausschnitte, aber nicht die Curve $R^3$. Also gehören die beiden Geraden zur andern Schaar von $\mathfrak{F}^2$, als $p_1$, mithin werden sie zweimal von $R^3$ getroffen. Alle 3 Geraden müssen ja auch zusammen die Curve $S^3$ ausmachen, welche $R^3$ fünfmal begegnet, so dass, da $p_1$ ihr einmal begegnet, jede der beiden andern Geraden $R^3$ zweimal treffen muss. So ist denn auch die Existenz solcher Geraden $p_2$ auf der Fläche $F^3$ bewiesen, welche der Curve $R^3$ zweimal begegnen, diese aber ziehen unmittelbar auch Gerade $p_0$ nach sich, welche $R^3$ gar nicht begegnen, wegen der Dreieckebenen, in denen sie sich befinden. Die beiden gefundenen Geraden $p_2$ sind die einzigen Geraden, welche der Raumcurve $R^3$ zweimal und der Geraden $p_1$ begegnen, denn derartige Geraden treffen $\mathfrak{F}^2$ dreimal, liegen also auf $\mathfrak{F}^2$; sie liegen aber auch auf $F^3$; beide Flächen haben aber nur $R^3$, $p_1$ und die beiden eben erhaltenen Geraden $p_2$ gemein. Also jede Gerade $p_1$ wird von 2 Geraden $p_2$ getroffen, und demnach von 2 Geraden $p_0$, deren jede je eine von jenen trifft, also noch von 6 Geraden $p_1$. Jede Gerade $p_2$ wird offenbar nur von Geradenpaaren $p_1\, p_0$, also von 5 Geraden $p_1$ und 5 Geraden $p_0$ getroffen, und zwar bilden jene ein

Quintupel, und diese eins. Ebenso wird jede Gerade $p_0$ von einem Quintupel Geraden $p_1$ und einem Quintupel Geraden $p_2$ getroffen.

Aus jeder Geraden $p_1$ gehen 2 Gerade $p_2$ und 2 Gerade $p_0$ hervor; aus jeder Gerade $p_2$ 5 Gerade $p_1$. Wir schliessen daraus, dass die Anzahl der Geraden $p_0$ und $p_2$ gleich ist und $\frac{2}{5}$ von der der $p_1$ beträgt, so dass sich leicht ergiebt, dass 15 Gerade $p_1$ und je 6 Gerade $p_2$ und $p_0$ sind. Aber es lässt sich dies Resultat noch anders erreichen.

Durch $R^3$ und eine sie zweimal treffende Gerade $p'_2$ gehen bekanntlich unendlich viele Oberflächen 2. Ordnung; eine sei $F^2$; sie schneidet, da $(R^3, p'_2)$ eine Abart von $R^4$ ist, die cubische Fläche in einem Kegelschnitte $K^2$, der der Geraden $p'_2$ einmal begegnet.

$(K^2, p'_2)$ ist also die degenerirte Curve $S^3$. Nun begegnet offenbar jede Gerade der cubischen Fläche (ausser $p'_2$, die ganz auf $F^2$ liegt) der Fläche $F^2$ zweimal, also so oft der Schnittcurve $(R^3, p'_2, K^2)$ von $F^2$ und $F^3$. Mithin trifft jede Gerade der cubischen Fläche, welche $(p'_2, K^2)$ gar nicht trifft, $R^3$ zweimal, jede, die $(p'_2, K^2)$ einmal trifft, trifft auch $R^3$ einmal, und jede Gerade, die $(p'_2, K^2)$ zweimal trifft, trifft $R^3$ gar nicht. Die ergänzende Gerade zu $K^2$ sei $g$, sie trifft schon $K^2$, also $(p'_2, K^2)$ zweimal, folglich $R^3$ gar nicht. Ferner die 10 Geraden, welche $g$ treffen, treffen $K^2$ nicht, unter diesen befinden sich 5 (windschiefe) $h$, welche auch $p'_2$ treffen, die ja, da sie $K^2$ trifft, zu $g$ windschief ist (sie bilden ein Quintupel mit 2 Schneidenden $p'_2$ und $g$ und keiner Windschiefen), also die 5 Geraden $h$ treffen $p'_2$, aber nicht $K^2$, also $(p'_2, K^2)$ einmal, mithin auch $R^3$ einmal; die 5 übrigen Geraden $h'$, welche $p'_2$ treffen (und ein Quintupel mit einer windschiefen Geraden $g$ und einer schneidenden $p'_2$ bilden), treffen eben $g$ nicht, also $K^2$, mithin $p'_2$ und $K^2$, also $(p'_2, K^2)$ zweimal, folglich $R^3$ gar nicht. Wir haben jetzt schon alle Geraden, welche $(p'_2, K^2)$ zweimal treffen; also giebt es 6 Gerade, $g$ und die $h'$, welche $R^3$ gar nicht treffen. Sie bilden ein Sextupel; jedes in einem Sextupel enthaltene Quintupel hat aber eine schneidende Gerade; also das eine Gerade $p_2$ treffende Quintupel $p_0$ ist mit einer schneidenden Geraden $p_2$, das sie treffende Quintupel $p_1$ mit 2 schneidenden. Den Kegelschnitt $K^2$ zweimal trifft $g$, gar nicht die 10 Geraden, welche $g$ treffen, also bleiben ausser $p'_2$ noch 15, die ihn einmal treffen; zu diesen gehören auch die 5 Geraden $h'$, welche $p'_2$ und $K^2$ treffen; folglich bleiben 10 Gerade $h''$, welche blos $K^2$ und zwar einmal, also auch $(p'_2, K^2)$ und mithin $R^3$ einmal treffen. Die 5 Geraden $h$, die $p'_2$, aber nicht $K^2$, und die 10 Geraden $h''$, welche $K^2$, aber nicht $p'_2$ treffen, sind offenbar alle Geraden der cubischen Fläche, welche $(p'_2, K^2)$ nur einmal begegnen, mithin giebt es 15 Gerade auf der cubischen Fläche, welche $R^3$ einmal treffen. Folglich bleiben 6 Gerade, unter ihnen $p'_2$, welche $R^3$ zweimal treffen; die 5 übrigen ausser $p'_2$ sind die 5, welche $g$ treffen, aber nicht $p'_2$. Jede Gerade $p_2$ ist Schneidende für ein Quintupel $p_0$ (und zwar die einzige Schneidende), also sind die 6 Geraden $p_2$ die 6 Schneidenden für die 6 Quintupel, welche durch die 6 Geraden $p_0$ gebildet werden. Mithin bilden die 6 Geraden $p_2$ auch ein Sextupel; die Geraden $p_0$ und $p_2$ zusammen ein Doppelsechs. Sie liegen also symmetrisch zu einander, und das musste auch erwartet werden; denn für 2 solche Curven, wie $R^3$ und $S^3$, die zusammen den Schnitt einer Fläche 2. Ordnung mit einer Fläche 3. Ordnung bilden, sind dieselben Geraden $p_1$, die Geraden $p_0$ und $p_2$ vertauschen sich unter einander.

Jede der 3 Curven $C^{12}$, $C^{13}$, $C^{23}$, welche wir bei der Grassmannschen Erzeugungsweise auf der cubischen Fläche fanden, wird von jeder der 6 Geraden $G$ zweimal, von jeder der 6 Geraden $L$ gar nicht, von jeder der 15 Geraden $g$ einmal getroffen. $G$ und $L$ bilden ein Doppelsechs.

59. Betrachten wir nun die Schnittcurve 9. Ordnung $R^9$ zweier Oberflächen 3. Ordnung $F^3$ und $F^3_1$. Die quadratischen Polarflächen aller Punkte einer beliebigen Geraden $L$ in Bezug auf $F^3$ bilden ein Flächenbüschel 2. Ordnung, welches der Punktreihe der Geraden projectivisch ist; ebenso die in Bezug auf $F^3_1$. Beide Flächenbüschel sind einander projectivisch, es entsprechen einander die Polarflächen desselben Punktes der Geraden. Es ist wie oben klar, dass, wenn eine Tangente der Curve $R^9$ (im Punkte $a$) der Geraden $L$ in einem Punkte $\alpha$ begegnet, die Durchschnittscurve der beiden Polarflächen von $\alpha$ durch $a$ geht, und umgekehrt, schneidet die Durchschnittscurve der beiden Polarflächen eines Punktes $\alpha$ der Geraden $L$ die Curve $R^9$ in

einem Punkte $a$, so trifft die Tangente an $R^9$ in $a$ die Gerade $L$ in $a$. Also so oft trifft eine Tangente der Curve $R^9$ die Gerade $L$, als der Ort der Durchschnittscurven der entsprechenden Flächen der beiden obigen Büschel die Curve $R^9$ schneidet. Dieser Ort ist aber in Folge der Chaslesschen Construction der Curven 4. Ordnung eine Fläche 4. Ordnung. Diese trifft die Curve $R^9$ in 36 Punkten; also ist die Tangentenfläche der Durchschnittscurve $R^9$ zweier Oberflächen 3. Ordnung 36. Ordnung. Wie oben ist wieder leicht einzusehen, dass jeder etwaige Doppelpunkt der Curve $R^9$, jeder der Begegnungspunkte der Partialcurven, in die sie sich etwa zerspaltet, und jeder etwaige Doppelpunkt einer solchen Partialcurve die Ordnung der Tangentenfläche um 2 vermindert. Doch in unserer Betrachtung nehmen wir nie an, dass die Curve $R^9$, bilde sie nur ein Continuum oder zerfalle sie in Theile, Doppelpunkte habe.

Da $R^9$ 9. Ordnung und 36. Ranges ist und keinen singulären Punkt hat, so schliessen wir, dass sie 18 scheinbare Doppelpunkte hat. Also durch jeden Punkt im Raume gehen 18 Gerade, welche der Curve $R^9$ zweimal begegnen. Eine Gerade, welche der Raumcurve dreimal begegnet, muss offenbar auf einer der durch $R^9$ gelegten cubischen Flächen, welche ja ein Büschel 3. Ordnung bilden, liegen, nämlich auf derjenigen, welche ausser durch die Grundcurve $R^9$ noch durch einen vierten Punkt der Geraden definirt ist. Durch jeden Punkt im Raume geht zwar eine Fläche des Büschels; da aber die Geraden der cubischen Flächen diese nicht ganz erfüllen, wie es die Geraden der Flächen 2. Ordnung thun, so ist es nicht nothwendig, dass durch jenen Punkt auch just eine Gerade der durch ihn gelegten Fläche gehe. Also nur durch gewisse Punkte werden die Curve $R^9$ dreifach treffende Geraden gehen; jede solche Gerade tritt dann an die Stelle von 3 durch den Punkt gehenden die Curve zweimal treffenden Geraden. Die eben genannten Punkte werden eine eigenthümliche Fläche 𝔊 bilden, auf der sämmtliche Geraden aller Flächen des Büschels liegen und die durch diese Geraden ausgefüllt wird. Zwei von diesen Geraden können sich nur auf der Raumcurve $R^9$ schneiden, ausser wenn sie derselben Fläche angehören. Es sei $g$ eine Gerade der Fläche $F^3$, und $g_1$ auch eine Gerade einer der Flächen des Büschels, welche $g$ trifft. Alle Geraden aller Flächen des Büschels treffen $R^9$ dreimal, also, wenn $g_1$ der Geraden $g$ begegnet, aber nicht auf $R^9$, so trifft sie $F^3$ viermal, mithin liegt sie ebenfalls auf dieser Fläche. In jedem Punkte aber der Curve $R^9$ wird jede auf einer der Flächen des Büschels liegende Gerade von 10 andern derartigen Geraden geschnitten. Denn von jedem ihrer Punkte wird $R^9$ als Curve 8. Ordnung und 34. Klasse auf eine Ebene projicirt, welche mithin 11 Doppelpunkte hat, so dass von jedem Punkte der Curve $R^9$ 11 Gerade ausgehen, welche der Curve noch zweimal, also im Ganzen dreimal begegnen. Diese Geraden liegen auf gewissen Flächen des Büschels, deren jede durch je einen vierten Punkt auf jeder der 11 Geraden determinirt ist. Also für jeden Punkt der Raumcurve $R^9$ giebt es 11 Flächen des Büschels, auf denen eine Gerade durch diesen Punkt geht; im speciellen Falle können auch 2 Gerade derselben Fläche durch den Punkt gehen.

60. Die beiden Oberflächen $F^3$ und $F^3_1$ mögen eine Gerade $l$ gemein haben; sie durchdringen sich dann noch in einer Raumcurve 8. Ordnung $R^8$. Alle Geraden auf allen durch $(R^8, l)$ gelegten cubischen Flächen, welche der $l$ begegnen, (auf jeder 10) treffen $R^8$ nur zweimal, da sie eben $(l, R^8)$ im Ganzen dreimal treffen; die übrigen dagegen begegnen $R^8$ dreimal. Sind $l'$ und $l''$ 2 Gerade einer Fläche des Büschels, welche mit $l$ in einer Ebene liegen, so müssen auf $l, l', l''$ offenbar die 8 Schnittpunkte von $R^8$ mit der Ebene sich befinden, mithin, da auf $l'$ und $l''$ je 2 Punkte von $R^8$ sind, müssen auf $l$ 4 sein. Also $R^8$ wird von $l$ viermal getroffen und $(R^8, l)$ hat 4 Begegnungspunkte, folglich treffen $36-2.4=28$ Tangenten von $(R^8, l)$, also natürlich blos von $R^8$ eine beliebige Gerade. Die Tangentenfläche von $R^8$ ist 28. Ordnung.

Daraus, dass $R^8$ und $l$ einander in 4 Punkten begegnen, schliessen wir, dass jede durch die Raumcurve $R^8$ gelegte cubische Fläche auch durch die Gerade $l$ geht.

Also: Zerfällt die Schnittcurve zweier cubischen Flächen in eine Gerade und eine Raumcurve 8. Ordnung (die sich auch noch in Partialcurven zertheilen kann), so geht jede durch die Raumcurve 8. Ordnung gelegte cubische Fläche auch durch die Gerade, welche der Raumcurve (sei sie eine einzelne Curve oder bestehe sie aus Partialcurven) insgesammt viermal begegnet. Das ist offenbar der entsprechende räumliche Satz zu dem bekannten ebenen Satze: Eine cubische Curve, die durch 8 von den 9 Schnittpunkten zweier cubischen Curven geht, geht auch durch den neunten.

Die Wahrheit des obigen Satzes lässt sich auch noch auf andere Weise erkennen. Es seien $S^3$, $S_1^3$, $S_2^3$ drei durch $R^8$ gelegte cubische Flächen, von denen $S_1^3$ und $S_2^3$ unendlich wenig verschieden sind, Nachbarn in der Reihenfolge des Systems der durch $R^8$ gelegten cubischen Flächen. Beide haben also mit $S^3$ die Curve $R^8$ gemein und treffen sie noch in einer Geraden, welche beiden Geraden auch nur sehr wenig in der Lage von einander verschieden sind. Aber auf einer cubischen Fläche giebt es im Allgemeinen nicht dicht neben einander liegende Geraden, sondern eine endliche Anzahl endlich entfernter Geraden. Folglich müssen jene beiden Geraden nicht blos dicht neben einander liegen, sondern vollständig zusammenfallen; von einer Fläche stets zur unmittelbar benachbarten übergehend, gelangen wir zu allen Flächen des Systems und sehen ein, dass alle die Fläche $S^3$ ausser in $R^8$ in derselben Geraden schneiden, alle mithin ausser $R^8$ diese Gerade gemein haben.

Einen ähnlichen Schluss, welcher zu dem Resultate führen würde: Alle durch eine Raumcurve 3. Ordnung gehenden Flächen 2. Ordnung begegnen einander noch in derselben Geraden, kann man nicht machen, weil auf jeder Fläche 2. Ordnung unendlich viele dicht neben einander liegende Geraden vorhanden sind.

Es ist auch ersichtlich, dass die Gerade $l$ die einzige ist, welche der Raumcurve $R^8$ viermal begegnet; jede andere, welche dies auch thäte, müsste sich auf allen durch $R^8$, d. h. auf allen durch $(R^8, l)$ gelegten cubischen Flächen befinden, was nicht möglich.

Denken wir uns die beiden Flächen 3. Ordnung $F^3$ und $F^3_1$ durch die zweite Steinersche Erzeugungsart entstanden, indem bei beiden das erzeugende Ebenenbüschel $B\ (E)$ die Axe $l$ hat, die beiden erzeugenden Flächenbüschel $B\ (F^2)$ und $B_1\ (F^2)$ sind, so ist einleuchtend, dass die fernere Durchschnittscurve $R^8$ der beiden Flächen $F^3$ und $F^3_1$ der Ort der

Durchschnittspunkte der entsprechenden Elemente der drei projectivischen Büschel $B\ (E)$, $B\ (F^2)$ und $B_1\ (F^2)$ ist, von denen eins ein Ebenenbüschel, die beiden andern Flächenbüschel 2. Ordnung sind. Die beiden Büschel $B(F^2)$ und $B_1\ (F^2)$ schneiden in die Axe $l$ offenbar zwei projectivische Involutionen ein, in denen je zwei Punktenpaare entsprechend sind, die von den derselben Ebene des Büschels $B\ (E)$ entsprechenden Flächen der Büschel $B\ (F^2)$ und $B_1\ (F^2)$ herrühren. Bei zwei auf derselben Geraden liegenden projectivischen Punktinvolutionen kommt es nun viermal vor, dass zwei Punkte, die entsprechenden Punktenpaaren angehören, zusammenfallen.

So erhalten wir die 4 Punkte, in denen $l$ von $R^8$ getroffen wird. Die beiden Büschel 2. Ordnung $B\ (F^2)$ und $B_1\ (F^2)$ erzeugen durch die Durchschnittscurven ihrer entsprechenden Flächen eine Fläche 4. Ordnung, auf der auch die Grundcurven der beiden Büschel liegen. Es ist demnach ersichtlich, dass $R^8$ der weitere Schnitt dieser Fläche 4. Ordnung mit jeder der beiden cubischen Flächen ist, mit der sie ja schon die Grundcurve des dieselbe erzeugenden Flächenbüschels 2. Ordnung gemein hat.

61. Die beiden Oberflächen $F^3$ und $F^3{}_1$ haben 2 windschiefe Geraden gemein: $l$ und $m$. Sie durchdringen einander also noch in einer Raumcurve 7. Ordnung $L^7$. Nach der vorigen Nummer muss $l$ der Raumcurve 8. Ordnung $(L^7, m)$ viermal begegnen, mithin, da sie $m$ nicht begegnet, der Raumcurve $L^7$ viermal; dasselbe muss $m$ thun. Daher hat die Gesammtschnittcurve $(L^7, l, m)$ 8 Begegnungspunkte ihrer Theile, welche die Anzahl der einer beliebigen Geraden begegnenden Tangenten der Schnittcurve, also natürlich blos der Curve $L^7$ auf $36 - 2 \,.\, 8 = 20$ reduciren. Folglich ist die Tangentenfläche der Raumcurve 7. Ordnung, welche zweien cubischen Flächen ausser 2 windschiefen Geraden gemein ist, 20. Ordnung. Alle durch $L^7$ gehenden cubischen Flächen gehen auch durch $l$ und $m$.

Die Raumcurve $L^7$ wird von den 5 Geraden $s_x$ jeder durch $(l, m, L^7)$ gehenden Fläche $F^3{}_x$, welche $l$ und $m$ begegnen (und ein Quintupel bilden), einmal getroffen, von den 10 Geraden $t_x$, welche blos eine der beiden Geraden $l$ oder $m$ treffen, zweimal, von den 10 Geraden $u_x$, welche weder $l$ noch $m$ treffen, dreimal, von $l$ und $m$ selbst je viermal getroffen (No 21). —

Die beiden Oberflächen haben einen Kegelschnitt $K^2$ gemein (im speciellen Falle zwei einander schneidende Geraden); auch diesmal begegnen sie einander noch in einer Raumcurve 7. Ordnung $R^7$. Es giebt auf jeder durch $(K^2, R^7)$ gehenden cubischen Fläche $F^3{}_x$ eine Gerade $l_x$, welche $K^2$ zweimal begegnet, die resp. ergänzende Gerade, 10 Gerade $m_x$, welche $K^2$ gar nicht treffen, nämlich die, welche $l_x$ treffen, und 16 Gerade $q_x$, welche ihn einmal treffen; die ersten werden also $R^7$ einmal, die zweiten dreimal, die dritten zweimal treffen. Die Geraden $l_x$ liegen alle in derselben Ebene (der von $K^2$) und schneiden einander alle auf $R^7$. Die Curve $R^7$ schneidet diese Ebene in 7 Punkten; davon ist einer der eben genannte auf allen $l_x$ liegende; auf keiner $l_x$ liegt noch einer; auf dem vollständigen Schnitt $(l_x, K^2)$ der Ebene mit $F^3{}_x$, auf der ja $R^7$ liegt, müssen sich die 7 Punkte befinden; also 6 auf $K^2$. Mithin hat die Gesammtschnittcurve $(K^2, R^7)$ der beiden Flächen 6 Begegnungspunkte ihrer Theile; es begegnen folglich 24 ihrer Tangenten einer beliebigen Geraden; dazu gehören aber noch die 2 Tangenten, welche von dem Punkte, wo diese Gerade die Ebene des Kegelschnitts $K^2$ durchbohrt, an $K^2$ gehen; also bleiben 22 für $R^7$ allein. Die Tangentenfläche einer Raumcurve 7. Ordnung, welche mit einem Kegelschnitte die Grundcurve eines Büschels 3. Ordnung ausmacht, ist 22. Ordnung. Die beiden Theile der Grundcurve begegnen einander in 6 Punkten.

62. Nehmen wir nun an, die beiden Oberflächen $F^3$ und $F^3{}_1$ haben eine ebene Curve 3. Ordnung $K^3$ gemein; sie schneiden sich dann noch in einer Raumcurve 6. Ordnung $R^6$. Jede Gerade auf jeder durch $(K^3, R^6)$ gehenden cubischen Fläche trifft $K^3$ einmal, also $R^6$ zweimal. $K^3$ bildet nun auch den vollständigen Schnitt ihrer Ebene mit jeder dieser Flächen, also müssen die 6 Punkte, in denen $R^6$ dieser Ebene begegnet, auf $K^3$ liegen.

Mithin hat die Gesammtschnittcurve $(K^3, R^6)$ 6 Begegnungspunkte ihrer Theile, also treffen 24 ihrer Tangenten eine beliebige Gerade; dazu gehören aber auch die

6 Tangenten, welche von dem Punkte, wo diese Gerade die Ebene der Curve $K^3$ trifft, an $K^3$ gehen; mithin bleiben 18 Tangenten für die Curve $R^6$ übrig.

Also die Tangentenfläche einer Raumcurve 6. Ordnung, welche mit einer ebenen cubischen Curve die Grundcurve eines cubischen Büschels bildet, ist 18. Ordnung.

Die Tangentenfläche ist demnach von derselben Ordnung, als die der Curve 6. Ordnung $S^6$ (No. 57), in der eine Fläche 2. Ordnung die cubische Fläche durchschneidet. Es wird sich auch leicht zeigen lassen, dass durch unsere Raumcurve $R^6$ eine Fläche 2. Ordnung geht. Die 6 Punkte $v$, in welchen eine Ebene $E$ der Curve $R^6$ begegnet, liegen stets auf einem Kegelschnitte $\Sigma$. Denn sie bilden mit den 3 Punkten $w$, in denen die Ebene $E$ die Curve $K^3$ schneidet und welche auf einer Geraden, der Schnittgeraden der Ebene $E$ und der der Curve $K^3$, liegen, die 9 Durchschnittspunkte zweier cubischen Curven, nämlich derjenigen, welche $E$ aus $F^3$ und $F^3_1$ ausschneidet. Jede fernere cubische Curve, die durch 8 von diesen Punkten geht, enthält auch den neunten; mithin auch diejenige, welche aus der Geraden der 3 Punkte $w$ und dem durch 5 der Punkte $v$ bestimmten Kegelschnitte $\Sigma$ besteht. Folglich muss sie, also der Kegelschnitt $\Sigma$ (denn auf der Geraden können nicht mehr als 3 Punkte einer cubischen Fläche liegen) auch durch den sechsten Punkt $v$ gehen.

Wir wollen nun nachweisen, dass diese Kegelschnitte $\Sigma$ aller Ebenen auf derselben Oberfläche 2. Ordnung liegen. Da ist zuerst zu beweisen, dass eine Gerade $l$ den Kegelschnitten $\Sigma$ aller durch sie gehenden Ebenen in denselben 2 Punkten begegnet; es genügt offenbar, dies für die Kegelschnitte $\Sigma'$ und $\Sigma''$ zweier solchen Ebenen $E'$ und $E''$ zu beweisen. $E'$ schneide die Ebene der Curve $K^3$ in $p'$, $E''$ in $p''$; $p'$ und $p''$ treffen offenbar die Gerade $l = (E', E'')$ in demselben Punkte, dort wo diese von der Ebene der Curve $K^3$ geschnitten wird. $E'$ schneidet $F^3$ und $F^3_1$ in zwei cubischen Curven $L'$ und $L'_1$, die ein Curvenbüschel erzeugen, welches auf $l$ eine cubische Involution einschneidet, die ersichtlich mit der durch das Flächenbüschel $(F^3, F^3_1)$ auf $l$ eingeschnittenen identisch ist, denn sie hat mit ihr 2 Punktentripel gemein (die beiden von $F^3$ und $F^3_1$

und die beiden von $L'$ und $L'_1$ eingeschnittenen). Zum Curvenbüschel 3. Ordnung gehört aber auch die zusammengesetzte Curve $(p', \Sigma')$, denn sie geht ja auch durch die 9 Grundpunkte, welche die Schnittpunkte von $E'$ mit $K^3$ und $R^6$ sind. Ebenso schneidet $E''$ aus $F^3$ und $F^3_1$ 2 cubische Curven $L''$ und $L''_1$ aus, welche ein Curvenbüschel 3. Ordnung veranlassen, zu dem auch $(p'', \Sigma'')$ gehört, und welches auf $l$ eine mit der durch das Flächenbüschel $(F^3, F^3_1)$ erzeugten identische cubische Involution hervorruft. Diese ist also auch mit der auf $l$ durch das Büschel $(L', L'_1)$ in $E'$ erzeugten identisch. Daraus schliessen wir, dass je eine Curve des cubischen Büschels auf $E'$ der Geraden $l$ in denselben 3 Punkten begegnet, als eine gewisse des Büschels auf $E''$, oder, wenn je eine Curve des Büschels auf $E'$ und eine des Büschels auf $E''$ den einen Schnittpunkt mit $l$ gemein haben, so haben sie auch die andern beiden gemein. $(\Sigma', p')$ trifft mit seinem Theile $p'$ die Gerade $l$ in demselben Punkte, in dem $(\Sigma'', p'')$ mit seinem Theile $p''$ diese Gerade trifft. Folglich werden die beiden übrigen Punkte, in denen $(p', \Sigma')$ die Gerade $l$, also die, in denen $\Sigma'$ dieselbe trifft, identisch sein mit denen, in welchen $\Sigma''$ sie trifft.

Es könnte nun aber doch vorkommen, dass auf $l$ noch andere Punkte sich befinden als die beiden eben gefundenen, welche sie mit den in allen durch sie gelegten Ebenen befindlichen Kegelschnitten $\Sigma$ gemein hat, Punkte, die von Kegelschnitten $\Sigma$ herrühren, deren Ebenen nicht durch $l$ gehen. Es treffe also ein Kegelschnitt $\Sigma_1$, dessen Ebene $E_1$ nicht durch $l$ geht, die Gerade $l$ in einem Punkte $\sigma_1$. Man lege durch $l$ eine beliebige Ebene $\mathfrak{E}$, diese begegnet der Ebene $E_1$ in einer Geraden $m$. Auf dieser muss ersichtlich der Punkt $\sigma_1$ liegen, und zwar ist er einer der beiden Punkte, in denen $m$ von dem Kegelschnitte $\Sigma_1$ getroffen wird; der muss aber identisch sein mit einem der beiden Punkte, in denen $m$ von dem Kegelschnitte $\Sigma'$ der Ebene $\mathfrak{E}$ getroffen wird, da $E_1$ und $\mathfrak{E}$ durch $m$ gehen. $\sigma_1$ also liegt auf $\Sigma'$, er liegt aber auch auf $l$, ist also einer der beiden Schnittpunkte von $\Sigma'$ und $l$, mithin einer der beiden Punkte, in denen $l$ von dem Kegelschnitte $\Sigma'$ einer durch $l$ gehenden Ebene $\mathfrak{E}$, folglich von den Kegelschnitten sämmtlicher durch $l$ gehenden Ebenen getroffen wird, demnach einer der beiden oben gefundenen Punkte.

Also jede Gerade $l$ begegnet dem Systeme aller Kegelschnitte $\Sigma$ nur in 2 Punkten; diese Kegelschnitte erzeugen folglich eine Fläche 2. Ordnung $F^2$, welche, da jeder Kegelschnitt $\Sigma$ 6 Punkte der Raumcurve $R^6$ enthält, diese Raumcurve ganz enthält. Es hat sich mithin dieselbe als Durchschnitt der cubischen Fläche mit einer Fläche 2. Ordnung ergeben, folglich in der That als Curve derselben Art wie $S^6$ aus No. 57.

Der Complex aus $F^2$ und der Ebene der Curve $K^3$ ist offenbar eine zu dem cubischen Büschel, dessen Grundcurve ($K^3$, $R^6$) ist, gehörige degenerirte cubische Fläche.

Alle cubischen Flächen, welche durch eine Raumcurve 6. Ordnung $R^6$ gehen, deren Tangentenfläche 18. Ordnung ist, schneiden sich zu je 2 noch in einer ebenen cubischen Curve. Es seien $S^3$ und $S^3_1$ 2 durch $R^6$ gelegte cubischen Flächen; sie begegnen einander noch in dem Gebilde 3. Ordnung $C^3$. Eine beliebige Ebene $T$ schneidet aus $S^3$ und $S^3_1$ die Curven $\mathfrak{S}^3$ und $\mathfrak{S}^3_1$ aus, die sich in den 6 Schnittpunkten der Ebene $T$ mit $R^6$ und den 3 Schnittpunkten mit $C^3$ begegnen. Folglich sind diese 9 Punkte von der Art, dass jede durch 8 von ihnen gelegte cubische Curve auch durch den neunten geht. Durch die 6 Schnittpunkte von $T$ mit $R^6$ geht ein Kegelschnitt $\Sigma$, folglich muss die durch $\Sigma$ und die Verbindungsgerade zweier der 3 Punkte ($T$, $C^3$) gebildete cubische Curve auch durch den dritten Punkt gehen. $\Sigma$ kann das nicht thun, denn er hätte dann mit $\mathfrak{S}^3$ und $\mathfrak{S}^3_1$ 7 Punkte gemein, also muss die Verbindungsgerade es thun. Mithin liegen die 3 Punkte, in denen eine beliebige Ebene dem Gebilde $C^3$ begegnet, in gerader Linie. Folglich muss das Gebilde eine ebene cubische Curve sein.

63. Die beiden Oberflächen $F^3$ und $F^3_1$ haben gemein einen Kegelschnitt $K^2$ und eine ihm einmal begegnende Gerade $m$, welche also zusammen eine Abart der Raumcurve 3. Ordnung bilden. Die beiden Flächen durchdringen einander noch in einer Raumcurve 6. Ordnung $P^6$. Die ergänzende Gerade zu $K^2$ auf jeder durch ($K^2$, $m$, $P^6$) gelegten cubischen Fläche $F^3_x$ sei $l_x$. Jede Gerade auf $F^3_x$, welche $l_x$ trifft, trifft $K^2$ nicht, und umgekehrt; also $m$, welche $K^2$ begegnet, begegnet nicht $l_x$. $l^x$ muss offenbar der Gesammtschnittcurve ($K^2$, $m$, $P^6$) dreimal begegnen; also da sie

$K^2$ zweimal, $m$ gar nicht trifft, trifft sie $P^6$ einmal; in diesem Punkte durchschneiden sich übrigens auch alle Geraden $l_x$, die ja sämmtlich in der Ebene des Kegelschnitts $K^2$ liegen; diese Ebene begegnet $P^6$ in 6 Punkten, welche sich auf $K^2$ und $l_x$ vertheilen; da auf $l_x$ nur ein Punkt von $P^6$ liegt, so kommen auf $K^2$ 5. $P^6$ und $K^2$ treffen also fünfmal einander. Die Gerade $m$, ein Theil der Gesammtschnittcurve, muss nach No. 60 dem übrigen Theile derselben ($K^2$, $P^6$) viermal begegnen; da sie also $K^2$ einmal trifft, muss $m$ die Curve $P^6$ dreimal treffen. Wir sehen mithin, dass die Gesammtschnittcurve ($K^2$, $m$, $P^6$) $5 + 3 + 1 = 9$ Begegnungspunkte ihrer Partialcurven hat, mithin treffen 18 von ihren Tangenten eine beliebige Gerade; doch dazu gehören auch die 2, welche von dem Punkte, in dem diese Gerade die Ebene von $K^2$ trifft, an $K^2$ gehen; es bleiben folglich 16 für $P^6$. Die Tangentenfläche von $P^6$ ist also 16. Ordnung. —

Die beiden Oberflächen $F^3$ und $F^3_1$ haben einen Kegelschnitt $K^2$ und eine ihn nicht schneidende Gerade $h$ gemein. Ausserdem begegnen sie sich noch in einer Raumcurve $Q^6$ 6. Ordnung. Es sei $F^3_x$ wieder eine beliebige Fläche des Büschels, dessen Grundcurve ($K^2$, $h$, $Q^6$) ist, $l_x$ die ergänzende Gerade zu $K^2$ auf ihr. Da $h$ nicht $K^2$ trifft, trifft sie $l_x$; mithin begegnet $l_x$ dem Kegelschnitt $K^2$ zweimal, der Geraden $h$ einmal, folglich $Q^6$ gar nicht. Sie ist auf jeder Fläche auch die einzige Gerade, die dies thut. Die 6 Schnittpunkte von $Q^6$ mit der Ebene des Kegelschnitts $K^2$ können also nur auf diesem liegen.

Ferner $h$ als Theil der Gesammtschnittcurve muss dem übrigen Theile ($K^2$, $Q^6$) viermal begegnen; sie hat mit $K^2$ keinen Punkt, folglich mit $Q^6$ 4 Punkte gemein. Die Gesammtschnittcurve hat also 10 Begegnungspunkte ihrer Partialcurven; folglich treffen 16 von ihren Tangenten eine beliebige Gerade; davon kommen 2 auf $K^2$, keine auf $h$, also 14 auf $Q^6$.

Zwei cubische Flächen also, die einen Kegelschnitt und eine ihm nicht begegnende Gerade gemein haben, durchdringen einander noch in einer Raumcurve 6. Ordnung und 14. Ranges, welche dem Kegelschnitte sechsmal, der Geraden viermal begegnet.

Wir fanden auf $F^3_x$ nur eine Gerade $l_x$, welche $Q^6$ gar nicht begegnet. Es giebt ferner nur eine Gerade $s_x$, welche $h$ und $l_x$ begegnet, die dritte in der Ebene $(h, l_x)$, welche mithin $h$ begegnet, aber nicht $K^2$, folglich $Q^6$ zweimal. Die 8 andern Geraden $t_x$ auf $F^3_x$ (ausser $l_x$ und $s_x$), welche $h$ treffen, treffen, weil sie $l_{x_1}$ nicht treffen, $K^2$, also $K^2$ und $h$, mithin $Q^6$ nur einmal. Ferner giebt es noch 8 Gerade $u_x$, welche $l_x$ treffen, aber nicht $h$, also 8 Gerade, welche weder $K^2$, noch $h$ begegnen, mithin $Q^6$ dreimal treffen. Ferner, da 10 Gerade $l_x$ treffen, müssen 16 Gerade $K^2$ einmal treffen; zu diesen gehören auch die 8 Geraden $t_x$, welche $K^2$ und $h$ treffen, es bleiben also 8 Gerade $v_x$, welche blos $K^2$ treffen, aber nicht $h$, welche also $Q^6$ zweimal begegnen. Mithin giebt es auf jeder durch $(K^2, h, Q^6)$ gelegten cubischen Fläche $F^3_x$ eine Gerade $l_x$, die $Q^6$ gar nicht trifft, 8 Gerade $t_x$, welche sie einmal treffen, 9 Gerade, $s_x$ und die 8 Geraden $v_x$, welche sie zweimal treffen, 8 Gerade $u_x$, welche ihr dreimal begegnen, und die auf allen Flächen des Büschels liegende $h$, welche ihr viermal begegnet. —

Wir kommen nun zur Betrachtung des Falles, dass $F^3$ und $F^3_1$ drei windschiefe Geraden gemein haben: $h_1$, $h_2$, $h_3$. Nur dieser Fall von 3 Geraden bleibt, die andern sind specielle Fälle der vorigen. Die Raumcurve 6. Ordnung, welche beiden Flächen noch gemein ist, sei $T^6$. Jede der 3 Geraden muss dem übrigen Schnitt, also, da sie den beiden andern Geraden nicht begegnet, der Raumcurve $T^6$ viermal begegnen. Mithin hat die Gesammtschnittcurve $(h_1, h_2, h_3, T^6)$ 12 Begegnungspunkte ihrer Theile, also $36 - 2.12 = 12$ Tangenten derselben — und das sind, da $h_1$, $h_2$, $h_3$ keine Tangenten liefern, Tangenten von $T^6$ — begegnen einer beliebigen Geraden.

Folglich ist die Tangentenfläche der Raumcurve 6. Ordnung, in der 2 cubische Flächen, die 3 windschiefe Geraden gemein haben, einander noch durchdringen, 12. Ordnung.

No. 21 lehrte uns nun, dass für das Tripel der 3 Geraden $h_1\ h_2\ h_3$ auf jeder durch $(h_1\ h_2\ h_3\ T^6)$ gehenden Fläche $F^3_x$ es 3 Gerade $i_x$ giebt, die es dreimal, 6 Gerade $k_x$, die es zweimal, 9 Gerade $m_x$, die es einmal, 6 Gerade $n_x$, die es gar nicht treffen. Also von den 3 Geraden $i_x$ jeder Fläche $F^3_x$ wird

$T^6$ gar nicht, von den 6 Geraden $k_x$ einmal, von den 9 Geraden $m_x$ zweimal, von den 6 Geraden $n_x$, welche nach No. 22 in 2 Tripel zerfallen, dreimal, von den 3 Geraden $h_1\ h_2\ h_3$, die allen Flächen $F^3{}_x$ gemein sind, viermal getroffen.

64. Es sei den beiden Flächen $F^3$ und $F^3{}_1$ eine cubische Raumcurve $R^3$ gemein. Beide schneiden sich noch in einer Raumcurve 6. Ordnung $U^6$. Es giebt, wie wir in No. 58. gesehen, auf $F^3$ (ebenso auf $F^3{}_1$ und jeder andern durch $R^3$ gehenden cubischen Fläche) 6 Gerade, welche $R^3$ gar nicht begegnen. Diese begegnen also der Curve $U^6$ dreimal. Es sei $f$ eine solche Gerade. Zur weiteren Bestimmung einer durch ($R^3$, $U^6$) gehenden Oberfläche 3. Ordnung ist noch ein Punkt nöthig; also lässt sich gewiss durch $U^6$ allein und einen beliebig gewählten Punkt eine cubische Fläche legen. Dieser Punkt sei ein vierter auf $f$, der von deren 3 Schnittpunkten mit $U^6$ verschieden ist. Die durch $U^6$ und diesen Punkt gelegte cubische Fläche $S^3$ trifft $f$ demnach in 4 Punkten, enthält sie also ganz und schneidet die cubische Fläche $F^3$ noch in einem Gebilde 2. Ordnung $C^2$. Noch ist zu erwähnen, dass keine Gerade der Curve $U^6$ viermal begegnen kann, diese müsste ja auf beiden Flächen $F^3$ und $F^3{}_1$ liegen; aber diese haben nur $R^3$ und $U^6$ gemein. Das Gebilde $C^2$ besteht entweder aus 2 gegen einander windschiefen Geraden $f_1$ und $f_2$ oder aus einem Kegelschnitte $K^2$ (der ja auch in 2 einander schneidende Geraden degeneriren kann). Der erste Fall bietet 3 Unterabtheilungen: $\alpha$) Es sind $f_1$ und $f_2$ beide gegen $f$ windschief, dann ist $U^6$ der weitere Schnitt zweier Oberflächen $F^3$ und $S^3$, welche 3 windschiefe Geraden $f, f_1, f_2$ gemein haben, also $U^6$ von der in No. 63 betrachteten Art $T^6$; aber dann muss sie jede der 3 Geraden $f, f_1, f_2$ viermal treffen, was bei $U^6$ nach dem Obigen nicht der Fall sein darf. $\beta$) Nur eine der beiden Geraden $f_1$ und $f_2$ ist gegen $f$ windschief, z. B. $f_2$, dann haben wir einen degenerirten Kegelschnitt ($f, f_1$) und eine ihn gar nicht treffende Gerade $f_2$; die Curve $U^6$ wäre von der Art $Q^6$ in No. 63; sie träfe aber dann auch $f_2$ viermal, was bei $U^6$ nicht möglich. $\gamma$) Beide Geraden $f_1$ und $f_2$ begegnen $f$; wir haben dann einen degenerirten Kegelschnitt ($f, f_1$) und eine ihm einmal begegnende Gerade $f_2$. Wir kommen also auf die Art $P^6$ von No. 63, bei der keine sie

**viermal** treffende Gerade sich vorfand. Dieser Fall würde sich als möglich ergeben. Auch der zweite Fall lässt drei Unterabtheilungen zu: $\alpha'$) Der Kegelschnitt $K^2$ hat mit $f$ keinen Punkt gemein; dann kommen wir auf den Fall $Q^6$, wo aber $U^6$ der Geraden $f$ viermal begegnen müsste. $\beta'$) Der Kegelschnitt $K^2$ hat mit $f$ einen Punkt gemein; wir kommen auf $P^6$ und keinen Widerspruch. $\gamma'$) Der Kegelschnitt hat mit $f$ 2 Punkte gemein, d. h. seine Ebene geht durch $f$; $K^2$ und $f$ bilden dann eine degenerirte ebene cubische Curve. $U^6$ wäre dann von der Art $R^6$ (No. 62). Aber wir haben ja bewiesen, dass 2 Flächen 3. Ordnung, welche durch eine Raumcurve 6. Ordnung von der Art $R^6$ gehen, sich noch in einer ebenen cubischen Curve schneiden. Wäre also $U^6$ von der Art $R^6$, so müssten $F^3$ und $F^3_1$, die sie gemein haben, sich in einer ebenen cubischen Curve, aber nicht in der doppelt gekrümmten Curve $R^3$ schneiden.

Man sieht leicht ein, dass der Fall $\gamma$) sich unter $\beta'$) subsumirt; mithin begegnet die Fläche $S^3$, die durch die Curve $U^6$ und die sie dreimal treffende Gerade $f$, [resp. bei $\gamma$) : $f_2$] der Fläche $F^3$ gelegt ist, dieser Fläche noch in einem Kegelschnitte $K^2$ [resp. bei $\gamma$) : $(f, f_1)$], der von $f$ [resp. $f_2$] einmal getroffen wird. $U^6$ ist also der fernere Schnitt zweier Flächen $F^3$ und $S^3$, welche einen Kegelschnitt $K^2$ und eine ihn einmal treffende Gerade gemein haben, mithin von der in No. 63 geschilderten Art $P^6$, demnach eine Raumcurve 6. Ordnung, deren Tangentenfläche 16. Ordnung ist.

Also zwei cubische Flächen $F^3$ und $F^3_1$, die sich in einer cubischen Raumcurve $R^3$ durchschneiden, haben noch eine Raumcurve 6. Ordnung $P^6$ gemein, deren Tangentenfläche 16. Ordnung ist.

Von dieser Art ist aber auch (No. 16) die Curve der Kegelspitzen eines Flächenbündels 2. Ordnung, also auch die Curve der reciproken Pole der Punkte, welche auf einem ebenen Durchschnitt der Kernfläche liegen, oder, was dasselbe, die Curve, längs der die Kernfläche einer cubischen Fläche und die cubische Polarfläche einer Ebene in Bezug auf die cubische Fläche einander berühren (man sehe auch No. 52).

Es seien gegeben 4 collineare Ebenenbündel $P^1$, $P^2$, $P^3$, $P^4$. Die entsprechenden Ebenen der Bündel $P^1$, $P^2$, $P^3$ durchschneiden sich in den Punkten einer cubischen Fläche $O^{123}$, die der Bündel $P^1$, $P^2$, $P^4$ in den Punkten einer cubischen Fläche $O^{124}$.

Beide Flächen haben die Curve 3. Ordnung $C^{12}$ gemein, welche durch die Schnittpunkte der sich schneidenden entsprechenden Strahlen der Strahlenbündel $P^1$, $P^2$ entsteht, also haben sie noch eine Raumcurve 6. Ordnung und 16. Ranges gemein. Alle Punkte dieser Curve sind Punkte, in denen sich 4 entsprechende Ebenen der 4 collinearen Bündel begegnen.

Im Allgemeinen treffen sich die entsprechenden Ebenen von 4 collinearen Ebenenbündeln nicht in einem Punkte. Eine einfach unendliche Anzahl Ebenen jedes Ebenenbündels kommt mit ihren entsprechenden in einem Punkte zusammen, und diese Punkte erzeugen eine Raumcurve 6. Ordnung und 16. Ranges.

Es ist nun noch zu untersuchen, wie oft $R^3$ und $P^6$ (so werde die Curve von nun an bezeichnet) einander begegnen. Die Tangentenfläche von $R^3$ ist 4. Ordnung, die von $P^6$ 16. Ordnung, zusammen also sind sie 20. Ordnung; die Erniedrigung hat um 16 stattgefunden; mithin können wir auf 8 Begegnungspunkte von $R^3$ und $P^6$ schliessen.

Da $P^6$ 16. Ranges ist, so wissen wir, dass ihre Projection von einem Punkte auf eine Ebene 6. Ordnung und 16. Klasse ist, also 7 Doppelpunkte hat, mithin gehen von jedem Punkte ausserhalb $P^6$ 7 Gerade aus, welche $P^6$ zweimal treffen. Wir wissen auch, dass von jedem Punkte der Schnittcurve zweier cubischen Flächen 11 Gerade ausgehen, welche sie noch zweimal treffen. Projiciren wir also ($R^3$, $P^6$) von einem Punkte $O$ von $R^3$, so erhalten wir als Projectionen einen Kegelschnitt $\mathfrak{R}^2$ und eine Curve 6. Ordnung $\mathfrak{P}^6$, welche sich zwölfmal begegnen. Diese Begegnungspunkte rühren her von Strahlen, die entweder durch einen Begegnungspunkt von $R^3$ und $P^6$ gehen, oder durch einen Punkt von $R^3$ und einen davon getrennten von $P^6$. Die Strahlen der letzten Art gehören ersichtlich zu den 11 von $O$ ausgehenden Strahlen, die ($R^3$, $P^6$) doppelt treffen; da es nun durch $O$ 7 Strahlen giebt, welche $P^6$ allein zweimal treffen, keinen, der $R^3$ noch zweimal trifft, so bleiben 4, welche einmal $R^3$ und einmal $P^6$ treffen; also 4 von den 12 Begegnungspunkten von $\mathfrak{R}^2$ und $\mathfrak{P}^6$ gehen aus diesen Strahlen hervor, die übrigen 8 rühren folglich von den 8 Begegnungspunkten von $R^3$ und $P^6$ her. Mithin hat sich gezeigt, dass es deren acht giebt.

Also die Raumcurve 6. Ordnung, die zwei cubischen Flächen, welche eine cubische Raumcurve gemein haben, auch noch gemein ist, trifft diese cubische Raumcurve achtmal.

Eine auf einer cubischen Fläche liegende Raumcurve 3. Ordnung wird von 15 Geraden einmal, von je 6 Geraden zweimal und keinmal getroffen. Folglich treffen von den Geraden einer cubischen Fläche, auf der $P^6$ liegt, 15 Gerade diese zweimal, je 6 Gerade einmal und dreimal, keine gar nicht oder viermal. Die 6 Geraden, welche einmal, und die 6, welche dreimal treffen, bilden ein Doppelsechs.

65. Wir wollen nun annehmen, dass die beiden Flächen $F^3$ und $F^3{}_1$ eine Raumcurve 4. Ordnung gemein haben, und zwar zuerst von der Art $R^4$. Sie durchschneiden einander noch in einer Raumcurve 5. Ordnung $V^5$. Jede durch $(R^4, V^5)$ gelegte cubische Fläche sei wieder mit $F^3{}_x$ bezeichnet. Durch $R^4$ lassen sich unendlich viele Flächen 2. Ordnung legen. Jede derselben $F^2{}_y$ durchschneidet $F^3{}_x$ noch in einem Kegelschnitte $K^2{}_{xy}$. Die Ebenen aller dieser Kegelschnitte gehen durch dieselbe Gerade $k_x$ auf $F^3{}_x$, die Gegengerade zu $R^4$ auf $F^3{}_x$. Wir wissen auch, dass $k_x$ die einzige Gerade auf $F^3{}_x$ ist, welche $R^4$ gar nicht begegnet; sie begegnet mithin $V^5$ dreimal, und es wird sich auch bald zeigen, dass sie auf $F^3{}_x$ die einzige Gerade ist, welche dies thut.

Man nennt bekanntlich denjenigen Punkt einer ebenen cubischen Curve, in welchen die Verbindungsgeraden derjenigen beiden Punkte zusammenstossen, in denen alle durch 4 Punkte der Curve gelegten Kegelschnitte die Curve je noch schneiden, den Gegenpunkt dieser 4 Punkte auf der Curve. Es ist nun ein bekannter Satz,*) dass die Gegenpunkte auf allen Curven eines cubischen Büschels zu 4 von den Grundpunkten desselben auf dem durch die 5 übrigen Grundpunkte gelegten Kegelschnitte liegen.

Schneiden wir nun unser durch $(R^4, V^5)$ gelegtes cubische Flächenbüschel durch eine beliebige Transversalebene, so ist ersichtlich auf dem Schnitte $C^3{}_x$ mit $F^3{}_x$ der Schnittpunkt mit $k_x$ der Gegenpunkt zu den 4 Schnittpunkten mit $R^4$; er liegt also

*) Cremona's Introduzione No. 67.

mit den 5 Schnittpunkten der Ebene und der Curve $V^5$ auf demselben Kegelschnitte, oder auch: Die verschiedenen Gegengeraden $k_x$ zu $R^4$ auf allen durch $(R^4, V^5)$ gelegten cubischen Flächen $F^3_x$ durchschneiden jede beliebige Ebene in Punkten eines Kegelschnitts, auf welchem auch stets die Schnittpunkte der Ebene mit der Curve $V^5$ liegen. Wir ziehen daraus den Schluss, dass die Geraden $k_x$ eine Fläche 2. Ordnung $H^2$ bilden, auf der auch $V^5$ liegt. Keine 2 Geraden $k_x$ begegnen einander, denn da jede $V^5$ dreimal trifft, würde dann ihre Ebene dieser Curve sechsmal begegnen. Es bilden also die Geraden $k_x$ die eine Schaar der Fläche $H^2$.

Diese Fläche durchschneidet nun also jede Fläche $F^3_x$ in der Raumcurve $V^5$ und der Geraden $k_x$. $V^5$ hat sich mithin als der weitere Schnitt einer Fläche 3. und einer 2. Ordnung ergeben, welche eine Gerade gemein haben; sie ist also gleichartig mit der Curve $S^5$, welche wir in No. 57 betrachtet haben; ihre Tangentenfläche ist mithin 12. Ordnung.

Also: **Zwei cubische Flächen, welche eine Raumcurve 4. Ordnung und 8. Ranges $R^4$ (Grundcurve eines Flächenbüschels 2. Ordnung) gemein haben, durchschneiden einander noch in einer Raumcurve 5. Ordnung und 12. Ranges $V^5$. Durch die letztere geht eine Fläche 2. Ordnung $H^2$, welche aus jeder Fläche $F^3_x$ des cubischen Büschels, dessen Grundcurve $(R^4, V^5)$ ist, die Gegengerade $k_x$ zu $R^4$ ausschneidet.**

Aus No. 57 wissen wir, dass nur die Geraden der einen Schaar von $H^2$ der Curve $V^5$ $(S^5)$ dreimal begegnen, ferner ist einleuchtend, dass jede Gerade, welche $V^5$ dreimal begegnet, auf $H^2$ liegen muss; also **sind die Gegengeraden zu $R^4$ auf den Flächen $F^3_x$ die einzigen Geraden, welche $V^5$ dreimal treffen. Jede der 10 Geraden $m_x$ auf $F^3_x$, welche $k_x$ treffen, begegnet $R^4$ zweimal,** also **$V^5$ einmal, jede der 16 übrigen Geraden trifft $R^4$ einmal,** also **$V^5$ zweimal.** Da es keine Gerade giebt, welche $R^4$ dreimal trifft, so **giebt es auf keiner Fläche $F^3_x$ eine Gerade, welche $V^5$ gar nicht begegnet.** Aber **es giebt auch ersichtlich keine, welche $V^5$ viermal trifft.**

Denken wir uns wieder die Flächen $F^3$ und $F^3_1$ auf die zweite Steinersche Weise durch dasselbe Flächenbüschel $B\ (F^2)$

und je die beiden Ebenenbüschel $B(E)$ und $B_1(E)$ erzeugt, so haben sie die Grundcurve $R^4$ des Flächenbüschels gemein und durchschneiden sich noch in einer Raumcurve 5. Ordnung und 12. Ranges $V^5$, also:

Die entsprechenden Elemente dreier projectivischen Büschel, deren eins ein Flächenbüschel 2. Ordnung und zwei Ebenenbüschel sind, durchschneiden sich in Punkten einer Raumcurve 5. Ordnung und 12. Ranges. Die durch dieselbe gehende Fläche 2. Ordnung ist die durch die beiden Ebenenbüschel erzeugte.

Mit Hilfe der Projection erkennt man wieder, dass $V^5$ von jedem ihrer Punkte eine Gerade aussendet, die ihr noch zweimal begegnet.

Die Tangentenflächen von $R^4$ und $V^5$ sind zusammen 20. Ordnung; die Reduction um 16 muss also durch 8 Begegnungspunkte der beiden Curven erfolgt sein, welche sich ebenfalls durch die Projection nachweisen lassen. Da $V^5$ 12. Ranges ist, so wird sie von einem ausserhalb liegenden Punkte auf eine Ebene als Curve 5. Ordnung und 12. Klasse projicirt; diese muss also 4 Doppelpunkte haben (ein dreifacher Punkt wird nur auftreten, wenn der Projectionspunkt auf $H^2$ liegt), also von jedem ausserhalb liegenden Punkte gehen 4 Gerade aus, die $V^5$ zweimal treffen. Von jedem Punkte auf $(R^4, V^5)$, z. B. einem Punkte $O$ auf $R^4$ gehen 11 Gerade aus, die $(R^4, V^5)$ noch zweimal schneiden, dazu gehören die 4, welche $V^5$ zweimal treffen; da es keine giebt, die $R^4$ noch zweimal trifft, so bleiben 7, welche einmal $R^4$ und einmal $V^5$ treffen. Diese 7 Geraden ergeben sicher 7 von den Durchschnittspunkten der Projectionen der Curven $R^4$ und $V^5$ von $O$; diese sind aber 3. und 5. Ordnung, haben also 15 Durchschnittspunkte; die 8 übrigen verdanken ihre Existenz den Begegnungspunkten von $R^4$ und $V^5$. Also treffen $R^4$ und $V^5$ einander achtmal. Einfacher: $R^4$ begegnet ersichtlich dem Durchschnitt von $F^3{}_x$ und $H^2$ so oft, als sie $H^2$ begegnet, da $R^4$ auf $F^3{}_x$ liegt, also achtmal; dieser Durchschnitt besteht aus $k_x$ und $V^5$. $k_x$ wird von $R^4$ nicht getroffen, also $V^5$ achtmal.

66. Ehe wir zu der andern Raumcurve 4. Ordnung $R_1{}^4$ (6. Ranges) übergehen, müssen wir noch einige speciellen Fälle betrachten. Zuerst bemerken wir, dass eine cubische Raumcurve

mit einer sie zweimal treffenden Geraden und zwei einander zweimal begegnende Kegelschnitte und auch eine ebene cubische Curve mit einer sie einmal treffenden Geraden Abarten der Raumcurve $R^4$ sind (No. 26). Mithin werden 2 cubische Flächen, welche eins von diesen 3 Gebilden gemein haben, sich noch in einer Raumcurve 5. Ordnung und 12. Ranges $V^5$ von der Art, wie sie in der vorigen Nummer gefunden ist, begegnen. Es fragt sich höchstens, wie sich die 8 Begegnungspunkte von $V^5$ und $R^4$ auf die beiden Theile von $R^4$ vertheilen. Besteht $R^4$ aus einer cubischen Raumcurve $R^3$ und einer sie zweimal treffenden Geraden $p$, so muss $p$ doch den übrigen Schnitt ($R^3$, $V^5$) viermal treffen, also $V^5$ zweimal, mithin begegnen $R^3$ und $V^5$ einander sechsmal, so oft als $R^3$ der Fläche $H^2$ begegnet. Besteht $R^4$ aus 2 einander zweimal begegnenden Kegelschnitten, so ist unmittelbar klar, dass auf den einen ebenso viele Punkte von $V^5$ kommen, als auf den andern, also auf jeden 4. Ist endlich $R^4$ aus einer ebenen Curve $K^3$ und einer sie einmal treffenden Geraden $h$ zusammengesetzt, so muss $h$ der Curve $V^5$ noch dreimal begegnen, da sie $K^3$ schon einmal trifft; also auf $K^3$ liegen 5 Punkte von $V^5$, ersichtlich alle 5 Punkte, die überhaupt in der Ebene von $K^3$ liegen.

Nun aber gehen wir zu andern singulären Raumcurven 4. Ordnung über.

Eine ebene cubische Curve und eine Gerade, die auf derselben cubischen Fläche liegen, können sich nur so verhalten, dass sie einander einmal begegnen.

$\alpha$) Wir haben jetzt eine cubische Raumcurve $R^3$ und eine Gerade $h$, die ihr einmal begegnet, zu betrachten. Der fernere Schnitt zweier cubischen Flächen, die $R^3$ und $h$ gemein haben, sei $Q^5$; $h$ muss ($R^3$, $Q^5$) zusammen viermal begegnen, also da sie $R^3$ einmal trifft, $Q^5$ dreimal treffen. $h$ und $Q^5$ müssen (No. 64) zusammen eine Curve $U^6$ oder $P^6$ bilden, welche der $R^3$ achtmal begegnet, also da $h$ ihr einmal begegnet, muss $Q^5$ ihr siebenmal begegnen. Wir haben mithin in der Gesammtschnittcurve ($R^3$, $h$, $Q^5$) $7 + 1 + 3 = 11$ Begegnungspunkte der Theile; mithin begegnen 14 Tangenten, also natürlich nur von $R^3$ und $Q^5$ einer beliebigen Geraden; da $R^3$ 4. Ranges ist, kommen auf sie 4, mithin auf $Q^5$ 10 Tangenten. Die Tangentenfläche von $Q^5$ ist 10. Ordnung.

$\beta$) Lassen wir nun die Raumcurve 4. Ordnung aus einer cubischen Raumcurve $R^3$ und einer ihr gar nicht begegnenden Geraden $f$ zusammengesetzt sein. Zwei cubische Flächen, die dieses Gebilde gemein haben, begegnen sich ebenfalls noch in einer Raumcurve 5. Ordnung $M^5$. Da $f$ der Raumcurve $R^3$ gar nicht begegnet, so trifft sie $M^5$ viermal, und da sie mit $M^5$ eine Curve $U^6$ bildet, die $R^3$ achtmal trifft, so muss $M^5$ allein $R^3$ achtmal treffen. Die Gesammtschnittcurve hat also 12 Begegnungspunkte ihrer Theile, mithin müssen die Ordnungen der Tangentenflächen von $R^3$ und $M^5$ zusammen 12 sein, also da die von $R^3$ 4 ist, ist die von $M^5$ 8.

Mithin: Zwei cubische Flächen, denen eine cubische Raumcurve $R^3$ und eine diese gar nicht treffende Gerade $f$ gemein ist, begegnen einander noch in einer Raumcurve $M^5$ 5. Ordnung und 8. Ranges, welche die Curve $R^3$ achtmal, die Gerade $f$ viermal schneidet.

$\gamma$) Wir kommen jetzt zu dem Falle, dass die Raumcurve 4. Ordnung, die wir zweien cubischen Flächen gemeinsam annehmen, aus zwei einander einmal begegnenden Kegelschnitten $K'$ und $K''$ besteht. Beide Flächen treffen einander noch in einer Raumcurve 5. Ordnung $N^5$. Es sei wieder $F^3{}_x$ eine durch $(K', K'', N^5)$ gehende cubische Fläche. Die ergänzende Gerade zu $K'$ auf ihr sei $l'_x$, die zu $K''$ sei $l''_x$. Da $K'$ und $K''$ einander nur einmal begegnen, so treffen $l'_x$ und $l''_x$ einander nicht. $l'_x$ muss sicher durch einen Punkt von $(K'', l''_x)$ gehen, welche ja zusammen den vollständigen Schnitt ihrer Ebene mit $F^3{}_x$ ausmachen, also da sie $l''_x$ nicht trifft, trifft sie $K''$. Mithin trifft $l'_x$ den Kegelschnitt $K'$ zweimal und den Kegelschnitt $K''$ einmal, das ganze Gebilde $(K', K'')$ folglich dreimal, demgemäss $N^5$ gar nicht; dasselbe gilt für $l''_x$. $N^5$ schneidet nun die Ebene, in der $K'$ und $l'_x$ liegen, fünfmal und zwar, da sie auf $F^3{}_x$ liegt und $(K', l'_x)$ der Schnitt dieser Ebene mit $F^3{}_x$ ist, in Punkten, die auf $(K', l'_x)$ liegen; auf $l'_x$ liegt jedoch kein Punkt von $N^5$, mithin liegen 5 Punkte der Curve $N^5$ auf $K'$, ebenso viele natürlich auch auf $K''$. Die die Gesammtschnittcurve bildenden Partialcurven begegnen sich mithin gegenseitig in $2.5 + 1 = 11$ Punkten; also 14 Tangenten der Gesammtschnittcurve begegnen jeder Geraden; dazu gehören die beiden Paare Tangenten, die von den Punkten, in welchen diese Gerade die Ebenen der Kegelschnitte $K'$ und $K''$ durchschneidet, an $K'$ und $K''$ gehen; mithin bleiben 10 für $N^5$. Diese Curve $N^5$ hat folglich eine Tangentenfläche 10. Ordnung.

$\delta$) Es bestehe nun die Raumcurve 4. Ordnung aus 2 einander gar nicht begegnenden Kegelschnitten $\mathfrak{K}'$ und $\mathfrak{K}''$. Zwei solche Kegelschnitte müssen, wenn sie auf derselben cubischen Fläche liegen, dieselbe ergänzende Gerade haben, den Schnitt ihrer Ebenen $l$. Sollen also $\mathfrak{K}'$ und $\mathfrak{K}''$ auf 2 cubischen Flächen liegen, so muss sich auch der Schnitt ihrer Ebenen $l$ auf denselben befinden; er begegnet ja auch dem Complex ($\mathfrak{K}'$, $\mathfrak{K}''$) viermal. Mithin durchdringen die beiden Flächen einander noch in einer Raumcurve 4. Ordnung $T^4$. $\mathfrak{K}'$ und $l$ bilden eine degenerirte ebene cubische Curve, folglich, da $\mathfrak{K}''$ und $T^4$ der weitere Schnitt zweier cubischen Flächen ist, welchen $\mathfrak{K}'$ und $l$ gemein sind, so muss sich nach No. 62 durch ($\mathfrak{K}''$, $T^4$) eine Fläche 2. Ordnung $F^2$ legen lassen. Eine Fläche 2. Ordnung aber gelegt durch einen Kegelschnitt $\mathfrak{K}''$ einer cubischen Fläche kann aus derselben nur eine Raumcurve 4. Ordnung $T^4$ von der Art $R^4$ ausschneiden, d. h. $T^4$ ist eine Curve, deren Tangentenfläche 8. Ordnung und welche Grundcurve eines Büschels 2. Ordnung ist. Es ist nun auch leicht zu ersehen, dass $l$ die Gegengerade von $T^4$ ist auf jeder durch ($\mathfrak{K}'$, $\mathfrak{K}''$, $l$, $T^4$) gehenden cubischen Fläche; also trifft sie $R^4$ gar nicht.

Jeden der beiden Kegelschnitte trifft $R^4$ viermal. Die 4 Partialcurven $\mathfrak{K}'$, $\mathfrak{K}''$, $l$, $T^4$ haben $2.2+2.4=12$ Begegnungspunkte. ($\mathfrak{K}'$, $\mathfrak{K}''$, $l$) bilden übrigens auch eine Abart der Curve $V^5$. Die durch sie gehende Oberfläche 2. Ordnung ist das Paar der Ebenen der Kegelschnitte $\mathfrak{K}'$ und $\mathfrak{K}''$; sie muss jede durch ($\mathfrak{K}'$, $\mathfrak{K}''$, $l$, $T^4$) gehende cubische Fläche noch in der Gegengeraden von $T^4$ schneiden, d. h. in $l$, also zweimal in $l$; $l$ ist ja aber auch die Doppelgerade des Ebenenpaars.

Wir wenden uns jetzt zu der Betrachtung des Falls, dass die den Flächen $F^3$ und $F^3{}_1$ gemeinsame Raumcurve 4. Ordnung aus einem Kegelschnitte $K$ und zwei gegen einander windschiefen Geraden $h'$ und $h''$ besteht.

$\varepsilon$) Wir nehmen zuerst an, dass $h'$ und $h''$ beide den Kegelschnitt $K$ treffen. $F^3$ und $F^3_1$ durchdringen einander noch in einer Raumcurve 5. Ordnung $U^5$. Jede der beiden Geraden $h'$ und $h''$ muss, da sie $K$ trifft, $U^5$ noch dreimal treffen. Die Ergänzungsgerade $l_x$ des Kegelschnitts $K$ auf der Fläche $F^3_x$ des Büschels $(F^3, F^3_1)$ schneidet $K$ zweimal, aber keine der beiden Geraden $h'$ und $h''$, mithin $U^5$ noch einmal. 5 Punkte von $U^5$ liegen in der Ebene von $K$ und zwar nothwendigerweise auf $K$ und $l_x$; folglich 4 Punkte von $U^5$ liegen auf $K$. Wir haben also in dem Durchschnitt $(K, h', h'', U^5)$ $2 + 2 \cdot 3 + 4 = 12$ Begegnungspunkte. Mithin liefern $K$ und $U^5$ 12 Tangenten, die einer beliebigen Geraden begegnen, $K$ wieder 2, also $U^5$ 10. Die Tangentenfläche von $U^5$ ist 10. Ordnung.

$\zeta$) Von den beiden Geraden $h'$ und $h''$ treffe nur $h'$ den Kegelschnitt $K$, dann muss nothwendig $h''$ der Geraden $l_x$ begegnen; so dass $l_x$ dem Kegelschnitte $K$ zweimal, der Geraden $h''$ einmal, der Geraden $h'$ gar nicht, mithin der Curve 5. Ordnung $W^5$, in der zwei durch $K, h', h''$ gehende cubische Flächen noch einander schneiden, gar nicht begegnet. Folglich können die 5 Punkte von $W^5$, welche in der Ebene von $K$ liegen, sich nur auf $K$ befinden. Die Gesammtschnittcurve $(K, h', h'', W^5)$ hat mithin, da $h'$, weil sie $K$ trifft und $h''$ nicht, $W^5$ dreimal, und $h''$, weil sie $K$ und $h'$ nicht trifft, $W^5$ viermal trifft, $5 + 3 + 4 + 1 = 13$ Begegnungspunkte; deshalb treffen 10 Tangenten von $K$ und $W^5$ zusammen eine beliebige Gerade; 2 davon sind Tangenten an $K$, also 8 an $W^5$. Mithin hat $W^5$ eine Tangentenfläche 8. Ordnung.

$\eta$) Endlich keine der beiden Geraden $h'$ und $h''$ treffe $K$; dann treffen beide die Ergänzungsgerade $l$ des Kegelschnitts $K$ auf allen durch $(h', h'', K)$ gelegten cubischen Flächen. Diese Ergänzungsgerade trifft aber $K$ zweimal, $h'$ und $h''$ je einmal, also $(h', h'', K)$ viermal, mithin haben alle durch $(K, h', h'')$ gelegten cubischen Flächen die Ergänzungsgerade $l$ des Kegelschnitts $K$ gemein.

Je zwei haben also noch eine Raumcurve 4. Ordnung $U^4$ gemein. $(K, l)$ bilden eine ebene cubische Curve, folglich lässt sich durch $h', h'', U^4$ eine Fläche 2. Ordnung legen; also da $h'$ und $h''$ gegen einander windschief sind, ergiebt sich

$U^4$ als Raumcurve 4. Ordnung von der Art $R_1^4$, deren Tangentenfläche 6. Ordnung ist. Jede der beiden Geraden $h'$ und $h''$ begegnet ihr dreimal. $h'$, $h''$, $l$, $U^4$ müssen zusammen $K$ sechsmal begegnen (No. 61); $h'$ und $h''$ begegnen $K$ nicht, $l$ zweimal, also $U^4$ viermal, folglich alle 4 Schnittpunkte von $U^4$ mit der Ebene von $K$ befinden sich auf $K$, mithin keiner auf $l$, die ja auch dem übrigen Theile $h'\,h''\,K$ schon viermal begegnet.

Wir haben also auf $(K, h', h'', l, U^4)$ $4 + 4 + 6 = 14$ Begegnungspunkte der Theile, mithin treffen 8 Tangenten von $K$ und $U^4$ eine beliebige Gerade, und da es 2 von $K$ thun, so müssen sich 6 für $U^4$ ergeben.

$\vartheta$) Es bleibt uns noch der Fall zu betrachten, in dem die den beiden Flächen $F^3$ und $F^3_1$ gemeinsame Raumcurve 4. Ordnung aus 4 gegen einander windschiefen Geraden besteht: $h_1$, $h_2$, $h_3$, $h_4$. (Die Fälle, wo sie nicht alle 4 gegen einander windschief sind, subsumiren sich unter die vorigen.) Es giebt nun bei 4 gegen einander windschiefen Geraden 2 Gerade $p_1$ und $p_2$, die alle treffen und auch gegen einander windschief sind. Also alle cubischen Flächen, welche durch $h_1\,h_2\,h_3\,h_4$ gehen, enthalten auch noch die beiden Geraden $p_1$ und $p_2$. Mithin durchdringen je 2, wie $F^3$ und $F^3_1$, einander noch in einem Gebilde 3. Ordnung $Z^3$. Jede der 4 Geraden $h$ und der beiden Geraden $p$ muss dem übrigen Theile viermal begegnen; also werden die beiden Geraden $p$, da jede schon alle 4 Geraden $h$ trifft, $Z^3$ nicht mehr treffen, dagegen die Geraden $h$, da jede nur die beiden Geraden $p$ trifft, $Z^3$ noch zweimal treffen. Wir haben mithin auf der Gesammtschnittcurve $(F^3, F^3_1)$ 16 Begegnungspunkte; es begegnen folglich 4 Tangenten derselben, also natürlich von $Z^3$ jeder beliebigen Geraden. Demnach ist $Z^3$ auch die bekannte Raumcurve 3. Ordnung und 4. Ranges.

$Z^3$ bildet mit jeder Geraden $h$, z. B. mit $h_4$ zusammengestellt, da sie einander zweimal begegnen, eine degenerirte Raumcurve $R^4$, folglich muss der fernere Schnitt $h_1\,h_2\,h_3$, $p_1\,p_2$ eine Curve $V^5$ sein. Durch ihn lässt sich auch in der That eine Fläche 2. Ordnung legen, das durch die 3 windschiefen Geraden $h_1\,h_2\,h_3$ bestimmte Hyperboloid, welches ersichtlich auch $p_1\,p_2$

enthält, die zur andern Schaar gehören. Es ist ein Doppeldreihyperboloid. Mit jeder durch $(F^3, F^3_1)$ gelegten Flächen $F^3_x$ hat es noch eine Gerade $p_x$ der Schaar $p_1\ p_2$ gemein, welche also $h_1\ h_2\ h_3$ trifft, $p_1\ p_2$ nicht, welche auf $F^3_x$ die Gegengerade zu $(Z^3, h_4)$ ist, also weder $Z^3$ noch $h_4$ trifft. Wir erhalten ersichtlich 4 derartige Geraden $p_x$ auf jeder Fläche $F^3_x$; es sind die 4 Geraden, welche das Quadrupel $(h_1\ h_2\ h_3\ h_4)$ dreimal treffen. Keine 2 von ihnen schneiden sich, weil je 2 denselben 2 Geraden $h$ begegnen. Die 4 Geraden $p_x$ bilden mithin mit den beiden Geraden $p_1\ p_2$ das Sextupel auf $F^3_x$, das $Z^3$ nicht begegnet. Wir wissen, es giebt auch ein Sextupel, dessen jede Gerade $Z^3$ zweimal begegnet, und das mit jenem ein Doppelsechs bildet. Zu diesem Sextupel gehören offenbar $h_1\ h_2\ h_3\ h_4$. Jede der 4 Geraden $q_x$ auf $F^3_x$, welche die Dreiecke in den Ebenen $(p_1\ h_1)$, $(p_1\ h_2)$, $(p_1\ h_3)$, $(p_1\ h_4)$ vervollständigen, trifft $p_1$ und eine Gerade $h$, die übrigen Geraden $h$ nicht, weil von den 10 Geraden, die einer Geraden der cubischen Fläche begegnen, stets nur je 2 einander schneiden; ebenso trifft sie nicht $p_2$, denn diese begegnet in dem betreffenden Dreiecke schon der Geraden $h$. Mithin begegnen die Geraden $q_x$ den 6 Geraden, die zum Gesammtschnitt gehören, nur zweimal, also $Z^3$ einmal. Das fünfte Paar, welches $p_1$ trifft, sei $h_x$, $r_x$; beide sind gegen alle $h$ windschief. Eine von ihnen $r_x$ wird von $p_2$ getroffen, die andere $h_x$ nicht; diese trifft also von den 6 Geraden nur eine, mithin $Z^3$ zweimal, $r_x$ dagegen 2, also $Z^3$ einmal. $p_2$ liefert noch 4 Gerade $q_x$, eine Gerade $h_x$, dieselbe $r_x$. Wir haben jetzt in den 4 Geraden $h_1\ h_2\ h_3\ h_4$ und den beiden Geraden $h_x$ das Sextupel der Geraden, die $Z^3$ zweimal treffen.

Ferner haben wir schon 9 Gerade, welche $Z^3$ einmal treffen; es sind die 8 Geraden $q_x$ und die Gerade $r_x$. Alle, die $Z^3$ einmal trifft, müssen je 2 der 6 Geraden $h_1\ h_2\ h_3\ h_4\ p_1\ p_2$ treffen; alle 5, die $p_1\ p_2$ treffen, sind schon betrachtet: $h_1\ h_2\ h_3\ h_4\ r_x$; die $q_x$ sind sämmtliche, die eine Gerade $h$ und $p$ treffen, und wir haben oben von diesen bemerkt, dass sie keine zweite Gerade $h$ treffen; also keine Gerade, die 2 Gerade $h$ trifft, trifft noch eine $p$. Folglich werden die 15 Geraden, welche $Z^3$ einmal treffen, noch vervollständigt durch die 6 Geraden $s_x$, deren jede 2 Gerade $h$ begegnet (No. 21).

Wir sind jetzt mit den Specialitäten der Raumcurve 4. Ordnung, die sich nicht unter $R^4$ subsumiren, zu Ende. Wir sind in 3 Fällen $\alpha$), $\gamma$, und $\varepsilon$) auf eine Raumcurve 5. Ordnung $Q^5$, $N^5$ und $U^5$ gekommen, deren Tangentenfläche 10. Ordnung ist; in den Fällen $\beta$) und $\zeta$) haben wir eine Raumcurve 5. Ordnung $M^5$ und $W^5$ erhalten, deren Tangentenfläche 8. Ordnung ist, und welche von einer Geraden $f$ resp. $h''$ viermal getroffen wird. Endlich in den 3 übrigen Fällen $\delta$), $\eta$), $\vartheta$) zerfällt die Raumcurve 5. Ordnung in Theile und zwar in $\delta$) in eine Raumcurve 4. Ordnung und 8. Ranges $T^4$ und eine ihr gar nicht begegnende Gerade $l$, in $\eta$) in eine Raumcurve 4. Ordnung und 6. Ranges $U^4$ und eine ihr gar nicht begegnende Gerade $l$ und in $\vartheta$) in eine cubische Raumcurve (4. Ranges) $Z^3$ und 2 gegen einander und gegen $Z^3$ windschiefe Geraden $p_1$ und $p_2$.

67. Aus No. 27 ersehen wir, dass die Raumcurven 4. Ordnung, welche wir in $\alpha$), $\gamma$), $\varepsilon$) den beiden cubischen Flächen $F^3$ und $F^3_1$ gemein sein liessen: eine cubische Raumcurve und eine ihr einmal begegnende Gerade; zwei einander einmal treffende Kegelschnitte; ein Kegelschnitt und 2 gegen einander windschiefe den Kegelschnitt je einmal treffende Geraden, Abarten der Raumcurve 4. Ordnung und 6. Ranges $R_1^4$ sind. Bei allen 3 Abarten fanden wir als ferneren Schnitt der beiden cubischen Flächen eine Raumcurve 5. Ordnung und 10. Ranges. Wir gehen nun an die Betrachtung des Falles, in dem den beiden cubischen Flächen $F^3$ und $F^3_1$ eine allgemeine (sich nicht zerspaltende) Raumcurve 4. Ordnung und 6. Ranges $R_1^4$ gemein ist. Sie durchdringen einander noch in einer Raumcurve 5. Ordnung $V_1^5$. Es ist klar, dass keine Gerade die Curve $V_1^5$ viermal trifft, denn diese müsste auf allen durch ($R_1^4$, $V_1^5$) gelegten cubischen Flächen $F^3_x$ liegen, während dieselben doch nur $R_1^4$ und $V_1^5$ gemein haben, also kann $V_1^5$ nicht von der Art $M^5$ oder $W^5$ sein. Es sei die einzige Fläche 2. Ordnung, welche durch $R_1^4$ geht, $H^2$; sie schneidet aus $F^3_x$ zwei gegen einander windschiefe Geraden $l'_x$ und $l''_x$ aus. Es giebt auf $F^3_x$ 5 Gerade $p_x$, welche $l'_x$ und $l''_x$ treffen, also $H^2$ sonst nicht mehr, d. h. $R_1^4$ nicht; mithin da sie ($R_1^4$, $V_1^5$) dreimal treffen, begegnen sie $V_1^5$ dreimal. Auf jeder durch ($R_1^4$, $V_1^5$) gehenden Fläche $F^3_x$ giebt es also 5 gegen einander windschiefe Geraden $p_x$, welche $V_1^5$ dreimal treffen. Ginge mithin durch $V_1^5$ eine Fläche 2. Ordnung, so

enthielte dieselbe jede dieser Geraden; demnach hätte sie mit $F^3_x$ ein Gebilde 10. Ordnung, $V_1^5$ und die 5 Geraden, gemein, was nicht möglich ist.

Man kann durch $(R_1^4, V_1^5)$ unendlich viele cubischen Flächen legen, also gewiss auch durch $V_1^5$ allein; ich lege nun durch $V_1^5$ und einen Punkt auf einer der 5 Geraden $p_x$ — sie heisse zum Unterschiede $p_x'$ — auf $F^3_x$, der von deren Schnittpunkten mit $V_1^5$ verschieden ist, eine cubische Fläche $S^3$; diese hat also mit $F^3_x$ die Curve 5. Ordnung $V_1^5$ und die Gerade $p_x'$, von der sie ja 4 Punkte enthält, mithin noch eine Curve 3. Ordnung $C^3$ gemein. Eine ebene cubische Curve kann $C^3$ nicht sein, denn sonst wären $F^3_x$ und $S^3$ zwei durch eine ebene cubische Curve und eine sie einmal schneidende Gerade — denn $p_x'$ muss $C^3$, wenn dies eine ebene Curve ist, einmal treffen — gelegte cubischen Flächen, welche nach No. 66 einander noch in einer Raumcurve 5. Ordnung begegnen, durch welche eine Fläche zweiter Ordnung geht, was bei $V_1^5$ nicht der Fall ist. Die 4 übrigen Geraden $p_x$ auf $F^3_x$ müssten offenbar auch die ebene Curve $C^3$ einmal treffen, also $C^3$ und $V_1^5$ zusammen viermal, mithin auf allen durch $(C^3, p'_x, V_1^5)$ gelegten cubischen Flächen liegen, was nicht möglich ist. Nehmen wir nun an, $C^3$ sei eine cubische Curve doppelter Krümmung, welche von $p_x'$ zweimal getroffen wird, so kommen wir auch auf einen ferneren Schnitt der Flächen $F^3_x$ und $S^3$ von der Art $V^5$, durch den eine Fläche 2. Ordnung geht. Trifft $p_x'$ $C^3$, wenn diese Curve doppelter Krümmung ist, nicht, so muss sie $V_1^5$ viermal treffen, was nicht möglich, und so wird man für alle noch denkbaren Fälle auf einen Widerspruch kommen, ausser wenn man annimmt, $C^3$ sei eine Curve 3. Ordnung doppelter Krümmung, die von $p_x'$ einmal getroffen wird, oder sie zerfalle in einen Kegelschnitt und eine ihn einmal treffende Gerade und $p_x'$ treffe den Kegelschnitt, aber nicht die Gerade, welcher Fall sich jedoch unter den vorigen subsumirt. Also muss $V_1^5$ eine solche Raumcurve 5. Ordnung sein, wie sie sich im Fall $\alpha$) oder $\varepsilon$) ergeben hat: $Q^5$ oder $U^5$ von dem 10 Range.

Durchschneiden sich mithin 2 cubische Flächen in einer Raumcurve 4. Ordnung und 6. Ranges $R_1^4$, so haben sie noch eine Raumcurve 5. Ordnung und

10. Ranges $V_1^5$ gemein, durch welche keine Fläche 2. Ordnung geht.

Die beiden Geraden $l'_x$ und $l''_x$ jeder durch $(R_1^4, V_1^5)$ gehenden cubischen Fläche $F^3{}_x$, in denen dieselbe noch von der einzigen durch $R_1^4$ zu legenden Fläche 2. Ordnung durchschnitten wird, treffen $R_1^4$ dreimal und sind die einzigen auf $F^3{}_x$, die dies thun; also treffen sie und zwar sie allein auf $F^3{}_x$ die Curve $V_1^5$ gar nicht. Dagegen sahen wir schon, dass die 5 Geraden $p_x$ auf $F^3{}_x$, welche $l'_x$ und $l''_x$ treffen, $R_1^4$ gar nicht treffen, also $V_1^5$ dreimal. Die $2.5 = 10$ Geraden $t_x$ auf $F^3{}_x$, welche blos einer der beiden Geraden $l'_x$ und $l''_x$ begegnen, treffen $R_1^4$ einmal, also $V_1^5$ zweimal, und die 10 übrigen $u_x$ auf $F^3{}_x$, die weder $l'_x$ noch $l''_x$ treffen, schneiden $R_1^4$ zweimal, also $V_1^5$ einmal.

Da $V_1^5$ 5. Ordnung und 10. Ranges ist, so wird sie von einem Punkte auf eine Ebene als Curve 5. Ordnung und 10. Klasse projicirt. Im Allgemeinen wird nicht durch jeden Punkt eine die Curve $V_1^5$ dreimal treffende Gerade gehen, denn die durch $(R_1^4, V_1^5)$ und den Punkt gelegte cubische Fläche müsste diese Gerade vollständig enthalten; es ist aber, da auf der cubischen Fläche nur eine endliche Anzahl Geraden liegen, nicht nothwendig, dass auf der einzigen Fläche, die durch den Punkt und die Grundcurve $(R_1^4, V_1^5)$ geht, durch den Punkt auch just eine Gerade gehe. Also werden im Allgemeinen auf der Projection keine dreifachen Punkte sich befinden; mithin hat sie 5 Doppelpunkte, also $V_1^5$ 5 scheinbare Doppelpunkte, d. h. von jedem Punkte gehen 5 die Curve $V_1^5$ doppelt treffende Geraden aus. Von einem ihrer Punkte selbst wird $V_1^5$ als Curve 4. Ordnung und 8. Klasse projicirt, welche mithin 2 Doppelpunkte hat, so dass durch jeden Punkt der Curve $V_1^5$ 2 Gerade gehen, die die Curve noch zweimal, folglich im Ganzen dreimal treffen.

Projiciren wir $(R_1^4, V_1^5)$ von einem Punkte $O$ der Curve $R_1^4$ auf eine Ebene, so erhalten wir eine Curve 3. Ordnung $\mathfrak{R}_1^3$ und eine 5. Ordnung $\mathfrak{B}_1^5$. Von $O$ gehen 11 Gerade aus, welche $(R_1^4, V_1^5)$ noch doppelt treffen; davon eine, welche $R_1^4$ noch doppelt trifft, 5, welche $V_1^5$ zweimal treffen; somit bleiben 5, welche $R_1^4$ und $V_1^5$ je einmal treffen; diese geben 5 von den

15 Begegnungspunkten der Curven $\mathfrak{R}_1^3$ und $\mathfrak{V}_1^5$; die übrigen 10 weisen auf 10 Begegnungspunkte der Raumcurven $R_1^4$ und $V_1^5$. Auf so viele weist auch die Erniedrigung der Tangentenflächen von $R_1^4$ und $V_1^5$ auf 16 von 36.

68. Wir haben noch die Raumcurve 5. Ordnung und 8. Ranges $M^5$ zu betrachten, in welcher zwei Oberflächen 3. Ordnung, die eine cubische Raumcurve $R^3$ und eine ihr gar nicht begegnende Gerade $f$ — unter dieses degenerirte Gebilde 4. Ordnung subsumirt sich auch das aus einem Kegelschnitte und zwei gegen einander windschiefen Geraden bestehende, von denen nur eine den Kegelschnitt trifft — gemein haben, sich noch durchdringen. Die Gerade $f$ begegnet $M^5$ viermal und ist die einzige Gerade, die dies thut. Von den 10 Geraden jeder durch $(R^3, f, M^5)$ gehenden Fläche $F^3_x$, welche $f$ treffen, wird, da $f$ von $R^3$ gar nicht getroffen wird, jede Gerade $h_x$ des einen Quintupels von $R^3$ zweimal getroffen, jede des andern $i_x$ einmal, denn wird eine Seite eines Dreiecks einer cubischen Fläche von einer auf der Fläche liegenden cubischen Raumcurve gar nicht getroffen, so muss eine von den beiden andern einmal, die andere zweimal getroffen werden. Das erstere Quintupel ist eins mit einer Schneidenden, das andere mit zweien. Die Geraden $h_x$ treffen mithin $(R^3, f)$ dreimal, also $M^5$ gar nicht, dagegen die Geraden $i_x$ treffen $(R^3, f)$ zweimal, also $M^5$ einmal. $R^3$ wird ausser von den 5 Geraden $h_x$ noch von einer Geraden $m_x$ auf $F^3_x$, welche gegen alle $h_x$ windschief ist, zweimal getroffen; diese trifft mithin $M^5$ einmal; $R^3$ wird ausser von den 5 Geraden $i_x$ noch von 10 Geraden $n_x$ einmal getroffen, welche mithin $M^5$ zweimal treffen.

Ausser $f$ giebt es noch 5 Gerade $q_x$ auf $F^3_x$, welche $R^3$ gar nicht treffen; sie treffen also alle $M^5$ dreimal. Sie bilden jedoch, da sie mit $f$ ein Sextupel ergeben, ein Quintupel mit einer schneidenden Geraden, während die 5 Geraden $p_x$, die auf einer durch $V_1^5$ gehenden cubischen Fläche $F^3_x$ liegen und $V_1^5$ dreimal begegnen, ein Quintupel mit 2 schneidenden Geraden $l'_x$ und $l''_x$ bilden.

$M^5$ hat 6 scheinbare Doppelpunkte; durch jeden

Punkt von $M^5$ gehen 3 Gerade, die $M^5$ noch zweimal treffen.

69. Wir wollen jetzt noch dem Specialfalle, in welchem die Durchdringungscurve zweier cubischen Flächen in 4 Kegelschnitte $K^1$, $K^2$, $K^3$, $K^4$ und eine Gerade $h$ zerfällt, eine besondere Betrachtung widmen. Es treffen offenbar von dieser Durchdringungscurve nur 8 Tangenten eine beliebige Gerade, je zwei von jedem der 4 Kegelschnitte; wir werden mithin 14 Begegnungspunkte der 5 Theile voraussetzen müssen. Ferner ist nothwendig, dass $h$ den 4 Kegelschnitten zusammen viermal begegne.

1) $h$ begegne einem der 4 Kegelschnitte, $K^1$, zweimal, so muss sie den 3 übrigen noch zweimal begegnen; also entweder einem, $K^2$, auch zweimal und den beiden andern nicht, oder zweien, $K^2$ und $K^3$, je einmal und $K^4$ gar nicht.

$\alpha$) $h$ begegne $K^1$ und $K^2$ je zweimal, $K^3$ und $K^4$ gar nicht. Es ergiebt sich der Fall $\delta$) aus No. 66; wir schliessen, dass $K^3$ und $K^4$ die Grundcurve eines Flächenbüschels bilden, also einander zweimal begegnen. $(K^3, K^4)$ muss jeden der beiden Kegelschnitte $K^1$ und $K^2$ viermal treffen; da nun 2 auf derselben cubischen Fläche liegende Kegelschnitte sich höchstens zweimal treffen, so muss demnach jeder der beiden Kegelschnitte $K^3$ und $K^4$ den Kegelschnitten $K^1$ und $K^2$ je zweimal begegnen. $K^1$ und $K^2$, die beide von $h$ zweimal getroffen werden, also deren Ebenen durch $h$ gehen, begegnen einander nicht; ausser diesem Paare begegnen aber sonst jede 2 der 4 Kegelschnitte einander zweimal. Jeder der beiden Kegelschnitte $K^1$ und $K^2$ begegnet dem andern nicht, aber beiden Kegelschnitten $K^3$ und $K^4$ je zweimal und auch $h$ zweimal, jeder der beiden Kegelschnitte $K^3$ und $K^4$ begegnet jedem der 3 übrigen zweimal, dafür aber $h$ nicht.

$\beta$) $K^1$ wird von $h$ zweimal getroffen, $K^2$ und $K^3$ je einmal, $K^4$ gar nicht. Da $(K^1, h)$ eine ebene cubische Curve bildet, so muss durch $K^2$, $K^3$, $K^4$ eine Fläche 2. Ordnung gehen, also je 2 von ihnen müssen einander zweimal begegnen. $(K^1, h)$ muss von $(K^2, K^3, K^4)$ sechsmal getroffen werden, also von jedem dieser Kegelschnitte zweimal, mithin $K^1$ von $K^2$ und $K^3$, welche $h$ treffen, einmal, von $K^4$, welcher $h$ nicht trifft, zweimal.

Also $K^1$ trifft jeden der 3 übrigen Kegelschnitte zweimal, $h$ nicht; jeder der beiden Kegelschnitte $K^2$ und $K^3$ trifft $K^1$ einmal, den andern und $K^4$ zweimal, $h$ einmal. $K^1$ trifft $K^2$ und $K^3$ je einmal, $K^4$ und $h$ je zweimal.

2) $h$ trifft keinen der 4 Kegelschnitte zweimal, dann muss sie jeden einmal treffen. Jeder der 4 Kegelschnitte bildet mit $h$ eine degenerirte cubische Raumcurve; die 3 übrigen Kegelschnitte bilden also eine Degeneration von $P^6$ (No. 64); sie müssen zusammen der Curve, die aus jenem Kegelschnitt und der Geraden $h$ besteht, achtmal, also da sie $h$ dreimal begegnen, dem Kegelschnitt fünfmal, mithin 2 von ihnen je zweimal und der dritte einmal begegnen. Also jeder der 4 Kegelschnitte wird von einem der 3 übrigen einmal, von den beiden andern zweimal getroffen; es muss dann 2 Paare Kegelschnitte $K^1$ und $K^2$, $K^3$ und $K^4$, geben, deren Kegelschnitte sich gegenseitig nur einmal treffen. Sonst treffen sich 2 der 4 Kegelschnitte doppelt.

Diese 3 Fälle sind die einzig möglichen Fälle, wie sich 4 Kegelschnitte und eine Gerade zu einander stellen, wenn sie die Grundcurve eines cubischen Flächenbüschels zusammensetzen.

Es ist vielleicht auch noch interessant, zu sehen, wie 9 Gerade die Grundcurve eines cubischen Flächenbüschels bilden. Da sie gar keine Tangenten ergeben, so müssen nothwendig 18 Begegnungspunkte sein. Einen Fall von 9 solchen Geraden liefern uns die 9 Geraden eines Triederpaars; da sind ersichtlich 18 Schnittpunkte und auch jede der Geraden begegnet 4 der übrigen, was auch eben $\frac{9 \cdot 4}{2} = 18$ Schnittpunkte bewirkt. Die beiden Trieder gehören selbst zu dem cubischen Flächenbüschel.

Aber wir können noch andere Gruppirungen haben.

Jede der Geraden z. B. $h$ muss von 4 der übrigen geschnitten werden; diese seien $g_1\, g_2\, g_3\, g_4$. Angenommen 2 von diesen, $g_1$ und $g_2$ begegnen einander. $g_3$ und $g_4$ können ihnen nicht begegnen, unter einander sich begegnen oder nicht. Wir gehen jetzt von dem Dreiecke $h\, g_1\, g_2$ aus. Der fernere Schnitt muss nun so sein, dass eine Fläche 2. Ordnung durchgelegt werden kann. Wir nehmen erst den speciellen Fall, es sei dies ein Ebenenpaar, dann bilden die 6 übrigen Geraden 2 Dreiecke $m_1\, m_2\, m_3$; $n_1\, n_2\, n_3$, so dass die 9 Geraden 3 Dreiecke geben. Jede Seite des einen Dreiecks begegnet einer jedes der beiden andern. Im speciellen Fall kann auch wieder ein Triederpaar entstehen. Die Fläche 2. Ordnung sei nun eine allgemeine, dann bilden die 6 übrigen Geraden ein Doppeldrei: $\lambda_1\, \lambda_2\, \lambda_3, \mu_1\, \mu_2\, \mu_3$, weil nie 4 Gerade einer cubischen Fläche zu derselben Schaar eines Hyperboloids gehören können. Jede dieser 6 Geraden muss einer der 3 Geraden $h\, g_1\, g_2$ begegnen, und jede dieser 3 Geraden zweien der 6 Geraden, weil sie die Fläche 2. Ordnung zweimal trifft. Werden 2 Geraden $\lambda$ z. B. $\lambda_1$ und $\lambda_2$ von derselben der 3 Geraden $h\, g_1\, g_2$ z. B. von $h$ getroffen, so ist es nun nothwendig, dass die zweite $g_1$ die dritte $\lambda_3$ und eine $\mu$, z. B. $\mu_3$ trifft, $g_2$ aber dann $\mu_1$, $\mu_2$. Also bilden auch in anderer Zusammenstellung die 9 Geraden ein Dreieck $g_1\, \lambda_3\, \mu_3$ und ein Doppeldrei $h\, \mu_1\, \mu_2$, $g_2\, \lambda_1\, \lambda_2$, oder auch 2 Dreiecke $h\, g_1\, g_2$, $g_1\, \lambda_3\, \mu_3$, die eine Gerade gemein haben, und ein windschiefes Vierseit $\lambda_1\, \lambda_2$, $\mu_1\, \mu_2$. Es kann aber auch jede der 3 Seiten von $h\, g_1\, g_2$ je von einer Geraden $\lambda$ und einer Geraden $\mu$ getroffen werden; wir kommen dann aber auf 3 Dreiecke $h\, \lambda_1\, \mu_1$, $g_1\, \lambda_2\, \mu_2$, $g_2\, \lambda_3\, \mu_3$, was vorher schon betrachtet.

Nun aber werde angenommen, dass von den 4 Geraden $g_1\, g_2\, g_3\, g_4$, welche einer Geraden begegnen, keine 2 einander treffen, so dass sie alle gegen einander windschief sind. Dann müssen sich unter den 5 übrigen die 2 Geraden befinden, welche allen vieren begegnen, $p'$ und $p''$. Die 3 übrigen müssen eine Degeneration einer cubischen Raumcurve herstellen (Fall $\vartheta$ in No. 66), also zwei von ihnen $s'$ und $s''$ gegen einander windschief sein und beide von der dritten $t$ getroffen werden.

Die Geraden $p'$ und $p''$ begegnen schon 4 Geraden; also keine der drei Geraden $s'$, $s''$, $t$ kann einer von ihnen begegnen. $s'$ und $s''$ treffen erst eine: $t$, also muss jede noch 3 Geraden $g$ begegnen, $t$ trifft $s'$ und $s''$, also begegnet sie noch 2 Geraden $g$. $s'$ kann nicht denselben 3 Geraden $g$ z. B. $g_1\, g_2\, g_3$ begegnen, wie $s''$, weil sonst auf dem durch $g_1\, g_2\, g_3$ gelegten Hyperboloide noch $p'\, p''\, s'\, s''$ lägen, also im Ganzen 7 Gerade einer cubischen Fläche. $t$ begegnet 2 Geraden $g$: $g_3\, g_4$; denselben beiden kann weder $s'$, noch $s''$ begegnen, da sie von $t$

getroffen werden; also trifft $s'$ die Geraden $g_1\,g_2\,g_3$ und $s''$ die Geraden $g_1\,g_2\,g_4$. Nun sehen wir auch, dass jede Gerade von 4 der übrigen getroffen wird:

$g_1$ und $g_2$ von $p'\,p''\,s'\,s''$, $g_3$ von $p'\,p''\,s'\,t$, $g_4$ von $p'\,p''\,s''\,t$, $s'$ von $g_1\,g_2\,g_3\,t$, $s''$ von $g_1\,g_2\,g_4\,t$, $t$ von $g_3\,g_4\,s'\,s''$, die beiden $p$ von den vier $g$.

Ausser dem Quadrupel der Geraden $g$ findet sich noch das Quadrupel $p'\,p''\,s'\,s''$. Es kommen auch 2 Dreiecke vor: $t\,g_3\,s'$ und $t\,g_4\,s''$, welche mithin die Gerade $t$ gemein haben; die 4 andern bilden ein windschiefes Vierseit: $g_1\,g_2$, $p'\,p''$.

Es zeigt sich demnach, dass, ausser wenn die Grundcurve eines cubischen Flächenbüschels durch 3 Dreiecke selbst gebildet wird, unter den 9 Geraden, welche eine solche Grundcurve zusammensetzen sollen, 2 Dreiecke mit einer gemeinschaftlichen Geraden sich befinden, die 4 andern Geraden ein windschiefes Vierseit bilden.

70. Nachdem nun sämmtliche Curvenarten, die bei dem Schnitt zweier cubischen Flächen auftreten können, aufgefunden und jedesmal die Ordnung ihrer Tangentenflächen nachgewiesen, wollen wir eine angemessenere Bezeichnung anwenden: die Zahl oben bezeichne die Ordnung $m$ der Curve, die unten die Ordnung ihrer Tangentenfläche oder den Rang $r$ der Cuvre: wir haben also folgende Raumcurven betrachtet: $R^4_8$, $R^4_6$; $R^5_{12}$, $R^5_{10}$, $R^5_8$; $R^6_{18}$, $R^6_{16}$, $R^6_{14}$, $R^6_{12}$; $R^7_{22}$, $R^7_{20}$; $R^8_{28}$; $R^9_{36}$.

Wir haben schon in No. 56 auseinandergesetzt, wie man mit Hilfe der Projection der Curve auf eine Ebene die Anzahl $h$ der scheinbaren Doppelpunkte der Curve, die Anzahl der durch einen Punkt gehenden Osculationsebenen der Curve oder ihre Klasse $n$ und die Anzahl $y$ der durch einen Punkt gehenden Ebenen, welche zwei (also natürlich einander schneidende) Tangenten der Curve enthalten, oder die Klasse der von diesen Ebenen eingehüllten abwickelbaren Fläche berechnen kann.

Schneiden wir die Tangentenfläche, deren Klasse mit der der Curve übereinstimmt, durch eine Transversalebene, so erhalten wir eine Curve $r^{\text{ter}}$ Ordnung und $n^{\text{ter}}$ Klasse. Rückkehrpunkte hat dieselbe $m$, nämlich die Schnittpunkte der Ebene mit der Raumcurve; daraus lässt sich nach Plücker die Anzahl $\alpha$ der Wendetangenten der Curve, welche offenbar gleich der der Wendetangentenebenen der Tangentenfläche oder der Raumcurve selbst ist, die Anzahl $x$ der Doppelpunkte der Curve, d. i. die Anzahl der in der Transversalebene befindlichen Schnittpunkte zweier endlich entfernten Tangenten der Raumcurve, also auch die Ordnung der durch diese Schnittpunkte gebildeten Doppelcurve der Tangentenfläche und die Anzahl $l$ der Doppeltangenten der Curve berechnen, d. i. die Anzahl der in der Transversalebene liegenden Schnittgeraden zweier Berührungsebenen der Tangentenfläche oder Osculationsebenen der Raumcurve.

Diese Uebertragung der Formeln über die Singularitäten der ebenen Curven, welche Herr Plücker zuerst gegeben hat, ist auf die Raumcurven zuerst durch Herrn Cayley geschehen.*) Wir wollen noch $v$ die Anzahl derjenigen Geraden nennen, welche durch einen Punkt der Curve gehen und dieselbe noch zweimal treffen.

Diese Berechnungen ergeben uns nun folgende Resultate für die oben aufgezählten Curven, zu denen wir der Vergleichung halber noch die Raumcurve 3. Ordnung und 4. Ranges gesellen, welche bekanntlich die einzige in einem Continuum verlaufende Curve dieser Ordnung und auch dieses Ranges ist.

| | $m$ | $r$ | $n$ | $h$ | $l$ | $x$ | $y$ | $a$ | $v$ |
|---|---|---|---|---|---|---|---|---|---|
| $R^3_1$ | 3 | 4 | 3 | 1 | 1 | 0 | 0 | 0 | 0 |
| $R^4_6$ | 4 | 6 | 6 | 3 | 6 | 6 | 4 | 4 | 1 |
| $R^4_8$ | 4 | 8 | 12 | 2 | 38 | 16 | 8 | 16 | 0 |
| $R^5_8$ | 5 | 8 | 9 | 6 | 20 | 16 | 12 | 8 | 3 |
| $R^5_{10}$ | 5 | 10 | 15 | 5 | 70 | 30 | 20 | 20 | 2 |
| $R^5_{12}$ | 5 | 12 | 21 | 4 | 156 | 48 | 32 | 32 | 1 |
| $R^6_{12}$ | 6 | 12 | 18 | 9 | 111 | 48 | 36 | 24 | 5 |
| $R^6_{14}$ | 6 | 14 | 24 | 8 | 215 | 70 | 52 | 36 | 4 |
| $R^6_{16}$ | 6 | 16 | 30 | 7 | 355 | 96 | 72 | 48 | 3 |
| $R^6_{18}$ | 6 | 18 | 36 | 6 | 531 | 126 | 96 | 60 | 2 |
| $R^7_{20}$ | 7 | 20 | 39 | 11 | 635 | 160 | 128 | 64 | 6 |
| $R^7_{22}$ | 7 | 22 | 45 | 10 | 865 | 198 | 160 | 76 | 5 |
| $R^8_{28}$ | 8 | 28 | 60 | 14 | 1600 | 336 | 284 | 104 | 8 |
| $R^9_{36}$ | 9 | 36 | 81 | 18 | 3006**) | 576 | 504 | 144 | 11 |

*) Journal de Mathématiques par Liouville vol. X pag. 245 und Cambridge and Dublin Mathem. Journal V p. 18. Man sehe auch Salmon-Fiedler's Lehrbuch der analyt. Geometrie des Raumes, Band II No. 64 ff.

**) Danach ist die Zahl 3051, welche Herr Salmon in seinem Lehrbuche der analyt. Geometrie des Raums (Band II der deutschen Uebertragung, Seite 103) giebt, zu berichtigen.

In dieser Tabelle sind alle Curven ohne Doppel- und Rückkehrpunkte angenommen. Jeder etwaige Doppelpunkt vermindert den Rang einer Curve um 2, die Klasse um 6, jeder etwaige Rückkehrpunkt den Rang um 3, die Klasse um 8. Es bleibt dann nur die Anzahl der scheinbaren Doppelpunkte unverändert, natürlich auch die Ordnung. Z. B. die Curve 6. Ordnung, in der zwei cubische Flächen, welche eine cubische Raumcurve gemein haben, einander noch begegnen und welche ohne Doppel- und Rückkehrpunkte 16. Ranges ist, sinkt, wenn sie einen Doppelpunkt hat, zum 14. und hat alle Singularitäten, wie sie oben bei $R^6_{14}$ angegeben sind, nur dass $h=7$ und $v=3$ bleibt und sie eben einen Doppelpunkt besitzt, während $R^6_{11}$ keinen hat. Nimmt dieselbe Curve einen Rückkehrpunkt an, so bleibt auch $h=7$ und $r=3$, aber $r$ wird $=13$, $n=22$, $l=180$, $x=58$, $\alpha=33$, $y=42$.

Die Doppelpunkte auf der Projection einer Raumcurve auf eine Ebene rühren theils von den scheinbaren, theils von den wirklichen Doppelpunkten der Curve her, die Rückkehrpunkte von den Rückkehrpunkten der Raumcurve. Die höchste Anzahl von Rückkehr- und Doppelpunkten zusammen auf einer ebenen Curve $m^{ter}$ Ordnung, die nicht in Theile zerfällt, ist $\frac{1}{2}(m-1)(m-2)$,*) also bei den Curven von der 3. bis zur 9. Ordnung 1, 3, 6, 10, 15, 21, 28. Mithin ist die höchste Anzahl der Doppel- und Rückkehrpunkte zusammen bei unsern 14 Curven, wenn dieselben noch nicht in Theile zerfallen, stets $\frac{1}{2}(m-1)(m-2)-h$, also bei $R^3_4$ 0, bei $R^4_6$ 0, bei $R^4_8$ 1, bei $R^5_8$ 0, bei $R^5_{10}$ 1, bei $R^5_{12}$ 2, bei $R^6_{12}$ 1, bei $R^6_{14}$ 2, bei $R^6_{16}$ 3, bei $R^6_{18}$ 4, bei $R^7_{20}$ 4, bei $R^7_{22}$ 5, bei $R^8_{28}$ 7, bei $R^9_{36}$ 10.

Man kann leicht aus den vorhergehenden Betrachungen entnehmen, dass jeder Begegnungspunkt der Partialcurven, in die eine Durchschnittscurve zerfällt, die Summe der scheinbaren Doppelpunkte der Partialcurven um eine vermehrt, aber jeder solche scheinbare Doppelpunkt vermindert die Summe der Klassen der Partialcurven um 6. Man wird daraus entnehmen können, dass die Klasse der ungetheilten Durchschnittscurve, also 81, gleich ist der Summe der Klassen der Theilcurven,

*) Cremona's Introduzione No. 35.

vermehrt um die sechsfache Anzahl der Begegnungspunkte. Als Klasse eines Kegelschnitts (derselbe hier als Raumcurve, nicht als ebene Curve betrachtet) gilt 0, denn es giebt keine Ebene, welche einen Kegelschnitt osculirt, die Klasse aber einer ebenen cubischen Curve im räumlichen Sinne, d. h. die Anzahl der Osculationsebenen, die durch einen beliebigen Punkt an die Curve gehen, ist 9, da die durch den Punkt und die 9 Wendetangenten gelegten Ebenen die Curve osculiren. Z. B. $R^3{}_4$ und $R^6{}_{16}$, deren Klassen 3 und 30 sind und die einander achtmal begegnen, bilden die Durchschnittscurve zweier cubischen Flächen, und in der That ist auch $3 + 30 + 8.6 = 81$; oder eine ebene Curve $C^3$ und die Raumcurve $R^6{}_{18}$, deren Klassen 9 und 36 sind und welche einander sechsmal begegnen, setzen die Grundcurve eines cubischen Büschels zusammen, es ist $9 + 36 + 6.6 = 81$. $R^1{}_6$ und $R^5{}_{10}$ begegnen einander zehnmal; ihre Klassen sind 6 und 15; es ist $6 + 15 + 6.10 = 81$.

Es scheint aber nicht zu stimmen, wenn eine oder mehrere Geraden zur Durchschnittscurve mitgehören. Z. B. $R^6{}_{14}$ bildet mit einem Kegelschnitte $K^2$, dem sie sechsmal begegnet, und einer Geraden, die ihr viermal, dem Kegelschnitte gar nicht begegnet, die Grundcurve eines cubischen Büschels; die Klassen von $R^6{}_{14}$ und $K^2$ sind 24 und 0. Man ist gewiss geneigt, die Klasse einer Geraden auch 0 anzunehmen; dann erhalten wir aber, da im Ganzen 10 Begegnungspunkte sind, $24 + 6.10 = 84 = 81 + 3$. Nehmen wir $R^7{}_{20}$; sie bildet mit 2 gegen einander windschiefen Geraden, deren jede der $R^7{}_{20}$ viermal begegnet, die Durchschnittscurve zweier cubischen Flächen; es sind also 8 Begegnungspunkte; die Klasse von $R^7{}_{20}$ ist 39; aber $39 + 6.8 = 87 = 81 + 2.3$. $R^6{}_{12}$ bildet mit 3 gegen einander windschiefen Geraden, deren jede $R^6{}_{12}$ viermal begegnet, die Grundcurve eines cubischen Büschels; Begegnungspunkte sind 12, die Klasse von $R^6{}_{12}$ ist 18, aber $18 + 6.12 = 90 = 81 + 3.3$. Man sieht, dass in solchen Fällen die betreffende Summe die Zahl 81 um die dreifache Anzahl der in der Durchschnittscurve vorkommenden Geraden übertrifft.

Die (räumliche) Klasse einer Curve ergiebt sich aus der Anzahl der Wendepunkte ihrer ebenen Projection; diese wird bedingt durch die Zahl $w = 3\,m\,(m-2) - 6\,\delta - 8\,\varkappa$, wo $m$ die Ordnung, $\delta$ die Anzahl der Doppelpunkte und $\varkappa$ die Anzahl der

Rückkehrpunkte der ebenen Projection ist. Für einen Kegelschnitt ist $m=2$, $\delta=0$, $\varkappa=0$, also $w=0$, was mit unserer obigen Annahme stimmt; für eine Gerade ist $m=1$, $\delta=0$, $\varkappa=0$, mithin nach dieser Formel $w=-3$; ein Resultat, das widersinnig zu sein scheint. Nehmen wir aber wirklich die räumliche Klasse einer Geraden $-3$ an, so wird oben keine Abweichung stattfinden, wie man sicht leicht überzeugen kann. Es gilt dies auch für andere Fälle: z. B. eine Gerade und eine sie zweimal treffende cubische Raumcurve $R^3_4$, deren Klasse ja 3 ist, bilden eine Abart der Raumcurve $R^4_8$, deren Klasse 12 ist: $3+(-3)+2.6=12$; eine Gerade und eine ihr einmal begegnende Raumcurve 3. Ordnung bilden eine Abart von $R^4_6$, deren Klasse 6 ist, in der That $3+(-3)+1.6=6$. Die 4 Geraden eines windschiefen Vierseits, in dem es 4 Begegnungspunkte giebt, sind eine Abart von $R^4_8$: $4(-3)+4.6=12$.

71. Aus den Plücker-Cayleyschen Formeln geht hervor, dass für unsere nicht mit Doppel- oder Rückkehrpunkten behafteten Curven die Ordnung der Doppelcurve auf der Tangentenfläche einer Raumcurve, d. h. der Curve, die durch die Schnittpunkte von nicht unmittelbar benachbarten Tangenten gebildet wird, $=\frac{1}{2}r(r-4)$ ist, wo $r$ der Rang der Curve oder die Ordnung der Tangentenfläche ist. Ferner wissen wir, dass jede Gerade im Allgemeinen von $r$ Tangenten, jede Gerade aber, die die Raumcurve zweimal trifft, also auch eine Tangente derselben von $r-4$ Tangenten in andern Punkten als in den Schnittpunkten resp. dem Berührungspunkte getroffen wird, also jede Tangente trifft die Doppelcurve der Tangentenfläche in $r-4$ Punkten. Wir schliessen daraus, dass die Doppelcurve der Tangentenfläche der Schnitt derselben mit einer Fläche $(r-4)^{\text{ter}}$ Ordnung ist, was ja auch, da die Schnittcurve auf der einen der beiden einander begegnenden Flächen Doppelcurve ist, bewirkt, dass ihre Ordnung $\frac{1}{2}r(r-4)$ ist. Die Raumcurve selbst begegnet der Doppelcurve demnach so oft, als sie diese Fläche $(r-4)^{\text{ter}}$ Ordnung trifft, d. i. $m(r-4)$ mal. Die Begegnungspunkte der beiden Curven sind entweder Wendepunkte der Raumcurve, in denen 2 Tangenten der Raumcurve einander begegnen, welche nur eine Tangente zwischen sich haben, oder Punkte, in denen eine Tangente der Curve diese nochmals durchschneidet. Diese Tangente

selbst trifft dort 2 unendliche nahe Tangenten der Raumcurve in demselben Punkte; sie ist mithin eine Tangente der Doppelcurve und auch der Fläche $(r-4)^{\text{ter}}$ Ordnung. Das leuchtet aber ein, dass, da wir die Anzahl der Wendepunkte für jede unserer Curven wissen, wir nun auch die Anzahl ihrer Tangenten angeben können, welche der Curve nochmals ausser im Berührungspunkte begegnen. Es ergeben sich deren für $R^3_4$ 0, für $R^4_6$ 4, für $R^4_8$ 0, für $R^5_8$ 12, für $R^5_{10}$ 10, für $R^5_{12}$ 8, für $R^6_{12}$ 24, für $R^6_{14}$ 24, für $R^6_{16}$ 24, für $R^6_{18}$ 24, für $R^7_{20}$ 48, für $R^7_{22}$ 50, für $R^8_{28}$ 88, für $R^9_{36}$ 144.

Interessant ist, dass die Anzahl dieser Tangenten für unsere 4 Curven 6. Ordnung stets dieselbe (24) ist, und bei $R^9_{36}$ sowie bei $R^4_6$ ist die Anzahl der beiden Arten Punkte, in denen die Raumcurve und die Doppelcurve ihrer Tangentenfläche einander begegnen, gleich.

Für diejenigen Curven, durch welche Flächen 2. Ordnung oder eine Fläche 2. Ordnung geht, lässt sich die Anzahl der Tangenten dieser Art noch anders nachweisen. Es sind mit Ausschluss der beiden bekannteren Curven $R^3_4$ und $R^4_8$, die ja auch keine derartigen Tangenten aufweisen, die Curven $R^4_6$, $R^5_{12}$, $R^6_{18}$, durch deren jede sich eine Fläche 2. Ordnung legen lässt.

Jede die Curve berührende und ausserdem nochmals schneidende Gerade gehört zu den die Curve dreimal treffenden. Die durch $R^4_6$ gelegte Fläche 2. Ordnung $F^2$ muss offenbar alle diese Tangenten enthalten, und zwar gehören sie nur zu der einen Schaar; also müssen sie alle eine beliebige Gerade $\mu$ der andern Schaar treffen. Die durch sie und die Gerade $\mu$ gelegten Ebenen sind ersichtlich die von $\mu$ an die Raumcurve gelegten Berührungsebenen. Deren giebt es 4, da $\mu$ die Curve $R^4_6$ einmal trifft und $R^4_6$ eine Tangentenfläche 6. Ordnung hat, also durch jede beliebige Gerade 6, durch jede die Curve einmal treffende 4 nicht in dem Schnittpunkte die Curve berührende Ebenen gehen. Also haben sich 4 die Curve $R^4_6$ einmal berührende und einmal schneidende Geraden ergeben.

Für die Curve $R^5_{12}$ haben die eben geschilderten Verhältnisse sich nur insofern geändert, dass $\mu$ die Curve $R^5_{12}$ zweimal trifft, so dass diese Gerade $12 - 2 \,.\, 2 = 8$ Tangentenebenen an $R^5_{12}$ schickt, deren jede eine die Curve nochmals durchschneidende Tangente enthält.

Endlich $R^6{}_{18}$ wird von jeder Geraden beider Schaaren der einzigen Fläche 2. Ordnung, auf welcher sie liegt, dreimal getroffen. Durch jede Gerade dieser beiden Schaaren gehen demnach $18 - 3 \,.\, 2 = 12$ Tangentenebenen an $R^6{}_{18}$, welche je eine die Curve nochmals durchschneidende Tangente enthalten, die zur andern Schaar der Fläche 2. Ordnung gehört. Es giebt mithin $2 \,.\, 12 = 24$ die Curve nochmals schneidende Tangenten bei $R^6{}_{18}$, welche sich zu je zwölfen auf die beiden Schaaren einer Fläche 2. Ordnung vertheilen.

72. Das reciproke Gebilde einer Raumcurve $R$ ist eine abwickelbare Fläche $T'$, das der Tangentenfläche $T$ von $R$ ist die Rückkehrcurve $R'$ von $T'$, so dass $T$ die Tangentenfläche von $R'$ ist. Es seien nun die Singularitäten von $(R', T')$ $m'$, $r'$, $n'$, $h'$, $l'$, $x'$, $y'$, $\alpha'$, $\beta'$ ($\beta'$ die Anzahl der Rückkehrpunkte), und die ohne Accente die für $(R, T)$, so ist bekanntlich $m' = n$, $r' = r$, $n' = m$, $h' = l$, $l' = h$, $x' = y$, $y' = x$, $\alpha' = \beta$, $\beta' = \alpha$.

Wir haben nun in No. 41 eine abwickelbare Fläche $\Phi$ kennen gelernt, deren Klasse und Ordnung 6 und 12 ist und welche eine Rückkehrcurve $A$ von der 18. Ordnung besitzt. Wir sehen, dass dieses Gebilde das reciproke zu der Raumcurve 6. Ordnung $R^6{}_{12}$ ist, in der 2 cubische Flächen, denen 3 windschiefe Geraden gemein sind, einander noch begegnen. Wir wissen jetzt aus den Singularitäten von $R^6{}_{12}$, dass es in jeder Ebene 9 Gerade giebt, welche je zwei Tangentenebenen an $\Phi$ oder 2 Osculationsebenen an $A$ schicken, dass die Doppelcurve von $\Phi$ 36. Ordnung ist, dass 48 durch 2 nicht unmittelbar benachbarte Generatricen von $\Phi$ (Tangenten von $A$) gelegte Ebenen durch jeden Punkt gehen, dass $\Phi$ keine Wendeberührungsebene hat (weil $R^6{}_{12}$ keinen Rückkehrpunkt hat), dass $A$ 24 Rückkehrpunkte hat und die Summe ihrer scheinbaren und wirklichen Doppelpunkte 111 beträgt. 24 Tangenten von $R^6{}_{12}$ durchschneiden $R^6{}_{12}$ nochmals; also 24 Generatricen von $\Phi$ (Tangenten von $A$) liegen je noch auf einer nicht längs der Generatrix die Fläche $\Phi$ (oder im Berührungspunkte der Tangente die Curve $A$) osculirenden Ebene; oder vierundzwanzigmal geht eine Tangentenebene von $\Phi$ (eine Schmiegungsebene von $A$) durch eine andere Generatrix von $\Phi$

als längs deren sie berührt (durch eine andere Tangente von $A$, als in deren Berührungspunkte sie osculirt).

Wir haben in No. 41 noch eine andere devoloppable Fläche $\Phi'$ betrachtet, welche durch die Berührungsebenen der cubischen Fläche längs eines Kegelschnitts $K^2$ derselben eingehüllt wird. Sie war 4. Klasse und 6. Ordnung, ihre Rückkehrcurve $A'$ auch 6. Ordnung. Sie ergiebt sich mithin als das reciproke Gebilde zu der Curve $R^4_6$, in der eine Fläche 3. und eine 2. Ordnung, denen 2 windschiefe Geraden gemein sind, einander noch begegnen. In jeder Ebene giebt es 2 Gerade, welche je 2 Tangentenebenen an $\Phi'$ aussenden; man sollte eigentlich 3 erwarten, aber die dritte derartige rührt nicht von zwei einander in der Ebene schneidenden Berührungsebenen her, sondern von einer Doppeltangentenebene. Die Doppelcurve auf $\Phi'$ ist 4. Ordnung, in dem Bündel jedes Punktes befinden sich 6 durch je 2 nicht unmittelbar benachbarte Generatricen von $\Phi$ gehende Ebenen. $\Phi'$ hat keine Wendeberührebene, $A'$ hat 4 Rückkehrpunkte und 6 scheinbare Doppelpunkte. Wirkliche Doppelpunkte kann $A'$ nicht besitzen, da die quadratische Polarfläche eines solchen die Ebene des Kegelschnitts $K^2$ in einem Kegelschnitte schneiden müsste, welcher $K^2$ in 2 Punkten osculirte, was bei 2 Kegelschnitten nicht möglich ist. Da $R^4_6$ 4 die Curve nochmals durchschneidende Tangenten hat, so besitzt $\Phi'$ 4 Tangentenebenen, welche $\Phi'$ noch in einer andern Generatrix durchschneiden, als längs deren sie berühren.

73. Im Folgenden soll unter $R^m_r$ stets eine Raumcurve $m^{\text{ter}}$ Ordnung verstanden werden, die, wenn sie keinen Doppel- oder Rückkehrpunkt hat, vom $r^{\text{ten}}$ Range ist, wenn sie $\delta$ Doppelpunkte und $\varkappa$ Rückkehrpunkte besitzt, den Rang $(r-2\,\delta-3\,\varkappa)$ hat.

Durch die Durchschnittscurve zweier cubischen Flächen, $R^9_{36}$, und einen ausserhalb liegenden Punkt $P$ lässt sich nur eine einzige cubische Fläche legen. Denn jede durch $P$ gehende Ebene $E$ schneidet die Durchschnittscurve $R^9_{36}$ in 9 Punkten, welche die Durchschnittspunkte der beiden cubischen Curven sind, in denen die beiden cubischen Flächen durch $E$ geschnitten werden. Durch diese 9 Punkte und den Punkt $P$ lässt sich nur eine einzige cubische Curve $C^3$

legen. Jede durch $R^9_{36}$ und $P$ gelegte cubische Fläche müsste demnach $E$ in dieser Curve schneiden, also alle diese Flächen würden von jeder durch $P$ gehenden Ebene in derselben Curve getroffen, woraus hervorgeht, dass es nicht verschiedene solche Flächen giebt, sondern nur eine, und diese erhält man, indem man in allen durch $P$ gehenden Ebenen — es genügt schon, in denen eines Büschels — die Curve $C^3$ construirt. Diese Construction ist offenbar die allgemeinere, unter welche sich die erste Steinersche subsumirt.

Die Anzahl der Punkte, welche eine cubische Fläche vollständig bestimmen, ist bekanntlich 19; da nun, um eine cubische Fläche vollkommen zu bestimmen, ausser der Curve $R^9_{36}$ noch ein ausserhalb derselben liegender Punkt nothwendig ist, so hat die Curve $R^9_{36}$ für die Bestimmung der Oberfläche die Bedeutung von 18 Punkten, d. h. eine cubische Fläche durch diese Curve legen ist dasselbe wie sie durch 18 Punkte legen (welche natürlich auf der Curve liegen müssen). —

Bei der Curve $R^8_{28}$ giebt es eine Gerade, welche ihr viermal begegnet: alle durch $R^8_{28}$ gelegten cubischen Flächen gehen auch durch diese Gerade, folglich durch die vollständige Schnittcurve zweier cubischen Flächen; mithin hat die Curve $R^8_{28}$ auch die Bedeutung von 18 Punkten für die Bestimmung einer cubischen Fläche. —

Ebenso werden die Curven $R^7_{20}$ und $R^6_{12}$ von 2 resp. 3 Geraden viermal getroffen; so dass alle durch eine von diesen beiden Curven gelegten cubischen Flächen auch noch diese 2 resp. 3 Geraden enthalten und durch die vollständige Durchschnittscurve zweier cubischen Flächen gehen; demnach haben auch noch die beiden Curven $R^7_{20}$ und $R^6_{12}$ die Bedeutung von 18 Punkten. —

Wenn der vollständige Schnitt zweier Flächen 3. Ordnung aus einem Kegelschnitt $K^2$ und einer Raumcurve $R^7_{22}$ besteht, welche einander sechsmal begegnen, so gehen die ergänzenden Geraden $l_x$ zum Kegelschnitte $K^2$ auf allen durch $(K^2, R^7_{22})$ gehenden Flächen 3. Ordnung $F^3_x$ durch den siebenten Punkt der Curve $R^7_{22}$ auf der Ebene von $K^2$. Dieser Punkt $V_0$ hat für die Curve $R^7_{22}$ eine ganz besondere Bedeutung. Jede durch denselben gehende Ebene schneidet die Ebene von $K^2$ in einer der Geraden $l_x$ und mithin aus der Fläche $F^3_x$, welcher diese Gerade $l_x$ zugehört, einen Kegelschnitt $K^2_x$, auf dem nothwendig die 6 übrigen Punkte der Curve $R^7_{22}$, die in der Ebene liegen, sich befinden müssen. Also:

Alle durch den Punkt $V_0$ der Raumcurve $R^7_{22}$ gehenden Ebenen schneiden diese Curve noch in 6 Punkten, welche auf einem Kegelschnitte liegen.

Es sei $O^3$ eine cubische Fläche, welche nur durch $R^7_{22}$ gelegt ist und nicht auch durch $K^2$. Sie begegnet der Fläche $F^3_x$ noch in einem Kegelschnitte $\mathfrak{K}^2_x$, der auf $F^3_x$ durch $\mathfrak{l}_x$, auf $O^3$ durch $\lambda$ ergänzt werde. $\mathfrak{l}_x$ und $\lambda$ treffen sich auf $R^7_{22}$ und sind je auf $F^3_x$ und $O^3$ die einzigen Geraden, welche $R^7_{22}$ nur einmal treffen; mithin ist $\mathfrak{l}_x$ mit $l_x$ identisch, d. h. auch $\lambda$ und die Ebene des Kegelschnitts $\mathfrak{K}^2_x$ gehen durch $V_0$.

Stellen wir jetzt die Fläche $O^3$ mit einer andern blos durch $R^7_{22}$ gelegten Fläche 3. Ordnung zusammen, so erhalten wir das Resultat:

Die Ebenen der Kegelschnitte, in denen je zwei durch die Raumcurve $R^7_{22}$ gelegte cubischen Flächen einander noch begegnen, gehen alle durch den Punkt $V_0$ auf $R^7_{22}$. Durch ihn geht auch auf jeder dieser Flächen die Gerade, welche $R^7_{22}$ nur einmal trifft.

Es sei $P$ ein beliebiger Punkt ausserhalb $R^7_{22}$; alle Flächen 3. Ordnung, die durch $(K^2, R^7_{22})$ gelegt sind, schneiden in die Gerade $V_0 P$ eine cubische Involution ein, oder da allen Punktgruppen derselben der Punkt $V_0$ gemein ist, abgesehen von diesem Punkte eine quadratische Involution, zu deren einem Punktenpaare mithin auch $P$ gehört. Alle durch $V_0 P$ gelegten Ebenen treffen aber die Curve $R^7_{22}$ ausser in $V_0$ noch in 6 Punkten eines Kegelschnitts $\mathfrak{K}_x$, und jeder dieser Kegelschnitte liegt auf der Fläche $F^3_x$ des durch $(K^2, R^7_{22})$ gelegten cubischen Büschels, welcher die Gerade $l_x$ zugehört, die durch die Ebene aus der Ebene von $K^2$ ausgeschnitten wird. Mithin ist die obige Involution mit der durch die Kegelschnitte $\mathfrak{K}_x$ in die Gerade $V_0 P$ eingeschnittenen identisch, also durch $P$ geht auch einer von diesen Kegelschnitten. Folglich:

Von den doppelt unendlich vielen Kegelschnitten, auf denen in den durch $V_0$ gehenden Ebenen die 6 ferneren Schnittpunkte mit $R^7_{22}$ liegen, geht einer, $\mathfrak{K}$, durch einen beliebigen Punkt $P$.

Also eine durch die Raumcurve $R^7_{22}$ und den beliebigen Punkt $P$ gelegte cubische Fläche trifft den Kegelschnitt $\mathfrak{K}$ in 7 Punkten. Da aber eine cubische Curve — die, welche durch die Ebene von $\mathfrak{K}$ aus der cubischen Fläche ausgeschnitten wird — und ein Kegelschnitt nur 6 Punkte gemein haben, so muss der Kegelschnitt $\mathfrak{K}$ ganz auf der cubischen Fläche liegen.

Mithin gehen alle durch den Punkt $P$ und die Curve $R^7_{22}$ gelegten Flächen 3. Ordnung durch $R^7_{22}$ und den sie sechsmal treffenden Kegelschnitt $\mathfrak{K}$, also durch die Grundcurve eines cubischen Büschels, woraus folgt, dass die Curve $R^7_{22}$ die Bedeutung von 17 Punkten für die Bestimmung einer cubischen Fläche hat. —

Bei der Curve $R^6_{14}$ giebt es eine Gerade $h$, welche sie viermal trifft. Sie bildet mit dieser zusammen eine Curve $R^7_{22}$.

Demnach hat $R^6_{14}$ für die Bestimmung einer cubischen Fläche die Bedeutung von 17 Punkten. Je 2 durch $R^6_{14}$ und natürlich auch durch $h$ gehende Flächen 3. Ordnung durchschneiden einander noch in einem Kegelschnitte $K^2$, der $R^6_{14}$ sechsmal, $h$ gar nicht trifft, so dass die ergänzende Gerade $l_x$ auf allen durch $(R^6_{14}, h, K^2)$ gelegten cubischen Flächen $h$ trifft, da $K^2$ nicht $h$ trifft.

Also der ausgezeichnete Punkte $V_0$ der Curve $(R^6_{14}, h)$ liegt auf $h$. Mithin begegnet auf allen durch $R^6_{14}$ gehenden cubischen Flächen die einzige dieser Curve nicht begegnende Gerade der derselben viermal begegnenden Geraden in demselben Punkte. Und alle durch diesen ausgezeichneten Punkt der viermal begegnenden Geraden gelegten Ebenen treffen $R^6_{14}$ in 6 Punkten eines Kegelschnitts. —

Die Curve $R^6_{16}$ wird von unendlich vielen Geraden dreimal getroffen; wir führen durch $R^6_{16}$ und einen beliebigen Punkt auf einer solchen Geraden $p$ zwei cubische Flächen, die offenbar ausser $R^6_{16}$ noch diese Gerade $p$ und mithin noch einen Kegelschnitt $K^2$ gemein haben, welcher von $p$ einmal, von $R^6_{16}$ fünfmal getroffen wird. Eine dritte durch $(R^6_{16}, p)$ geführte cubische

Fläche trifft also im Allgemeinen diesen Kegelschnitt in 6 Punkten; führt man sie noch durch einen siebenten von diesen 6 Punkten verschiedenen Punkt auf $K^2$, so geht sie ganz durch $K^2$, folglich ist sie jetzt dem Büschel zugewiesen, dessen Grundcurve aus $R^6_{16}$, $p$ und $K^2$ besteht. Also ausser der Bedingung, dass sie durch $R^6_{16}$ gehe, waren noch 2 Punkte nothwendig, um dies zu erreichen, mithin hat die Curve $R^6_{16}$ für die Bestimmung einer cubischen Fläche die Bedeutung von 16 Punkten. Daraus ergiebt sich, dass eine cubische Raumcurve die Bedeutung von 10 Punkten hat. Denn eine Curve $R^6_{16}$ und eine Curve $R^3_4$, die einander achtmal treffen, setzen die Grundcurve eines cubischen Büschels zusammen; durch diese Grundcurve eine Fläche 3. Ordnung führen, heisst sie durch 18 Punkte führen. Führt man sie durch $R^6_{16}$, welche den Werth von 16 Punkten hat, so führt man sie durch 8 Punkte von $R^3_4$, folglich muss man sie noch durch 2 Punkte von $R^3_4$ führen, damit sich 18 ergeben; mithin heisst eine cubische Fläche durch eine Curve $R^3_4$ führen, sie durch 10 Punkte führen.

Die ergänzende Gerade $l_x$ zu $K^2$ auf allen durch $(R^6_{16}, p, K^2)$ gelegten Flächen 3. Ordnung $F^3_x$ trifft $(R^6_{16}, p)$ einmal, also da $K^2$ von $p$ getroffen wird, kann $l_x$ nicht $p$ treffen, mithin trifft sie $R^6_{16}$ und zwar in dem ausgezeichneten Punkte $V_0$ der Curve $(R^6_{16}, p)$. Aendert man $p$, so wird sich auch $V_0$ auf $R^6_{16}$ ändern. Also für jede die Curve $R^6_{16}$ dreimal treffende Gerade $p$ giebt es auf $R^6_{16}$ einen gewissen Punkt $V_0$ von der Beschaffenheit, dass die 5 Punkte, in denen jede durch ihn gelegte Ebene die Curve noch trifft, und der Punkt, in welchem sie die Gerade $p$ schneidet, auf einem Kegelschnitte liegen. —

Die Curve $R^6_{18}$ bildet mit einer sie sechsmal treffenden ebenen cubischen Curve $C^3$ die Grundcurve eines cubischen Flächenbüschels. Eine cubische Fläche geht durch eine ebene cubische Curve ganz, wenn sie durch 9 beliebige Punkte derselben geht; da nun $R^6_{18}$ mit $C^3$ schon 6 Punkte gemein hat, so hat demnach $R^6_{18}$ für die Bestimmung einer Fläche 3. Ordnung die Bedeutung von 15 Punkten.

Weil durch $R^6_{18}$ eine Fläche 2. Ordnung geht, so ist der Satz klar: Jede Ebene schneidet $R^6_{18}$ in 6 Punkten eines Kegelschnitts; natürlich liegen auch die 6 Punkte, welche den Curven $R^6{}_{18}$ und $C^3$ gemein sind, auf demselben Kegelschnitte. —

Bei der Curve $R^5{}_8$ giebt es eine viermal treffende Gerade $f$. Jede durch $R^5{}_8$ gelegte cubische Fläche geht auch durch $f$. Je zwei treffen einander noch in einer cubischen Raumcurve $R^3{}_4$, welche $f$ nicht schneidet. $R^5{}_8$ und $f$ haben zusammen die Bedeutung von $R^6{}_{16}$; also hat $R^5{}_8$ auch schon allein die Bedeutung von 16 Punkten. Auch hier giebt es für jede die Curve $R^5{}_8$ dreimal treffende Gerade $p$ einen Punkt $V_0$ auf der $R^5{}_8$ viermal treffenden Geraden $f$ von der Beschaffenheit, dass alle durch denselben gelegten Ebenen die Curve $R^5{}_8$ und die Gerade $p$ in 6 Punkten eines Kegelschnitts schneiden. —

Wir gehen zur Betrachtung der Curve $R^5{}_{10}$ über; $p$ sei eine Gerade, welche ihr dreimal begegnet. Zwei durch $R^5{}_{10}$ und einen vierten Punkt auf $p$ geführte cubischen Flächen, die also ausser $R^5{}_{10}$ die ganze Gerade $p$ enthalten, durchdringen einander noch in einer cubischen Raumcurve $R^3{}_4$, welche von $p$ einmal, von $R^5{}_{10}$ siebenmal getroffen wird. $R^5{}_{10}$ und $p$ haben mithin zusammen die Bedeutung von $R^6{}_{16}$, also $R^5{}_{10}$ die Bedeutung von 15 Punkten.

Folglich hat $R^4{}_6$ die Bedeutung von 13 Punkten; denn eine Curve $R^5{}_{10}$ und eine Curve $R^4{}_6$, welche einander zehnmal begegnen, haben zusammen die Bedeutung von 18 Punkten, also weil $R^5{}_{10}$ die von 15 hat, so ist, wenn $x$ die Anzahl von Punkten ist, denen $R^4{}_6$ gleichwerthig ist, : $15 + (x - 10) = 18$, also $x = 13$.

Sind $p'$ und $p''$ zwei nicht durch denselben Punkt von $R^5{}_{10}$ gehende, also überhaupt einander nicht treffende Geraden, welche $R^5{}_{10}$ dreimal begegnen, so begegnen zwei durch sie und $R^5{}_{10}$ gelegte cubischen Flächen einander noch in einem Kegelschnitte, der jeder der Geraden $p'$ und $p''$ einmal, der Curve $R^5{}_{10}$ viermal begegnet. $R^5{}_{10}, p', p''$ bilden zusammen eine Curve $R^7{}_{22}$. Wir erkennen leicht den Satz:

Für jede zwei Geraden $p'$ $p''$, welche $R^5{}_{10}$ dreimal, einander nicht treffen, giebt es auf $R^5{}_{10}$ einen Punkt $V_0$ von der Beschaffenheit, dass die 4 übrigen Schnittpunkte jeder beliebigen durch ihn gelegten Ebene mit $R^5{}_{10}$ und die beiden mit $p'$ und $p''$ auf einem

Kegelschnitte $K$ liegen. Jede durch $R^5_{10}$ und einen dieser Kegelschnitte geführte cubische Fläche trifft jede der Geraden $p'$ und $p''$ viermal, enthält sie, so dass dieselben allen derartigen cubischen Flächen gemeinsam sind und $R^5_{10}$ und $K$ zusammen die Bedeutung von $R^7_{20}$ haben. —

Es sei endlich $p$ eine die Curve $R^5_{12}$ dreimal treffende Gerade, welche auf der einzigen durch $R^5_{12}$ gehenden Fläche 2. Ordnung liegt. Zwei durch $R^5_{12}$ und einen vierten Punkt auf $p$ gelegte cubischen Flächen haben $p$ gemein und durchschneiden einander noch in einer ebenen cubischen Curve $C^3$, so dass $R^5_{12}$ und $p$ zusammen die Bedeutung der Curve $R^6_{18}$, also von 15 Punkten haben, mithin $R^5_{12}$ allein die von 14 Punkten für die Bestimmung einer cubischen Fläche hat. Da nun $R^5_{12}$ mit einer Curve $R^4_8$, der sie achtmal begegnet, die Grundcurve eines cubischen Flächenbüschels bildet, so erkennt man bald, dass $R^4_8$ die Bedeutung von 12 Punkten hat.

Jede Ebene trifft die Curve $R^5_{12}$ und eine ihr dreimal begegnende Gerade in 6 Punkten eines Kegelschnitts.

Wir stellen die im Vorhergehenden gewonnenen Resultate zusammen: Für die Bestimmung einer cubischen Fläche hat eine Gerade die Bedeutung von 4 Punkten, ein Kegelschnitt von 7, eine ebene cubische Curve von 9, eine doppeltgekrümmte von 10, eine Curve $R^4_8$ von 12, eine Curve $R^4_6$ von 13, $R^5_{12}$ von 14, $R^5_{10}$ von 15, $R^5_8$ von 16, $R^6_{18}$ von 15, $R^6_{16}$ von 16, $R^6_{14}$ von 17, $R^6_{12}$ von 18, $R^7_{22}$ von 17, $R^7_{20}$, $R^8_{28}$, $R^9_{36}$ von 18 Punkten.

74. Ein Flächenbüschel dritter Ordnung wird von jeder beliebigen Geraden in einer Involution 3. Ordnung geschnitten, d. h. in einem System von Gruppen von je 3 Punkten, die so zusammengehören, dass durch jeden Punkt einer Gruppe die beiden andern genau bestimmt sind. Die Involution 3. Ordnung hat mithin, wenn $O$ ein beliebiger Punkt ihres Trägers und $x$ die Entfernung der Punkte einer Gruppe von ihm ist, die folgende metrische Relation:

$$x^3 + ax^2 + bx + c + \lambda (x^3 + a' x^2 + b' x + c') = 0,$$

worin $a, b, c, a', b', c'$ constante Grössen sind, $\lambda$ für jede Gruppe einen besondern Werth hat. Jeder Werth von $\lambda$ liefert 3 Werthe von $x$, welche die Entfernungen der 3 Punkte der Gruppe geben, der dieser Werth von $\lambda$ zugehört. 2 Gruppen bestimmen bekanntlich die Involution, wie ja 2 Flächen eines Büschels das Büschel bilden: die 3 Punkte sind stets Punkte derselben Fläche des Büschels, das die Involution hervorruft. Die beiden Gruppen geben 6 Werthe von $x$, für jede der beiden Gruppen nimmt man ein beliebiges $\lambda$ an. Werden die 6 Werthe von $x$ eingesetzt, so ergeben sich 6 Gleichungen, welche die Werthe von $a\ b\ c\ a'\ b'\ c'$ liefern. Ein beliebiger Werth $\alpha_1$ für $x$ eingesetzt giebt den Werth von $\lambda$ und darauf eine cubische Gleichung die beiden andern Werthe von $x$, $\alpha_2$ und $\alpha_3$. Es ist natürlich, dass, wenn man $\alpha_2$ oder $\alpha_3$ statt $\alpha_1$ für $x$ eingesetzt hätte, man dasselbe $\lambda$ und als Werthe von $x$ $\alpha_1$ und $\alpha_3$ oder $\alpha_1$ und $\alpha_2$ erhalten hätte. Jeder Punkt einer Gruppe muss unzweideutig die andern beiden bestimmen. Jedes $\lambda$ gehört einer Gruppe und also einer Fläche des Büschels zu. Für eine Fläche, der $\lambda$ zugehört, seien die 3 Schnittpunkte mit dem Träger der Involution $a, b, c$, so sind $Oa$, $Ob$, $Oc$ die Wurzeln der obigen Gleichung, also nach bekannten algebraischen Sätzen ist:

$$Oa + Ob + Oc = -\frac{a + a'\lambda}{1 + \lambda}$$

$$Oa.Ob + Oa.Oc + Ob.Oc = \frac{b + b'\lambda}{1 + \lambda}$$

$$Oa.Ob.Oc = -\frac{c + c'\lambda}{1 + \lambda}.$$

Die quadratische Polarfläche des Punktes $O$ in Bezug auf die Fläche $F^3{}_\lambda$ wird von der Geraden, auf der unsere Involution liegt, in 2 Punkten $O'$ getroffen, deren Entfernung von $O$, $OO'$, angegeben wird durch die Wurzeln der quadratischen Gleichung:

$$OO'^2\,(Oa + Ob + Oc) - 2\,OO'\,(Oa.Ob + Oa.Oc + Ob.Oc) + 3\,Oa.Ob.Oc = 0,$$

das giebt in Folge der obigen Gleichungen:

$$OO'^2.\frac{a + a'\lambda}{1 + \lambda} + 2\,OO'.\,\frac{b + b\lambda}{1 + \lambda} + 3.\,\frac{0 + c'\lambda}{1 + \lambda} = 0,$$

oder wenn wir $OO' = y$ setzen:

$$ay^2 + 2\,by + 3\,c + \lambda\,(a'y^2 + 2\,b'y + 3\,c') = 0.$$

Daraus geht hervor, dass die beiden $y$ oder $OO'$, die demselben $\lambda$ angehören, ein Punktenpaar einer Involution zweiter Ordnung bilden.

Mithin schneidet die Gerade und so jede durch $O$

gehende Gerade die quadratischen Polarflächen des Punktes $O$ in Bezug auf alle Flächen des cubischen Büschels in einer Involution zweiter Ordnung. Nun liegt es im Wesen einer Involution zweiter Ordnung (wie auch jeder andern), dass, wenn 2 verschiedene Punktgruppen einen Punkt gemein haben, ihn dann alle Punktgruppen auch haben. Das kann auch leicht aus der Relation entnommen werden; für zwei $\lambda : \lambda', \lambda''$ genüge derselbe Werth $y_0$ der Relation, also

$$a y_0^2 + 2\,b y_0 + 3\,c + \lambda' (a' y_0^2 + 2\,b' y_0 + 3\,c') = 0$$

und

$$a y_0^2 + 2\,b y_0 + 3\,c + \lambda'' (a' y_0^2 + 2\,b' y_0 + 3\,c') = 0;$$

da ist nothwendig, dass sowohl

$$a y_0^2 + 2\,b y_0 + 3\,c = 0,$$

als auch

$$a' y_0^2 + 2\,b' y_0 + 3\,c' = 0,$$

dann ist aber auch

$$a y_0^2 + 2\,b y_0 + 3\,c + \lambda\,(a' y_0^2 + 2\,b' y_0 + 3\,c') = 0,$$

mag $\lambda$ einen Werth haben, welchen es will. Es seien nun $S'$ und $S''$ die quadratischen Polarflächen des Punktes $O$ in Bezug auf 2 Flächen $F'$ und $F''$ des cubischen Büschels und $l$ eine von $O$ ausgehende Gerade, welche die Durchschnittscurve $(S', S'')$ trifft; so haben die beiden von $S'$ und $S''$ herrührenden Punktenpaare der Involution, in welcher $l$ das System der quadratischen Polarflächen des Punktes $O$ in Bezug auf alle Flächen des Büschels durchschneidet, einen Punkt gemein, den, in welchem $(S', S'')$ von $l$ getroffen wird. Also müssen auch alle andern Punktenpaare der Involution ihn als Punkt haben; d. h. auch die quadratischen Polarflächen von $O$ in Bezug auf alle übrigen Flächen des Büschels gehen durch diesen Punkt. Aehnlich wird dies für jeden andern Punkt der Schnittcurve $(S', S'')$ bewiesen. Wir haben mithin das allgemeine Resultat: Wird ein einfach unendliches System von Flächen derselben Ordnung durch alle von demselben Punkte ausgehenden Strahlen in Involutionen geschnitten, so gehen die Flächen alle durch dieselbe Curve, bilden ein Büschel. Für unsern Fall lautet dies Resultat: Die quadratischen Polarflächen eines Punktes in Bezug auf alle Flächen eines Büschels 3. Ordnung bilden ein Büschel 2. Ordnung. Die Grundcurve desselben heisse die conjugirte Polarcurve des Punktes in Bezug auf das cubische Büschel.

Die Polarebene eines Punktes in Bezug auf eine cubische Fläche ist auch Polarebene des Punktes in Bezug auf die quadratische Polarfläche des Punktes. Demnach bilden auch die Polarebenen eines Punktes in Bezug auf alle Flächen eines cubischen Büschels ein Ebenenbüschel. Dessen Axe heisst die conjugirte Polargerade des Punktes in Bezug auf das cubische Büschel.

Sowohl das Büschel der quadratischen Polarflächen, als auch das Büschel der Polarebenen eines Punktes in Bezug auf alle Flächen eines cubischen Büschels ist dem cubischen Büschel projectivisch.

75. Es ist nicht schwer einzusehen, dass sowohl die conjugirten Polarcurven der Punkte einer Geraden $L$ in Bezug auf ein cubisches Flächenbüschel, als auch die Polarcurven der Geraden $L$ in Bezug auf die einzelnen Flächen des Büschels auf derselben Fläche 4. Ordnung liegen, der der Geraden in Bezug auf das cubische Büschel zugeordneten Polarfläche 4. Ordnung, die wir uns auf zweierlei Weise durch die Durchschnitte der entsprechenden Flächen zweier projectivischen Flächenbüschel erzeugt denken. Bei der einen Weise sind die Büschel der quadratischen Polarflächen aller Punkte der Geraden $L$ in Bezug auf 2 beliebige Flächen des cubischen Büschels, bei der andern Weise die Büschel der quadratischen Polarflächen zweier beliebigen Punkte auf $L$ in Bezug auf alle Flächen des cubischen Büschels die erzeugenden Büschel.

Auf dieser Fläche 4. Ordnung giebt es also 2 Systeme von Raumcurven 4. Ordnung (Grundcurven von Flächenbüscheln 2. Ordnung). Je eine des einen Systems, die conjugirte Polarcurve des Punktes $a$ auf $L$ in Bezug auf das cubische Büschel, und eine des andern, die Polarcurve der Geraden $L$ in Bezug auf die Fläche $B$ des cubischen Büschels, liegen auf derselben Fläche 2. Ordnung, der quadratischen Polarfläche des Punktes $a$ in Bezug auf $B$. Beide Curven begegnen einander mithin in 8 Punkten. Es seien $a_1$, $a_2$, $a_3$ drei in einen Punkt $V$ zusammenstossende, jedoch nicht in derselben Ebene liegende Geraden. Für jede von ihnen werde in Bezug auf das vorliegende cubische Flächenbüschel $B^3$ die eben geschilderte Fläche 4. Ordnung construirt: $P_1^4$, $P_2^4$, $P_3^4$. Auf allen dreien liegt offenbar die conjugirte Polarcurve $L^4$ des Punktes $V$ in Bezug auf $B^3$. Die fernere Schnittcurve 12. Ordnung $N_{(12)}^{12}$ der beiden Flächen $P_1^4$ und $P_2^4$ enthält ersichtlich alle die Gruppen von 8 Punkten, in denen die quadratischen Polarflächen eines Punktes $\alpha_1$ auf $a_1$, eines Punktes $\alpha_2$ auf $a_2$ und eines ferneren beliebigen Punktes $v$ der Ebene $(a_1\, a_2)$ in Bezug auf jede Fläche des Büschels $B^3$ einander begegnen, d. h. die Gruppen der 8 Pole der Ebene $(a_1\, a_2)$ in Bezug auf die einzelnen Flächen des Büschels $B^3$. Ebenso enthält die Curve 12. Ordnung $N_{(13)}^{12}$, in der $P_1^4$ und $P_3^4$ ausser in $L^4$ einander begegnen, die Gruppen der 8 Pole der Ebene $(a_1\, a_3)$ in Bezug auf die einzelnen Flächen von $B^3$. Die gemeinschaftlichen Punkte von $N_{(12)}^{12}$ und $N_{(13)}^{12}$ sind offenbar Punkte, welche sowohl Pole von $(a_1\, a_2)$, als von $(a_1\, a_3)$ in Bezug auf dieselbe Fläche von $B^3$ sind; in Bezug auf dieselbe Fläche deshalb, weil ein solcher Punkt auf $P_1^4$ liegt und durch ihn nur eine auf dieser Fläche liegende Polarcurve der Geraden $a_1$ in Bezug auf eine gewisse Fläche des Büschels $B^3$ geht.

Ein Punkt aber kann nur Pol von zweien — und dann auch von mehreren — Ebenen in Bezug auf eine cubische Fläche sein, wenn er Knotenpunkt dieser Fläche ist.

Mithin so viel Begegnungspunkte die Curven $N_{(12)}^{12}$ und $N_{(13)}^{12}$ haben, so viel Knotenpunkte finden sich bei den Flächen des Büschels.

Zuerst ist zu untersuchen, in wie viel Punkten $L^4$ und $N_{(12)}^{12}$, die beide auf $P_1^4$ liegen, einander treffen. Wir legen durch $L^4$, die conjugirte Polarcurve des Punktes $V$ in Bezug auf das Büschel $B^3$, eine Fläche $P^2{}_x$, welche die quadratische Polarfläche von $V$ in Bezug auf eine gewisse Fläche $F^3{}_x$ des Büschels $B^3$ ist; diese schneidet aus der Fläche $P_1^4$ noch eine Raumcurve 4. Ordnung $M^4{}_x$, nämlich die Polarcurve der Geraden $a_1$ in Bezug auf $F^3{}_x$. $M^4{}_x$ und $L^4$ begegnen einander, wie oben gesagt, in 8 Punkten. Die Fläche $P_2^4$, welche durch $L^4$ geht, trifft $M^4{}_x$ im Ganzen in 16 Punkten; acht von diesen sind die 8 Punkte der Curve $M^4{}_x$, die auf $L^4$ liegen; es liegen also 8 ausserhalb $L^4$, ersichtlich auf $N_{(12)}^{12}$. Diese Curve $N_{(12)}^{12}$ schneidet $P^2{}_x$ in 24 Punkten, die sich, da $N_{(12)}^{12}$ auf $P_1^4$ liegt, auf die Curven $L^4$ und $M^4{}_x$ vertheilen, welche ja den Schnitt von $P_1^4$ und $P^2_x$ ausmachen. Auf $M^4_x$ liegen 8 Punkte von $N_{(12)}^{12}$, mithin auf $L^4$ 16 Punkte. Also in 16 Punkten begegnen $L^4$ und $N_{(12)}^{12}$ einander.

Wir wollten nun wissen, in wie vielen Punkten $N_{(12)}^{12}$ und $N_{(13)}^{12}$ einander treffen; das werden, da $N_{(13)}^{12}$ mit $L^4$ den Schnitt von $P_1^4$ und $P_3^4$ bildet, die Punkte sein, in denen $P_3^4$ die Curve $N_{(12)}^{12}$, die auf $P_1^4$ liegt, schneidet und welche nicht auf $L^4$ liegen. $P_3^4$ schneidet $N_{(12)}^{12}$ im Ganzen in 48 Punkten; da aber $P_3^4$ durch $L^4$ geht, so werden zu diesen auch sämmtliche 16 Punkte von $N_{(12)}^{12}$, die auf $L^4$ liegen, gehören. Mithin bleiben 32 Punkte, in denen $P_3^4$ die Curve $N_{(12)}^{12}$ schneidet und welche nicht auf $L^4$ liegen. Also $N_{(12)}^{12}$ und $N_{(13)}^{12}$ begegnen einander in 32 Punkten.

Wir schliessen daraus, dass in einem Flächenbüschel 3. Ordnung 32 Knotenpunkte vorkommen.*) Im Allgemeinen werden sich diese Knotenpunkte auf 32 Flächen des Büschels vertheilen. 32 Flächen also eines cubischen Flächenbüschels sind mit einem Knotenpunkte behaftet.

*) Man sehe auch Salmon-Fiedler's analyt. Geometrie des Raumes, Band II Seite 16).

# Sechstes Kapitel.

## Einleitende Sätze aus der Theorie der imaginären geometrischen Gebilde.

76. Es ist ein bekanntes Phänomen der Geometrie, dass bei gewissen Figuren gewisse Gebilde vorhanden sind, welche man nach dem Principe der Continuität bei allen Figuren derselben Art erwarten müsste, und doch bemerkt man sie bei andern gleichartigen Figuren mit derselben Allgemeinheit nicht mehr. Es liegt der Betrachtung ein Kegelschnitt und eine Gerade vor: es sind zwei Schnittpunkte in der That vorhanden. Wir betrachten einen andern Kegelschnitt und eine andere Gerade: beiden Gebilden gemeinschaftliche Punkte sind nicht zu bemerken. Eine Fläche 2. Ordnung und eine Gerade sind gegeben: man kann zwei durch die Gerade gehende Ebenen nachweisen, welche die Fläche berühren. Die Fläche werde mit einer andern Fläche 2. Ordnung, die Gerade mit einer andern vertauscht: es ist nun nicht mehr möglich, zwei solche Berührungsebenen aufzufinden. In jenem Falle vorhanden, haben sie in diesem aufgehört zu existiren.

Man sagt nun nicht: Von der Geraden lassen sich an die Fläche gar keine Berührungsebenen legen, sondern: Die beiden Berührungsebenen, welche sich legen lassen, sind imaginär geworden, es lassen sich zwei imaginäre Berührungsebenen legen.

Diese imaginären Gebilde, obgleich sie gar nicht existiren, behält man deshalb bei, weil sonst der Wortlaut der meisten geometrischen Sätze ein sehr schleppender sein würde, weil sie gerade den Unterschied von Gebilden derselben Art erst recht deutlich zeigen und Eigenschaften, welche an den Figuren, an denen die betreffenden Gebilde wirklich vorhanden (reell) sind, mit Hilfe derselben bewiesen werden, sehr häufig an Figuren derselben Art, an denen jene Gebilde ihre Existenz verloren haben, auch noch gelten, so dass man gewissermassen die fraglichen Gebilde auch an diesen Figuren als Hilfsmittel sich vorstellt, welche zum Beweise und zur Einsicht gewisser Eigenschaften nothwendig sind. Es werden so imaginäre Punkte, Geraden, Curven, Ebenen, Flächen in die Betrachtung mit aufgenommen, aus ihnen wieder imaginäre Gebilde construirt, und auf diese Weise entsteht die eigenthümliche Geometrie imaginärer Gebilde.

77. Wie ich in der Vorrede auseinander gesetzt, soll in diesem Kapitel das für die imaginären Untersuchungen über die Flächen dritter Ordnung nöthige synthetische Fundament auf zwei der analytischen Geometrie entnommenen Sätzen als Grundstein aufgeführt werden. Diese beiden Fundamentalsätze, die mir als Ausgangspunkte dienen sollen, sind folgende:

1) Drei Flächen $m^{\text{ter}}$, $n^{\text{ter}}$ und $p^{\text{ter}}$ Ordnung schneiden sich in $mnp$ Punkten.

Nimmt man zur dritten Fläche eine Ebene, so erhält man als speciellen Fall:

Zwei ebene Curven $m^{\text{ter}}$ und $n^{\text{ter}}$ Ordnung in derselben Ebene haben $mn$ Punkte gemein.

Herr Cremona nimmt, um diesen letzteren Satz rein geometrisch zu beweisen, als ein selbstverständliches Axiom an*), dass die Anzahl der Durchschnittspunkte zweier Curven nur von deren Ordnungen abhänge. Ich kann mich nicht entschliessen, das als ein Axiom anzunehmen, und bin von der Richtigkeit des Satzes überzeugt, weil ihn die Analysis beweist.

2) Jede imaginäre Ebene besitzt eine reelle Gerade.

Die Wahrheit dieses Satzes erhellt unmittelbar aus der Eigenthümlichkeit der analytischen Gleichung jeder imaginären Ebene, dass sie auf die Form

$$u + vi = 0$$

gebracht werden kann, worin $u=0$ und $v=0$ die Gleichungen reeller Ebenen sind. Da ist klar, dass sie die reelle Schnittgerade der beiden Ebenen $u=0$ und $v=0$ enthält.

Ausserhalb dieser Geraden aber kann ersichtlich die imaginäre Ebene kein reelles Gebilde mehr enthalten, weil sie dann reell würde.

*) Introduzione Nr. 32.

Eine imaginäre Gerade auf einer reellen Ebene kann als der Schnitt dieser mit einer imaginären Ebene aufgefasst werden, also liegt auf ihr der reelle Punkt, in dem die reelle Gerade der imaginären Ebene die reelle Ebene trifft. Mithin:

I. *Jede imaginäre Gerade einer reellen Ebene hat einen reellen Punkt.*

Solche imaginären Geraden, welche einen reellen Punkt haben, nenne ich wie Herr F. August*) *punktirte Geraden.* Also:

Ia) *Jede imaginäre Gerade einer reellen Ebene ist punktirt.*

*Es giebt* demnach *in einer reellen Ebene nur reelle und punktirte Geraden.* Die Schnittgerade einer reellen und einer imaginären Ebene ist punktirt und kann im speciellen Falle auch reell sein. Dagegen zwei imaginäre Ebenen schneiden sich im Allgemeinen in einer rein imaginären Geraden — solche sollen, wie bei Herrn August, schlechthin *imaginäre Geraden* heissen —, im speciellen Falle, wenn die reellen Geraden der beiden Ebenen einander treffen, in einer punktirten, und wenn sie gar zusammenfallen, in einer reellen Geraden.

Ohne weiteren Beweis ist klar, dass das polare Gebilde eines reellen Gebildes in Bezug auf eine reelle Fläche 2. Ordnung reell, und das eines imaginären in Bezug auf dieselbe imaginär ist. Demnach ergiebt sich der polare Satz von 2):

II. *Durch jeden imaginären Punkt geht eine reelle Gerade.*

Da durch diese Gerade unendlich viele reellen Ebenen gehen, so leuchtet ein, dass *es nicht imaginäre Punkte giebt, die nicht in einer reellen Ebene liegen.* Und betrachtet man einen imaginären Punkt, der sich in einer gewissen reellen Ebene befindet, so ist nothwendig, dass die einzige reelle Gerade, welche durch ihn geht, auch in derselben liege.

Der polare Satz zu I. ist:

III. *Durch eine imaginäre Gerade mit einem reellen Punkte, also durch eine punktirte Gerade geht stets eine reelle Ebene.*

*In dieser liegen nothwendig auch die reellen*

*) Disquisitiones de superficiebus tertii ordinis. Dissert. inaug. Berolini 1862. pag. 18.

Geraden, welche von sämmtlichen imaginären Punkten der punktirten Geraden ausgehen.

78. Es sei gegeben ein reeller Kegelschnitt $K$, und $B$,- $B'$. $a$, $b$, $c$ seien fünf reelle Punkte auf ihm. Lassen wir den drei reellen Strahlen $Ba$, $Bb$, $Bc$ des Büschels um $B$ die drei reellen Strahlen $B'a$, $B'b$, $B'c$ des Büschels um $B'$ entsprechen, so entspricht, wie aus der Lehre von der Projectivität bekannt ist, jedem reellen Strahl von $B$ ein reeller Strahl von $B'$ und umgekehrt. Die Schnittpunkte entsprechender Strahlen liegen alle auf $K$, und da zwei reelle Geraden sich in einem reellen Punkte begegnen, so wird demnach jeder reelle durch $B$ oder $B'$ gehende Strahl den Kegelschnitt noch einmal reell treffen. Also jede durch einen reellen Punkt eines reellen Kegelschnitts gehende reelle Gerade begegnet ihm noch in einem zweiten reellen Punkte. Mithin trifft jede reelle Gerade einen reellen Kegelschnitt entweder in zwei reellen oder in zwei imaginären Punkten.

Oder lassen wir, um allgemeiner zu sein, diese Gerade nicht just durch einen der Grundpunkte der Strahlbüschel $B$ und $B'$ gehen, durch welche wir uns den Kegelschnitt erzeugt denken, so sind die beiden Punkte, in denen sie den Kegelschnitt trifft, die beiden, in welche je zwei entsprechende Punkte der beiden reellen projectivischen Punktreihen zusammenfallen, die auf der Geraden durch die Büschel $B$ und $B'$ hervorgerufen werden und in denen, wie in diesen Büscheln, sich nur reelle und nur imaginäre Elemente entsprechen. In zwei solchen Punktreihen sind die beiden Coincidenzpunkte entsprechender Punkte nach Steiner*) entweder beide reell oder beide imaginär; ihre Lage hängt von den Wurzeln einer reellen quadratischen Gleichung ab, die ja entweder beide reell oder beide imaginär sind.

Die beiden reellen Wurzeln einer reellen quadratischen Gleichung können gleich sein, niemals aber die beiden imaginären. Gleichheit der Wurzeln bildet ja auch den Uebergangsfall von den reellen zu den imaginären.

Also:

Ein reeller Kegelschnitt wird von einer reellen Geraden entweder in zwei reellen oder in zwei ima-

*) System. Entwickelung u. s. w. Nr. 16.

ginären Punkten geschnitten. Den Uebergang zwischen diesen beiden allgemeinen Fällen bildet der, in welchem der Kegelschnitt in zwei zusammengefallenen reellen Punkten getroffen, also in einem reellen Punkte berührt wird.

Fallen die beiden Schnittpunkte eines reellen Kegelschnitts und einer reellen Geraden zusammen, so fallen sie in einen reellen Punkt zusammen. Eine reelle Gerade kann einen reellen Kegelschnitt nur in einem reellen Punkte berühren.

Es folgt aus dem Vorhergehenden unmittelbar, dass eine reelle Fläche 2. Ordnung von einer reellen Geraden in zwei reellen oder in zwei imaginären Punkten getroffen, im Uebergangsfalle in einem reellen Punkte berührt wird.

79. Lässt man drei reellen Punkten einer Punktreihe drei reelle einer andern entsprechen, so entsprechen nur reelle und nur imaginäre Punkte der beiden Reihen einander. Den 3 reellen Punkten $a\ b\ a'$ einer (reellen) Geraden entsprechen die 3 reellen Punkte $a'\ b'\ a$ derselben Geraden, so entspricht dem reellen Punkte $x$ ein reeller Punkt $x'$. Man erkennt leicht, dass $xx'$ ein Punktenpaar der durch die beiden reellen Punktenpaare $aa'$, $bb'$ bestimmten Involution ist, die gemäss dieser Bestimmung reell ist.

Also in einer durch zwei reelle Punktenpaare bestimmten Involution sind die Punkte jedes weiteren Paars entweder beide reell oder beide imaginär.

$K'$ und $K''$ seien zwei reelle Kegelschnitte derselben Ebene. Sie durchschneiden einander nach Satz 1) (Nr. 77) in 4 Punkten. Verbindet man einen reellen Punkt von $K'$ mit einem von $K''$, so erhält man eine Gerade, die beide Kegelschnitte reell (d. h. in zwei reellen Punkten) trifft. Es ist sicher, dass sich von jedem reellen Punkte einer solchen Geraden noch unzählig viele andern reellen Geraden ziehen lassen, welche beide Kegelschnitte reell treffen. Es sei nun $O$ ein solcher Punkt; man suche auf allen durch ihn gehenden reellen und imaginären Geraden den Punkt $O'$, welcher $O$ in der Involution zugeordnet ist, die durch die beiden Schnittpunktenpaare der Geraden mit den Kegelschnitten constituirt wird. Reell wird dieser Punkt gewiss sein auf denjenigen Geraden, welche $K'$ und $K''$ reell treffen, denn dann ist die Involution durch zwei reelle Punktenpaare bestimmt, mithin reell, und jedem reellen Punkte einer reellen Involution ist ein reeller Punkt zugeordnet. Also der Ort der Punkte $O'$ enthält unzählig viele reellen Punkte, mithin ist er reell. Dieser Ort geht durch die 4 Schnittpunkte von $K'$ und $K''$. Denn eine Gerade, welche von $O$ nach einem dieser Schnittpunkte geht, trifft $K'$ und $K''$ in Punktenpaaren, die einen Punkt gemein haben; haben aber in einer Involution zwei Punktenpaare einen Punkt gemein, so haben ihn alle, also auch das Punktenpaar $O\,O'$; mithin fällt $O'$ auf einer solchen Geraden in den Schnittpunkt. $O$ liegt auch auf der Curve; denn es seien $p'$ und $p''$ die (natürlich reellen) Polaren von $O$ in Bezug auf $K'$ und $K''$, so sind die Punkte $O$ und $(p', p'')$ harmonisch zugeordnet zu den Schnittpunkten ihrer Verbindungsgeraden sowohl mit $K'$, als mit $K''$, folglich die sich selbst zugeordneten Punkte in der durch diese beiden Schnittpunktenpaare constituirten Involution, mithin fällt auf dieser Geraden $O'$ in den Punkt $O$, d. h. $O$ liegt auf dem Orte der Punkte $O'$ und die Gerade berührt diesen in ihr. Von jedem durch $O$ gehenden Strahl wird demnach dieser Ort in $O$ und dem Punkte $O'$ getroffen, der Ort ist folglich ein Kegelschnitt. Also:

Durch jeden reellen Punkt einer reellen Geraden, welche die beiden Kegelschnitte $K'$ und $K''$ reell trifft, geht ein reeller Kegelschnitt, welcher auch die 4 Schnittpunkte von $K'$ und $K''$ enthält.

Es sei $L$ eine Gerade, die nicht beide Kegelschnitte reell trifft, $G_1$ und $G_2$ aber zwei Gerade, welche reell treffen, so gehen durch die Punkte $(G_1, L)$ und $(G_2, L)$ nach dem eben Bewiesenen reelle Kegelschnitte $S'$ und $S''$, welche die 4 Schnittpunkte von $K'$ und $K''$ enthalten, deren Schnittpunkte selbst also diese 4 sind. $L$ trifft jeden dieser beiden Kegelschnitte einmal reell, also auch das zweite Mal. Folglich geht durch jeden reellen Punkt von $L$ ein reeller Kegelschnitt, der die 4 Schnittpunkte von $S'$ und $S''$, d. s. aber die 4 Schnittpunkte von $K'$ und $K''$, enthält. Also haben wir den allgemeinen Satz:

Durch jeden reellen Punkt in der Ebene zweier reellen Kegelschnitte geht ein reeller Kegelschnitt, auf dem sich die 4 Schnittpunkte dieser beiden Kegelschnitte befinden, mögen diese reell oder imaginär oder beides gemischt sein.

Man erkennt wohl leicht, dass die im Vorhergehenden beschriebene Construction des Kegelschnitts, der durch einen gegebenen Punkt geht und zu dem Büschel gehört, das durch zwei gegebene Kegelschnitte constituirt wird, die allein in allen Fällen anwendbare ist, weil man bei ihr gar nicht darauf Rücksicht zu nehmen braucht, wie die Schnittpunkte der beiden gegebenen Kegelschnitte sind. Hat der Punkt, durch welchen der Kegelschnitt des Büschels zu legen ist, in Bezug auf die beiden Kegelschnitte, welche zur Constitution des Büschels gegeben sind, eine ungünstige Lage, indem sich von ihm nicht diese Kegelschnitte reell treffende Geraden ziehen lassen, so wird man erst Kegelschnitte für andere günstiger gelegene Punkte construiren (es genügt offenbar, für jeden dieser Kegelschnitte ausser dem gegebenen Punkt noch 4 reelle Punkte zu bestimmen, weil er ja dann vollständig reell bestimmt ist) und wird unter diesen gewiss Kegelschnitte erhalten, für welche der Punkt eine günstigere Lage hat. Zwei von ihnen substituirt man an Stelle der gegebenen.

Von dem oben gefundenen Satze ist aber eine Ausnahme möglich. Es kann ja der durch $O$ und die 4 Schnittpunkte zu legende Kegelschnitt eins der Geradenpaare des Büschels und der Punkt $O$ sein Mittelpunkt sein. Dann beweist die in der obigen Art ausgeführte Auseinandersetzung durchaus nicht die Realität des Geradenpaars, sondern, da jede von $O$ ausgehende Gerade das Paar stets noch in einem mit $O$ zusammenfallenden Punkte trifft, wird auf die obige Weise immerfort nur die Realität von $O$ bewiesen, von den andern Punkten des Geradenpaars gar nichts. Dagegen muss wohl das Geradenpaar reell sein, wenn $O$ nicht Mittelpunkt ist. Also:

Wenn ein durch die 4 Schnittpunkte zweier reellen Kegelschnitte gelegtes Geradenpaar imaginär — wozu dann freilich nöthig ist, dass nicht alle 4 Schnittpunkte reell sind — und ein auf ihm liegender Punkt, der mit keinem der vier Schnittpunkte zusammenfällt, reell ist, so muss dies der Mittelpunkt des Paars sein.

Es sei $J$ ein imaginärer Schnittpunkt der beiden Kegelschnitte $K'$ und $K''$. Durch ihn geht eine reelle Gerade $R$ (nach

Satz II. in Nr. 77), welche offenbar in der Ebene der beiden Kegelschnitte sich befindet. Durch jeden reellen Punkt $V$ derselben geht, wie oben bewiesen, ein reeller Kegelschnitt $K_1$, auf dem sich auch die 4 Schnittpunkte von $K'$ und $K''$ — darunter $J$ — befinden. Dieser reelle Kegelschnitt wird mithin von der reellen Geraden $R$ in einem imaginären Punkte $J$ und einem reellen Punkte $V$ getroffen. Das ist nur dann möglich, wenn $R$ selbst ein Theil von $K_1$, also $K_1$ ein Geradenpaar ist, dessen eine Gerade $R$ ist. $K_1$ soll durch die Schnittpunkte von $K'$ und $K''$ gehen, folglich, da keine seiner beiden Geraden einem der beiden Kegelschnitte $K'$ und $K''$ in mehr als 2 Punkten begegnen kann, so muss noch einer der 4 Schnittpunkte auf $R$ liegen. $R$ trifft $K'$ und $K''$ in dem imaginären Punkte $J$, also muss sie dieselben auch noch in einem zweiten imaginären Punkte treffen. Demnach:

Ist einer der 4 Schnittpunkte zweier reellen Kegelschnitte imaginär, so muss es noch ein zweiter sein; die Verbindungsgerade beider ist reell.

Ist nun einer der beiden übrigen auch noch imaginär, so kann die einzige reelle Gerade, auf welcher er liegt, nicht durch einen der beiden ersten Punkte gehen, denn dieser wäre dann Schnittpunkt zweier reellen Geraden, mithin reell, sondern sie muss durch den vierten gehen und dieser auch imaginär sein.

Zwei imaginäre Punkte auf derselben reellen Geraden heissen conjugirt. Mithin kommen unter den 4 Schnittpunkten zweier reellen Kegelschnitte die imaginären stets paarweise vor; jeder imaginäre unter ihnen fordert einen zweiten imaginären, der mit ihm auf derselben reellen Geraden liegt, ihm conjugirt ist. Wir haben also bei zwei reellen Kegelschnitten drei Fälle zu unterscheiden:

1) Alle 4 Schnittpunkte sind reell; die 3 Geradenpaare sind auch reell.

2) Zwei Schnittpunkte $\alpha$ und $\beta$ sind reell, die beiden andern $\gamma$ und $\delta$ conjugirt imaginär, also die Gerade $\gamma\delta$ reell; so dass $\alpha\beta$, $\gamma\delta$ ein reelles Geradenpaar bilden. Die vier übrigen Geraden $\alpha\gamma$, $\beta\delta$, $\alpha\delta$, $\beta\gamma$ sind punktirt; ihre reellen Punkte sind $\alpha$ und $\beta$, sie sind nicht reell, weil durch $\gamma$ und $\delta$ nur die eine reelle Gerade $\gamma\delta$ geht. Die beiden Geradenpaare $(\alpha\gamma, \beta\delta)$ und $(\alpha\delta, \beta\gamma)$ sind also

imaginär. Die Verbindungsgerade ihrer beiden imaginären Mittelpunkte ist die Polare des Mittelpunkts des reellen Geradenpaars in Bezug auf alle Kegelschnitte des Büschels $(K', K'')$, also ist sie reell, mithin die beiden Mittelpunkte conjugirt.

3) Alle 4 Schnittpunkte sind imaginär, also 2 Paare conjugirter $\alpha \beta$; $\gamma \delta$. Die Geraden $\alpha \beta$ und $\gamma \delta$ sind demnach reell und bilden ein reelles Geradenpaar. Die beiden übrigen Geradenpaare sind imaginär, da durch $\alpha$, $\beta$, $\gamma$, $\delta$ je nur eine reelle Gerade geht, resp. $\alpha \beta$ oder $\gamma \delta$. Aber ihre 4 Geraden sind punktirt, da sie in einer reellen Ebene liegen, und zwar fällt der reelle Punkt auf jeder der 4 Geraden mit keinem der Schnittpunkte zusammen, da diese alle imaginär sind, folglich muss der reelle Punkt auf jeder dieser Geraden mit dem der zweiten des Geradenpaars zusammenfallen, der Mittelpunkt des Geradenpaars sein. Ein imaginäres Geradenpaar, dessen Mittelpunkt reell ist, heisse ein punktirtes, also im dritten Falle ist eins der Geradenpaare reell, die beiden übrigen sind punktirt.

80. Die reellen Flächen 2. Ordnung zerfallen in zwei Arten. Die der einen Art besitzen 2 Schaaren reeller Geraden, die der andern keine reellen Geraden. Als neues Eintheilungsprincip dient nun das Verhalten zur unendlich entfernten Ebene. Flächen, welche mit unendlich vielen reellen Geraden behaftet sind, schneiden in jede reelle Ebene, demgemäss auch in die unendlich entfernte Ebene einen reellen Kegelschnitt ein. Also nach diesem Principe werden die Flächen der ersteren Art nicht mehr eingetheilt werden können; dieser Art gehört als allgemeine Fläche 2. Ordnung nur das einflächige Hyperboloid an, welches, wenn der reelle Kegelschnitt desselben, der in der unendlich entfernten Ebene liegt, zum reellen Geradenpaare ausartet, zum hyperbolischen Paraboloide degenerirt.

Die Flächen der andern Art zerfallen in die Ellipsoide, welche der unendlich entfernten Ebene in einem imaginären Kegelschnitte begegnen, und die zweiflächigen Hyperboloide, welche aus ihr einen reellen Kegelschnitt ausschneiden. Was nun solche Kegelschnitte in der unendlich entfernten Ebene anlangt, so kann da ein Unterschied zwischen Ellipse, Hyperbel und Parabel gar nicht mehr gemacht werden, da dieser Unterschied sich auf das Verhalten des Kegelschnitts in Bezug auf die unendlich entfernte Gerade seiner Ebene bezieht, also bei Kegelschnitten, welche in der unendlich entfernten Ebene liegen, fortfällt.

Eine Fläche der zweiten Art kann die unendlich entfernte Ebene nicht in einem reellen Geradenpaare schneiden. Denn jede durch eine reelle Gerade einer Fläche 2. Ordnung gelegte reelle Ebene schneidet die Fläche noch in einer reellen Geraden, da jede reelle Gerade dieser Ebene die Fläche in einem auf der ersteren Geraden liegenden reellen Punkte trifft, mithin sie noch in einem zweiten auf der zweiten ausgeschnittenen Geraden liegenden reellen Punkte treffen muss. Folglich *zieht eine reelle Gerade einer reellen Fläche 2. Ordnung gleich unendlich viele reellen Geraden der andern Schaar und jede dieser unendlich viele reellen Geraden der Schaar der ersten Geraden nach sich*; also eine reelle Fläche 2. Ordnung, die von der unendlich entfernten Ebene in einem Geradenpaare geschnitten wird, muss der ersteren Art angehören. Jede imaginäre Ebene, die durch eine reelle Gerade einer Fläche der ersteren Art gelegt ist, schneidet die Fläche noch in einer imaginären Geraden. Dass diese nicht reell ist, ist einleuchtend. Aber sie kann auch nicht punktirt sein. Angenommen sie sei es und $\varrho$ sei ihr reeller Punkt, $m$ eine reelle Gerade der andern Schaar, die nicht durch $\varrho$ geht, so ist die Ebene $(m, \varrho)$ sicher reell, sie enthält von unserer Geraden den Punkt $\varrho$ und den Schnittpunkt mit $m$, also die ganze Gerade; diese wäre also die zweite Gerade, welche von der durch die reelle Gerade $m$ gehenden reellen Ebene $(m, \varrho)$ aus der Fläche ausgeschnitten wird, demnach reell. *Es giebt demgemäss auf einer reellen Fläche 2. Ordnung mit reellen Geraden keine punktirten Geraden, sondern nur reelle und imaginäre.*

*Eine Fläche 2. Ordnung, auf der reelle Geraden* (natürlich in beschränkter Anzahl, höchstens 2 von jeder der beiden Schaaren) *und punktirte zugleich vorkommen, kann nicht reell sein.*

Jede Tangentenebene einer Fläche schneidet bekanntlich dieselbe in einer Curve, welche im Berührungspunkte einen Doppelpunkt hat; so muss auch die Tangentenebene einer Fläche 2. Ordnung diese in einem Kegelschnitte schneiden, der den Berührungspunkt zum Doppelpunkte hat, d. h. in einem Geradenpaare, dessen Geraden sich im Berührungspunkte kreuzen. Ist die Tangentenebene einer reellen Fläche 2. Ordnung mit reellen Geraden reell, so kann sie von der Fläche nur in einem reellen Geradenpaar getroffen werden gemäss der oben erwähnten Eigenschaft der Flächen dieser Art, also auch nur in einem reellen Punkte berühren, und umgekehrt, die Tangentenebene in einem reellen Punkte einer solchen Fläche ist reell; sie wird ja gebildet durch die beiden in dem Punkte sich kreuzenden reellen Geraden der Fläche. Die imaginäre Tangentenebene in einem imaginären Punkte wird durch die beiden in diesem sich treffenden imaginären Geraden der Fläche gebildet.

Auch eine Fläche 2. Ordnung ohne reelle Geraden wird durch eine Tangentialebene in einem reellen Punkte in zwei dort sich schneidenden, also ihren reellen Punkt gemein habenden punktirten Geraden geschnitten. Durch jeden reellen Punkt einer solchen Fläche gehen also 2 punktirte Geraden, für die beide er der reelle Punkt ist. Die beiden punktirten durch den reellen Punkt $A_1$ der Fläche gehenden Geraden seien $\lambda_1$, $\mu_1$, die durch den Punkt $A_2$ gehenden $\lambda_2$, $\mu_2$. Die Ebene $(\lambda_1, A_2)$ schneidet aus der Fläche eine zweite Gerade aus, die durch $A_2$ geht, also eine der beiden Geraden $\lambda_2$, $\mu_2$, wir nehmen an $\mu_2$, die Ebene $(\mu_1, A_2)$ ebenfalls, aber nicht wiederum $\mu_2$, sondern $\lambda_2$. Also die eine der beiden durch $A_1$ gehenden Geraden der Fläche wird von je einer der beiden Geraden getroffen, die durch die übrigen Punkte der Fläche gehen, die andere stets von der andern. Mithin bilden die beiden Geradenschaaren $\lambda\,\mu$ zwei eben solche Schaaren auf den Flächen ohne reelle Geraden, wie die reellen Geraden auf den Flächen, die solche besitzen. Jede Gerade der einen Schaar wird von allen der andern, von keiner derselben Schaar getroffen.

Die einzige durch die punktirte Gerade $\lambda$ zu legende reelle Ebene schneidet die Fläche in einer zweiten punktirten Geraden $\mu$, die mit jener den reellen Punkt gemein hat, also ist sie die Tangentenebene dieses reellen Punktes. Denn hätten $\lambda$ und $\mu$ ihre reellen Punkte

$\varrho_\lambda$ und $\varrho_\mu$ getrennt, so würde jede reelle Gerade der Ebene, die durch $\varrho_\lambda$ geht und von $\varrho_\lambda\,\varrho_\mu$ verschieden ist, die Fläche in dem reellen Punkte $\varrho_\lambda$ treffen, mithin noch in einem zweiten reellen, der auf $\mu$ liegen müsste; also $\mu$ müsste unendlich viele reellen Punkte enthalten, reell sein.

Ferner jede Ebene, die durch 2 ihren reellen Punkt $\varrho$ gemein habende punktirten Geraden $\lambda$, $\mu$ einer Fläche 2. Ordnung ohne reelle Geraden gebildet ist, ist reell. Denn sonst schnitte die reelle Ebene, die durch $\lambda$ geht, die Fläche noch in einer Geraden $\mu_1$, die mit $\lambda$ den reellen Punkt $\varrho$ gemein hätte, so dass durch $\varrho$ drei Gerade der Fläche gingen. Also die Tangentenebene an eine Fläche zweiter Ordnung in einem reellen Punkte, welche ja durch die von diesem ausgehenden Geraden gebildet wird, ist reell.

Umgekehrt ist wohl auch klar, dass jede reelle Ebene, welche die Fläche in einem Geradenpaar (dessen Gerade als Gerade einer reellen Ebene punktirt sein müssen) schneidet, also sie in dessen Mittelpunkt berührt, in einem punktirten Geradenpaar schneidet, also in einem reellen Punkte berührt.

Es sei $\lambda$ eine imaginäre Gerade, $\mu$ eine punktirte Gerade der andern Schaar; die Ebene $(\lambda, \mu)$ ist imaginär, die reelle Gerade derselben trifft die Fläche in dem reellen Punkte von $\mu$, also noch in einem reellen Punkte, der auf $\lambda$ liegen müsste, mithin kann $\lambda$ nicht imaginär sein. Folglich giebt es auf einer reellen Fläche 2. Ordnung ohne reelle Geraden keine imaginären Geraden, sondern nur punktirte. Durch jeden imaginären Punkt derselben gehen 2 punktirte Geraden, die ihren reellen Punkt nicht gemein haben und die imaginäre Berührungsebene des Punktes bilden, deren reelle Gerade die reellen Punkte der beiden Geraden verbindet.

Eine Fläche 2. Ordnung, welche von der unendlich entfernten Ebene in einem punktirten Geradenpaare geschnitten, also in dessen reellem Mittelpunkte berührt wird, heisst elliptisches Paraboloid. Das punktirte Geradenpaar ist die Uebergangsform zwischen dem reellen Kegelschnitt und dem imaginären, jedoch in einer reellen Ebene liegenden Kegelschnitte; so ist auch das elliptische Paraboloid die Uebergangsform zwischen dem Ellipsoid und dem zweiflächigen Hyperboloid.

Betrachten wir nun noch die Uebergangsform zwischen den Flächen 2. Ordnung mit reellen Geraden und denen ohne reelle Geraden; das ist der Kegel 2. Ordnung.

Alle Geraden, die auf einem reellen Kegel liegen, gehen durch dessen Scheitel; also giebt es auf ihm keine imaginären Geraden, wohl aber reelle und punktirte Geraden; dadurch verbindet er die beiden allgemeinen Gattungen, bei deren einer es reelle, aber keine punktirten, bei deren anderer es punktirte, aber keine reellen Geraden giebt.

Jede Ebene, die den Kegel in einem Geradenpaare schneiden soll, muss durch den Scheitel gehen, kann aber dann, wenn sie reell ist, sowohl in einem reellen, als in einem punktirten Geradenpaare schneiden, also auch darin tritt der Kegel zwischen die beiden allgemeinen Gattungen, da bei der einen derselben jede reelle Ebene, die ein Geradenpaar ausschneidet, ein reelles, bei der andern ein punktirtes ausschneidet.

Die Ebenen, welche aus einem Kegel ein Geradenpaar ausschneiden, sind nicht Berührungsebenen des Kegels, wie dies derartige Ebenen bei den beiden allgemeinen Gattungen sind. Beim Kegel schneiden die reellen Berührungsebenen denselben in zwei zusammengefallenen reellen Geraden, die imaginären in zwei zusammengefallenen punktirten Geraden, also zwei zusammengefallene reellen Geraden bilden die Uebergangsform zwischen einem reellen Geradenpaare und einem punktirten, zwei zusammengefallene punktirten die zwischen einem, dessen Gerade ganz imaginär sind, und einem, dessen Gerade punktirt sind, aber ihren reellen Punkt nicht gemein haben.

In jeder reellen Berührungsebene einer reellen Fläche 2. Ordnung mit reellen Geraden liegen zwei reelle Geraden der Fläche, folglich trifft jede in einer solchen Ebene liegende reelle Gerade die Fläche in zwei reellen Punkten. Also von einer reellen Geraden, welche einer reellen Fläche 2. Ordnung mit reellen Geraden in 2 imaginären Punkten begegnet, müssen 2 imaginäre Tangentenebenen an die Fläche gehen. **Von jeder reellen Geraden** $p$**, die der Fläche in zwei reellen Punkten** $a_1$ **und** $a_2$ **begegnet, gehen stets zwei reelle Tangentenebenen:** denn wenn $l_1 m_1$ die durch $a_1$ gehenden (reellen) Geraden der Fläche und $l_2 m_2$ die durch $a_2$ gehenden sind, so sind die beiden durch $p$ gehenden reellen Tangentenebenen $(l_1 m_2)$ und $(l_2 m_1)$, indem wir annehmen, dass $l_1 l_2$ zu der einen, $m_1 m_2$ zu der andern Schaar gehören. Ihre reellen Berührungspunkte sind $(l_1 m_2)$, $(l_2 m_1)$. Berührt eine reelle Gerade die Fläche in einem (reellen) Punkte — was der Uebergang zwischen zweimal reell Schneiden und zweimal imaginär Schneiden ist —, so geht nur eine Tangentenebene von ihr an die Fläche (die im Berührungspunkte der Geraden berührt), was auch der Uebergang zwischen dem Fall ist, wo zwei reelle, und dem, wo zwei imaginäre Tangentenebenen von einer Geraden an die Fläche gehen.

Aus dem Vorhergehenden folgt auch:

**Reelle reciproken Geraden in Bezug auf eine Fläche 2. Ordnung mit reellen Geraden verhalten sich hinsichtlich der Realität ihrer Schnittpunkte mit der Fläche gleichartig.**

In jeder reellen Tangentenebene einer reellen Fläche 2. Ordnung ohne reelle Geraden liegen 2 punktirte Geraden derselben, also jede reelle Gerade einer solchen Ebene, welche nicht gerade durch den Berührungspunkt geht, trifft die Fläche in zwei imaginären Punkten. Mithin **müssen von einer reellen Geraden, welche einer reellen Fläche 2. Ordnung ohne reelle Geraden in reellen Punkten begegnet, zwei imaginäre Berührungsebenen an die Fläche gehen. Durch jede Gerade** $\pi$ **aber, die der Fläche in zwei imaginären Punkten** $\alpha_1$ **und** $\alpha_2$ **begegnet, gehen immer 2 reelle Berührungsebenen.** Denn die beiden durch $\alpha_1$ gehenden (punktirten) Geraden der Fläche seien $\lambda_1 \mu_1$, die durch $\alpha_2$ gehenden $\lambda_2 \mu_2$, von denen $\lambda_1 \lambda_2$ zu der einen, $\mu_1 \mu_2$ zu der andern Schaar gehören. Es ist ersichtlich, dass $(\lambda_1 \mu_2)$ und $(\lambda_2 \mu_1)$ die beiden von $\pi$ an die Fläche gehenden Tangentenebenen sind. Durch $\lambda_1$ muss nothwendig eine reelle Ebene gehen, da sie punktirt ist; in dieser müssen die reellen Geraden alle liegen, welche durch die imaginären Punkte von $\lambda_1$ gehen, mithin auch die reelle Gerade $\pi$, die durch den imaginären Punkt $\alpha_1$ auf $\lambda_1$ geht; also ist $(\lambda_1 \pi)$, d. i. aber $(\lambda_1 \mu_2)$, die reelle durch $\lambda_1$ gehende Ebene. Folglich sind $(\lambda_1 \mu_2)$ und $(\lambda_2 \mu_1)$ reell. $\lambda_1$ und $\mu_2$, ebenso $\lambda_2$ und $\mu_1$ haben ihren reellen Punkt gemein, der der reelle Berührungspunkt der Ebene $(\lambda_1 \mu_2)$ resp. $(\lambda_2 \mu_1)$ ist.

Also reelle reciproken Geraden in Bezug auf eine reelle Fläche 2. Ordnung ohne reelle Geraden verhalten sich in Betreff der Realität ihrer Schnittpunkte mit derselben entgegengesetzt.

Auch hier lassen sich leicht manche Uebergangserscheinungen zwischen den beiden allgemeinen Gattungen am Kegel nachweisen, auf welche wir jedoch nicht näher eingehen wollen.

81. Wir wenden uns nun zur Betrachtung der Durchschnittscurve $R^4$ zweier reellen Flächen 2. Ordnung. Wie früher gezeigt wurde, dass durch jeden reellen Punkt in der Ebene zweier reellen Kegelschnitte ein reeller Kegelschnitt geht, welcher die 4 Schnittpunkte der beiden Kegelschnitte enthält, so lässt sich in derselben Weise mit Hilfe der Involution zeigen, dass durch jeden reellen Punkt im Raume eine reelle Fläche 2. Ordnung geht, welche die Schnittcurve $R^4$ zweier reellen Flächen 2. Ordnung enthält.

Es sei $J$ wieder ein imaginärer Punkt dieser Schnittcurve, $R$ die einzige reelle Gerade, auf welcher er liegt, $T$ ein beliebiger reeller Punkt auf $R$; durch ihn geht also eine reelle Fläche 2. Ordnung, welche auch $R^4$ enthält; sie trifft aber die Gerade $R$ in dem reellen Punkte $T$ und dem imaginären $J$. Dieser Widerspruch mit dem früheren Satze, dass jede reelle Fläche 2. Ordnung von einer reellen Geraden entweder in 2 reellen oder in 2 imaginären Punkten getroffen wird, hebt sich nur dadurch, dass angenommen wird, dass $R$ auf dieser Fläche liege. Dann muss sie aber $R^4$ noch einmal treffen, wie dies jede Gerade auf jeder der durch $R^4$ gelegten Flächen 2. Ordnung thut; und offenbar ist der zweite Punkt, in welchem $R$ die Curve $R^4$ trifft, imaginär, denn er ist der zweite Punkt, in dem sie alle übrigen durch $R^4$ gelegten Flächen 2. Ordnung trifft, denen sie ja schon in dem imaginären Punkte $J$ begegnet.

Also die durch einen imaginären Punkt der Durchschnittscurve zweier reellen Flächen 2. Ordnung gehende reelle Gerade trifft diese Curve nochmals und zwar ebenfalls in einem imaginären Punkte, so dass je zwei der imaginären Punkte der Curve conjugirt sind.

Ist $J$ einer der 4 Durchschnittspunkte der Curve $R^1$ mit einer reellen Ebene $E$, so muss die reelle Gerade $R$ in $E$ liegen, folglich noch durch einen zweiten der 4 Durchschnittspunkte gehen. Also:

Jeder imaginäre unter den 4 Durchschnittspunkten einer reellen Ebene mit der Schnittcurve zweier reellen Flächen 2. Ordnung fordert einen zweiten imaginären, der mit ihm auf derselben reellen Geraden liegt.

Folglich kommen unter diesen 4 Schnittpunkten die imaginären paarweise vor. Sie können also alle 4 imaginär sein, ja dies kann auf allen möglichen reellen Ebenen eintreten, d. h. die Curve kann ganz imaginär sein.

Da aber auch in diesem Falle durch jeden ihrer Punkte eine reelle Gerade geht, die die Curve nochmals trifft, so ersieht man, indem man durch irgend einen reellen Punkt einer solchen Geraden und die Curve $R^1$ die (reelle) Fläche 2. Ordnung legt, welche ersichtlich diese Gerade ganz enthält, dass auch durch die imaginäre Schnittcurve zweier reellen Flächen 2. Ordnung ohne reelle Geraden unzählig viele reellen Flächen 2. Ordnung mit reellen Geraden gehen. Bei einer reellen Schnittcurve und auch bei einer imaginären Schnittcurve zweier reellen Flächen mit reellen Geraden ist dies unmittelbar einleuchtend. Denn da jede solche Fläche durch eine reelle Ebene in einem reellen Kegelschnitte geschnitten wird, so ist ersichtlich, dass jede reelle Ebene die Durchschnittscurve in 4 Punkten trifft, die sich wie die Durchschnittspunkte zweier reellen Kegelschnitte verhalten, also je zwei conjugirt imaginär sind. Man erkennt nun auch leicht die Richtigkeit des folgenden Satzes:

Ist die Grundcurve eines reellen Flächenbüschels 2. Ordnung reell, so theilen sich die reellen Ebenen in 3 Arten: 1) solche, welche 3 reelle Flächen mit reellen Geraden des Büschels, 2) solche, die eine solche Fläche und zwei imaginäre Flächen (denn wir haben gesehen, dass eine reelle Ebene aus einer reellen Fläche 2. Ordnung nur ein Geradenpaar mit wenigstens reellem Mittelpunkte ausschneiden kann), und 3) solche, die eine reelle Fläche mit reellen Geraden und 2 reelle Flächen ohne reelle Geraden berühren. Denn wenn eine reelle Ebene eine Fläche 2. Ordnung, welche durch die Schnittcurve zweier reellen Flächen 2. Ordnung geht, in einem punktirten Geradenpaare schneidet, so muss diese Fläche reell sein; sie kann ja durch die Schnittcurve und den reellen Mittelpunkt dieses Geradenpaars bestimmt gedacht werden. Ist hingegen die Grundcurve des Büschels ganz imaginär, so berührt jede reelle Ebene eine reelle Fläche des Büschels mit reellen Geraden und zwei ohne reelle Geraden.

Freilich kann hier der Fall eintreten, dass eine durch einen reellen ausserhalb der imaginären Grundcurve liegenden Punkt und diese Grundcurve gelegte Fläche 2. Ordnung nicht reell ist. Der Punkt kann nämlich Spitze eines der 4 Kegel des Büschels sein. Es lässt sich leicht einsehen, dass der Scheitel wohl reell sein kann, ohne dass nothwendig der Kegel es auch ist; denn der mit Hilfe der Involution geführte Beweis, der im allgemeinen Falle die Realität der durch den reellen Punkt und durch die Grundcurve gelegten Fläche ergiebt, würde hier fortwährend nur die Realität der Spitze ergeben. Ein solcher imaginäre Kegel mit reeller Spitze kann natürlich zum imaginären Ebenenpaar mit reeller Schnittgeraden degeneriren.

Wir nehmen nun an, die Schnittcurve zweier reellen Flächen 2. Ordnung $F'$, $F''$ zerfalle in eine Gerade $m$ und eine sich nicht weiter zertheilende cubische Raumcurve $R^3$. Ist $m$ reell, so muss auch $R^3$ reell sein. Denn unter den 4 Schnittpunkten jeder reellen Ebene mit $(m, R^3)$ kommen die imaginären, mithin auch die reellen paarweise vor, also $R^3$ muss von jeder reellen Ebene entweder in einem reellen Punkte und 2 conjugirten imaginären Punkten oder in 3 reellen Punkten getroffen werden, woraus sich die Realität von $R^3$ ergiebt. Nehmen wir nun an, $m$ sei punktirt; da es nun aber auf $(m, R^3)$ unzählig viele conjugirten imaginären Punktenpaare giebt, die je derselben reellen Geraden angehören, so giebt es auch unendlich viele reellen Flächen 2. Ordnung mit reellen Geraden, die durch $(m, R^3)$ gehen, und auf solchen kann eine punktirte Gerade nicht liegen, also kann $m$ nicht punktirt sein. Ist endlich $m$ imaginär, so muss auch $R^3$ imaginär sein; denn wäre sie reell, so müsste sie von unzählig vielen Ebenen, da sie als reelle Curve nicht von allen dreimal imaginär getroffen werden kann, zweimal reell (z. B. in $a$ und $b$) und einmal imaginär (in $c$) getroffen werden; der reelle Kegelschnitt, in den sie als reelle Raumcurve 3. Ordnung von von ihrem reellen Punkte $a$ auf eine reelle Ebene $E$ projicirt wird, müsste von der reellen Geraden, in der diese Ebene durch die in $a$, $b$, $c$ schneidende getroffen wird, in dem reellen Punkte $(E, ab)$ und dem imaginären $(E, ac)$ geschnitten werden, was nicht möglich ist. Also wenn $m$ imaginär ist, muss $R^3$ auch imaginär sein, folglich trifft jede reelle Ebene die Schnittcurve $(m, R^3)$ in 4 imaginären Punkten; die Verbindungsgerade zweier nicht conjugirten derselben ist als Gerade einer reellen Ebene punktirt. Die durch ihren reellen Punkt und die Curve $(m, R^3)$ gelegte Fläche 2. Ordnung ist reell; aber sie enthält die imaginäre Gerade $m$ und die eben genannte punktirte, was nicht möglich ist. Also kann $m$ auch nicht imaginär sein. Mithin kann die Schnittcurve zweier reellen Flächen 2. Ordnung nur in eine reelle Gerade und eine reelle ungetheilte cubische Raumcurve zerfallen. Die Flächen $F'$, $F''$, welche sich in $(m, R^3)$ durchschneiden, können natürlich nur Flächen mit reellen Geraden sein. Es sei $n$ eine reelle Gerade auf $F'$, welche $m$ schneidet; sie trifft $F''$ zweimal und zwar einmal auf $m$, also reell und noch einmal auf $R^3$, also auch reell. Die reelle Ebene $(m, n)$ schneidet $R^3$ in 3 Punkten, die entweder alle drei reell sind oder einer reell und zwei conjugirt imaginär. Die 3 Punkte vertheilen sich auf $m$ und $n$. Einer und zwar ein reeller liegt auf $n$, mithin zwei und zwar entweder zwei reelle oder zwei imaginäre und natürlich conjugirte liegen auf $m$.

Also eine reelle Gerade wird von einer reellen cubischen Raumcurve, mit der sie die Schnittcurve zweier reellen Flächen 2. Ordnung bildet, entweder in zwei reellen oder in zwei (conjugirten) imaginären Punkten getroffen.

82. Es zerfalle die Durchschnittscurve zweier reellen Flächen 2. Ordnung $F'$ und $F''$ in zwei Kegelschnitte $K_1$ und $K_2$, die in den Ebenen $E_1$ und $E_2$ liegen und einander zweimal treffen. Das Ebenenpaar $(E_1, E_2)$ gehört

mit zu dem durch $F'$, $F''$ constituirten Büschel 2. Ordnung. Dieses Büschel wird von jeder der unzählig vielen reellen Geraden, die einen reellen Punkt von $F'$ mit einem reellen von $F''$ verbinden, in einer Involution getroffen, die zwei reelle Punktenpaare, die Schnittpunktenpaare mit $F'$ und $F''$, hat, also reell ist; in einer reellen Involution sind entweder beide Punkte eines Paars reell oder beide imaginär. Wir ersehen daraus, dass entweder beide Ebenen $E_1$ und $E_2$ reell sind oder beide imaginär.

Wir nehmen zuerst an, die Ebenen $E_1$ und $E_2$ sind reell. Dann sind auch die beiden Punkte, in denen sich $K_1$ und $K_2$ begegnen, als Punkte, in denen die reelle Gerade $(E_1, E_2)$ die Fläche $F'$ oder $F''$ trifft, entweder beide reell oder beide imaginär. Ist ferner auch nur eine der beiden Flächen $F'$ und $F''$ mit reellen Geraden behaftet, so müssen beide Kegelschnitte $K_1$ und $K_2$ reell sein.

Ist demnach z. B. einer der beiden Kegelschnitte zu einem reellen Geradenpaare degenerirt, so muss der andere Kegelschnitt unbedingt reell sein. Also ein reelles Geradenpaar kann nur mit einem reellen Kegelschnitte die Schnittcurve zweier reellen Flächen 2. Ordnung bilden; ein punktirtes hingegen (das, wenn es auf einer reellen Fläche 2. Ordnung liegt, stets sich in einer reellen Ebene befinden muss) kann sowohl mit einem reellen, als auch mit einem imaginären in reeller Ebene liegenden Kegelschnitte eine solche Schnittcurve zusammensetzen. Der reelle Kegelschnitt kann dann aber nicht zu einem reellen, sondern nur zu einem punktirten Geradenpaare degeneriren, das ja auch die Uebergangsstufe zwischen reellem und imaginärem in reeller Ebene liegenden Kegelschnitte bildet. Folglich nur zwei reelle oder zwei punktirte Geradenpaare können den Durchschnitt zweier reellen Flächen 2. Ordnung bilden.

Wird ein solcher Durchschnitt durch einen reellen Kegelschnitt $K_1$ und einen imaginären in reeller Ebene liegenden Kegelschnitt $K_2$ oder durch zwei imaginäre in reellen Ebenen liegenden Kegelschnitte $K_1$ und $K_2$ gebildet, so geht, ausgenommen das Paar der Ebenen $E_1$ $E_2$ der beiden Kegelschnitte, keine reelle Fläche 2. Ordnung mit reellen Geraden durch ihn.

Wir haben zwar eingesehen, dass es unzählig viele reellen Sekanten des Durchschnitts zweier reellen Flächen 2. Ordnung giebt, aber man wird leicht erkennen, dass diese hier die reellen Geraden der Ebenen $E_1$ und $E_2$ sind.

Es sei jetzt der Fall betrachtet, dass die Ebenen $E_1$ und $E_2$ und mithin auch die Kegelschnitte $K_1$ und $K_2$ imaginär sind. Die conjugirten unter den 4 Schnittpunkten einer reellen Ebene $T$ mit $(K_1, K_2)$ befinden sich jetzt nicht auf derselben Ebene $E_1$ oder $E_2$ und auf demselben Kegelschnitte $K_1$ oder $K_2$, denn die Geraden $(E_1, T)$ und $(E_2, T)$ sind nicht reell. Es seien $\alpha_1'$, $\alpha_1''$ (mit $K_1$), $\alpha_2'$, $\alpha_2''$ (mit $K_2$) die 4 Schnittpunkte; sie sind alle 4 imaginär; conjugirt seien $\alpha_1'\ \alpha_2'$ und $\alpha_1''\ \alpha_2''$. Also bilden die beiden Geraden $\alpha_1'\ \alpha_2'$ und $\alpha_1''\ \alpha_2''$ ein reelles Geradenpaar; die 4 Punkte verhalten sich wie die Schnittpunkte zweier reellen Kegelschnitte; also müssen die beiden andern Geradenpaare punktirt sein, z. B. das Geradenpaar $\alpha_1'\ \alpha_1''$, $\alpha_2'\ \alpha_2''$ oder $(E_1, T)$, $(E_2, T)$; d. h. der Punkt, in dem $T$ die Gerade $(E_1, E_2)$ trifft, muss reell sein, folglich muss, da $T$ beliebig ist, diese ganze Gerade reell sein. Also:

Die Schnittgerade zweier imaginären Ebenen, in denen sich zwei (imaginäre) Kegelschnitte befinden, die den Durchschnitt zweier reellen Flächen 2. Ordnung zusammensetzen, ist reell.

Wir gehen jetzt zu der ausführlicheren Betrachtung des speciellen Falls über, in dem die beiden Kegelschnitte $K_1$ und $K_2$ zu Geradenpaaren degeneriren, so dass die Schnittcurve der beiden reellen Flächen durch ein sogenanntes windschiefes Vierseit gebildet wird. Sind die beiden Ebenen $E_1$ $E_2$ der Geradenpaare reell, so sind diese entweder, wie wir oben erkannten, beide reell, oder beide punktirt; im ersteren Falle ist das zweite Ebenenpaar, das durch das Vierseit geht, auch reell, im zweiten ist es, wie nicht schwer zu erkennen, imaginär und mit einer reellen Schnittgeraden versehen. Wir wenden uns nun zu dem Falle, dass beide Ebenen $E_1$ und $E_2$ imaginär sind. Das Geradenpaar in $E_1$ bestehe aus der reellen Geraden $a_1$ und der imaginären $b_1$ (reelle und punktirte Geraden kommen nicht auf derselben reellen Fläche 2. Ordnung vor), die Geraden des andern Paars seien $a_2$ $b_2$, und zwar werde

$a_1$ von $a_2$, $b_1$ von $b_2$ getroffen. Die Schnittpunkte jeder reellen Ebene $T$ mit den 4 Geraden verhalten sich wie die Schnittpunkte zweier reellen Kegelschnitte, offenbar hier der Schnitte der Ebene mit den beiden reellen Flächen 2. Ordnung mit reellen Geraden, deren Durchschnitt die 4 Geraden bilden; also kommen die reellen unter diesen Schnittpunkten und ebenso die imaginären paarweise vor; der mit $a_1$ ist reell, der mit $b_1$ imaginär, folglich muss noch einer reell und ebenso einer imaginär sein. Da $T$ beliebig ist, muss dann die Gerade, auf welcher der betreffende Schnittpunkt liegt, resp. reell und imaginär sein. $a_2$ kann nicht reell sein, denn das reelle Geradenpaar $a_1$ $a_2$ würde fordern, dass auch das zweite $b_1$ $b_2$ reell sei; aber $b_1$ ist imaginär. Folglich muss $b_2$ reell und $a_2$ imaginär sein. Die Ebenen $a_1$ $a_2$, $b_1$ $b_2$ sind imaginär und bilden das zweite Ebenenpaar, das durch das Vierseit geht, aber weder bei ($a_1$ $b_1$, $a_2$ $b_2$), noch bei ($a_1$ $a_2$, $b_1$ $b_2$) ist die Schnittgerade reell, was ja auch nur dann nothwendig ist, wenn die beiden Kegelschnitte in den imaginären Ebenen von jeder reellen Ebene in 4 imaginären Punkten getroffen werden; unsere 4 Geraden, die auf zwei verschiedene Weisen zwei solche Kegelschnitte bilden, werden in zwei reellen und zwei imaginären Punkten getroffen. Diese zwei imaginären Punkte sind nothwendig conjugirt, liegen auf derselben reellen Geraden. Also die beiden imaginären Geraden $b_1$ $a_2$ sind so beschaffen, dass jede reelle Ebene sie in zwei derselben reellen Geraden angehörigen imaginären Punkten trifft, oder, was daraus unmittelbar folgt, dass die reelle Gerade, die durch jeden (imaginären) Punkt der einen geht, die andere Gerade trifft. Zwei solche imaginären Geraden heissen *conjugirte*.

Also *zwei reelle Flächen 2. Ordnung mit reellen Geraden (einflächige Hyperboloide), welche zwei reelle windschiefen Geraden gemein haben, haben noch zwei windschiefe Geraden der anderen Schaar gemein, die entweder beide reell* (weil ein reelles Geradenpaar nur mit einem reellen andern zusammen den Durchschnitt zweier reellen Flächen 2. Ordnung bildet) *oder conjugirt imaginär sind.*

*Die 4 Geraden, welche vier reellen windschiefen Geraden* $p$ $q$ $r$ $s$, *die nicht die hyperboloidische Lage haben, begegnen*, sind die beiden ferneren Geraden, die den Hyperboloiden [$p$ $q$ $r$] und [$p$ $q$ $s$] ausser den beiden windschiefen

Geraden $p\,q$ noch gemein sind, sind also entweder beide reell oder conjugirt imaginär.

Wir nehmen nun an, die Geraden des einen Paars $a_1\,b_1$ seien punktirt und haben ihren reellen Punkt nicht gemein, dann müssen auch $a_2\,b_2$ punktirt sein (denn punktirte Geraden kommen weder mit reellen noch mit imaginären Geraden auf derselben reellen Fläche 2. Ordnung vor) und nicht ihren reellen Punkt gemein haben. Aber jede durch den reellen Punkt von $a_1$ gelegte reelle Ebene muss doch die 3 übrigen Geraden noch mindestens in einem reellen Punkte treffen, was nur dann möglich ist, wenn eine dieser 3 Geraden, also eine der 2 Geraden $a_2\,b_2$ mit $a_1$ ihren reellen Punkt gemein hat. Das muss natürlich $a_2$ sein, welche $a_1$ trifft; ebenso haben $b_1$ und $b_2$ ihren reellen Punkt gemein. Also:

Wenn vier punktirte Geraden den Durchschnitt zweier reellen Flächen 2. Ordnung zusammensetzen, so bilden sie zwei punktirte Geradenpaare, die natürlich dann in reellen Ebenen liegen.

Das eine Geradenpaar $a_1\,b_1$ bestehe aus zwei imaginären Geraden, dann besteht auch $a_2\,b_2$ aus solchen; punktirt können $a_2$, $b_2$ nicht sein, weil auf derselben reellen Fläche nicht punktirte und imaginäre Geraden vorkommen; $a_2\,b_2$ kann nicht reell sein, weil dann auch $a_1\,b_1$ reell sein müsste; eine der beiden Geraden $a_2$, $b_2$ kann nicht reell sein, die andere imaginär, weil dasselbe bei $a_1$, $b_1$ stattfinden müsste, also sind auch $a_2$, $b_2$ imaginär. Die 4 Schnittpunkte des Vierseits mit einer reellen Ebene sind die 4 imaginären Schnittpunkte zweier reellen Kegelschnitte — dies ist unmittelbar einleuchtend, da die beiden Flächen 2. Ordnung, welche sich in dem Vierseit der 4 imaginären Geraden schneiden, reelle Geraden besitzen —, also gehen durch sie ein reelles und zwei punktirte Geradenpaare. Da die 4 Geraden imaginär sind, so können die beiden durch das Vierseit gehenden Ebenenpaare $(a_1\,b_1,\ a_2\,b_2)$ und $(a_1\,a_2,\ b_1\,b_2)$ nicht reell sein; ersichtlich sind also die beiden punktirten Geradenpaare die Durchschnitte der reellen Ebene mit ihnen, woraus folgt, dass die Schnittgeraden der Ebenenpaare reell sind.

Das reelle Geradenpaar in jeder reellen Ebene wird durch Geraden gebildet, die die Schnittpunkte je zweier windschiefen Geraden des Vierseits und der Ebene verbinden, so dass auch die beiden Paare windschiefer Geraden zwei Paare conjugirter imaginären Geraden sind.

Also wenn 4 imaginäre Geraden, welche ein windschiefes Vierseit bilden, den Durchschnitt zweier reellen Flächen 2. Ordnung zusammensetzen, so sind je zwei windschiefe conjugirt imaginär und die beiden imaginären Ebenenpaare, welche durch das Vierseit gehen, haben reelle Schnittgeraden.

83. Liegt auf einer imaginären Fläche 2. Ordnung $F_i^2$ eine reelle Gerade $G$, so schneidet jede reelle Ebene, welche durch $G$ gelegt ist, die Fläche noch in einer punktirten Geraden. Die Schaar der Fläche also, zu welcher $G$ nicht gehört, enthält einfach unendlich viele punktirten Geraden. 5 von den reellen Punkten dieser Geraden und 3 reelle Punkte auf $G$ erzeugen ein reelles Flächenbüschel 2. Ordnung, zu dem auch $F_i^2$ gehört. Die Grundcurve desselben besteht aus der reellen Geraden $G$ und demnach noch aus einer reellen die Gerade $G$ zweimal treffenden Raumcurve 3. Ordnung. Besitzt mithin eine imaginäre Fläche 2. Ordnung eine reelle Gerade, so besitzt sie auch eine reelle cubische Raumcurve, auf der die reellen Punkte sämmtlicher punktirten Geraden sich befinden, welche in der Schaar der Fläche, zu der die reelle Gerade nicht gehört, vorkommen.

Liegen auf der imaginären Fläche 2. Ordnung zwei reelle einander schneidenden Geraden, so giebt es in jeder Schaar unendlich viele punktirten Geraden. Alle reellen Punkte dieser Geraden bilden einen Kegelschnitt, der mit den beiden reellen Geraden die Grundcurve eines reellen Flächenbüschels 2. Ordnung bildet. Je eine punktirte Gerade der einen Schaar hat mit einer der andern ihren reellen Punkt gemein.

Hat also eine imaginäre Fläche 2. Ordnung zwei reelle einander schneidenden Geraden, so besitzt sie auch einen reellen Kegelschnitt, welcher im speciellen Falle auch zum Geradenpaare degeneriren kann.

Die eben erhaltenen Resultate sind besondere Fälle des allgemeineren Satzes, dass jede imaginäre Fläche 2. Ordnung die Grundcurve eines reellen Flächenbüschels 2. Ordnung enthält, wie dies analytisch unmittelbar einleuchtet, weil ihre Gleichung stets von der Form

$$\varphi + i\psi = 0$$

ist, worin $\varphi = 0$ und $\psi = 0$ die Gleichungen reeller Flächen 2. Ordnung sind, deren Schnittcurve auf der imaginären Fläche $\varphi + i\psi = 0$ ersichtlich liegen muss. Doch da diese Schnittcurve nicht immer reell ist, kann man nicht unbedingt, wie dies Herr F. August thut,*) sagen, dass jede imaginäre Fläche 2. Ordnung eine reelle Raumcurve 4. Ordnung enthält.

84. Es seien $F_1$, $F_2$, $F_3$ drei reelle Flächen 2. Ordnung, die nicht demselben Büschel angehören. $P$ sei einer von ihren 8 Begegnungspunkten, und zwar sei er imaginär, $R$ die reelle Gerade, welche durch ihn geht, $E$ eine reelle Ebene, welche durch diese gelegt ist. $P$ ist offenbar einer der 4 Punkte, in denen die Ebene $E$ die Schnittcurve von $F_1$ und $F_2$ trifft, also geht $R$ noch durch einen zweiten dieser 4 Punkte und zwar einen imaginären. Mithin trifft $R$ die Schnittcurve $(F_1, F_2)$ noch einmal und zwar in einem imaginären Punkte, ebenso aber auch die Schnittcurve $(F_1, F_3)$ und die Schnittcurve $(F_2, F_3)$. Aber der zweite Punkt, in dem $R$ die Curve $(F_1, F_2)$ trifft, muss nothwendig identisch sein mit dem, in welchem sie die Curve $(F_1, F_3)$ trifft, nämlich beide Male der zweite Punkt, in dem sie $F_1$ trifft. Da nun $R$ in demselben Punkte zum zweiten Male die Curven $(F_1, F_2)$ und $(F_1, F_3)$ trifft, trifft sie auch in demselben Punkte zum zweiten Male die 3 Flächen $F_1$, $F_2$, $F_3$ und zwar imaginär. Demnach geht die einzige reelle Gerade, welche durch einen imaginären von den 8 Schnittpunkten dreier reellen Flächen 2. Ordnung geht, noch durch einen zweiten und zwar auch imaginären dieser 8 Punkte. Wir erhalten das Resultat:

Unter den 8 Schnittpunkten dreier reellen Flächen 2. Ordnung kommen die imaginären paarweise conjugirt vor.

Mithin auch: Die Schnittcurve zweier reellen Flächen 2. Ordnung begegnet einer dritten reellen Fläche 2. Ordnung in 8 Punkten, unter denen die imaginären paarweise conjugirt sich vorfinden. Diese Schnittcurve kann zerfallen in eine reelle Gerade und eine reelle cubische

---

*) Disquisitiones etc. pag. 18.

Raumcurve. Die reelle Gerade begegnet einer reellen Fläche 2. Ordnung sicher entweder in 2 reellen oder in 2 conjugirten imaginären Punkten, folglich:

Eine reelle cubische Raumcurve begegnet einer reellen Fläche 2. Ordnung in 6 Punkten, unter denen die imaginären paarweise conjugirt vertreten sind.

Wir nehmen an, die drei Flächen $F_1$ $F_2$ $F_3$ haben eine reelle Gerade $A$ gemein. $F_1$ und $F_2$ haben ausser $A$ noch die reelle cubische Raumcurve $R^3{}_{12}$ gemein, welche $A$ entweder in zwei reellen oder in zwei (conjugirten) imaginären Punkten begegnet. Eine beliebige dritte Fläche 2. Ordnung trifft $R^3{}_{12}$ in 6 Punkten, unter denen die imaginären paarweise conjugirt sich finden. Die Fläche $F_3$ geht aber durch $A$, also sind zwei von diesen 6 Punkten die beiden, in denen $A$ von $R^3{}_{12}$ getroffen wird. Ausserhalb $A$ begegnen sich die drei Flächen in 4 Punkten, und da die eben genannten beiden Punkte auf $A$ entweder beide reell oder conjugirt imaginär sind, so kommen auch unter den 4 ausserhalb $A$ liegenden den 3 Flächen gemeinsamen Punkten die imaginären paarweise conjugirt vor.

Die Polarhyperboloide dreier in einen Punkt $\pi$ zusammenstossenden, aber nicht derselben Ebene angehörenden Geraden in Bezug auf ein Flächenbüschel 2. Ordnung haben die conjugirte Polare des Punktes $\pi$ in Bezug auf das Büschel gemein, ausserdem noch 4 Punkte. Diese sind die Spitzen der 4 Kegel des Büschels. Demnach:

Die Spitzen der 4 Kegel eines reellen Büschels 2. Ordnung sind stets paarweise imaginär und je zwei eines solchen Paars conjugirt.

Ist die Grundcurve des Büschels reell, so haben wir, da dann eine reelle Spitze auch einen reellen Kegel fordert, 3 Fälle zu unterscheiden: 1) alle 4 Kegel sind reell, 2) zwei Kegel reell, zwei imaginär mit auf derselben reellen Geraden liegenden Spitzen, 3) alle 4 Kegel imaginär und die Spitzen je zweier derselben reellen Geraden angehörend, so dass es im ersten Falle 3 Paare reeller Geraden giebt, welche in Bezug auf alle Flächen des Büschels einander reciprok sind, in den beiden letzten ein solches reelles Paar. Eine durch die Spitze eines reellen Kegels gelegte reelle Ebene schneidet den Kegel entweder in einem reellen oder in einem punktirten Geradenpaare, also trifft im ersten Falle jede der 4 reellen Ebenen, welche durch je 3 der Kegelspitzen gelegt sind, entweder alle 3 Kegel in einem reellen oder einen in einem reellen, die beiden andern in einem punktirten Geradenpaare und die Grundcurve entweder in 4 reellen oder in 4 imaginären Punkten. Im zweiten Falle sind nur zwei dieser 4 Ebenen reell, nämlich die durch die beiden imaginären Kegelspitzen, also deren reelle Verbindungsgerade und je eine der reellen Kegelspitzen gelegten. Diese schneiden den betreffenden reellen Kegel in einem reellen Geradenpaare und die Grundcurve in zwei reellen und zwei conjugirten imaginären Punkten. Im dritten Falle ist keine der 4 Ebenen reell.

Ist hingegen die Grundcurve imaginär, so fordert nicht nothwendig eine reelle Kegelspitze auch einen reellen Kegel. Jede reelle Ebene schneidet die Grundcurve in 4 imaginären Punkten, welche paarweise conjugirt sind und durch welche ein reelles und zwei punktirte Geradenpaare gehen. Folglich können im Falle von 4 reellen Kegelspitzen nicht mehr als 2 Kegel imaginär sein, weil bei 3 imaginären Kegeln die durch ihre 3 reellen Spitzen gelegte Ebene 3 punktirte Geradenpaare enthielte. Der Fall mit 2 reellen und 2 conjugirten imaginären Kegelspitzen kann hier nicht eintreten, ebenso können auch nicht alle 4 Kegelspitzen imaginär sein; denn jede reelle durch die Verbindungsgerade zweier conjugirten Spitzen gehende Ebene würde das Flächenbüschel in einem Kegelschnittbüschel schneiden, in welchem sich zwei imaginäre Geradenpaare befinden, was dem Obigen widerspricht.

84. Es werde nun eine reelle ebene Curve 3. Ordnung $C^3$ und eine reelle Gerade $G$ in derselben Ebene betrachtet. Wir denken uns die cubische Curve nach der Chaslesschen Methode durch die Durchschnittspunkte der entsprechenden Elemente eines reellen Kegelschnittbüschels $B\ (K)$ und eines ihm projectivischen reellen Strahlbüschels $B\ (a)$ erzeugt, dessen Mittelpunkt $P$ ist. Die reelle Gerade $G$ wird von dem Büschel $B\ (K)$ in einer reellen Involution und von $B\ (a)$ in einer reellen Punktreihe geschnitten, welche einander projectivisch sind.

Wo ein Punkt der Punktreihe mit einem Punkte des entsprechenden Paars der Involution zusammenfällt, dort ist ein Punkt von $C^3$. Es sei $S$ ein ganz beliebiger reelle Kegelschnitt derselben Ebene und $O$ ein beliebiger reelle Punkt desselben. Die Involution auf $G$ werde von $O$ auf diesen Kegelschnitt projicirt; es ist klar, dass jeder reelle Punkt auf $G$ eine reelle Projection auf $S$ hat, da jeder durch $O$ gehende reelle Strahl den Kegelschnitt $S$ noch einmal reell trifft. Es ergiebt sich mithin auf $S$ eine reelle krumme Punktinvolution. Die Verbindungsgeraden der zugeordneten Punkte erzeugen folglich ein reelles Strahlbüschel, dessen Mittelpunkt $Q$ sei und welches der krummen und der geraden Involution, mithin auch dem Kegelschnittbüschel $B\,(K)$ und dem diesem projectivischen Strahlbüschel $B\,(a)$, also auch dem Strahlbüschel projectivisch ist, dessen Strahlen den Punkt $O$ mit der von $B\,(a)$ in $G$ eingeschnittenen Punktreihe verbinden. Mit diesem letzteren Strahlbüschel erzeugt das Strahlbüschel um $Q$ einen reellen Kegelschnitt $\Sigma$, der durch $O$ und $Q$ geht und mit $S$ ausser $O$ noch entweder 3 reelle oder einen reellen und 2 conjugirte imaginären Punkte gemein hat. Die von $O$ nach diesen 3 Punkten gehenden Strahlen, welche in derselben Weise reell oder imaginär sind, als die Punkte, markiren auf $G$ diejenigen Punkte, in denen ein Punkt der durch $B\,(a)$ auf $G$ eingeschnittenen Punktreihe sich mit einem des entsprechenden Paars der auf $G$ durch $B\,(K)$ hervorgerufenen Involution vereinigt, folglich die 3 Punkte von $C^3$, welche auf $G$ liegen, und diese 3 Punkte müssen ersichtlich wieder in derselben Weise reell oder imaginär sein, wie die 3 Strahlen. Also:

Jede reelle ebene Curve 3. Ordnung wird von einer reellen Geraden ihrer Ebene entweder in drei reellen oder in einem reellen und zwei imaginären Punkten getroffen.

Das Conjugirtsein dieser beiden imaginären Punkte versteht sich von selbst. Jeder imaginäre Punkt auf einer reellen cubischen Curve hat seinen conjugirten auf ihr, nämlich den zweiten imaginären Punkt, in welchem die reelle durch jenen gehende Gerade die Curve trifft.

Es sei wieder $C^3$ eine reelle cubische Curve, $a$ und $b$ seien zwei reelle Geraden ihrer Ebene, welche $C^3$ in den Punkten $\alpha_1\ \alpha_2\ \alpha_3$ resp. $\beta_1\ \beta_2\ \beta_3$ treffen. Einer von diesen 3 Punkten muss reell sein, also auf $a$ sei es $\alpha_1$, auf $b$ : $\beta_1$. Die Punkte $\alpha_2\,\alpha_3$, ebenso $\beta_2\,\beta_3$ sind entweder auch beide reell oder beide imaginär. Die reelle Gerade $L = \alpha_1\,\beta_1$ trifft $C^3$ zum dritten Male reell, in $\gamma_1$. $c$ sei eine reelle Gerade, die durch $\gamma_1$ geht und $C^3$ noch zweimal reell trifft, in $\gamma_2$ und $\gamma_3$. Da $\alpha_1\,\beta_1\,\gamma_1$ in der geraden Linie $L$ liegen, so befinden sich die 6 übrigen Punkte $\alpha_2\,\alpha_3\,\beta_2\,\beta_3\,\gamma_2\,\gamma_3$ auf einem Kegelschnitte $K$. Die 3 Curven $C^3$, $(a, b, c)$ und $(L, K)$ sind 3 Mitglieder des Büschels, dessen Grundpunkte die 9 Punkte $\alpha, \beta, \gamma$ sind. Jede durch einen dieser Grundpunkte gelegte Gerade wird von allen Curven des Büschels noch in einer (quadratischen) Involution geschnitten. Es sei $l$ eine reelle durch $\gamma_2$ gehende Gerade, welche $C^3$ noch zweimal reell, in $\lambda'$ und $\lambda''$, trifft, deren es unzählig viele giebt. Sie treffe die Geraden $a, b, L$ in den offenbar reellen Punkten $\mathfrak{a}, \mathfrak{b}, \mathfrak{l}$. Die Punktenpaare $\lambda', \lambda''$; $\mathfrak{a}, \mathfrak{b}$ sind zwei Punktenpaare der eben erwähnten Involution auf $l$, die demnach reell ist; folglich ist auch der dem Punkte $\mathfrak{l}$ zugeordnete Punkt $\mathfrak{k}$ reell, das ist der zweite Punkt, in dem $K$ von $l$ getroffen wird, demnach ist $K$ reell.

$\alpha_2\,\alpha_3$, $\beta_2\,\beta_3$ sind mithin Grundpunkte eines reellen Kegelschnittbüschels, als dessen Constituenten hier $K$ und $(a, b)$ dienen. Also:

Von den 6 Punkten, in denen zwei reelle Geraden einer reellen cubischen Curve begegnen, sind mindestens zwei (auf jeder einer) reell. Die 4 übrigen sind Grundpunkte eines reellen Kegelschnittbüschels und erzeugen, wenn sie alle 4 imaginär sind, ausser dem reellen Geradenpaare der beiden Geraden noch zwei punktirte Geradenpaare. Daraus folgt:

Die (imaginäre) Verbindungsgerade zweier imaginären nicht conjugirten Punkte einer reellen cubischen Curve wird von der Verbindungsgeraden der beiden ihnen conjugirten Punkte der Curve in einem reellen Punkte getroffen.

85. Weil, wie wir oben fanden, eine reelle cubische Curve von einer reellen Geraden ihrer Ebene entweder dreimal reell oder einmal reell und zweimal imaginär getroffen wird, wird auch eine reelle Fläche 3. Ordnung von einer reellen Geraden entweder dreimal reell oder einmal reell und zweimal imaginär getroffen. Da also unter den Schnittpunkten der Geraden mit der Fläche

sich mindestens ein reeller befindet, so wird eine reelle cubische Fläche von einer reellen Ebene in einer reellen cubischen Curve getroffen; mithin auch von der unendlich entfernten Ebene, so dass jede reelle cubische Fläche reelle unendlich entfernten Punkte hat. Zerspaltet sich die Schnittcurve einer reellen Ebene in eine Gerade und einen Kegelschnitt, so muss die Gerade reell, der Kegelschnitt kann reell und imaginär sein, weil nur so jede reelle Gerade der Ebene auf die oben beschriebene Weise die Fläche trifft. Und ersichtlich darf der Kegelschnitt aus demselben Grunde, wenn er imaginär ist, keinen einzigen reellen Punkt besitzen. Es ist einleuchtend, dass jede reelle Dreieckebene entweder drei reelle Geraden oder eine reelle und zwei punktirte Geraden ausschneidet (denn imaginäre Geraden giebt es in einer reellen Ebene nicht); die beiden punktirten Geraden müssen ihren reellen Punkt gemein haben, weil sonst jede reelle Gerade der Ebene, welche durch den reellen Punkt der einen punktirten Geraden und nicht just auch durch den der andern geht, die Fläche in zwei reellen und einem imaginären Punkte träfe. Also jede durch eine reelle Gerade einer reellen cubischen Fläche gelegte reelle Dreieckebene schneidet noch entweder ein reelles oder ein punktirtes Geradenpaar aus. Das reelle Geradenpaar ist eine Degeneration des reellen Kegelschnitts, das punktirte der Uebergang vom reellen zum imaginären. Eine Dreieckebene der ersteren Art berührt die Fläche dreimal reell und zwar in der Weise, wie ein reelles einflächige Hyperboloid (speciell hyperbolische Paraboloid) von einer reellen Ebene berührt wird (hyperbolische Berührung); eine Dreieckebene der andern Art berührt zweimal imaginär und einmal reell und zwar so, wie ein reelles Ellipsoid oder ein reelles zweiflächige Hyperboloid (speciell elliptische Paraboloid) von einer reellen Ebene berührt wird (elliptische Berührung).

Durch eine punktirte Gerade, welche auf einer reellen cubischen Fläche liegt, geht eine einzige reelle Ebene; diese kann weder einen reellen, noch einen imaginären Kegelschnitt ausschneiden, weil sonst nur die durch ihren reellen Punkt gehenden reellen Geraden dieser Ebene die cubische Fläche in der oben beschriebenen Weise schneiden würden. Der fernere Schnitt muss sich in eine reelle Gerade und eine punktirte auflösen, welche letztere mit der schon in der Ebene gedachten punktirten Geraden ihren reellen Punkt gemein hat. Daraus geht auch hervor, dass jedes auf einer reellen allgemeinen Fläche 3. Ordnung liegende punktirte Geradenpaar in einer reellen Ebene liegen muss. Denn wäre dies nicht der Fall, so gäbe es doch immerhin eine reelle Ebene, welche durch jede der beiden Geraden des punktirten Paars geht; diese schnitte aus der Fläche noch eine reelle und eine punktirte Gerade aus, welche mit der ersteren punktirten Geraden ihren reellen Punkt gemein hätte, so dass durch diesen Punkt drei Gerade der Fläche gingen, er mithin ein Knotenpunkt wäre.

Jede imaginäre Ebene hat eine reelle Gerade, folglich hat auch die cubische Curve, welche sie aus einer reellen cubischen Fläche schneidet, entweder drei in gerader Linie liegende oder einen reellen Punkt, ausgenommen den Fall, wo die reelle Gerade der imaginären Ebene ganz auf der cubischen Fläche liegt.

Jede durch eine reelle Gerade einer reellen cubischen Fläche gelegte imaginäre Ebene schneidet ersichtlich einen imaginären Kegelschnitt aus, der ausserhalb der Geraden gewiss keinen reellen Punkt hat, weil sonst die Ebene reell wäre. Dass die beiden auf der reellen Geraden liegenden Punkte des Kegelschnitts auch nicht reell sind, wird später bewiesen werden. Geht durch eine reelle Gerade eine imaginäre Dreieckebene, so schneidet diese noch 2 imaginäre Geraden aus. Punktirte Geraden mit ausserhalb der reellen Geraden liegendem reellen Punkte würden die Ebene reell machen; läge aber der reelle Punkt einer solchen punktirten Geraden auf der reellen Geraden, so würde die durch die punktirte Gerade gehende reelle Ebene noch eine punktirte Gerade enthalten, die durch den reellen Punkt ginge, so dass sich 3 durch diesen Punkt gehende Geraden der Fläche ergeben würden.

Eine durch eine punktirte Gerade einer reellen cubischen Fläche gehende imaginäre Ebene begegnet der Fläche noch in einem imaginären Kegelschnitte, der entweder gar keinen oder zwei mit dem reellen Punkte der punktirten Geraden in gerader Linie liegende reellen Punkte besitzt. Degenerirt er zum Geradenpaare, so sind entweder beide Geraden punktirt oder beide imaginär. Im ersteren Falle, wo in der Ebene 3 punktirte Geraden liegen, können keine zwei ihren reellen Punkt gemein haben, weil ein punktirtes Geradenpaar eine reelle Ebene erfordert; die 3 reellen Punkte liegen auf derselben Geraden.

Endlich eine durch eine imaginäre Gerade einer reellen cubischen Fläche gelegte imaginäre Ebene — reelle lassen sich nicht durch sie legen — schneidet einen imaginären Kegelschnitt aus, welcher einen reellen Punkt hat. Degenerirt er zum Geradenpaar, so besteht dies entweder aus einer reellen und einer imaginären Geraden oder aus einer punktirten und einer imaginären Geraden. Keine drei imaginären Geraden können ein auf einer reellen cubischen Fläche liegendes Dreieck bilden, weil die reelle Gerade der imaginären Ebene dieses Dreiecks doch mindestens einmal die cubische Fläche reell treffen muss.

86. Es seien jetzt unserer Betrachtung zwei reelle cubischen Curven $C^3_1$ und $C^3_2$ derselben Ebene vorgelegt, von deren 9 Schnittpunkten 4, $\alpha$, $\beta$, $\gamma$, $\delta$, bestimmt reell sind. Dann giebt es auf jeder der beiden Curven $C^3_1$ und $C^3_2$ einen reellen Punkt $P_1$ resp. $P_2$, den Gegenpunkt zu $(\alpha\,\beta\,\gamma\,\delta)$, der so beschaffen ist, dass das durch ihn gelegte Strahlbüschel in gewisser Weise projectivisch auf das durch $(\alpha\,\beta\,\gamma\,\delta)$ gelegte Kegelschnittbüschel bezogen mit demselben nach der Chaslesschen Methode die Curve $C^3_1$ resp. $C^3_2$ erzeugt. Die beiden Strahlbüschel um $P_1$ und $P_2$ sind also auch unter einander projectivisch, und es entsprechen sich in ihnen zwei solche Strahlen $a_1^m$ und $a_2^m$, welche demselben Kegelschnitt $K^m$ aus $(\alpha\,\beta\,\gamma\,\delta)$ entsprechen. Sie erzeugen mithin einen reellen Kegelschnitt $M$, welcher durch die Strahlbüschelgrundpunkte $P_1$ und $P_2$ geht und demnach jede der beiden Curven $C^3_1$ und $C^3_2$ noch in 5 Punkten schneidet. Ein solcher Schnittpunkt mit $C^3_1$ sei $\sigma$; in ihm schneiden sich, weil er ein Punkt von $M$ ist, zwei entsprechende Strahlen $a_1^\sigma$ und $a_2^\sigma$, und weil er ein Punkt von $C^3_1$ ist, der Strahl $a_1^\sigma$ und sein entsprechender Kegelschnitt $K^\sigma$, also schneiden sich in ihm auch $a_2^\sigma$ und $K^\sigma$, welche einander ebenfalls ent-

sprechen, mithin ist $\sigma$ auch ein Punkt auf $C^3_2$, demnach sind die 5 Punkte, welche $M$ ausser $P_1$ resp. $P_2$ mit $C^3_1$ und $C^3_2$ gemein hat, identisch und zwar die 5 Schnittpunkte $\varepsilon\ \zeta\ \eta\ \vartheta\ \iota$, welche $C^3_1$ und $C^3_2$ ausser $\alpha\ \beta\ \gamma\ \delta$ noch besitzen. Jedem Punkte $m$ des Kegelschnitts $M$ entspricht ein Kegelschnitt $K^m$ aus $(\alpha\beta\gamma\delta)$, nämlich der, dessen entsprechende Strahlen $a_1{}^m$ und $a_2{}^m$ in $P_1$ und $P_2$ einander in $m$ begegnen. Es sei $P_x$ ein beliebiger reelle Punkt auf $M$; wir beziehen das Strahlbüschel, dessen Grundpunkt er ist, projectivisch auf das Kegelschnittbüschel $(\alpha\ \beta\ \gamma\ \delta)$ und zwar in der Weise, dass wir den nach 3 reellen Punkten $m$ gehenden Strahlen die diesen Punkten entsprechenden Kegelschnitte $K^m$ zuordnen. Wegen der bekannten projectivischen Eigenschaft eines Kegelschnitts (dass hier das Strahlbüschel $P_x$ mit den Strahlbüscheln $P_1$ und $P_2$ projectivisch ist, in dem sich die nach demselben Punkte $m$ gehenden Strahlen entsprechen) gehen auch die allen andern Kegelschnitten $K^m$ entsprechenden Strahlen aus $P_x$ durch die den Kegelschnitten entsprechenden Punkte $m$ auf $M$, also auch z. B. die den Kegelschnitten $K^\varepsilon$, $K^\zeta$, $K^\eta$, $K^\vartheta$, $K^\iota$, welche, wie wir oben sahen, resp. durch die Punkte $\varepsilon$, $\zeta$, $\eta$, $\vartheta$, $\iota$ selbst gehen, entsprechenden Strahlen aus $P_x$ gehen durch $\varepsilon$, $\zeta$, $\eta$, $\vartheta$, $\iota$ und begegnen dort diesen Kegelschnitten. Die durch das Strahlbüschel $P_x$ und das Kegelschnittbüschel $(\alpha\ \beta\ \gamma\ \delta)$ erzeugte cubische Curve $C^3_x$ geht somit durch $\alpha$, $\beta$, $\gamma$, $\delta$, die Grundpunkte des erzeugenden Kegelschnittbüschels, durch $\varepsilon, \zeta, \eta, \vartheta, \iota$, weil in diesen Punkten entsprechende Elemente der beiden erzeugenden Büschel einander durchschneiden, und durch $P_x$, den Grundpunkt des erzeugenden Strahlbüschels. Bewegt man demnach $P_x$ auf $M$ herum, so erhält man das ganze Büschel cubischer Curven, welche durch die 9 Schnittpunkte $\alpha$, $\beta$, $\gamma$, $\delta$, $\varepsilon$, $\zeta$, $\eta$, $\vartheta$, $\iota$ der beiden vorgelegten cubischen Curven $C^3_1$ und $C^3_2$ gehen. Man ersieht, dass man sich bei dieser Construction gar nicht um die Realität der 5 Punkte $\varepsilon$, $\zeta$, $\eta$, $\vartheta$, $\iota$ zu kümmern braucht. Den Punkt $P_x$, welcher der Curve $C^3_x$ zugehört, die durch einen gegebenen reellen Punkt $x$ geht, findet man sehr leicht. Dem (reellen) Kegelschnitte $(\alpha\ \beta\ \gamma\ \delta\ x)$ entspreche der (reelle) Punkt $m_x$, die reelle Gerade $m_x x$ trifft $M$ zum zweiten Male in dem reellen Punkte $P_x$. Dieser Punkt $P_x$ liefert die reelle Curve $C^3_x$. Also:

Durch jeden reellen Punkt in der Ebene zweier

reellen cubischen Curven geht eine reelle cubische Curve, die die 9 Schnittpunkte jener enthält.

Wir wollen nun die cubische Involution betrachten, welche durch das eben erhaltene cubische Büschel auf einer reellen Geraden $G$ hervorgerufen wird. Zu dem Ende wählen wir den Kegelschnitt $M$ zu dem beliebigen Kegelschnitt $S$, dessen wir uns im Anfang von Nr. 84 bedienten. Da das erzeugende Kegelschnittbüschel für alle Curven unseres cubischen Büschels dasselbe ist, so ändert sich die (quadratische) Involution auf $G$ nicht von Curve zu Curve, folglich auch nicht das Strahlbüschel $Q$, da wir ja denselben Punkt $O$ auf $M$ für alle Curven benutzen können. Von Curve zu Curve ändert sich aber das Strahlbüschel $B_x$ $(a)$ mit dem Grundpunkte $P_x$, natürlich also auch das ihm perspectivische Strahlbüschel um $O$ in Betreff seiner Projectivität zu $(\alpha\ \beta\ \gamma\ \delta)$ und zum Strahlbüschel $Q$, wenn auch der Grundpunkt $O$ stets derselbe bleibt; folglich ändert sich auch der Kegelschnitt $\Sigma_x$. Alle diese Kegelschnitte $\Sigma_x$ gehen durch $O$ und durch $Q$, aber noch durch zwei andere Punkte $Q_1$ und $Q_2$. Wenn nämlich $m_1$ und $m_2$ die beiden Punkte sind, in denen der Kegelschnitt $M$ die Gerade $G$ trifft, und $K^{m_1}$ und $K^{m_2}$ die ihnen entsprechenden Kegelschnitte aus $(\alpha\ \beta\ \gamma\ \delta)$, denen wieder im Büschel $Q$ die Strahlen $t^{m_1}$ und $t^{m_2}$ entsprechen, so gehen auch die den Kegelschnitten $K^{m_1}$ und $K^{m_2}$ entsprechenden Strahlen $a_x{}^{m_1}$ und $a_x{}^{m_2}$ in den verschiedenen Büscheln $B_x$ $(a)$, deren Grundpunkte $P_x$ alle auf $M$ liegen, alle durch die beiden Punkte $m_1$ und $m_2$ auf $G$, so dass, da $G$ perspectivischer Durchschnitt für das Büschel um $O$ und die Büschel $B_x$ $(a)$ ist, den Strahlen $a_x{}^{m_1}$ und $a_x{}^{m_2}$ stets dieselben beiden Strahlen $Om_1$ und $Om_2$ entsprechen. Also in allen den verschiedenen Beziehungen, die zwischen den Büscheln $O$ und $Q$ hergestellt werden, entsprechen den beiden Strahlen $t^{m_1}$ und $t^{m_2}$ von $Q$ die Strahlen $Om_1$ und $Om_2$ von $O$, so dass alle Kegelschnitte $\Sigma_x$ ausser den Punkten $O$ und $Q$ noch die Punkte $Q_1 = (t^{m_1}, Om_1)$ und $Q_2 = (t^{m_2}, Om_2)$ gemein haben, demnach ein Büschel bilden. Durch die Projection der 3 übrigen Schnittpunkte, welche jeder Kegelschnitt $\Sigma_x$ mit $M$ ausser $O$ gemein hat, auf die Gerade $G$ erhalten wir auf derselben die Punktgruppen der cubischen Involution, in welcher sie durch das cubische Curvenbüschel getroffen wird.

Nehmen wir nun an, die Gerade $G$ gehe durch einen der

9 Grundpunkte des cubischen Büschels, $v$, so haben sämmtliche Punktgruppen der cubischen Involution einen Punkt gemein; es müssen also sämmtliche Kegelschnitte $\Sigma_x$ den Kegelschnitt $M$ ausser schon in $O$ noch in einem zweiten Punkte, $w$, gemeinschaftlich treffen, oder noch einer der 4 Grundpunkte des Büschels $\Sigma_x$ muss auf $M$ liegen. Ist $v$ einer der 4 Punkte $\alpha, \beta, \gamma, \delta$, z. B. $\alpha$, so haben alle Punktenpaare der quadratischen Involution, welche das Kegelschnittbüschel ($\alpha\ \beta\ \gamma\ \delta$) auf $G$ veranlasst, den Punkt $\alpha$ gemein, so dass auch alle Punktenpaare der krummen Involution auf $M$ den Punkt a gemein haben, in dem $O\alpha$ den Kegelschnitt $M$ zum zweiten Male trifft. Mithin fällt der Punkt $Q$ in diesen Punkt a, so dass ersichtlich ist, dass ein zweiter Grundpunkt des Büschels $\Sigma_x$ auf $M$ liegt. Ist aber $v$ einer der 5 Punkte $\varepsilon, \zeta, \eta, \vartheta, \iota$, z. B. $\varepsilon$, so liegt er selbst auf $M$, fällt also mit $w$, der seine Projection von $O$ auf $M$ sein soll, zusammen, ist selbst ein Grundpunkt des Büschels $\Sigma_x$ und je einer der 4 Punkte, in denen $M$ durch die Kegelschnitte $\Sigma_x$ getroffen wird. Es sei nun $\varepsilon$ ein imaginärer Punkt und $C$ die einzige reelle Gerade $R$, die durch ihn geht und in unserer reellen Ebene liegen muss. $\varepsilon$ ist ein imaginärer Schnittpunkt des reellen Kegelschnitts $M$ und jedes der reellen Kegelschnitte $\Sigma_x$, folglich muss $R$ noch durch einen zweiten und zwar auch imaginären Schnittpunkt von $M$ und $\Sigma_x$ gehen. $R$ trifft aber $M$ ausser in $\varepsilon$ doch nur noch in einem einzigen und zwar imaginären Punkte $u$: also muss dieser Punkt ein Schnittpunkt von $M$ mit jedem der Kegelschnitte $\Sigma_x$ sein; mithin gehen alle Kegelschnitte $\Sigma_x$ durch $u$, welcher Punkt demnach ein Grundpunkt ihres Büschels ist. Folglich sind von den 3 Schnittpunkten, welche die Kegelschnitte $\Sigma_x$ ausser $O$ mit $M$ besitzen, zwei und zwar zwei imaginäre, $\varepsilon$ und $u$, für alle $\Sigma_x$ dieselben; mithin haben alle Punktgruppen der cubischen Involution auf $R$ zwei Punkte gemein, $\varepsilon$ und $u$, denn diese sind ja ihre eignen Projectionen von $O$ auf $R$, demnach geht die Gerade $R$ durch zwei Grundpunkte des cubischen Büschels und zwar zwei imaginäre $\varepsilon$ und $u$. Der Punkt $u$, da er dem Kegelschnitte $M$ angehört, muss somit einer der 4 Punkte $\zeta, \eta, \vartheta, \iota$ sein.

Demgemäss haben wir das Resultat erhalten:

Haben zwei reelle cubischen Curven derselben Ebene 4 reelle Punkte gemein, so geht die reelle Gerade, welche durch einen imaginären ihrer 5 übrigen Schnittpunkte geht, auch noch durch einen zweiten und zwar auch imaginären dieser Schnittpunkte. Und da durch keinen imaginären Punkt zwei reelle Geraden gehen, ergiebt sich, dass unter diesen 5 übrigen Schnittpunkten die imaginären stets paarweise vorkommen und je zwei eines Paars durch eine reelle Gerade verbunden sind. Also giebt es 3 Fälle:

1) alle 5 Punkte reell; 2) 2 conjugirt imaginär $\varepsilon, \zeta$ (also die Gerade $\varepsilon\,\zeta$ reell und 3 reell, $\eta$, $\vartheta$, $\iota$; 3) zwei Paare conjugirter imaginären Punkte $\varepsilon\,\zeta$, $\eta\,\vartheta$ (die Geraden $\varepsilon\,\zeta$, $\eta\,\vartheta$ reell) und ein reeller Punkt $\iota$. Also mindestens einer von den 5 Punkten ist reell.

Ein reeller Kegelschnitt $C^2$ habe mit einer reellen cubischen Curve $C^3$ seiner Ebene 2 reelle Punkte $\alpha$, $\beta$ gemein; die übrigen Schnittpunkte seien $\varepsilon$, $\zeta$, $\eta$, $\vartheta$.

Wir vervollständigen den Kegelschnitt $C^2$ zu einer reellen cubischen Curve durch eine reelle Gerade $L$ und zwar eine solche, welche zwei reelle Punkte $\gamma$, $\delta$ der Curve $C^3$ verbindet. $L$ trifft $C^3$ zum dritten Male auch in einem reellen Punkte $\iota$. Die beiden Curven $C^3$ und $(C^2, L)$ haben 4 reelle Punkte $\alpha$, $\beta$, $\gamma$, $\delta$ gemein; einer der 5 übrigen ist gewiss reell, nämlich $\iota$. Also unter den 4 übrigen, welche blos $C^3$ und $C^2$ gemein sind, kommen die imaginären paarweise und conjugirt vor. Demnach: Haben ein reeller Kegelschnitt und eine reelle cubische Curve derselben Ebene zwei reelle Punkte gemein, so kommen unter den 4 übrigen ihnen gemeinsamen Punkten die imaginären paarweise vor und je zwei eines Paars gehören derselben reellen Geraden an.

87. Wir lassen nun aber die Bedingung, dass von vornherein bekannt sei, dass der reelle Kegelschnitt $C^2$ und die reelle cubische Curve $C^3$ zwei reelle Schnittpunkte haben, fallen. Es sei $V$ ein reeller Punkt ausserhalb der Ebene $E$ der Curven $C^2$ und $C^3$; er erzeugt mit $C^2$ einen Kegel 2. Ordnung $K^2$, mit $C^3$ einen 3. Ordnung $K^3$. Durch zwei reelle Kanten $\mathfrak{k}'$ und $\mathfrak{k}''$ von $K^3$ werde eine reelle Fläche 2. Ordnung $S^2$ gelegt, die also natürlich der Gattung derer mit reellen Geraden angehört. $S^2$ geht durch $V$ und wird mithin von jeder Kante jedes der beiden

Kegel in einem reellen Punkte zum zweiten Male getroffen, wenn sie reell ist, und in einem imaginären, wenn sie punktirt ist. Alle Kanten von $K^2$ und $K^3$ sind ja reell oder punktirt, da sie alle durch den reellen Scheitel $V$ gehen. Die von $V$ nach einem Schnittpunkte der beiden Curven $C^2$ und $C^3$ gehende Gerade ist Kante beider Kegel und geht mithin durch einen Punkt, in dem sich die 3 Flächen $K^2$, $K^3$, $S^2$ treffen. $V$ ist auf $K^3$ ein dreifacher, auf $K^2$ ein zweifacher und auf $S^2$ ein einfacher Punkt, folglich concentriren sich in ihm $3.2.1=6$ von den 12 Schnittpunkten dieser 3 Flächen, die übrigen 6 ergeben von $V$ auf $E$ projicirt die 6 Schnittpunkte der beiden Curven $C^3$ und $C^2$. Diese 6 übrigen Schnittpunkte der 3 Flächen seien $a$, $b$, $c$, $d$, $e$, $f$, die der Curven, die Projectionen jener, $\alpha$, $\beta$, $\gamma$, $\delta$, $\varepsilon$, $\varphi$. Ist $a$ reell, so ist auch $Va$ reell, also auch ihr Schnittpunkt $\alpha$ mit $E$. Umgekehrt ist $\alpha$ reell, so ist auch $V\alpha$ reell, demnach auch der zweite Punkt $a$, in dem $V\alpha$ die Fläche $S^2$ trifft. Mithin entspricht die Realität und Imaginarietät der 6 Punkte $\alpha$, $\beta$, $\gamma$, $\delta$, $\varepsilon$, $\varphi$ ganz der der Punkte $a$, $b$, $c$, $d$, $e$, $f$.

Es sei nun $\alpha$, also auch $a$ imaginär; die reelle Gerade durch $a$ sei $R$ und $T$ sei eine reelle durch $R$ gelegte Ebene, die nicht gerade durch $V$ geht. Diese Ebene schneidet die beiden Kegel $K^3$ und $K^2$ in reellen Curven $\mathfrak{f}^3$ und $\mathfrak{f}^2$, was unmittelbar einleuchtet, da $K^3$ und $K^2$ unzählig viele reellen Geraden besitzen; aus demselben Grunde schneidet $T$ auch aus $S^2$ einen reellen Kegelschnitt $g^2$ aus. Da $a$ ein Schnittpunkt von $K^3$, $K^2$, $S^2$ ist, so ist er auch Schnittpunkt von $\mathfrak{f}^3$ und $g^2$ und ebenso von $\mathfrak{f}^2$ und $g^2$. Die einzige reelle Gerade, welche durch den imaginären Schnittpunkt $a$ der beiden reellen Kegelschnitte $\mathfrak{f}^2$ und $g^2$ geht, geht auch noch durch einen zweiten und zwar imaginären Schnittpunkt dieser Curven. Die beiden Curven $\mathfrak{f}^3$ und $g^2$ haben zwei reelle Punkte gemein, nämlich die Schnittpunkte von $T$ mit den reellen Kanten $\mathfrak{k}'$ und $\mathfrak{k}''$, welche auf $K^3$ und $S^2$ liegen. Folglich muss die reelle Gerade $R$, die durch den imaginären Schnittpunkt $a$ der beiden reellen Curven $\mathfrak{f}^3$ und $g^2$ geht, noch durch einen zweiten und zwar imaginären Schnittpunkt dieser Curven gehen. Dieser zweite Schnittpunkt kann hier wie oben kein anderer Punkt sein, als der zweite Punkt, in dem $R$ dem Kegelschnitte $g^2$ begegnet. Also durch den Punkt, in dem $R$ den Kegelschnitt $g^2$ zum zweiten Male trifft — und das ist nothwendig ein imaginärer — gehen auch $\mathfrak{f}^2$ und $\mathfrak{f}^3$; mithin geht $R$ ausser durch $a$ noch durch einen zweiten und zwar imaginären Schnittpunkt von $K^3$, $K^2$, $S^2$. Unter den 6 Punkten also, welche diesen 3 Flächen ausser $V$ gemein sind, finden sich die imaginären stets paarweise und die beiden eines Paars sind conjugirt. Sind $a$ und $b$ imaginär, so sind es auch $\alpha$ und $\beta$; sind $a$ und $b$ conjugirt, so ist $ab$ reell, also auch die Ebene $(V, ab)$ reell, mithin auch ihre Schnittgerade $\alpha\beta$ mit $E$. Also: Unter den 6 Schnitpunkten einer reellen cubischen Curve und eines reellen Kegelschnitts, die in derselben Ebene liegen, kommen die imaginären stets paarweise vor und je zwei eines Paars sind conjugirt.

Es sind mithin hier 4 Fälle möglich.

Zwei conjugirte imaginären unter diesen 6 Punkten sind Schnittpunkte einer reellen Geraden mit dem Kegelschnitte $C^2$; sie können also nur in einen reellen Punkt zusammenfallen. Berühren also eine reelle cubische Curve und ein reeller Kegelschnitt, welche 4 reelle oder 2 reelle und 2 conjugirte imaginären oder 2 Paare conjugirter imaginären Punkte gemein haben, einander, so kann das nur in einem reellen Punkte geschehen.

Es seien nun endlich zwei in derselben Ebene $E$ liegende reelle cubischen Curven $C^3_1$ und $C^3_2$ unserer Betrachtung unterzogen und zwar so, dass wir über die Realität keines ihrer 9 Schnittpunkte etwas von vornherein wissen. Ein reeller Punkt $V$ ausserhalb $E$ erzeugt mit $C^3_1$ und $C^3_2$ zwei reelle Kegel 3. Ordnung $K^3_1$ und $K^3_2$. Durch ihre gemeinschaftliche Spitze werde eine reelle mit reellen Geraden behaftete Fläche 2. Ordnung $S^2$ gelegt. Die 3 Flächen haben ausser $V$, in dem sich 9 Schnittpunkte concentriren, noch 9 gemein, deren Projectionen von $V$ auf $E$ ersichtlich die 9 Schnittpunkte der beiden cubischen Curven sind, und diese letzteren werden wieder in derselben Weise reell oder imaginär sein, wie die ersteren. Ist nun $\alpha$ ein imaginärer Schnittpunkt von $C^3_1$ und $C^3_2$, so ist der Punkt $a$, der von $V$ in $\alpha$ projicirt wird, ein imaginärer Schnittpunkt von $K^3_1$, $K^3_2$, $S^2$. $R$ sei die durch $a$ gehende reelle Gerade und $T$ wieder eine durch $R$ gelegte reelle Ebene, welche nicht gerade durch $V$ geht und demnach aus den 3 Flächen 3 reelle Curven $\mathfrak{f}^3_1$, $\mathfrak{f}^3_2$, $g^2$ ausschneidet. $a$ ist ein imaginärer Schnittpunkt von

$\mathfrak{f}^3_1$ und $g^2$, ebenso von $\mathfrak{f}^3_2$ und $g^2$, mithin muss $R$ noch durch einen zweiten und zwar auch imaginären Schnittpunkt sowohl von $\mathfrak{f}^3_1$ und $g^2$, als von $\mathfrak{f}^3_2$ und $g^2$ gehen; also durch den zweiten (imaginären) Punkt, in dem $R$ den Kegelschnitt $g^2$ trifft, gehen auch $\mathfrak{f}^3_1$ und $\mathfrak{f}^3_2$, demnach trifft $R$ dort auch die 3 Flächen $K^3_1$, $K^3_2$ $S^2$ zugleich. Wir schliessen, dass die 9 Schnittpunkte der 3 Flächen und demnach auch die 9 Schnittpunkte der beiden cubischen Curven nur paarweise imaginär sind und je zwei eines Paars conjugirt.

Es sind mithin 5 Fälle möglich. Einer der 9 Schnittpunkte muss also mindestens reell sein.

88. Aus den im Vorhergehenden erhaltenen Sätzen ziehen wir nun noch einige Corollare:

Die Raumcurve 6. Ordnung, in der eine reelle Fläche 2. Ordnung und eine reelle Fläche 3. Ordnung einander begegnen, wird von jeder reellen Ebene in 6 Punkten getroffen, unter denen die imaginären paarweise conjugirt vorkommen. Das ist unmittelbar klar, wenn die Ebene die Fläche 3. Ordnung in einer ungetheilten Curve 3. Ordnung schneidet — denn diese ist dann stets reell — und der Fläche 2. Ordnung in einem reellen Kegelschnitte begegnet. Die Ebene treffe noch die Fläche 3. Ordnung in einer ungetheilten, also reellen cubischen Curve, aber die Fläche 2. Ordnung in einem imaginären Kegelschnitte. Die Schnittpunkte der Ebene mit der Raumcurve 6. Ordnung sind die der reellen cubischen Curve und des imaginären Kegelschnitts, also alle imaginär. Es sei $\alpha$ einer von ihnen; $R$ sei die reelle Gerade, die durch ihn geht, welche nothwendig in der reellen Transversalebene $E$ liegt. Man lege durch $R$ eine reelle Ebene $E'$, welche die Fläche $F^2$ in einem reellen Kegelschnitte $C^2$ schneidet, was unbedingt möglich ist; diese schneidet auch $F^3$ in einer reellen cubischen Curve $C^3$. Der Punkt $\alpha$ ist ein imaginärer Schnittpunkt von $C^2$ und $C^3$, mithin geht $R$ noch durch einen zweiten imaginären Schnittpunkt von $C^2$ und $C^3$, d. i. einen zweiten imaginären Punkt, in dem $E'$ die Raumcurve 6. Ordnung trifft; der muss aber, da $R$ auch in $E$ liegt, einer der 5 übrigen Punkte sein, in denen $E$ dieser Raumcurve begegnet. Also sieht man, dass auch in diesem Falle je zwei von den 6 imaginären Schnittpunkten der reellen Ebene mit der Raumcurve auf einer reellen Geraden liegen. Der Fall, wo sich die Schnittcurve der reellen Ebene mit der cubischen Fläche in eine reelle Gerade und einen imaginären Kegelschnitt, speciell ein punktirtes Geradenpaar auflöst, kann leicht einer ähnlichen Behandlung unterworfen werden.

Die Raumcurve 9. Ordnung, in der zwei reelle cubischen Flächen einander durchdringen, wird von jeder reellen Ebene in 9 Punkten getroffen, unter denen die imaginären paarweise conjugirt sich vorfinden. Der Fall, in dem die reelle Ebene die eine cubische Fläche in einer reellen Geraden und einem imaginären Kegelschnitte schneidet, erledigt sich auch hier durch eine der vorigen ähnliche Betrachtung. Sobald die Durchdringungscurve sich nicht in Partialcurven zerspaltet, muss sie, da sie von jeder reellen Ebene mindestens in einem reellen Punkte getroffen wird, ganz reell sein. Folgerungen in Bezug auf die im vorigen Kapitel betrachteten Partialcurven, in die sich die vollständige Durchdringungscurve zweier reellen cubischen Flächen zertheilen kann, sind nun sehr leicht zu machen und werden hier, da sie für das Folgende nicht nöthig sind, nicht ausführlich aufgeführt.

Zwei reelle Kegel 2. Ordnung oder ein reeller Kegel 2. Ordnung und ein reeller 3. Ordnung oder zwei reelle Kegel 3. Ordnung, welche denselben Scheitel haben, durchschneiden sich resp. in 4, 6, 9 Kanten, unter denen die imaginären paarweise conjugirt sind, d. h. derselben reellen Ebene angehören. Für den Fall zweier reellen Kegel 3. Ordnung heben wir noch als Folge des Satzes am Ende von Nr. 84 hervor:

Die durch zwei nicht conjugirte imaginären der 9 zweien reellen Kegeln 3. Ordnung gemeinschaftlichen Kanten gelegte (imaginäre) Ebene schneidet die Ebene, welche durch die den beiden Kanten conjugirten Kanten gelegt ist, in einer reellen Geraden.

Ebenso: Zwei reelle Flächen 2. Ordnung und eine reelle Fläche 3. Ordnung oder eine reelle Fläche 2. Ordnung und zwei reelle Flächen 3. Ordnung begegnen einander in 12 resp. 18 Punkten, unter denen die imaginären paarweise conjugirt vorkommen. Oder auch: **Die Durchschnittscurve zweier reellen Flächen 2. Ordnung begegnet einer reellen Fläche 3. Ordnung, oder die Durchschnittscurve einer reellen Fläche 2. Ordnung und einer reellen Fläche 3. Ordnung begegnet einer reellen Fläche 2. oder 3. Ordnung, oder endlich die Durchschnittscurve zweier reellen Flächen 3. Ordnung begegnet einer reellen Fläche 2. Ordnung in 12 resp. 18 Punkten, unter denen die imaginären paarweise conjugirt sich finden.**

Es seien $F^3_1$, $F^3_2$, $F^3_3$ drei reelle Flächen 3. Ordnung, die einander in 27 Punkten begegnen. Es sei $\alpha$ ein imaginärer von diesen 27 Punkten, $R$ die durch ihn gehende reelle Gerade, $T$ eine durch $R$ gelegte reelle Ebene, welche die 3 Flächen in den drei reellen Curven $\mathfrak{f}^3_1$, $\mathfrak{f}^3_2$, $\mathfrak{f}^3_3$ schneidet. Der Punkt $\alpha$ ist ein imaginärer Schnittpunkt von $\mathfrak{f}^3_1$ und $\mathfrak{f}^3_2$, ebenso von $\mathfrak{f}^3_1$ und $\mathfrak{f}^3_3$, also geht $R$ noch durch einen zweiten imaginären Schnittpunkt sowohl von $\mathfrak{f}^3_1$ und $\mathfrak{f}^3_2$, als von $\mathfrak{f}^3_1$ und $\mathfrak{f}^3_3$. Das muss in den beiden Fällen der zweite imaginäre Schnittpunkt von $R$ mit $\mathfrak{f}^3_1$ sein; der dritte ist reell. Also durch den Punkt, wo $R$ ausser in $\alpha$ die Curve $\mathfrak{f}^3_1$ zum zweiten Male imaginär trifft, gehen auch $\mathfrak{f}^3_2$ und $\mathfrak{f}^3_3$, d. h. die 3 Flächen gehen durch diesen imaginären Punkt. Folglich **befinden sich auch unter den 27 drei reellen Flächen 3. Ordnung gemeinsamen Punkten oder unter den 27 Punkten, in denen die Durchdringungscurve zweier reellen cubischen Flächen eine dritte solche Fläche trifft, die imaginären paarweise conjugirt.**

Alle diese Sätzen haben natürlich ihre reciproken Sätze, deren hier nur zwei erwähnt werden mögen.

**Zwei reelle Kegelschnitte haben 4 Tangenten gemein; unter ihnen kommen imaginäre paarweise vor, und je zwei eines Paars sind conjugirt, d. h. treffen sich in einem reellen Punkte.**

**Unter den 9 zweien reellen Kegeln 3. Klasse mit demselben Scheitel gemeinsamen Berührungsebenen kommen die imaginären paarweise vor; je zwei eines Paars (conjugirte) treffen sich in einer reellen Geraden. Je zwei nicht conjugirte imaginären dieser Berührungsebenen durchschneiden sich in einer ima-**

ginären Geraden, welche mit der Durchschnittsgeraden der beiden conjugirten Berührungsebenen in derselben reellen Ebene liegt.

89. Im Vorhergehenden sind auf eine mehr geometrische Weise die Sätze aus der Theorie der imaginären geometrischen Gebilde, welche bei den Betrachtungen der beiden nächsten Kapitel über die Geraden der cubischen Flächen erforderlich sind, entwickelt worden bis auf einen. Die Sätze, deren synthetischer Beweis gegeben worden ist, haben unter sich einen engeren Zusammenhang und beziehen sich nur auf Gebilde zweiter und dritter Ordnung resp. Klasse. Der eine aber, dessen wir bald bedürfen werden, steht weit ab von allen diesen Sätzen, da er es mit einer Curve 8. Ordnung zu thun hat. Er lautet nämlich: Ein reeller Kegelschnitt und eine reelle Curve 8. Ordnung derselben Ebene schneiden sich in 16 Punkten, unter denen die imaginären paarweise conjugirt sich finden. Es ist ersichtlich, dass man zu den Curven 8. Ordnung synthetisch nur stufenweise durch die niedrigeren Curven hindurch aufsteigen wird können; der Weg wird also noch ziemlich lang sein. Wäre es mir gelungen, ihn schon vollständig durchmessen zu haben, so würde doch jedenfalls dieses Hilfskapitel der einleitenden Sätze aus der Theorie der imaginären Gebilde zu einer ungebührlichen Länge anwachsen; es hat jetzt vielleicht schon einen etwas zu grossen Umfang erreicht, da ich der Vollständigkeit halber Manches mit aufgenommen habe, was für die Untersuchungen über die cubischen Flächen nicht unmittelbar nothwendig ist. Aber diesen weiten Weg bis zu den Curven 8. Ordnung zurückzulegen, ist mir noch nicht gelungen, was wohl auch daran liegt, dass über die ebenen Curven, welche über die 4. Ordnung hinausgehen, bis jetzt, so viel mir bekannt ist, noch keine ausführlichen synthetischen Untersuchungen angestellt worden sind. Da muss ich wieder die Hilfe der analytischen Geometrie beanspruchen, durch die der Satz evident ist.

# Siebentes Kapitel.

## Untersuchung der Realität der 27 Geraden einer reellen cubischen Fläche und Eintheilung der reellen cubischen Flächen in Gattungen.

90. Wir nehmen diese Untersuchungen zuerst bei der zweiten Steinerschen Erzeugungsweise der cubischen Flächen vor, bei der eine solche Fläche $F^3$ durch die Kegelschnitte $S$ gebildet wird, in denen die entsprechenden Elemente eines Ebenenbüschels $B(E)$ mit der Axe $A$ und eines ihm projectivischen Flächenbüschels 2. Ordnung $B(F^2)$ mit der Grundcurve $R^4$ einander durchdringen. Soll $F^3$ reell sein, so ist zuerst erforderlich, dass die beiden erzeugenden Büschel $B(E)$ und $B(F^2)$ reell seien, d. h. eine einfach unendliche Anzahl reeller Ebenen resp. Flächen 2. Ordnung enthalten. Dazu ist freilich nothwendig, dass die Axe $A$ des Ebenenbüschels reell sei; nicht so aber, dass die Grundcurve $R^4$ des Flächenbüschels $B(F^2)$ es auch sei, denn zwei reelle Flächen 2. Ordnung können sich in einer vollständig imaginären Raumcurve 4. Ordnung durchschneiden, immerhin constituiren sie ein reelles Flächenbüschel, da mit Hilfe der Involution durch jeden reellen Punkt eine reelle Fläche 2. Ordnung gelegt werden kann, welche die Schnittcurve der beiden constituirenden Flächen enthält, also zu dem durch diese constituirten Büschel gehört. Bei einer imaginären Grundcurve kann ein reeller Punkt, wie wir früher sahen, auch Scheitel eines sonst imaginären zum Büschel gehörigen Kegels sein. Solcher Kegel kann es in einem reellen Büschel mit imaginärer Grundcurve höchstens 2 geben, also, mit Ausnahme von höchstens 2 reellen Punkten, geht durch jeden reellen Punkt des Raumes eine reelle Fläche des Büschels.

Aber dass die beiden erzeugenden Büschel reell sind, genügt noch nicht, um eine reelle cubische Fläche herzustellen; auch die projectivische Beziehung zwischen ihnen muss reell sein. Eine solche reelle projectivische Beziehung bewirken wir in folgender Weise: Wir construiren die Polarebenen $\Pi$ eines reellen Punktes $P$ in Bezug auf die einzelnen Flächen des Büschels $B(F^2)$, welche ein Ebenenbüschel $B(\Pi)$ um die conjugirte Polare $\pi$ von $P$ bilden. Die Polarebene des reellen Punktes $P$ in Bezug auf eine reelle Fläche $F^2$ ist reell, denn sie enthält unzweifelhaft unendlich viele reellen Punkte, nämlich die vierten harmonischen zu 3 reellen Punkten auf allen von $P$ ausgehenden Strahlen, welche $F^2$ reell treffen; also da in $B(F^2)$ unendlich viele reellen Flächen sich befinden, so enthält $B(\Pi)$ unendlich viele reellen Ebenen, ist mithin reell (also auch $\pi$ reell). Hingegen in Betreff der Polarebenen des reellen Punktes $P$ in Bezug auf die imaginären Flächen von $B(F^2)$ müssen wir wieder die beiden Fälle unterscheiden, ob die Grundcurve $R^4$ von $B(F^2)$ reell oder imaginär ist. Ist $R^4$ reell, so hat der Punkt $P$ in Bezug auf jede imaginäre Fläche des Büschels eine imaginäre Polarebene, oder, anders ausgesprochen, jede reelle Ebene $\Pi'$ des Büschels $B(\Pi)$ ist Polarebene von $P$ in Bezug auf eine reelle Fläche $F'$. Es sei $r_1$ ein reeller Punkt auf $R^4$, $p$ der Punkt, in dem $Pr_1$ die Ebene $\Pi'$ trifft, so ist der Punkt $r_2$, der auf dieser Geraden der vierte harmonische zu den 3 reellen Punkten $Pp$; $r_1$ ist, reell und der zweite Punkt, in dem $Pr_1$ die Fläche $F'$ trifft, so dass diese Fläche ausser den reellen Punkten von $R^4$ noch unzählig viele andere reellen Punkte hat, demnach reell ist. Man ersieht, dass ein solcher Beweis nicht geführt werden kann, wenn die Grundcurve $R^4$ des Büschels $B(F^2)$ imaginär ist. In diesem Falle kann es in der That im Büschel imaginäre Flächen 2. Ordnung geben, in Bezug auf welche die Polarebene von $P$ reell ist. Ein solches Beispiel bietet uns schon ein etwa im Büschel sich vorfindender imaginäre Kegel mit reeller Spitze, denn die Polarebene von $P$ in Bezug auf diesen geht durch diese Spitze und ist also bestimmt durch die reelle Gerade $\pi$ und die reelle Spitze, mithin reell. Aber es können sich im Büschel noch andere, allgemeinere imaginären Flächen 2. Ordnung mit keinem einzigen reellen Punkte befinden, welche doch die Eigenschaft besitzen, dass jeder reelle Punkt in Bezug auf sie eine reelle Polarebene hat. Es giebt nämlich zweierlei imaginäre Flächen 2. Ordnung, deren Unterschied wir am besten an ihrer analytischen Gleichung erkennen können. Die einen haben eine vollständig reelle Gleichung, welche nur durch keinen reellen Punkt befriedigt werden kann, z. B.

$$\frac{x^2}{a^2}+\frac{y^2}{b^2}+\frac{z^2}{c^2}=-1,$$

in Bezug auf welche der reelle Punkt $P=(x', y', z')$ die reelle Polarebene

$$\frac{x'x}{a^2}+\frac{y'y}{b^2}+\frac{z'z}{c^2}=-1$$

hat. Diese haben mithin auch einen reellen Mittelpunkt, den Pol der unendlich entfernten Ebene. Eine Fläche von dieser Art ist auch ein imaginärer Kegel mit reeller Spitze. Dieser Kegel hat darum einen reellen Punkt, weil der Mittelpunkt, der bei allen derartigen Flächen reell ist, auf ihm selbst als Spitze liegt. Die analytische Gleichung eines solchen Kegels in Bezug auf seine 3 Hauptaxen, die bei ihm, wie bei diesen Flächen überhaupt reell sind, ist

$$\frac{x^2}{a^2}+\frac{y^2}{b^2}+\frac{z^2}{c^2}=0.$$

Die Gleichung der übrigen imaginären Flächen zerfällt in einen rein reellen und einen mit $i$ multiplicirten reellen Theil, und in Bezug auf eine solche Fläche hat der reelle Punkt $P$ eine imaginäre Polarebene. Da nun die erstere Art imaginärer Flächen mit den reellen Flächen die Eigenschaft theilt, dass jeder reelle Punkt in Bezug auf sie eine reelle Polarebene hat, so schliessen sie sich den reellen Flächen viel enger an, als der zweiten Gattung imaginärer Flächen 2. Ordnung. Wir verstehen von jetzt ab unter imaginärer Fläche 2. Ordnung nur eine Fläche der zweiten Art;*) die der ersteren Art subsumiren wir unter den allgemeineren Begriff der reellen Flächen und benennen sie imaginär-reelle Flächen 2. Ordnung. Die bisher blos „reelle Flächen" genannten Flächen 2. Ordnung müssen genau genommen nun „reell-reelle Flächen 2. Ordnung" heissen. Das ganze

*) Man sehe: F. August, Dissert. inaug. de superficiebus tertii ordinis, Seite 20.

Gebiet der reellen Flächen 2. Ordnung ergiebt sich damit so: 1) die reellen einflächigen Hyperboloide mit dem hyperbolischen Paraboloide als Specialfläche. Die reellen Kegel 2. Ordnung führen über 2) zu den reellen zweiflächigen Hyperboloiden, die noch wie die einflächigen Hyperboloide und die Kegel von der unendlich entfernten Ebene in einem reellen Kegelschnitte durchschnitten werden. Die reellen elliptischen Paraboloide, die der unendlich entfernten Ebene in einem punktirten Geradenpaare begegnen, vermitteln den Uebergang 3) zu den reellen Ellipsoiden, aus denen diese Ebene einen imaginären Kegelschnitt ausschneidet. Von diesen bilden die imaginären Kegel mit reeller Spitze die Uebergangsstufe zu den imaginär-reellen Flächen 2. Ordnung, welche wie die imaginär-reellen Kegel und die reellen Ellipsoide die unendlich entfernte Ebene in einem imaginären Kegelschnitte treffen und deshalb, gleich wie den beiden allgemeinen Flächen, welche die unendlich entfernte Ebene in einem reellen Kegelschnitte durchschneiden, der gemeinsame Name „Hyperboloide" beigelegt worden, auch Ellipsoide und natürlich imaginäre Ellipsoide genannt werden könnten. Eine imaginär-reelle Fläche 2. Ordnung hat als allgemeine Fläche keinen reellen Punkt, als Kegel nur die Spitze reell, sie kann also sich nicht in einem Büschel mit reeller Grundcurve befinden.

Nachdem nun so der Begriff der reellen Flächen 2. Ordnung ausgedehnt worden ist, der dagegen der imaginären Flächen eine Beschränkung erlitten hat, können wir auch bei einem reellen Flächenbüschel 2. Ordnung mit einer imaginären Grundcurve den Satz aufstellen: Die Polarebene $\Pi$ des reellen Punktes $P$ in Bezug auf eine reelle Fläche des Büschels $B(F^2)$ ist reell, die in Bezug auf eine imaginäre imaginär.

Wir stellen nun zwischen den beiden reellen Ebenenbüscheln $B(E)$ und $B(\Pi)$ eine reelle projectivische Beziehung her, indem wir 3 reellen Ebenen $E$ drei reelle Ebenen $\Pi$ entsprechen lassen. Dann entspricht jeder reellen Ebene $E$ eine reelle Ebene $\Pi$ und umgekehrt; der Beweis ist ähnlich, wie der für zwei projectivische Punktreihen. Jeder reellen Ebene $\Pi$ gehört eine reelle Fläche $F^2$ zu, deren Polarebene $\Pi$ ist, und zwar, wenn $R^4$ reell ist, eine reell-reelle Fläche, wenn aber $R^1$ imaginär ist, entweder eine reell-reelle oder eine imaginär-reelle. So ist denn nun auch eine reelle Beziehung zwischen $B(E)$ und $B(F^2)$ hergestellt. Jeder reellen Ebene $E$ entspricht eine reelle Fläche $F^2$, und jeder reellen Fläche $F^2$ eine reelle Ebene $E$.

Alle reell-reellen Flächen $F^2$ mit reellen Geraden werden von ihren entsprechenden reellen Ebenen $E$ in einem reellen Kegelschnitte $S$ geschnitten; aber auch die reell-reellen Flächen ohne reelle Geraden, welche der Axe $A$ des Büschels $B(E)$ reell begegnen, werden so geschnitten. Denn wenn eine derartige Fläche $F_1$, welche die Axe $A$ in den reellen Punkten $a'$, $a''$ trifft, zur entsprechenden Ebene $E_1$ hat, die reell ist, so ist der von $E_1$ aus $F_1$ geschnittene Kegelschnitt $S_1$ offenbar der durch den reellen Punkt $a'$ (oder $a''$) gehende Kegelschnitt des reellen Kegelschnittbüschels, in dem $E_1$ das Flächenbüschel $B(F^2)$ durchschneidet, also reell. Offenbar können noch viele andere reell-reellen Flächen des Büschels ohne reelle Geraden von ihren reellen entsprechenden Ebenen in reellen Kegelschnitten getroffen werden, auch wenn sie nicht $A$ reell schneiden, wenn sich nämlich $E$ zwischen den beiden (reellen) Berührungsebenen befindet, die von $A$ dann an eine solche Fläche gehen. Jedenfalls werden unendlich viele reellen Flächen des Büschels $B(F^2)$ von ihren entsprechenden Ebenen reell durchschnitten, unendlich viele der die cubische Fläche erzeugenden Kegelschnitte sind reell, mithin ist die cubische Fläche selbst reell.

Im Allgemeinen haben die Punktenpaare der Involution, welche auf $A$ durch $B(F^2)$ hervorgerufen wird, keinen Punkt gemein, $A$ trifft nicht $R^1$. Demnach geht durch jeden Punkt von $A$ nur eine Fläche aus $B(F^2)$ und zwar im Allgemeinen durch einen reellen eine reell-reelle Fläche, der eine reelle Ebene des Büschels $B(E)$ entspricht. Folglich kann eine imaginäre durch $A$ gehende Ebene ihre entsprechende Fläche, welche ja auch imaginär ist, nicht in einem Kegelschnitte schneiden, der einen oder gar zwei reelle Punkte auf $A$ hat; ausserhalb $A$ kann er natürlich keinen haben, weil sonst die Ebene reell würde. Mithin durchschneidet jede durch $A$ gehende imaginäre Ebene die cubische Fläche $F^3$ noch in einem ganz imaginären Kegelschnitte, der mithin auch nur in zwei ganz imaginäre Geraden zerfallen kann.

91. Die 5 Geradenpaare $a'a''$, $b'b''$, $c'c''$, $d'd''$, $e'e''$, deren Ebenen durch die Gerade $A$ gehen oder welche „der Geraden $A$ anhängen", sind die Schnitte von Flächen aus $B(F^2)$ und ihren entsprechenden Ebenen aus $B(E)$, welche durch 5 gewisse von den 12 Schnittpunkten der drei Flächen $S^3$, $H_1$, $H_2$ gehen. Die 5 Punkte sind die Mittelpunkte der Geradenpaare. Die 3 genannten Flächen sind reell. Die Fläche $S^3$ ist das Erzeugniss der Durchschnitte der Flächen von $B(F^2)$ durch die Polarebenen des reellen Punktes $m$ auf $A$ in Bezug auf sie, welche um die conjugirte Polare $\pi$ von $m$ in Bezug auf $B(F^2)$ ein Ebenenbüschel $B(\Pi)$ bilden, das nach dem Vorhergehenden in reeller projectivischen Beziehung zu $B(F^2)$ steht. Also ist $S^3$ reell. Das Polarhyperboloid $H_1$ der reellen Geraden $A$ in Bezug auf das Büschel $B(F^2)$ ist reell, da es gebildet wird durch die reciproken Polaren der Geraden $A$ in Bezug auf die Flächen des Büschels, welche für die reellen Flächen des Büschels (auch die etwaigen imaginär-reellen) reell sind. Aehnlich wie $B(\Pi)$ steht auch das Büschel $B(\Pi')$ der Polarebenen des reellen Punktes $m'$ auf $A$ in Bezug auf die Flächen von $B(F^2)$, dessen Axe $\pi'$ reell ist, in reeller projectivischer Beziehung zu $B(F^2)$ und damit auch zu $B(E)$; es entspricht jeder reellen Ebene $E$ eine reelle Ebene $\Pi'$ und umgekehrt, denn alle reellen Punkte haben auch in Bezug auf die etwaigen imaginär-reellen Flächen $F^2$ eine reelle Polarebene, mithin hat $H_2$, welches das Erzeugniss der beiden Büschel $B(E)$ und $B(\Pi')$ ist, eine unendliche Anzahl reeller Geraden, ist demnach reell.

Da also $S^3$, $H_1$ und $H_2$ reell sind, so kommen unter ihren 12 Schnittpunkten die imaginären paarweise conjugirt vor. Die 7 von ihnen, welche nicht die Geradenpaare liefern, sind so beschaffen, dass jeder imaginäre derselben seinen conjugirten unter ihnen findet. Nämlich 3 von ihnen sind die Schnittpunkte der reellen Geraden $\pi'$ mit der reellen Fläche $S^3$, also entweder alle drei reell oder einer reell und zwei imaginär, und da derselben reellen Geraden angehörig, natürlich conjugirt; weitere 2 von den 7 Punkten sind die Punkte, in denen die reelle Gerade $\pi$ das reelle Hyperboloid $H_2$ trifft, mithin beide entweder reell oder imaginär und dann conjugirt. Endlich die letzten beiden der 7 Punkte sind die Asymptotenpunkte der reellen Involution, welche durch $B(F^2)$ auf $A$ eingeschnitten wird, und diese sind als die Punkte, in welchen sich zwei entsprechende Punkte zweier auf derselben Geraden liegenden reell-projectivischen Punktreihen vereinigt haben, beide entweder reell oder imaginär und dann conjugirt.

Mithin kommen unter den 5 Punkten $\alpha, \beta, \gamma, \delta, \varepsilon$, in welche die Mittelpunkte der 5 an $A$ hängenden Geradenpaare $a'\,a''$, $b'\,b''$, $c'\,c''$, $d'\,d''$, $e'\,e''$ fallen, die imaginären paarweise vor und je zwei eines solchen Paars liegen auf derselben reellen Geraden. Es sei z. B. $\delta$ imaginär und $\varepsilon$ auch imaginär und $\delta$ conjugirt, so ist die Gerade $\delta\varepsilon$ reell. Die Ebene $(\delta, A)$ kann nicht reell sein, denn $\delta\varepsilon$ kann nicht in sie fallen, weil sonst die beiden Geradenpaare $d'\,d''$ und $e'\,e''$ in ihr lägen, aber dann träfe $\delta\varepsilon$ die Ebene $(\delta, A)$ in einem reellen Punkte, was ja $\delta$ nicht ist. Also die imaginären von den 5 Punkten $\alpha, \beta, \gamma, \delta, \varepsilon$ liefern imaginäre Ebenen mit $A$, in denen ganz imaginäre Geradenpaare liegen. Demnach ist die Anzahl der imaginären Geradenpaare, welche auf der cubischen Fläche liegen und an $A$ hängen, gerade. Je zwei haben ihre Mittelpunkte auf derselben reellen Geraden liegen. Sie mögen deshalb conjugirte imaginäre Geradenpaare heissen.

Ist $\alpha$ ein reeller Punkt von den fünf, so ist $a'\,a''$ der Durchschnitt der Ebene $(\alpha, A)$, welche auch reell ist, und der Fläche des Büschels $B(F^2)$, die durch den reellen Punkt $\alpha$ geht und demnach im Allgemeinen eine reell-reelle Fläche ist, oder, bei einer imaginären Grundcurve des Büschels $B(F^2)$, im speciellen Falle auch ein imaginärer Kegel mit der reellen Spitze $\alpha$ sein kann. Die reell-reelle Fläche wird von der reellen Ebene $(\alpha, A)$ in einem Geradenpaare getroffen, also entweder in einem reellen oder in einem punktirten. Der imaginäre Kegel wird von der durch seine reelle Spitze gehenden Ebene $(\alpha, A)$ auch in einem punktirten Geradenpaare durchschnitten. Also die reellen unter den 5 Punkten $\alpha, \beta, \gamma, \delta, \varepsilon$ liefern reelle oder punktirte Geradenpaare. Folglich:

Die reellen und punktirten Geradenpaare, die auf der cubischen Fläche liegen und der Geraden $A$ anhängen, sind zusammen in ungerader Anzahl vorhanden.

92. Es seien $S'$ und $S''$ zwei reelle Kegelschnitte, welche aus $F^3$ von durch $A$ gehenden Ebenen ausgeschnitten werden, und $s'$ und $s''$ je ein reeller Punkt auf jedem derselben, $s'''$ aber der dritte Punkt, in dem die Gerade $s's''$ die cubische Fläche trifft und der mithin reell ist, $S'''$ der Kegelschnitt, in welchem $F^3$ durch die reelle Ebene $(A, s''')$ getroffen wird und welcher als der durch den reellen Punkt $s'''$ gelegte Kegelschnitt des reellen Kegelschnittbüschels, welches durch diese Ebene aus $B(F^2)$ ausgeschnitten wird, reell ist. Die Gerade $s's''s'''$ ist mithin eine reelle Generatrix der Regelfläche 16. Ordnung $\mathfrak{R}^{16}$, welche durch alle die Geraden gebildet wird, die jedem der 3 Kegelschnitte $S'$, $S''$, $S'''$ begegnen. Von dem Punkte $s'$ geht nicht blos eine Generatrix aus, sondern 4, nämlich die 4 gemeinschaftlichen Kanten der beiden reellen Kegel 2. Ordnung, welche $s'$ zur Spitze haben und über den Kegelschnitten $S''$ und $S'''$ stehen; also entweder eine der 3 übrigen oder alle drei sind reell. Es ist nun aber klar, dass von den reellen Nachbarpunkten des Punktes $s'$ auf dem Kegelschnitte $S'$ noch 4 eben solche Generatricen ausgehen, wie von $s'$, und erst bei demjenigen Punkte wird eine Aenderung eintreten, bei welchem die beiden eben beschriebenen Kegel zwei zusammenfallende gemeinschaftlichen Kanten haben, sich berühren. Nehmen wir z. B. an, dass von $s'$ 4 reelle Generatricen ausgehen, so werden sich dem Punkte $s'$ nach beiden Seiten auf dem Kegelschnitte $S'$ eine Reihe von reellen Punkten anschliessen, durch welche ebenfalls 4 reelle Generatricen gehen, dann kommt nach einem Uebergangspunkt, bei welchem zwei dieser reellen Generatricen sich vereinigt haben, eine Reihe von reellen Punkten, durch die 2 reelle und 2 conjugirte punktirten Generatricen gehen, und dann nach einem abermaligen Uebergangspunkte, bei dem die beiden reellen sich wieder vereinigt haben, eine Reihe von reellen Punkten, welche zwei Paare conjugirter punktirten Generatricen aussenden u. s. w. Aehnliche Verhältnisse finden statt, wenn in $s'$ zwei reelle und zwei conjugirte punktirten Generatricen sich treffen; da gehört $s'$ gleich in die zweite der eben beschriebenen Reihen. Möglich ist, dass eine oder die andere der drei Reihen gar nicht vorkommt, aber nicht möglich ist es, dass beide Reihen, bei denen reelle Generatricen auftreten, nicht vorhanden seien; daraus, dass von $s'$ eine reelle und in Folge dessen mindestens noch

eine zweite reelle Generatrix ausgeht, folgt, dass auf $S'$ mindestens eine der beiden Reihen Punkte, welche 4 oder 2 reelle Generatricen aussenden, vorhanden sein muss. Mithin hat die Fläche $\mathfrak{R}^{16}$ unendlich viele reellen Generatricen, demnach ist sie reell und hat, da sie eben unendlich viele reellen Generatricen besitzt, mit jeder reellen Ebene eine reelle Schnittcurve. Die Gerade $A$ ist, wie wir früher sahen, eine achtfache Generatrix dieser Fläche, folglich durchschneidet jede reelle durch $A$ gelegte Ebene die Fläche noch in einer reellen Curve 8. Ordnung $\mathfrak{C}_x{}^8$. Wir betrachten vor der Hand nur solche reellen durch $A$ gehenden Ebenen $E_x$, welche aus der cubischen Fläche noch einen reellen Kegelschnitt $S_x$ (dieser allgemeineren Bezeichnung bedienen wir uns hier, statt der früher gebrauchten bestimmten $S^{II'}$, weil wir eine Bewegung des Kegelschnitts $S_x$ eintreten lassen wollen) ausschneiden und deren es ja unzählig viele giebt. Die 16 Punkte, in denen $\mathfrak{C}_x{}^8$ und $S_x$ einander begegnen, sind, wie früher bewiesen, die Punkte, in denen die Ebene $E_x$ die 16 Geraden $(r, \varrho)$ trifft. Nach unserem der analytischen Geometrie entlehnten Satze, auf den wir am Ende des vorigen Kapitels hinwiesen, kommen unter ihnen die imaginären paarweise vor, und je zwei eines Paars gehören derselben reellen Geraden an. Die Ebene $E_x$ kann aber offenbar nur eine punktirte oder eine imaginäre Gerade $(r, \varrho)$ in einem imaginären Punkte treffen. Also die reelle Gerade $R_x$, welche durch den Punkt $P_x$ geht, in dem eine imaginäre oder punktirte Gerade $p$, welche zu den Geraden $(r, \varrho)$ gehört, von der reellen Ebene $E_x$ getroffen wird, liegt natürlich in $E_x$ und trifft eine zweite imaginäre oder punktirte Gerade $q$, die auch zu den Geraden $(r, \varrho)$ gehört, und zwar in dem Punkte $Q_x$, in dem $q$ von $E_x$ geschnitten wird. Ist die Gerade $p$ punktirt, so muss bekanntlich $R_x$ in der einzigen reellen Ebene liegen, welche durch $p$ geht. Diese schneidet aus der cubischen Fläche noch eine reelle und eine zweite punktirte Gerade aus, welche mit der ersteren ihren reellen Punkt gemein hat. $R_x$ trifft mithin diese zwei Geraden, und weil sie, im Allgemeinen nicht auf der cubischen Fläche liegend, nicht mehr Gerade derselben schneiden kann, so muss diese zweite punktirte die Gerade $q$ sein. Sie gehört also zu den Geraden $(r, \varrho)$, und da die dritte Gerade in der Ebene zweier Geraden $(r, \varrho)$ stets eine der 10 Geraden $a, b, c, d, e$ ist, so muss diese die reelle sein. Sie bewirkt natürlich in dem Dreiecke, dem sie in der mit $A$ gebildeten Ebene angehört, dass auch die dritte Seite und mithin eins der 5 an der Geraden $A$ anhängenden Geradenpaare reell ist. Also:

Jede punktirte Gerade $(r, \varrho)$ sendet von allen ihren imaginären Punkten je eine reelle Gerade aus, welche alle eine zweite punktirte Gerade $(r, \varrho)$ treffen, die mit jener den reellen Punkt gemein hat und eine reelle Ebene erzeugt, in der sich diese reellen Geraden alle befinden.

Befindet sich unter den Geraden $(r, \varrho)$ eine punktirte Gerade (die nach dem vorhergehenden Satze dann noch eine zweite verlangt), so muss sich unter den 5 Geradenpaaren, deren Ebenen durch $A$ gehen, mindestens ein reelles befinden.

Ist hingegen die zu den Geraden $(r, \varrho)$ gehörige Gerade $p$ imaginär, so trifft immerhin noch, wie wir ja oben fanden, die reelle Gerade $R_x$, welche durch den imaginären Punkt $P_x$ geht, in dem $p$ von der Ebene $E_x$ des reellen Kegelschnitts $S_x$ getroffen wird, eine zweite zu den Geraden $(r, \varrho)$ gehörige imaginäre Gerade $q$ und zwar in dem imaginären Punkte $Q_x = (q, E_x)$. Punktirt kann $q$ nicht sein, denn dann müsste wegen der oben gemachten Betrachtungen auch die Gerade $p$ es sein. Die beiden imaginären Geraden $p$ und $q$ können auch einander nicht schneiden. Denn in der imaginären Ebene, welche sie dann bildeten, befände sich entweder noch eine reelle oder eine punktirte Gerade der Fläche. Die Gerade $R_x$, die ja nothwendig auch in dieser Ebene liegen müsste, müsste dann im ersteren Falle mit der reellen Geraden identisch sein, im zweiten Falle durch den reellen Punkt der punktirten Geraden gehen, was durchaus nicht nothwendig ist, weil $E_x$, in der $R_x$ liegt, beliebig aus dem Büschel $B(E)$ herausgegriffen und nur an die Bedingung gebunden ist, die cubische Fläche in einem reellen Kegelschnitte $S_x$ zu schneiden, welche Bedingung ja von unendlich vielen Ebenen des Büschels erfüllt wird.

Stellten wir uns nun auch einen Augenblick als möglich vor, dass die Geraden $R_x$, welche von allen Punkten $P_x$ ausgehen, in denen $p$ durch die Ebenen $E_x$ mit reellen Kegelschnitten $S_x$

getroffen wird, nicht alle dieselbe zweite Gerade $q$ treffen, sondern nach und nach den verschiedenen übrigen imaginären Geraden $(r, \varrho)$ — von denen schon diejenigen, welche $p$ schneiden, auszuschliessen sind — begegnen, so ist doch, da es zwar unendlich viele Ebenen $E_x$ giebt, aber nur eine endliche Anzahl von Geraden $(r, \varrho)$, nothwendig, dass entweder alle übrigen imaginären die Gerade $p$ nicht treffenden Geraden $(r, \varrho)$ von unendlich vielen reellen Geraden $R_x$ getroffen werden, welche von Punkten $P_x$ der Geraden $p$ ausgehen, oder einige von einer unendlichen Anzahl, die andern je von einer endlichen, oder eine von einer unendlichen, die andern je von einer endlichen. Aber es genügt, zu wissen, dass eine Gerade, welche wir nun $q$ nennen wollen, von 3 reellen Geraden $R_1$, $R_2$, $R_3$ getroffen wird, die von Punkten $P_1$, $P_2$, $P_3$ der Geraden $p$ ausgehen, um auch einzusehen, dass $q$ dann von den reellen Geraden $R_x$ sämmtlicher Punkte der Geraden $p$ getroffen wird. Die Geraden $p$ und $q$ treffen einander nicht und als Geraden $(r, \varrho)$ schneiden sie auch $A$ nicht. Die 3 Geraden $R_1$, $R_2$, $R_3$ treffen hingegen $p$ und $q$, und da sie in Ebenen $E_x$ liegen, treffen sie auch $A$. Also sind $R_1$, $R_2$, $R_3$ drei reelle Geraden der einen Schaar eines einflächigen Hyperboloids, das in Folge dessen reell ist, und $p$, $q$, $A$ gehören der andern Schaar an. Jede reelle Ebene, die durch $A$ geht, schneidet dieses Hyperboloid noch in einer reellen Geraden, welche ersichtlich die beiden imaginären Schnittpunkte der Ebene mit den Geraden $p$ und $q$ unter einander verbindet. Daraus geht hervor, dass jede reelle durch $A$ gehende Ebene — auch eine solche, die die cubische Fläche in einem imaginären Kegelschnitte schneidet — den Geraden $p$ und $q$ in zwei imaginären, aber derselben reellen Geraden angehörigen Punkten begegnet, oder, anders gesagt, dass die reelle Gerade $R_x$, welche von dem imaginären Punkte $P_x$ oder $Q_x$ ausgeht, in dem eine der beiden Geraden $p$ oder $q$ von einer reellen durch $A$ gehenden Ebene $E_x$ getroffen wird, der andern Geraden begegnet und zwar in dem Punkte $Q_x$ oder $P_x$, wo diese von $E_x$ geschnitten wird.

Das reelle Hyperboloid $[R_1 R_2 R_3]$ hat mit der cubischen Fläche das Tripel windschiefer Geraden $A$, $p$, $q$ gemein, folglich durchschneidet es sie noch in einem Tripel windschiefer Geraden der andern Schaar $l$, $m$, $n$. Als Gerade eines reellen einflächigen Hyperboloids können diese nicht punktirt sein; sie sind gegen einander windschief und treffen alle $A$, mithin gehören sie dreien der 5 Geradenpaare an, deren Ebenen durch $A$ gehen. Folglich haben wir das wichtige Resultat erhalten:

Befindet sich unter den Geraden ($r$, $\varrho$) eine imaginäre (welche nothwendig dann noch eine zweite verlangt), so können nicht mehr als 2 von den 5 Geradenpaaren $a'a''$, $b'b''$, $c'c''$, $d'd''$, $e'e''$ punktirt sein.

Jede reelle durch $R_1$ (oder eine andere reelle Gerade des Hyperboloids aus der Schaar $R_1$, $R_2$, $R_3$) gelegte Ebene schneidet das Hyperboloid in einer reellen Geraden, deren Schnittpunkte mit der cubischen Fläche die Punkte sind, in denen die Ebene die 3 Geraden $l$, $m$, $n$ trifft. Daraus folgt, dass diese 3 Geraden entweder alle 3 reell, oder eine reell und die beiden andern imaginär sind. Und das giebt uns das Resultat: Befindet sich unter den Geraden ($r$, $\varrho$) eine imaginäre, so muss wenigstens eins der obigen 5 Geradenpaare reell sein. Dasselbe fanden wir schon für den Fall, dass unter den Geraden ($r$, $\varrho$) eine punktirte vorkommt. Kommt keine imaginäre oder punktirte unter den Geraden ($r$, $\varrho$) vor, also sind alle reell, so folgt, da je zwei Gerade ($r$, $\varrho$) nur mit einer der 10 Geraden $a$, $b$, $c$, $d$, $e$ ein Dreieck bilden, dass diese 10 Geraden alle reell sind. Also erhalten wir folgenden Satz:

Mindestens eins der Geradenpaare, deren Ebenen durch $A$ gehen, muss reell sein. Oder:

Eine reelle cubische Fläche muss wenigstens 3 reelle Geraden haben, welche dann ein Dreieck bilden.

Wir haben bis jetzt erst erkannt, dass die beiden imaginären Geraden $p$ und $q$ von jeder reellen durch $A$ gehenden Ebene in zwei imaginären Punkten getroffen werden, welche derselben reellen Geraden angehören. Wir wollen nun nachweisen, dass sie von jeder reellen Ebene $\mathfrak{E}$ so getroffen werden. Sind $l$, $m$, $n$ alle drei reell, so schneidet $\mathfrak{E}$ die cubische Fläche $F^3$ und das reelle Hyperboloid $[R_1\ R_2\ R_3]$, welche die 6 Geraden $l$, $m$, $n$; $A$, $p$, $q$ gemein haben, in einer reellen cubischen Curve $C^3$ und einem reellen Kegelschnitt $C^2$, welche 4 reelle Punkte gemein haben, die Schnittpunkte von $\mathfrak{E}$ mit $l$, $m$, $n$, $A$, also noch zwei imaginäre auf derselben reellen Geraden liegende, die Schnittpunkte von $\mathfrak{E}$ mit $p$ und $q$. Sind aber $m$ und $n$ imaginär und nur $l$ reell, so haben $C^3$ und $C^2$ nur zwei reelle Schnittpunkte, die auf $A$ und $l$ liegenden; je zwei der übrigen sind durch eine reelle Gerade verbunden. Es kann aber nicht der auf $p$ mit dem auf $m$ oder $n$ verbunden sein, weil $p$ die Geraden $m$ und $n$ schneidet. Folglich sind die Schnittpunkte der beliebigen reellen Ebene $\mathfrak{E}$ mit $p$ und $q$ durch eine reelle Gerade verbunden, und ebenso die mit $m$ und $n$.

Also jede reelle Ebene trifft $p$ und $q$ und ebenso $m$ und $n$ (wenn diese imaginär sind) in zwei imaginären Punkten, die derselben reellen Geraden angehören.

Jeder imaginäre Punkt liegt in einem Büschel reeller Ebenen, dessen Axe die durch ihn gehende reelle Gerade ist.

Also: Alle reellen Geraden, welche durch die verschiedenen (imaginären) Punkte einer zu den Geraden $(r, \varrho)$ gehörigen imaginären Geraden $p$ der cubischen Fläche gehen, treffen dieselbe zweite zu diesen Geraden gehörige imaginäre Gerade $q$, welche die Gerade $p$ nicht schneidet und mit ihr zugleich wenigstens von einer reellen Geraden $l$ der Fläche, die zu den 10 Geraden $a, b, c, d, e$ gehört, getroffen wird.

Dasselbe gilt für die beiden Geraden $m$ und $n$, die zu diesen eben genannten 10 Geraden gehören, vorausgesetzt, dass sie imaginär sind. Die reelle Schneidende ist $A$.

Also gilt der Satz für jede imaginäre Gerade der cubischen Fläche.

Zwei solche imaginären Geraden, wie $p$ und $q$ oder $m$ und $n$, die die Eigenschaft besitzen, von jeder reellen Ebene in zwei derselben reellen Geraden angehörigen imaginären Punkten geschnitten zu werden, haben wir schon früher conjugirte imaginären Geraden (Nr. 82) genannt.

Zwei conjugirte imaginären Geraden und eine gegen sie windschiefe reelle Gerade werden von unendlich vielen reellen Geraden zugleich geschnitten, nämlich den Verbindungsgeraden der Punkte, in denen die reellen durch die reelle Gerade gelegten Ebenen die beiden imaginären Geraden treffen, mithin erzeugen sie ein reelles einflächige Hyperboloid.

Zwei conjugirte imaginären Geraden $p$ und $q$ der cubischen Fläche gehören mindestens zu einem Paare conjugirter imaginären Geradenpaare. Denn sie werden mindestens von einer reellen Geraden $l$ der cubischen Fläche getroffen (welche eine der 10 Geraden $a$, $b$, $c$, $d$, $e$ ist, wenn $p$, $q$ zu den Geraden $(r, \varrho)$ gehören, und die Gerade $A$ ist, wenn $p$, $q$ aus den 10 Geraden $a$, $b$, $c$, $d$, $e$ genommen sind). Die dritten Geraden der cubischen Fläche in den Ebenen $(l, p)$ und $(l, q)$ seien die imaginären Geraden $p'$ und $q'$. Da $p$ und $q$ conjugirt sind, muss die von dem imaginären Punkte $(p, p')$ der Geraden $p$ ausgehende reelle Gerade $R$ die Gerade $q$ treffen; sie muss aber auch, da sie von dem imaginären Punkte $(p, p')$ der Geraden $p'$ ausgeht, deren Conjugirte treffen, und zwar, weil sie als reelle Gerade die cubische Fläche ausser in $(p, p')$ nur noch einmal imaginär treffen kann, in demselben Punkte, in dem sie $q$ trifft, so dass $q$ und die Conjugirte von $p'$ einander in diesem Punkte treffen. Die reelle Gerade $l$ geht nun auch von einem Punkte der Geraden $p'$ aus, mithin trifft sie auch die Conjugirte von $p'$, folglich ist diese Conjugirte, weil sie $l$ und $q$ schneidet, die dritte Gerade $q'$ in deren Ebene. Die Gerade $R$ geht durch den Punkt, wo $q$ von der Conjugirten $q'$ von $p'$ getroffen wird, also durch $(q, q')$, mithin verbindet sie die Mittelpunkte der beiden Geradenpaare $(p, p')$ und $(q, q')$, demnach sind diese conjugirt.

Eine reelle Gerade der cubischen Fläche, die einer imaginären derselben begegnet, muss auch der Conjugirten dieser begegnen. Diese beiden conjugirten Geraden sind die einen Geraden zweier conjugirten Geradenpaare, deren Ebenen durch die reelle Gerade gehen und deren andere Geraden auch conjugirt sind. Also jede imaginäre Gerade der cubischen Fläche zieht bei jeder reellen, der sie begegnet, ein Paar conjugirter Geradenpaare nach sich, deren einem sie angehört und welche natürlich ebenso durch jede ihrer 3 anderen Geraden veranlasst werden. Mithin ist die Anzahl der einer reellen Geraden anhängenden imaginären Geradenpaare eine gerade, da je zwei conjugirt sind.

Da nun ein einer reellen Geraden $h$ anhängendes imaginäre Geradenpaar $(m, m')$ nur ein einziges conjugirtes $(n, n')$ haben kann, so ist nun klar, dass je zwei Geraden derselben,

$m$ und $n$, $m'$ und $n'$ conjugirt sind. Also sowohl $m$ und $n$, als auch $m'$ und $n'$ werden von unendlich vielen reellen Geraden getroffen, deren jede mit der reellen Geraden $h$ und der reellen Geraden $\mu\,\nu$, welche die Mittelpunkte $\mu$ und $\nu$ von $(m, m')$ und $(n, n')$ verbindet, ein reelles einflächige Hyperboloid erzeugt, auf dem dann auch $m$ und $n$ resp. $m'$ und $n'$ liegen, so dass die beiden Geraden $h$ und $\mu\,\nu$ sowohl mit $m$, $n$, als mit $m'$, $n'$ ein windschiefes Vierseit zusammensetzen, welches die Grundcurve eines reellen Flächenbüschels 2. Ordnung bildet, in dem alle reellen Flächen mit reellen Geraden behaftet sind. Es sei $s$ eine punktirte Gerade, welche den Geraden $m$ und $n$ begegnet, $\sigma$ ihr reeller Punkt. Durch diesen geht eine reelle Fläche des eben genannten Büschels; auf ihr liegen 3 Punkte von $s$, nämlich $(m, s)$, $(n, s)$ und $\sigma$, daher muss die punktirte Gerade $s$ auf der Fläche liegen, was nicht möglich ist, da diese mit reellen Geraden behaftet ist. Also keine punktirte Gerade kann zugleich zwei conjugirte imaginären Geraden treffen.

93. Befinden sich unter den 5 Geradenpaaren der cubischen Fläche, deren Ebenen durch $A$ gehen, punktirte, so kann keine der Geraden $(r, \varrho)$ reell sein. Es sei also z. B. $d'\,d''$ punktirt, mithin $\delta = (d', d'')$ reell. Jede der Geraden $(r, \varrho)$ trifft eine der beiden Geraden dieses Paars; durch den Punkt $\delta$ geht keine, weil sonst 3 Gerade der cubischen Fläche durch diesen gingen, er demnach ein Knotenpunkt derselben wäre. Wir betrachten aber nur allgemeine Flächen 3. Ordnung ohne Knotenpunkte. Greifen wir eine der Geraden $(r, \varrho)$ heraus, z. B. $r_1'$, welche $d'$ trifft; sie bildete, wenn sie reell wäre, mit $d'$, die einen ausserhalb $r_1'$ liegenden reellen Punkt $\delta$ hat, eine reelle Ebene, welche dann aus der cubischen Fläche noch eine zweite punktirte Gerade ausschnitte, die mit $d'$ den reellen Punkt $\delta$ gemein hätte (Nr. 85), so dass durch diesen 3 Gerade der cubischen Fläche gingen, was auf allgemeinen Flächen nicht geschehen kann.

Giebt es unter den Geradenpaaren, deren Ebenen durch $A$ gehen, mehr als ein reelles, so können sich unter den Geraden $(r, \varrho)$ nicht punktirte befinden. Es seien also $a'\,a''$, $b'\,b''$ zwei von diesen reellen Geradenpaaren, deren Ebenen durch $A$ gehen — so viel müssten ja dann wenigstens sein —, so wird jede Gerade $(r, \varrho)$ je eine Gerade jedes der beiden Paare treffen. Z. B. $r_1'$ trifft $a'$ und $b'$. Wäre nun $r_1'$ punktirt, so erzeugte sie mit $a'$ und $b'$, weil sie einen ausserhalb dieser liegenden reellen Punkt besitzt, je eine reelle Ebene, die aus der cubischen Fläche schon eine reelle Gerade $a'$ resp. $b'$ und eine punktirte $r_1'$ ausschneidet, also noch eine zweite punktirte ausschnitte, welche mit $r_1'$ den reellen Punkt gemein hätte, so dass durch diesen 3 Gerade der cubischen Fläche liefen.

Befinden sich unter den Geradenpaaren, deren Ebenen durch $A$ gehen, imaginäre, so befinden sich unter den Geraden $(r, \varrho)$ auch imaginäre, und zwar ist die Hälfte imaginär. Denn 4 von den Geradenpaaren, deren Ebenen durch jede der 10 Geraden $a, b, c, d, e$ gehen, bestehen aus je zwei Geraden $(r, \varrho)$; da nun die Geradenpaare, deren Ebenen durch eine imaginäre Gerade der cubischen Fläche laufen, entweder aus einer imaginären und einer reellen oder aus einer imaginären und einer punktirten Geraden bestehen, so ist klar, dass sich unter den Geraden $(r, \varrho)$ imaginäre befinden müssen und zwar, wenn z. B. $d' d''$ ein imaginäres Geradenpaar ist, wird die Hälfte der die Gerade $d'$ treffenden Geraden $(r, \varrho)$ und ebenso die Hälfte der $d''$ treffenden Geraden $(r, \varrho)$, mithin überhaupt die Hälfte aller Geraden $(r, \varrho)$ imaginär sein, die andere reell, punktirt oder beides gemischt.

94. Nachdem dies vorausgeschickt, gehen wir nun zur Eintheilung der reellen Flächen 3. Ordnung nach der Beschaffenheit der Geraden über. Da die imaginären Geradenpaare, deren Ebenen durch $A$ gehen, nur paarweise auftreten, haben wir zuerst 3 Hauptabtheilungen aufzustellen:

I. Flächen, bei denen keins der 5 Geradenpaare $a' a''$, $b' b''$, $c' c''$, $d' d''$, $e' e''$ imaginär ist,

II. Flächen, bei denen 2 dieser Geradenpaare, $d' d''$, $e' e''$, imaginär sind und dann natürlich conjugirt,

III. Flächen, bei denen 4 der Geradenpaare, $b' b''$, $c' c''$, $d' d''$, $e' e''$, imaginär sind und zwar $b' b''$, $c' c''$ einerseits und $d' d''$, $e' e''$ andererseits conjugirt.

Das Geradenpaar $a' a''$ liegt also in allen 3 Abtheilungen in reeller Ebene, und da bei allen reellen cubischen Flächen eins der 5 Geradenpaare reell sein muss, so wird es bei III. selbstverständlich $a' a''$ sein, bei I. und II. nehmen wir $a' a''$ als dieses reelle an.

Bei I. liegen alle 5 Geradenpaare in reellen Ebenen, sind mithin entweder reell oder punktirt.

1) Wir nehmen zuerst an, 4 der Geradenpaare seien reell, nämlich $a' a''$, $b' b''$, $c' c''$, $d' d''$. Jede der Geraden $(r, \varrho)$ trifft 4 windschiefe dieser 8 Geraden; z. B. $r_1'$ die 4 Geraden $a' b' c' d'$. Die zweite Gerade, die dieselben trifft, ist stets $A$. Die 4 Geraden nun, welche 4 reellen windschiefen Geraden begegnen, sind entweder beide reell oder beide imaginär und dann conjugirt (Nr. 82). Da nun $A$ reell ist, so muss $r_1'$ und ebenso jede andere Gerade $(r, \varrho)$ auch reell sein. Also sind alle Geraden $(r, \varrho)$ reell. Nun liegt $e'$ sowohl wie $e''$ viermal mit je zwei Geraden $(r, \varrho)$ in derselben Ebene, mithin müssen sie auch reell sein. Folglich ist der Fall, dass vier der 5 Geradenpaare reell, das fünfte punktirt sei, unmöglich. Als erste Gattung der allgemeinen cubischen Flächen hat sich die mit 27 reellen Geraden ergeben.

2) Wir nehmen an, zwei der 5 Geradenpaare, $a' a''$, $b' b''$, seien reell, zwei punktirt, $d' d''$, $e' e''$. Da unter den Geradenpaaren, deren Ebenen durch $A$ gehen, punktirte sich finden, kann keine Gerade $(r, \varrho)$ reell sein, und da es unter diesen Geradenpaaren mehr als ein reelles giebt, kann keine der Geraden $(r, \varrho)$ punktirt sein, mithin sind alle Geraden $(r, \varrho)$ imaginär. Sind aber imaginäre unter den Geraden $(r, \varrho)$, so können unter den an $A$ hängenden Geradenpaaren nicht mehr als zwei punktirte sein, demnach ist $c' c''$ nicht punktirt. Wäre es imaginär, so verlangte es unter den 5 Geradenpaaren noch ein zweites imaginäre als conjugirtes. Folglich ist $c' c''$ reell. Der Fall mit 2 an $A$ hängenden reellen und 3 punktirten Geradenpaaren ist unmöglich. Also haben wir als zweite Gattung die der Flächen erhalten, auf denen 7 reelle Geraden, von denen eine von den 6 andern getroffen wird und mit ihnen 3 reelle Dreiecke bildet, 4 punktirte Geraden, die auch diese eine reelle Gerade treffen und mit ihr zwei reell-punktirte Dreiecke bilden — Dreiecke, bestehend aus einer reellen und zwei punktirten Geraden, welche ihren reellen Punkt gemein haben — und 16 imaginäre sich befinden. Die 6 andern reellen Gera-

den liegen nur in einem reellen und in 4 reell-imaginären Dreiecken — Dreiecken mit einer reellen und zwei imaginären Geraden.

Aus den 6 reellen Geraden $a' a'' b' b'' c' c''$ lassen sich 8 Tripel bilden, welche 8 reelle Hyperboloide erzeugen; die je 2 Geraden $(r, \varrho)$, die demselben dieser Hyperboloide angehören, sind conjugirt; also $r_1' r_2'$, $\varrho_1' \varrho_2'$, $r_1'' r_2''$, $\varrho_1'' \varrho_2''$, $r_3' r_4'$, $\varrho_3' \varrho_4'$, $r_3'' r_4''$, $\varrho_3'' \varrho_4''$.

3) Ein reelles Geradenpaar befindet sich unter den 5 Geradenpaaren, nämlich $a' a''$, die 4 andern seien punktirt. Weil eben mehr als 2 unter diesen Geradenpaaren punktirt sind, kann keine Gerade $(r, \varrho)$ imaginär sein, und da überhaupt unter ihnen punktirte Geradenpaare sich befinden, kann keine der Geraden $(r, \varrho)$ reell sein, mithin sind alle Geraden $(r, \varrho)$ punktirt. Also als dritte allgemeine Gattung ergiebt sich diejenige der Flächen, auf denen 3 reelle Geraden, die ein Dreieck bilden, und 24 punktirte liegen. Von den Geraden $(r, \varrho)$ haben je zwei den reellen Punkt gemein, welche eine der beiden reellen Geraden $a'$ oder $a''$ und einander schneiden; also $r_1' \varrho_1'$, $r_2' \varrho_2'$, $r_3' \varrho_3'$, $r_4' \varrho_4'$, $r_1'' \varrho_1''$, $r_2'' \varrho_2''$, $r_3'' \varrho_3''$, $r_4'' \varrho_4''$. Jede der 3 reellen Geraden gehört demnach zu einem reellen und 4 reell-punktirten Dreiecken.

Bei der Abtheilung II sind $d' d''$, $e' e''$ conjugirte imaginären Geradenpaare. Es seien nun noch in ihnen $d' e'$, $d'' e''$ conjugirt. Die 3 Geradenpaare $a' a''$, $b' b''$, $c' c''$ liegen in reellen Ebenen.

1) Es seien diese 3 Geradenpaare alle reell. Da es mithin unter den 5 Geradenpaaren mehr als ein reelles giebt, befinden sich unter den Geraden $(r, \varrho)$ keine punktirten. Weil unter jenen imaginäre vorkommen, ist die Hälfte der Geraden $(r, \varrho)$ imaginär, die andere Hälfte also reell. Von je zweien Geraden $\alpha$ und $\beta$, die mit $d'$ z. B. ein Dreieck bilden, ist die eine $\alpha$ reell, die andere $\beta$ imaginär, die eine muss $e'$, die andere $e''$ treffen. Träfe die reelle $\alpha$ die Gerade $e''$, so würden $d'$ und $e''$ von drei reellen Geraden $A$, $\alpha$, $\delta\ \varepsilon$ getroffen, mithin auf dem durch diese erzeugten reellen Hyperboloide liegen, folglich noch von unendlich vielen reellen Geraden getroffen werden und demzufolge conjugirt sein, was aber $d'$ und $e'$ sind. Also muss die

reelle $\alpha$ die Gerade $c'$ und die imaginäre $\beta$ die Gerade $c''$ treffen. Demnach sind die 8 der 16 Geraden $(r, \varrho)$, welche $d'$ und $c'$ oder $d''$ und $c''$ treffen, reell; es sind $r_1' \varrho_1' r_2' \varrho_2' r_1'' \varrho_1'' r_2'' \varrho_2''$; die 8 übrigen Geraden, welche $d'$ und $c''$ oder $d''$ und $c'$ begegnen, sind imaginär. Als vierte allgemeine Gattung der cubischen Flächen erhalten wir die derjenigen Flächen, auf denen 15 reelle Geraden und 12 imaginäre liegen. Conjugirt sind von den imaginären Geraden $(r, \varrho)$ je zwei solche, die demselben Tripel aus den 6 reellen Geraden $a' a''$ $b' b'' c' c''$ begegnen, also auf dem durch dasselbe erzeugten Hyperboloide liegen, folglich $r_3' r_4'$, $\varrho_3' \varrho_4'$, $r_3'' r_4''$, $\varrho_3'' \varrho_4''$. Jede der 15 reellen Geraden gehört (wie $A$) zu 3 reellen und zwei reell-imaginären Dreiecken, deren imaginäre Ecken durch eine reelle Gerade verbunden sind.

Würden wir annehmen, dass $a' a''$, $b' b''$ reell, $c' c''$ punktirt, $d' d''$, $e' e''$ conjugirt imaginär sind, so könnten sich wegen des punktirten Geradenpaars $c' c''$ keine reellen unter den Geraden $(r, \varrho)$ befinden, wegen der beiden reellen Geradenpaare aber keine punktirten, und doch kann wegen der beiden imaginären Geradenpaare nur die Hälfte der Geraden $(r, \varrho)$ imaginär sein, also ist dieser Fall unmöglich.

2) Von den 3 in reellen Ebenen liegenden Geradenpaaren sei nur $a' a''$ reell, $b' b''$, $c' c''$ seien punktirt und, wie oben, $d' c'$, $d'' c''$ conjugirt imaginär.

Wegen der punktirten Geradenpaare kann keine der Geraden $(r, \varrho)$ reell sein; also ist die Hälfte der Geraden $(r, \varrho)$ imaginär, die andere punktirt. Da eine punktirte Gerade nicht zweien conjugirten imaginären Geraden begegnen kann, so sind die 8 Geraden $(r, \varrho)$, welche $d'$ und $c'$ oder $d''$ und $c''$ treffen, imaginär; es sind die Geraden $(r, \varrho)_{1, 2}$; die 8 übrigen sind punktirt. Folglich hat sich als fünfte allgemeine Gattung die der Flächen ergeben, auf denen 3 reelle Geraden, die ein Dreieck bilden, 12 punktirte und 12 imaginäre vorkommen.

Von den 8 imaginären Geraden $(r, \varrho)$ sind diejenigen conjugirt, welche je auf demselben der 4 reellen Hyperboloide $[a' d' c']$, $[a' d'' c'']$, $[a'' d' c']$, $[a'' d'' c'']$

— deren jedes durch eine reelle und zwei conjugirte imaginären Geraden bestimmt ist — liegen, also: $r_1' \varrho_2'$, $r_2' \varrho_1'$, $r_2'' \varrho_1''$, $r_1'' \varrho_2''$. Von den punktirten haben den reellen Punkt je zwei gemein, welche einander und eine der beiden Geraden $a$ treffen, also: $r_3' \varrho_3'$, $r_4' \varrho_4'$, $r_3'' \varrho_3''$, $r_4'' \varrho_4''$.

Jede der 3 reellen Geraden liegt in einem reellen, zwei reell-punktirten, 2 reell-imaginären Dreiecken.

Bei III muss $a' a''$ reell sein. Es seien nun $b' c'$, $b'' c''$, $d' e'$, $d'' e''$ conjugirt imaginär. Die Hälfte der Geraden $(r, \varrho)$ muss imaginär sein. Eine Gerade $(r, \varrho)$, welche ein Dupel conjugirter Geraden des einen Paars conjugirter Geradenpaare und ein Dupel nicht conjugirter Geraden des andern Paars trifft, z. B. $r_1''$, welche $d''$ und $e''$, aber $b'$ und $c''$ trifft, ist imaginär. Weil sie $d''$ und $e''$ trifft, kann sie nicht punktirt sein; und wäre sie reell, so würden $b' c''$ von 3 reellen Geraden $A$, $r_1''$, $\beta \gamma$ — $\beta = (b', b'')$, $\gamma = (c', c'')$ — getroffen, wären also conjugirt. Alle Geraden $(r, \varrho)''$ haben diese Eigenschaft, folglich sind alle imaginär. Conjugirt sind zwei solche unter ihnen, die je auf demselben der 4 reellen Hyperboloide $[a'' b' c']$, $[a'' b'' c'']$, $[a'' d' e']$, $[a'' d'' e'']$ liegen, also $r_3'' r_4''$, $\varrho_3'' \varrho_4''$, $\varrho_1'' r_2''$, $r_1'' \varrho_2''$. Die 8 übrigen Geraden, also $(r, \varrho)'$, sind reell oder punktirt und zwar die 4 Geraden $(r, \varrho)'_{1, 2}$, welche zweimal zwei conjugirte Geraden treffen — z. B. $r_1'$ trifft $b' c'$, $d' e'$ — reell, die 4 Geraden $(r, \varrho)'_{3, 4}$, welche zweimal zwei nicht conjugirte Geraden treffen — z. B. $r_3'$ trifft $b' c''$, $d' e''$ — punktirt, mit gemeinsamem reellen Punkte $r_3' \varrho_3'$, $r_4' \varrho_4'$. Als sechste Gattung also tritt auf die der Flächen, auf denen es 7 reelle, 4 punktirte, 16 imaginäre Geraden giebt. Die eine reelle Gerade, $a'$, liegt in 3 reellen und zwei reell-punktirten Dreiecken, wird mithin von den 6 andern reellen und den 4 punktirten geschnitten, die andern reellen liegen je in einem reellen und 4 reell-imaginären Dreiecken. Diese sechste Gattung ist also mit der zweiten identisch, aber, um mich so auszudrücken, von einer andern Seite betrachtet, gewendet. Vertauscht man die Geraden $A\ a'\ b'\ b''\ c'\ c''\ d'\ d''\ e'\ e''\ r_1'\ \varrho_1'\ r_2'\ \varrho_2'\ r_3'\ \varrho_3'\ r_4'\ \varrho_4'$ mit $a'\ A$

$r_1' \varrho_1' r_2' \varrho_2' r_3' \varrho_3' r_4' \varrho_4' b' b'' c' c'' d' d'' e' e''$, so leuchtet die Identität ein.

Es liegt im Wesen der zweiten Steinerschen Erzeugungsart, dass jede reelle Gerade der Fläche als Axe des erzeugenden Ebenenbüschels benutzt werden kann. Bei der ersten, dritten, vierten und fünften Gattung verhalten sich alle reellen Geraden gegen die übrigen Geraden ganz gleichartig. Aber bei der zweiten Gattung nimmt eine der 7 reellen Geraden eine hervorragende Stellung ein. Es muss also diese Betrachtung anders ausfallen, alle Situationen müssen sich wenden, je nachdem man diese ausgezeichnete oder eine der 6 andern reellen Geraden als Axe benutzt. Jener Fall gab uns die zweite Gattung, dieser liefert die sechste.

In der That aber ergiebt die zweite Steinersche Erzeugungsart nur 5 Gattungen allgemeiner cubischen Flächen: 1) Flächen mit 27 reellen Geraden, 2) Flächen mit 7 reellen, 4 punktirten, 16 imaginären Geraden, 3) Flächen mit 3 reellen, 24 punktirten, 4) Flächen mit 15 reellen und 12 imaginären Geraden, 5) Flächen mit 3 reellen, 12 punktirten, 12 imaginären Geraden.

Diese 5 Gattungen hat Herr F. August in seiner Dissertation über Flächen 3. Ordnung analytisch nachgewiesen; ebenso hat sie schon vorher Herr Schläfli im 2. Bande des Quarterly Journal of Mathematics aufgestellt, wie ich aus Salmon-Fiedler's analytischer Geometrie des Raumes (Theil II, Seite 420) entnehme. Doch steht in diesem Lehrbuche merkwürdiger Weise, dass 9 von den imaginären Geraden der Gattung mit 15 reellen und 12 imaginären Geraden einen reellen Punkt besitzen, was nicht richtig ist.

95. Im Anschluss hieran möge es erlaubt sein, eine specielle cubische Fläche $\mathfrak{F}^3$ zu betrachten, auf der sich 2 oder 6 Systeme von unendlich vielen reellen Kreisen befinden. Sie ist das Erzeugniss eines reellen Ebenenbüschels $B(E)$ mit der Axe $A$ und eines demselben projectivischen reellen Kugelbüschels $B(K)$, d. i. eines Systems von Kugeln, welche ausser dem imaginären Kreise $C_\infty$ in der unendlich entfernten Ebene $\mathfrak{E}_\infty$ noch

einen reellen oder imaginären Kreis $C_1$ in einer reellen endlichen Ebene $\mathfrak{E}_1$ gemein haben.

Das reelle Kugelbüschel wird wieder am besten durch zwei reelle Kugeln constituirt, und seine projectivische Beziehung zum Ebenenbüschel muss natürlich reell sein.

Alle durch die Axe $A$ des Ebenenbüschels gelegten Ebenen haben zu entsprechenden Flächen Kugeln und zwar entweder reelle oder imaginäre und schneiden deshalb im Allgemeinen Kreise aus, im speciellen Falle, wenn sie die entsprechende Fläche berühren, falls diese reell ist, ein punktirtes Geradenpaar, oder, falls sie imaginär ist, ein imaginäres Geradenpaar.

Eine der Kugeln des Büschels ist zu dem reellen Ebenenpaare $(\mathfrak{E}_1, \mathfrak{E}_\varkappa)$ degenerirt, dies wird von seiner entsprechenden Ebene in einem reellen Geradenpaare $a_1\, a_\varkappa$ durchschnitten; $a_1$ sei die in $\mathfrak{E}_1$ liegende Gerade, $a_\varkappa$ die in $\mathfrak{E}_\varkappa$. Die Grundcurve des Kugelbüschels $(C_1, C_\varkappa)$ liegt natürlich auch auf $\mathfrak{F}^3$, und ersichtlich ist $a_1$ die Ergänzungsgerade zu $C_1$ und $a_\varkappa$ die zu $C_\varkappa$.

Da also nur eins der Geradenpaare, deren Ebenen durch $A$ gehen, reell ist, so können bei dieser Specialfläche nur die 3 Gattungen auftreten, welche sich uns bei der zweiten Steinerschen Erzeugungsweise als dritte, fünfte, sechste ergeben haben. Die 3 Geraden $A\, a_1\, a_\varkappa$ bilden ein Dreieck, mithin hat jeder Kegelschnitt, welchen eine durch $a_1$ gelegte Ebene aus $\mathfrak{F}^3$ ausschneidet, mit dem Kreise $C_\varkappa$, dessen Ebene durch $a_\varkappa$ geht, zwei Punkte gemein, geht demnach durch die beiden imaginären unendlich entfernten Kreispunkte seiner Ebene, ist folglich ein Kreis. Also schneiden auch alle durch $a_1$ gelegten Ebenen die cubische Fläche noch in Kreisen. Schnitte eine dieser Ebenen die cubische Fläche noch in einem reellen Geradenpaare, so müssten dessen Geraden den Kreis $C_\varkappa$ treffen, aber in reellen Punkten, da $\mathfrak{E}_\varkappa$ reell ist, was, weil $C_\varkappa$ ganz imaginär ist, nicht stattfinden kann. Also in keiner andern durch $a_1$ gehenden Ebene ausser $(a_1\, A\, a_\varkappa)$ kann ein reelles Geradenpaar liegen. Mithin, wenn $\mathfrak{F}^3$ der sechsten Gattung angehört, bei der eine der 3 Geraden des reellen Dreiecks $A\, a_1\, a_\varkappa$ noch von zwei andern reellen Geradenpaaren getroffen wird, so kann nur die unendlich entfernte Gerade $a_\infty$ diese sein. Die durch $a_\infty$ gelegten Ebenen, welche alle einander parallel sind, durchschneiden die cubische Fläche $\mathfrak{F}^3$ in allgemeinen Kegelschnitten, von denen keiner ein Kreis ist, weil keiner dieser Kegelschnitte den Kreis $C_\infty$, dessen Ebene ebenfalls durch $a_\infty$ geht, trifft. Ist der Kreis $C_1$ imaginär, so können sich ausser $(A, a_1)$ unter den Geradenpaaren, deren Ebenen durch $a_\infty$ gehen, keine reellen befinden, weil deren Gerade den Kreis $C_1$ treffen müssten und zwar in reellen Punkten, da die Ebene $\mathfrak{E}_1$ dann auch noch reell ist, was aber nicht möglich ist, sobald $C_1$ imaginär ist. Also in diesem Falle kann unsere Specialfläche nur von der dritten oder fünften Gattung sein. Wird aber bei reellem Kreise $C_1$ die Gerade $a_\infty$ ausser von $A\,a_1$ noch von 2 andern reellen Geradenpaaren getroffen, so sind auch die Kegelschnitte der durch jede der 4 Geraden dieser Paare gelegten Ebenen Kreise, weil sie stets den Kreis $C_\infty$ in zwei Punkten treffen, so dass es dann auf $\mathfrak{F}^3$ 6 Systeme von unendlich vielen reellen Kreisen giebt.

Jede Kugel, die durch einen Kreis der cubischen Fläche $\mathfrak{F}^3$ gelegt ist, dessen Ebene durch die reelle Gerade $a'$ der Fläche geht, schneidet aus der cubischen Fläche, mit welcher sie auch den imaginären Kreis $C_\infty$ gemein hat, noch einen Kreis, dessen Ebene durch die dritte Gerade $a''$ in der Ebene $a'\,a_\infty$ geht. Sämmtliche Kugeln, die durch einen festen Punkt $P$ der Fläche $\mathfrak{F}^3$ und die verschiedenen Kreise gehen, welche die Gerade $a'$ zur ergänzenden Geraden haben, haben noch den Kreis der cubischen Fläche gemein, der sich in der Ebene $(P, a'')$ befindet.

Interessant ist die Fläche $\mathfrak{F}^3$ auch dadurch, dass sie durch die gewöhnliche (sphärische) Inversion*) in Bezug auf jeden ihrer Punkte eine Fläche derselben Art und derselben Gattung hervorruft, worauf wir jedoch hier nicht näher eingehen wollen.

96. Die bei der zweiten Steinerschen Erzeugungsweise er-

*) Salmon-Fiedler. Analytische Geometrie des Raumes. Theil II, Seite 343.

haltenen Resultate übertragen wir nun auf den speciellen Fall derselben, die dritte Steinersche Erzeugungsweise, und werden dadurch zu mehreren Sätzen über reelle Flächenbüschel 2. Ordnung gelangen. Wir fanden im ersten Kapitel bei der Betrachtung dieser letzteren Erzeugungsweise, dass auf der Pampolare eines Punktes $P$ in Bezug auf ein Flächenbüschel 2. Ordnung die conjugirte Polare $\Pi$ des Punktes $P$ in Bezug auf das Büschel liegt und dass die 5 Geradenpaare der Pampolare, deren Ebenen durch $\Pi$ gehen, von dem Geradenpaar $G' G''$, welches aus der durch $P$ gehenden Fläche des Büschels durch ihre Berührungsebene in $P$ ausgeschnitten wird, und von den 4 Geradenpaaren $u_1' u_1''$, $u_2' u_2''$, $u_3' u_3''$, $u_4' u_4''$ gebildet werden, in denen die 4 Kegel $U_1$, $U_2$, $U_3$, $U_4$ des Büschels durch die Polarebenen des Punktes $P$ in Bezug auf sie durchschnitten werden. Die Spitzen dieser 4 Kegel seien $V_1$, $V_2$, $V_3$, $V_4$.

Ist $P$ und das Flächenbüschel $B(F^2)$ reell, so ist auch die Pampolare und die Gerade $\Pi$ reell. Dann gehen durch diese, wie sich bei der zweiten Steinerschen Erzeugungsweise ergeben hat, die Ebenen von einer ungeraden Anzahl reeller, einer geraden Anzahl punktirter und einer geraden Anzahl imaginärer auf der Pampolare liegenden Geradenpaare. Das Geradenpaar $G' G''$ ist nie imaginär.

Aus Nr. 83 wissen wir, dass, wenn die Grundcurve des Büschels $B(F^2)$ reell ist, dann sich im Büschel entweder 4 reelle Kegel oder zwei reelle Kegel und zwei conjugirte imaginären Kegel (deren imaginäre Spitzen durch eine reelle Gerade verbunden sind) oder zwei Paare conjugirter imaginären Kegel befinden.

Wir sagen von einem reellen Punkte $P$, er liege innerhalb eines reellen Kegels 2. Ordnung, wenn jede durch ihn gehende reelle Gerade den Kegel in zwei reellen Punkten trifft, also jede durch ihn und die Spitze des Kegels gelegte reelle Ebene den Kegel in einem reellen Geradenpaare durchschneidet. Ein reeller Punkt hat in Bezug auf einen reellen Kegel eine reelle Polarebene. Liegt der Punkt innerhalb, so liegt die Polarebene ausserhalb und schneidet den Kegel in einem punktirten Geradenpaare; liegt aber der Punkt ausserhalb des Kegels, so liegt seine Polarebene innerhalb und durchschneidet den Kegel in einem reellen Geradenpaare.

**Erster Fall.** Sämmtliche 4 Kegel des Büschels $U_1\ U_2\ U_3\ U_4$ sind reell. Sie theilen den ganzen Raum in 16 Räume, nämlich 1) einen $R_0^4$, dessen Punkte ausserhalb aller 4 Kegel liegen, 2) 4 Räume $R_1^3$, deren Punkte je innerhalb des einen und ausserhalb der 3 andern Kegel sich befinden, 3) 6 Räume $R_2^2$, deren Punkte je innerhalb zweier Kegel und ausserhalb der beiden andern sind, 4) 4 Räume $R_3^1$, deren Punkte je innerhalb dreier Kegel und ausserhalb des vierten liegen, und 5) einen Raum $R_4^0$, dessen Punkte innerhalb aller 4 Kegel sich befinden. Da alle 4 Kegel $U_1\ U_2\ U_3\ U_4$ reell sind, so ist keins der 4 Geradenpaare $u'\ u''$, der reelle Punkt $P$ mag liegen, wo er will, imaginär. Befindet sich der Punkt $P$ in dem Raume $R_0^4$ oder in einem der Räume $R_2^2$ oder in dem Raume $R_4^0$, so ist die Anzahl der reellen unter den Geradenpaaren $u'\ u''$ 4, 2 oder 0, die der punktirten 0, 2, 4, also muss das Geradenpaar $G'\ G''$ reell sein, d. h. durch den Punkt $P$ geht eine reelle Fläche des Büschels mit reellen Geraden, im Allgemeinen ein einflächiges Hyperboloid; es sei mir erlaubt zu sagen, ein solcher Punkt ist ein Hyperboloidpunkt in Bezug auf das Büschel. Ist dagegen $P$ in einem der Räume $R_1^3$ oder $R_3^1$ gelegen, so befinden sich unter den Geradenpaaren $u'\ u''$ 1 oder 3 reelle, 3 oder 1 punktirtes; mithin muss das Geradenpaar $G'\ G''$ punktirt sein; durch $P$ geht eine reelle Fläche des Büschels ohne reelle Geraden, im Allgemeinen ein Ellipsoid oder zweiflächiges Hyperboloid; der Punkt $P$ ist „ein Ellipsoidpunkt in Bezug auf das Büschel".

Es sei die Gerade $V_1\ V_2$ so gelegen, dass sie ausserhalb der beiden Kegel $U_1$, $U_2$ fällt, also die Spitze keines der beiden Kegel innerhalb des andern zu liegen kommt. $E_x$ sei eine durch $V_1\ V_2$ gelegte reelle Ebene, welche keinen der beiden Kegel $U_1\ U_2$ reell, also beide in einem punktirten Geradenpaare trifft. Durch $E_x$ wird $B\ (F^2)$ in einem reellen Kegelschnittbüschel getroffen, dessen drittes Geradenpaar reell sein muss, wenn die beiden andern punktirt sind. Der Mittelpunkt $v_x$ dieses dritten Paars ist der Pol der Verbindungsgeraden $V_1\ V_2$ der Mittelpunkte der beiden andern in Bezug auf alle Kegelschnitte des Büschels, folglich liegt er auf der Geraden $V_3\ V_4$, welche die reciproke Polare der Geraden $V_1$ $V_2$ ist in Bezug auf alle Flächen des Büschels $B(F^2)$. In ihm wird durch die Ebene $E_x$ eine reelle Fläche des Büschels mit reellen Geraden berührt, mithin ist er ein Hyperboloidpunkt. Da er auf $E_x$ liegt, welche weder $U_1$, noch $U_2$ reell trifft, so muss er ausserhalb dieser beiden Kegel liegen, demnach als Hyperboloidpunkt auch entweder ausserhalb der beiden Kegel $U_3$ und $U_4$ oder innerhalb beider. So muss mithin auch die Gerade $V_3$ $V_4$, die Verbindungsgerade der Spitzen dieser beiden Kegel, der er angehört, liegen. Dasselbe ergiebt sich, wenn wir eine Ebene $E_x$ durch $V_1$ $V_2$ gelegt betrachten, welche den einen Kegel $U_1$ reell, den andern $U_2$ in einem punktirten Geradenpaare durchschneidet, dann ist das dritte Geradenpaar in $E_x$ auch punktirt, also $v_x$ Ellipsoidpunkt. Von den 3 Geradenpaaren eines reellen Kegelschnittbüschels ist eins jederzeit reell; wenn die andern beide reell oder beide punktirt sind, so liegt der Mittelpunkt des einen in dem einen Scheitelwinkelpaar, das durch die beiden Geraden des ersten (reellen) Paars gebildet wird, der Mittelpunkt des andern in dem andern. $V_2$ liegt ausserhalb $U_1$, also liegt $v_x$ innerhalb $U_1$, aber da $v_x$ in $E_x$ liegt, welche $U_2$ in einem punktirten Geradenpaare trifft, liegt er ausserhalb $U_2$, mithin muss er als Ellipsoidpunkt noch entweder ausserhalb beider Kegel $U_3$ und $U_4$ oder innerhalb beider liegen. Endlich sei $E_x$ eine Ebene, die beide Kegel $U_1$ und $U_2$ in einem reellen Geradenpaare trifft, dann ist auch das dritte Geradenpaar in ihr reell, demnach $v_x$ Hyperboloidpunkt. Da aber $V_1$, wie $V_2$ ausserhalb des andern Kegels, also auch ausserhalb des Geradenpaars liegt, das $E_x$ aus demselben ausschneidet, so muss $v_x$ innerhalb desselben, d. h. innerhalb beider Kegel $U_1$ und $U_2$ liegen, mithin als Hyperboloidpunkt auch innerhalb oder ausserhalb der beiden Kegel $U_3$, $U_4$.

Es liege nun $V_1$ $V_2$ ausserhalb $U_2$, aber innerhalb $U_1$, also $V_2$ innerhalb $U_1$, aber $V_1$ ausserhalb $U_2$. Da giebt es durch $V_1$ $V_2$ nur zweierlei reelle Ebenen $E_x$. Die einen treffen $U_1$ reell und $U_2$ punktirt, also ist das dritte Paar in einer solchen Ebene punktirt, $v_x$ demnach Ellipsoidpunkt; da $V_2$ innerhalb des Kegels $U_1$ liegt, befindet er sich auch innerhalb des reellen Geradenpaars, das $E_x$ aus diesem ausschneidet, mithin $v_x$ ausserhalb desselben und des Kegels $U_1$; und da die Ebene $E_x$, in der $v_x$ liegt, $U_2$ punktirt schneidet, liegt $v_x$ ausserhalb $U_2$; folglich muss $v_x$ als Ellipsoidpunkt, der ausserhalb der beiden Kegel $U_1$ und $U_2$ liegt, innerhalb des einen und ausserhalb des andern der beiden Kegel $U_3$ und $U_4$ sich befinden; dasselbe muss mit $V_3$ $V_4$, auf welcher $v_x$ liegt, der Fall sein. Die Ebenen $E_x$ der andern Art treffen beide Kegel $U_1$ und $U_2$ reell, also muss das dritte Geradenpaar auch reell sein, folglich ist $v_x$ Hyperboloidpunkt. $V_2$ liegt innerhalb $U_1$, also muss $v_x$ ausserhalb $U_1$ liegen. $V_1$ aber liegt ausserhalb $U_2$, also muss $v_x$ innerhalb $U_2$ liegen, folglich muss er als Hyperboloidpunkt innerhalb des einen und ausserhalb des andern der beiden übrigen Kegel liegen.

Endlich falle $V_1$ $V_2$ innerhalb beider Kegel $U_1$, $U_2$, so dass die Spitze jedes von ihnen innerhalb des andern zu liegen kommt. Jede durch $V_1$ $V_2$ gelegte reelle Ebene $E_x$ trifft beide Kegel reell, mithin muss $v_x$ Hyperboloidpunkt sein; aber da $V_2$ innerhalb $U_1$ und $V_1$ innerhalb $U_2$ liegt, muss $v_x$ ausserhalb beider Kegel liegen, folglich als Hyperboloidpunkt entweder auch ausserhalb der beiden übrigen Kegel $U_3$ $U_4$ oder innerhalb beider. Diese Lage kommt also natürlich auch $V_3$ $V_4$ zu.

Liegt die Verbindungsgerade der Spitzen zweier Kegel zugleich innerhalb oder zugleich ausserhalb der Kegel, so wollen wir sagen, dass sie gleichartig gegen dieselben liege. Also:

S i n d d i e 4 K e g e l e i n e s r e e l l e n B ü s c h e l s 2. O r d n u n g m i t r e e l l e r G r u n d c u r v e r e e l l, s o l i e g t, w e n n d i e V e r b i n d u n g s g e r a d e d e r S p i t z e n z w e i e r v o n i h n e n g e g e n d i e K e g e l g l e i c h a r t i g l i e g t, e b e n s o d i e V e r b i n d u n g s g e r a d e d e r S p i t z e n d e r b e i d e n ü b r i g e n K e g e l g e g e n d i e s e K e g e l g l e i c h a r t i g.

Liegt $V_1$ $V_2$ ausserhalb $U_1$, so schneidet ihre Polarebene in Bezug auf $U_1$ aus diesem Kegel ein reelles Geradenpaar aus, also $V_3$ $V_4$, die reciproke Polare von $V_1$ $V_2$ in Bezug auf alle Flächen des Büschels, mithin auch in Bezug auf $U_1$, welche in dieser Polarebene liegt, trifft $U_1$ reell. Liegt hingegen $V_1$ $V_2$ innerhalb $U_1$, so trifft $V_3$ $V_4$ diesen Kegel imaginär. Mithin können wir obigen Satz auch folgendermassen aussprechen.

F a l l s d i e 4 K e g e l e i n e s r e e l l e n F l ä c h e n b ü s c h e l s 2. O r d n u n g m i t r e e l l e r G r u n d c u r v e r e e l l s i n d, s o t r i f f t, w e n n d i e V e r b i n d u n g s g e r a d e d e r S p i t z e n z w e i e r d i e s e r 4 K e g e l d i e b e i d e n a n d e r n K e g e l g l e i c h a r t i g t r i f f t, d. h. b e i d e r e e l l o d e r b e i d e i m a g i n ä r, a u c h d i e

Verbindungsgerade der Spitzen dieser beiden letzteren Kegel die beiden ersteren gleichartig.

Zweiter Fall. Zwei von den 4 Kegeln, $U_1$, $U_2$, sind reell, die beiden andern conjugirt imaginär, also $V_3$ $V_4$ reell.

Die Geradenpaare $u_3' u_3''$, $u_1' u_1''$ sind für alle Punkte $P$ imaginär. Es leuchtet bald ein, dass die Punkte ausserhalb $U_1$ und $U_2$ oder innerhalb beider Hyperboloidpunkte, die innerhalb des einen und ausserhalb des andern hingegen Ellipsoidpunkte sind.

Jede durch die reelle Gerade $V_3$ $V_4$ gelegte reelle Ebene $E_x$ schneidet aus $U_3$ und $U_4$ imaginäre Geradenpaare, mithin muss das dritte Paar in der Ebene reell, folglich $v_x$, welcher auf $V_1$ $V_2$ liegt, Hyperboloidpunkt sein, demnach liegt die Verbindungsgerade der Spitzen der beiden reellen Kegel entweder ausserhalb beider Kegel oder innerhalb beider, und die (reelle) Verbindungsgerade der Spitzen der beiden imaginären Kegel trifft entweder beide reellen Kegel reell oder beide imaginär.

Dritter Fall. Alle 4 Kegel sind imaginär und zwar $U_1$ $U_2$, $U_3$ $U_4$ conjugirt. Dann sind alle 4 Geradenpaare $u' u''$ imaginär. Das fünfte Geradenpaar $G' G''$ muss dann reell sein; d. h. alle reellen Flächen des Büschels sind solche mit reellen Geraden. Daraus schliessen wir, dass keine reelle Ebene die Grundcurve des Büschels in 4 imaginären Punkten schneiden kann, weil in einer solchen Ebene punktirte Geradenpaare auftreten und auf reelle Flächen des Büschels ohne reelle Geraden weisen würden. Dass es in einem reellen Flächenbüschel 2. Ordnung ohne reelle Kegel keine Flächen ohne reelle Geraden giebt, lässt sich auch noch auf andere Weise einsehen. Jede durch die reelle Gerade $V_1$ $V_2$ gelegte reelle Ebene hat zwei imaginäre Geradenpaare und fordert noch ein drittes reelles, folglich berühren alle durch $V_1$ $V_2$ gelegten reellen Ebenen Flächen des Büschels mit reellen Geraden, also die von $V_1$ $V_2$ an reelle Flächen des Büschels ohne reelle Geraden — wenn wir solche voraussetzen — gelegten Berührungsebenen sind imaginär, alle diese Flächen müssen demnach die Gerade $V_1$ $V_2$ reell treffen (Nr. 80). $V_3$ $V_4$ ist in derselben Lage wie $V_1$ $V_2$, also muss sie auch alle reellen

Flächen des Büschels ohne reelle Geraden reell treffen; aber $V_1 V_2$ und $V_3 V_4$ sind reciproke Polaren in Bezug auf alle Flächen des Büschels, demnach müssen sie sich in Betreff ihres Schneidens mit reellen Flächen ohne reelle Geraden entgegengesetzt verhalten (Nr. 80), was dem Obigen widerspricht; mithin können keine reellen Flächen ohne reelle Geraden in einem reellen Büschel 2. Ordnung ohne reelle Kegel vorausgesetzt werden.

97. Ist nun die Grundcurve eines reellen Flächenbüschels 2. Ordnung imaginär, so müssen nach Nr. 83 alle 4 Kegelspitzen reell sein; deswegen brauchen jedoch noch nicht die zugehörigen Kegel reell zu sein. Doch fand sich, dass höchstens 2 dieser reellspitzigen Kegel imaginär sein können.

Wir nehmen also zuerst an, zwei Kegel $U_1 U_2$ seien reell, die beiden andern imaginär mit reellen Spitzen, imaginär-reell. Die Geradenpaare $u_3' u_3''$, $u_4' u_4''$ sind für alle Punkte $P$ punktirt. Keine durch $V_1 V_2$ gelegte reelle Ebene kann beide Kegel $U_1$, $U_2$ in einem reellen Geradenpaare schneiden, weil da ja die 4 reellen Schnittpunkte der beiden Geradenpaare 4 reelle Punkte der Grundcurve wären, die doch imaginär ist. Also alle Punkte innerhalb des einen reellen Kegels liegen ausserhalb des andern. Ist nun $P$ ein Punkt ausserhalb der beiden Kegel $U_1$ und $U_2$, so sind die beiden Geradenpaare $u_1' u_1''$, $u_2' u_2''$ reell, mithin $G' G''$ auch reell, also $P$ ist ein Hyperboloidpunkt. Liegt hingegen $P$ innerhalb des einen reellen Kegels, also ausserhalb des andern, so ist eins der beiden Geradenpaare reell, das andere punktirt, folglich $G' G''$ punktirt und $P$ ist ein Ellipsoidpunkt.

Da keine der beiden Spitzen $V_1$, $V_2$ innerhalb des andern Kegels liegt, so befindet sich $V_1 V_2$ ausserhalb beider, und die reelle Gerade $V_3 V_4$ trifft beide reellen Kegel $U_1$ und $U_2$ reell.

Nehmen wir nun an, 3 Kegel $U_1 U_2 U_3$ wären reell, der vierte $U_4$ aber imaginär-reell. Das Geradenpaar $u_4' u_4''$ ist für jeden Punkt $P$ punktirt. Auch hier liegt jeder Punkt $P$, der innerhalb des einen reellen Kegels liegt, ausserhalb der beiden andern, so dass für einen solchen Punkt, der z. B. innerhalb $U_1$ sich befindet, $u_1' u_1''$ punktirt, $u_2' u_2''$, $u_3' u_3''$ reell sind. Mithin ist $G' G''$ reell und $P$ ein Hyperboloidpunkt. Doch jede durch $V_1$ $V_2$ gelegte reelle Ebene $E_x$, welche $U_1$ reell schneidet, trifft $U_2$ punktirt, also das dritte Geradenpaar in dieser Ebene ist punktirt. Sein Mittelpunkt $e_x$ ist demnach Ellipsoidpunkt, und da $V_2$ ausserhalb $U_1$ liegt, befindet sich $e_x$ innerhalb $U_1$; also während wir oben fanden, dass alle Punkte innerhalb $U_1$ Hyperboloidpunkte sind, finden wir jetzt doch unendlich viele Ellipsoidpunkte. Mithin ist der Fall, dass 3 Kegel reell sind, der vierte imaginär mit reeller Spitze, nicht möglich.

Wir kommen nun zum letzten Fall, dass alle 4 Kegel reell sind. Da enthält der Raum ausserhalb aller 4 Kegel Hyperboloidpunkte; die Räume hingegen innerhalb der einzelnen Kegel, welche nichts Gemeinsames haben, sind das Gebiet der Ellipsoidpunkte. Die Verbindungsgerade je zweier Spitzen liegt ausserhalb der beiden zugehörigen Kegel und trifft die beiden übrigen Kegel reell.

98. Wir wenden uns nun zu der Betrachtung der Grassmannschen Erzeugungsweise. Soll die nach derselben erzeugte cubische Fläche reell sein, so müssen nothwendig die 3 erzeugenden Ebenenbündel $P^1$, $P^2$, $P^3$ es sein, d. h. eine doppelt unendliche Anzahl reeller Ebenen enthalten. Das wird durch reelle Grundpunkte bewirkt. Ferner aber ist erforderlich, dass die collineare Beziehung zwischen den Bündeln eine reelle sei, d. h. dass jeder reellen Ebene eines Bündels reelle Ebenen in den beiden andern Bündeln entsprechen. Das wird bekanntlich dadurch erreicht, dass man 4 reellen Ebenen des einen Bündels, von denen keine 3 demselben Büschel angehören, 4 ebenso beschaffene reellen Ebenen in jedem der beiden andern Bündel entsprechen lässt. Dann hat die cubische Fläche doppelt unendlich viele reellen Punkte, ist reell. Nothwendig wird nun aber auch jeder reelle Punkt $X$ der cubischen Fläche durch reelle Ebenen veranlasst. Die reelle Gerade $l^1{}_x = P^1 X$ scheidet aus dem Bündel $P^1$ ein reelles Büschel aus, dessen Axe sie ist und dem in den andern Bündeln wegen der reellcollinearen Beziehung ebenfalls reelle Büschel um die (reellen) Axen $l^2{}_x$ und $l^3{}_x$ entsprechen. Die den Punkt $X$ erzeugende Ebene des Bündels $P^1$ gehört zum Büschel $l^1{}_x$, also die ent-

sprechenden in den Bündeln $P^2$ und $P^3$ zu den Büscheln $l^2_x$ und $l^3_x$, folglich sind sie, da sie durch den Punkt $X$ gehen, die reellen Ebenen $(l^2_x, X)$ und $(l^3_x, X)$, denen natürlich in $P^1$ auch eine reelle Ebene correspondirt.

Die 3 Curven $C^{12}$, $C^{13}$, $C^{23}$, welche durch je zwei der mit unsern reellen Ebenenbündeln verbundenen reellen Strahlenbündel erzeugt werden, sind auch reell. Die Curve $C^{12}$ z. B. ist der fernere Schnitt, welcher ausser der Geraden $P^1 P^2$ den beiden Kegeln gemeinsam ist, von denen der eine das Erzeugniss des zum Bündel $P^1$ gerechneten Ebenenbüschels um $P^1 P^2$ und seines entsprechenden in $P^2$, der andere das Erzeugniss des zum Bündel $P^2$ gerechneten Büschels um $P^1 P^2$ und seines entsprechenden im Bündel $P^1$ ist.*) Die erzeugenden Büschel sind reell und stehen in reell-projectivischer Beziehung, also sind auch die beiden Kegel reell, haben mithin ausser der reellen Kante $P^1 P^2$ noch die reelle Curve $C^{12}$ gemein (Nr. 81).

Wir durchschneiden nun die reelle cubische Fläche $F^3$ durch zwei reelle Ebenen $E$ und $E_1$; die Schnittcurven $C^3$ und $C^3_1$ sind reell (Nr. 85). Die die Punkte von $C^3$ erzeugenden Ebenen der 3 Bündel $P^1$, $P^2$, $P^3$ hüllen 3 Kegel 3. Klasse $K^1$, $K^2$, $K^3$ ein; da die die reellen Punkte von $C^3$ erzeugenden Ebenen reell sind, so befinden sich unter den Einhüllenden dieser Kegel unendlich viele reellen, also sind die Kegel selbst reell. Ebenso hüllen die Ebenen der 3 Bündel, welche die Punkte von $C^3_1$ veranlassen, 3 reelle Kegel $K^1_1$, $K^2_1$, $K^3_1$ ein. Die 9 gemeinschaftlichen Berührungsebenen von $K^1$ und $K^1_1$ entsprechen denen von $K^2$ und $K^2_1$ und denen von $K^3$ und $K^3_1$. Unter diesen 9 kommen die imaginären stets paarweise, und je zwei eines solchen Paars (conjugirte) treffen einander in einer reellen Geraden (No. 88). Die Wahl der beiden Ebenen $E$ und $E_1$ steht vollkommen frei; wir wählen sie so, dass ihre Schnittgerade der cubischen Fläche in 3 reellen Punkten begegnet. Die diese 3 Punkte erzeugenden Ebenen sind reelle gemeinschaftliche Berührungsebenen von $K^1$ und $K^1_1$, $K^2$ und $K^2_1$, $K^3$ und $K^3_1$. Die 6 übrigen der gemeinschaftlichen Tangentenebenen bei jedem

*) Man sehe Herrn Schröter's Abhandlung über Raumcurven 3. Klasse und 3. Ordnung Nr. 8 (Journal von Crelle-Borchardt Band 56).

der 3 concentrischen Kegelpaare seien $\mathfrak{A}_i^1$, $\mathfrak{A}_i^2$, $\mathfrak{A}_i^3$, wo $i$ alle Werthe von 1 bis 6 annimmt. Die mit demselben $i$ behafteten entsprechen einander und durchschneiden einander in der Geraden $G_i$. Da von den 9 gemeinschaftlichen Berührungsebenen jedes der 3 Kegelpaare 3 reelle ausgeschieden sind, so müssen unter den 6 Ebenen $\mathfrak{A}_i$ jedes der 3 Bündel die imaginären paarweise conjugirt vorkommen. Wegen der reellen collinearen Beziehung entspricht jeder reellen Ebenen $\mathfrak{A}_i$ des einen Bündels eine reelle Ebene $\mathfrak{A}_i$ jedes der beiden andern, also ist auch die Gerade $G_i$, die reellen Ebenen $\mathfrak{A}_i$ entspringt, reell. Sind $\mathfrak{A}_i^1$ und $\mathfrak{A}_k^1$ zwei conjugirte imaginären, so sind auch $\mathfrak{A}_i^2$ und $\mathfrak{A}_k^2$ und ebenso $\mathfrak{A}_i^3$ und $\mathfrak{A}_k^3$ conjugirt. Denn die der reellen Schnittgeraden $a_{ik}^1 = (\mathfrak{A}_i^1, \mathfrak{A}_k^1)$ entsprechenden Strahlen in $P^2$ und $P^3$ sind reell und müssen sowohl in $\mathfrak{A}_i^2$ resp. $\mathfrak{A}_i^3$, als in $\mathfrak{A}_k^2$ resp. $\mathfrak{A}_k^3$ liegen, so dass $\mathfrak{A}_i^2$, $\mathfrak{A}_k^2$ und ebenso $\mathfrak{A}_i^3$, $\mathfrak{A}_k^3$ sich reell durchschneiden.

Daraus folgt, dass die Gerade $G_i$, in der sich 3 imaginäre Ebenen $\mathfrak{A}_i$ begegnen, ganz imaginär ist. Denn wäre sie punktirt, so müsste ihr reeller Punkt auf der reellen Geraden jeder der 3 Ebenen $\mathfrak{A}_i$ liegen, mithin, wenn, wie oben, $\mathfrak{A}_k$ die conjugirten zu $\mathfrak{A}_i$ sind, auf den Geraden $a_{ik}$, so dass durch diesen Punkt auch die 3 Ebenen $\mathfrak{A}_k$ gingen, also auch die Gerade $G_k$. Da aber im Allgemeinen zwei Gerade $G$ einander nicht begegnen, so erhalten wir das Resultat: Auf einer nach der Grassmannschen Weise erzeugten reellen Fläche 3. Ordnung allgemeiner Art kann keine der Geraden $G$ punktirt sein.

Also sind die Geraden $G$ auf einer solchen Fläche entweder reell oder imaginär, und zwar beides in gerader Anzahl.

Es sei $G_i$ eine reelle Gerade $G$, so muss mindestens noch eine reell sein, dies sei $G_{i'}$; die Ebenen $\mathfrak{A}_i$ und $\mathfrak{A}_{i'}$ sind reell also auch die 3 Geraden $a_{ii'}$, mithin auch die Ebenenbüschel um diese und auch reell bezogen, also auch die Hyperboloide $H_{ii'}^{12} = (a_{ii'}^1, a_{ii'}^2)$ und $H_{ii'}^{13} = (a_{ii'}^1, a_{ii'}^3)$. Sie haben gemein die Geraden $G_i$, $G_{i'}$ $a_{ii'}^1$ und $g_{ii'}$; die 3 ersten sind reell, folglich auch die letzte. Also jede Gerade $g$, die zwei reelle Geraden $G$ trifft, deshalb ihre beiden Indices trägt, ist reell. Da nun $L_{i'}$ die dritte Gerade auf der cubischen Fläche in der

Ebene ($G_{i'}$, $g_{ii'}$) ist, so muss sie reell sein; ebenso muss aber $L_i$, die dritte Gerade in der Ebene ($G_{i'}$, $g_{ii'}$), reell sein. Folglich ist die einer reellen $G$ entsprechende Gerade $L$ (welche denselben Index hat) reell. —

Es seien wieder $G_i$ und $G_k$ zwei imaginäre Geraden $G$, die von conjugirten imaginären Ebenen $\mathfrak{A}_i$ und $\mathfrak{A}_k$ herrühren. Die 3 Geraden $a_{ik}$ sind reell, mithin auch die beiden Hyperboloide $H_{ik}^{12}$ und $H_{ik}^{13}$, denen die Geraden $a_{ik}^1$, $G_i$, $G_k$, $g_{ik}$ gemein sind. Die erste ist reell, die beiden nächsten sind imaginär, folglich muss die vierte Gerade, $g_{ik}$, reell, die beiden Geraden $G_i$ und $G_k$ aber müssen conjugirt sein, d. h. von jeder reellen Ebene in zwei derselben reellen Geraden angehörigen imaginären Punkten getroffen werden (Nr. 82).

Also: Wenn $G_i$ und $G_k$ von conjugirten Ebenen $\mathfrak{A}_i$ und $\mathfrak{A}_k$ herstammen, so sind sie selber conjugirt und die Gerade $g_{ik}$, die beide Geraden trifft, ist reell. $L_i$ und $L_k$ als dritte Geraden in den Ebenen ($G_k$, $g_{ik}$) und ($G_i$, $g_{ik}$) sind imaginär.

Es seien $G_{i'}$, $G_{k'}$ zwei andere Geraden $G$, die, wenn es auf der Fläche überhaupt reelle Geraden $G$ giebt, reell seien, oder wenn es keine giebt, conjugirt imaginär seien. Jedenfalls ist $g_{i'k'}$ reell. Die reelle Gerade $g_{ik}$ erzeugt mit $G_{i'}$, $G_{k'}$, zweien reellen oder conjugirten imaginären Geraden, ein reelles Hyperboloid (Nr. 92), welches die cubische Fläche noch in den 3 Geraden $L_i$ $L_k$ $g_{i'k'}$ durchschneidet. Jede reelle Ebene durchschneidet beide Flächen in reellen Curven, von deren 6 Schnittpunkten zwei, die auf $g_{ik}$ und $g_{i'k'}$, reell, zwei, die auf $G_{i'}$ $G_{k'}$, reell oder conjugirt imaginär sind; folglich müssen die beiden übrigen, die auf den imaginären Geraden $L_i$, $L_k$, auch conjugirt sein, demnach die Geraden $L_i$ $L_k$ conjugirt.

Also: Die zweien conjugirten imaginären Geraden $G_i$ und $G_k$ zugehörigen (denselben Index tragenden) Geraden $L_i$, $L_k$ sind auch conjugirt imaginär. —

Es sei $G_i$ eine reelle Gerade $G$, $G_l$ eine imaginäre; so ist auch $L_i$ reell, also $g_{il}$, die dritte Gerade in der Ebene ($G_l$, $L_i$), imaginär. Also die Gerade $g$, die eine reelle und eine imaginäre Gerade $G$ trifft, ist imaginär.

Da $G_i$ reell ist, so muss noch mindestens eine Gerade $G$: $G_{i'}$ reell sein; die conjugirte zu $G_l$ sei $G_m$, die beiden übrigen $G_p$, $G_q$

sind entweder beide reell oder conjugirt imaginär, also die 3 Geraden $g_{ii'}$, $g_{lm}$, $g_{pq}$ sicher reell. Weil $G_i$ reell ist, so ist auch $L_i$ reell; das Hyperboloid $[G_i\, L_i\, g_{pq}]$ ist reell; es durchschneidet die cubische Fläche noch in den 3 Geraden $g_{il}$, $g_{im}$, $g_{ii'}$, deren letzte reell ist. Es leuchtet nun ein, dass $g_{il}$, $g_{im}$ conjugirt sind.

Also: Zwei Gerade $g$, die dieselbe reelle Gerade $G$ treffen und deren je eine noch je eine von 2 conjugirten Geraden $G$ schneidet (oder welche gemeinschaftlich den Index einer reellen Geraden $G$ und dann noch einzeln die Indices zweier conjugirten Geraden $G$ tragen) sind conjugirt imaginär. —

Endlich sei $G_i$ eine imaginäre, $G_m$ ebenfalls eine imaginäre, aber nicht conjugirt zu $G_i$, so sind $L_i$ und $L_m$ auch beide imaginär und nicht conjugirt, die Gerade $g_{im}$, die dritte sowohl in der Ebene $(L_i\, G_m)$, als in der Ebene $(G_i\, L_m)$, muss entweder reell oder punktirt sein (Nr. 85). Wäre aber $g_{im}$ reell, so wäre sie ja die von einem imaginären Punkte der Geraden $G_i$ (oder $G_m$) ausgehende reelle Gerade, müsste mithin deren Conjugirte treffen, also 3 Gerade $G$, was keine Gerade $g$ thut. Also ist $g_{im}$ punktirt. Wir können das auch anders einsehen. Die 3 Geraden $a_{im}$ sind nicht reell, denn in jeder der Ebenen $\mathfrak{A}_i$ und $\mathfrak{A}_m$ ist nur die Gerade reell, in der die Ebene von ihrer conjugirten Ebene $\mathfrak{A}$ getroffen wird; sie besitzen aber in dem auf ihnen liegenden Punkte $P$ einen reellen Punkt, also sind sie punktirt. Durch jede von ihnen geht eine reelle Ebene $E_{im}$, welche 3 Ebenen, durch entsprechende Strahlen der Strahlenbündel gelegt, wegen der reellen Collinearität der Bündel einander entsprechen. Die Hyperboloide $H_{im}^{12}$ und $H_{im}^{13}$ sind imaginär, weil sie zugleich die punktirte Gerade $a_{im}^1$ und die reelle Gerade $c_{im}^{12} = (E_{im}^1, E_{im}^2)$, resp. $c_{im}^{13} = (E_{im}^1, E_{im}^3)$ enthalten. Auf dem ersteren liegt die reelle Raumcurve 4. Ordnung $(C^{12}, c_{im}^{12})$, auf dem letzteren $(C^{13}, c_{im}^{13})$, also auf keinem von beiden kann eine weitere reelle Gerade liegen. Die Gerade $g_{im}$, welche beiden gemeinschaftlich ist, ist demnach nicht reell; sie enthält aber den beiden Hyperboloiden gemeinsamen reellen Punkt $\varepsilon_{im}^{123} = (E_{im}^1, E_{im}^2, E_{im}^3)$, folglich ist sie punktirt.

Also die Gerade $g$, welche zweien nicht conjugirten imaginären Geraden $G$ begegnet, ist punktirt.

Wenn $G_k$ und $G_n$ die conjugirten Geraden zu $G_i$ und $G_m$

sind, so haben wir in den Ebenen $\mathfrak{A}_i\ \mathfrak{A}_k\ \mathfrak{A}_m\ \mathfrak{A}_n$ 4 imaginäre von den 9 zweien reellen Kegeln 3. Klasse gemeinsamen Berührungsebenen und zwar zwei Paare conjugirter; nach dem am Ende von Nr. 88 gegebenen Satze liegt die Durchschnittsgerade zweier nicht conjugirten von ihnen mit der der beiden diesen conjugirten in derselben reellen Ebene; also $a_{im}$ liegt mit $a_{kn}$ in derselben reellen Ebene, d. h. $E_{im}$ ist mit $E_{kn}$ identisch, also auch Punkt $\varepsilon_{im}^{123}$ mit Punkt $\varepsilon_{kn}^{123}$, demnach haben die beiden Geraden $g_{im}$ und $g_{kn}$ ihren reellen Punkt gemein, ebenso $g_{in}$ und $g_{km}$. Das lässt sich aber auch leicht daraus erkennen, dass sie, weil keinen Index gemein habend, einander schneiden und beide auch aus demselben Grunde derjenigen Geraden $g$ begegnen, welche die beiden noch übrigen Geraden $G$ trifft und welche, weil diese entweder conjugirt imaginär oder beide reell sind, reell ist. Also zwei Gerade $g$, von denen die eine zweien nicht conjugirten imaginären Geraden, die andere deren conjugirten begegnet, sind punktirt und haben ihren reellen Punkt gemein, treffen auch zugleich eine reelle Gerade $g$ und liegen deshalb in reeller Ebene.

99. Nachdem wir diese allgemeineren Bemerkungen vorausgeschickt haben, können wir wieder die einzelnen Gattungen, in welche die reellen durch die Grassmannsche Weise erzeugten cubischen Flächen nach der Realität der auf ihnen liegenden Geraden zerfallen, betrachten. Da stets eine gerade Anzahl der Geraden $G$ reell und imaginär ist, so ergeben sich hier nur 4 Gattungen:

I. Alle 6 Geraden $G$ sind reell. Dann sind wegen der eben gewonnenen Sätze auch alle 6 Geraden $L$ und alle 15 Geraden $g$ reell, also alle 27 Geraden reell. Wir erhalten die erste Gattung der zweiten Steinerschen Erzeugungsweise.

II. 4 Gerade $G$ reell, nämlich $G_1\ G_2\ G_3\ G_4$, die beiden übrigen, $G_5$, $G_6$, imaginär und conjugirt, demnach auch $L_1\ L_2\ L_3\ L_4$ reell, $L_5\ L_6$ conjugirt imaginär, ferner $g_{12}\ g_{13}\ g_{14}\ g_{23}\ g_{24}\ g_{34}$; $g_{56}$ reell; die ersten 6, weil sie zwei reelle Geraden $G$ treffen, die letzte, weil sie zwei conjugirte imaginären Geraden trifft; $g_{15}\ g_{16}$, $g_{25}\ g_{26}$, $g_{35}\ g_{36}$, $g_{45}\ g_{46}$, welche je eine reelle und eine imaginäre Gerade $G$ treffen, imaginär und zwar die zusammengestellten conjugirt, weil die von ihnen getroffenen imaginären Geraden $G$ conjugirt sind. Mithin befinden sich unter den 27 Geraden 15 reelle und 12 imaginäre. Jede reelle Gerade wird von 3 reellen und 2 imaginären Geradenpaaren getroffen; z. B. $G$,*) von $L_2\, g_{12}$, $L_3\, \bar{g}_{13}$, $L_4\, \bar{g}_{14}$; $\mathring{L}_5\, \mathring{g}_{15}$ $\mathring{L}_6\, \mathring{g}_{15}$. Da in den beiden imaginären Geradenpaaren $L_5\; g_{15}$, $L_6\; g_{16}$ sowohl $L_5$ und $L_6$, als $g_{15}$ und $g_{16}$ conjugirt sind, so muss die reelle Gerade, die von dem imaginären Punkte $(L_5, g_{15})$ ausgeht, sowohl $L_6$ als $g_{16}$ treffen, also durch den Punkt $(L_6, g_{16})$ gehen, demnach sind $L_5\, g_{15}$, $L_6\, g_{16}$ conjugirt imaginär. Die reelle Gerade $\bar{g}_{12}$ wird getroffen von $G_1\, L_2$, $G_2\, \bar{L}_1$, $\bar{g}_{34}\, \bar{g}_{56}$; $\mathring{g}_{35}\, \mathring{g}_{26}$, $\mathring{g}_{36}\, \mathring{g}_{25}$, $\bar{g}_{56}$ von $\bar{g}_{12}\, \bar{g}_{34}$, $\bar{g}_{13}\, \bar{g}_{24}\, \bar{g}_{14}\, \bar{g}_{23}$; $\mathring{G}_5\, \mathring{L}_6$, $\mathring{G}_6\, \mathring{L}_5$.

Wir erkennen leicht in dieser Gattung die vierte bei der zweiten Steinerschen Erzeugungsweise erhaltene.

III. 2 Gerade $G$ reell, nämlich $G_1\, G_2$, die 4 übrigen imaginär und zwar $G_3\, G_4$, $G_5\, G_6$ conjugirt. Demnach sind auch $L_1\, L_2$ reell, $L_3\, L_4$, $L_5\, L_6$ conjugirt imaginär, ferner $g_{12}$; $g_{34}$, $g_{56}$ reell, $g_{13}\, g_{14}$, $g_{23}\, g_{24}$, $g_{15}\, g_{16}$, $g_{25}\, g_{26}$ conjugirt imaginär, endlich $g_{35}\, g_{46}$, $g_{36}\, g_{45}$, welche je zwei nicht conjugirte imaginären Geraden treffen, punktirt und zwar die zusammengestellten mit gemeinsamem reellen Punkte. Beide Paare begegnen der Geraden $g_{12}$. Also liegen auf der Fläche 7 reelle, 4 punktirte, 16 imaginäre Geraden. Eine der reellen Geraden, $\dot{g}_{12}$, wird von 3 reellen und 2 punktirten Geradenpaaren getroffen: $\bar{G}_1\, \bar{L}_2$, $\bar{G}_2\, L_1$, $\bar{g}_{34}\, \bar{g}_{56}$; $\overset{\frown}{\dot{g}_{35}\, \dot{g}_{46}}$, $\overset{\frown}{\dot{g}_{36}\, \dot{g}_{45}}$, liegt also in 5 reellen Dreieckebenen; an jeder der 6 übrigen reellen Geraden aber hängen ein reelles und zwei Paare conjugirter imaginären Geradenpaare, z. B. an $G_1$ hängen: $L_2\; g_{12}$; $\mathring{L}_3\, \mathring{g}_{13}$ $\mathring{L}_4\, \mathring{g}_{14}$; $\mathring{L}_5\, \mathring{g}_{15}$ $\mathring{L}_6\, \mathring{g}_{16}$, an $g_{34}$: $\bar{g}_{12}\, \bar{g}_{56}$; $\mathring{G}_3\, \mathring{L}_4$, $\mathring{G}_4\, \mathring{L}_3$; $\mathring{g}_{15}\, \mathring{g}_{26}$, $\mathring{g}_{16}\, \mathring{g}_{25}$. Die eben gefundene Gattung ist demnach mit der zweiten oder sechsten der zweiten Steinerschen Erzeugungsweise identisch.

---

*) Es bedeute, wie bei Herrn August, — über eine Gerade gesetzt, dass sie reell sei, . , dass sie punktirt, ∘ , dass sie imaginär sei, . ⌒ . oberhalb zweier punktirten Geraden, dass sie ihren reellen Punkt gemein haben.

IV. Alle 6 Geraden $G$ imaginär und zwar $G_1 G_2$, $G_3 G_4$, $G_5 G_6$ conjugirt, dann sind auch $L_1 L_2$, $L_3 L_4$, $L_5 L_6$ conjugirt imaginär. Ferner $g_{12}$, $g_{34}$, $g_{56}$ sind reell, alle übrigen $g$ treffen zwei nicht conjugirte Geraden $G$, sind mithin punktirt und zwar haben $g_{35}\, g_{46}$, $g_{36}\, g_{45}$; $g_{15}\, g_{26}$, $g_{16}\, g_{25}$; $g_{13}\, g_{24}$, $g_{14}\, g_{23}$ je denselben reellen Punkt; die beiden ersten Paare treffen $g_{12}$, die beiden nächsten $g_{34}$, die beiden letzten $g_{56}$. Es liegen also auf einer Fläche dieser Gattung 3 ein Dreieck bildende reellen Geraden ($g_{12}\, g_{34}\, g_{56}$), 12 punktirte, 12 imaginäre Geraden. Jede der 3 reellen Geraden wird von einem reellen, zwei punktirten und zwei conjugirten imaginären Geradenpaaren getroffen, z. B. $g_{12}$ von: $g_{34}$ $\bar{g}_{56}$, $\widehat{\dot{g}_{35}\, \dot{g}_{46}}$; $\widehat{\dot{g}_{36}\, \dot{g}_{45}}$; $\mathring{G}_1$ $\bar{\mathring{L}}_2$, $\mathring{G}_2$ $\bar{\mathring{L}}_1$. Diese Gattung reproduzirt uns mithin die fünfte der zweiten Steinerschen Erzeugungsweise.

Die dritte bei dieser Erzeugungsweise erhaltene Gattung der cubischen Flächen, auf welcher sich drei reelle ein Dreieck bildende Geraden und 24 punktirte befinden, ist durch die Grassmannsche Erzeugungsweise nicht herzustellen, weil die Geraden $G$ nicht punktirt sein können, so lange sie noch alle gegen einander windschief sein sollen und man sich reeller und in reeller Collinearität stehender Bündel bedient.

100. Betrachten wir nun noch die erste Steinersche Erzeugungsweise. Wir nehmen zuvörderst die 9 Geraden $a$, in denen die beiden Trieder einander durchschneiden, reell an, damit man in jeder durch den (reellen) Punkt $P$ gehenden reellen Ebene reelle Punkte zur Construction der cubischen Curve habe, welche auf der cubischen Fläche liegt. Sind die 9 Geraden $a$ reell, so sind auch die 6 Triederebenen reell, aber auch die 6 einflächigen Hyperboloide $H$, da für jedes 3 reelle Geraden der einen Schaar gegeben sind. Ein reelles Hyperboloid aber, welches mit einer reellen Fläche 3. Ordnung drei reelle Geraden gemein hat, durchschneidet sie noch entweder in drei reellen Geraden oder in einer reellen und zwei conjugirten imaginären Geraden. Eins der Hyperboloide, z. B. das aus dem Tripel $a^1{}_1\, a^2{}_2\, a^3{}_3$ hervorgegangene $H_1$, durchschneide die cubische Fläche noch in 3 reellen Geraden $g_1'\, g_1''\, g_1'''$.

Jede der Geraden $g_4'$ $g_5'$ $g_6'$ liegt mit $g_1'$ und einer Geraden $a$ in derselben Ebene, also müssen diese Geraden reell sein; ebenso zeigt sich dies für die Geraden $g_1''$ $g_5''$ $g_6''$ und $g_1'''$ $g_5'''$ $g_6'''$. Nun liegt aber auch $g_2'$ und $g_3'$ mit $g_4'$ und je einer Geraden $a$ in derselben Ebene, also sind sie reell, ebenso $g_2''$, $g_3''$, $g_2'''$, $g_3'''$. Schneidet mithin eins der 6 Hyperboloide die cubische Fläche noch in 3 reellen Geraden, so thun dies alle. Und daraus folgt: Schneidet eins der 6 Hyperboloide die cubische Fläche in einer reellen und zwei conjugirten imaginären Geraden, so thun dies alle.

Wir erhalten demnach, wenn bei der ersten Steinerschen Erzeugungsweise reelle Trieder gegeben werden, durch dieselbe nur 2 Gattungen der cubischen Fläche: die eine mit 27 reellen Geraden, also die erste sowohl bei der zweiten Steinerschen als bei der Grassmannschen Erzeugungsweise, die andere mit 15 reellen Geraden, den 9 Geraden $a$ und den 6 einfach accentuirten Geraden $g$, und 12 imaginären Geraden, den doppelt und dreifach accentuirten Geraden $g$, unter denen stets die mit demselben Index behafteten conjugirt sind. Jede reelle Gerade wird von 3 reellen und 2 imaginären Geradenpaaren getroffen, z. B. $\bar{a}^1_1$ von: $\bar{a}^1_2$ $\bar{a}^1_3$, $\bar{a}^2_1$ $\bar{a}^3_1$, $g_1'$ $g_6'$; $\bar{\bar{g}}_1''$ $\bar{\bar{g}}_6''$, $\mathring{\bar{g}}_1'''$ $\bar{\bar{g}}_6'''$, oder $\bar{g}_1'$ von: $\bar{a}^1_1$ $\bar{g}_6'$, $\bar{a}^2_2$ $\bar{g}_4'$, $\bar{a}^3_3$ $\bar{g}_5'$; $\mathring{g}_2''$ $\bar{\bar{g}}_3'''$, $\mathring{\bar{g}}_3''$ $\mathring{\bar{g}}_2'''$. Diese Gattung ist mithin mit der vierten bei der zweiten Steinerschen Erzeugungsweise oder der zweiten bei der Grassmannschen identisch.

101. Durch die Betrachtung der 3 hauptsächlichsten Erzeugungsweisen, die wir überhaupt behandelt haben, sind wir zu 5 Gattungen allgemeiner reellen cubischen Flächen gekommen, welche jedoch allein bei der zweiten Steinerschen Erzeugungsweise sämmtlich auftreten, so dass diese als die allgemeinste von allen dreien anzusehen ist. Gattung (𝔄) hat 27 reelle Geraden, Gattung (𝔅) 15 reelle und 12 imaginäre, Gattung (ℭ) 7 reelle, 4 punktirte, 16 imaginäre, Gattung (𝔇) 3 reelle, 24 punktirte und Gattung (𝔈) 3 reelle, 12 punktirte, 12 imaginäre.

Bei den Flächen, welche punktirte Geraden besitzen, also bei denen der drei letzten Gattungen, verdienen die Dreieckebenen, welche eine reelle und 2 ihren reellen Punkt gemein habende punktirten Geraden enthalten, eine besondere Erwähnung. Sie berühren, wie schon früher gesagt, die Fläche in zwei imaginären und einem reellen Punkte und zwar in dem letzteren ellipsoidisch oder isolirt. Bei den Flächen der Gattung (𝔈) giebt es nur 2 solche Ebenen; bei denen der Gattung (𝔈) 6, deren reelle Berührungspunkte die Ecken eines vollständigen Vierseits sind. Bei den Flächen der Gattung (𝔇) giebt es 12 derartige Ebenen. Die Berührungspunkte liegen sechszehnmal je drei auf einer Geraden, und diese 16 Geraden bilden zwölfmal je vier ein Vierseit, dessen Ecken Punkte isolirter Berührung sind.*)

Bei den Flächen der Gattung (𝔅) wird jede reelle Gerade von 6 andern reellen getroffen, mithin von 8 reellen Geraden nicht, so dass es $\frac{15 \, . \, 8}{2} = 60$ reelle Dupel auf einer solchen Fläche giebt. Jedes reelle Dupel wird von 3 reellen Geraden vollständig, von 6 einmal, mithin von 4 reellen Geraden gar nicht getroffen, woraus folgt, dass es $\frac{60 \, . \, 4}{3} = 80$ reelle Tripel auf einer Fläche der Gattung (𝔅) giebt. Es giebt ferner auf ihr $\frac{15 \, . \, 3}{3} = 15$ reelle Dreiecke; jedes derselben hat mit $3 \, . \, 2 = 6$ andern reellen Dreiecken eine Seite gemein, also mit 8 keine Seite, demnach giebt es $\frac{1}{2} . \frac{15 \, . \, 8}{2 \, . \, 3} = 10$ reelle Triederpaare auf der Fläche. Jedes derselben kann ersichtlich nach Anleitung der ersten Steinerschen Erzeugungsweise zur Construction der Fläche verwandt werden. Ausserhalb jedes derselben steht ein reelles Doppeldrei $(g_1' \, g_2' \, g_3' ; \, g_4' \, g_5' \, g_6')$. Also giebt es auf einer Fläche der Gattung (𝔅) 10 reelle Doppeldreien, oder 20 reelle Tripel, deren zugeordnete Tripel wieder reell sind. Die 60 übrigen reellen Tripel stecken zu je 6 in den 10 reellen Triederpaaren und haben zu zugeordneten Tripeln je drei Gerade $g' \, g'' \, g'''$, also eine reelle und zwei conjugirte imaginären Geraden. Jedes der 20 reellen Tripel, deren zugeordnete auch reell sind, wird also von drei reellen Geraden vollständig, von keiner reel-

---

*) Herrn August's Dissertatio de superficiebus tertii ordinis § 27.

len Geraden zweimal, von 9 einmal, mithin von keiner reellen Geraden gar nicht getroffen; sie liefern also keine reellen Quadrupel. Hingegen die 60 übrigen reellen Tripel, deren zugeordnete je aus einer reellen und zwei conjugirten imaginären Geraden bestehen, werden je von einer reellen Geraden vollständig, von 6 zweimal, von 3 einmal, demnach von 2 reellen Geraden gar nicht getroffen. Sie liefern folglich 2 reelle Quadrupel; so dass es im Ganzen $\frac{60 \cdot 2}{4} = 30$ reelle Quadrupel giebt. Da eine reelle Gerade nur 3 Geradenpaare trifft, so kann sie nicht 4 windschiefen Geraden begegnen; also sind die beiden Schneidenden jedes der 30 reellen Quadrupel 2 imaginäre, natürlich conjugirte Geraden (Nr. 82). Jedes reelle Quadrupel wird von keiner reellen Geraden vollständig, von 4 dreimal, von 6 zweimal, von keiner einmal, demnach von einer gar nicht getroffen, folglich liefert das Quadrupel ein reelles Quintupel und es giebt im Ganzen $\frac{30 \cdot 1}{5} = 6$ reelle Quintupel. Die gegen das Quadrupel windschiefe reelle Gerade ist es auch gegen das Tripel, aus dem das Quadrupel hergeleitet, also ist sie die zweite reelle windschiefe gegen dasselbe, giebt demnach mit ihm das zweite reelle Quadrupel. Also die beiden gegen ein reelles Tripel windschiefen reellen Geraden der Fläche sind auch gegen einander windschief, und jedes reelle Tripel der zweiten Art liefert nur ein reelles Quintupel (die Anzahl der Quintupel $= \frac{60}{10}$, denn 10 ist die der in einem Quintupel enthaltenen Tripel) oder die beiden aus einem reellen Tripel der zweiten Art hervorgehenden reellen Quadrupel liefern dasselbe reelle Quintupel. Da gegen ein reelles Tripel höchstens 2 reelle Geraden windschief liegen, giebt es keine reellen Sextupel.

Die 12 imaginären Geraden einer Fläche der Gattung ($\mathfrak{B}$) bilden ein Doppelsechs:

(zweite Steinersche Erzeugungsweise): $\begin{matrix} d' & c'' & r_4' & \varrho_3' & \varrho_4'' & r_3'' \\ c' & d'' & r_3' & \varrho_4' & \varrho_3'' & r_4'', \end{matrix}$

(Grassmannsche Erzeugungsart): $\begin{matrix} g_{15} & g_{25} & g_{35} & g_{45} & G_6 & L_6 \\ g_{16} & g_{26} & g_{36} & g_{46} & G_5 & L_5. \end{matrix}$

(erste Steinersche Erzeugungsart): $g_1'' \; g_2'' \; g_3'' \; g_4''' \; g_5''' \; g_6'''$
$g_1''' \; g_2''' \; g_3''' \; g_4'' \; g_5'' \; g_6''$.

Die Conjugirten stehen unter einander, gehören verschiedenen Sextupeln an. Genauer: Nimmt man eine Gerade aus einem Sextupel heraus, so ist ihre Conjugirte die Schneidende des übrigen bleibenden Quintupels, oder kürzer: Die Conjugirte einer imaginären Geraden auf einer cubischen Fläche der Gattung ($\mathfrak{B}$) ist ihre Gegengerade im Doppelsechse, das durch die 12 imaginären Geraden gebildet wird. Dieses Doppelsechs liefert 12 Quintupel mit je einer (imaginären) Schneidenden. Jede imaginäre Gerade wird von 5 windschiefen reellen und 5 windschiefen imaginären Geraden getroffen. Die 5 Geraden, die der Schneidenden jedes der eben genannten 12 Quintupel noch begegnen, sind also reell und bilden ein Quintupel mit zwei Schneidenden. Diese so entstehenden Quintupel sind unsere obigen 6. Also sind die 6 reellen Quintupel einer Fläche der Gattung ($\mathfrak{B}$) solche mit zwei, natürlich imaginären Schneidenden.

Bei den Flächen der Gattung ($\mathfrak{C}$) können nur aus den 6 reellen Geraden, die alle von der siebenten ausgezeichneten getroffen werden, reelle Tripel gebildet werden; mithin giebt es 4 reelle Tripel, deren zugeordnete stets aus der siebenten ausgezeichneten und zwei conjugirten imaginären Geraden bestehen. Reelle Quadrupel giebt es nicht, da die 6 Geraden 3 Geradenpaare bilden. Jede imaginäre Gerade wird von 3 reellen, 2 punktirten und 5 imaginären getroffen. Die 3 reellen und 2 punktirten bilden ein Quintupel, das ausser von der imaginären Geraden noch von der ausgezeichneten reellen getroffen wird, folglich ist das Quintupel der 5 imaginären Geraden eins, das nur von der imaginären Geraden vollständig getroffen wird und gegen das die ausgezeichnete reelle Gerade windschief ist. Da diese reelle Gerade selbst keiner imaginären, die 6 andern und die 4 punktirten aber 4 imaginären Geradenpaaren, also nie 5 windschiefen imaginären Geraden begegnen, so kann ein nur aus imaginären Geraden bestehendes Quintupel nur von einer imaginären Geraden vollständig geschnitten werden. Ist es eins mit einer Schneidenden, so ist, wie sich oben fand, die Windschiefe die ausgezeichnete reelle Gerade. Folglich giebt es auf einer Fläche der Gattung ($\mathfrak{C}$) kein nur aus imaginären Geraden zusammengesetztes Sextupel. Auch geht aus dem Vorhergehenden hervor, dass es kein ganz imaginäres Quintupel mit zwei Schneidenden giebt.

Bei den Flächen der Gattung (𝔗) kann, da es nur 3 ein Dreieck bildende reellen Geraden giebt, nicht einmal von reellen Dupeln die Rede sein. Wir wollen untersuchen, wie viele Sextupel sich aus den 24 punktirten Geraden bilden lassen. Wir bedienen uns der Bezeichnungen der zweiten Steinerschen Erzeugungsweise, bei welcher allein ja diese Gattung auftritt. Von den 8 punktirten Geraden $b, c, d, e$ können keine 4 windschiefen in einem nur aus punktirten Geraden bestehenden Sextupel sich befinden. Denn die 3 Windschiefen zu 4 solchen Geraden, z. B. $b' c' d' e'$ enthalten unter sich die beiden reellen Geraden $a' a''$ (für das Beispiel sind sie $a' a'' \varrho_1'$), also das aus $a' b' c' d'$ hervorgehende Sextupel enthält gewiss eine der beiden Geraden $a', a''$. Auch nicht 3 windschiefe der 8 Geraden $b, c, d, e$ können in einem „punktirten" Sextupel vorhanden sein, z. B. $b' c' d'$, denn die 6 Windschiefen zu diesen sind $a' a'' e' e'' \varrho_1' \varrho_1''$, und da weiter keine der Geraden $b\ c\ d\ e$ und auch nicht die Geraden $a$ im Sextupel auftreten können, wie oben bewiesen, so ist kein punktirtes mit $b' c' d'$ möglich, da $\varrho_1' \varrho_1''$ allein es nicht vervollständigen. Also bleiben uns die Fälle zur Constitution eines punktirten Sextupels: 2 der 8 Geraden $b, c, d, e$ und 4 Gerade $(r, \varrho)$ und eine der 8 Geraden $b, c, d, e$ und 5 Gerade $(r, \varrho)$. Im letzteren Falle muss die Schneidende des von den 5 Geraden $(r, \varrho)$ gebildeten Quintupels eine punktirte Gerade sein, da jede der 3 reellen Geraden nur 4 punktirten Geradenpaaren begegnet. Diese Schneidende muss selbst eine Gerade $(r, \varrho)$ sein, denn keine der 8 Geraden $b, c, d, e$ begegnet 5 windschiefen Geraden $(r, \varrho)$. Jede Gerade $(r, \varrho)$ trifft ein Quintupel von Geraden $(r, \varrho)$ und ein Quintupel von Geraden $a, b, c, d, e$. Das letztere wird von der reellen Geraden $A$ getroffen, welche demnach gegen das erstere windschief ist. Folglich kann ein aus Geraden $(r, \varrho)$ bestehendes Quintupel nur durch die reelle Gerade $A$ zum Sextupel vervollständigt werden. Also bleibt zur Constitution eines punktirten Sextupels nur die Zusammensetzung von 2 windschiefen der 8 Geraden $b, c, d, e$ und 4 Geraden $(r, \varrho)$ übrig. Gehen wir von $b' c'$ aus, so befinden sich unter den Geraden $(r, \varrho)$ nur 4 gegen $b' c'$ windschiefe, die es auch unter sich sind, nämlich $\varrho_1' \varrho_2' \varrho_3'' \varrho_4''$, so dass sich das Sextupel: $b'\, c'\, \varrho_1'\, \varrho_2'\, \varrho_3''\, \varrho_4''$ ergiebt. Je zwei der 8 Geraden $b, c, d, e$ liefern nur ein Sextupel; da sich diese 8 Geraden $4 \times \frac{4 \cdot 3}{1 \cdot 2} = 24$ mal zu je zwei windschiefen zusammenstellen lassen, so ergeben sich 24 punktirte Sextupel. Jede der 3 reellen Geraden wird von je zweien der 6 Geraden eines punktirten Sextupels getroffen. Die Schneidende jedes der Quintupel eines solchen Sextupels ist wieder punktirt, also ist das zugeordnete Sextupel eines punktirten Sextupels auch punktirt. Die 24 punktirten Sextupel geben demnach 12 punktirte Doppelsechse. Das obige Sextupel liefert das Doppelsechs:

$$\begin{matrix} b' & c' & \varrho_1' & \varrho_2' & \varrho_3'' & \varrho_4'' \\ c'' & b' & r_2' & r_1' & r_4'' & r_3''. \end{matrix}$$

Ein anderes ist z. B.

$$\begin{matrix} b' & c'' & \varrho_1'' & \varrho_2'' & \varrho_3' & \varrho_4' \\ c' & b'' & r_2'' & r_1'' & r_4' & r_3'. \end{matrix}$$

Keinesfalls setzen je zwei der 12 Doppelsechse die 24 punktirten Geraden zusammen, was man aus der Vergleichung der beiden folgenden mit den obigen erkennt:

$$\begin{matrix} d' & e' & \varrho_1' & r_2' & r_1'' & \varrho_2'' \\ e'' & d'' & \varrho_2' & r_1' & r_2'' & \varrho_1'' \end{matrix} \quad \text{und} \quad \begin{matrix} d' & e'' & \varrho_3' & r_4' & r_3'' & \varrho_4'' \\ e' & d'' & \varrho_4' & r_3' & r_4'' & \varrho_3''. \end{matrix}$$

Bei den Flächen der Gattung (𝔙), welche 3 reelle, 12 punktirte und 12 imaginäre Geraden enthalten, bilden die imaginären Geraden ein Doppelsechs:

(zweite Steinersche Erzeugungsart): $\begin{matrix} d' & e', & \varrho_1' & r_2', & r_1'' & \varrho_2'' \\ e'' & d'', & \varrho_2' & r_1', & r_2'' & \varrho_1'', \end{matrix}$

(Grassmannsche Erzeugungsart): $\begin{matrix} G_1 & G_2, & G_3 & G_4, & G_5 & G_6 \\ L_1 & L_2, & L_3 & L_4, & L_5 & L_6. \end{matrix}$

Hier ist jedes der beiden Sextupel aus 3 Paaren conjugirter Geraden zusammengesetzt.

Die punktirten dagegen bilden kein Doppelsechs, ja auch nicht ein einfaches Sextupel lässt sich aus ihnen zusammenstellen, selbst nicht einmal ein Quintupel mit einer Schneidenden. Alle Sextupel, die aus nicht reellen Geraden bestehen, sind aus einer geraden Anzahl punktirter und einer geraden Anzahl imaginärer Geraden — und zwar kommen von den letzteren mindestens zwei vor — zusammengesetzt, wie das die Schemata der Sextupel in der vorigen Betrachtung beweisen.

102. Etwas umständlich, aber ohne erhebliche Schwierigkeiten lässt sich finden, dass es bei allen 5 Gattungen zu-

sammen 13 Arten Triederpaare giebt. Bezeichnen wir wieder, wie in Nr. 99, mit —, ·, : eine reelle, punktirte, imaginäre Gerade, mit ⁀ oder ( zwei den reellen Punkt gemein habende punktirten Geraden und mit / oder \ zwei conjugirte imaginären Geraden, so sind diese 13 Arten die folgenden:

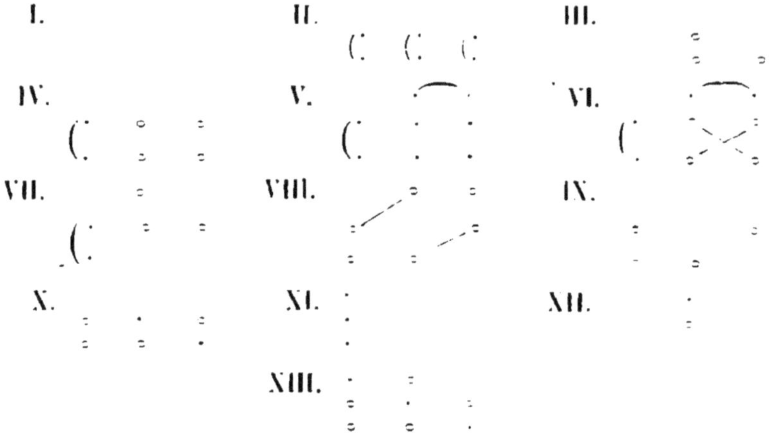


Die folgende Tafel zeigt, wie viele Triederpaare von jeder Art sich bei jeder der 5 Gattungen befinden.

| | 𝔄 | 𝔅 | ℭ | 𝔇 | 𝔈 |
|---|---|---|---|---|---|
| I. | 120 | 10 | | | |
| II. | | | | 16 | 4 |
| III. | | 90 | 12 | | |
| IV. | | | 24 | | 12 |
| V. | | | | 72 | 6 |
| VI. | | | 4 | | 6 |
| VII. | | | | | 18 |
| VIII. | | 20 | 8 | | |
| IX. | | | 48 | | |
| X. | | | 24 | | 12 |
| XI. | | | | 32 | |
| XII. | | | | | 24 |
| XIII. | | | | | 8 |
| | 120 | 120 | 120 | 120 | 120 |

Keine Art von Triederpaaren findet sich demnach bei mehr als 2 Gattungen.

103. In Nr. 100 haben wir der ersten Steinerschen Erzeugungsweise Triederpaare mit reellen Ebenen zu Grunde gelegt; da erhielten wir nur 2 Gattungen der cubischen Fläche, (𝔄) und (𝔅), die ja auch nach der eben aufgestellten Tafel allein Triederpaare mit nur reellen Ebenen enthalten. Wir wollen nun der ersten Steinerschen Erzeugungsweise andere Triederpaare zu Grunde legen; es handelt sich nur darum, wie fixiren wir dieselben und hauptsächlich die Geraden, in denen die Trieder einander durchschneiden und welche ja die eigentlichen Data der Construction sind. Wir werden uns aus den 13 Arten der Triederpaare solche heraussuchen, bei denen wenigstens einige Ebenen reell sind, und die noch nicht durch diese fixirten Geraden durch reelle Flächen zweiter Ordnung fixiren.

Benutzen wir z. B. die Triederpaare von der Art II:

(:   (:   (:,

welche bei den beiden letzten Gattungen auftreten, bei (𝔇) sechzehnmal, bei (𝔈) viermal. Das eine Trieder hat drei reelle Ebenen mit reell-punktirten Dreiseiten, das andere nur eine reelle Ebene mit einem reellen Dreiseite.

Es sei $F'$ eine reelle Fläche 2. Ordnung ohne reelle Geraden; $T_1$ und $T_2$ die (reellen) Tangentenebenen an sie in den reellen Punkten $\mathfrak{a}_1$ und $\mathfrak{a}_2$, welche aus der Fläche $F'$ die punktirten Geradenpaare $a^1{}_1\, a^2{}_1$ und $a^1{}_2\, a^2{}_2$ ausschneiden, deren reelle Mittelpunkte $\mathfrak{a}_1$ resp. $\mathfrak{a}_2$ sind. $a^1{}_1$ und $a^2{}_2$ mögen zu der einen Schaar, $a^1{}_2$ und $a^2{}_1$ zu der andern gehören, so dass sich auch $a^1{}_1$ und $a^1{}_2$ einerseits und $a^2{}_1$ und $a^2{}_2$ andererseits schneiden. Es sei nun $F''$ eine zweite reelle Fläche 2. Ordnung, welche mit $F'$ das Geradenpaar $a^1{}_1\, a^2{}_1$ und demnach die Berührungsebene $T_1$ im Punkte $\mathfrak{a}_1$ gemein hat; wie diese construirt gedacht werden kann, soll bald besprochen werden. Die reelle Gerade $\mathfrak{a}_1\mathfrak{a}_2$ treffe $F''$ zum zweiten Male ausser in $\mathfrak{a}_1$ in dem reellen Punkte $\mathfrak{a}_3$. Die (reelle) Tangentenebene $T_3$ in $\mathfrak{a}_3$ an $F''$ schneidet diese Fläche in dem punktirten Geradenpaare $a^1{}_3\, a^2{}_3$, dessen reeller Mittelpunkt $\mathfrak{a}_3$ ist. Je eine der Geraden $a^1{}_3$, $a^2{}_3$ muss eine der Geraden $a^1{}_1$, $a^2{}_1$ treffen, da jene mit diesen auf derselben Fläche $F''$ liegen; es mögen also $a^1{}_1$ und $a^1{}_3$ einander begegnen und ebenso $a^2{}_1$ und $a^2{}_3$. Die Geraden $a^1{}_2$ und $a^1{}_3$ schneiden demnach beide sowohl $a^1{}_1$ als auch die Gerade $\mathfrak{a}_1\,\mathfrak{a}_2\,\mathfrak{a}_3$, welche beiden Geraden auch einander schneiden, mithin liegen $a^1{}_1\,a^1{}_2\,a^1{}_3$ in derselben Ebene $E^1$, welche imaginär ist, weil sie die reellen Ebenen $T$ in punktirten Geraden trifft; ebenso liegen $a^2{}_1\,a^2{}_2\,a^2{}_3$ in einer imaginären Ebene $E^2$. Die beiden Ebenen $E^1$ und $E^2$ durchschneiden einander in der reellen Geraden $\mathfrak{a}_1\,\mathfrak{a}_2\,\mathfrak{a}_3$. Es sei endlich $E^3$ eine reelle Ebene, welche die 3 Ebenen $T$ in den reellen Geraden $a^3{}_1\,a^3{}_2\,a^3{}_3$ trifft; so haben wir 2 Trieder: $E^1\,E^2\,E^3$ und $T_1\,T_2\,T_3$, deren 9 Durchschnittsgerade sind:

$$\begin{matrix} \bar{a}^3{}_1 & \bar{a}^3{}_2 & \bar{a}^3{}_3 \\ \left(\begin{matrix} \dot{a}^2{}_1 \\ \dot{a}^1{}_1 \end{matrix}\right. & \left(\begin{matrix} \dot{a}^2{}_2 \\ \dot{a}^1{}_2 \end{matrix}\right. & \left(\begin{matrix} \dot{a}^2{}_3 \\ \dot{a}^1{}_3. \end{matrix}\right. \end{matrix}$$

Somit ist durch reelle Gebilde ein Triederpaar von der Art II fixirt.

Ehe wir weiter gehen, haben wir noch zu zeigen, wie eine Fläche $F''$ construirt werden kann, welche mit $F'$ das punktirte Geradenpaar $a^1{}_1\,a^2{}_1$ gemein hat. Es sei $T$ eine beliebige reelle Ebene, die die Fläche $F'$ in dem reellen oder imaginären Kegelschnitte $K$ durchschneidet. $F''$ braucht also nur zu dem durch die beiden Flächen $F'$ und $(T_1, T)$ constituirten Büschel zu gehören, um das punktirte Geradenpaar $a^1{}_1\,a^2{}_1$, welches mit dem Kegelschnitte $K$ dessen Grundcurve bildet, zu enthalten, und die Flächen dieses Büschels werden leicht durch die Involution construirt. Nehmen wir zur Ebene $T$ die Ebene $T_2$ des punktirten Geradenpaars $a^1{}_2\,a^2{}_2$, welches dann an die Stelle von $K$ tritt, so haben wir in $F'$, $(T_1, T_2)$ die beiden Constituenten des Büschels der Flächen, welche durch die beiden punktirten Geradenpaare $a^1{}_1\,a^2{}_1$, $a^1{}_2\,a^2{}_2$ gehen.

Man sieht leicht ein, dass, wenn 2 Flächen 2. Ordnung $F'$ und $F''$ einen Kegelschnitt $K$ gemein haben und sich in einem Punkte $\mathfrak{a}_1$ berühren, die Berührungsebene beide Flächen in demselben Geradenpaare schneidet, nämlich in den beiden Geraden, welche den Berührungspunkt $\mathfrak{a}_1$ mit den beiden Punkten verbinden, in denen die Berührungsebene den Kegelschnitt $K$ trifft.

Auf die Allgemeinheit der Flächen 2. Ordnung, deren man sich zur Fixirung der Geraden des Triederpaars bedient, kommt es nicht an; man kann dazu Flächen ganz specieller Art wählen, wenn sie nur in unserm Falle nicht mit reellen Geraden behaftet sind. Solche Flächen sind die Kugeln. Alle Kugeln haben einen auf der unendlich entfernten Ebene liegenden imaginären Kreis $C_\infty$ gemein; demnach werden zwei einander berührende Kugeln durch die gemeinschaftliche Tangentenebene in demselben punktirten Geradenpaare geschnitten. Also zwei reelle Kugeln, die einander in einem reellen Punkte berühren, können zur Fixirung der 9 Geraden eines Triederpaars der Art II recht gut verwandt werden.

Um nun aus diesem Triederpaare eine cubische Fläche nach der ersten Steinerschen Erzeugungsweise zu construiren, haben wir noch einen reellen Punkt $P$ anzunehmen und in jeder durch $P$ gehenden reellen Ebene $U$ die Curve $C^3$ zu construiren, welche durch $P$ und die 9 Punkte $\alpha$ geht, in denen $U$ die Geraden $a$ trifft. Freilich sind im Allgemeinen 6 von diesen Punkten $\alpha$ imaginär, aber die Curve ist doch reell und lässt sich auf reelle Weise bestimmen. Die Ebene $U$ treffe die Ebenen $T_1$, $T_2$, $T_3$ in den 3 reellen Geraden $t_1$, $t_2$, $t_3$ und die Ebenen $E_1$, $E_2$, $E_3$ in den Geraden $e^1$, $e^2$, $e^3$, deren letzte reell ist, während die beiden ersten punktirt sind und ihren reellen Punkt gemein haben; er ist der Punkt $(U, a_1\, a_2\, a_3)$. Auf jeder der 6 Geraden $t$ und $e$ liegen 3 Punkte $\alpha$, und zwar die, welche denselben obern oder untern Index haben wie $t$ oder $e$. Die 4 Punkte $\alpha^1{}_1\, \alpha^1{}_2\, \alpha^2{}_1\, \alpha^2{}_2$ sind die 4 Grundpunkte eines reellen Kegelschnittbüschels, dessen nämlich, in welchem das durch $a^1{}_1\, a^1{}_2\, a^2{}_1\, a^2{}_2$ gelegte und durch $F'$ und $(T_1, T_2)$ constituirte Büschel $B(F^2)$ durch die Ebene $U$ geschnitten wird und zu dem das reelle Geradenpaar $t_1$, $t_2$, das punktirte Geradenpaar $e^1$, $e^2$ und der Kegelschnitt $K'$ gehört, in dem $U$ die Fläche $F'$ durchschneidet.

Es sei $K_P$ der durch $P$ gehende und im Allgemeinen reelle Kegelschnitt des Büschels. Wir lassen nun den 3 Kegelschnitten $(t_1\, t_2)$, $(e^1\, e^2)$ und $K_P$ dieses Büschels die 3 Strahlen $e^3$, $t_3$, $l_P = \alpha^3{}_3 P$ des Büschels um $\alpha^3{}_3$ entsprechen, so ist zwischen dem Kegelschnittbüschel und dem Strahlbüschel eine Beziehung hergestellt und das Erzeugniss der beiden Büschel ist die durch die 9 Punkte

$a$ und $P$ gehende cubische Curve; durch $a^1_1$ $a^1_2$ $a^2_1$ $a^2_2$ und durch $a^3_3$ geht sie, weil dies die Grundpunkte der erzeugenden Büschel sind, durch $a^1_3$ $a^2_3$ $a^3_1$ $a^3_2$ und $P$, weil in ihnen entsprechende Elemente der beiden Büschel einander treffen. Aber die obige Beziehung scheint nicht reell zu sein, da wir die reelle Gerade $l_3$ dem nicht reellen Kegelschnitte $(c^1\, c^2)$ entsprechen lassen, doch statt zwischen dem Kegelschnittbüschel und dem Strahlbüschel eine projectivische Beziehung herzustellen, beziehen wir ja das letztere projectivisch auf das Polarenbüschel eines reellen Punktes in Bezug auf das Kegelschnittbüschel, und die Polare jedes reellen Punktes in Bezug auf das punktirte Geradenpaar $(c^1\, c^2)$ ist reell — sie verbindet den (reellen) zugeordneten Punkt des reellen Punktes in Bezug auf das reelle Kegelschnittbüschel, zu welchem $(c^1\, c^2)$ gehört, mit dem reellen Mittelpunkte dieses Geradenpaars; das Geradenpaar $(c^1\, c^2)$ ist ein imaginär-reeller Kegelschnitt —, also die Beziehung zwischen dem Strahlbüschel um $a^3_3$ und dem Polarenbüschel ist durch 3 Paare reeller entsprechenden Strahlen bestimmt, mithin auch die zwischen dem Strahlbüschel um $a^3_3$ und dem Kegelschnittbüschel; jedem reellen Elemente des einen Büschels entspricht ein reelles des andern, wobei freilich zu den reellen Elementen des Kegelschnittbüschels imaginär-reelle Kegelschnitte gehören — Kegelschnitte, deren analytische Gleichung reell ist, aber durch keinen oder im speciellen Falle des Geradenpaars nur durch einen reellen Punkt befriedigt wird. Die Folge dieser reellen Beziehung ist, dass die erzeugte Curve reell ist.

Der Kegelschnitt $K_P$ liegt auf der durch $P$ gehenden und im Allgemeinen reellen Fläche $F_P$ des Büschels $B(F^2)$, dessen Grundcurve durch die 4 Geraden $a^1_1$ $a^2_1$ $a^1_2$ $a^2_2$ zusammengesetzt wird, der entsprechende Strahl $l_P$ in der Ebene $L_P = a^3_3\, P$. Man erkennt nun leicht, dass die Curve $C^3$ der Schnitt der Ebene $U$ mit der cubischen Fläche ist, welche der Durchschnitt der entsprechenden Elemente des Flächenbüschels $B(F^2)$ und des Ebenenbüschels um $a^3_3$ ist, die projectivisch auf einander bezogen sind, indem den Flächen $(T_1, T_2)$, $(E^1, E^2)$ und $F_P$ die Ebenen $E^3$, $T_3$, $L_P$ entsprechen und diese cubische Fläche mithin die durch die Curven $C^3$ erzeugte ist, so dass sich die erste Steinersche Erzeugungsart bei Benutzung eines Triederpaars von der Art II als specieller Fall der zweiten ergiebt, wenn bei dieser die Grundcurve des erzeugenden Flächenbüschels 2. Ordnung aus 2 punktirten Geradenpaaren bestehend angenommen wird.

104. Da sich somit die auf ein Triederpaar der Art II angewandte erste Steinersche Erzeugungsart als speciellen Fall der zweiten Steinerschen ergeben und das Triederpaar der Art II sich nur bei zwei der fünf bei der letzteren erhaltenen Gattungen vorfindet, so müssen wir erwarten, dass die erste Steinersche Erzeugungsart mit Zugrundelegung eines solchen Triederpaars nur 2 Gattungen liefert; dies nachzuweisen, ist der Gegenstand der folgenden Betrachtung. Die 6 Tripel, die sich in dem Triederpaare

$$\begin{matrix} \dot a^1{}_1 & \dot a^1{}_2 & \dot a^1{}_3 \\ \dot a^2{}_1 & \dot a^2{}_2 & \dot a^2{}_3 \\ \bar a^3{}_1 & \bar a^3{}_2 & \ddot a^3{}_3 \end{matrix}$$

befinden, bestehen je aus einer reellen Geraden und zwei punktirten. Das durch ein solches Tripel erzeugte Hyperboloid ist demnach imaginär; es enthält, weil auf ihm eine reelle Gerade liegt, noch eine reelle cubische Raumcurve (Nr. 82), welche der reellen Geraden und jeder andern Geraden des Hyperboloids aus derselben Schaar zweimal, jeder der andern Schaar einmal begegnet. Betrachten wir z. B. das Hyperboloid $H_1 = [a^1{}_1\ a^2{}_2\ a^3{}_3]$, welches die cubische Fläche noch in den 3 Geraden $g_1'\ g_1''\ g_1'''$ durchschneidet. Die reelle auf ihr befindliche cubische Raumcurve $C_1{}^3$ durchschneidet die cubische Fläche in 9 Punkten, unter denen die imaginären paarweise und conjugirt, die reellen also in ungerader Anzahl vorkommen. Diese 9 Punkte sind die, in denen sie die 6 Geraden trifft, welche dem Hyperboloide und der cubischen Fläche gemein sind. Die Curve $C_1{}^3$ trifft $a^3{}_3$, mit der sie die Grundcurve eines reellen Flächenbüschels zusammensetzt (Nr. 82), entweder in zwei reellen oder in zwei conjugirten imaginären Punkten; die Geraden $a^1{}_1$ und $a^2{}_2$ trifft sie zweimal und zwar in ihrem reellen Punkte und noch in einem imaginären Punkte; somit haben wir schon 4 oder 2 reelle und 2 oder 4 imaginäre unter den 9 Punkten, welche 6 Punkte auf den 3 Geraden $a^3{}_3\ a^2{}_2\ a^1{}_1$ sich befinden; da die Anzahl der reellen ungerade sein soll, so ist klar, dass die 3 Punkte, in denen $C_1{}^3$ die 3 Geraden $g_1$ trifft, entweder alle reell sind oder nur einer. Reell kann keine der

Geraden $g$ sein; es sei z. B. $g_1'$ reell (in welchem Falle die Curve $C_1^3$ sich in $g_1'$ und einen diese Gerade einmal treffenden Kegelschnitt auflösen müsste), so würde, da $\dot{a}^2_2\, \bar{g}_1^1\, g_4'$ in einer Ebene liegen, $g_1'$ auch punktirt sein und mit $a^2_2$ den reellen Punkt gemein haben; aber das ist schon bei $a^1_2$ der Fall; es gingen dann 3 Gerade durch diesen Punkt. Mithin sind die Geraden $g_1$ entweder punktirt oder imaginär. Sind sie punktirt, so haben sie ihren reellen Punkt auf $C_1^3$ (Nr. 82). Demnach sind entweder alle 3 Geraden $g_1$ punktirt oder eine, $g_1'$, punktirt, die beiden andern, $g_1''$ und $g_1'''$, imaginär.

Nehmen wir nun zuerst an, $H_1 = [\dot{a}^1_1\, \dot{a}^2_2\, \bar{a}^3_3]$ durchschneide die cubische Fläche noch in 3 punktirten Geraden $g_1'\, g_1''\, g_1'''$, so folgt, da jede der übrigen Geraden $g$ mit einer dieser 3 Geraden und einer der Geraden $a$, die ja entweder reell oder punktirt sind, in derselben Ebene liegt, die dritte Gerade aber einer durch eine reelle und eine punktirte oder durch zwei punktirte Geraden gebildeten Ebene auch punktirt sein muss, dass alle Geraden $g$ punktirt sind, also alle 5 andern Hyperboloide die cubische Fläche ebenso in einem Tripel punktirter Geraden durchschneiden wie $H_1$. Demnach durchschneiden entweder alle 6 aus den Tripeln des Triederpaars

$$\begin{matrix} \dot{a}^1_1 & \dot{a}^1_2 & \dot{a}^1_3 \\ \dot{a}^2_1 & \dot{a}^2_2 & \dot{a}^2_3 \\ \bar{a}^3_1 & \bar{a}^3_2 & \bar{a}^3_3 \end{matrix}$$

abgeleiteten Hyperboloide eine mit Hilfe desselben construirte reelle cubische Fläche in Tripeln aus 3 punktirten Geraden oder alle 6 in Tripeln aus je einer punktirten Geraden und zwei imaginären. Der erstere Fall giebt uns folglich eine reelle cubische Fläche mit 3 reellen Geraden und 24 punktirten, demnach die Gattung ($\mathfrak{D}$), der andere eine reelle cubische Fläche mit 3 reellen, $6 + 6 = 12$ punktirten und 12 imaginären Geraden, also die Gattung ($\mathfrak{E}$). Im letzteren Falle sind, wenn $g_1'$ punktirt ist, auch alle andern $g'$ punktirt, z. B. $g_4'$ wegen des Dreiecks $\dot{a}^2_2\, \dot{g}_1'\, g_4'$, demnach alle $g''$ und $g'''$ imaginär. Also die ausserhalb des Trieders stehenden 6 punktirten Geraden bilden ein Doppeldrei, die 12 imaginären Geraden ein Doppelsechs.

Conjugirt sind nicht etwa zwei mit demselben Index versehene, also demselben Hyperboloide entspringende Geraden, wie dies bei der mit Hilfe der ersten Steinerschen Erzeugungsweise hergestellten Gattung (𝔅) der Fall war. Denn wären z. B. $g_1''$ und $g_1'''$ conjugirt, so erzeugten sie mit der reellen Geraden $a^3_2$ ein reelles Hyperboloid; dieses Hyperboloid schnitte aber aus der cubischen Fläche ausser der reellen Geraden $a^3_3$ auch die beiden punktirten $a^2_2$ und $g_2'$.

Conjugirte Gerade können aber nur je zwei sein, die derselben reellen Geraden begegnen. Die beiden imaginären Geradenpaare, welche $a^3_3$ begegnen, sind $g_1'' g_5''$, $g_1''' g_5'''$. Da nun $g_1''$ nicht mit $g_1'''$ conjugirt ist, so muss sie es mit $g_5'''$ sein, und hier findet sich auch kein Widerspruch; die beiden reellen Hyperboloide $[g_1'' g_5''' a^3_1]$ und $[g_1'' g_5''' a^3_2]$ durchschneiden die cubische Fläche je in einer reellen und zwei imaginären Geraden, nämlich in $a^3_3 g_3''' g_4''$ und $a^3_3 g_2''' g_6''$. Es sind demnach auch $g_3''' g_4''$, $g_2''' g_6''$ und die beiden andern Geraden der beiden obigen Geradenpaare $g_5'' g_1'''$ conjugirt. Ferner sind es noch $g_3'' g_4'''$ und $g_2'' g_6'''$, also sind conjugirt $g_3'' g_1'''$, $g_3''' g_4''$, $g_2'' g_6'''$, $g_2''' g_6''$ und $g_1'' g_5'''$, $g_1''' g_5''$.

105. Es giebt unter den 13 Arten der Triederpaare noch eine zweite Art, die sich durch reelle Ebenen und reelle Flächen 2. Ordnung darstellen lässt, nämlich die Art VI:

welche nach der Tafel viermal bei der Gattung (𝔊) und sechsmal bei der Gattung (𝔉) auftritt. Die vier imaginären Geraden eines Paares dieser Art sind zwei Paare conjugirter, die ein windschiefes Vierseit bilden; also erzeugt jede reelle Gerade, die zwei conjugirte trifft, mit den beiden andern conjugirten ein reelles einflächige Hyperboloid, auf dem alle 4 imaginären Geraden liegen. Demnach setzen die 4 Geraden die Grundcurve eines reellen Flächenbüschels 2. Ordnung zusammen, dessen reelle Flächen alle mit reellen Geraden behaftet sind. Folglich lassen sich die 4 Geraden durch 2 reelle Flächen 2. Ordnung fixiren. Es handelt sich aber darum, wie man zwei solche reellen Flächen zu construiren hat, die sich in 4 imaginären Geraden durchdringen, oder wie, wenn eine reelle Fläche 2. Ordnung mit reellen Geraden gegeben ist, man eine zweite derartige Fläche construiren kann, die mit jener 4 imaginäre Geraden gemein hat.

Die gegebene reelle Fläche 2. Ordnung mit reellen Geraden sei $S$. Es seien $l$, $l_1$ zwei reelle Geraden der einen Schaar derselben; die reelle Ebene $\mathfrak{E}'$ schneide $S$ in dem reellen Kegelschnitte $\Sigma'$ — jede reelle Ebene thut dies bekanntlich — und in $\mathfrak{E}'$ sei $\lambda'$ eine reelle Gerade, welche $\Sigma'$ imaginär trifft; die (reelle) Verbindungsgerade der Punkte, in denen $\mathfrak{E}'$ die Geraden $l$, $l_1$ trifft, sei $m'$, so construire man nun mit Hilfe der Involution einen reellen Kegelschnitt $\mathfrak{S}'$, der zu dem durch $\Sigma'$ und $(\lambda', m')$ constituirten Büschel gehört. Die durch $l$, $l_1$ und $\mathfrak{S}'$ bestimmte (reelle) Fläche 2. Ordnung $S'$ hat mit $S$ die beiden reellen Geraden $l$, $l_1$ gemein, mithin noch zwei Gerade der andern Schaar $\mathfrak{m}$, $\mathfrak{m}_1$, welche entweder beide reell oder conjugirt imaginär sind; sie müssen, da sie die reelle Ebene $\mathfrak{E}'$ in den beiden imaginären Punkten treffen, in denen $\Sigma'$ sowohl wie $\mathfrak{S}'$ der Geraden $\lambda'$ begegnet, das letztere sein, und $\lambda'$ ist eine reelle Gerade, welche $\mathfrak{m}$ und $\mathfrak{m}_1$ zugleich trifft. Man kann leicht noch andere reellen Geraden, die dies thun, construiren. Es sei z. B. $\mathfrak{E}''$ eine andere reelle Ebene, welche aus den beiden Flächen $S$ und $S'$ die Kegelschnitte $\Sigma''$ und $\mathfrak{S}''$ ausschneidet und die beiden Geraden $l$, $l_1$ in zwei Punkten trifft, die durch die reelle Gerade $m''$ verbunden sind. Die reelle Verbindungsgerade $\lambda''$ der beiden Punkte, in denen $\mathfrak{E}''$ die Geraden $\mathfrak{m}$ und $\mathfrak{m}_1$ schneidet, bildet mit $m''$ zusammen eins der 3 zum Büschel $(\Sigma'', \mathfrak{S}'')$ gehörigen Geradenpaare und kann leicht, da die andere Gerade $m''$ bekannt ist, mit Hilfe der Involution construirt werden.

Wir haben demnach vermittelst der beiden reellen Geraden $l\,l_1$ der einen Schaar von $S$ zwei conjugirte imaginären Geraden $\mathfrak{m}\,\mathfrak{m}_1$ der andern Schaar construirt; ebenso werden uns zwei reelle Geraden $m\,m_1$ der letzteren Schaar zwei conjugirte imaginären Geraden $\mathfrak{l}\,\mathfrak{l}_1$ der ersteren Schaar liefern, und bei diesen, wie bei jenen construiren wir auf die angegebene Weise die reelle Verbindungsgerade der Punkte, in denen sie durch jede beliebige reelle Ebene getroffen werden. Die 4 Geraden $\mathfrak{l}\,\mathfrak{l}_1\,\mathfrak{m}\,\mathfrak{m}_1$ bilden ein windschiefes Vierseit, da je zwei zu derselben Schaar desselben Hyperboloids gehören, d. h. beide Geraden $\mathfrak{l}$ und $\mathfrak{l}_1$ treffen beide Geraden $\mathfrak{m}$, $\mathfrak{m}_1$. Es sei $\mu$ eine reelle Gerade, welche $\mathfrak{l}\,\mathfrak{l}_1$ trifft und im Allgemeinen gegen $\mathfrak{m}$, $\mathfrak{m}_1$ windschief ist, $\mathfrak{E}'\,\mathfrak{E}''\,\mathfrak{E}'''$ drei reelle durch $\mu$ gelegte Ebenen, welche $\mathfrak{m}\,\mathfrak{m}_1$ in 3 Punktenpaaren treffen, deren reelle Verbindungsgeraden $\lambda'\,\lambda''\,\lambda'''$ seien, so liegen auf dem reellen durch diese 3 Geraden erzeugten Hyperboloide $S_1$ die 3 Geraden $\mu$, $\mathfrak{m}$, $\mathfrak{m}_1$, deren jede alle 3 Geraden $\lambda$ trifft, aber auch die beiden Geraden $\mathfrak{l}$, $\mathfrak{l}_1$, weil jede von ihnen jeder der 3 Geraden $\mu$, $\mathfrak{m}$, $\mathfrak{m}_1$ begegnet. Somit haben wir eine reelle Fläche 2. Ordnung $S_1$, welche die reelle Fläche $S$ in dem imaginären Vierseit $\mathfrak{l}\,\mathfrak{l}_1$, $\mathfrak{m}\,\mathfrak{m}_1$ durchschneidet. Durch dieses Vierseit gehen zwei imaginäre Ebenenpaare ($\mathfrak{l}\,\mathfrak{m}$, $\mathfrak{l}_1\,\mathfrak{m}_1$) und ($\mathfrak{l}\,\mathfrak{m}_1$, $\mathfrak{l}_1\,\mathfrak{m}$), deren Durchschnittsgeraden reell sind, und es ist sehr wichtig, diese zu kennen. Sie sind bekanntlich zu einander in Bezug auf alle Flächen des Büschels ($S$, $S_1$) reciprok. Die beiden Punkte $\pi$ und $\pi_1$, in denen eine reelle Ebene $\mathfrak{E}$ sie trifft, sind Mittelpunkte der beiden punktirten Geradenpaare, die zu dem Kegelschnittbüschel gehören, in welchem $\mathfrak{E}$ das Flächenbüschel ($S$, $S_1$) durchschneidet. Legen wir $\mathfrak{E}$ durch eine reelle Gerade $l$ von $S$, so durchschneidet sie $S$ in einem reellen Geradenpaare ($l$, $m$), die Fläche $S_1$ in einem reellen Kegelschnitte $\mathfrak{S}_1$. Es leuchtet ein, dass die Gerade $\pi\,\pi_1$ die Polare des Punktes ($l$, $m$) in Bezug auf $\mathfrak{S}_1$ ist und die Punkte $\pi$, $\pi_1$ auf ihr die Asymptotenpunkte der Involution sind, in der sie das durch $\mathfrak{S}_1$ und ($l$, $m$) constituirte Kegelschnittbüschel schneidet. Suchen wir ebenso die Punkte $\pi'$ und $\pi_1'$ in einer zweiten reellen Ebene $\mathfrak{E}'$, so haben wir in den Geraden $\pi\,\pi'$ und $\pi_1\,\pi_1'$ die reellen Durchschnittsgeraden der beiden Ebenenpaare, die durch das imaginäre windschiefe Vierseit gehen.

Auf die nachstehende Weise gelangt man aber vielleicht schneller zu einer reellen Fläche 2. Ordnung, welche eine gegebene reelle Fläche 2. Ordnung mit reellen Geraden $S$ in einem imaginären Vierseit durchschneidet, und hat unmittelbar auch die reellen Durchschnittsgeraden der beiden Ebenenpaare, welche durch das Vierseit gehen. Es sei $p$ eine reelle Gerade, welche die Fläche $S$ in zwei imaginären Punkten trifft, $p'$ ihre reciproke Polare in Bezug auf $S$, welche demnach dieser auch in zwei imaginären Punkten begegnet

(No. 80), $V$ sei ein reeller ausserhalb $S$ liegender Punkt. Auf allen durch $V$ gehenden Geraden $t$ der Ebene $(V, p)$ suchen wir in der Involution, von der der Punkt $(t, p)$ ein Asymptotenpunkt ist und die beiden Punkte, in denen $t$ die Fläche $S$ oder den aus dieser durch die Ebene $(V, p)$ ausgeschnittenen reellen Kegelschnitt $\Sigma$ trifft, ein Punktenpaar bilden, den dem Punkte $V$ zugeordneten Punkt $v$. Es ist sicher, dass diese Involution auf den reellen Geraden, welche $\Sigma$ reell treffen, reell ist, also erzeugen die Punkte $v$ einen reellen Kegelschnitt $K$; es ist der durch $V$ gelegte aus dem Büschel der Kegelschnitte, welche mit $\Sigma$ auf $p$ eine doppelte (imaginäre) Berührung eingehen. Der in ähnlicher Weise in der Ebene $(V, p')$ construirte Kegelschnitt sei $K'$. Beide begegnen einander in zwei reellen Punkten, nämlich in $V$ und demjenigen, der auf der Schnittgeraden $q$ der beiden Ebenen der vierte harmonische zu $V$ und den beiden Punkten $(q, p)$ und $(q, p')$ und zwar der $V$ zugeordnete ist.

Daraus, dass wir die beiden Kegelschnitte $K$ und $K'$ mit Hilfe der Involution construirt haben, folgt, dass jede Fläche 2. Ordnung, die durch den Punkt $V$ und je zwei Kegelschnitte gelegt ist, in denen $S$ von zwei durch $p$ resp. $p'$ gelegten Ebenen geschnitten wird, die Ebene $(V, p)$ resp. $(V, p')$ in dem Kegelschnitte $K$ resp. $K'$ schneidet. Die von $p$ an $S$ gelegten Tangentenebenen sind imaginär, da $p$ die Fläche imaginär trifft; sie durchschneiden also $S$ in den imaginären Geradenpaaren $(l\ m)$ und $(l_1\ m_1)$, und zwar mögen die Geraden $l$ und $l_1$ zu der einen Schaar von $S$ gehören und $m$ und $m_1$ zu der andern. Es schneiden also einander auch $l\ m_1$ und $l_1\ m$ und bilden die Geradenpaare, in denen die von $p'$ an $S$ gelegten Tangentenebenen die Fläche schneiden. Folglich schneidet die durch $V$ und das windschiefe Vierseit $l\ l_1$, $m\ m_1$ gelegte Fläche 2. Ordnung $S_1$, weil sie durch die beiden Geradenpaare $(l\ m)$ und $(l_1\ m_1)$ geht, in denen zwei durch $p$ gelegte Ebenen die Fläche $S$ schneiden, die Ebene $(V, p)$ in dem Kegelschnitte $K$, und weil sie durch $(l\ m_1)$ und $(l_1\ m)$ gelegt ist, in welchen $S$ von zwei durch $p'$ gehenden Ebenen durchschnitten wird, die Ebene $(V, p')$ in dem Kegelschnitte $K'$. Von der Fläche $S_1$, welche der gegebenen Fläche $S$ in einem windschiefen Vierseit begegnet, kennen wir jetzt zwei reelle einander zweimal (reell) begegnende Kegelschnitte $K$ und $K'$. Wir können leicht noch andere reellen Punkte derselben construiren. Sei z. B. $W$ ein reeller Punkt auf $K$ und $t$ wieder eine reelle Gerade, die von ihm ausgeht, der Geraden $p'$ in dem Punkte $\pi$ begegnet und die Fläche $S$ reell in den Punkten $s_1$ und $s_2$ trifft, so ist der zugeordnete Punkt $w$ des Punktes $W$ in der Involution, welche $\pi$ zu ihrem einen Asymptotenpunkte und $s_1\, s_2$ als Punktenpaar hat und deshalb reell ist, reell und ein Punkt von $S_1$. So ergiebt sich auch $S_1$ als reell, und wir haben auf diese Weise eine reelle Fläche 2. Ordnung $S_1$ erhalten, welche die gegebene reelle Fläche 2. Ordnung $S$ in dem windschiefen Vierseit $\mathfrak{l}\,\mathfrak{l}_1$, $\mathfrak{m}\,\mathfrak{m}_1$ durchdringt; in den Geraden $p$ und $p'$ besitzen wir nun auch schon die reellen Durchschnittsgeraden der beiden Ebenenpaare, welche durch dieses Vierseit zu legen sind.

106. Um uns der Bezeichnungsweise, wie wir sie bei den Triederpaaren eingeführt haben, nun auch hier zu bedienen, ersetzen wir die Benennungen $\mathfrak{l}\ \mathfrak{m}\ \mathfrak{m}_1\ \mathfrak{l}_1$ der vier Seiten des Vierseits durch $a^2{}_2\ a^2{}_3\ a^3{}_2\ a^3{}_3$; die Ebenen $a^2{}_2\ a^2{}_3$, $a^3{}_2\ a^3{}_3$, $a^2{}_2\ a^3{}_2$, $a^2{}_3\ a^3{}_3$ seien bezeichnet durch $E^2$, $E^3$, $E_2$, $E_3$. Sind nun noch $E^1$ und $E_1$ zwei reelle Ebenen, welche einander in $a^1{}_1$ durchschneiden; und durchschneide $E^1$ das Ebenenpaar $(E_2, E_3)$ in dem punktirten Geradenpaare $(a^1{}_2, a^1{}_3)$, dessen reeller Mittelpunkt auf $p'$ liegt, $E_1$ aber das Ebenenpaar $(E^2, E^3)$ in dem punktirten Geradenpaare $(a^2{}_1, a^3{}_1)$, dessen reeller Mittelpunkt auf $p$ sich befindet, so haben wir nun ein Triederpaar von der Art VI hergestellt:

$$\begin{matrix} \bar{a}^1{}_1 & \overset{\frown}{\dot{a}^1{}_2 \;\; \dot{a}^1{}_3} \\ \left(\begin{matrix} \dot{a}^2{}_1 & \mathring{a}^2{}_2 & \mathring{a}^2{}_3 \\ \dot{a}^3{}_1 & \mathring{a}^3{}_2 & \mathring{a}^3{}_3 . \end{matrix}\right. \end{matrix}$$

$a^1{}_1$ ist fixirt durch zwei reelle Ebenen $E^1$, $E_1$, die 4 Geraden $a^2{}_2\ a^2{}_3\ a^3{}_2\ a^3{}_3$ durch 2 reelle Flächen 2. Ordnung, die 4 übrigen zwar je durch eine reelle und eine imaginäre Ebene, aber die folgenden Betrachtungen werden zeigen, dass diese Fixirung vollständig genügend ist.

Es sei $P$ wieder ein reeller ausserhalb der 9 Geraden liegender Punkt, $U$ eine reelle durch ihn gelegte Ebene, welche die 9 Geraden in den mit gleichen Indices versehenen Punkten $\alpha$ schneidet, von denen im Allgemeinen nur $\alpha^1{}_1$ reell ist. Jedoch lässt sich immerhin durch sie und $P$ eine reelle cubische Curve $C^3$ legen. Die Flächen $S$ und $S_1$ werden von $U$ in reellen Kegelschnitten $\mathfrak{S}$ und $\mathfrak{S}_1$ durchschnitten, die sich in den 4 Punkten $\alpha^2_2$ $\alpha^2_3$ $\alpha^3_2$ $\alpha^3_3$ begegnen. Die beiden punktirten Geradenpaare $(e^2\ e^3)$ und $(e_2\ e_3)$, in denen $U$ die Ebenenpaare $(E^2, E^3)$ und $(E_2, E_3)$ durchschneidet — ihre reellen Mittelpunkte sind $(U, p)$ und $(U, p')$ — gehören mit zu dem durch $\mathfrak{S}$ und $\mathfrak{S}_1$ constituirten Büschel; $(e_2\ e_3)$ trifft die Gerade $e^1$, in der $U$ die Ebene $E^1$ schneidet, in den Punkten $\alpha^1_2$, $\alpha^1_3$, $(e^2\ e^3)$ hingegen die Gerade $e_1 = (U, E_1)$ in den Punkten $\alpha^2_1$ $\alpha^3_1$. Der Punkt $\alpha^1_1$ ist $(e^1, e_1)$. Mit Hilfe der Involution werde der durch $P$ gehende Kegelschnitt $\mathfrak{S}_P$ des Büschels $(\mathfrak{S}, \mathfrak{S}_1)$ construirt, der reell ist. In den beiden reellen Büscheln $(\mathfrak{S}, \mathfrak{S}_1)$ und $\alpha^1_1$ lassen wir nun die 3 Kegelschnitte $(e^2\ e^3)$, $(e_2\ e_3)$, $\mathfrak{S}_P$ den Strahlen $e_1$, $e^1$, $\alpha^1_1 P$ entsprechen. Die 3 Strahlen sind reell, von den Kegelschnitten ist $\mathfrak{S}_P$ reell, die beiden Geradenpaare punktirt, also imaginär-reell, d. h. die Polaren eines reellen Punktes $\mathfrak{p}$ in Bezug auf sie sind reell und lassen sich leicht construiren, da sie den (reellen) conjugirten Pol des Punktes $\mathfrak{p}$ in Bezug auf das Kegelschnittbüschel mit dem reellen Mittelpunkte des Geradenpaars, d. i. dem Punkte $(U, p)$ oder $(U, p')$ verbinden. Demnach ist die hergestellte Beziehung reell und somit ist es auch die durch die beiden Büschel erzeugte Curve, welche ersichtlich durch die 9 Punkte $\alpha$ und $P$ geht, weil diese entweder Grundpunkte der erzeugenden Büschel oder Durchschnittspunkte entsprechender Elemente derselben sind, also die Curve $C^3$ ist. Die Geradenpaare $(e^2\ e^3)$ und $(e_2\ e_3)$ sind der Durchschnitt der Ebene $U$ mit den Ebenenpaaren $(E^2\ E^3)$ und $(E_2\ E_3)$, der Kegelschnitt $\mathfrak{S}_P$ aber der mit der durch $P$ gehenden Fläche $S_P$ des Büschels $(S, S_1)$, die reell ist und von der sich durch die Involution leicht unendlich viele reellen Punkte angeben lassen. $C^3$ ist demnach der Schnitt der Ebene $U$ mit der Fläche 3. Ordnung, welche nach Anleitung der zweiten Steinerschen Erzeugungsweise durch das Flächenbüschel $(S, S_1)$ und das Ebenenbüschel um $\alpha^1_1$ erzeugt wird, das auf jenes projectivisch bezogen ist, indem die reellen Ebenen $E^1$, $E_1$, $(\alpha^1_1\ P)$ den imaginär-reellen (mit reellen Durchschnittsgeraden behafteten imaginären) Ebenenpaaren $(E_2, E_3)$, $(E^2, E^3)$ und der reellen Fläche $S_P$ entsprechen. Die cubische Fläche ist folglich der Ort der Curven $C^3$, also die durch das Triederpaar in Verbindung mit dem Punkte $P$ erzeugte cubische Fläche, so dass wir diese Erzeugung mit Hilfe eines Triederpaars von der Art VI ebenfalls als einen speciellen Fall der zweiten Steinerschen Erzeugung erkennen, und zwar den, bei welchem die Grundcurve des erzeugenden Flächenbüschels ein aus 4 imaginären Geraden zusammengesetztes windschiefes Vierseit ist. Also ergiebt sich durch Zusammenfassung des Vorhergehenden das Resultat:

Je nachdem man sich bei der ersten Steinerschen Erzeugungsweise eines der Triederpaare von der Art I, II oder VI bedient, erweist sich diese Erzeugungsart als derjenige specielle Fall der zweiten Steinerschen, bei welchem die Grundcurve des erzeugenden Flächenbüschels 2. Ordnung aus 4 reellen oder 4 punktirten oder 4 imaginären Geraden besteht. Und das sind ja auch die 3 einzig möglichen Arten, wie 4 Geraden die Grundcurve eines reellen Flächenbüschels zusammensetzen können (Nr. 82). Wir können daraus den Schluss ziehen, dass keine der 10 übrigen Triederpaararten zur reellen Construction einer cubischen Fläche verwendet werden kann.

107. Wir wissen nun zwar schon, dass die erste Steinersche Erzeugungsweise, angewandt auf ein Triederpaar der Art VI:

$$\begin{matrix} \bar{a}^1{}_1 & \dot{a}^1{}_2 & \dot{a}^1{}_3 \\ \dot{a}^2{}_1 & \mathring{a}^2{}_2 & a^2{}_3 \\ \dot{a}^3{}_1 & \mathring{a}^3{}_2 & \mathring{a}^3{}_3, \end{matrix}$$

nur zwei Gattungen der cubischen Flächen liefern kann, da diese Art sich nur bei zweien der 5 Gattungen vorfindet, welche die zweite Steinersche Erzeugungsart ergeben hat, nämlich bei $(\mathfrak{E})$ und $(\mathfrak{F})$. Wir wollen jedoch dies auch noch direkt beweisen.

Die 4 Geraden $a^2{}_2\ a^3{}_2\ a^2{}_3\ a^3{}_3$ bilden den Durchschnitt zweier reellen Flächen 2. Ordnung, also sind je zwei windschiefe, $a^2{}_2\ a^3{}_3$ und $a^2{}_3\ a^3{}_2$, conjugirt. Demnach sind die beiden Hyperboloide $H_1 = [a^1{}_1\ a^2{}_2\ a^3{}_3]$ und $H_6 = [a^1{}_1\ a^2{}_3\ a^3{}_2]$ reell. Mithin durchdringt jedes von ihnen, z. B. $H_1$, die cubische Fläche noch in 3 reellen Geraden $g_1'\ g_1''\ g_1'''$ oder in einer reellen $g_1'$ und zwei conjugirten imaginären $g_1''\ g_1'''$. Wir nehmen zuerst an, alle 3 Geraden $g_1$ seien reell, so folgt, da jede der 3 Geraden

$g_6$ mit einer von ihnen und mit $a'_1$ in einer Ebene liegt, dass auch alle 3 Geraden $g_6$ reell sind, also das zweite reelle Hyperboloid $H_6$ die cubische Fläche ebenso durchschneidet wie $H_1$. Alle übrigen Geraden $g$ sind imaginär, z. B. $g'_5$, weil sie mit $\bar{\bar{a}}^2{}_2\,\bar{g}'_1$ in einer Ebene liegt. Also liegen auf der Fläche 7 reelle Geraden $a^1{}_1\,g_1'\,g_1''\,g_1'''\,g_6'\,g_6''\,g_6'''$, deren erste von den 6 andern getroffen wird, 4 punktirte $a^1{}_2\,a^1{}_3$, $a^2{}_1\,a^3{}_1$, die auch die Gerade $a^1{}_1$ treffen, und 16 imaginäre, folglich gehört die Fläche der Gattung (𝔈) an. Welche der imaginären Geraden $g$ sind conjugirt? Die beiden reellen Tripel $g_1'\,g_1''\,g_1'''$ und $g_6'\,g_6''\,g_6'''$ geben noch 6 reelle Tripel, indem je zwei Gerade des einen Tripels mit der des andern Tripels, die den noch übrig bleibenden Accent trägt, zusammengestellt werden. Diese 6 Tripel erzeugen reelle Hyperboloide, deren jedes die cubische Fläche ausser in der Geraden $a^1{}_1$ noch in zwei der imaginären Geraden $g$ schneidet, die dann also conjugirt sind. So ergeben sich als conjugirte: $g_2'\,g_3'$, $g_2''\,g_3''$, $g_2'''\,g_3'''$, $g_4'\,g_5'$, $g_4''\,g_5''$, $g_4'''\,g_5'''$.

Ist hingegen $g_1'$ reell, $g_1''\,g_2'''$ conjugirt imaginär, so ergiebt sich, dass auch $g_6'$ reell und $g_6''\,g_6'''$ conjugirt imaginär sind. Ferner sind $g_4'\,g_5'\,g_2'\,g_3'$ imaginär, denn $g_4'$ z. B. liegt mit $g_1'$ und $\bar{\bar{a}}^2{}_2$ in derselben Ebene. Die beiden Hyperboloide $[g_1'\,g_6''\,g_6''']$ und $[g_6'\,g_1''\,g_1''']$ sind auch reell; sie durchschneiden die cubische Fläche noch in $a^1{}_1\,g_4'\,g_5'$ und $a^1{}_1\,g_2'\,g_3'$, folglich sind $g_4'\,g_5'$ und $g_2'\,g_3'$ conjugirt imaginär. Endlich $g_2''\,g_3'''$, $g_3''\,g_2'''$, $g_1''\,g_5'''$, $g_5''\,g_4'''$ sind punktirt, z. B. $g_2''$, weil sie mit $\bar{\bar{g}}_6''\,\bar{\bar{a}}^3{}_2$, zwei imaginären Geraden, in derselben Ebene liegt; die zusammengestellten haben ihren reellen Punkt gemein, die beiden ersten Paare treffen die reelle Gerade $g_1'$, die beiden letzten $g_6'$. Auf der Fläche liegen also 3 reelle Geraden $a^1{}_1 g_1' g_6'$, die ein Dreieck bilden, $4 + 8 = 12$ punktirte, $4 + 4 + 4 = 12$ imaginäre Geraden. Folglich haben wir die Gattung (𝔈) erhalten.

108. Eine durch die Grassmannsche Ereugungsweise hergestellte cubische Fläche kann auch durch die Kegelschnitte $K_{i,x}$ erzeugt gedacht werden, in denen die entsprechenden Flächen $H^{12}{}_{i,x}$ und $H^{13}{}_{i,x}$ zweier projectivischen Büschel, deren Grundcurven $(G_i, C^{12})$ und $(G_i, C^{13})$ sind, ausser in $a^1{}_{i,x}$, einer

in $\mathfrak{A}_i^1$ um $P^1$ sich drehenden Geraden, und $G_i$ sich durchschneiden. Wie diese Büschel projectivisch auf einander bezogen sind, so ist auch das der Flächen $H^{23}{}_{i,x}$, dessen Grundcurve $(G_i, C^{23})$ ist, projectivisch auf jedes auf ihnen bezogen und die entsprechenden Flächen $H^{12}{}_{i,x}$ und $H^{23}{}_{i,x}$ oder $H^{13}{}_{i,x}$ und $H^{23}{}_{i,x}$ durchdringen einander ausser in $a^2{}_{i,x}$ oder $a^3{}_{i,x}$, den entsprechenden Strahlen von $a^1{}_{i,x}$, und $G_i$ ebenfalls in den Kegelschnitten $K_{i,x}$. Je zwei dieser Büschel erzeugen zwar eine Fläche 4. Ordnung, jedoch diese zerfällt ersichtlich in die cubische Fläche, den Ort der Kegelschnitte $K_{i,x}$, und je nach der Zusammenstellung der beiden Büschel in die Ebene $\mathfrak{A}_i^1$, $\mathfrak{A}_i^2$, $\mathfrak{A}_i^3$, den Ort der Geradenpaare $(G_i, a^1{}_{i,x})$, $(G_i, a^2{}_{i,x})$, $(G_i, a^3{}_{i,x})$, die den entsprechenden Flächen ausser $K_{i,x}$ gemein sind. Aber die Ebenen der Kegelschnitte $K_{i,x}$ gehen alle durch $L_i$, also sind diese Kegelschnitte die Durchschnitte der entsprechenden Elemente jedes der 3 Flächenbüschel $H^{12}{}_{i,x}$, $H^{13}{}_{i,x}$ oder $H^{23}{}_{i,x}$ und des Ebenenbüschels um $L_i$, und damit ist die Grassmannsche Erzeugungsweise auf die zweite Steinersche zurückgeführt, jedoch nicht jede reelle Grassmannsche Erzeugung lässt sich auf eine reelle Steinersche zurückführen, denn für die letztere ist nothwendig, dass die Axe $L_i$ des erzeugenden Ebenenbüschels reell ist, während die Grassmannsche Erzeugungsweise uns auch einen Fall vorgeführt hat, in dem alle $L_i$ imaginär sind. In diesem Falle waren auch alle Geraden $G_i$ imaginär, mithin würde da auch die Grundcurve des erzeugenden Flächenbüschels aus einer reellen cubischen Raumcurve und einer imaginären Geraden bestehen, das Büschel also imaginär sein.

Für die 3 ersten Gattungen $(\mathfrak{A})$, $(\mathfrak{B})$, $(\mathfrak{C})$ lässt sich die Grassmannsche Erzeugungsweise auf 6, 4, 2 Arten in die zweite Steinersche umgestalten, und diese liefert die Gattungen dann als ihre erste, vierte und sechste ersichtlich nicht als zweite, denn die dritte Gattung $(\mathfrak{C})$ der Grassmannschen Weise bietet uns zwei Paare reeller Geraden $G_i\, L_i$, die gegen einander windschief sind; eine der beiden $L_i$ nehmen wir als Axe des erzeugenden Ebenenbüschels für die zweite Steinersche Erzeugungsweise, und gegen sie ist ihre $G_i$ windschief; bei der zweiten Gattung der zweiten Steinerschen Erzeugungsweise wird die Axe des erzeugenden Ebenenbüschels von allen reellen Geraden der Fläche getroffen, bei der sechsten hingegen — der gewendeten zweiten — sind 4 reelle Geraden gegen die Axe windschief.

Wir haben eben gesehen, dass die cubische Fläche erzeugt wird durch einen Theil $(K_{i,x})$ des Durchschnitts der entsprechenden Flächen $H^{12}{}_{i,x}$ und $H^{13}{}_{i,x}$ oder $H^{12}{}_{i,x}$ und $H^{23}{}_{i,x}$ oder $H^{13}{}_{i,x}$ und $H^{23}{}_{i,x}$, während der übrige Theil die Ebene $\mathfrak{A}_i^1$, $\mathfrak{A}_i^2$ oder $\mathfrak{A}_i^3$ erzeugt. Da findet jedoch auch keine reelle Erzeugung mehr statt, wenn es keine reellen Geraden $G_i$ oder $L_i$ giebt. Aber wir brauchen uns nicht auf die Ebenen $\mathfrak{A}_i$ zu beschränken. Es seien vielmehr $\mathfrak{A}_y^1$, $\mathfrak{A}_y^2$, $\mathfrak{A}_y^3$ irgend welche drei entsprechenden reellen Ebenen der 3 erzeugenden Bündel, $G^{12}{}_y$, $G^{13}{}_y$, $G^{23}{}_y$ die Geraden, in denen sich je zwei von ihnen schneiden und welche für den speciellen Fall der Ebenen $\mathfrak{A}_i$ in die Gerade $G_i$ zusammenfallen; ferner seien $a^1{}_{y,x}$, $a^2{}_{y,x}$, $a^3{}_{y,x}$ entsprechende Strahlen der mit den Ebenenbündeln verbundenen Strahlenbündel, welche resp. in den Ebenen $\mathfrak{A}_y$ liegen. Die Ebenenbüschel um $a_{y,x}$ erzeugen zu je zweien ein Hyperboloid, also im Ganzen drei: $H^{12}{}_{y,x}$, $H^{13}{}_{y,x}$, $H^{23}{}_{y,x}$, welche zu je zweien die Gerade $a^1{}_{y,x}$ $a^2{}_{y,x}$, $a^3{}_{y,x}$ gemein haben, alle drei aber eine cubische Raumcurve $C^3{}_{y,x}$, welche die cubische Fläche erzeugt, wenn der Strahl $a_{y,x}$ seine Ebene $\mathfrak{A}_y$ durchstreicht. Sämmtliche Hyperboloide $H^{12}{}_{y,x}$, $H^{13}{}_{y,x}$, $H^{23}{}_{y,x}$ haben resp. die Curve $(C^{12}, G^{12}{}_y)$, $(C^{13}, G^{13}{}_y)$, $(C^{23}, G^{23}{}_y)$ gemein, bilden demnach ein Büschel.

Also die Grassmann'sche Erzeugungsweise gestaltet sich um in die durch die Durchschnittscurven der entsprechenden Flächen je zweier der 3 projectivischen Flächenbüschel $H^{12}{}_{y,x}$, $H^{13}{}_{y,x}$, $H^{23}{}_{y,x}$, durch welche allerdings eine Fläche 4. Ordnung erzeugt wird, die aus der cubischen Fläche und resp. der Ebene $\mathfrak{A}_y^1$, $\mathfrak{A}_y^2$ oder $\mathfrak{A}_y^3$ besteht je nach der Zusammenstellung der Büschel, indem jede der erzeugenden Durchschnittscurven in eine Gerade $a^1{}_{y,x}$, $a^2{}_{y,x}$ oder $a^3{}_{y,x}$ und eine Raumcurve 3. Ordnung $C^3{}_{y,x}$ zerfällt und die erstere die Ebene $\mathfrak{A}_y^1$, $\mathfrak{A}_y^2$, $\mathfrak{A}_y^3$ durchstreicht, die letztere die cubische Fläche erzeugt. Die erzeugenden Büschel aber sind nicht allgemeiner Art, indem ihre Grundcurven durch eine Abart der allgemeinen Durchschnittscurve zweier Flächen 2. Ordnung gebildet werden, und da diese Grundcurve eine reelle Gerade enthält, so sind alle reellen Flächen der Büschel solche mit reellen Geraden, und dieser Mangel an Allgemeinheit bei den erzeugenden Büscheln ist der Grund, warum auf die Grassmannsche Weise nicht alle Gattungen der cubischen Fläche erzeugt werden können. Die Erzeugungsweise Grassmann's ergiebt sich als den speciellen Fall der Erzeugung einer Fläche 4. Ordnung durch zwei projectivische Flächenbüschel 2. Ordnung — des Analogons der zweiten Steinerschen Erzeugungsweise der Flächen 3. Ordnung —, bei dem die Fläche 4. Ordnung in eine cubische Fläche und eine Ebene sich auflöst. Wir stellen uns nun die Frage, ob eine derartige Degeneration einer auf diese Weise erzeugten Fläche 4. Ordnung auch eintreten kann, ohne dass die Grundcurven der erzeugenden Flächenbüschel 2. Ordnung in eine cubische Raumcurve und eine Gerade zerfallen, also ohne dass diese Büschel eine Einbusse an Allgemeinheit erleiden. Dann würden wir jedenfalls die Grassmannsche Weise so umgestalten können, dass sie alle Gattungen der cubischen Flächen hervorbringt.

109. Es seien also $B(F'_x)$ und $B(F''_x)$ zwei projectivische Flächenbüschel 2. Ordnung, deren Grundcurven $R'$ und $R''$ seien und vor der Hand noch von allgemeiner Art vorausgesetzt werden. Sie sollen nach unserer Annahme eine aus einer cubischen Fläche $F^3$ und einer Ebene $E$ bestehende Fläche 4. Ordnung erzeugen. Das Generans ist die Durchschnittscurve $C^4_x$ von $F'_x$ und $F''_x$. Deren sind einfach unendlich viele reellen; es sollen aber alle doppelt unendlich vielen reellen Punkte von $E$ erzeugt werden, also muss sich jede der Curven $C^4_x$ an der Erzeugung von $E$ mit einer unendlichen Anzahl von Punkten betheiligen, d. h. ein Theil von $C^4_x$ muss in die Ebene $E$ fallen, also $C^4_x$ sich zerspalten.

Wir nehmen an, $C^4_x$ zerfalle in eine cubische Raumcurve $C^3_x$ und eine Gerade $G_x$. Diese Gerade, auf $F'_x$ wie auf $F''_x$ liegend, muss $R'$ wie $R''$ zweimal treffen, mithin können auch von $R'$ und $R''$ nicht blos je 4 Punkte in der Ebene $E$ liegen, weil es sonst nicht möglich wäre, dass unendlich viele die Ebene $E$ vollständig ausfüllende Geraden jede der Curven $R'$ und $R''$ zweimal treffen. Es ist unbedingt nothwendig, dass auch die beiden Curven $R'$ und $R''$ mit unendlich vielen ihrer Punkte in die Ebene $E$ fallen, also sich in eine in $E$ liegende Gerade $G'$ resp. $G''$ und eine cubische Raumcurve $\mathfrak{R}'$ resp. $\mathfrak{R}''$ zertheilen. Ausserdem müssen diese beiden Raumcurven noch einen auf $E$ befindlichen Punkt $P$ gemeinsam haben. Die Strahlen des Büschels in $E$ um $P$ sind dann die Theile $G_x$ der erzeugenden Curve $C^4{}_x$, welche die Ebene $E$ hervorbringen, während die cubische Fläche $F^3$ durch den Theil $C^3{}_x$ gebildet wird. Dies führt uns demnach zu derselben Erzeugung, als die ist, in welche die Grassmannsche umgestaltet werden kann, also zu keiner Erweiterung.

Wenn wir hingegen annehmen, dass die erzeugende Curve $C^4{}_x$ sich in zwei Kegelschnitte $K_x$ und $\mathfrak{K}_x$ auflöst, deren ersterer stets in $E$ liegt, so müssen ebenfalls von $R'$ wie von $R''$ unendlich viele Punkte in $E$ liegen, denn wenn sie je blos in 4 Punkten die Ebene $E$ träfen, so würde durch diese 8 Punkte, wenn überhaupt einer, doch eben nur ein Kegelschnitt $K_x$ gehen, und in 4 Punkten muss jeder $K_x$ jede der beiden Curven $R'$ und $R''$ treffen. Also muss ein Theil von $R'$ und $R''$ in $E$ liegen; man überzeugt sich leicht, dass es noch nicht genügt, wenn unendlich viele reellen Kegelschnitte, die doch zur vollständigen Ausfüllung der Ebene $E$ nöthig sind, resultiren sollen, dass dieser Theil eine Gerade sei; auch $R'$ und $R''$ müssen in je zwei Kegelschnitte $K'$, $\mathfrak{K}'$ und $K''$, $\mathfrak{K}''$ zerfallen, deren einer $K'$ resp. $K''$ in $E$ sich befindet. Aber nun befindet sich von jeder der Flächen $F'_x$ und $F''_x$, die den Kegelschnitt $K_x$, einen der Erzeugenden der Ebene $E$, ergeben, noch mehr als dieser Kegelschnitt $K_x$ in $E$, nämlich noch $K'$ resp. $K''$. Demnach muss die Ebene $E$ sowohl ein Theil von $F'_x$ als von $F''_x$ sein und wird schon vollständig durch den Schnitt dieser beiden Flächen erzeugt, die je aus 2 Ebenen bestehen, deren eine beiden gemein ist. Wir kommen somit auf den speciellen Fall der Erzeugung einer Fläche 4. Ordnung durch zwei projectivische Flächenbüschel 2. Ordnung, in dem diese Büschel zu Grundcurven einen Complex von je zwei Kegelschnitten haben, also je ein Ebenenpaar enthalten, diese Ebenenpaare in der projectivischen Beziehung einander entsprechen und auch eine Ebene gemein haben. Die Fläche 4. Ordnung besteht aus dieser Ebene und einer cubischen Fläche. Zu der Erzeugung der Ebene tragen nur die beiden

Ebenenpaare und auch nur mit der ihnen gemeinschaftlichen Ebene bei, folglich betheiligen sich die Durchschnittscurven $C^4_x$ der übrigen entsprechenden Flächen, welche im Allgemeinen allgemeiner Natur sind, vollständig an der Erzeugung der cubischen Fläche. Auf derselben liegen auch die Durchschnittsgerade 𝔊 der beiden andern Ebenen 𝔈′ und 𝔈″ der beiden Ebenenpaare und die beiden nicht auf $E$ liegenden Kegelschnitte 𝔎′ und 𝔎″, die zu den Grundcurven der erzeugenden Büschel gehören. Sie sind die ferneren Durchschnitte der durch die Gerade 𝔊 gehenden Ebenen 𝔈′ und 𝔈″ mit der cubischen Fläche. 𝔎′ resp. 𝔎″ giebt mit $C^4_x$ zusammen jederzeit den vollständigen Schnitt der erzeugenden Fläche $F'_x$ resp. $F''_x$ mit der cubischen Fläche. Alle Curven $C^4_x$ treffen ersichtlich $E$ in den 4 Punkten, in denen die beiden Kegelschnitte $K'$ und $K''$ einander begegnen. Zerfällt $C^4_x$ in speciellen Fällen in eine cubische Raumcurve $C^3_x$ und eine Gerade $G$, so muss diese $G$ durch einen der 4 Punkte $(K', K'')$ gehen. Doch im Allgemeinen wird das nicht vorkommen; denn es gehen zwar durch jeden der 4 Punkte $(K', K'')$ 4 Gerade, deren jede sowohl auf einer Fläche $F'_x$, als auf einer Fläche $F''_x$ liegt, nämlich die 4 gemeinschaftlichen Kanten der beiden Kegel, die den betreffenden Punkt $(K', K'')$ zum Scheitel haben und über 𝔎′ und 𝔎″ stehen; aber bei der sonst beliebigen projectivischen Beziehung der beiden Büschel, die ja nur der Bedingung unterworfen ist, dass die in den Büscheln enthaltenen Ebenenpaare einander entsprechen, werden im Allgemeinen zwei Flächen, auf denen eine solche Gerade zugleich liegt, einander nicht entsprechen. Also im Allgemeinen werden bei dieser Erzeugungsweise die erzeugenden Curven $C^4_x$ — mit alleiniger Ausnahme der Geraden 𝔊 — nicht schon Gerade der cubischen Fläche liefern.

Da übrigens bei dieser Erzeugungsweise sämmtliche entsprechenden Flächenpaare der beiden Büschel bis auf ein einziges, das der Ebenenpaare, mit ihrer totalen Durchschnittscurve zur Erzeugung der cubischen Fläche beitragen, so trägt dieselbe, wenn auch die Büschel nicht allgemeiner Art sind, den Charakter der Allgemeinheit.

In der That, jede Fläche 3. Ordnung $F^3$, welcher der 5 Gattungen sie auch angehöre, lässt sich auf die eben betrachtete Weise erzeugen. Auf jeder sind mindestens 3 reelle Geraden. Es sei $\mathfrak{G}$ eine reelle Gerade einer cubischen Fläche, $\mathfrak{E}'$ eine reelle durch sie gelegte Ebene, welche $F^3$ in dem Kegelschnitte $\mathfrak{K}'$ begegnet. Durch $\mathfrak{K}'$ werde eine Fläche 2. Ordnung $F_1'$ gelegt, welche aus $F^3$ ausser $\mathfrak{K}'$ noch die Raumcurve 4. Ordnung $C_1^4$ ausschneide. Eine beliebige Ebene $E$ treffe sie in dem Kegelschnitte $K'$, der $\mathfrak{K}'$ zweimal, $C_1^4$ viermal begegnet. Es sei $\mathfrak{E}^y$ eine andere durch $\mathfrak{G}$ gehende Ebene, welche $F^3$ in $\mathfrak{K}^y$ treffe. $\mathfrak{G}$ ist die Gegengerade zu $C_1^4$ und die Ergänzende zu $\mathfrak{K}'$ und $\mathfrak{K}^y$, also wird $\mathfrak{K}^y$ wie $\mathfrak{K}'$ von $C_1^4$ viermal getroffen. Demnach lässt sich durch $C_1^4$ und $\mathfrak{K}^y$ eine Fläche 2. Ordnung $F_1^y$ legen, welche $E$ in dem Kegelschnitte $K_1^y$ treffe, der mit $\mathfrak{K}^y$ zwei Punkte, mit $K'$ aber die 4 Punkte gemein hat, in denen $C_1^4$ die Ebene $E$ trifft. Durch die beiden einander zweimal treffenden Kegelschnitte $\mathfrak{K}'$ und $K'$ werde eine zweite Fläche 2. Ordnung $F_2'$ gelegt, welche $F^3$ ausser in $\mathfrak{K}'$ noch in $C_2^4$ schneide; auch diese trifft $K'$ in 4 Punkten, und zwar in denselben, in denen $K'$ von $C_1^4$ getroffen wird; es sind in beiden Fällen die 4 ferneren Punkte, in denen der Kegelschnitt $K'$ von der Curve 3. Ordnung, welche $E$ aus $F^3$ ausschneidet, getroffen wird ausser in den beiden Punkten, die $K'$ und $\mathfrak{K}'$ gemeinsam sind. $\mathfrak{G}$ ist auch Gegengerade zu $C_2^4$, mithin trifft $C_2^4$ den Kegelschnitt $\mathfrak{K}^y$ viermal, und durch beide geht eine Fläche 2. Ordnung $F_2^y$, welche $E$ in dem Kegelschnitte $K_2^y$ treffe, der $K'$ in denselben Punkten trifft, wie $K_1^y$, nämlich in den 4 Punkten, in denen $C_2^4$ oder $C_1^4$ die Ebene $E$ durchschneidet. Wir haben so zu jeder Ebene $\mathfrak{E}^y$, die wir uns nun um $\mathfrak{G}$ sich drehend denken, zwei Kegelschnitte $K_1^y$ und $K_2^y$ gefunden; keiner dieser beiden Kegelschnitte kann noch bei einer andern Ebene $\mathfrak{E}^y$ auftreten, denn die durch $K_1^y$ und $C_1^4$ oder durch $K_2^y$ und $C_2^4$ gelegte Fläche $F_1^y$ resp. $F_2^y$ schneidet ausser $C_1^4$ resp. $C_2^4$ aus der cubischen Fläche nur noch den Kegelschnitt $\mathfrak{K}^y$ aus, dessen Ebene $\mathfrak{E}^y$ ist. Demnach bilden die Kegelschnitte $K_1^y$, $K_2^y$ eine Involution; es sei $K''$ einer der Asymptotenkegelschnitte, $\mathfrak{E}''$ die ihm entsprechende Ebene, $\mathfrak{K}''$ der in ihr liegende Kegelschnitt der Fläche $F^3$; so treffen also die durch $(C_1^4, \mathfrak{K}'')$ und $(C_2^4, \mathfrak{K}'')$ gelegten Flächen 2. Ordnung $F_1''$ und $F_2''$ die Ebene $E$ in demselben Kegelschnitte $K''$ und constituiren ein Büschel mit $(\mathfrak{K}'', K'')$ als Grundcurve, zu dem auch das Ebenenpaar $(E, \mathfrak{E}'')$ gehört.

Dieses setzen wir in projectivische Beziehung zu dem mit der Grundcurve ($K'$, $\mathfrak{K}'$) und lassen einander die Flächen $F_1'$, $F_2'$, ($E$, $\mathfrak{E}'$) und $F_1''$, $F_2''$, ($E$, $\mathfrak{E}''$) entsprechen. Das Erzeugniss der Durchschnittscurven der entsprechenden Flächen ist eine Fläche 4. Ordnung, die in die Ebene $E$ und eine cubische Fläche zerfällt, auf welcher letzteren $\mathfrak{G}$, $\mathfrak{K}'$, $\mathfrak{K}''$, $C_1^1$, $C_2^1$ liegen, so dass sie mit $F^3$ ein Gebilde 13. Ordnung gemein hat, also identisch ist.

Bei jeder beliebigen Ebene $\mathfrak{E}'$ und $E$ wird man es zwar nicht erreichen, dass die zur Constitution der Büschel nothwendigen Elemente und die projectivische Beziehung zwischen ihnen reell sei, aber man wird doch jedenfalls unendlich viele Ebenen $\mathfrak{E}'$ und $E$ finden können, bei denen dies der Fall ist, und damit ist die Allgemeinheit der betrachteten Erzeugungsweise nachgewiesen.

Aber dieselbe ist doch so wesentlich verschieden geworden von der Grassmannschen und auch deren Umgestaltung, dass man sie füglich nicht als eine Erweiterung derselben zur vollen Allgemeinheit gelten lassen kann. Wir werden im Folgenden eine andere angeben, für die wir eher darauf Anspruch machen können.

110. Bei der Grassmannschen Erzeugungsweise ist die cubische Fläche der Ort der Durchschnittspunkte der entsprechenden Ebenen dreier collinearen Ebenenbündel $P^1$, $P^2$, $P^3$. Es seien $a_x^1$ $a_x^2$ $a_x^3$ drei entsprechende Strahlen der zugehörigen Strahlenbündel.

Die Geraden $a_x^2$ und $a_x^3$ sind die Axen zweier projectivischen Ebenenbüschel, welche ein Hyperboloid $H_x^{23}$ erzeugen, das auch durch $C^{23}$ geht. Wo dieses die Gerade $a_x^1$ trifft, da begegnen zwei entsprechende Ebenen aus den Büscheln $a_x^2$ und $a_x^3$ ihrer entsprechenden im Bündel $P^1$, die ja durch $a_x^1$ gehen muss. Die beiden Punkte also sind die ferneren Schnittpunkte von $a_x^1$ mit der cubischen Fläche ausser $P^1$. Jedem Strahle $a_x^1$ des Bündels $P^1$ entspricht ein Hyperboloid $H_x^{23}$. Alle $H_x^{23}$ gehen durch die Raumcurve $C^{23}$. Umgekehrt ist auch jede durch $C^{23}$ gelegte Fläche 2. Ordnung $F_x$ das Erzeugniss zweier projectivischen Ebenenbüschel um zwei entsprechende Strahlen $a_x^2$ und $a_x^3$. Jede reelle durch $C^{23}$ gehende Fläche 2. Ordnung ist mit reellen Geraden behaftet, denn sie durchschneidet jede zweite ausser in $C^{23}$ in einer reellen Geraden, da nur eine solche mit einer reellen cubischen Raumcurve die Durchschnittscurve zweier reellen Flächen 2. Ordnung zusammensetzen kann. Die Berührungsebene an $F_x$ im Punkte $P^2$, der auf $C^{23}$ liegt, schneidet aus $F_x$ zwei sich in $P^2$ kreuzende Geraden aus (die reell sind, wenn $F_x$ reell ist, und punktirt, wenn $F_x$ imaginär ist), deren eine $C^{23}$ noch einmal, die andere hingegen nicht mehr trifft. Diese letztere, ein Strahl von $P^2$, sei $a_x^2$, ihre entsprechenden in $P^3$ und $P^1$ seien $a_x^3$ und $a_x^1$. Die Ebenenbüschel um $a_x^2$ und $a_x^3$ erzeugen nun ein Hyperboloid $H_x^{23}$, das $a_x^2$, $a_x^3$, $C^{23}$ enthält, also mit $F_x$ die Raumcurve 3. Ordnung $C^{23}$ und die sie einmal treffende Gerade $a_x^2$ gemein hat, demnach mit ihr identisch ist, so dass bewiesen ist, dass jede durch $C^{23}$ gelegte Fläche 2. Ordnung das Erzeugniss zweier Ebenenbüschel $a_x^2$, $a_x^3$ ist und ihr nur ein Strahl $a_x^1$ im Bündel $P^1$ entspricht. Da auch jedem Strahl $a_x^1$ eine Fläche durch $C^{23}$ entspricht, so besteht zwischen dem Strahlenbündel $P^1$ und dem Systeme der Flächen 2. Ordnung, die durch $C^{23}$ gehen, eine collineare Beziehung. Die Durchschnittspunkte der entsprechenden Elemente erzeugen die cubische Fläche. Demnach lässt sich die Grassmannsche Erzeugungsweise einer cubischen Fläche durch die Durchschnittspunkte der entsprechenden Ebenen dreier collinearen Ebenenbündel umformen in die durch die Durchschnittspunkte der entsprechenden Elemente eines Strahlenbündels und eines ihm collinearen Systems von Flächen 2. Ordnung, welche alle durch dieselbe cubische Raumcurve gehen. In dieser Umgestaltung ist sie ersichtlich einer Erweiterung zur vollen Allgemeinheit fähig. Das System der Flächen 2. Ordnung, die durch dieselbe cubische Raumcurve gehen, ist ja nur ein specieller Fall eines Flächenbündels 2. Ordnung, d. i. des Systems von Flächen 2. Ordnung, die durch die 8 Schnittpunkte dreier nicht demselben Büschel angehörigen Flächen 2. Ordnung gehen.

Befreien wir also unsere Erzeugung von dem Banne der Specialität, unter dem sie sich bei Grassmann's Erzeugungsart befindet, und wir erhalten als allgemeinere Erzeugung, unter welche diese sich als specieller Fall stellt, folgende:

Der Ort der Durchschnittspunkte der entsprechenden Elemente eines Strahlenbündels $P$ und eines ihm collinearen Flächenbündels 2. Ordnung $C(F^2)$ mit den Grundpunkten $\mathfrak{P}_i$ ist eine Fläche 3. Ordnung.

Diese Erzeugung ist offenbar das Analogon zu der der Flächen 2. Ordnung durch ein Strahlenbündel und ein ihm collineares*) Ebenenbündel, welche durch Seydewitz**) aufgestellt und von Herrn Schröter***) benutzt worden ist.

Im Wesen der collinearen Beziehung liegt es, dass jedem ebenen Strahlenbüschel des Strahlenbündels $P$ ein Flächenbüschel des Flächenbündels entspricht, also jeder Ebene des Bündels $P$ eine durch die 8 Grundpunkte des Flächenbündels gehende Raumcurve 4. Ordnung. Jeder Punkt bestimmt, wie er ein Büschel des Flächenbündels bestimmt, auch eine dieser Raumcurven, und das System dieser doppelt unendlich vielen durch die 8 Grundpunkte $\mathfrak{P}_i$ gehenden Raumcurven 4. Ordnung, das mit dem Flächenbündel verbundene Bündel von Grundcurven 4. Ordnung, ist dem Ebenenbündel $P$ collinear. Der Ort der jedesmaligen 4 Schnittpunkte einer Ebene von $P$ und der ihr entsprechenden Grundcurve in $C(F^2)$ ist ebenfalls die cubische Fläche. Also kann die eben erhaltene Erzeugung auch in anderer Weise ausgesprochen werden:

Der Ort der Durchschnittspunkte der entsprechenden Elemente eines Ebenenbündels und eines ihm collinearen Bündels von Grundcurven 4. Ordnung ist eine Fläche 3. Ordnung.

Die cubische Curve, welche jede Ebene von $P$ aus der cubischen Fläche ausschneidet, ist das Erzeugniss des in der Ebene liegenden Strahlbüschels von $P$ und des ihm projectivischen Kegelschnittbüschels, in dem die Ebene das entsprechende Flächenbüschel in $C(F^2)$ durchschneidet. Die dem Flächenbüschel, dessen Grundcurve durch $P$ geht, entsprechende Ebene in $P$ berührt die cubische Fläche in $P$, denn in ihr haben das Strahlbüschel und das Kegelschnittbüschel den

---

*) Die Bezeichnung „reciprok“ scheint mir bei Einführung und scharfer Sonderung der Bezeichnungen „Ebenenbündel“ und „Strahlenbündel“ nicht nothwendig; auch das Wort „collinear“ könnte vielleicht entbehrt werden.

**) Grunert's Archiv f. Mathematik und Physik. Theil 9, Seite 158.

***) Journal von Crelle-Borchardt, Band 62, Seite 215.

Grundpunkt $P$ gemein, also die cubische Curve hat dort einen Doppelpunkt.

Jede Fläche $F^2{}_x$ des Flächenbündels durchschneidet die erzeugte cubische Fläche in einer Raumcurve 6. Ordnung; die 6 Punkte, in denen diese von jeder durch den der Fläche $F^2{}_x$ entsprechenden Strahl $a_x$ des Strahlenbündels gelegten Ebene getroffen wird, sind die beiden Punkte, in denen $a_x$ die Fläche $F^2{}_x$ trifft, und die vier, in denen die Ebene ihrer entsprechenden Grundcurve begegnet. Geht der Strahl $a_x$ durch einen der 8 Grundpunkte $\mathfrak{P}_i$, so fallen in diesen einer von jenen beiden und einer von diesen vier, so dass jede durch $a_x = P\mathfrak{P}_i$ gelegte Ebene die Raumcurve ausser in $\mathfrak{P}_i$ nur noch viermal trifft, also $\mathfrak{P}$ ein Doppelpunkt derselben ist, folglich die cubische Fläche von der dem Strahle $P\mathfrak{P}_i$ entsprechenden Fläche des Bündels und also auch von deren Berührungsebene in $\mathfrak{P}_i$ berührt wird.

Demnach liegen die 8 Grundpunkte $\mathfrak{P}_i$ des Flächenbündels auch auf der cubischen Fläche, und dieselbe wird in jedem von ihnen von der Tangentenebene der Fläche des Bündels berührt, welche dem Strahle $P\mathfrak{P}_i$ entspricht.

# Achtes Kapitel.

## Die Flächen dritter Ordnung mit Knotenpunkten.

111. Die Betrachtung dieser Flächen geschehe allein mit Hilfe der zweiten Steinerschen Erzeugungsweise, weil diese uns alle 5 Gattungen geliefert hat. Sie hat eigentlich 6 geliefert, und wir wollen im Folgenden auch die beiden identischen unter denselben wieder getrennt betrachten, und die Gattungen mit der Nummer der Reihenfolge bezeichnen, in der sie bei Betrachtung der obigen Erzeugungsart (Nr. 94) auftraten.

Die imaginären Geradenpaare der cubischen Fläche, deren Ebenen durch die Gerade $A$ gehen, stehen den reellen und punktirten gleichartig gegenüber; jene sind Durchschnitte imaginärer Ebenen des Büschels um $A$ mit imaginären Flächen des Flächenbüschels, diese aber Durchschnitte reeller Ebenen mit reellen Flächen (speciell mit einem imaginär-reellen Kegel, dessen entsprechende Ebene reell ist und durch seine reelle Spitze geht). Je zwei imaginäre Geradenpaare gehören als conjugirte zusammen, indem ihre Mittelpunkte derselben reellen Geraden angehören.

Wie ist der Uebergang von einem imaginären Geradenpaare zu einem reellen oder punktirten zu denken? Die eben genannte reelle Gerade $R$, welche den Mittelpunkt eines imaginären Geradenpaars mit dem des conjugirten verbindet, trifft in diesen beiden Punkten die Flächen $H_1$, $H_2$, $S^3$ (zu deren 12 Schnittpunkten die Mittelpunkte der 5 Geradenpaare, deren Ebenen durch $A$ gehen, gehören) imaginär. Wird das imaginäre Geradenpaar reell oder punktirt, also sein Mittelpunkt reell, so trifft diese Gerade die 3 Flächen einmal reell, also auch noch zum zweiten Male reell (der dritte jederzeit reelle Punkt bei der Fläche $S^3$ spielt ja hier keine Rolle), also bekommt auch das conjugirte Geradenpaar einen reellen Mittelpunkt. Der Uebergang geschieht offenbar, weil ja zwischen dem Falle, wo $H_1$, $H_2$, $S^3$ von einer reellen Geraden zweimal reell, und dem, wo sie zweimal imaginär getroffen werden, der Fall liegt, wo sie in zwei zusammengefallenen reellen Punkten getroffen, in einem reellen Punkte berührt werden, dadurch, dass die beiden imaginären Mittelpunkte in einen reellen zusammenfallen und sich dann als reelle wieder trennen, also dass die beiden conjugirten imaginären Geradenpaare in eins mit reellem Mittelpunkte sich vereinigen und dann wieder auseinandergehen, jedoch den reellen Mittelpunkt beibehalten. Im Allgemeinen wird die Natur der drei übrigen Geradenpaare durch diesen Uebergang der zwei conjugirten keine Aenderung erfahren; da nun die Anzahl der an $A$ anhängenden reellen Geradenpaare bei den allgemeinen Gattungen stets ungerade, die der punktirten gerade ist, so werden beide conjugirten imaginären Geradenpaare in reelle oder beide in punktirte übergehen; das Geradenpaar, in welches beide sich auf der Grenze vereinigt haben, wird in jenem Falle reell, in diesem punktirt sein. Also zwischen zweien allgemeinen Gattungen der cubischen Flächen, in deren einer zwei der an $A$ hängenden Geradenpaare conjugirt imaginär, in der andern aber beide reell oder beide punktirt sind, während die drei andern in beiden Gattungen gleichartig sind, steht eine Grenzfläche, auf welcher diese 3 Paare dieselbe Natur haben wie auf beiden allgemeinen Gattungen, die beiden verschieden beschaffenen sich in ein einziges reelles oder punktirtes Geradenpaar vereinigt haben. Fallen die beiden conjugirten imaginären Geradenpaare in ein reelles zusammen, so haben sich je die conjugirten Geraden der Paare vereinigt. Die Punkte, in denen zwei conjugirte imaginären Geraden von den sie zugleich treffenden reellen Geraden getroffen werden, sind zwei imaginäre Punkte, in denen die cubische Fläche von diesen reellen Geraden durchbohrt wird, und welche beim Zusammenfallen der beiden imaginären Geraden auch zusammenfallen und zwar in einen reellen Punkt. Vereinigen sich hingegen die beiden conjugirten Geradenpaare zu einem punktirten, so sind je zwei nicht conjugirte Geraden zusammengefallen und das System sämmtlicher reellen Geraden, die die hier noch discreten conjugirten, aber nun punktirt gewordenen Geraden zugleich treffen, erfüllt die Ebene des entstandenen punktirten Geradenpaars.

112. Betrachten wir nun überhaupt eine Fläche, auf der zwei der Geradenpaare, deren Ebenen durch $A$ gehen, sich vereinigt haben; wir nehmen dazu $d' d''$ und $e' e''$, und zwar setzen wir voraus, dass sich $d'$ und $e'$ in die Gerade $D^{11}$, $d''$ und $e''$ in die Gerade $D^{22}$ vereinigt haben. Die Hyperboloide $[a' c' d']$ und $[a' c' e']$ werden dann identisch; jenes durchschneidet die cubische Fläche noch in $A\, r_1'\, \varrho_4'$, dieses in $A\, r_1'\, \varrho_3'$. Es leuchtet ein, dass $\varrho_3'$ und $\varrho_4'$ sich vereinigen müssen in eine Gerade $\varrho_{34}'$; ebenso $r_3'\, r_4'$, $r_3''\, r_4''$, $\varrho_3''\, \varrho_4''$ in $r_{34}'$, $r_{34}''$, $\varrho_{34}''$. Die Gerade $r_{34}'$ trifft als $r_3'$ sowohl $d'$, als $e''$, und als $r_1'$ sowohl $d''$, als $e'$; mithin trifft $r_{34}'$ sowohl $D^{11}$, als $D^{22}$, kann aber nicht die dritte in deren Ebene sein, denn diese ist $A$, folglich geht sie durch ihren Schnittpunkt.

Mithin ist $(D^{11}, D^{22})$ ein Knotenpunkt $K$ der cubischen Fläche und durch ihn gehen noch $r_{34}'$, $r_{34}''$, $\varrho_{34}'$, $\varrho_{34}''$, demnach die 6 Geraden der Fläche, welche je zwei (gegen einander windschiefe) Geraden der allgemeinen Fläche repräsentiren („binäre“ Geraden). Auf der Fläche giebt es ausser diesen noch 15 Gerade, welche auch nur je eine der allgemeinen Fläche repräsentiren („unäre“ Geraden), die 6 Geraden $a$, $b$, $c$, die 8 Geraden $(r, \varrho)$ mit den Indices 1, 2 und die Gerade $A$. Diese 15 Geraden sind je die dritten Geraden in den 15 durch je zwei der binären Geraden gebildeten Ebenen.

Eine cubische Fläche mit einem Knotenpunkte wird nach Herrn Salmon z. B. auf folgende Weise erzeugt: Die 4 Ebenen eines Tetraeders drehen sich um 4 feste Punkte, die 3 Kanten einer Seitenfläche bewegen sich auf 3 festen Ebenen; die dieser Seitenfläche gegenüberliegende Ecke beschreibt eine cubische Fläche, auf welcher der Schnittpunkt der 3 festen Ebenen Knotenpunkt ist. Diese Erzeugung ist ein specieller Fall der Grassmannschen.

Wir können hier gleich einen Satz anschliessen, der über

Knotenpunkte auf cubischen Flächen überhaupt gilt und zur Controle dienen kann: Jede durch einen Knotenpunkt und eine nicht durch ihn gehende Gerade der cubischen Fläche gelegte Ebene durchschneidet diese Fläche noch in einem Kegelschnitte mit einem Doppelpunkte, der sich im Knotenpunkte befindet, also in zwei in dem Knotenpunkte einander begegnenden Geraden; z. B. die Ebene $(a', K)$ durchschneidet die cubische Fläche noch in $r_{34}'$, $\varrho_{31}'$, die sich in $K$ treffen, oder $(r_1', K)$ in $D^{11}$, $\varrho_{31}''$, die ebenfalls beide durch $K$ gehen. Daraus folgt: Jede Ebene, welche durch eine Gerade, die zwei Knotenpunkte einer cubischen Fläche verbindet und als dieselbe viermal treffende Gerade ihr ganz angehört, und eine dieser Geraden, jedoch in keinem der beiden Knotenpunkte begegnende andere Gerade der Fläche gelegt ist, durchschneidet die Fläche ausser in dieser zweiten Geraden in einem Geradenpaare, (dessen eine Gerade die Knotenpunktsgerade ist) dessen Mittelpunkt in beide Knotenpunkte fällt, also dessen beide Geraden in die Knotenpunktsgerade zusammenfallen, längs deren die Ebene die cubische Fläche berührt. Diese Folgerung wird sich bei den später zu betrachtenden cubischen Flächen mit mehr Knotenpunkten bestätigen.

Für unsere Fläche mit einem Knotenpunkte noch Folgendes: Jede unäre Gerade der Fläche wird von 4 Geradenpaaren getroffen, deren eins durch zwei binäre Geraden gebildet wird, also in sich zwei zusammengefallene Geradenpaare enthält: z. B. $a'$ wird getroffen von $a''$ $A$, $r_1'$ $\varrho_1'$, $r_2'$ $\varrho_2'$, $r_{34}'$ $\varrho_{34}'$. Hingegen jeder binären Geraden begegnen noch 5 Geradenpaare, z. B. der Geraden $D^{11}$ : $A$ $D^{22}$, $r_1'$ $\varrho_{34}''$, $r_{34}''$ $\varrho_1'$, $\varrho_2'$ $r_{31}''$, $\varrho_{31}'$ $r_2''$. In jedem ist eine Gerade eine binäre und geht durch den Knotenpunkt. —

Nehmen wir an, dass sich $d'$ und $c''$ in die Gerade $D^{12}$, $d''$ und $c'$ in die Gerade $D^{21}$ vereinigen, so ergiebt sich, dass je $r_1'$ $r_2'$, $r_1''$ $r_2''$, $\varrho_1'$ $\varrho_2'$, $\varrho_1''$ $\varrho_2''$ in die binären durch den Knotenpunkt $K = (D^{12}, D^{21})$ gehenden Geraden $r_{12}'$ $r_{12}''$ $\varrho_{12}'$ $\varrho_{12}''$ zusammenfallen, während die 8 Geraden $(r, \varrho)$ mit den Indices 3 und 4 unär sind.

113. Nach den obigen Auseinandersetzungen ist das Geraden-

paar $(D^{11}, D^{22})$ oder $(D^{12}, D^{21})$ auf unserer Uebergangsfläche von den Flächen einer Gattung, auf der die Geradenpaare $d' d''$, $e' e''$ conjugirt imaginär sind, zu Flächen einer andern Gattung, auf der sie entweder beide reell oder beide punktirt sind, während die 3 andern an $\varDelta$ hängenden Paare übereinstimmen, entweder reell oder punktirt. Wir nehmen nun auf den Flächen der ersteren Gattung jederzeit $d'$, $e'$ einerseits, $d''$ $e''$ andererseits (wie in Nr. 94) conjugirt imaginär an. Daraus folgt, dass $(D^{11}, D^{22})$ reell ist und die Grenzfläche zu den Flächen einer Gattung führt, auf der $d' d''$, $e' e''$ reell sind, hingegen $(D^{12}, D^{21})$ punktirt ist und die Grenzfläche den Uebergang zu den Flächen einer Gattung vermittelt, bei der $d' d''$, $e' e''$ punktirt sind. Die binären Geraden $(r, \varrho)$ tragen im ersteren Falle den Doppelindex 34, im letzteren 12, hingegen die unären im ersteren den einfachen Index 1 oder 2, im letzteren 3 oder 4. In beiden Fällen ist der Knotenpunkt $K = (D^{11}, D^{22})$ oder $(D^{12}, D^{21})$ reell, also sämmtliche binären Geraden, da sie durch ihn gehen, können nur reell oder punktirt sein.

Da auf den beiden allgemeinen Flächen, deren Uebergangsfläche wir betrachten, $d' d''$, $e' e''$ conjugirt imaginär oder beide reell oder beide punktirt, so ist auf ihnen, so wie auch auf der Uebergangsfläche von den 3 übrigen Geradenpaaren $a' a''$, $b' b''$, $c' c''$ eins reell, $a' a''$, die beiden andern, $b' b''$, $c' c''$, sind entweder auch beide reell, oder beide punktirt, oder conjugirt imaginär und dann nehmen wir $b' c'$ conjugirt an und $b'' c''$. Wir erhalten also 6 Arten der Uebergangsfläche, einer cubischen Fläche mit einem reellen Knotenpunkte, da das vierte Geradenpaar, in das zwei sich vereinigt haben, reell oder punktirt sein muss.

Ueber die Natur der unären Geraden $(r, \varrho)$ dieser Fläche können wir leicht mit Hilfe der Sätze in Nr. 92 und 93 einige allgemeine Bemerkungen aufstellen, denn für diese, da sie nicht durch den Knotenpunkt der Fläche gehen, gelten offenbar alle die Sätze auch, welche für die Geraden einer allgemeinen Fläche aus der Unzulässlichkeit eines Knotenpunktes abgeleitet werden. Z. B.: Befinden sich unter den 4 Geradenpaaren der Geraden $a$, $b$, $c$, $D$ mehr als ein reelles, so können unter den unären Geraden $(r, \varrho)$ keine punktirten vorkommen. Befinden sich unter diesen 4 Geradenpaaren punktirte (wenn auch blos eins, was hier wegen des durch die binären Geraden $D$ gebildeten Paars möglich ist), so kann keine der unären Geraden $(r, \varrho)$ reell sein. Imaginäre Geradenpaare können unter den 4 nur durch Gerade $a, b, c$, also durch unäre Geraden gebildet werden. Jedes Geradenpaar, dessen Ebene durch eine dieser 6 Geraden geht, besteht entweder aus zwei unären oder aus zwei binären Geraden. Kommen also unter den 4 Geradenpaaren imaginäre Geradenpaare vor, die ersichtlich conjugirt sein müssen, so ist die Hälfte der unären Geraden $(r, \varrho)$ imaginär, die andere ist reell, wenn das Paar der Geraden $D$ reell ist, weil dann 2 reelle Geradenpaare vorhanden sind, welche keine punktirten unären Geraden $(r, \varrho)$ zulassen, hingegen punktirt, wenn dieses Paar punktirt ist, weil schon ein punktirtes unter den 4 Paaren die Existenz reeller unter den unären Geraden $(r, \varrho)$ unmöglich macht. In dem ersteren Falle sind reell die unären Geraden $(r, \varrho)$, welche $b'$ und $c'$ oder $b''$ und $c''$, also conjugirte Geraden treffen, die andern imaginär, im andern Falle aber gerade jene imaginär, die andern punktirt. Denn offenbar ist auch hier der Satz richtig: Zwei conjugirte imaginären Geraden werden nicht zugleich von einer punktirten getroffen, gleichviel ob die letztere eine unäre oder eine binäre Gerade ist. Die conjugirten unter den imaginären unären Geraden $(r, \varrho)$ befinden sich wieder je auf einem der reellen Hyperboloide, die durch die Tripel der 6 Geraden $a, b, c$ sich ergeben, oder, wenn $D^{11}$ $D^{22}$ reell sind, auf einem durch eine dieser 6 Geraden gelegten und die cubische Fläche längs einer der beiden Geraden $D$ berührenden, offenbar auch reellen Hyperboloide.

Befinden sich unter den unären Geraden $(r, \varrho)$ imaginäre, so müssen sie auch ihre conjugirten unter denselben haben, denn die binären Geraden sind nicht imaginär; zwei solche conjugirten erzeugen mit der reellen Geraden $A$ ein reelles einflächige Hyperboloid, das die cubische Fläche noch in 3 windschiefen Geraden schneidet, die zu den Geraden $a, b, c, D$ gehören und von denen auch zwei in eine der beiden Geraden $D$ zusammenfallen können; von diesen Geraden kann, da sie auf einem reellen Hyperboloide liegen, keine punktirt sein; also können nicht 3 der 4 durch die Geraden $a, b, c, D$ gebildeten Paare punktirt sein. Mithin, wenn unter den 4 Geradenpaaren der Geraden $a, b, c, D$ mehr als 2 punktirte sich befinden, so können unter den unären Geraden $(r, \varrho)$ keine imaginären vorkommen. Sind alle 4 Geradenpaare reell, so sind auch alle Geraden $(r, \varrho)$, unäre wie binäre, reell, denn jede ist neben der reellen Geraden $A$ die zweite Schneidende von 4 reellen windschiefen Geraden.

Ebenso lassen sich leicht einige allgemeine Bemerkungen über die binären Geraden $(r, \varrho)$ aufstellen. Diese sind, wie wir oben fanden, entweder reell oder punktirt. Da im letzteren Falle der reelle Punkt der Knotenpunkt ist, so kann er sich nicht auf einer der unären Geraden befinden. Wenn unter den 3 Geradenpaaren der unären Geraden $a, b, c$ auch nur eins punktirt ist (dies zieht aber unmittelbar ein zweites punktirtes nach sich), kann keine der binären Geraden $(r, \varrho)$ reell sein, denn eine solche würde den Mittelpunkt des Geradenpaars zum Knotenpunkte machen. Sind alle 3 Geradenpaare reell, so kann keine binäre Gerade $(r, \varrho)$ punktirt sein, denn sie liegt stets auf einem durch 3 windschiefe der 6 Geraden $a, b, c$ bestimmten reellen Hyperboloide. Sind endlich $b' b''$, $c' c''$ conjugirt imaginär, dabei $b' c'$, $b'' c''$ conjugirt, so sind die binären Geraden $(r, \varrho)$ reell, welche $b'$ und $c'$ oder $b''$ und $c''$ treffen, die andern punktirt.

Jetzt können die 6 Uebergangsflächen näher beschrieben werden; wir stellen jedesmal die beiden allgemeinen Flächen, zwischen denen sie den Uebergang bilden, voraus und vor alle die Beschreibung der unären Geraden, die auf den beiden allgemeinen Flächen und der Uebergangsfläche stets dieselbe Natur haben:

$A$, $a' a''$ überall reell.

1) $b' b''$, $c' c''$ reell, $(r, \varrho)_{1,2}$ d. i. die 8 Geraden $(r, \varrho)$ mit den Indices 1 oder 2 reell.

Gattung I: $d' d''$, $e' e''$ reell, $(r, \varrho)_{3,4}$ r[illegible]

Gattung IV: $d' e'$, $d'' e''$ imaginär*), ebenso: $r_3' r_4'$, $\varrho_3' \varrho_4'$, $r_3'' r_4''$, $\varrho_3'' \varrho_4''$.

Uebergang: $D^{11}$, $D^{22}$ reell, ebenso $r_{34}'$, $\varrho_{34}'$, $r_{34}''$, $\varrho_{34}''$.

2) $b' b''$, $c' c''$ reell, $r_3' r_4'$, $\varrho_3' \varrho_4'$, $r_3'' r_4''$, $\varrho_3'' \varrho_4''$ imaginär.

---

*) Bei den imaginären Geraden stellen wir stets die conjugirten zusammen, bei den punktirten die mit gemeinsamem reellen Punkte, also auch conjugirten.

Gattung II: $d'\ d''$, $e'\ e''$ punktirt, $r_1'\ r_2'$, $\varrho_1'\ \varrho_2'$, $r_1''\ r_2''$, $\varrho_1''\ \varrho_2''$ imaginär.

Gattung IV: $d'\ e'$, $d''\ e''$ imaginär, $(r, \varrho)_{1 \cdot 2}$ reell.

Uebergang: $D^{12}$, $D^{21}$ punktirt, $r_{12}'$, $\varrho_{12}'$, $r_{12}''$, $\varrho_{12}''$ reell.

3) $b'\ b''$, $c'\ c''$ punktirt, $r_1'\ \varrho_2'$, $r_2'\ \varrho_1'$, $r_1''\ \varrho_2''$, $r_2''\ \varrho_1''$ imaginär.

Gattung II: $d'\ d''$, $e'\ e''$ reell, $r_3'\ \varrho_4'$, $r_4'\ \varrho_3'$, $r_3''\ \varrho_4''$, $r_4''\ \varrho_3''$ imaginär.

Gattung V: $d'\ e'$, $d''\ e''$ imaginär, $(r, \varrho)_{3 \cdot 4}$ punktirt.

Uebergang: $D^{11}$, $D^{22}$ reell, $r_{34}'$, $\varrho_{34}'$, $r_{34}''$, $\varrho_{34}''$ punktirt.

4) $b'\ b''$, $c'\ c''$ punktirt, $(r, \varrho)_{3 \cdot 4}$ punktirt.

Gattung III: $d'\ d''$, $e'\ e''$ punktirt, $(r, \varrho)_{1 \cdot 2}$ punktirt.

Gattung V: $d'\ e'$, $d''\ e''$ imaginär, ebenso $r_1'\ \varrho_2'$, $r_2'\ \varrho_1'$, $r_1''\ \varrho_2''$, $r_2''\ \varrho_1''$.

Uebergang: $D^{12}$, $D^{21}$ punktirt, $r_{12}'$, $\varrho_{12}'$, $r_{12}''$, $\varrho_{12}''$ punktirt.

5) $b'\ c'$, $b''\ c''$ imaginär, $r_1'\ \varrho_1'$, $r_2'\ \varrho_2'$ reell, $r_1''\ \varrho_2''$, $r_2''\ \varrho_1''$ imaginär.

Gattung IV: $d'\ d''$, $e'\ e''$ reell, $r_3'\ \varrho_4'$, $r_4'\ \varrho_3'$ imaginär, $r_3''\ \varrho_3''$, $r_4''\ \varrho_4''$ reell.

Gattung VI: $d'\ e'$, $d''\ e''$ imaginär, $r_3'\ \varrho_3'$, $r_4'\ \varrho_4'$ punktirt, $r_3''\ r_4''$, $\varrho_3''\ \varrho_4''$ imaginär.

Uebergang: $D^{11}$, $D^{22}$ reell, $r_{34}'$, $\varrho_{34}'$ punktirt, $r_{34}''$, $\varrho_{34}''$ reell.

6) $b'\ c'$, $b''\ c''$ imaginär, $r_3'\ \varrho_3'$, $r_4'\ \varrho_4'$ punktirt, $r_3''\ r_4''$, $\varrho_3''\ \varrho_4''$ imaginär.

Gattung V: $d'\ d''$, $e'\ e''$ punktirt, $r_1'\ r_2'$, $\varrho_1'\ \varrho_2'$ imaginär, $r_1''\ \varrho_1''$, $r_2''\ \varrho_2''$ punktirt.

Gattung VI: $d'\ e'$, $d''\ e''$ imaginär, $r_1'\ \varrho_1'$, $r_2'\ \varrho_2'$ reell, $r_1''\ \varrho_2''$, $r_2''\ \varrho_1''$ imaginär.

Uebergang: $D^{12}$, $D^{21}$ punktirt, $r_{12}'$, $\varrho_{12}'$ reell, $r_{12}''$, $\varrho_{12}''$ punktirt.

Also der Uebergang findet auf zwei Weisen statt: Ein Paar conjugirter imaginären (windschiefen) Geraden der einen allgemeinen Gattung fallen auf der Grenzfläche in eine reelle Gerade, die durch den reellen Knotenpunkt der Grenzfläche geht, zusammen und trennen sich auf der andern Gattung als zwei reelle windschiefe Geraden, oder ein Paar nicht conjugirter, aber zweien conjugirten Geradenpaaren angehöriger imaginären Geraden der einen Gattung vereinigen sich auf der Grenzfläche zu einer punktirten Geraden, welche den reellen Punkt im Knotenpunkt der Grenzfläche hat, und gehen auf der andern Gattung als windschiefe Geraden wieder auseinander, jedoch die Eigenschaft, einen reellen Punkt zu besitzen, die sie auf der Grenze erhalten haben, beibehaltend.

**114.** Wir wollen im Folgenden nun die Uebergangsfläche zwischen zwei allgemeinen Flächen 3. Ordnung betrachten, auf denen beiden $a'$ $a''$ reell ist, während auf der einen $b'$ $b''$, $c'$ $c''$ conjugirt imaginär, auf der andern reell oder punktirt sind und ebenso auf der einen $d'$ $d''$, $e'$ $e''$ conjugirt imaginär, auf der andern reell oder punktirt sind. Auf der Grenzfläche fallen dann die Geradenpaare $b'$ $b''$, $c'$ $c''$ zusammen und zwar in ein Geradenpaar $B^{11}$, $B^{22}$, wenn $b'$ und $c'$ einerseits und $b''$ und $c''$ andererseits sich vereinigen, und in ein Geradenpaar $B^{12}$, $B^{21}$, wenn $b'$ $c''$ zusammenfallen und $b''$ $c'$, und auch $d'$ $d''$, $e'$ $e''$ vereinigen sich in $D^{11}$, $D^{22}$ oder in $D^{12}$, $D^{21}$, wie dies in der vorigen Betrachtung auseinandergesetzt. Auch hier nehmen wir bei der Fläche, auf der $b'$ $b''$, $c'$ $c''$ conjugirt imaginär sind, stets $b'$ $c'$ und $b''$ $c''$ als conjugirt an, so dass die beiden Geradenpaare $B^{11}$, $B^{22}$ und $D^{11}$, $D^{22}$ jederzeit reell, $B^{12}$, $B^{21}$ und $D^{12}$, $D^{21}$ punktirt sind.

Welche Coincidenzen durch die Vereinigung der Geradenpaare $d'$ $d''$, $e'$ $e''$ in $D^{11}$, $D^{22}$ oder in $D^{12}$, $D^{21}$ veranlasst werden, ergiebt die vorige Betrachtung. Die Vereinigung von $b'$ $c'$, $b''$ $c''$ zu $B^{11}$, $B^{22}$ bewirkt das Zusammenfallen von $r_3'$ $\varrho_4'$, $r_4'$ $\varrho_3'$, $r_1''$ $\varrho_2''$, $r_2''$ $\varrho_1''$ in $\mathfrak{r}_{34}'$, $\mathfrak{r}_{43}'$, $\mathfrak{r}_{12}''$, $\mathfrak{r}_{21}''$, hingegen die Vereinigung von $b'$ $c''$, $b''$ $c'$ zu $B^{12}$, $B^{21}$ lässt die Dupel $r_1'$ $\varrho_2'$, $r_2'$ $\varrho_1'$, $r_3''$ $\varrho_4''$, $r_4''$ $\varrho_3''$ in die Geraden $\mathfrak{r}_{12}'$, $\mathfrak{r}_{21}'$, $\mathfrak{r}_{34}''$, $\mathfrak{r}_{43}''$ zusammenfallen. Wir lassen nun zwei Coincidenzen zugleich eintreten, und zwar:

*a)* $b'$ $c'$, $b''$ $c''$, $d'$ $d''$, $e'$ $e''$ vereinigen sich in $B^{11}$, $B^{22}$, $D^{11}$, $D^{22}$; dann vereinigen sich $r_1''$ $\varrho_2''$, $r_2''$ $\varrho_1''$, $r_3''$ $r_1''$, $\varrho_3''$ $\varrho_1''$ in die binären Geraden $\mathfrak{r}_{12}''$, $\mathfrak{r}_{21}''$, $r_{34}''$, $\varrho_{34}''$, hingegen von den 4 Geraden $r_3'$ $r_1'$ $\varrho_3'$ $\varrho_1'$ sollen sich sowohl $r_3'$ $r_1'$, $\varrho_3'$ $\varrho_1'$ zu $r_{31}'$, $\varrho_{31}'$, als auch $r_3'$ $\varrho_1'$, $r_4'$ $\varrho_3'$ zu $\mathfrak{r}_{34}'$, $\mathfrak{r}_{13}'$ vereinigen, d. h.

die 4 Geraden $r_3'\ r_1'\ \varrho_3'\ \varrho_1'$, die zwei derselben Geraden $a'$ anhängende Geradenpaare bilden, vereinigen sich zu einer einzigen Geraden $\mathfrak{R}_{31}'$, die wir eine „quaternäre" Gerade nennen wollen; unäre Geraden der Grenzfläche werden ausser $A$, $a'$, $a''$ noch $r_1'\ r_2'\ \varrho_1'\ \varrho_2'$.

β) $b'\ c'$, $b''\ c''$, $d'\ c''$, $d''\ c'$ fallen zusammen in $B^{11}$, $B^{22}$, $D^{12}$, $D^{21}$; es vereinigen sich $r_1'\ r_2'$, $\varrho_1'\ \varrho_2'$, $r_3'\ \varrho_1'$, $r_1'\ \varrho_3'$ in die binären Geraden $r_{12}'$, $\varrho_{12}'$, $\mathfrak{r}_{31}'$, $\mathfrak{r}_{13}'$; die beiden an $a''$ hängenden Geradenpaare $r_1''\ \varrho_1''$, $r_2''\ \varrho_2''$ ergeben die eine quaternäre Gerade $\mathfrak{R}_{12}''$; unär sind $r_3''\ r_4''\ \varrho_3''\ \varrho_4''$.

γ) $b'\ c''$, $b''\ c'$, $d'\ e'$, $d''\ e''$ vereinigen sich zu $B^{12}$, $B^{21}$, $D^{11}$, $D^{22}$; dann coincidiren $r_1'\ \varrho_2'$, $r_2'\ \varrho_4'$, $r_3'\ r_1'$, $\varrho_3'\ \varrho_1'$ in die Geraden $\mathfrak{r}_{12}'$, $\mathfrak{r}_{21}'$, $r_{34}'$, $\varrho_{34}'$, die beiden an $a''$ hängenden Geradenpaare $r_3''\ \varrho_3''$, $r_4''\ \varrho_4''$ fallen in die Gerade $\mathfrak{R}_{34}''$ zusammen; unär sind $r_1''\ r_2''\ \varrho_1''\ \varrho_2''$.

δ) $b'\ c''$, $b''\ c'$, $d'\ c''$, $d''\ c'$ coincidiren in die binären Geraden $B^{12}$, $B^{21}$, $D^{12}$, $D^{21}$; es vereinigen sich dann $r_1''\ r_2''$, $\varrho_1''\ \varrho_2''$, $r_3''\ \varrho_4''$, $r_4''\ \varrho_3''$ zu $r_{12}''$, $\varrho_{12}''$, $\mathfrak{r}_{34}''$, $\mathfrak{r}_{43}''$; die beiden an $a'$ hängenden Geradenpaare $r_1'\ \varrho_1'$, $r_2'\ \varrho_2'$ ergeben die quaternäre Gerade $\mathfrak{R}_{12}'$; unär sind $r_3'\ r_4'\ \varrho_3'\ \varrho_4'$.

Auf der Grenzfläche giebt es eine quaternäre Gerade, $4+4=8$ binäre und $3+4=7$ unäre Geraden.

Wir haben jetzt zu untersuchen, wie sich diese 16 Geraden auf unserer Fläche gegen einander arrangiren, und wollen dies blos für die unter α) beschriebene Fläche thun. Eine Gerade $x$ unserer Fläche trifft eine zweite $y$, wenn $x$ selbst (als unäre Gerade) oder eine der in ihr vereinigten Geraden der allgemeinen Fläche (sobald sie binär oder quaternär ist) die Gerade $y$ auf der allgemeinen Fläche (wenn diese unär ist) oder eine der in $y$ vereinigten Geraden derselben (falls $y$ binär oder quaternär ist) trifft.

Die 6 Geraden $a'$, $a''$, $B^{11}$, $B^{22}$, $D^{11}$, $D^{22}$ bilden 8 Tripel; wir werden unter diese in der folgenden Tabelle jedesmal die beiden Geraden setzen, welche mit $A$ das im Doppeldrei zugeordnete Tripel bilden.

| | | | | | | | |
|---|---|---|---|---|---|---|---|
| $a'$ | $a'$ | $a'$ | $a'$ | $a''$ | $a''$ | $a''$ | $a''$ |
| $B^{11}$ | $B^{11}$ | $B^{22}$ | $B^{22}$ | $B^{11}$ | $B^{11}$ | $B^{22}$ | $B^{22}$ |
| $D^{11}$ | $D^{22}$ | $D^{11}$ | $D^{22}$ | $D^{11}$ | $D^{22}$ | $D^{11}$ | $D^{22}$ |
| $r_1'$, $\mathfrak{R}_{31}'$ | $r_2'$, $\mathfrak{R}_{34}'$ | $\varrho_2'$, $\mathfrak{R}_{31}'$ | $\varrho_1'$, $\mathfrak{R}_{31}'$ | $\mathfrak{r}_{21}''$, $r_{34}''$ | $\mathfrak{r}_{12}''$, $r_{34}''$ | $\mathfrak{r}_{21}''$, $\varrho_{31}''$ | $\mathfrak{r}_{12}''$, $\varrho_{34}''$. |

Daraus ersieht man, dass $\mathfrak{R}_{31}'$ alle 4 Geraden $B^{11}$, $B^{22}$, $D^{11}$, $D^{22}$ trifft, also, da sie in keiner der beiden Ebenen ($B^{11}$, $B^{22}$) und ($D^{11}$, $D^{22}$) die dritte Gerade ist, durch $K_B = (B^{11}, B^{22})$ und $K_D = (D^{11}, D^{22})$ geht, so dass diese beiden Punkte $K_B$ und $K_D$ Knotenpunkte der Fläche sind und die quaternäre Gerade $\mathfrak{R}_{31}'$ sie verbindet; ebenso zeigt die Tafel, dass die beiden binären Geraden $\mathfrak{r}_{12}''$ und $\mathfrak{r}_{21}''$ durch $K_B$ und die Geraden $r_{31}''$, $\varrho_{31}''$ durch $K_D$ gehen. Demnach gehen durch jeden der beiden Knotenpunkte zwei binäre und die quaternäre Gerade.

Eine der 7 unären Geraden, $a'$, zeichnet sich vor den übrigen aus; sie trifft die quaternäre Gerade und erzeugt mit ihr eine Ebene, welche die Fläche längs $\mathfrak{R}_{31}'$ berührt. Ausser dieser Ebene mit einem Geradenpaare, dessen Gerade zusammengefallen sind, gehen durch $a'$ noch 3 Ebenen von Geradenpaaren, alle durch unäre Geraden gebildet: $a''A$, $r_1'\varrho_1'$, $r_2'\varrho_2'$. Diese ausgezeichnete unäre Gerade trifft alle 6 andern unären Geraden. Hingegen durch jede andere unäre Gerade gehen die Ebenen dreier Geradenpaare, je eins aus unären, die beiden andern aus binären Geraden mit einem Knotenpunkte als Mittelpunkt gebildet, von denen die letzteren je zwei Geradenpaare der allgemeinen Fläche vereinigen. Jede binäre Gerade wird von 4 Geradenpaaren getroffen, deren drei aus einer unären und einer binären Geraden bestehen, eins hingegen aus einer binären und der quaternären, welche sich in dem andern Knotenpunkte schneiden, als durch den jene binäre Gerade geht. Die quaternäre Gerade endlich liegt auf den Ebenen von 5 Geradenpaaren, in deren einem die eine Gerade mit der quaternären auch zusammenfällt, die andere unär ist, während die übrigen durch binäre Geraden gebildet werden.

115. Da auf unseren Uebergangsflächen die Geradenpaare $(B, B)$ und $(D, D)$ stets reell oder punktirt sind, so sind die beiden Knotenpunkte $K_B$ und $K_D$ stets reell, also auch die quaternäre Gerade, die binären entweder reell oder punktirt.

Weil in jeder durch eine binäre Gerade und den Knotenpunkt, durch den sie nicht geht, gelegten Ebene die quaternäre Gerade liegt, so folgt, dass, wenn $(B, B)$ reell resp. punktirt ist, die durch $K_{II}$ gehenden binären Geraden $(r, \varrho)$ reell resp. punktirt sind. Dasselbe gilt für das Geradenpaar $(D, D)$ und die binären Geraden $(r, \varrho)$, welche durch $K_{II}$ gehen.

Dass das Dreieck $A\,a'\,a''$ stets reell ist, leuchtet ein. Sind die 3 Geradenpaare $(a', a'')$, $(B, B)$, $(D, D)$, deren Ebenen durch $A$ gehen, alle reell, so bilden die 4 Geraden $B, D$ und die Gerade $a$, welche von der quaternären und allen unären Geraden getroffen wird, 4 Tripel, welche 4 reelle Hyperboloide veranlassen, deren jedes die cubische Fläche in $A$, der quaternären Geraden und einer der 4 unären Geraden $(r, \varrho)$ durchschneiden, woraus folgt, dass alle 4 unären Geraden $(r, \varrho)$ reell sind. Sonst gelten noch folgende Gesetze: Unter den unären Geraden $(r, \varrho)$ befinden sich keine reellen, wenn unter den 3 Geradenpaaren, deren Ebenen durch $A$ gehen, punktirte vorkommen, keine punktirten, wenn unter ihnen mehr als ein reelles Geradenpaar, keine imaginären, wenn unter den 3 Geradenpaaren mehr als ein punktirtes auftritt. Imaginäre unären Geraden $(r, \varrho)$ kommen demnach nur dann vor, wenn eins der beiden Geradenpaare $(B, B)$ und $(D, D)$ reell, das andere punktirt ist, und dann sind sie alle imaginär. Je zwei conjugirte liegen auf demselben der beiden reellen Hyperboloide, welche durch die von allen unären Geraden getroffene Gerade $a$ gelegt sind und die cubische Fläche längs der einen oder der andern Geraden des reellen der Geradenpaare $(B, B)$ und $(D, D)$ berühren."

Unsere cubische Fläche mit 2 reellen Knotenpunkten vermittelt viermal den Uebergang von einer Gattung zu einer andern.

$A$, $a'$, $a''$ überall reell.

1 $r_1'\,\varrho_1'$, $r_2'\,\varrho_2'$ reell.

Gattung I: auch alle andern Geraden reell.

Gattung VI: $b'\,c'$, $b''\,c''$, $d'\,e'$, $d''\,e''$, $r_1''\,\varrho_2''$, $r_2''\,\varrho_1''$, $r_3''\,r_4''$, $\varrho_3''\,\varrho_4''$ imaginär; $r_3'\,\varrho_3'$, $r_4'\,\varrho_4'$ punktirt.

Uebergang: $B^{11}\,B^{22}$, $D^{11}\,D^{22}$, $\mathfrak{r}_{12}''$, $\mathfrak{r}_{21}''$, $r_{31}''$, $\varrho_{31}''$ reell; ebenso $\mathfrak{R}_{31}'$.

2) $r_3'' r_1''$, $\varrho_3'' \varrho_1''$ imaginär.

Gattung II: $b' b''$, $c' c''$ reell, $d' d''$, $e' e''$ punktirt, $r_1' r_2'$, $\varrho_1' \varrho_2'$, $r_3' r_1'$, $\varrho_3' \varrho_4'$; $r_1'' r_2''$, $\varrho_1'' \varrho_2''$ imaginär.

Gattung VI: $b' c'$, $b'' c''$, $d' e'$, $d'' e''$ imaginär, $r_1' \varrho_1'$, $r_2' \varrho_2'$ reell, $r_3' \varrho_3'$, $r_4' \varrho_1'$ punktirt; $r_1'' \varrho_2''$, $\varrho_1'' r_2''$ imaginär.

Uebergang: $B^{11} B^{22}$ reell, $D^{12} D^{21}$ punktirt, $r_{12}' \varrho_{12}'$ reell (gehen durch $K_D$), $\mathfrak{r}_{31}' \mathfrak{r}_{13}'$ punktirt (gehen durch $K_B$); $\mathfrak{R}_{12}''$ reell.

3) $r_1'' \varrho_2''$, $r_2'' \varrho_1''$ imaginär.

Gattung IV: $b' c'$, $b'' c''$ imaginär, $d' d''$, $e' e''$ reell, $r_1' \varrho_1'$, $r_2' \varrho_2'$ reell, $r_3' \varrho_1'$, $r_1' \varrho_3'$ imaginär; $r_3'' \varrho_3''$, $r_1'' \varrho_4''$ reell.

Gattung V: $b' b''$, $c' c''$ punktirt, $d' e'$, $d'' e''$ imaginär, ebenso $r_1' \varrho_2'$, $r_2' \varrho_1'$, aber $r_3' \varrho_3'$, $r_4' \varrho_1'$ punktirt; ebenso $r_3'' \varrho_3''$, $r_1'' \varrho_1''$ punktirt.

Uebergang: $B^{12} B^{21}$ punktirt, $D^{11} D^{22}$ reell, $\mathfrak{r}_{12}' \mathfrak{r}_{21}'$ reell (gehen durch $K_B$), $r_{31}' \varrho_{31}'$ punktirt (gehen durch $K_D$); $\mathfrak{R}_{31}''$ reell.

4) $r_3' \varrho_3'$, $r_4' \varrho_1'$ punktirt.

Gattung III: alle andern Geraden punktirt.

Gattung VI: unter 1) und 2) beschrieben.

Uebergang: $B^{12} B^{21}$, $D^{12} D^{21}$ punktirt, ebenso $r_{12}'' \varrho_{12}''$ (gehen durch $K_D$), $\mathfrak{r}_{34}''$, $\mathfrak{r}_{43}''$ (gehen durch $K_B$); $\mathfrak{R}_{12}'$ reell.

Man erkennt leicht, dass die unter 2) und 3) geschilderten Uebergangsflächen gleichartig sind; man könnte auch durch die Fläche 2) übergehen von Gattung IV, bei der $b' b''$, $c' c''$ reell, $d' e'$, $d'' e''$ conjugirt imaginär, zu Gattung V, bei der $b' c'$, $b'' c''$ conjugirt imaginär, $d' d''$, $e' e''$ punktirt sind, und durch Fläche 3) von Gattung II, bei welcher $b' b''$, $c' c''$ punktirt, $d' d''$, $e' e''$ reell sind, zu Gattung VI.

Die Art und Weise des Uebergangs für diejenigen Geraden, die auf der Grenzfläche in eine binäre Gerade zusammenfallen, ist ganz dieselbe wie früher (Ende von Nr. 113); neu tritt hier auf, dass 4 Gerade, die auf der einen Gattung zwei reelle Geradenpaare bilden, deren Ebenen durch dieselbe Gerade gehen, auf der Grenzfläche in eine einzige reelle Gerade zusammenfallen, längs deren die cubische Fläche von der Ebene berührt wird, welche durch diese Gerade und die auf der Grenzfläche unär auftretende Schnittgerade der Ebenen der Geradenpaare bestimmt ist — in welche also diese Ebenen auf der Grenzfläche sich vereinigt haben —, dann auf der andern

Gattung sich wieder trennen und zwei derselben (reellen) Geraden begegnende punktirten Geradenpaare bilden, oder dass 4 Gerade, die auf der einen Gattung zwei derselben (reellen) Geraden begegnende conjugirten imaginären Geradenpaare bilden, sich auf der Grenzfläche zu einer reellen Geraden vereinigen, längs deren auch eine reelle Ebene berührt, in welche die Ebenen der Geradenpaare zusammengefallen sind, auf der andern Gattung sich wieder als die Geraden zweier conjugirten imaginären Geradenpaare aus einander begeben, aber nun die conjugirten Geraden andere sind. Das letztere findet bei dem unter 2) geschilderten Uebergange statt.

116. Indem man von 4 imaginären Geradenpaaren, deren Ebenen alle durch dieselbe reelle Gerade $A$ gehen (was nur bei der Gattung VI = II vorkommt), zweimal zwei conjugirte zusammenfallen lässt, erhält man eine cubische Fläche mit zwei reellen Knotenpunkten. Diese Knotenpunkte werden imaginär, wenn man zwei nicht conjugirte Geradenpaare sich vereinigen lässt. Da die Verbindungsgerade ihrer Mittelpunkte imaginär ist und als imaginäre Gerade die reellen Flächen $S^3$, $H_1$, $H_2$ nur in einem imaginären Punkte berühren kann, so können zwei nicht conjugirte imaginären Geradenpaare sich nur in ein imaginäres vereinigen. Es leuchtet dann aber ein, dass sich auch ihre conjugirten Geradenpaare vereinigen müssen.

Wir nehmen nun, um die oben beschriebene Fläche $\alpha$) benutzen zu können, an, dass $b' d'$, $b'' d''$ conjugirt seien und $c' e'$, $c'' e''$. Wir lassen nun $b' c'$, $b'' c''$ und in Folge dessen $d' e'$, $d'' e''$ in $B^{11}$, $B^{22}$, $D^{11}$, $D^{22}$ zusammenfallen; die Geradenpaare ($B^{11}$, $B^{22}$), ($D^{11}$, $D^{22}$) sind conjugirt imaginär, und zwar sind $B^{11} D^{11}$ einerseits, $B^{22} D^{22}$ andererseits conjugirt. Die reelle Verbindungsgerade der Mittelpunkte ist offenbar die quaternäre Gerade $\mathfrak{R}_{31}'$. In sie sind die reellen Geraden $\beta\,\delta$ und $\gamma\,\varepsilon$ zusammengefallen. Die 4 binären Geraden $\mathfrak{r}_{12}''$ $\mathfrak{r}_{21}''$ $r_{31}''$ $\varrho_{31}''$ können nicht reell sein, da sie die reelle Gerade $\mathfrak{R}_{31}'$ in den imaginären Knotenpunkten $K_B$ und $K_D$ treffen. Die drei Geraden $a'$, $a''$, $A$ sind reell; da $B^{11} D^{11}$ und $B^{22} D^{22}$ conjugirt, sind die Hyperboloide $[a'' B^{11} D^{11}]$

und $[a'' B^{22} D^{22}]$ reell; sie schneiden die cubische Fläche noch in $A\, \mathfrak{r}_{21}''\, r_{31}''$ resp. $A\, \mathfrak{r}_{12}''\, \varrho_{31}''$. Folglich sind die 4 binären Geraden $(r, \varrho)$ nicht punktirt, demnach imaginär und zwar $\mathfrak{r}_{21}''\, r_{31}''$, $\mathfrak{r}_{12}''\, \varrho_{31}''$ conjugirt. Ebenso sind die Hyperboloide $[a' B^{11} D^{11}]$ und $[a' B^{22} D^{22}]$ reell; diese durchschneiden die cubische Fläche noch in $A\, \mathfrak{R}_{31}'\, r_1'$ und $A\, \mathfrak{R}_{31}'\, \varrho_1'$. Mithin sind die beiden Geraden $r_1'\, \varrho_1'$ reell. Die Hyperboloide $[a' B^{11} D^{22}]$ und $[a' B^{22} D^{11}]$ hingegen sind imaginär, denn sonst würden $B^{11} D^{22}$ und $B^{22} D^{11}$ conjugirt; sie durchschneiden die cubische Fläche noch in $A\, \mathfrak{R}_{34}'\, r_2'$ und $A\, \mathfrak{R}_{34}'\, \varrho_2'$. Beide haben drei reelle Geraden und zwar dieselben: $a'$; $A\, \mathfrak{R}_{34}'$. Auf beiden muss noch eine vierte zur selben Schaar wie $a'$ gehörige reelle Gerade liegen, welche die cubische Fläche dort, wo sie $A\, \mathfrak{R}_{34}'\, r_2'$, resp. $A\, \mathfrak{R}_{34}'\, \varrho_2'$ trifft, schneidet; da sie ihr zweimal reell begegnet, muss sie dies auch beim dritten Male thun. Also haben $r_2'$ und $\varrho_2'$ einen reellen Punkt. Da die beiden Hyperboloide nicht drei zur selben Schaar gehörige reellen Geraden besitzen können, können diese Geraden nicht reell sein, mithin sind $r_2'$ und $\varrho_2'$ punktirt und haben nothwendig ihren reellen Punkt gemein. Es sind also hier von den 3 aus unären Geraden gebildeten Paaren, deren Ebenen durch $a'$ gehen, zwei reell und eins punktirt. Das lässt sich auf folgende Weise aufhellen. Wenn wir bei der Fläche der Gattung VI die Dapel $b'\, d'$, $b''\, d''$, $c'\, e'$, $c''\, e''$ als conjugirt annehmen, so sind die Geraden $r_1'\, \varrho_1'$, $r_3'\, \varrho_3'$ reell, $r_2'\, \varrho_2'$, $r_4'\, \varrho_4'$ punktirt; ferner sind $r_1''\, \varrho_3''$, $r_3''\, \varrho_1''$, $r_2''\, r_4''$, $\varrho_2''\, \varrho_1''$ imaginär, mithin die Paare $r_1''\, \varrho_1''$, $r_3''\, \varrho_3''$ und $r_2''\, \varrho_2''$, $r_4''\, \varrho_1''$ conjugirt. (M. s. Nr. 94.) Also von den 5 Geradenpaaren, deren Ebenen durch $a'$ gehen, und von denen 3 reell, 2 punktirt sind, haben sich in die reelle quaternäre Gerade $\mathfrak{R}_{34}'$ ein reelles, $r_3'\, \varrho_3'$, und ein punktirtes, $r_4'\, \varrho_4'$, vereinigt; es bleiben also noch 2 reelle und 1 punktirtes. In die 4 imaginären binären Geraden $(r, \varrho)$ sind je zwei nicht conjugirten Geradenpaaren angehörige imaginären Geraden zusammengefallen.

Von den cubischen Flächen also mit 2 reellen Knotenpunkten haben wir 3 Arten, von denen mit zwei imaginären (derselben reellen Geraden angehörigen) Knotenpunkten bis jetzt eine erhalten. Diese letztere kann auch nicht dazu dienen, den Uebergang von einer Gattung der allgemeinen Flächen zu einer andern zu bewerkstelligen. Sie führt nur von Flächen der Gattung VI wieder zu solchen.

117. Das Resultat, das von den 4 Geraden zweier Geradenpaare, deren Ebenen durch $a'$ (oder $a''$) gehen, gefunden worden ist, nämlich, dass sie in der einen allgemeinen Gattung zwei reelle Paare bilden, auf der Grenzfläche in eine einzige reelle Gerade zusammenfallen, auf der andern Gattung sich wieder in 4 Geraden getrennt haben, welche jedoch nun zwei punktirte Paare bilden, wenden wir an auf die Geraden, welche der Geraden $A$ begegnen, und werden dadurch ebenfalls zu einer cubischen Fläche mit 2 reellen Knotenpunkten gelangen, welche gegen die der vorigen Betrachtung gewendet ist.

Wir nehmen die Uebergangsfläche zwischen zwei Flächen allgemeiner Art vor, auf deren einer eins der die Gerade $A$ treffenden Geradenpaare reell ist, während es auf der andern punktirt ist. Alle Geradenpaare, welche $A$ treffen, sind Schnittcurven von Ebenen des Büschels um $A$ mit ihren entsprechenden Flächen im erzeugenden Büschel $B(F^2)$. Zwischen den Flächen 2. Ordnung mit reellen Geraden, welche durch ihre reellen Tangentenebenen in reellen Geradenpaaren, und denen ohne reelle Geraden, welche in punktirten Geradenpaaren durchschnitten werden, steht der Kegel 2. Ordnung, den jede reelle Tangentenebene in zwei zusammenfallenden reellen Geraden schneidet. Also zwischen zwei allgemeinen Flächen 3. Ordnung, wie den oben erwähnten, steht als Uebergangsfläche eine, auf der die beiden Geraden des betreffenden Geradenpaars in eine einzige reelle sich vereinigt haben, mithin ein reeller Kegel $K_o^2$ des erzeugenden Flächenbüschels von seiner entsprechenden Ebene $E_o$ berührt wird. Längs der Geraden $t_o$, in der $K_o^2$ und $E_o$ einander berühren, tangirt $E_o$ auch die cubische Fläche. Diese Gerade $t_o$ liegt auf allen 3 Flächen $S^3$, $H_1$, $H_2$, deren wir uns zum Nachweise der 5 Punkte $\alpha$, $\beta$, $\gamma$, $\delta$, $\varepsilon$ bedienten. $E_o$ ist eine der beiden von $m$, einem beliebigen Punkte auf $A$, an $K_o^2$ gelegten Berührungsebenen, mithin geht die Polarebene von $m$ in Bezug $K_o^2$ durch die Berührungskante $t_o$ und schneidet in ihr und einer andern Geraden die Fläche $K_o^2$, so dass $t_o$ auf $S^3$ liegt, der Pampolare des Punktes $m$ in Bezug auf das erzeugende Flächenbüschel. Da $A$ in der Ebene $E_o$ liegt, welche $K_o^2$ längs

$t_o$ berührt, so gehen die Polarebenen aller Punkte von $A$ in Bezug auf $K_o^2$ durch $t_o$; also ist $t_o$ die reciproke Polare von $A$ in Bezug auf $K_o^2$ und liegt dem zu Folge auf $H_1$, dem Polarhyperboloide der Geraden $A$ in Bezug auf das erzeugende Büschel. Ferner, wie oben gesagt, die Polarebene jedes Punktes auf $A$, also auch des Punktes $m'$ in Bezug auf $K_o^2$ geht durch $t_o$ und durchschneidet in $t_o$ die dem Kegel $K_o^2$ entsprechende Ebene $E_o$ des erzeugenden Ebenenbüschels, folglich ist $t_o$ auch eine Gerade des Hyperboloids $H_2$.

Es fragt sich nun noch: wie viele ausserhalb $t_o$ liegende Punkte sind den Flächen $S^3$, $H_1$, $H_2$, auf denen allen $t_o$ liegt, noch gemein? $H_1$ und $H_2$ durchschneiden einander ausser in $t_o$ noch in einer cubischen Raumcurve $L^3$, welche $t_o$ in zwei Punkten $n'$ und $n''$ trifft. Die Fläche $S^3$ trifft sie in 9 Punkten; nach Abzug der beiden Punkte $n'$ und $n''$ bleiben 7 Punkte, welche den 3 Flächen gemein sind und nicht auf $t_o$ liegen. Von diesen 7 Punkten sind noch einige abzuziehen, welche keinen der Punkte $\alpha$, $\beta$, $\gamma$, $\delta$, $\varepsilon$ liefern. Es seien $\pi$ und $\pi'$ die conjugirten Polaren der Punkte $m$ und $m'$ in Bezug auf das Büschel $B(F^2)$; den Flächen $S^3$ und $H_1$ sind die Geraden $\pi$ und $t_o$ gemein, welche einander schneiden, weil $\pi$ als conjugirte Polare und $t_o$ als reciproke Polare zu verschiedenen Schaaren auf $H_1$ gehören (ebenso schneiden $\pi'$ und $t_o$ einander); mithin durchschneiden die beiden Flächen einander noch in einer Raumcurve 4. Ordnung $R^4$ (Grundcurve eines Flächenbüschels 2. Ordnung), welche jeder der 3 Geraden $\pi$, $\pi'$ und $t_o$ zweimal begegnet. Die Flächen $H_1$ und $H_2$ haben die beiden einander schneidenden Geraden $\pi'$ und $t_o$ gemein, demnach noch einen Kegelschnitt $R^2$, der jeder der 3 Geraden $\pi$, $\pi'$, $t_o$ einmal begegnet. Die beiden Punkte, in denen $\pi'$ und $R^4$ einander begegnen, und der Punkt, in dem $R^2$ von $\pi$ getroffen wird, sind den Flächen $S^3$, $H_1$, $H_2$ gemein, liegen auch nicht auf $t_o$, also gehören sie zu den obigen 7 Punkten, ergeben aber nicht Geradenpaare der cubischen Fläche, deren Ebenen durch $A$ gehen. Dasselbe gilt auch für den einen Asymptotenpunkt der Involution, welche auf $A$ durch $B(F^2)$ hervorgerufen wird; der andere liegt, da $A$ den Kegel $K_o^2$ berührt, in diesem Berührungspunkte, mithin auf $t_o$, also gehört er nicht zu den 7 Punkten. Von diesen 7 Punkten sind demnach 4 Punkte abzuziehen, welche keine Geradenpaare liefern.

Es bleiben folglich nur 3. Also auf unserer cubischen Fläche treffen ausser dem Geradenpaare, dessen beide Geraden in eine Gerade ($t_0$) zusammengefallen sind, nur noch 3 die Gerade $\varDelta$. Mithin vertritt dieses eigenthümliche Geradenpaar zugleich 2 Geradenpaare der allgemeinen Fläche. Also sind zwei Geradenpaare $d'$ $d''$, $e'$ $e''$ in die eine Gerade $t_0$ zusammengefallen, die wir nun $\mathfrak{D}$ nennen wollen.

Weil $d'$ mit $e'$ (und $d''$ mit $e''$) identisch geworden ist, vereinigen sich $r_3'$ $r_4'$, $\varrho_3'$ $\varrho_4'$, $r_3''$ $r_4''$, $\varrho_3''$ $\varrho_4''$ zu $r_{34}'$, $\varrho_{34}'$, $r_{34}''$, $\varrho_{34}''$; weil aber auch $d'$ mit $e''$ (und $d''$ mit $e'$) sich vereinigt hat, fallen $r_1'$ $r_2'$, $\varrho_1'$ $\varrho_2'$, $r_1''$ $r_2''$, $\varrho_1''$ $\varrho_2''$ zusammen in $r_{12}'$, $\varrho_{12}'$, $r_{12}''$, $\varrho_{12}''$. Die 7 Geraden $a$, $b$, $c$, $\mathfrak{D}$ geben 8 Quadrupel; wir stellen in folgender Tabelle unter jedes Quadrupel die Gerade, die mit $\varDelta$ zugleich allen Geraden desselben begegnet:

| | | | | | | | |
|---|---|---|---|---|---|---|---|
| $a'$ | $a'$ | $a'$ | $a'$ | $a''$ | $a''$ | $a''$ | $a''$ |
| $b'$ | $b'$ | $b''$ | $b''$ | $b'$ | $b'$ | $b''$ | $b''$ |
| $c'$ | $c''$ | $c'$ | $c''$ | $c'$ | $c''$ | $c'$ | $c''$ |
| $\mathfrak{D}$ | $\mathfrak{D}$ | $\mathfrak{D}$ | $\mathfrak{D}$ | $\mathfrak{D}$ | $\mathfrak{D}$ | $\mathfrak{D}$ | $\mathfrak{D}$ |
| $r_{12}'$ | $r_{34}'$ | $\varrho_{34}'$ | $\varrho_{12}'$ | $r_{34}''$ | $r_{12}''$ | $\varrho_{12}''$ | $\varrho_{34}''$. |

Wir haben also auf unserer Fläche 7 unäre Geraden, deren eine, $\varDelta$, von allen andern $a'$ $a''$, $b'$ $b''$, $c'$ $c''$ getroffen wird, 8 binäre Geraden und eine quaternäre $\mathfrak{D}$, wie in der vorigen Betrachtung. Von den binären Geraden treffen sich je zwei, die in der Tabelle unter zwei Quadrupeln stehen, die ausser $\mathfrak{D}$ nur noch eine Gerade gemein haben, welche dann die dritte in ihrer Ebene ist; es sind also leicht die Geradenpaare zusammenzustellen, von denen jede der 6 unären Geraden $a$, $b$, $c$ getroffen wird, z. B. $a'$ von $a''$ $\varDelta$, $r_{12}'$ $\varrho_{12}'$, $r_{34}'$ $\varrho_{34}'$, deren beide letzten, durch binäre Geraden gebildet, je zwei der allgemeinen Fläche vertreten. Die Gerade $\mathfrak{D}$ trifft alle 8 binären Geraden, muss demnach, da sie nicht in der Ebene irgend eines der 12 Geradenpaare liegt, die durch die binären Geraden gebildet werden und deren Ebenen durch unäre Geraden gehen, durch deren Mittelpunkte gehen. Vier von diesen Geradenpaaren sind z. B. $r_{12}'$ $\varrho_{12}'$, $r_{12}'$ $r_{12}''$, $r_{12}'$ $\varrho_{12}''$; also wo $\mathfrak{D}$ die Gerade $r_{12}'$ trifft, da trifft sie auch die Geraden $\varrho_{12}'$, $r_{12}''$, $\varrho_{12}''$; so dass diese 4 Geraden mit dem Doppelindex 12 durch einen Punkt $K_{12}$ auf 𝔇 gehen, der dadurch ein Knotenpunkt der Fläche wird; ebenso gehen die 4 Geraden $r_{31}'$ $\varrho_{31}'$ $r_{31}''$ $\varrho_{31}''$ durch einen zweiten Knotenpunkt $K_{31}$ auf 𝔇.

Mit der Geraden 𝔇 selbst in einer Ebene liegen je zwei binäre Geraden, die unter solchen Quadrupeln stehen, welche ausser 𝔇 keine Gerade gemein haben.

Jede der 8 binären Geraden wird von 4 Geradenpaaren, die quaternäre von 5 getroffen.

118. Wir gehen zur Betrachtung der Realität der Geraden unserer Fläche mit 2 Knotenpunkten über.

Sie dient — wovon wir ausgegangen sind — dazu, den Uebergang zu vermitteln von einer Fläche, auf der $d'$ $d''$, $e'$ $e''$ beide reell sind, zu einer, auf der beide punktirt sind, während die drei andern Paare, deren Ebenen durch $A$ gehen, auf beiden gleichartig sind. Eins derselben, $a'$ $a''$, ist nothwendig reell, die beiden andern beide auch reell, oder beide punktirt, oder conjugirt imaginär, und in diesem Falle seien, wie oben, $b'$ $c'$, $b''$ $c''$ conjugirt. Die Gerade 𝔇 ist reell.

Wenn alle 3 Geradenpaare $a'$ $a''$, $b'$ $b''$, $c'$ $c''$ reell sind, so sind es auch alle 8 binären Geraden, weil jede mit der reellen $A$ ein reelles Quadrupel ($a$, $b$, $c$, 𝔇) vollständig trifft. Also sind auch die beiden Knotenpunkte reell.

Sind aber $b'$ $b''$, $c'$ $c''$ punktirt, so kann keine der binären Geraden reell sein (Nr. 93). Es sei nun eine der binären Geraden, $p$, imaginär; dann befindet sich ihre conjugirte Gerade $q$ — in welcher sich die Conjugirten der beiden Geraden vereinigt haben, welche in $p$ zusammengefallen sind — nothwendig auch unter den binären Geraden. Die Geraden $p$ und $q$ schneiden einander nicht (Nr. 92), und das Hyperboloid ($p$, $q$, $A$) ist reell. Je zwei binäre Geraden schneiden einander, wenn sie in der obigen Tabelle unter Quadrupeln stehen, die entweder blos 𝔇 oder ausser 𝔇 nur noch eine Gerade gemein haben; mithin stehen zwei einander nicht schneidende binären Geraden, wie $p$ und $q$, unter Quadrupeln, welche 3 Gerade gemein haben, und schneiden also diese 3 Geraden; unter denselben ist dann mindestens eine der 4 Geraden $b$, $c$; so dass diese den beiden Geraden $p$, $q$ begegnet, also auf dem reellen Hyperboloide

$[p, q, A]$ liegt, mithin nicht punktirt sein kann. Sind also $b' b''$, $c' c''$ punktirt, so giebt es unter den binären Geraden keine imaginären; also sind alle binären Geraden punktirt, und je zwei haben ihren reellen Punkt gemein, die in einer durch eine Gerade $a$ gehenden Ebene sich befinden. Die Mittelpunkte aber der eine Gerade $a$ treffenden Paare binärer Geraden sind die Knotenpunkte, folglich sind diese Knotenpunkte reell.

Endlich seien $b' c'$, $b'' c''$ conjugirt imaginär, so sind die Hyperboloide $[a' b' c']$ und $[b' c' \mathfrak{D}]$ reell; auf beiden liegt noch $r_{12}'$ $A$; mithin haben sie zwei conjugirte imaginären Geraden $b' c'$ und eine reelle Gerade $A$ gemein, demnach ist die vierte gemeinsame Gerade $r_{12}'$ reell. Ebenso wird die Realität von $\varrho_{12}'$, $r_{31}''$, $\varrho_{31}''$ bewiesen und damit ist es auch die ihrer Schnittpunkte mit $\mathfrak{D}$, der Knotenpunkte. Folglich haben die 4 andern binären Geraden mindestens einen reellen Punkt; reell können sie nicht sein, weil sie je zwei nicht conjugirten imaginären Geraden $b' c''$ oder $b'' c'$ begegnen (Nr. 94), also sind sie punktirt.

In allen 3 Fällen haben wir zwei reelle Knotenpunkte erhalten. Diese 3 Fälle dienen zu folgenden Uebergängen:

$A$, $a'$, $a''$ überall reell.

1) $b' b''$, $c' c''$ reell.

Gattung I: alle Geraden reell.

Gattung II: $d' d''$, $e' e''$ punktirt; $r_1' r_2'$, $\varrho_1' \varrho_2'$, $r_3' r_4'$, $\varrho_3' \varrho_4'$, $r_1'' r_2''$, $\varrho_1'' \varrho_2''$, $r_3'' r_4''$, $\varrho_3'' \varrho_4''$ imaginär.

Uebergang: $\mathfrak{D}$ reell; $r_{12}'$, $\varrho_{12}'$, $r_{31}'$, $\varrho_{31}'$, $r_{12}''$, $\varrho_{12}''$, $r_{31}''$, $\varrho_{31}''$ reell.

2) $b' b''$, $c' c''$ punktirt.

Gattung II: $d' d''$, $e' e''$ reell; $r_1' \varrho_2'$, $r_2' \varrho_1'$, $r_3' \varrho_4'$, $r_4' \varrho_3'$, $r_1'' \varrho_2''$, $r_2'' \varrho_1''$, $r_3'' \varrho_4''$, $r_4'' \varrho_3''$ imaginär.

Gattung III: alle übrigen Geraden punktirt.

Uebergang: $\mathfrak{D}$ reell; $r_{12}'$, $\varrho_{12}'$, $r_{31}'$, $\varrho_{31}'$, $r_{12}''$, $\varrho_{12}''$, $r_{31}''$, $\varrho_{31}''$ punktirt.

3) $b' c'$, $b'' c''$ imaginär.

Gattung IV: $d' d''$, $e' e''$ reell; $r_1' \varrho_1'$, $r_2' \varrho_2'$, $r_3'' \varrho_3''$, $r_4'' \varrho_4''$ reell; $r_3' \varrho_4'$, $r_4' \varrho_3'$, $r_1'' \varrho_2''$, $r_2'' \varrho_1''$ imaginär.

Gattung V: $d' d''$, $e' e''$ punktirt; $r_1' r_2'$, $\varrho_1' \varrho_2'$, $r_3'' r_4''$, $\varrho_3'' \varrho_4''$ imaginär, $r_3' \varrho_3'$, $r_4' \varrho_4'$, $r_1'' \varrho_1''$, $r_2'' \varrho_2''$ punktirt.

Uebergang: $\mathfrak{D}$ reell; $r_{12}' \varrho_{12}'$, $r_{31}'' \varrho_{31}''$ reell, $r_{34}' \varrho_{34}'$, $r_{12}'' \varrho_{12}''$ punktirt.

Der Uebergang durch die binären Geraden geschieht also in der früher beschriebenen Weise.

Aber nicht blos den im Vorhergehenden betrachteten Uebergang vermittelt unsere Fläche mit 2 Knotenpunkten, sondern wir können auch — wie uns das Ende von Nr. 115 lehrt — zwei conjugirte imaginären Geradenpaare $d' d''$, $e' e''$, bei denen $d' e'$, $d'' e''$ conjugirt sind, durch eine reelle Gerade $\mathfrak{D}$ — dass sie auf der Grenze in eine reelle Gerade zusammenfallen, ist nöthig, da ihre Ebenen in eine reelle Ebene sich vereinigen wegen der reellen Geraden $\delta\ \varepsilon$, die doch nur in einem reellen Punkte berühren kann — wieder in zwei conjugirte imaginären Geradenpaare überführen, in denen jedoch nun $d' e''$, $d'' e'$ conjugirt sind. Es führt dieser Uebergang aber nicht von einer Gattung zu einer andern und bringt uns auch nur unsere 3 eben erhaltenen Flächen mit 2 reellen Knotenpunkten. Es findet auf der Grenze ein Austausch der reellen und punktirten Geraden mit den imaginären statt.

119. Unsere Fläche mit 2 Knotenpunkten ist endlich auch die Uebergangsfläche, auf der zwei Geradenpaare $d' d''$, $e' e''$, von denen auf der einen Gattung $d' d''$ reell, $e' e''$ punktirt, auf der andern $d' d''$ punktirt, $e' e''$ reell ist, in eine einzige reelle Gerade $\mathfrak{D}$ sich vereinigen, in eine reelle Gerade, weil ja die Ebenen der sich vereinigenden Geradenpaare reell sind (man sehe auch Ende von Nr. 116). Diese Uebergangsfläche führt zwar auch nicht von den Flächen einer Gattung zu denen einer andern, aber sie hat zwei imaginäre Knotenpunkte, welche, weil beide auf der reellen Geraden $\mathfrak{D}$ liegen, conjugirt sind. Eins der 3 übrigen Geradenpaare, $a' a''$, muss noch punktirt sein, die andern, $b' b''$, $c' c''$, sind entweder beide reell, oder beide punktirt, oder conjugirt imaginär. Wir werden also 3 Uebergangsflächen erhalten.

Wegen des punktirten Paars $a' a''$ kann keine der binären Geraden reell sein (Nr. 93).

Es sei nun zuerst $a' a''$ punktirt, $b' b''$, $c' c''$ reell, so liegt jede der 8 binären Geraden auf einem der 4 reellen Hyperboloide $[b' c' \mathfrak{D}]$, $[b' c'' \mathfrak{D}]$, $[b'' c' \mathfrak{D}]$, $[b'' c'' \mathfrak{D}]$, mithin kann keine punktirt sein, also sind alle 8 binären Geraden imaginär, und conjugirt sind je zwei, die demselben der 4 Hyperboloide angehören. Die Knotenpunkte, als Punkte imaginärer Geraden, sind imaginär.

Sind zweitens alle 3 Geradenpaare $a' a''$, $b' b''$, $c' c''$ punktirt, so können die binären Geraden, wie in der vorigen Betrachtung Nr. 118, nicht imaginär sein; sie sind mithin punktirt. Aber keine von ihnen hat ihren reellen Punkt in dem Knotenpunkte, durch welchen sie geht; denn durch jede von ihnen, z. B. durch $r_{12}'$, geht eine reelle Ebene, welche ausserdem aus der cubischen Fläche eine reelle Gerade und eine punktirte ausschneidet. Da $\mathfrak{D}$ die einzige reelle Gerade der Fläche ist, welche $r_{12}'$ trifft, so ist die Ebene $(r_{12}' \mathfrak{D})$, welche noch $\varrho_{34}''$ ausschneidet, diese reelle Ebene. Wäre nun oder Kntenpunkt $K_{12} = (r_{12}', \mathfrak{D})$ der reelle Punkt von $r_{12}'$, so würde im Allgemeinen jede reelle durch ihn gehende Gerade der Ebene die Fläche in 2 in den Punkt $K_{12}$ zusammengefallenen reellen Punkten und einem imaginären Punkte auf $\varrho_{34}''$ treffen, was nicht möglich ist. Also fällt der reelle Punkt von $r_{12}'$ nicht in $K_{12}$. Es leuchtet ein, dass je zwei in einer durch $\mathfrak{D}$ gehenden Ebene befindliche binären Geraden ihren reellen Punkt gemein haben, also $r_{12}' \varrho_{34}''$, $r_{34}' \varrho_{12}''$, $\varrho_{12}' r_{34}''$, $\varrho_{34}' r_{12}''$. Die Knotenpunkte sind imaginär.

Drittens sei $a' a''$ punktirt und $b' c'$, $b'' c''$ seien conjugirt imaginär. Die Geraden $r_{12}' r_{34}''$ liegen auf dem reellen Hyperboloide $[b' c' \mathfrak{D}]$, sind also conjugirt imaginär; ebenso sind es $\varrho_{12}' \varrho_{34}''$, welche auf $[b'' c'' \mathfrak{D}]$ liegen. Daraus geht schon hervor, dass die Knotenpunkte imaginär sind. Da die beiden imaginären Geraden $b' r_{12}'$ mit $r_{12}''$ in einer Ebene liegen, so muss diese Gerade $r_{12}''$ punktirt sein, ebenso sind es $r_{34}' \varrho_{34}' \varrho_{12}''$; ihren reellen Punkt haben gemein: $r_{34}' \varrho_{12}''$, $\varrho_{34}' r_{12}''$.

Die 3 Flächen vermitteln folgende Uebergänge zwischen Flächen derselben Gattung:

$A$ reell, $a' a''$ punktirt.

1 $b' b''$, $c' c''$ reell.

Gattung II: $d' d''$ reell, $e' e''$ punktirt; $r_1' r_4''$, $r_2' r_3''$, $r_3' r_2''$, $r_4' r_1''$, $\varrho_1' \varrho_4''$, $\varrho_2' \varrho_3''$, $\varrho_3' \varrho_2''$, $\varrho_4' \varrho_1''$ imaginär.

Gattung II: $d' d''$ punktirt, $e' e''$ reell; $r_1' r_3''$, $r_2' r_4''$, $r_3' r_1''$, $r_1' r_2''$, $\varrho_1' \varrho_3''$, $\varrho_2' \varrho_1''$, $\varrho_3' \varrho_1''$, $\varrho_4' \varrho_2''$ imaginär.

Uebergang: $\mathfrak{D}$ reell; $r_{12}' r_{34}''$, $r_{34}' r_{12}''$, $\varrho_{12}' \varrho_{34}''$, $\varrho_{31}' \varrho_{12}''$ imaginär.

2) $b' b''$, $c' c''$ punktirt.

Gattung III: $d' d''$ reell, $e' e''$ punktirt; $r_1' \varrho_3''$, $r_3' \varrho_1''$, $\varrho_2' r_4''$, $\varrho_4' r_2''$, $\varrho_1' r_3''$, $\varrho_3' r_1''$, $r_2' \varrho_4''$, $r_1' \varrho_2''$ punktirt.

Gattung III: $d' d''$ punktirt, $e' e''$ reell; $r_1' \varrho_4''$, $r_1' \varrho_1''$, $\varrho_2' r_3''$, $\varrho_3' r_2''$, $\varrho_1' r_4''$, $\varrho_1' r_1''$, $r_2' \varrho_3''$, $r_3' \varrho_2''$ punktirt.

Uebergang; $\mathfrak{D}$ reell; $r_{12}' \varrho_{34}''$, $r_{31}' \varrho_{12}''$, $\varrho_{12}' r_{34}''$, $\varrho_{34}' r_{12}''$ punktirt.

3) $b' c'$, $b'' c''$ imaginär.

Gattung V: $d' d''$ reell, $e' e''$ punktirt; $r_3' \varrho_1''$, $r_4' \varrho_2''$, $\varrho_3' r_1''$, $\varrho_4' r_2''$ punktirt; $r_1' r_4''$, $r_2' r_3''$, $\varrho_1' \varrho_4''$, $\varrho_2' \varrho_3''$ imaginär.

Gattung V: $d' d''$ punktirt, $e' e''$ reell; $r_3' \varrho_2''$, $r_4' \varrho_1''$, $\varrho_3' r_2''$, $\varrho_4' r_1''$ punktirt; $r_1' r_3''$, $r_2' r_4''$, $\varrho_1' \varrho_3''$, $\varrho_2' \varrho_4''$ imaginär.

Uebergang: $\mathfrak{D}$ reell; $r_{34}' \varrho_{12}''$, $\varrho_{34}' r_{12}''$ punktirt, $r_{12}' r_{34}''$, $\varrho_{12}' \varrho_{34}''$ imaginär.

Es finden sich also hier ausser dem Uebergange von $d' d''$, $e' e''$ durch $\mathfrak{D}$ noch zwei andere:

Zwei nicht conjugirte imaginären Geradenpaare, deren Ebenen durch dieselbe reelle Gerade gehen, vereinigen sich auf der Grenzfläche zu einem imaginären Geradenpaare, dessen Ebene durch die Knotenpunktsgerade geht — die beiden ihnen conjugirten Geradenpaare fallen zugleich in das jenem conjugirte Geradenpaar zusammen — und trennen sich dann wieder in zwei nicht conjugirte imaginären Geradenpaare, deren Ebenen durch eine reelle Gerade gehen, die mit der obigen reellen Geraden auf der Grenzfläche in der Knotenpunktsgeraden vereinigt war und früher punktirt war, während jene es nun ist.

Oder es fallen zwei punktirte Geradenpaare, deren Ebenen durch eine reelle Gerade gehen, beim Uebergange in ein punktirtes Geradenpaar zusammen und trennen sich wieder als zwei punktirte Geradenpaare, deren Ebenen durch eine reelle Gerade gehen, die sich zu der früheren, wie eben beschrieben, verhält.

Jede der bei diesem Uebergange betheiligten

imaginären oder punktirten Geraden hat dabei eine andere conjugirte Gerade bekommen, nämlich die, welche auf der Grenze mit der früheren conjugirten vereinigt war.

Wir haben im Vorhergehenden 3 verschiedene Flächen 3. Ordnung mit zwei imaginären Knotenpunkten erhalten, während uns die frühere Betrachtung (Nr. 116) nur eine, die erste der jetzt erhaltenen, lieferte. Man kann, wie früher erwähnt, die Flächen der einen Betrachtung in die der andern überführen, indem man $A$ mit einer der beiden Geraden $a$ vertauscht; doch dazu ist nothwendig, dass die Geraden $A$, $a'$, $a''$ alle reell sind; bei unserer jetzigen Untersuchung sind sie es nicht, daher ist die Ueberführung nicht möglich und wird es bei der jetzt zuerst erhaltenen Fläche nur dadurch, dass man an die Stelle des punktirten Geradenpaars $a'$ $a''$ eins der beiden bei ihr reellen Paare $b'$ $b''$, $c'$ $c''$ substituirt und eine von dessen Geraden mit $A$ vertauscht.

Wir haben in unserer jetzigen Betrachtung von den 5 Geradenpaaren, deren Ebenen durch $A$ gehen, zwei reelle oder zwei punktirte, ein reelles und ein punktirtes, zwei conjugirte imaginären in eine einzige in allen Fällen reelle Gerade zusammenfallen lassen. Es erübrigt, auch zwei nicht conjugirte imaginären Geradenpaare in eine einzige imaginäre Gerade sich vereinigen zu lassen. Jedoch werden in diesem Falle auch die beiden ihnen conjugirten Geradenpaare dann sich so vereinigen, und wir erhalten eine Fläche mit 4 Knotenpunkten, wie sich später ergeben wird, und verschieben deshalb die Untersuchung dieses Falls, bis wir zu den Flächen mit 4 Knotenpunkten gelangen werden.

Das Resultat unserer Betrachtungen über Flächen 3. Ordnung mit zwei Knotenpunkten ist also, dass es 3 Arten giebt, auf denen sie reell, und ebenso 3, auf denen sie conjugirt imaginär sind.

120. Wir gehen über zur Betrachtung der Flächen mit 3 Knotenpunkten. Da jede Gerade der allgemeinen cubischen Flächen nur in den Ebenen von 5 Geradenpaaren liegt, können wir nicht dreimal zwei Geradenpaare in eins zusammenfallen, also drei Transformationen der ersten Art zugleich eintreten lassen. Wir lassen eine der ersten und eine der dritten Art zugleich

eintreten (die Transformation der zweiten Art ist eine Vereinigung zweier der ersten an zwei verschiedenen Paaren von Geradenpaaren, die der dritten auch eine Vereinigung zweier verschiedenen der ersten an demselben Paare von Geradenpaaren), d. h. wir lassen die Geradenpaare $b' b''$, $c' c''$ in ein Geradenpaar und die Geradenpaare $d' d''$, $e' e''$ in eine Gerade $\mathfrak{D}$ zusammenfallen.

Wir haben hier wieder zwei Fälle zu unterscheiden, ob $b' c'$, $b'' c''$ in die Geraden $B^{11}$, $B^{22}$ oder $b' c''$, $b'' c'$ in die Geraden $B^{12}$, $B^{21}$ sich vereinigen.

Wegen der Coincidenz der beiden Geradenpaare $d' d''$, $e' e''$ in die eine Gerade $\mathfrak{D}$ vereinigen sich $r_1' r_2'$, $r_3' r_4'$, $\varrho_1' \varrho_2'$, $\varrho_3' \varrho_4'$, $r_1'' r_2''$, $r_3'' r_4''$, $\varrho_1'' \varrho_2''$, $\varrho_3'' \varrho_4''$ in die Geraden $r_{12}'$, $r_{31}'$, $\varrho_{12}'$, $\varrho_{31}'$, $r_{12}''$, $r_{31}''$, $\varrho_{12}''$, $\varrho_{31}''$.

$\alpha$) Die Coincidenz von $b' c'$, $b'' c''$ in die Geraden $B^{11}$, $B^{22}$ bewirkt, dass $r_3' \varrho_4'$, $r_4' \varrho_3'$, $r_1'' \varrho_2''$, $r_2'' \varrho_1''$ in die Geraden $\mathfrak{r}_{34}'$, $\mathfrak{r}_{43}'$, $\mathfrak{r}_{12}''$, $\mathfrak{r}_{21}''$ zusammenfallen; also vereinigen sich die beiden Geradenpaare $r_3' \varrho_3'$, $r_4' \varrho_4'$ in die eine quaternäre Gerade $\mathfrak{R}_{31}'$, ebenso die Geradenpaare $r_1'' \varrho_1''$, $r_2'' \varrho_2''$ in die quaternäre Gerade $\mathfrak{R}_{12}''$, während $r_{12}'$, $\varrho_{12}'$, $r_{34}''$, $\varrho_{31}''$ binär bleiben.

$\beta$) Fallen $b' c''$, $b'' c'$ in die Geraden $B^{12}$, $B^{21}$ zusammen, so müssen sich auch $r_1' \varrho_2'$, $r_2' \varrho_1'$, $r_3'' \varrho_4''$, $r_4'' \varrho_3''$ zu den Geraden $\mathfrak{r}_{12}'$, $\mathfrak{r}_{21}'$, $\mathfrak{r}_{34}''$, $\mathfrak{r}_{43}''$ vereinigen, so dass die beiden Geradenpaare $r_1' \varrho_1'$, $r_2' \varrho_2'$ in die Gerade $\mathfrak{R}_{12}'$, die beiden Geradenpaare $r_3'' \varrho_3''$, $r_4'' \varrho_4''$ in die Gerade $\mathfrak{R}_{31}''$ zusammenfallen und $r_{34}'$, $\varrho_{34}'$, $r_{12}''$, $\varrho_{12}''$ binär bleiben.

Unär sind nur $A\, a'\, a''$. Also giebt es auf unserer Fläche 3 unäre Geraden, $4 + 2 = 6$ binäre und 3 quaternäre Geraden, im Ganzen 12 Gerade, deren Arrangement nun betrachtet werden soll. Wir benutzen wieder die unter $\alpha$) beschriebene Fläche. Die 5 Geraden $a'$, $a''$, $B^{11}$, $B^{22}$, $\mathfrak{D}$ geben 4 Tripel; wir setzen unter jedes die beiden Geraden, die mit $A$ das zugeordnete Tripel bilden.

| | | | |
|---|---|---|---|
| $a'$ | $a'$ | $a''$ | $a''$ |
| $B^{11}$ | $B^{22}$ | $B^{11}$ | $B^{22}$ |
| $\mathfrak{D}$ | $\mathfrak{D}$ | $\mathfrak{D}$ | $\mathfrak{D}$ |
| $r_{12}'\ \mathfrak{R}_{34}'$ | $\varrho_{12}'\ \mathfrak{R}_{34}'$ | $r_{34}''\ \mathfrak{R}_{12}''$ | $\varrho_{34}''\ \mathfrak{R}_{12}''$. |

Die Geraden $\mathfrak{R}_{31}'$ und $\mathfrak{R}_{12}''$ treffen $B^{11}$ und $B^{22}$ und gehen, da in der Ebene $(B^{11}, B^{22})$ schon $A$ liegt, durch den Punkt $(B^{11}, B^{22})$, so dass dieser ein Knotenpunkt $K_B$ der Fläche wird.

Je zwei unter demselben Tripel stehende Geraden sind windschief gegen einander, da sie zur selben Schaar eines Hyperboloids gehören. Folglich bilden $r_{12}'\ \varrho_{12}'$ ein Geradenpaar, dessen Ebene durch $a'$ geht, und $r_{31}''\ \varrho_{31}''$ eins, in dessen Ebene $a''$ liegt; denn jene wie diese stehen unter Tripeln, die ausser $\mathfrak{D}$, welche allen 4 Tripeln gemeinsam ist, die Gerade $a'$ resp. $a''$ gemein haben. Die Gerade $\mathfrak{D}$ aber trifft sowohl $r_{12}'$ und $\varrho_{12}'$, als $r_{31}''$ und $\varrho_{31}''$ und geht daher durch die Schnittpunkte $K_{12} = (r_{12}', \varrho_{12}')$ und $K_{31} = (r_{31}'', \varrho_{31}'')$. Demnach ergeben sich auf $\mathfrak{D}$ zwei Knotenpunkte $K_{12}$ und $K_{31}$.

Die Gerade $B^{11}$ wird von $r_{12}'\ \mathfrak{R}_{31}'$, $r_{31}''\ \mathfrak{R}_{12}''$ (ausser von $A\ B^{22}$) getroffen, von denen die beiden ersten und die beiden letzten windschief gegen einander sind. Die Ebenen $(B^{11}, K_{12})$ und $(B^{11}, K_{31})$ müssen aus der cubischen Fläche Geradenpaare ausschneiden, die aus je 2 dieser 4 Geraden gebildet sind und ihren Mittelpunkt in $K_{12}$ resp. $K_{31}$ haben. Die erstere Ebene schneidet $r_{12}'$ aus, die durch $K_{12}$ geht; $\mathfrak{R}_{31}'$ ist gegen $r_{12}'$ windschief, $r_{31}''$ geht durch $K_{31}$, mithin schneidet sie noch $\mathfrak{R}_{12}''$ aus, die also durch $K_{12}$ geht; das durch die andere Ebene ausgeschnittene Geradenpaar ist $r_{31}''\ \mathfrak{R}_{31}'$, so dass $\mathfrak{R}_{31}'$ durch $K_{31}$ geht. Die beiden an $B^{22}$ hängenden Geradenpaare, die ihren Mittelpunkt in $K_{12}$ und $K_{31}$ haben, sind $\varrho_{12}'\ \mathfrak{R}_{12}''$, $\varrho_{31}''\ \mathfrak{R}_{31}'$. An $\mathfrak{D}$ hängen ausser $\mathfrak{D}\ A$ und $\mathfrak{R}_{31}'\ \mathfrak{R}_{12}'$ noch die Geradenpaare $r_{12}'\ \varrho_{31}''$, $\varrho_{12}'\ r_{31}''$.

Die Geraden $\mathfrak{R}_{31}'$ und $\mathfrak{R}_{12}''$ haben sich also auch als Verbindungsgerade zweier Knotenpunkte ergeben, und da $a'$ die Gerade $\mathfrak{R}_{31}'$, $a''$ aber $\mathfrak{R}_{12}''$ trifft und zwar in keinem Knotenpunkte, so berühren die Ebenen $(a'\ \mathfrak{R}_{31}')$ und $(a''\ \mathfrak{R}_{12}'')$ die Fläche längs der Geraden $\mathfrak{R}_{31}'$ und $\mathfrak{R}_{12}''$, ebenso wie $(\mathfrak{D}, A)$ längs $\mathfrak{D}$ berührt.

Die 3 quaternären Geraden verbinden also die 3 Knotenpunkte unter einander und liegen in einer Ebene. Jede der binären Geraden geht durch einen Knotenpunkt. Durch jeden Knotenpunkt gehen 2 quaternäre Geraden, in deren Ebene die dritte quaternäre Gerade liegt, und zwei binäre, in deren Ebene noch eine unäre Gerade sich befindet.

Jede der 3 unären Geraden liegt in der Ebene von 3 Geradenpaaren, deren eins aus den beiden andern unären, das zweite aus 2 binären, die sich in dem einen Knotenpunkt kreuzen, das dritte aus zwei Geraden besteht, die in eine quaternäre zusammengefallen sind, welche die beiden andern Knotenpunkte verbindet. Jede der 6 binären Geraden wird von 3 Geradenpaaren getroffen, deren eins aus der zweiten binären Geraden, die durch denselben Knotenpunkt geht, und einer unären Geraden, die beiden andern je aus einer binären Geraden, die durch einen der beiden andern Knotenpunkte geht, und der quaternären Geraden bestehen, welche diesen Knotenpunkt mit dem der binären Geraden verbindet. Jede quaternäre Gerade wird von 4 Geradenpaaren getroffen, von denen eins aus den beiden andern quaternären Geraden besteht, zwei durch je zwei binäre Geraden, die nicht durch denselben Knotenpunkt gehen, gebildet werden und von dem vierten eine Gerade eine unäre ist, die andere mit der quaternären sich vereinigt hat.

121. Wir betrachten den Uebergang zwischen zwei Gattungen, wenn erstens in der einen die Geradenpaare $d' d''$, $e' e''$ reell, in der andern punktirt sind, oder auch in der einen $d' e'$, $d'' e''$ conjugirt imaginär sind, in der andern hingegen $d' e''$, $d'' e'$, und zweitens in der einen Gattung $b' b''$, $c' c''$ beide reell oder beide punktirt, in der andern $b' c'$, $b'' c''$ conjugirt imaginär. Auf der Grenzfläche haben sich dann die Geradenpaare $d' d''$, $e' e''$ in die reelle Gerade $\mathfrak{D}$ vereinigt und, wenn $b' b''$, $c' c''$ in der einen Gattung reell sind, sind sie in das reelle Geradenpaar $B^{11}$ $B^{22}$, wenn sie hingegen punktirt sind, in das punktirte Geradenpaar $B^{12}$ $B^{21}$ zusammengefallen. Der Knotenpunkt $K_B$ ist mithin reell.

Haben wir es nun mit dem reellen Geradenpaare $B^{11}$ $B^{22}$ zu thun, so bestehen alle Tripel der obigen Tabelle aus reellen Geraden (denn $a' a''$ sind ersichtlich reell), also kann keine der Geraden, welche ein solches Tripel vollständig treffen, punktirt sein. Die beiden Geraden $\mathfrak{R}_{12}''$ und $\mathfrak{R}_{31}'$ gehen aber durch den reellen Knotenpunkt $K_B$, folglich sind sie reell. Mithin sind auch die Knotenpunkte $K_{12}$ und $K_{31}$, in denen sie der reellen Geraden $\mathfrak{D}$ begegnen, reell, folglich haben auch die 4 Geraden $r_{12}'\ \varrho_{12}'\ r_{31}''\ \varrho_{31}''$ einen reellen Punkt, und da sie nicht punktirt sein können, so müssen sie auch reell sein. Liegt dagegen das punktirte Geradenpaar $B^{12}\ B^{21}$ der Betrachtung vor (in welchem Falle die quaternären Geraden ausser $\mathfrak{D}$ noch $\mathfrak{R}_{12}'$ und $\mathfrak{R}_{31}''$, die binären ausser $B^{12}$, $B^{21}$ noch $r_{31}'\ \varrho_{31}'\ r_{12}''\ \varrho_{12}''$ sind, von denen $\mathfrak{R}_{12}'$, $r_{12}''$, $\varrho_{12}''$ durch den Knotenpunkt $K_{12}$, hingegen $\mathfrak{R}_{31}''$, $r_{31}'$, $\varrho_{31}'$ durch $K_{31}$ gehen), so haben die Geraden $\mathfrak{R}_{12}'\ \mathfrak{R}_{31}''$ in $K_B$ einen reellen Punkt. Nehmen wir an, eine der 4 Geraden $r_{31}'\ \varrho_{31}'\ r_{12}''\ \varrho_{12}'$, z. B. $r_{31}'$ wäre reell, so würde dadurch $K_{31}$, ihr Schnittpunkt mit $\mathfrak{D}$, reell, also auch die Gerade $\mathfrak{R}_{31}''$, welche $K_{31}$ mit $K_B$ verbindet, demnach lägen zwei reelle Geraden $\mathfrak{R}_{31}''\ r_{31}'$ mit einer punktirten $B^{12}$ in derselben Ebene, was nicht möglich. Folglich ist $r_{31}'$ und ebenso $\varrho_{31}'\ r_{12}''\ \varrho_{12}''$ nicht reell. Von diesen 4 Geraden sind $r_{12}''\ r_{31}'$, $\varrho_{12}''\ \varrho_{31}'$ windschief, also nur zwei solche könnten conjugirt imaginär sein, aber die 3 Geraden $r_{12}''\ r_{31}'\ A$ z. B., die ein reelles Hyperboloid erzeugen würden, würden zugleich von $B^{12}$, einer punktirten Geraden, getroffen. Also kann von den 4 Geraden auch keine imaginär sein. Folglich sind die 4 Geraden $r_{12}''\ r_{31}'\ \varrho_{12}''\ \varrho_{31}'$ alle punktirt, und es leuchtet bald ein, dass die je zwei, deren Ebenen durch $a'$ oder $a''$ gehen, also $r_{12}''\ \varrho_{12}''$, $r_{31}'\ \varrho_{31}'$ ihren reellen Punkt gemein haben, d. h. dass die beiden Knotenpunkte $K_{12}$ und $K_{31}$ reell sind, woraus dann nothwendig die Realität von $\mathfrak{R}_{12}'$ und $\mathfrak{R}_{31}''$ folgt.

Die Uebergänge geschehen in folgender Weise:

$A\ a'\ a''$ reell.

1) Gattung I: $b'\ b''$, $c'\ c''$, $d'\ d''$, $e'\ e''$ reell, alle übrigen Geraden auch;

Gattung V: $b'\ c'$, $b''\ c''$ conjugirt imaginär, $d'\ d''$, $e'\ e'$ punktirt, $r_1'\ r_2'$, $\varrho_1\ \varrho_2'$, $r_3''\ r_1''$, $\varrho_3''\ \varrho_1''$ imaginär, $r_3'\ \varrho_3'$, $r_1'\ \varrho_1'$, $r_1''\ \varrho_1''$, $r_2''\ \varrho_2''$ punktirt;

oder:

Gattung II: $b'\ b''$, $c'\ c''$ reell, $d'\ d''$, $e'\ e''$ punktirt; $r_1'\ r_2'$, $\varrho_1'\ \varrho_2'$, $r_3'\ r_1'$, $\varrho_3'\ \varrho_1'$, $r_1''\ r_2''$, $r_3''\ r_1''$, $\varrho_1''\ \varrho_2''$, $\varrho_3''\ \varrho_1''$ imaginär;

**Gattung IV:** $b' c'$, $b'' c''$ imaginär, $d' d''$, $e' e''$ reell; $r_1' \varrho_1'$, $r_2' \varrho_2'$, $r_3'' \varrho_3''$, $r_4'' \varrho_4''$ reell, $r_3' \varrho_4'$, $r_4' \varrho_3'$, $r_1'' \varrho_2''$, $r_2'' \varrho_1''$ imaginär;

oder:

**Gattung IV:** $b' b''$, $c' c''$ reell, $d' e'$, $d'' e''$ imaginär; $r_1' \varrho_1'$, $r_2' \varrho_2'$ reell, $r_3'' r_4''$, $\varrho_3'' \varrho_4''$ imaginär, $r_1'' \varrho_1''$, $r_2'' \varrho_2''$ reell, $r_3' r_4'$, $\varrho_3' \varrho_4'$ imaginär;

**Gattung VI:** $b'' c'$, $b'' c''$, $d' e''$, $d'' e'$ imaginär; $r_1' r_2'$, $\varrho_1' \varrho_2'$ imaginär, $r_3'' \varrho_3''$, $r_4'' \varrho_4''$ reell, $r_1'' \varrho_1''$, $r_2'' \varrho_2''$ punktirt, $r_3' \varrho_4'$, $r_4' \varrho_3'$ imaginär.

**Uebergang:** $B^{11} B^{22}$ reell, $\mathfrak{D}$ reell; $r_{12}' \varrho_{12}'$ $r_{34}'' \varrho_{34}''$ reell, $\mathfrak{R}_{12}'' \mathfrak{R}_{34}'$ reell.

2) **Gattung II:** $b' b''$, $c' c''$ punktirt, $d' d''$, $e' e''$ reell; $r_1' \varrho_2'$, $r_2' \varrho_1'$, $r_3'' \varrho_4''$, $r_4'' \varrho_3''$; $r_3' \varrho_4'$, $r_4' \varrho_3'$; $r_1'' \varrho_2''$, $r_2'' \varrho_1''$ imaginär;

**Gattung V:** $b' c'$, $b'' c''$ imaginär, $d' d''$, $e' e''$ punktirt; $r_1' r_2'$, $\varrho_1' \varrho_2'$, $r_3'' r_4''$, $\varrho_3'' \varrho_4''$ imaginär; $r_3' \varrho_3'$, $r_4' \varrho_4'$, $r_1'' \varrho_1''$, $r_2'' \varrho_2''$ punktirt;

oder:

**Gattung III:** $b' b''$, $c' c''$, $d' d''$, $e' e''$; $r_1' \varrho_1'$, $r_2' \varrho_2'$, $r_3'' \varrho_3''$, $r_4'' \varrho_4''$; $r_3' \varrho_3'$, $r_4' \varrho_4'$, $r_1'' \varrho_1''$, $r_2'' \varrho_2''$ punktirt;

**Gattung IV:** $b' c'$, $b'' c''$ imaginär, $d' d''$, $e' e''$ reell; $r_1' \varrho_1'$, $r_2' \varrho_2'$, $r_3'' \varrho_3''$, $r_4'' \varrho_4''$ reell; $r_3' \varrho_4'$, $r_4' \varrho_3'$, $r_1'' \varrho_2''$, $r_2'' \varrho_1''$ imaginär;

oder:

**Gattung V:** $b' b''$, $c' c''$ punktirt, $d' e'$, $d'' e''$ imaginär; $r_1' \varrho_2'$, $r_2' \varrho_1'$ imaginär, $r_3'' \varrho_3''$, $r_4'' \varrho_4''$ punktirt; $r_3' \varrho_3'$, $r_4' \varrho_4'$ punktirt, $r_1'' \varrho_2''$, $r_2'' \varrho_1''$ imaginär.

**Gattung VI:** $b' c'$, $b'' c''$, $d' e''$, $d'' e'$ imaginär; $r_1' r_2'$, $\varrho_1' \varrho_2'$ imaginär, $r_3'' \varrho_3''$, $r_4'' \varrho_4''$ reell; $r_3' \varrho_4'$, $r_4' \varrho_3'$ imaginär, $r_1'' \varrho_1''$, $r_2'' \varrho_2''$ punktirt.

**Uebergang:** $B^{12} B^{21}$ punktirt, $\mathfrak{D}$ reell; $\mathfrak{R}_{12}' \mathfrak{R}_{34}''$ reell; $r_{34}' \varrho_{34}'$, $r_{12}'' \varrho_{12}''$ punktirt.

122. Wir untersuchen nun, in welcher Weise der Uebergang stattfindet, wenn **erstens** in der einen Gattung $d' d''$ reell, $e' e''$ punktirt, in der andern $d' d''$ punktirt, $e' e''$ reell ist und **zweitens** in der einen Gattung $b' b''$, $c' c''$ reell oder punktirt, in der andern imaginär sind. Es leuchtet ein, dass sie in dieser conjugirt sein müssen, also

seien es $b' c'$, $b'' c''$; dann folgt, dass $a' a''$ punktirt ist, mithin sind in der andern Gattung $b' b''$, $c' c''$ beide reell oder beide punktirt. In jenem Falle vereinigen sie sich auf der Grenze in das reelle Geradenpaar $B^{11}$ $B^{22}$, in diesem in das punktirte $B^{12}$ $B^{21}$. Die beiden Geradenpaare $d' d''$, $e' e''$ fallen auch hier in die reelle Gerade $\mathfrak{D}$ zusammen.

Weil das Geradenpaar $a' a''$ punktirt ist und in seinem Mittelpunkte kein Knotenpunkt der Grenzfläche liegt, so ist keine der 2 Geraden $\mathfrak{R}$ und der 4 Geraden $(r, \varrho)$ derselben reell. In jedem Falle ist der Knotenpunkt $K_B$ reell, mithin sind die beiden quaternären Geraden $\mathfrak{R}$ punktirt, folglich ihre Schnittpunkte mit $\mathfrak{D}$, die Knotenpunkte $K_{12}$ und $K_{34}$, imaginär, und zwar conjugirt, da sie durch die reelle Gerade $\mathfrak{D}$ verbunden sind.

Haben wir es nun mit dem reellen Geradenpaare $B^{11}$ $B^{22}$ zu thun, so kann keine der 4 Geraden $r_{12}'$ $\varrho_{12}'$ $r_{34}''$ $\varrho_{34}''$ punktirt sein; denn jede dieser Geraden trifft zwei reelle Geraden, und eine punktirte Gerade trifft nur dann zwei reelle Geraden einer cubischen Fläche, wenn ihr reeller Punkt auf der einen liegt und Knotenpunkt der Fläche ist (Nr. 93), aber die 4 Geraden gehen je nur durch einen Knotenpunkt und zwar einen imaginären $K_{12}$ resp. $K_{34}$. Folglich sind die 4 Geraden $r_{12}'$ $\varrho_{12}'$ $r_{34}''$ $\varrho_{34}''$ imaginär, und zwar je zwei sich nicht schneidende $r_{12}'$ $r_{34}''$, $\varrho_{12}'$ $\varrho_{34}''$ conjugirt. Auf keinem der beiden reellen Hyperboloide $[r_{12}'\ r_{34}''\ A]$ und $[\varrho_{12}'\ \varrho_{34}''\ A]$ liegt eine der punktirten Geraden $a$. Jedes dieser Hyperboloide durchschneidet die Fläche in $\mathfrak{D}$ und berührt sie längs $B^{11}$ resp. $B^{22}$.

Haben wir es hingegen mit dem punktirten Geradenpaare $B^{12}$ $B^{21}$ zu thun, so können unter den 4 binären Geraden $r_{12}''$ $\varrho_{12}''$ $r_{34}'$ $\varrho_{34}'$ keine imaginären vorkommen; denn dann erhielte man ein reelles Hyperboloid mit einer punktirten Geraden ($B^{12}$ oder $B^{21}$). Also sind diese 4 Geraden $r_{12}''$ $\varrho_{12}''$ $r_{34}'$ $\varrho_{34}'$ punktirt und ersichtlich haben je zwei, die mit $\mathfrak{D}$ in derselben Ebene liegen, ihren reellen Punkt gemein, also: $r_{12}''$ $\varrho_{34}'$, $\varrho_{12}''$ $r_{34}'$.

Die Uebergangsform ist folgende:

$A$ reell, $a' a''$ punktirt.

1) Gattung II: $b' b''$, $c' c''$ reell; $d' d''$ reell, $e' e''$ punk-

tirt; $r_1' r_1''$, $r_2' r_3''$, $\varrho_1' \varrho_1''$, $\varrho_2' \varrho_3''$; $r_3' r_2''$, $r_4' r_1''$, $\varrho_3' \varrho_2''$, $\varrho_4' \varrho_1''$ imaginär.

Gattung V: $b' c'$, $b'' c''$ imaginär, $d' d''$ punktirt, $e' e''$ reell; $r_1' r_3''$, $r_2' r_1''$, $\varrho_1' \varrho_3''$, $\varrho_2' \varrho_1''$ imaginär; $r_3' \varrho_2''$, $r_4' \varrho_1''$, $\varrho_3' r_2''$, $\varrho_4' r_1''$ punktirt.

Uebergang: $B^{11} B^{22}$ reell, $\mathfrak{D}$ reell; $r_{12}' r_{34}''$, $\varrho_{12}' \varrho_{34}''$ imaginär; $\mathfrak{R}_{12}'' \mathfrak{R}_{34}'$ punktirt.

2) Gattung III: $b' b''$, $c' c''$ punktirt, $d' d''$ reell, $e' e''$ punktirt; $r_3' \varrho_1''$, $r_4' \varrho_2''$, $\varrho_3' r_1''$, $\varrho_4' r_2''$; $r_1' \varrho_3''$, $r_2' \varrho_1''$, $\varrho_1' r_3''$, $\varrho_2' r_4''$ punktirt.

Gattung V: $b' c'$, $b'' c''$ imaginär, $d' d''$ punktirt, $e' e''$ reell; $r_3' \varrho_2''$, $r_4' \varrho_1''$, $\varrho_3' r_2''$, $\varrho_4' r_1''$ punktirt; $r_1' r_3''$, $r_2' r_4''$, $\varrho_1' \varrho_3''$, $\varrho_2' \varrho_1''$ imaginär.

Uebergang; $B^{12} B^{21}$ punktirt, $\mathfrak{D}$ reell; $r_{12}'' \varrho_{34}'$, $\varrho_{12}'' r_{34}'$ punktirt; ebenso $\mathfrak{R}_{12}' \mathfrak{R}_{34}''$.

Von allen Uebergängen, die sich in dieser und der vorigen Nummer vorfinden, treffen wir nur in der jetzigen Nummer eine neue an; nämlich: Zwei imaginäre Geradenpaare der einen Gattung, deren Ebenen durch die punktirte Gerade $a'$ gehen [bei 1) : $r_3' \varrho_3'$, $r_1' \varrho_1'$, bei 2) : $r_1' \varrho_1'$, $r_2' \varrho_2'$] fallen auf der Grenze in eine punktirte Gerade $\mathfrak{R}_{34}'$ resp. $\mathfrak{R}_{12}'$ zusammen — dasselbe thun die durch die conjugirten Geraden gebildeten Paare [bei 1) : $r_2'' \varrho_2''$, $r_1'' \varrho_1''$, bei 2) : $r_3'' \varrho_3''$, $r_4'' \varrho_4''$], deren Ebenen durch $a''$ gehen, indem sie sich in die punktirte Gerade $\mathfrak{R}_{12}''$ resp. $\mathfrak{R}_{34}''$ vereinigen, die mit jener den reellen Punkt gemein hat — und trennen sich — ebenso die Paare der conjugirten Geraden — auf der andern Gattung wieder als Paare, deren Geraden jedoch die auf der Grenze erhaltene Eigenschaft, einen reellen Punkt zu besitzen, beibehalten haben, freilich aber nicht sich in ihrem reellen Punkte durchschneiden.

Diese eben erhaltene Uebergangsart können wir nicht auf die Geradenpaare, deren Ebenen durch $A$ gehen, übertragen, weil $A$ stets reell ist.

Da, wie schon früher erwähnt, mit der Vereinigung zweier nicht conjugirten imaginären Geradenpaare, deren Ebenen durch $A$ gehen, in eine einzige imaginäre Gerade die ihrer conjugirten Geradenpaare in eine Gerade verbunden ist, was eine Fläche mit

4 Knotenpunkten ergiebt, so haben wir alle Erzeugungsarten der Flächen mit 3 Knotenpunkten erschöpft und demnach zwei Arten mit 3 reellen Knotenpunkten und zwei Arten mit einem reellen und 2 conjugirten imaginären Knotenpunkten gefunden.

123. Wir gehen über zu den Flächen mit 4 Knotenpunkten. Es ist leicht zu erkennen, dass diese nur entstehen können, wenn zweimal zwei Geradenpaare, deren Ebenen durch $A$ gehen, in eine einzige Gerade zusammenfallen, also $b'\,b''$, $c'\,c''$ sich in die Gerade $\mathfrak{B}$ und $d'\,d''$, $e'\,e''$ in die Gerade $\mathfrak{D}$ vereinigen, längs welcher Geraden die Ebenen $(A, \mathfrak{B})$ und $(A, \mathfrak{D})$ die Fläche berühren.

Wegen der Vereinigung von $d'\,d''$, $e'\,e''$ in $\mathfrak{D}$ fallen zusammen $r_1'\,r_2'$, $r_3'\,r_4'$, $\varrho_1'\,\varrho_2'$, $\varrho_3'\,\varrho_4'$, $r_1''\,r_2''$, $r_3''\,r_4''$, $\varrho_1''\,\varrho_2''$, $\varrho_3''\,\varrho_4''$, und wegen der Coincidenz von $b'\,b''$, $c'\,c''$ in die Gerade $\mathfrak{B}$ vereinigen sich $r_1'\,\varrho_2'$, $r_2'\,\varrho_1'$, $r_3'\,\varrho_4'$, $r_4'\,\varrho_3'$, $r_1''\,\varrho_2''$, $r_2''\,\varrho_1''$, $r_3''\,\varrho_4''$, $r_4''\,\varrho_3''$; mithin fallen, wenn beide Coincidenzen zugleich eintreten, zusammen die Paare von Geradenpaaren $r_1'\,\varrho_1'$, $r_2'\,\varrho_2'$; $r_3'\,\varrho_3'$, $r_4'\,\varrho_4'$; $r_1''\,\varrho_1''$, $r_2''\,\varrho_2''$; $r_3''\,\varrho_3''$, $r_4''\,\varrho_4''$ in die Geraden $\mathfrak{R}_{12}'$, $\mathfrak{R}_{34}'$, $\mathfrak{R}_{12}''$, $\mathfrak{R}_{34}''$, so dass es auf der Fläche 3 unäre Geraden, $A\,a'\,a''$, und 6 quaternäre, $\mathfrak{B}$, $\mathfrak{D}$ und die Geraden $\mathfrak{R}$, giebt, im Ganzen 9 Gerade. Die 4 Geraden der 3 Geradenpaare $(a'\,a'')$, $(\mathfrak{B}\,\mathfrak{B})$, $(\mathfrak{D}\,\mathfrak{D})$, deren Ebenen durch $A$ gehen, bilden 2 Tripel, unter die wir wieder die beiden Geraden $\mathfrak{R}$ schreiben, die mit $A$ das zugeordnete Tripel bilden:

$$\begin{array}{cc} a' & a'' \\ \mathfrak{B} & \mathfrak{B} \\ \mathfrak{D} & \mathfrak{D} \\ \hline \mathfrak{R}_{12}'\,\mathfrak{R}_{34}' & \mathfrak{R}_{12}''\,\mathfrak{R}_{34}'' \end{array}$$

Daraus erhellt, dass $\mathfrak{R}_{12}'\,\mathfrak{R}_{34}'$ gegen einander windschief sind und ebenso $\mathfrak{R}_{12}''\,\mathfrak{R}_{34}''$. Da in jeder der 4 Geraden $\mathfrak{R}$ sich die 4 Geraden zweier Geradenpaare der allgemeinen Fläche vereinigt haben, deren Ebenen durch $a'$ oder $a''$ gehen, so berühren in den Geraden $\mathfrak{R}$ die Ebenen, welche sie mit $a'$ oder $a''$ bilden, die Fläche, so dass jede der beiden Geraden $a$ von einem Paare unärer Geraden und zwei Paaren getroffen wird, deren Gerade sich je in eine der quaternären Geraden vereinigt haben, also die Geraden

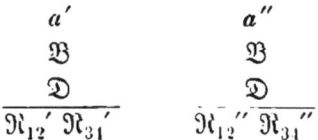

$a$ sich wie die Gerade $A$ verhalten. $a'$ wird getroffen von $(a'' A)$, $(\mathfrak{R}_{12}' \mathfrak{R}_{12}')$, $(\mathfrak{R}_{34}' \mathfrak{R}_{31}')$, $a''$ von $(a' A)$, $(\mathfrak{R}_{12}'' \mathfrak{R}_{12}'')$, $(\mathfrak{R}_{34}'' \mathfrak{R}_{31}'')$, ebenso wie $A$ von $(a' a'')$, $(\mathfrak{B} \mathfrak{B}')$, $(\mathfrak{T} \mathfrak{T})$ getroffen wird.

Betrachten wir die 16 Geradenpaare, welche — abgesehen von denen, deren Ebenen durch $A$ gehen — auf der allgemeinen Fläche an den 4 Geraden $b' b''$, $c' c''$ hängen, die auf der Grenze in die eine Gerade $\mathfrak{B}$ sich vereinigt haben, so ersehen wir, dass stets eine der Geraden jedes Paars in $\mathfrak{R}_{12}'$, die andere in $\mathfrak{R}_{12}''$, oder eine in $\mathfrak{R}_{31}'$, die andere in $\mathfrak{R}_{31}''$ enthalten ist. Daraus geht hervor, dass auf unserer Fläche durch die Gerade $\mathfrak{B}$ die Ebenen der Geradenpaare $\mathfrak{R}_{12}' \mathfrak{R}_{12}''$. $\mathfrak{R}_{34}' \mathfrak{R}_{31}''$ gehen. Aber auch $\mathfrak{D}$ trifft diese 4 Geraden; $\mathfrak{D}$ geht demnach durch die Mittelpunkte der Geradenpaare, also ist $\mathfrak{T}$ Verbindungsgerade zweier Knotenpunkte $K_{12, 12}$, $K_{31, 31}$. Ebenso aber gehen durch $\mathfrak{D}$ die Ebenen der Geradenpaare $\mathfrak{R}_{12}' \mathfrak{R}_{31}''$, $\mathfrak{R}_{34}' \mathfrak{R}_{12}''$, deren Mittelpunkte zwei neue auf $\mathfrak{B}$ liegende Knotenpunkte $K_{12, 31}$, $K_{31, 12}$ sind. Mithin verbinden alle 6 quaternären Geraden je zwei der 4 Knotenpunkte und sind die 6 Kanten des von ihnen gebildeten Tetraeders. Jede der 3 unären Geraden, die ein Dreieck bilden, trifft je zwei Gegenkanten und bildet mit ihnen zwei Ebenen, die in den Kanten die Fläche berühren. Jede der quaternären Geraden wird ausser von diesem einen Geradenpaare, dessen eine Gerade unär ist und dessen andere mit der quaternären Geraden zusammenfällt, von 2 andern durch quaternäre Geraden gebildeten Paaren getroffen, deren Mittelpunkte die beiden nicht auf ihr liegenden Knotenpunkte sind und welche die Gerade selbst in den auf ihr liegenden Knotenpunkten treffen.

Eine Fläche dieser Art ist die cubische Polarfläche einer Ebene in Bezug auf eine Fläche 3. Ordnung.

Ebenso wird eine cubische Fläche mit 4 Knotenpunkten z. B. auf folgende Weise erzeugt:

Es seien $a_1$ $a_2$ $a_3$ $a_4$ 4 Punkte derselben Ebene $E_0$; $A_1$ $A_2$ $A_3$ $A_4$ 4 Ebenen. $\pi_k$ sei die Projection des Punktes $a_k$ von einem Punkte $P$ auf $A_k$. Die Punkte $P$, für welche die 4 Punkte $\pi_k$ in einer Ebene liegen, bilden eine cubische Fläche, auf welcher die 4 Ecken des von den Ebenen $A$ gebildeten Tetraeders Knotenpunkte sind. Ein specieller Fall hiervon ist der, bei dem die Fläche durch die Punkte gebildet wird, für welche die Fusspunkte der von ihnen auf die 4 Ebenen eines Tetraeders gefällten Perpendikel in einer Ebene liegen. Die Ebene $E_0$ ist dann die unendlich entfernte.

124. Wir betrachten nun die Uebergangsfläche, welche für folgende 3 Fälle gilt:

$\alpha$) Erstens sind in der einen Gattung $b'$ $b''$, $c'$ $c''$ reell, in der andern punktirt, zweitens $d'$ $d''$, $e'$ $e''$ in der einen reell, in der andern punktirt.

$\beta$) Erstens sind in der einen Gattung $b'$ $b''$, $c'$ $c''$ reell, in der andern punktirt, zweitens $d'$ $e'$, $d''$ $e''$ in der einen conjugirt imaginär, in der andern $d'$ $e''$, $d''$ $e'$.

$\gamma$) Erstens sind in der einen Gattung $b'$ $c'$, $b''$ $c''$ conjugirt imaginär, in der andern $b'$ $c''$, $b''$ $c'$, zweitens in der einen $d'$ $e'$, $d''$ $e''$ conjugirt imaginär, in der andern $d'$ $e''$, $d''$ $e'$.

In allen 3 Fällen ist $a'$ $a''$ reell; ebenso ist es also auch auf der Grenzfläche. Auf dieser fallen $b'$ $b''$, $c'$ $c''$ in die eine reelle Gerade $\mathfrak{B}$, $d'$ $d''$, $e'$ $e''$ in die eine reelle Gerade $\mathfrak{D}$ zusammen.

Die beiden Tripel $a'$ $\mathfrak{B}$ $\mathfrak{D}$ und $a''$ $\mathfrak{B}$ $\mathfrak{D}$ sind ganz reell und erzeugen demnach reelle Hyperboloide, welche die Grenzfläche ausser in der reellen Geraden $\varDelta$ noch entweder in zwei reellen Geraden $\mathfrak{R}_{12}'$ $\mathfrak{R}_{34}'$ resp. $\mathfrak{R}_{12}''$ $\mathfrak{R}_{34}''$ durchschneiden, oder in zwei conjugirten imaginären. Die Realität von $\mathfrak{R}_{12}'$ $\mathfrak{R}_{34}'$ bewirkt die Realität der 4 Knotenpunkte, ihrer Schnittpunkte mit den reellen Geraden $\mathfrak{B}$ und $\mathfrak{D}$, und diese die Realität der beiden andern Geraden $\mathfrak{R}_{12}''$ und $\mathfrak{R}_{34}''$. Also die Voraussetzung, dass $a'$ $a''$, $\mathfrak{B}$, $\mathfrak{D}$ reell sind, genügt nicht, um die Natur der 4 Geraden $\mathfrak{R}$ festzusetzen; diese können dann noch entweder alle 4 reell oder $\mathfrak{R}_{12}'$ $\mathfrak{R}_{34}'$, $\mathfrak{R}_{12}''$ $\mathfrak{R}_{34}''$ conjugirt imaginär sein. Wir kommen zu einer Fläche, auf welcher $a'$ $a''$, $\mathfrak{B}$, $\mathfrak{D}$ reell sind, noch einmal in Nr. 126; da wird sie als geeignete Uebergangsfläche dienen, wenn auf ihr die 4 Geraden $\mathfrak{R}$ und demnach auch die 4 Knotenpunkte imaginär sind. Hier müssen wir, damit die Uebergangserscheinungen den früheren analog seien, die 4 Geraden $\mathfrak{R}$ und demnach auch die 4 Knotenpunkte reell annehmen.

Dann haben wir folgende Uebergänge:

$A\ a'\ a''$ reell.

$\alpha$) Gattung I: $b'\ b''$, $c'\ c''$, $d'\ d''$, $e'\ e''$ reell, alle Geraden $(r, \varrho)$ ebenfalls;

Gattung III: $b'\ b''$, $c'\ c''$. $d'\ d''$, $c'\ c''$ punktirt, alle Geraden $(r, \varrho)$ ebenfalls;

oder:

Gattung II: $b'\ b''$, $c'\ c''$ reell, $d'\ d''$, $e'\ e''$ punktirt; $r_1'\ r_2'$, $\varrho_1'\ \varrho_2'$; $r_3'\ r_4'$, $\varrho_3'\ \varrho_4'$; $r_1''\ r_2''$, $\varrho_1''\ \varrho_2''$; $r_3''\ r_4''$, $\varrho_3''\ \varrho_4''$ imaginär.

Gattung II: $b'\ b''$, $c'\ c''$ punktirt, $d'\ d''$, $e'\ e''$ reell; $r_1'\ \varrho_2'$, $r_2'\ \varrho_1'$; $r_3'\ \varrho_4'$, $r_4'\ \varrho_3'$; $r_1''\ \varrho_2''$, $r_2''\ \varrho_1''$; $r_3''\ \varrho_1''$, $r_4''\ \varrho_3''$ imaginär.

$\beta$) Gattung IV: $b'\ b''$, $c'\ c''$ reell, $d'\ e'$, $d''\ e''$ imaginär; $r_1'\ \varrho_1'$, $r_2'\ \varrho_2'$ reell; $r_3'\ r_4'$, $\varrho_3'\ \varrho_4'$ imaginär; $r_1''\ \varrho_1''$, $r_2''\ \varrho_2''$ reell; $r_3''\ r_1''$, $\varrho_3''\ \varrho_1''$ imaginär;

Gattung V: $b'\ b''$, $c'\ c''$ punktirt; $d'\ e''$, $d''\ e'$ imaginär; $r_1'\ \varrho_1'$, $r_2'\ \varrho_2'$ punktirt; $r_3'\ \varrho_4'$, $r_4'\ \varrho_3'$ imaginär; $r_1''\ \varrho_1''$, $r_2''\ \varrho_2''$ punktirt; $r_3''\ \varrho_4''$, $r_4''\ \varrho_3''$ imaginär.

$\gamma$) Gattung VI: $b'\ c'$, $b''\ c''$, $d'\ e'$, $d''\ e''$ imaginär; $r_1'\ \varrho_1'$, $r_2'\ \varrho_2'$ reell; $r_3'\ \varrho_3'$, $r_4'\ \varrho_4'$ punktirt; $r_1''\ \varrho_2''$, $r_2''\ \varrho_1''$; $r_3''\ r_4''$, $\varrho_3''\ \varrho_1''$ imaginär;

Gattung VI: $b'\ c''$, $b''\ c'$, $d'\ e''$, $d''\ e'$ imaginär; $r_1'\ \varrho_1'$, $r_2'\ \varrho_2'$ punktirt; $r_3'\ \varrho_3'$, $r_4'\ \varrho_4'$ reell; $r_1''\ r_2''$, $\varrho_1''\ \varrho_2''$; $r_3''\ \varrho_1''$, $r_4''\ \varrho_3''$ imaginär.

Uebergang: $\mathfrak{B}$, $\mathfrak{D}$; $\mathfrak{R}_{12}'$, $\mathfrak{R}_{34}'$; $\mathfrak{R}_{12}''\ \mathfrak{R}_{34}''$ reell.

125. Es sei betrachtet die Uebergangsfläche, wenn erstens in der einen Gattung $d'\ d''$ reell, $e'\ e''$ punktirt, in der andern $d'\ d''$ punktirt, $e'\ e''$ reell ist, und zweitens entweder $\alpha$) $b'\ b''$, $c'\ c''$ in der einen Gattung reell, in der andern punktirt, oder $\beta$) $b'\ c'$, $b''\ c''$ in der einen Gattung conjugirt imaginär sind, in der andern aber $b'\ c''$, $b''\ c'$.

Das Geradenpaar $a'\ a''$ ist beide Mal und auf der Grenze punktirt. Auch hier sind die Geraden $\mathfrak{B}$ und $\mathfrak{D}$ reell. Da nun $a'\ a''$ punktirt und sein Mittelpunkt kein Knotenpunkt ist, so kann keine der 4 Geraden $\mathfrak{R}$ reell sein. Aber auch keine kann imaginär sein; denn wäre z. B. $\mathfrak{R}_{12}'$ reell, so könnte nur $\mathfrak{R}_{34}'$, die einzige der 4 Geraden $\mathfrak{R}$, welche sie nicht schneidet, zu ihr conjugirt sein; aber das reelle Hyperboloid $[\mathfrak{R}_{12}'\ \mathfrak{R}_{34}'\ A]$ enthielte dann die punktirte Gerade $a'$. Also sind alle 4 Geraden ℜ punktirt. Jedoch eine punktirte Gerade einer cubischen Fläche kann nur dann 2 reelle Geraden derselben (𝔅 und 𝔇) treffen, wenn ihr reeller Punkt auf einer derselben liegt und zugleich Knotenpunkt ist. Nehmen wir an, der reelle Punkt auf $\mathfrak{R}_{12}'$ sei der Knotenpunkt $K_{12,34}$ (auf 𝔅), dann ist der zweite Knotenpunkt auf $\mathfrak{R}_{12}'$, der Knotenpunkt $K_{12,12}$ (auf 𝔇), imaginär. Durch $K_{12,34}$ geht auch $\mathfrak{R}_{34}''$, die 𝔇 demnach in dem imaginären Knotenpunkte $K_{34,34}$ trifft; die beiden andern durch $K_{12,12}$ und $K_{34,34}$ gehenden Geraden $\mathfrak{R}_{12}''$ und $\mathfrak{R}_{34}'$ haben ihren reellen Punkt in dem ihnen gemeinsamen Knotenpunkte $K_{34,12}$ (auf 𝔅). Wir haben so zwei reelle Knotenpunkte erhalten auf 𝔅 und zwei conjugirte imaginären auf 𝔇. Warum wir die reellen Knotenpunkte auf 𝔅 angenommen haben, wird sich erst nach Betrachtung des Uebergangs selbst ergeben, denn auf der Grenzfläche für sich unterscheiden sich die Geraden 𝔅 und 𝔇 nicht; ihr Unterschied wird erst durch die beiden Gattungen, zwischen denen unsere Fläche den Uebergang vermittelt, klar.

$A$ reell, $a'$ $a''$ punktirt.

$\alpha$) Gattung II: $b'$ $b''$, $c'$ $c''$ reell, $d'$ $d''$ reell, $e'$ $e''$ punktirt; $r_1'$ $r_4''$, $r_2'$ $r_3''$, $r_3'$ $r_2''$, $r_4'$ $r_1''$, $\varrho_1'$ $\varrho_4''$, $\varrho_2'$ $\varrho_3''$, $\varrho_3'$ $\varrho_2''$, $\varrho_4'$ $\varrho_1''$ imaginär;

Gattung III: $b'$ $b''$, $c'$ $c''$ punktirt, $d'$ $d''$ punktirt, $e'$ $e''$ reell; $r_1'$ $\varrho_1''$, $r_4'$ $\varrho_4''$, $\varrho_2'$ $r_3''$, $\varrho_3'$ $r_2''$, $\varrho_1'$ $r_4''$, $\varrho_4'$ $r_1''$, $r_2'$ $\varrho_3''$, $r_3'$ $\varrho_2''$ punktirt.

$\beta$) Gattung V: $b'$ $c'$, $b''$ $c''$ imaginär, $d'$ $d''$ reell, $e'$ $e''$ punktirt; $r_3'$ $\varrho_1''$, $r_4'$ $\varrho_2''$, $\varrho_3'$ $r_1''$, $\varrho_4'$ $r_2''$ punktirt; $r_1'$ $r_4''$, $r_2'$ $r_3''$, $\varrho_1'$ $\varrho_4''$, $\varrho_2'$ $\varrho_3''$ imaginär;

Gattung V: $b'$ $c''$, $b''$ $c'$ imaginär; $d'$ $d''$ punktirt, $e'$ $e''$ reell; $r_3'$ $r_1''$, $r_4'$ $r_2''$, $\varrho_3'$ $\varrho_1''$, $\varrho_4'$ $\varrho_2''$ imaginär; $r_1'$ $\varrho_1''$, $r_2'$ $\varrho_3''$, $\varrho_1'$ $r_4''$, $\varrho_2'$ $r_3''$ punktirt.

Uebergang: 𝔅, 𝔇 reell; $\mathfrak{R}_{12}'$ $\mathfrak{R}_{34}''$ punktirt (gemeinschaftlicher reelle Punkt in $K_{12,34}$), ebenso $\mathfrak{R}_{12}''$ $\mathfrak{R}_{34}'$ (in $K_{34,12}$).

Die Art des Ueberganges, welche wir bei den Flächen mit einem reellen und zwei conjugirten imaginären Knotenpunkten vorfanden, finden wir auch hier: Die beiden Geradenpaare $r_1'$ $\varrho_1'$, $r_2'$ $\varrho_2'$, deren Ebenen durch die punktirte Gerade $a'$ gehen, in der einen Gattung imaginär, fallen auf der Grenze in die punktirte Gerade $\mathfrak{R}_{12}'$ zusammen und trennen sich in der andern Gattung als 2 Paare von je zwei punktirten Geraden mit nicht gemeinsamen reellen Punkte, und zugleich thun dasselbe die beiden durch die conjugirten Geraden gebildeten Geradenpaare $r_4'' \varrho_4''$, $r_3'' \varrho_3''$, deren Ebenen durch die punktirte Gerade $a''$ gehen. Auf der Grenze fallen sie zusammen in die punktirte Gerade $\mathfrak{R}_{34}''$, die demnach zu $\mathfrak{R}_{12}'$ conjugirt sein, d. h. mit ihr den reellen Punkt gemein haben muss. Aehnliches gilt für die Geraden $\mathfrak{R}_{34}'$ und $\mathfrak{R}_{12}''$, in denen die Geradenpaare $r_3' \varrho_3'$, $r_4' \varrho_4'$ und die durch die conjugirten Geraden gebildeten $r_2'' \varrho_2''$, $r_1'' \varrho_1''$ sich vereinigt haben.

126. Wir gehen von den Flächen, auf denen $b' b''$ reell, $c' c''$ punktirt, $d' d''$ reell, $e' e''$ punktirt ist, über zu denen, auf welchen $b' b''$ punktirt, $c' c''$ reell, $d' d''$ punktirt, $e' e''$ reell ist, durch eine Fläche, auf der die Geradenpaare $b' b''$, $c' c''$ in die reelle Gerade $\mathfrak{B}$ und die Paare $d' d''$, $e' e''$ in die reelle Gerade $\mathfrak{D}$ zusammengefallen sind. Auf beiden Flächen, sowie auf der Grenzfläche ist $a' a''$ reell, so dass die Flächen, zwischen denen der Uebergang vermittelt wird, in beiden Formen der Gattung II angehören. Hier müssen wir aber die 4 Geraden $\mathfrak{R}$ und demnach auch die 4 Knotenpunkte imaginär nehmen (man sehe Nr. 124). Conjugirt sind die Dupel $\mathfrak{R}_{12}' \mathfrak{R}_{34}'$, $\mathfrak{R}_{12}'' \mathfrak{R}_{34}''$, gebildet durch je zwei Gegenkanten des Tetraeders. Von den Knotenpunkten sind die beiden auf $\mathfrak{B}$ und die beiden auf $\mathfrak{D}$ liegenden conjugirt.

Der Uebergang ist folgender:

$A$, $a' a''$ reell.

Gattung II: $b' b''$ reell, $c' c''$ punktirt, $d' d''$ reell, $e' e''$ punktirt; $r_1' r_3'$, $r_2' r_4'$, $\varrho_1' \varrho_3'$, $\varrho_2' \varrho_4'$, $r_1'' r_3''$, $r_2'' r_4''$, $\varrho_1'' \varrho_3''$, $\varrho_2'' \varrho_4''$ imaginär.

Gattung II: $b' b''$ punktirt, $c' c''$ reell, $d' d''$ punktirt, $e' e''$ reell; $r_1' \varrho_3'$, $r_2' \varrho_4'$, $r_3' \varrho_1'$, $r_4' \varrho_2'$, $r_1'' \varrho_3''$, $r_2'' \varrho_4''$, $r_3'' \varrho_1''$, $r_4'' \varrho_2''$ imaginär.

Uebergang: $\mathfrak{B}$, $\mathfrak{D}$ reell; $\mathfrak{R}_{12}' \mathfrak{R}_{34}'$, $\mathfrak{R}_{12}'' \mathfrak{R}_{34}''$ imaginär.

Also als neue Uebergangsform tritt auf: Die beiden nicht conjugirten imaginären Geradenpaare $r_1' \varrho_1'$, $r_2' \varrho_2'$, deren Ebenen durch die reelle Gerade $a'$ gehen, fallen auf der Grenze in die imaginäre Gerade $\mathfrak{R}_{12}'$ zusammen und trennen sich dann wieder als nicht conjugirte. Die durch die conjugirten Geraden ihrer 4 Geraden gebildeten Paare $r_3' \varrho_3'$, $r_1' \varrho_4'$ fallen in die Gerade $\mathfrak{R}_{34}'$ zusammen, die zu $\mathfrak{R}_{12}'$ conjugirt ist. Jede der hierbei betheiligten Geraden hat nach dem Uebergange zu ihrer conjugirten die, welche mit ihrer früheren conjugirten eines dieser Geradenpaare bildet. Jedes Geradenpaar also hat sein conjugirtes behalten. Aehnliches gilt für die Geradenpaare, deren Ebenen durch $a''$ gehen.

Nun betrachten wir eine Uebergangsfläche, bei der wir die eben gewonnene Uebergangsform auf die Geradenpaare anwenden, deren Ebenen durch $A$ gehen, und die natürlich von der soeben erhaltenen nicht verschieden sein wird. Wir lassen also die beiden nicht conjugirten imaginären Geradenpaare $b' b''$, $c' c''$ in die imaginäre Gerade $\mathfrak{B}$ zusammenfallen — es leuchtet unmittelbar ein, dass sie nicht in eine Gerade zusammenfallen können, welche mit $A$ eine reelle Ebene bildet —; die zu diesen Geradenpaaren conjugirten Geradenpaare $d' d''$, $e' e''$ (wir denken uns hier wieder, wie in Nr. 116, die Geraden $b' d'$, $b'' d''$, $c' e'$, $c'' e''$ conjugirt imaginär) müssen sich nothwendig auch in eine imaginäre Gerade $\mathfrak{D}$ vereinigen, welche zu $\mathfrak{B}$ conjugirt ist.

Das fünfte Geradenpaar $a' a''$ ist reell. Es ist schon klar, dass die 4 Knotenpunkte imaginär sind, da sie auf imaginären Geraden $\mathfrak{B}$ und $\mathfrak{D}$ liegen. Das Hyperboloid [$a'$ $\mathfrak{B}$ $\mathfrak{D}$] ist reell; also sind $\mathfrak{R}_{12}'$ und $\mathfrak{R}_{31}'$ entweder beide reell oder conjugirt imaginär; dasselbe gilt für $\mathfrak{R}_{12}'' \mathfrak{R}_{34}''$. In jeder Ebene des Knotenpunktstetraeders befindet sich nun je eine der beiden Geraden $\mathfrak{B}$ und $\mathfrak{D}$, je eine Gerade $\mathfrak{R}'$ und eine Gerade $\mathfrak{R}''$; da niemals alle 3 Geraden eines auf einer cubischen Fläche befindlichen Dreiseits imaginär sind, so muss nothwendig eine der beiden Geraden $\mathfrak{R}$ reell sein. Also eins der beiden Dupel $\mathfrak{R}_{12}' \mathfrak{R}_{31}'$, $\mathfrak{R}_{12}'' \mathfrak{R}_{31}''$ ist reell, das andere conjugirt imaginär; welches, wird durch die Flächen, zwischen denen die Fläche mit den 4 Knotenpunkten den Uebergang vermittelt, bestimmt. Das reelle Dupel enthält dann die Verbindungsgeraden der conjugirten Knotenpunkte. Der Uebergang gestaltet sich in folgender Art:

$A$, $a' a''$ reell.

Gattung VI: $b' d'$, $b'' d''$, $c' e'$, $c'' e''$ imaginär; $r_1' \varrho_1'$,

$r_3' \varrho_3'$ reell, $r_2' \varrho_2'$, $r_1' \varrho_4'$ punktirt; $r_1'' \varrho_3''$, $r_2'' r_1''$, $\varrho_1'' r_3''$, $\varrho_2'' \varrho_4''$ imaginär;

Gattung VI: $b' d''$, $b'' d'$, $c' e''$, $c'' e'$ imaginär; $r_1' \varrho_1'$, $r_3' \varrho_3'$ punktirt, $r_2' \varrho_2'$. $r_1' \varrho_1'$ reell; $r_1'' r_3''$, $r_2'' \varrho_4''$, $\varrho_1'' \varrho_3''$, $\varrho_2'' r_1''$ imaginär.

Uebergang: $\mathfrak{B}\,\mathfrak{D}$ imaginär; $\mathfrak{R}_{12}'$, $\mathfrak{R}_{34}'$ reell; $\mathfrak{R}_{12}''$ $\mathfrak{R}_{34}''$ imaginär. Die Knotenpunkte $K_{12,12}$ $K_{12,34}$ und $K_{34,34}$ $K_{34,12}$ sind conjugirt.

Durch die reellen Geraden $\mathfrak{R}_{12}'$ $\mathfrak{R}_{34}'$ gehen, wie aus der ersteren — gewendeten — Betrachtung dieser Nummer sich erwarten liess, ein reelles Geradenpaar $r_1' \varrho_1'$ resp. $r_3' \varrho_3'$ und ein punktirtes $r_2' \varrho_2'$ resp. $r_4' \varrho_4'$ hindurch und werden jenes punktirt, dieses reell. Durch die imaginären Geraden $\mathfrak{R}_{12}''$ $\mathfrak{R}_{34}''$ gehen zwei nicht conjugirte imaginären Geradenpaare über wieder in zwei solche, deren Gerade andere conjugirten bekommen haben.

## Berichtigungen.

| | | | | |
|---|---|---|---|---|
| Seite | VIII | Zeile | 1 | v. u. l. fünf st. sechs. |
| ,, | 12 | Zeile | 16 | v. u. l. Kegelschnitten st. Kegelschnitte. |
| ,, | 19 | ,, | 15 | v. u. l. welche st. welches. |
| ,, | 32 | ,, | 10 | v. u. l. Ebene *E* st. Ebene. |
| ,, | 34 | ,, | 9 | v. o. l. Polcurve st. Polarcurve. |
| ,, | 35 | ,, | 17 | v. o. l. Strahlenbündel st. Strahlenbüschel. |
| ,, | 44 | ,, | 7 | v. o. l. Ebene *E* st. Ebene. |
| ,, | 53 | ,, | 8 | v. u. l. Schneidende st. schneidende. |
| ,, | 55 | ,, | 9 | v. u. l. jedes Doppeldrei st. jede D. |
| ,, | 59 | ,, | 14 | v. u. l. deren st. denen. |
| ,, | 69 | ,, | 10 | v. u. setze hinter „ausschneidet" ein Komma statt des Punktes. |
| ,, | 72 | ,, | 12 | v. o. l. einen st. einer. |
| ,, | 80 | ,, | 13 | v. o. l. Abarten st. Abart. |
| ,, | 107 | ,, | 7 | v. o. schalte hinter „eine" die Worte „quadratische Polarfläche" ein. |
| ,, | 107 | ,, | 9 | v. o. l. Fläche 2. Ordnung st. Fläche. |
| ,, | 107 | ,, | 16 | v. o. l. Polarflächen st. Polaren. |
| ,, | 115 | ,, | 10 | v. u. streiche „von". |
| ,, | 121 | ,, | 12 | v. u. l. Verbindungsgeraden st. Verbindungsgerade. |
| ,, | 137 | ,, | 9 | v. u. streiche das Komma. |
| ,, | 145 | ,, | 1 | v. o. l. $T^3$ st. $F^3$. |

Seite 156 Zeile 7 v. u. l. $P_0^9\ P_0^{10}$ st. $P^9\ P^{10}$.

" 188 " 11 v. o. l. dieser Fläche st. derselben.

" 199 " 2 v. u. l. $l_x$ st. $l^x$.

" 227 " 4 und 3 v. u. l.: auf einer nicht längs der Generatrix die Fläche $\Phi$ berührenden (oder im Berührungspunkte der Tangente die Curve $A$ osculirenden) Ebene.

" 235 " 7 v. u. l. 3. $\frac{c + c'\lambda}{1+\lambda}$ st. 3. $\frac{0 + c'\lambda}{1+\lambda}$.

" 249 " 18 v. o. l. reellen Geradenpaare st. Geradenpaare.

" 255 " 5 u. 4 v. u. l. 3 reelle Flächen des Büschels mit reellen Geraden.

" 262 " 9 v. o. streiche die Nr. 83.

" 263 " 10 v. o. l. 83 st. 84.

" 268 " 11 v. u. l. hyperboloidische st. hyperbolische.

" 268 " 7 v. u. l. ellipsoidische st. elliptische.

" 271 " 1 v. u.: Das mit dieser Zeile beginnende Theorem kann so allgemein, wie es hier ausgesprochen ist, an dieser Stelle noch nicht stehen, sondern hier musste noch die Bedingung hinzugefügt werden, dass vier der Schnittpunkte reell sind; erst später, nachdem in Nr. 87 der allgemeine Satz bewiesen, dass unter den 9 Schnittpunkten zweier reellen cubischen Curven derselben Ebene die imaginären sich paarweise conjugirt vorfinden, kann unser Theorem so allgemein ausgesprochen werden; denn dann ist klar, dass wegen Nr. 84 nöthigenfalls zwei Paare conjugirter der 9 Schnittpunkte zu den Grundpunkten $\alpha$, $\beta$; $\gamma$, $\delta$ des reellen Kegelschnittbüschels $B\ (K)$ gewählt werden können.

" 272 " 7 v. u. l. $t^{m_1}$, $t^{m_2}$ st. $t^{m1}$, $t^{m2}$.

" 273 " 13 v. o. l. $\Sigma_x$ st. $\Sigma^x$.

" 277 " 6 v. o. setze ein Komma hinter $K^3{}_2$.

" 297 " 2 v. u. setze ein Komma hinter den Gedankenstrich.

" 312 " 4 v. u. l. $a_{ii'}{}^1$ st. $a_{ii}{}^1$.

" 312 " 1 v. o. l. $G_i$ st. $G_{i'}$.

" 327 " 18 v. u. l. $E^1$, $E^2$, $E^3$ st. $E_1$, $E_2$, $E_3$.

" 337 " 16 v. o. l. Gerade st. Geraden.

" 337 " 15 v. u. l. $\bar{\bar{a}}^2{}_3$ st. $a^2{}_3$.

" 339 " 8 v. u. setze hinter „sechste“ ein Komma.

" 366 " 4 v. u. l. drei st. vier.

" 370 " 16 v. o. l. der Knotenpunkt st. oder Kntenpunkt.

" 377 " 8 v. o. l. $b'\ c'$ st. $b''\ c'$.